백남준

굿으로 보는
비디오아트 읽기

백남준

굿으로 보는
비디오아트 읽기

네오샤머니즘(neo-shamanism)에서 에코페미니즘(eco-feminism)까지

박정진 지음

KSI 한국학술정보㈜

백남준의 천재를 위하여

-백남준(白南準 : 1932~2006)의 승천을 애도하며
(2006년 1월 29일)

그대를 처음 본 것, 로베스피에르 앞
프랑스 혁명을 기념하여 만든 로봇비디오
'혁명은 폭력' 명찰 안에서 피가 용솟음치고 있었지
그리고 피아크(FIAC) 미술제 구석에서 졸고 있었지

1963년 독일 부퍼탈, 비디오 3대, TV 13대
피가 뚝뚝 떨어지는 갓 잡은 황소머리, 고사告祀
조셉 보이스가 도끼를 들고 나와 피아노를 부숴버렸지
1960년 어느 날 존 케이지의 넥타이를 자르고 새로 태어났지

죽은 자를 위해 산 자가 피를 흘리는 이승
TV 붓다(1973), 내가 부처인가, 부처가 나인가
1978년, 진짜 식물(Real Plant), 생 식물(Live Plant)
1982년, 진여 고기(Real Fish), 생멸 고기(Live Fish)

1984년, 굿모닝 미스터 오웰(안녕하세요, 오웰 선생님)
그래, 지구는 아직 안녕하신가요.
1988년, 다다익선(많을수록 좋죠)
그래, 한국사람 공짜 참 좋아하죠.

그의 오물을 다 받아준 '질(膣, vagina)페인팅'의 구보타久保田成子는
존 레논의 오노요코小野洋子처럼 살고 있다.
영원히久 그를 종保으로 삼고 밭田이 되어
드디어 자子를 이루었다. 일본은 세계의 자궁

―박정진 시집 ≪독도≫ 118~119쪽에서―

■ 서 문

　백남준은 한국이 낳은 20세기와 21세기를 거친 세계적 아티스트이다. '비디오아트의 아버지'라고 불리는 이름에서도 그의 업적과 역사성, 천재성 그리고 그의 영향력을 알 수 있다. 우리는 음악의 아버지 '바흐'를 잘 알고 있다. 또 근대 철학의 아버지 '칸트'를 흔히 말한다. 어느 분야에서 아버지라는 말은 쉽게 얻을 수 있는 것이 아니다. 한 시대의 역사적 인물(historical artist)이 되기도 어려운데 '아버지'라니. 도대체 세계는 백남준을 두고 왜 그렇게들 말하는가. 분야를 미술로 좁혀 보자. 우리는 세계적 입체파 화가 피카소를 알고 있다. 피카소를 배출한 스페인은 그 사실 하나로 세계 미술계에서 큰소리치고 있다. 피카소의 '게르니카'는 군사독재의 나라 스페인을 속죄하기에 충분하다.

　백남준은 단도직입적으로 말하면 피카소보다 앞으로 더 유명해질 화가이다. 내가 이렇게 말하면 사람들은 의아해할 것이다. 그러나 피카소가 아무리 평가를 받는다고 하더라도 주로 캔버스에 그림을 그린 화가이다. 피카소에 앞서 서구 미술사를 장식하는 수많은 화가들, 예컨대 모나리자를 그린 다빈치, 시스틴 성당의 벽화를 그린 미켈란젤로, 그리고 인상파의 마네, 모네, 해바라기의 화가 고흐 등 수많은 화가들이 있지만 그들은 모두 캔버스에 그림을 그렸다. 그러나 백남준은 캔버스에 그림을 그리지 않는다. 백남준은 텔레비전 모니터에 그렸다. 그것도 움직이는 동화상을 그렸다. 그것도 미술작품에 소리까지 나는, 음악인지도 모르는 작품을 만들었다.

그는 유물론 철학자와는 달리, 운 좋게도 유물론 예술가가 됨으로써 매체 자체가 예술이라는 사실을 전자텔레비전 기술로 보여 준 기린아였다. 백남준은 미술행위를 원천적으로 바꾼 인물이다. 다시 말하면 미술행위라는 것의 개념을 바꾼 인물이다. 백남준은 미술사에 매체의 혁명을 이룬 작가이다. 회화를 캔버스의 이미지에서 텔레비전의 프로그램으로 바꾸었다. 또 조각·설치의 개념도 종래의 덩어리를 깎고 쪼고 새기는 환조(丸彫)나 부조(浮彫) 또는 모빌(mobile)이 아니라 오브제(objet), 아상블라주(assemblage)의 맥락 위에서 텔레비전 수상기를 콜라주하는 기법으로 바꾸었다.

다시 말하면 그는 전통적인 회화를 프로그램으로, 조각을 텔레비전 콜라주로 바꾼 셈이다. 현대미술의 오브제 개념을 텔레비전에 적용한 화가이다. 다시 말하면 프로그램으로서의 비디오아트와 콜라주로서의 TV조각(설치)들은 볼프 포스텔의 것도, 요셉 보이스의 것도, 마르셀 뒤샹의 것도, 존 케이지의 것도 아닌 오직 백남준의 것이다.

이들은 백남준을 위해서 아이디어를 제공하고 잠시 명예를 공유한 인물이다. 백남준의 거름이 된 인물이다. 면면을 보면 현재로서는 서양미술사에서 백남준보다 훨씬 더 평가되어 있지만 머지않아 백남준에게 이름을 내주어야 한다. 백남준은 동서양문화를 종합하고 소통시키고 때로는 재연을 통해서 미래에 희망을 주었다. 어쩌면 전후의 아방가르드야말로 백남준을 위해서 존재한 듯하다. 백남준은 모든 예술의 교차로에 있었다.

백남준은 정보화-인터넷의 시대에 르네상스 시대의 다빈치나 미켈란젤로처럼 우뚝 설 것이다. 그의 작품은 전자텔레비전-컴퓨터의 프로그램으로서 존재하는, 미술이면서 음악작품이고, 음악이면서 미술작품인 '미술＋음악'의 작품이 될 것이다. 뒤샹(Marcel Duchamp, 1887~1968)에 의해 등장한 오브제와 전자기술에 의한 복제는 백남준 작품의 기본이 될 것이다. 텔레비전이라는 오브제와 비디오아트라는 동화상 프로그램의 만남으로 이루어지는 작품은 전파가 가는 곳이면 어디든지 단숨에 전 지구촌으로 확산될 수 있다. 이때 확산과 공유의 속도는 작품의 무중력으로 인해서 이동이 용이하고, 복제는 더 이상 새로운 실험이나 경향도 아니다. 무엇보다도 작품 자체가 근본적으로 공유되는 것이 될 것이다.

역사의 발전은 새로운 의미구조의 발생이다. 새로운 의미구조의 발생이야말로 감성의 힘만으로는 실현되지 않으며 여기엔 창조적 이성의 도움이 크다. 백남준이라는 기표는 백남준의 보이지 않는 의미, 백남준의 몸뚱어리를 아직 다 포용하지 못한다. 그런 점에서 이 글은 미래를 위해 쓰인다. 그는 단순한 미술가가 아니고, 문명의 변화를 단지 미술이라는 장르에서 수행한 선구자이다. 그 문명적 메시지는 유목(nomad) 그리고 잡종, 하이브리드(hybrid)이다.

어떤 로직(logic)이 창조적 작업을 생성하게 하는 것은 아니지만 그 창조적 작업이야말로 존재론에 등극하기 위해서는 로직이 뒷받침되어야 한다. 백남준이 터뜨린 수많은 잠언에 가까운 말에 대해서는 앞으로의 연구과제이지만 그는 스스로 개념과 작업을 병행하면서 기린아적인 업적을 이루었다. 그의 작업에는 분명 한국인으로서의 DNA가 작용하였을 것이다. 거기엔 무언가 '하나로 만드는 통합의 힘' 같은 것이 있다. 이것을 한국인들은 농담 삼아 '비빔밥 정신', '탕 문화의 힘'이라고 말한다. 나는 그것을 '샤머니즘의 힘'이라고 말하고 싶다.

백남준의 미술은 소리를 낸다. 어느 작품이나 소리통, 울림통을 가지고 있다. 소리는 세포와 같다. 그래서 백남준의 미술은 음악이라고 말할 수도 있다. 기존의 클래식은 아니고 도리어 클래식의 질서와 층위를 깨부수는 음악, 무조음악, 구체음악, 소음 등으로 구성된다.

　　이는 음악적 요소인 소리를 미술로 끌어들이고 나아가서 매체 간의 소통과 결합을 시도하여 소위 '복합매체(multimedia) 미술'의 길을 한 단계 업그레이드해서 활짝 열어 놓았다. 그의 미술의 복합매체적 특성은 종래의 예술의 영역에 혼란을 주고 경계를 허물어뜨리고, 도대체 이게 미술인가, 음악인가, 연극인가, 퍼포먼스인가 어리둥절하게 하고 있다. 하지만 적어도 미래의 미술은 생활 속에서 예술인가, 기술인가를 애매하게 할 수도 있다. 그러나 백남준은 비디오아트의 가능성과 영역을 확실하게 확장하고 실험하고 간 인물이다.

　　백남준은 한국에서 태어났지만 그가 예술가가 되기 위해 본격적인 공부를 한 곳은 일본, 비디오아트의 개념을 정립하고 실험적인 작업을 한 곳은 독일, 그리고 비디오아트를 새로운 미술의 영역으로 확실하게 보여 준, 작품으로 보여 준 곳은 미국이다. 그래서 세계 각국은 서로 백남준이 자신의 나라의 작가임을 앞세운다. 백남준은 실지로 죽기 전까지 한국계 미국인이었다. 그래서 미국의 스미소니언박물관은 백남준의 라이브러리를 가져갔다. 독일은 백남준의 미학적 개념을 확립해 준 나라가 자신의 나라라는 이유로 베니스 비엔날레에 독일작가로 출전시켜 대상인 황금종려상을 받기도 했다.

일본은 백남준의 부인 구보타 시게코가 일본인이며 백남준의 작품에 대한 모든 권리와 관리권을 가진 사람이 부인과 부인의 조카라는 사실에 입각하여 백남준 사후관리를 맡고 있다. 한국도 이에 질세라 백남준 아트센터를 건립하여 그를 기리는 사업을 진행하고 있다. 말하자면 백남준은 세계적 인물답게 여러 나라가 서로 자신의 나라에 조금이라도 더 끌어가고자 안간힘을 다하고 있는 작가인 셈이다. 그러나 무어라 해도 백남준의 작품에 흐르는 한국인의 정서와 전통문화 그리고 미학은 속일 수 없다. 백남준의 미술은 분명히 세계적 보편성을 가지고 있다. 그러나 그 보편성은 한국적 특수성과 마찰하지 않고 동시적으로 공존하고 있다.

그래서 백남준에 대한 한국문화적, 한국미학적 해석과 읽기는 당위성을 갖는다. 세계적 작가이기 때문에 그에 대한 여러 각도에서의 세계 유수의 평론가와 미학자 그리고 큐레이터의 평론과 담론과 해석이 있겠지만 한국으로서도 이에 질세라 가만히 있을 수는 없는 것이다. 백남준 읽기를 통해 도리어 거꾸로 세계문화를 읽을 수 있다는 점에서 백남준은 자신의 모국, 한민족에게 훌륭한 일을 남겨 주고 간 셈이다. 물론 그는 세계인이다. 지구인이고 미래인이다. 한국인으로서도 분명 세계문화, 인류문화에 기여할 수 있다는 점을 백남준을 통해서 배울 수 있다는 점에서, 한국인의 자부심과 정체성 확립에 보탬이 될 것을 기대하며 이 책을 내게 됐다.

2010년 3월 석촌호수 로잔뷰 아파트 망호정에서
대박단군 박정진

차례

C O N T E N T S

백남준(白南準) 코스몰로지(cosmology)를 위한 예술인류학: 우주인간으로서의 백남준
　　－ 네오샤머니즘(neo–shamanism)에서 에코페미니즘(eco–feminism)까지－

이제 인문학은 자연과학의 아류가 됐다. 제왕의 특권을 부렸던 철학은 신학과 과학 등 여러 학문을 분가시키고 이제 미학이라는 막내둥이와 노후를 보내고 있다. 이제 과학에 재빨리 적응하여 인문학적 해석을 하는 것만이 인문학이 살길이다. 예술인류학은 마이너스(－)에서 플러스(＋)로 가는 전자의 세계, 홀론Holon의 세계에 미리 적응한 미학美學이고 신학神學이고 '일상日常과 우주宇宙'의 교감交感의 학이다.

"영원의 숭배는 인류의 가장 오래된 질병이다."
(the eternity–cult is the longest disease of mankind.)(≪Symphonie Nr. 5≫)
"달은 가장 오래된 TV이다."
(Moon is the oldest TV.)(≪태내기≫)

제1장 예술인류학적 지평으로 본 백남준

— 백남준[1]의 계통발생에 대한 담론 —

말(馬)을 타고 달리는 박수무당(巫堂):
전자(電子)를 타고 나르는 견우(牽牛)

백남준 예술을 바라보는 것은 모르긴 해도 보는 이에 따라 극단적으로는 갈릴 것이다. 백남준이 서구 미술의 아류인가, 아니면 서구 미술에 새로운 바람몰이를 한 풍운아인가는 처음부터 입장에 따라 다를 것이다. 서구 미술사나 예술사의 시각에 훈련된 사람들은 그를 동양에서 온 꽤나 천재적인 예

---

1) 백남준의 가계: 백남준은 학교에서 모국어를 사용할 수 없던 1932년 일제 식민 치하에서 한국 최고의 재벌 집안의 막내로 태어났다. 해방 직후 좌익 사상에 동조하는 학생 행동대원으로 활동하다가 부친의 강제에 의해 홍콩의 외국인 학교로 편입하였고, 이듬해 한국전쟁의 발발과 함께 일본을 떠나 34년 동안 외국에서 활동했다. 이런 사정은 한국 근현대사의 음영을 가르는 백남준 가계의 강렬한 흥망이 그의 잠재의식에 새긴 트라우마와 연관이 있을 것이다. 백남준의 부친은 메이지대학 법률과와 니혼 대학 상과를 졸업한 최고 수준의 엘리트로서, 19세기 초부터 선대로부터 비단 가게를 물려받아 일찍부터 상업에 종사하였던 백윤수의 4형제 중 막내아들이었다. 백윤수는 1905년 종로에 '백윤수 상점'을 설립하여 청나라 비단을 독점 수입 판매하여 급성장했다. 기록에 의하면 당시 한성은행의 자본금이 100만 원이었을 당시에 그의 재산이 그 3배에 달했다. 백윤수는 1916년에는 대창무역주식회사를 설립하여 근대적 기업가로 변신하였고, 1924년에는 견직물·마포 등을 생산하는 직물가공부를 독립시켜 대창직물주식회사를 창립하게된다. 1926년에는 금전대부업을 목적으로 하는 애국합명회사, 1935년에는 삼화제약주식회사 등을 설립하였다. 1930년대 말에 큰형이 사망한 뒤 백남준의 부친인 백낙승은 대창직물주식회사의 경영권을 이어받았고, 제2차 세계대전 중에는 일본 관동군사령부 헌병대와 결탁하여 직물을 중국으로 밀수출하여 큰 이득을 보았다. 또 박흥식 등과 함께 비행기 제조회사를 만들고 일제에 비행기 1대와 거액의 국방비를 헌납하기도 했다. 광복 후에는 이승만에게 정치 자금을 헌납하고 고려방직 등 귀속재산을 불하받고 홍삼 전매권까지 얻는 등 특혜를 누렸다. 1960년대 초에 군사정권의 재산 몰수로 사실상 파산하였지만, 백남준은 일본과 독일의 명문 대학에서 당대 최고 수준의 엘리트 교육을 받았고 50년대 말부터 20세기 전위운동 예술가들의 대열에서 크게 활약을 했다.(≪백남준의 귀환≫, 360쪽)

술가, 서구 미술의 높은 장벽을 용케도 뚫고 나름대로 자기의 영역을 차지한 그런 인물 정도로 자리매김할 것이다. 그러나 어설픈 오리엔탈리즘, 예컨대 서구 미술사에 활력을 불어넣은 정도, 어디까지나 주류가 아닌 산소공급자 정도로 여기는 타성과 안이함을 넘어서려고 하면, 예컨대 동서양을 통틀어 인류문화에 새로운 전기를 마련한 인물로 볼라 치면 자못 심각해진다.

이는 마치 기독교의 시각에서 무교를 바라보는 것과 무교의 시각에서 기독교를 바라보는 것에 비할 수 있다. 우리는 이제 무교의 입장에서 기독교를 바라볼 정도로 주체적이고 성숙해지지 않으면 안 된다. 그의 행위미술(performance)이라는 것이 단지 서구 미술사에서 제2차 세계대전 후에 유행한 오브제나 해프닝에 영향을 받은 어릿광대쯤으로 생각하면 이는 아직도 그러한 세계적 예술가를 낳고도 여전히 문화적 사대주의에 찌든, 배알 없는 족속들의 노예근성으로 비하해도 괜찮을 것이다. 백남준의 퍼포먼스는 그들의 퍼포먼스가 아니었다. 그것을 차라리 우리의 '굿'이라고 명명하는 것이 옳다.[2]

말하자면 백남준에 의해서 그들의 퍼포먼스야말로 서양의 굿이 되었다. 백남준은 해프닝의 천재였으며 해프닝이야말로 우연(happen)과 만나는 절호의 기회였던 것이다. 해프닝, 즉 우연은 순간의 절대성에 다가가는 도구였으며 그의 천재적 광기를 배출하는 구멍이었다. 그의 해프닝, 퍼포먼스는 아래에서 쌓아 올라간 것이 아니라 위에서 내려온 그런 신내림에 가까운 것이었다. 그래서 논리적으로 탈출을 하기 위한 반논리의 구성 혹은 단순한 해체가 아니라 원초적인, 몸 전체의 소리를, 몸의 호소를 몸으로 표출해 내는 것이었다. 그의 몸짓은 원시적 제의성과 만난다.

퍼포먼스라고 할 때는 단지 미술의 한 장르나 형식에 불과하지만 '굿'이라고 할 때는 이미 장르 초월의 원시축제와 같은 종교적인 속성을 지닌다. 백남준의 굿에는 영혼의 속박에 저항하는 몸부림과 구원을 갈망하는 신앙의 눈빛이 있다. 영혼은 마음을 가진 동물의 마지막 진화체이다. 그 진화체는

---

2) 한국문화의 원형으로서의 '굿예술'에 대해서는 필자의 《종교인류학 – 북두칠성에서 태양까지》(pp.362 – 469, 2007년, 불교춘추사)에서 다루었다.

창조적 진화체, 창진체(創進體)이다. 그 창진체는 창진체(創眞體) 혹은 창진체(創眞諦)이다.

그러나 영혼은 그 영혼을 만든 자의 사이에서 존재한다. 그 만든 자는 개인과 개인, 개인과 집단, 집단과 집단 사이에 존재한다. 그런 점에서 영혼은 불멸체이면서 동시에 생멸체이다. 영혼은 말이면서 존재이고, 존재이면서 말이다. 그 영혼은 영혼관계를 맺는 사이에 정보를 전해 준다. 영혼관계란 바로 파동이고 주파수이다. 그것이 영매이다. 바로 정보를 전해 주는 관계를 맺는 영혼이 영매이다. 영혼은 정령이 되기도 하고, 귀신이 되기도 하고, 신이 되기도 한다. 신은 가장 고등의 영매이다. 그 영혼이 정보를 전해 주는 것이 바로 텔레파시이다. 모든 신비한 일은 텔레파시의 결과이다.

굿은 처음부터 어떤 형식에 박제된 것이 아니라 문명의 이기인 칼(도구)과 하늘과 소통하는 소리(북과 방울)와 자신을 비춰 보는 거울(만다라)이 있다. 백남준의 예술은 처음부터 이것을 실현하기 위한 노정이었다. 여기에 현대적 선불교도 보조자로서 훌륭한 역할을 하였다. 그의 비디오아트에는 도구와 소리와 거울을 한꺼번에 해결하는 것으로서 텔레비전 모니터가 있다. 그래서 그는 비디오아트에 매달렸다. 그는 서구 미술의 아류가 아니라 동아시아 샤머니즘의 전령으로서 독일에 당도했던 것이다.

그가 발한 메시지는 "유일신, 하느님 아버지는 아무것도 해 준 게 없다. 결코 평화를 주지 못했다."이다. 그는 현대문명의 모든 체계에 대해, 비대칭의 세계에 대해 그것이 인간을 인간답게 살지 못하게 하는 주범임을 전하고 있는 것이다. 그는 '작은 신'들의 평화에 이미 기대를 걸고 있는 듯했다. 그는 비대칭의 위계 속에서 거대하게 존재하는 것들의 무의미함을 경각시키고자 부수고, 때리고, 소리 지르고 하면서 몸부림치는 일생을 보냈다. 말하자면 '미친놈 날뛰듯이' 일생을 보냈다. 음악에서 미술로, 미술에서 행위예술로, 행위예술에서 비디오아트로 그는 전전하였다. 그의 비디오아트는 처음부터 '굿'을 전달하는 매체로 그것을 선택했던 셈이다.

백남준의 이미지는 마치 말을 타고 달리는 북방기마민족의 박수무당과 같다. 단지 그는 전자(電子)의 시대를 맞아 '말(馬)과 전차(戰車) 대신에 평화적인 전자(電子)'를 타고 달리는 것이 다를 뿐이다. 그는 마이너스(-) 극에서 새로운 신을 발견하였다. 또 하나, 말(馬) 대신에 소(牛)를 타고 깨달음을 위해 하늘을 나는 견우(牽牛)와 같다. 소는 희생(犧牲), 즉 제 몸을 바치는 것을 통해 신으로부터 행복과 풍년의 약속을 받아 내는 동물이 아닌가. 말이 전쟁기계를 상징한다면 소는 평화를 위한 희생을 상징한다. 백남준에겐 유목(遊牧)/말 - 정주(定住)/소의 이중적 이미지가 공존한다.

인류에게 생존하기 위해서 남의 고기를 먹지 않으면 안 되는 '육(肉)의 순환'은 정말 참기 어려운 모독이었다. 그래서 인류는 정령(精靈)을 만들고 급기야 지고신(至高神)으로부터 유일신을 만들어 내는 데에 이르렀던 것이 아닌가. 이제 신에게 통하는 것은 비단 무당만이 아니라 필부필부도 가능하다. 신은 '부르지 않으면 존재하지 않는 이상한 영물(靈物)'이다. 결국 인간의 안에 있던 것이 우주만물에 투사되어 다시 돌아온 것이라는 사실이 점점 밝혀지고 있다. 이러한 사정은 신부나 목사나 승려보다 예술가들에 의해 밝혀진 지 오래다. 예술가들은 이미 다 알고 있다. 백남준은 이를 이제 일상화하고 있는 것이다. 예술인류학이라는 것이 이를 이론적으로 뒷받침하게 된다. 예술인류학은 그러한 점에서 무교인류학이다.

인간이 신을 부르는 것은 '신이 있다'고 확신하기 때문이 아니다. 도리어 신이 있는지, 없는지 모르기 때문에, 그 불확실성 때문에 신을 부르는 것이다. 그 불확실성이란 불안이고, 때로는 죽음 앞에서 아무런 도움을 받을 수 없을 때일 수도 있고, 비록 신이 아무런 반응이 없을 때 원망할 수도 있겠지만 설사 그럴 때일지라도 신은 소통과 고백과 독백의 대상이 된 사정으로 신의 역할을 다한다. 그래서 인류는 신을 버리지 않고 후손들에게 전해 주면서 신당(神堂)을 짓고 제사를 드리는 예(禮)를 함께 전해 주었다. 요즘으로 말하면 신은 매우 반도체적 성격을 가지고 있는 셈이다. 어떤 때는 있는 것 같기도 하고 어떤 때는 없는 것 같기도 하다. 반도체란 외부압력(전기)을 주면 도체가 되고 주지 않으면 부도체가 되는, 그야말로 종잡을 수 없는 이중적이고 이중플레이를 하는 물질이다. 그렇다. 신은 인간에게 때로는 통하기도 하고 때로는 불통하기도 한다. 통하는 자의 입장에서 보면 신은 있는 것이고, 그것은 신통(神通)이고, 그렇기 때문에 신앙(信仰)한다. 그렇지 못한 경우는 불통(不通)이고 그래서 불신(不信)한다. 신(神)은 그런 점에서 신(信)이다. 통신(通神)은 통신(通信)이다.

전자시대에 사는 인간의 입장에서 보면 신은 인간에게 플러스적(+) 존재이다. 왜냐하면 땅에 사는 인간이 마이너스적(-) 존재이기 때문이다. 인간은 신으로부터 무엇인가를 받아야 하는 '약한 입장'이다. 만약 신과 인간이 소통이 되지 않아서 답답하게 되면 누가 더 답답할까라는 어리석은 질문을 한다면 대체로 사람들은 "인간이 더 답답하다."고 답할 공산이 크다. 그러나 나는 "아마도(maybe) 신이 더 답답하다."고 대답하고 싶다. 신은 인간으로부터 존경을 받아야 할 처지인데 인간에게 아무런 기도, 메시지가 없다면 참으로 존재의 의미가 없어지기 때문이다. 막말로 인간은 죽으면 그만이다. "죽음이 두려워서 신을 만들었다."고 하는 자도 있었지만 인간은 그렇게 나약한 존재가 아니다. 인간이라는 생물종, 호모사피엔스 사피엔스(Homo Sapiens Sapiens)는 자신의 죽음을 두려워하지 않고 자손을 위해서 기꺼이 목숨을 바쳐 온 존재이다. 만약 그렇지 않았으면 아마 인간이 지금 지구 상에 존재하지 않았을지도 모른다.

지금까지 인간은 신이 '인간에게 무엇을 주는 존재'라고 생각했는데 이제 그 생각을 바꿀 때가 되었다. '기도하는 존재로서의 인간'이 없다면 '신은 무력한 존재'이다. 자, 신과의 소통에서 주도권은 인간이 잡고 있는 것이다. 그렇기 때문에 이제 인간이 신을 보호할 차례이다. 쉽게 생각하면 신은 무력하기 때문에 신을 버려야 하고 신을 믿지 말아야 한다고 생각할지 모르지만 신이야말로 인간이 자신의 '생존의 방식'으로써 만들어 낸 존재이며 요즘 말로 하면 '가장 완벽한(무소부재한) 로봇'이었는지도 모른다. 전자의 시대는 마이너스가 주도권을 잡는 시대이다. 그래서 흔히 음양(陰陽, +, -) 가운데 음(-)이라고 생각하는 여자가 더 힘을 발휘하는 시대인지도 모른다. 지금까지는 양음의 시대였다. 그런데 이제 제대로 음양의 시대인 것이다.

인류학적 시간을 거슬러 올라가면 역설적으로 재미있는 것은 음양의 시대, 모계사회가 먼저 있었고, 신들도 여성신이 먼저 신들의 반열에 오르고 제사를 흠향(歆饗)했다는 사실이 밝혀지고 있다. 신화학(mythology)의 연구결과를 보면 여성신이 먼저 태양신이 되었다는 것이다. 흔히 '태양은 남자이다.'라고 생각하기 쉽다. 저 유명한 태양신 헬리오스(Helios)나 아폴로(Apollo)의 이름에 가려 있지만 실은 여신 이시스(Isis)가 먼저였다. 태양을 여신으로부터 빼앗은 사건을 인류학에서 '여신의 폐위(廢位)'라고 부른다. 그러나 지난 수천 년 동안 가부장사회를 살아온 인간에게 '태양＝남자'인 것은 당연한 것으로 받아들여지고 있지만 그렇지 않은 시절이 있었음을 유념할 필요가 있다.

제사와 왕권 등 권력의 인류학으로 볼 때, 대체로 여성 위주, 여권 혹은 남성 위주, 남권은 교체된 것으로 보인다. 이상하게도 신화와 사회와 과학은 밀접한 관계를 가지고 있고 평행선을 이루는 것인지도 모른다. 작금의 여권의 신장을 넘어서 여성주도의 사회를 바라보면서, 더욱이 전자(電子)시대의 도래, 그리고 여성성의 가치제고, 여성신화의 부활을 바라보노라면 그런 생각이 든다. 모르긴 해도 아마도 앞으로 수천 년간은 모성 중심 사회가 전개될 것으로 보인다. 실은 예술인류학이라는 것도 이런 사회적 분위기, 흐름을 타는 것이라고 보아도 별문제가 없을 것 같다. 앞으로 전개되겠지만 예술인류학은 권력이나 질서의 편에 서기보다는 이에 저항하는 혹은 반(反)하는 여러 미학과 '마이너스(－) 우주론(cosmology)'의 산물이기 때문이다. 마이너스 우주론은 우주가 유일신이 있어서 창조한 것이 아니라 공(空)이나 무(無)에서 색(色)이나 유(有)의 세계가 생성되었다는 뜻을 내포하고 있다.

전 지구적 남북전쟁: 에콜로지 전쟁
그리고 동서전쟁: 권력경쟁 전쟁

인류의 초기 전쟁은 주로 식량전쟁이었다. 인구의 증가가 일차목표였던 호모 사피엔스 사피엔스는 종의 증식과 가족을 부양하는 것에 안간힘을 쓰지 않으면 안 되었다. 빙하가 서서히 물러감에 따라 제4기 뷔름 빙하기 이후 간빙기가 도래하고 인류의 생존지역은 지구적으로 확산되어 갔다. 그러나 북방의 경우 추운 날씨 때문에 여전히 농사가 불가능하고 겨우 유목에 의해

18

살아갔다. 농사는 남방에서 먼저 시작되었다. 유목(목축 혹은 사냥)에 의한 식량조달은 불확실하고 안정적이지 못했으며 농업은 확실하고 안정적인 식량을 확보할 수 있었다. 따라서 인류는 결국 농업을 추구하게 되는데 이것이 신석기 농업혁명이다. 그래서 북방유목민족은 남방농업민족의 식량을 약탈하지 않을 수 없었다. 그래서 유목민족과 농업민족 간의 남북전쟁이 전 지구적으로 시작된다. 이것이 인류의 초기 역사였다. 이것은 일종의 에콜로지(ecology) 전쟁이었다고 할 수 있다.[3]

에콜로지는 인간에 이르러 에코노미(economy)라고 부르지만 이때까지만 해도 둘 사이가 크게 다르지 않았다. 인간이 환경에 지배받는 정도가 심하였기 때문이다. 이렇게 남북 식량전쟁이 벌어지다가 인류집단의 크기가 점점 커지고 드디어 지구의 동과 서에 제국이 들어서기 시작한다. 이때부터 남북전쟁도 있었지만 전쟁의 양상은 헤게모니 쟁탈을 위한 동서 간의 권력경쟁으로 점차 변한다. 동서 전쟁과 무역의 결과 유명한 실크로드(Silk Road)가 생겼지만 이로 인해 인구의 대규모 이동과 이주가 시작된다. 현재 한민족의 대종을 점하고 있는 조상들은 동이족이었으며 동이족은 북방유방민족에 속했다. 그래서 유목민족적 문화가 한민족 문화에 깊게 배어 있다. 그러나 한민족은 혈통적으로는 북방민족에 속하는 사람이 많지만[4] 문화적으로는 점

---

3) 중국의 부사년은 '이하동서론'(夷夏東西論)에서 이렇게 말한다. "동한 말 이래 역사는 항상 남북으로 분열 대립한 역사였고 하·은·주 및 그 이전에는 남북이 아닌 동서의 대립이었다. 동서는 서로 계통이 달라 때로는 대치하여 투쟁하고 혼합하기도 하였다. 그 민족을 분류하여 동이(東夷)와 상(商)은 동방계에 속하고 하(夏)와 주(周)는 서방계에 속한다."(유승국, ≪동양철학연구≫, 14쪽, 재인용, 근역서제, 1983년) 이 같은 주장은 남북전쟁이 먼저 있고, 동서전쟁이 뒤에 있었다는 에콜로지의 입장과는 다른데 이는 중국사를 중심으로 역사를 본 때문이다. 결국 역사는 남북, 동서 전쟁의 반복으로 볼 수 있다.

4) 현재 한국의 경우 북방계와 남방계의 비율은 대체로 북방계 80%, 남방계 20% 정도이다. 전 세계적으로 북방계 우세 국가는 한국과 몽골뿐이다. 몽골의 경우는 90%가 북방계, 10%가 남방계이다. 단국대 생물학과 김욱 교수는 "현대 한국인의 유전자를 분석해 보면 부계는 남방계가, 모계는 북방계가 주류를 차지한다."고 말했다. 이유인 즉 남성염색체(Y염색체) 분석 결과 한국인 남성은 농경민족에게 많이 나타나는 'M122'와 'SRY465'라는 남방 계통 유전자를 가진 비율이 절반 이상을 차지한다는 것. 모계의 경우 몽골과 중국 중북부 등 동북아시아에 분포하는 북방계 성향이 뚜렷하다. mtDNA 조사 결과 한국인의 60% 가량은 북방계 모계 혈통이다. 한반도로 이동한 북방계 민족과 남쪽의 농경민족이 섞이면서 농경문화에 흡수됐다는 뜻이다. 김 교수는 "한국인 기원 연구는 한국인 특이 유전병과 맞춤형 의약품 연구에도 많은 도움이 될 것"이라고 강조했다. 한편 인류의 뿌리 연구 중 Gm유전자를 조사한 연구에서 동아시아인은 북방계아시아인과 남방계아시안인으로 분류됨을 알 수 있다. 북방계아시아인의 유전자 풀이 형성된 곳은 바이칼 호수 근처이다. Gm유전자 중 북방계아시아인에서 많이 나타나는 ab3st유전자는 지금도 바이칼 호수 주변에 살고 있는 부리아트인에게서 가장 많이 나타난다. 반면 남방계아시아인에게서 많이 나타나는

차 남방농업문화에 익숙해진다. 이에 따라 중국문화의 영향을 많이 받고 사대주의를 하게 된다(한민족이 '북방 오랑캐'라고 부르는 민족은 실은 혈통적으로는 한민족과 친연성이 높은 형제나라였다).

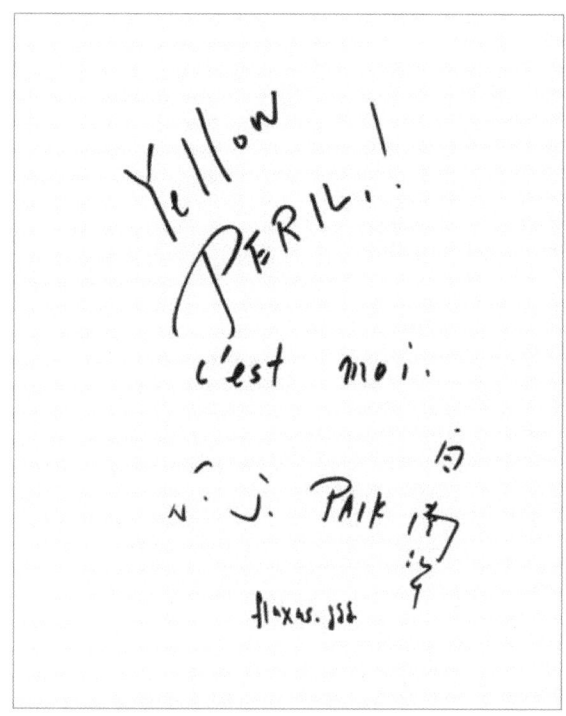

"황색공포, 그것이 바로 나다."(백남준, 1962) 백남준은 일본 유학시절부터 이미 유목문화에 대해 해박한 지식을 가졌던 것으로 보인다. 특히 세계 최대의 제국을 경영하였던 칭기즈칸에 대해서는 해박한 지식을 가졌음은 물론 거의 동일시하였던 것으로 보인다. 그는 내심 '황색공포'(yellow peril)를 통해 몽골리언으로서 자부심을 가졌던 것 같다. 한편 노마디즘(nomadism)은 마르크시즘에 필적할 정도로 그에게 영향을 미쳤던 것으로 보인다.

---

afb1b3유전자는 중국남부와 동남아시아지방에 거주하는 민족에게서 많이 나타난다. 북방계아시아인의 특징인 ab3st유전자의 분포를 봤을 때 뜻밖의 흥미로운 사실은 한국, 중국, 일본 중 일본(본토)에서 ab3st유전자의 비율이 가장 높고 다음으로 한국, 중국이 높다는 사실이다. 즉 흔히들 짐작하던 바와 달리 일본인은 북방계아시아인이다. 빙하기와 해빙기를 거쳐, 그 이후 고아시아인인 북방계아시아인은 바이칼 호에서 만주지역과 한반도를 거쳐 당시 육지였던 동해의 일부부분을 건너서 일본으로 이동했다. 그 다음으로 한반도에 유입된 민족은 기마민족이라 불리는 북방유목민족과 중국남부지방에 살던 사람들이다. 그런데 중국북부지역의 거주민은 지역에 따라 편차가 있지만 일본인에 비해 afb1b3유전자의 비율보다 ab3st유전자의 비율이 높다. 즉 중국북부지역이 일본에 비해 남방계에 가깝다. 아직 한반도 북부지역과 한반도의 북쪽에 거주하는 사람들의 유전자에 대한 조사가 진행 중이므로 단언을 내릴 수는 없지만, 한 가지 북방계아시아인의 특징을 나타내는 유전자는 한반도 북부지역보다 한반도 남부지역이 더 많다는 사실이다.

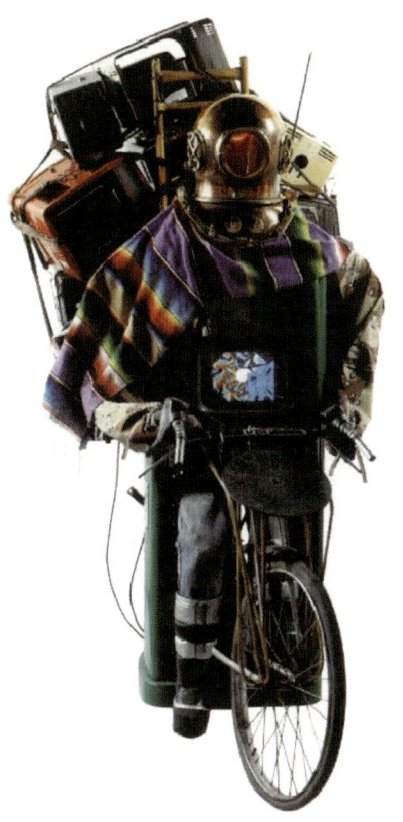

백남준 <칭기즈칸의 복권> 1993년

그러나 한민족에게 북방유목민족의 혈통과 DNA 그리고 문화적 심층구조(deep structure)는 깊게 박혀 있다고 해도 과언이 아니다. 이러한 전투적 특성은 숨어 있다가 필요할 때면 살아나서 중국의 여러 제국의 침략에도 불구하고 삼국통일을 이루고, 독립된 나라와 문화적 독자성을 구가하면서 오늘날까지 지구 상에서 한 나라를 지속하고 있는 원동력이 되고 있다. 이것을 흔히 한민족의 노마드(nomad)적 특성이라고 말한다. 아마도 백남준을 말하면서 흔히 '노마드'의 성격을 말하는 것은 이 때문이다. 백남준의 얼굴은 전형적인 북방계이다. 북방계의 특성은 가늘고 작은 눈(눈꺼풀은 두껍다)과 턱이 네모진(구강구조가 발달) 사각의 얼굴이다. 피부는 비교적 흰 빛깔이다. 이에 비해 남방계는 쌍꺼풀이 있는 커다란 눈과 턱이 세모진 갸름한 얼굴이다. 피부는 비교적 검은 빛깔이다.

북방민족의 특성 가운데 뺄 수 없는 것이 바로 샤머니즘이다. 물론 샤머니즘은 한때 지구적으로 지배적인 종교였던 때가 있었다. 샤머니즘은 그래서 종교의 원형이라고 해도 과언이 아니다. 현재 아프리카를 비롯하여 원주민 사회에서 샤먼이 존재하고 있음을 볼 수 있다. 그런데 북방민족의 샤먼은 남방민족의 그것과 다른 점이 많다. 이는 아마도 북방의 추운 날씨와 삶의 조건으로서 척박한 환경, 그것으로부터 오는 스트레스(stress)와 결부되어 있는 듯하다. 특히 '취해야만 하는' 특성은 독한 증류주를 들며, 춤은 몸을 높이 치솟게 하는 도약무(跳躍舞)를 많이 춘다. 이에 비해 남방은 과일주와 차를 많이 들며 춤도 손과 어깨를 살래살래 젓는 엉덩이춤을 춘다.

샤머니즘을 흔히 원시종교라고 하는데 이것은 현대 서구인의 관점이다.

샤머니즘은 소위 국가와 고등종교가 탄생하기 이전에 마을사회에서 인류를 지배했던 인류문화의 '원형＝모형'이다. 이것은 미분화문화, 총체성(wholism)을 가진 문화이다. 이것은 모계문화적 속성을 가졌다. 샤머니즘을 흔히 무속(巫俗)이라고 하는데 이것은 멸시이고 모함이다. 아니면 우리 민족의 자기비하이다. 무는 속(俗)도 있지만 성(聖)도 있다. 무(巫)라는 종교도 고등종교와 마찬가지로 성속(聖俗)이 함께 있다. 당시 여자 무당은 마을사회의 스트레스를 한 몸에 받으며 그것을 극복하기 위해 생사(生死)를 거는 모험을 감행한다. 한국 속담에 "죽기 아니면 까무러치기"라는 말이 있다. 스트레스는 질병일 수도 있다. 그 질병을 극복하면 지도자가 되고, 무당이 되는 것이다.

　백남준은 인류문명의 미래를 걸머쥔 예술가로서 문명적으로는 모성적이었지만 미술사적으로는 '비디오아트의 아버지'라는 기표(記表)를 획득했다. 문명적으로 모성적이라는 말은 동양에서 출발하였다는 뜻이다. 서양미술사에서 '아버지'라는 기표를 얻는다는 것은 일종의 예술적 지배를 의미하는 것으로 백인우월주의는 좀체 그것을 허용하지 않을 것이다. 이것은 비디오아트라는 여성적 네트워크(텔레비전-인터넷 망)를 바탕으로 하는 '마고적(Magoic＝Magic) 미술'[5]이 역설적으로 동양인(동양은 서양을 양이라고 하면 음에 속한다)에 의해 가부장을 획득하는 것이나 다름없다. 이것은 백남준의

---

5) "메어(Victor H. Mair, 1990)는 중국어 Wu(巫, shaman)는 고대 중국어로 Myag라고 했으며, 고(古) 페르샤어 Magu의 차용어"라고 했다. 또한 뜻은 마법사 또는 동방의 현자 Magi라고 한다. 그러면 Magi는 마고를 말하는 것이다. 성경에는 '여호와 하느님(the Lord God)이 동방의 에덴에 동산을 만드시고 그의 지으신 사람(Adam)을 거기 두시고' 또는 '에덴에서 흘러내리는 4대강의 하나는 아시리아(Assyria) 동편으로 흐르며'라 기록하였고, 또 '천신자(天神子) 예수께서 유대 베들레헴에서 나시매 동방으로부터(from the east) 박사(wise men, des mages, die Weisen) 예루살렘에 이르러'라고 기록하고 있다. 그러므로 Asie, Asia는 알타이 말로 asa-asi-az의 파생어이고 '동방의 해 돋는 나라(east, sunrise-land)'의 뜻이다."(H. Kalweit, a German scholar, who studied Shamanism at America, Mexico and Tibet reported that there had been White Shamans who harmonized their lives with nature, going up and down the heaven. They systematized the force and principle of the universe with number.) 결국 무(巫)=마고(맥, 마구)=주술가='동방의 현자'(동방박사)라는 뜻이 성립된다. 예수의 본 이름은 이사(Isa)였다. 성경에 동방박사가 큰 별을 보고 찾아왔다는 것은 다시 말하면 동방의 무당, 주술가가 찾아왔다는 뜻이다. 미국, 멕시코, 티벳 등을 누비며 인류의 샤머니즘을 연구해 온 독일의 칼바이트(H. Kalweit)는 본래 유(儒), 불(佛), 선(仙), 도(道), 이스람교, 기독교는 모두 샤머니즘에 연원을 두고 각기 지역과 문명에 따라 그 갈래가 나뉘었다고 하고, 그 때는 인간들을 가르치는 위대한 영적 스승이었으며, 하늘과 땅을 오르내리며 자연과 하나 되어 조화로운 삶을 산 그 신인들을 광명의 큰 무당, 화이트 샤먼(White Shaman)이라 했다. 세계의 모든 종교와 믿음은 삼신오제의 신교(Shamanism)에 그 연원을 두고 있다고 할 수 있다.(정연규, ≪인류가 비롯된 파미르고원의 마고성≫ 2010, 근간예정, 한국문화사)

개인사로 볼 때나, 인류문명사로 볼 때도 음으로 향하기 위한 양에 속한다. 즉 음속의 양이다.

백남준은 인터뷰에서 이렇게 말했다.

-그런데 어떻게 해서 선생님은 음악의 해프닝에서 비디오로 행로를 바꾸셨나요.

"그 변화는 천천히 이루어졌어요. 전자음악이 한계가 있다는 건 알고 있었죠. 누군가 전자TV예술을 할 거라는 것도 알고 있었어요. 하지만 나는 아니라고 생각했죠. 그건 무엇보다 화가의 작업이라고 생각했으니까요. 그러던 어느 날 나는 왜 안 되지? 하는 의문이 들었던 거예요. 1960~1961년에 나는 진지하게 전자에 대해 공부하기 시작했습니다."

(백남준, 이르멜린 리비어와의 인터뷰에서, 1974년 보훔)

그는 또 이렇게 말했다.

"길이 없었어요. 그래서 나는 그저 하나의 길을 열었을 뿐이에요. 만일 관객들이 명상 체험을 하고 싶다면 잘된 일이죠. 나는 단지 하나의 문을 열고 싶었을 뿐입니다."

(백남준, 이르멜린 리비어와의 인터뷰에서, 1974년 보훔)

인간의 삶은 환경으로부터 오는 스트레스(stress)와 이에 대항하는 필요(need)의 체계로 설명하는 인류학적 설명틀(혹은 해석틀)에 따르면 스트레스를 극복하고 나름대로 삶을 영위하기 위해서 '샤먼 킹'(shaman-king)이 존재하였다고 한다. 이를 사제왕(priest-king)이라고 하기도 한다. 말하자면 제정일치 시대의 부족집단의 지도자이다. 사제왕에서 왕(king)으로 넘어가는 과정은 제정일치시대에서 제정분리시대로 넘어가는 것과 일치한다. 이것은 모계사회에서 가장 확실하게 부계 가부장사회로 넘어가는 것과 일치한다. 제정분리라는 것은 정치권력이 제사권력보다 우위에 서는 것을 말한다. 제사가 종교라고 볼 때 종교에는 본질적으로 여자가 샤먼킹을 할 때의 모계-모성 위주의 성격을 내포하고 있다. 종교는 정치에 비해서는 여성적이다. 하늘이나 신에게 빌고 기원하는 모습은, 설사 종교가 고등종교화하고 사제가 남자사제가 되었다고 하더라도 어딘가 여성성을 나타낸다.

가부장사회와 국가의 등장과 더불어 인구는 폭발적으로 증가하고, 이에 따른 식량의 확보와 권력경쟁으로 인하여 인류는 농업혁명, 산업혁명, 그리고 가장 최근에 정보혁명에 이르고 있지만 그러한 발전의 원동력은 역시 인구압력에 있었다고 보는 편이 일반적이다. 물론 인구압은 여성의 재생산보다는 남자의 생산성을 높이 평가하게 된다. 그러나 인간이 자연이 일부인 한에 있어서 자연을 무시할 수 없게 되고, 다시 자연을 존중하게 되면 생태주의(ecology)와 여성주의(feminism)를 바탕으로 새로운 '평화적 인간주의'를 주장하지 않을 수 없게 될 것이다. 샤먼 중에 북방 시베리아 샤먼은 유명하다. 특히 스키토-시베리아 샤먼킹은 대표적인 것이다. 이들은 순록을 먹이면서 이동을 하였는데 신라의 출자형(出字形) 금관은 바로 순록의 뿔 모양이다.[6] 순록은 남쪽 초원지대가 아니라 북쪽 산림지대 혹은 동토지대에 사는 동물이다. 순록은 이끼를 먹는 동물이다. 양이나 말, 소처럼 풀을 먹는 동물이 아니다.

유럽과 아시아의 중앙에 위치하는 근동지방, 중앙아시아, 시베리아 등의 이름으로 불리는 이 지역은 인도유러피언 문명, 알타이문명, 동아시아 한자문명권이 만나는 공통분모(分母) 지역이다. 이를 혹자는 탯줄문명 지역이라고도 한다. 이 지역은 문명의 발상지가 다 있다. 이집트문명과 인도문명은 거리는 좀 있긴 하지만 광의로 볼 때는 이들 지역과 수메르문명도 이곳에 포함시켜도 별문제가 없다. 그런 점에서 이 지역은 '문명의 알(卵)'과 같은 지역이다. 그런데 인류문명이 이곳에서 중세 이후 서진하였다가 지구를 한 바퀴 돌아 다시 동으로 돌아오는 시점에 이 '알-탯줄 지역'은 다시 문명의 통합을 달성해야 하는 '문명의 모성' 지역으로 부상하고 있다. 다시 말하면 중앙아시아는 '알 → 탯줄 → 모성'의 순환을 하고 있는 셈이다.

백남준이 특히 스키타이 문화, 칭기즈칸에 대해 관심을 표명하는 것은 아마도 인류문명의 통합과 관련이 있는 것 같다. 또 문명의 노마드(nomad), 유목시대가 다시 돌아온 것과 때를 같이하고 있다. 이 새로운 유목시대는 인

---

6) 김병모, ≪금관의 비밀≫, 1998, 푸른역사. ≪김병모의 고고학 여행 1≫ pp. 182~193, 2006, 고래실.

터넷과 컴퓨터, 텔레비전에 의해 이루어지는 정보화 시대이다. 이들이 이룩하는 거대한 네트워크는 다시 지구를 지구촌으로 만들면서 인류문명의 모성회복을 부추기고 있다. 이것은 부계사회가 전쟁으로 권력경쟁을 하던 것과는 다른 모습이다. 이제 토지와 국토는 무의미해졌고, 자본의 욕망으로 지구는 하나가 되어 있는 시대이다. 이렇게 지구촌이 하나가 되고 나니까 도리어 욕망은 주체와 대상을 하나로 묶으면서 지구 전체를 타자화(他者化)하여 지구 어머니, 즉 모계 - 모성을 되찾고자 하고 있다.

한국 출신의 백남준이 예술적으로 이 일에 동참하게 된 것은 실로 우연이 아니다. 그에게는 유목민의 DNA가 흐르고 있으며 그의 모습은 북방족이다. 눈이 가늘고 피부색이 희다. 북방족은 한반도에서 남방족과 만나서 하나가 되었는데 정복자로서 이동하여 온 북방족이 지배족이 되고, 토착 농경민들은 피지배족이 되었다. 신라는 이주자와 토착민이 가장 잘 화목하여 '화백'(和白)이라는 전통을 이룬 것으로 유명하다. 신라가 삼국통일을 한 것도 화쟁(和諍)이라는 철학에 힘입은 바가 크다.

신라(의 지배층)는 남방 농경민족이 아니었다

신라의 초기 왕들은 일종의 샤먼 - 킹이었다. 시조 박혁거세 거서간(居西干), 2대 남해 차차웅(次次雄), 3대 유리 니사금(尼師今), (중략) 19대 눌지 마립간(麻立干) 등 '칸(Khan, 汗, 韓)'의 계통이었다. 23대 법흥왕부터 왕이라는 칭호를 썼다. 이는 칭기즈칸의 '칸'과 통한다. 신라가 삼국을 통일한 것은 지구 상에서 유일하게 남방과 북방 간의 전쟁에서 남방이 승리한 예이다. 이는 신라가 순수한 남방민족이 아니며 특히 지배족은 북방에서 내려온 부족으로 북방유목민족의 기질이 다분하였기 때문이다. 신라의 시조 박혁거세는 그 대표적인 상징이다. 다시 말하면 신라가 북방민족의 기질과 문화 그리고 군사무기체계를 가지고 있었기에 삼국통일이 가능하였고, 당나라를 한반도에서 완전히 물러가게 할 수 있었다. 신라의 삼국통일의 완성은 당시 세계 최대 제국이었던 당(唐)과의 전쟁이었기 때문에 오늘날 베트남전에서

베트남이 미국과의 전쟁에서 승리한 것에 견줄 수 있다. 한반도문화는 북방민족 – 문화와 남방민족 – 문화의 문화적 통합이었다고 할 수 있다.

> **시간과 공간은 하나이다. 시간의 집적(集積)이 공간이다. 공간은 상하수직이고 시간은 선후수평이다. 경도(經度)는 시간이고 위도(緯度)는 공간이다. 에콜로지는 위도이다. 역사학은 시간(통시적)이고 신화학은 공간(공시적)이다.**

그동안 인문사회학에서 문화나 역사의 변화와 이동을 논할 때 흔히 시간에 따라 논의하는 것이 상식화되어 왔다. '시간(時間)의 축'은 그만큼 무엇을 재는 기준이 되어 왔다. 그러나 인류학(혹은 지질학과 고고학)은 이를 '공간(空間)의 학'으로 바꾸고자 한다. 인류문명을 거시적으로 혹은 공시적(共時的)으로 바라볼 때 시간이라는 변수는 공간에 매개되지 않으면 안 되었기 때문이다. 서양 사람들은 시간을 사용하면서도 시간을 객관적으로 사용하고자 한다. 시간은 변화를 재는 기준이 되거나 선후관계 혹은 상하관계를 따지는 데에 쓴다. 그들은 변화하고 역동하는 것을, 그것을 재는 자(尺)로 사용하면서 시간 자체와 하나가 되지 못한다. 그러나 동양 사람들과 원시미개사회의 사람들은 변화와 역동 자체를 즐긴다. 그들에게 시간은 변화하고 움직이는 그 자체를 따름이다.

실지로 역사학에서도 편년을 나눌 때 시간의 폭이 커지면 시간의 선후관계를 공간의 상하관계로 표시한다. 이는 양이 커지면 저절로 수직적이 되고 공간적이 되는 이치 때문이다. 시간을 상중하(上中下)로 나누는 것은 좋은 예이다. 재미있는 것은 지구의 경도(經度)와 위도(緯度) 중 경도는 시간의 다름을 나타내고 위도는 공간의 다름을 나타낸다. 에콜로지는 바로 위도에 의해서 판가름 난다. 그런데 위도가 같으면 환경이 같기 때문에 동식물의 분포와 의식주 그리고 전반적인 문화도 비슷한 것이 인류학적 연구결과이다. 다시 말하면 위도는 문화의 지표가 된다.

인류학과 생물학은 위도를 중시한다. 그러나 역사학에서는 경도가 중요하다. 역사학은 변화와 이동에 초점을 두기 때문이다. 역사학에서 시간의 변화는 흔히 공간적 이동이 된다. 인류학은 처음부터 시간보다는 공간에 관심이 많다. 인류학이 역사학과 논쟁적이 되는 것은 역사학이 가장 중요하게 생각하는 발전이나 진화에 대해 인류학은 쉽게 동의를 하지 않기 때문이다. 인류학자에게 18세기에서 20세기로의 발전은 별 의미가 없다. 인류학은 공시적 방법을 중요시하기 때문이다. 인류학은 시간보다는 공간을 중시하고, 공간은 바로 에콜로지이고, 에콜로지는 바로 신화학과 관련을 맺는다.

신화학은 에콜로지이고 토테미즘이다.
역사학 / 시간 위주(시간축) = 인류학 / 공간 위주(공간축)
신학 / 역사학 = 신화학 / 인류학

역사학은 아들에게 왕관(王冠)을 씌워 주는 데에 관심이 많다. 그러나 인류학은 어머니에게 여왕의 화관(花冠)을 회복해 주는 데에 관심이 많다. 신화학은 바로 에콜로지의 산물이다. 흔히 신화학, 신학이라고 말하면 초월적인 신들을 생각해서 공간이나 에콜로지와는 상관이 없는 상상력의 공간과 신과 인물을 가상하지만 이들 신들도 실은 에콜로지의 반영이다. 인간은 함부로 상상하지 않는다. 살아가는 생활환경에서, 흔히 볼 수 있는 동식물과 그것을 바탕으로 상상을 가미하여 신화의 인물이나 배경으로 사용하는 것이지, 얼토당토않은 기상천외한 것을 상상하는 것이 아니다. 신화는 인간의 삶의 확대재생산 공간이지 허무맹랑한 공간이 아니라는 말이다. 에콜로지와 종교의 진화, 개체발생과 계통발생, 의식의 진화는 이제 시간의 문제가 아니고 공간의 문제이다.

오랜 토테미즘의 연구결과, 토템의 동식물들은 바로 인간과 함께 살아가면서 먹고 먹히는 관계였으며, 토템과 인간은 때로는 '육(肉)의 순환'을 통해 조상과 자손을 공유하는 사이였다. 토테미즘은 바로 에콜로지의 반영이었으며 동시에 결국 신화학이 된다. 종교의 진화과정을 보면 흔히 애니미즘(animism)에서 토테미즘(totemism), 샤머니즘(shamanism) 그리고 고등종교로 발전하는 것으로 되어 있는데 이것은 시(時)계열로 놓을 수 있는 문제가 아니고 일종의 구조(構造)의 문제로 해석되고 있다. 그런 점에서 애니미즘, 토테미즘, 샤머니즘, 고등종교는 위아래의 순서를 바꾸어야 한다. 애니미즘이 없으면 나머지는 없다. 고등종교는 애니미즘으로 돌아와야 한다. 이것은 동시성의 문제이다.

애니미즘은 미신이 아니라 만물과의 소통이며 의미구조이다. 애니미즘은 남성 – 아버지보다는 여성 – 어머니를 통해서 통로를 가지고 있다. 그러한 점에서 남성은 기표의 존재인 반면 여성은 기의의 존재이다. 여성을 회복하는 것이 인간이 만물과 소통하고 교감하는 지름길이다. 암수동체의 식물을 회복하고 꽃의 마음과 일심동체가 되는 것이 애니미즘에 동참하는 길이다. 여성을 회복하려고 노력하다 보면 물질과 음식과 자연의 진화과정은 저절로 드러난다. 여자는 스스로 최초의 음식인 젖이면서 음식과 요리의 존재이다. 어머니에 도달하면 동식물과의 관계는 물론, 죽음이라는 것도 심각한 것이 아닌 예사로운 일이며, 자연이 거대한 공희(供犧)의 관계로 이루어진 환(環)임을 깨닫게 된다.

애니미즘은 에콜로지(ecology)이다. 오늘날 에콜로지, 즉 에코(eco –)는 바로 자연의 에코(echo)이다. 자연으로부터 되돌아오는 산울림을 듣지 못하면 어쩌면 인간은 멸종의 위기에 처할지 모른다. 애니미즘은 몸의 소리를 듣는 것이다. 애니미즘에 '몸이야말로 마음'인 셈이다. 다시 말하면 '마음이야말로 몸'이 아니다. 마음이라는 것은 쉽게 왜곡되어 저마다 서로 다른 일자(一者)를 주장하게 되고 결국 몸을 잃어버리는 예가 많았다. 다시 말하면 마음에서 비롯되는 일자는 서로 자연스럽게(저절로) 교감이 되면 왜곡되지 않는데 흔히 강요하게 됨으로써 다른 사람의 일자를 억압하고 규정하고 심지어 악마라고 매도하게 된다. 몸을 악마라고 하는 것은 그 좋은 예이다. 악마의 사주에 의해서 몸을 가진 인간이 탄생한 것처럼 여자의 생산을 매도하는 것이 마음에서 출발한 것인지도 모른다.

적어도 본래의 마음, 본성을 되찾으려면 몸에서, 다시 말하면 서로 다른 개체, 차이가 나는 개체에서 마음을 찾지 않으면 안 되는 이치가 역설적으로 있게 된다. 그래서 마음을 버리기 위해서 몸을 찾는 것이 아니라 마음과 몸을 함께 찾기 위해서, 마음과 몸이 함께 있는 몸을 찾기 위해서 몸으로부터 마음에 접근하는 겸손하면서도 지상적인 노력이 필요한 것이다. 이는 분명 천상에서 내려오는 것과 다른, 지상에서 올라가는 것이다. 전자가 초월적 - 부계적 일자라면 후자는 내재적 - 모계적 일자이다. 전자가 흔히 보편성(普遍性)이라고 한다면 후자는 일반성(一般性)이다. 보편의 편(遍) 자는 돌아다니는 것이다. 후자의 반(般) 자는 태반(胎盤)과 같은 것이다. 서구 문명사회는 보편성과 일반성을 하나로 유착시켜 버렸다. 그럼으로써 자신의 역동성을 상실하였다. 그래서 그 반대급부로 역동성을 강조하는 철학이 나타나는 것이다.

자연에서 태어난 존재인 인간은 이제 자연으로부터 너무 멀리 달아났다. 그래서 하마터면 자신을 잃어버릴 지경에 처하게 되었다. 자신이 태어난 환경을 잃어버리고 자신의 태반과 몸을 잃어버렸다. 이러한 이유로 작금에 부르짖고 있는 것이 바로 에콜로지이다. 자연과 하나가 되는 데는 바로 인류가 소위 고등종교를 믿으면서 버렸던 자연과의 교감을 회복하지 않으면 안 된다. 자연과 교감하기 위해서는 원시종교의 이면에 숨어 있는 환경과의 공동운명체적 일체감 혹은 순환론적 사고를 다시 깨닫지 않으면 안 된다. 이들 원시종교의 세계관들은 시간이 지남에 따라 흘러가 버린 저급의 미신이 아니고 환경과 하나로 살아가는 나름대로의 지혜, 이데올로기였음을 깨달아야 한다. 조금만 유념해서 보면 아직도 생활의 곳곳에 이들 종교들이 살아숨 쉬고 있다.

예컨대 '육의 순환' 문제는 불교의 윤회론(輪廻論)과도 밀접한 관련을 맺고 있다. 이들 종교들은 인간의 삶의 심층구조로 자리 잡고 있다. 고등종교의 무속화(巫俗化)가 항상 거론되고 있고, 또한 동식물에 의한 분류는 오늘날 가장 쉽게 사용되고 있으며, 정령이라는 것은 성령(聖靈)의 형태로 자리 잡고 있다. 흔히 성부(聖父)나 법신(法身)이 먼저 생겼을 것이라고 보는데 실은 정령(精靈)의 형태인 성령(聖靈)이나 보신(補身)이 먼저 생겼다. 그 후에 고등종교의 등장과 더불어 보다 추상적이고 절대적인 형태인 성부와 법신이 생기게 된다. 후에 생긴 것이 더 높은 위상을 갖게 된 것은 물론이다. 유일신이나 법신은 범신론의 지고신(至高神)이 변해서 된 형태이다.

지구는 오늘날처럼 철저히 위계로 이루어지기 전에 평등한 지평이었다. 그야말로 무상정등각(無上正等覺)이었다. '어떠한 것도 위에 있지 않고 진실 그대로 평등하였다.' 삶과 죽음도 하나였고, 계급도 공동체를 운영하기 위한 하나의 역할 이상으로 존재하지 않았다. 종교마저도 계급화된 것은 바로 제사가 정치를 대신하고 거꾸로 정치가 제사에 영향을 미치고부터이다. 정치는 제사라는 프로그램이 변환한 것이고, 뒤에 프로그램이 앞의 원(原)프로그램을 포용하면서 권력이 탄생하였다. 권력이란 태생적으로 누구로부터 태어난 것이 태어나게 해 준 모체를 지배하는 것이다. 종교가 정치를 닮고부터 영혼이라는 것은 사람을 구속하는 것이 됐다. 영혼=말(생산)=남자=권력은 육체=자연(재생산)=여자=평등을 지배하기 시작했다.

샤머니즘은 고대의 에콜로지였다. 애니미즘, 토테미즘은 샤머니즘으로 발달하는 과정 중에 있는 것이었으나 그것은 그것대로 독자성을 가지고 있는 것이다. 샤머니즘은 과학을 달성하기도 하고, 혹은 달성하지 못하기도 하지만 종국적으로는 에콜로지를 달성하는 기제였다. 에콜로지는 인과율에 의지하는 것이 아니라 일종의 '작용적(효능적) 인과율(efficient causality)'(인과율로 결과되는)에 해당한다. 그래서 에콜로지에는 불확실성도 있지만 그 불확실성을 줄이려는 인간의 노력들이 들어 있다. 에콜로지는 살아남는(survival), 적응이라는 관점에서 사물이나 사건을 연결(접속)하는 것이긴 하지만 종합적인 설득력에서는 종교와 과학을 통섭하고 있다.

애니미즘의 부활, 생명의 정령을 정령스럽게 하는 일은 언어의 하이어라키(hierarchy)를 버릴 때 가능해진다. 언어는 만물을 도구로 만들고, 목적으로 만든다. 그러나 진정한 생명은 도구도 아니고 목적도 아니고 과정이다. 애니미즘은 실은 우주를 생명체로 보는 것의 발로였다고 보인다. 이는 우주를 대상이 아니라 주체로 보는 것이면서, 눈으로 보이지 않는, 말로 규정할 수 없는 에너지의 활동으로 보는 것이었던 것 같다. 물활론이란 일종의 소박한 우주생명체이론으로 볼 수 있다. 토테미즘은 상징적 분류학은 물론이고, 자연환경에 적응하여야 하는 삶의 조건 속에서 가장 생태적으로 성공한 동물 혹은 식물을 숭배의 대상으로 하면서 닮아 가는 적응전략(식물-되기, 동물-

되기)이었던 것으로 보인다. 토템의 대상이 된 동물들은 인간과의 관계에서 서로 먹이가 되는 바람에 서로 조상이 되기도 했다.

샤머니즘은 애니미즘과 토테미즘의 종합, 예컨대 일종의 습합(syncretism)에 의한 시너지(synergy) 효과를 얻었던 것으로 보인다. 무당이 벌이는 굿은 인간이 하늘(＋)과 땅(－) 사이에 있는 도체(導體)로서 음악에 따른 격렬한 춤과 주문으로 인해서 발생하는 자기최면(자기도취)과 접신, 황홀(트랜스), 엑스터시에 이르는 기술이었던 것으로 보인다. 물론 접신과 황홀과 엑스터시가 그렇게 단계적으로 구별되는 것은 아니다. 이것은 혼돈의 일탈적 상황이기 때문이다. 이러한 혼돈을 통해서 원초적 생기를 얻고, 다시 질서로 돌아가거나, 새로운 질서로 들어가는 것이다. 굿은 심리적 안정과 함께 무의적(巫醫的) 효과도 누렸다.

이러한 효과는 일인일과(一因一果)라기보다는 다인다과(多因多果)를 통한 생존의 총체적 획득으로 판단된다. 이것은 일즉다(一卽多), 다즉일(多卽一), 일즉일체(一卽一切), 일체즉일(一切卽一)과 같은 것이면서 실은 동시에 혼돈이면서 원융이고 몰아일체(沒我一體)를 통해 세계에 참여하는 것이다. 이는 매우 주술적인 특성을 가진 것으로서 원시·고대인들, 그리고 현대인에 이르기까지 관통하는 삶의 주술이라고 할 수 있다. 주술은 과학과 예술과 종교의 분리가 이루어지기 전의 문화적 총체성을 유지한 축제적 해결방안이었던 것으로 보인다. 이를 오늘의 과학에서 보면 여러 가지 해석이 가능하겠지만 일종의 전자－전기적 작용에 의한 신체적 질병의 치유와 신체의 부양(浮揚)의 효과도 일부 얻었던 것으로 짐작된다.

어떤 종류의 접신이든 접신을 하면 신이 난다. 접신을 하면 날아가는 것 같고, 그러한 환상여행, 우주여행에 빠진다. 신이 나면 신과 놀지 않을 수 없다. 신과의 놀이는 항상 신이 떠나는 시간을 맞이하게 된다. 말하자면 영원한 신은 없다. 바로 영원한 신이 없기 때문에 영원한 신을 인간은 기원하는지도 모른다. 영혼불멸은 인간의 영원한 건강이자 동시에 질병이다. 인간이 영혼불멸을 믿어야 하는 이유는 그렇게 해야 긍정적 삶을 살 수 있게 되기 때문이다. 만약 누가 그렇게 하지 않아도 긍정적 삶을 살 수 있다면 그것을 믿지 않아도 된다.

믿음이란 말을 믿는 것이다. 믿음이란 말 자체를 믿는 것이다. 말이 없으면 믿음도 없다. 말이야말로 가장 위대한 영매이다. 말을 과학으로만 사용하는 것은 말의 효능을 무한히 축소하는 것이다. 믿음도 말에서 비롯된다. 모든 종교가 주문을 외우는 것은 그 때문이다. 믿을 신(信) 자를 보라. 정성도 말에서 비롯된다. 정성 성(誠) 자를 보라. 말이 이루는 것이다. 그 말을 계속하면서 집중하라. 이루어질 것이다. 뜻이 있는 곳에 길이 있다. 공경도 말에서 비롯되는 것이다. 경(敬) 자를 보라. 둥글월문(복, 攴) 자가 들어가 있다.

<천지인 샤머니즘, 종교, 과학의 관계>

天＝一理 (보편적 이론)	전체(梵) (법신. 성부)	一氣 (에너지 불변)
人＝衆理 (분과학문연구)	혼령 (보신. 성령)	電磁氣 (이온)
地＝事物 (유물－유심론)	개체(我) (색신. 성자)	事件 (유물－유기론)

발(足)과 말(馬)과 말(言)이 지배한 역사이다.
(머리가 지배한 역사가 아니다. 몸이 지배한 역사이다.)

인류의 역사는 흔히 역사나 기록을 통해 재구성하기 때문에 머리와 손이 지배한 역사처럼 보인다. 물론 머리와 손은 바로 인류 진화의 결과이고 동시에 둘 사이의 피드백의 성과가 진화이기 때문에 언뜻 보면 그렇게 보일 수도 있다. 그러나 머리만 가고 발이 가지 않으면 역사는 진전되지 않는다. 다시 말하면 몸이 가지 않으면 역사는 실천되지 않는다는 말이다. 특히 머리만 가는 것은 관념론에 그치고 관념놀이로 그칠 경우도 있다. 그러나 발이 가면 관념론에 그칠 수 없다. 발이 가면 당연히 몸이 가고 몸이 가면 머리가 가는 것은 당연하다. 흔히 발이 가면 단순히 발만 가고 머리가 간다고 생각하지 않는다. 그러나 발이 가는데 머리가 가지 않는 법은 없다. 결국 발이 가면 동시에 머리도 가는 것이 된다. 머리도 갈 뿐만 아니라 머리가 현장에 있다는 말이다. 바로 인류역사는 현장에 있는 발과 머리의 소산이다. 그래서 인류사는 현대인이 생각하는 것보다 훨씬 더 활발히 이동하였고 정복·전쟁하였고 교류·교역하였다.

유라시아에서 가장 오래된 문화벨트가 스칸디나비아에서 시베리아 그리고 한반도에 이르는 북방의 '즐문토기 벨트'이다. 그 다음이 '실크로드'이고 그 아래가 '차마고도'(茶馬古道)이다. 그 아래 해상실크로드도 있고 해류(海流)를 이용한 바닷길도 있다. 인류는 불편한 교통수단을 이용하여 용케도 서로 이동하고 교류하면서 살았다. 교통수단 중에서도 가장 중요한 수단이 되었던 것이 바로 말(馬)이라는 동물이다. 결국 인류 지배의 역사는 현대적 교통수단이 등장하기 전까지 결국 말이 지배했으며 말을 타고 직접 이동해 간 사람과 사람의 말(言)에 의해 지배권이 성립되었다. 이것이 발(足)과 말(馬)과 말(言)의 역사이다. 여기서 말은 단순히 문자나 글자나 서책이 아니라 발화(發話)라는 일종의 행동이다. 결국 행동(行動)과 실천(實踐)이 세계를 지배했다는 말이다.

가부장제: 모계제＝남자의 머리: 여자의 자궁
음양(陰陽)에서 양음(陽陰)으로, 다시 음양(陰陽)으로
남자는 존재적이고, 여자는 생성적이다.

인류의 집단이 커짐에 따라 집단 간의 권력경쟁이 본격화되고 집단을 더 큰 집단으로 만들어 가는 이합집산이 계속되었다. 이것이 국가의 등장이다. 국가의 형성과정은 작은 집단이 더 큰 집단에 귀속되는 절차를 밟는 정복전쟁의 과정이었다. 전쟁은 인류에게 종전의 모계사회에서 부계사회로의 전쟁을 압박하였다. 적어도 부족국가 시대에는 모계로서 경영이 되었다. 모계란 쉽게 말하면 '자궁(子宮) 중심의 사회'이다. 자궁 중심은 가장 자연스러운 출계이고 그렇기 때문에 심리적·사회적 문제도 적었다. 그러나 정복전쟁의 빈번함과 함께 전사로서의 남자의 역할이 더욱더 중요한 것이 되었다. 전쟁에는 남자의 주거가 고정되는 부계사회가 더 적합하였다. 그래서 여자가 남자의 집으로 시집가지 않으면 안 되는 가부장사회가 점점 증가하였다. 자손의 증식이라는 문제를 일차적으로 해결한 인류는 이제 여자의 자궁보다는 전사로서의 남자가 더 절박한 것이 되었다.

가부장사회가 되기 전까지는 모계사회는 대체로 여신(女神)·여사제(女司祭)·여왕(女王)이라는 삼박자를 갖추었다. 이것이 남성들의 반란에 의해 남신(男神)·남사제(男司祭)·남왕(男王)으로 변하였다. 인류학적으로 '여신의 폐위(廢位)'와 더불어 고등종교인 불교, 유교, 기독교는 모두 가부장사회를 지원하는 세력이 되었다.[7] 물론 고등종교는 인류의 이성(理性)과 말(言)의 발달, 그것의 종합적 결과인 경전(經典)과 법전(法典)의 성립 그리고 과학기술 문명(文明)의 도래와 방향을 같이한다.

여신의 폐위는 인류사회를 '이미지 중심의 시대'에서 '문자 중심의 시대'로 급격하게 변천하게 하였고 무교는 권력(영향력)을 잃어 갔다. 무교는 모계사회를 지원하는 여사제의 종교였다. 무교를 인류가 지나치게 미신이라고 비난하는 것은 바로 가부장사회 이전의 문화체계이기 때문이다. 어떤 점에서 보면 여자는 생성적이고, 남자는 존재적이라고 할 수 있다.

<모계-부계사회의 특징>

모계사회 -신(新)모계사회	이미지(Image) 중심 -기의(記意)	애니미즘/ 토테미즘/ 샤머니즘	생성론(자연친화적) -기(氣) 중심	음양(陰陽)적 -음(陰) 위주의 사고
부계사회 -가부장사회	문자(Letter) 중심 -기표(記表)	고등종교 (불교, 기독교, 이슬람교, 유교)	존재론(문명친화적) -이(理) 중심	양음(陽陰)적 -양(陽) 위주의 사고

---

7) 불교는 여자에게 더 많은 계율을 강요하고(비구는 250계, 비구니는 500개의 계율), 기독교는 여자가 사제가 되지 못하게 하였으며, 유교는 여자에게 삼종지례(三從之禮)를 강요했다. 유교는 "짐승은 어미만 알고 애비를 모르는데 사람은 애비를 아는 것이 다르다."고 강조한다. 이 밖에도 이들 고등종교가 가부장제를 지원하였다는 증거는 무수히 많다.

이성(理性)에는 나아가려는 것과 머무르려는 것이 항상 긴장하고 있다. 나의 밖에서는 생동하는 기운(氣運)이 모습을 갖추고 무지개의 스펙트럼을 펼치면서 나를 유혹한다. 이성은 비대칭적으로 초월하여 정지하려고 하지만 음양이기(陰陽二氣)는 대칭적으로 운동하면서 원융을 지향한다. 음양사상은 그것 자체가 이미 서양의 이성 - 과학주의에 대한 대칭이다. 하나의 원리(原理)는 외연(外延)을 지배하려 하지만 원형(原型)은 만물을 내포(內包)한다. 나는 원리보다는 원형을 좋아한다. 왜냐하면 원형에는 이미 물질과 기질(氣質), 상징과 이미지 그리고 실천이 포함되어 있기 때문이다. 상징의 언어는 부분의 언어가 아니고 전체의 언어이다. 상징은 언제나 전체의 후광을 받고 있다. 언어는 사물을 끊는 칼이다. 그러나 상징의 언어는 잠시 끊는다고 해도 끊는 것이 아니다. 상징의 언어는 이중성 혹은 다중성의 언어이다. 하나의 텍스트와 맥락만을 가지고 있지 않다. 상징은 의례처럼 전체성을 함의하고 있다.

모든 행위는 의례이다. 어떤 행위라도 행위일진대 하나의 텍스트를 가지지 않는다. 행위는 이미 여러 텍스트에 노출되어 있다. 설사 하나의 텍스트(대본)에 의한 연기라고 할지라도 그 연기는 보는 이에 따라 다른 맥락과 의미를 갖는다. 따라서 모든 행위, 움직임은 의례이다. 의례는 상징처럼 전체성을 함의하고 있다. 과학이란 전체를 표현할 수 있는 상징적 대칭을 찾은 후에 그것을 하나의 방정식(수식)으로 전환하는 비대칭이다. 과학이란 비대칭의 궤적이다. 신화적 권력은 공동체적이고, 정치적 권력은 계급적이고, 그리고 과학적 권력은 평등적이다. 전기전자의 발견은 바로 과학적 권력의 평등과 민주주의, 페미니즘, 에콜로지가 하나가 되는 길을 열어 주고 있다.

백남준의 비디오아트는 미래 인류문화의 여성적 주기를 예감하는 미학적 준비 혹은 일상적 삶의 미술적 지평으로의 편입, 다시 말하면 일상적 퍼포먼스에 대한 새로운 해석을 시도하고 있다. 비디오아트는 본질적으로 여성적이다. 텔레비전 모니터라는 기물 자체가 여성적이기도 하지만 그 속의 움직이는 그림도 여성적이다. 텔레비전은 전자의 세계를 기초로 전기의 세계가 이미지를 실어 나르는 상자이다. 동양의 전통적인 음양론(陰陽論)은 물론 종합적인 우주론인데 우주와 생명의 등장에는 당연히 여성성을 대표하는 음(陰)이 전제되고 앞서야 하는 것이었기 때문에 순서를 음양이라고 하였다.

그런데 실제로 우리가 흔히 문자로 기록된 이후의 시기를 말하는 역사, 인류의 국가시대 이후의 역사는 남성성을 위주로 하는 양음(陽陰)체계였다. 양음의 세계는 대칭적인 세계를 비대칭적으로 운영하게 했다. 그것이 권력이라는 것이고, 문명이라는 것이다. 그러나 자연은 그렇지 않다. 음은 양보다 더 본질적인 것을 상징한다. 인류가 국가시대에 접어든 지 대체로 5천 년은 넘었다. 물론 이것은 국가시대의 기점을 서기전 3천 년쯤으로 잡은 추산이다. 이보다 더 앞섰을 수도 있다. 그렇게 보면 그 이전에는 여성성과 모성성이 더 부각된 시기였다고 추정이 가능하다. 대체로 5천 년이 남성성과 여성성의 변화주기인 것 같다. 우주에도 변화생성의 주기가 계절처럼 있듯이 인간사회에도 그런 것 같다. 어쩌면 인류가 남성성의 정복전쟁에 염증이 난 것으로 짐작된다.

최근 들어 다시 여성성과 모성성을 크게 숭상하는 분위기가 도래하고 있다. 비디오아트는 여성시대를 앞두고 있는 여성시대적 예술장르이고 미술장르이다. 비디오아트는 움직이는, 행위하는 모든 것을 담을 수 있는 그릇이다. 그런 점에서 다산(多産)의 이미지, 여성적 자궁의 이미지를 가지고 있다. 최근 여성의 다산을 숭배하고 여신을 숭배하는 전통과 유적과 유물에 대해서도 관심이 증대되고 있다. 동서양에 흩어진 유적유물들이 심심찮게 보고되고 있다. 이는 '여성회귀', '원시반본'이라는 커다란 주제를 떠올리게 한다. 여권의 신장과 여성성의 가치제고, 평화적 이데올로기의 등장, 동물보호운동, 환경회복운동 등이 서로 피드백하면서 힘을 싣고 있다. 이는 천문학과 신화학에서 블랙홀과 태양의 의미에 대한 연구의 진전과도 맥락을 같이한다.

블랙홀 빅뱅에서 태양숭배로, 다시 블랙홀 숭배로
블랙홀 = 여성 = 모계 = 민중 = 공간성 = 현재성 = 몸 = 자연환경
에코페미니즘(Eco-feminism)[8] = 페미니즘(Feminism) + 피플리즘

(Peoplism) + 에콜로지(Ecology)

마이크로 – 마크로 코스모스(Cosmos) = 신화(Myth) – 우주(Space)시대

블랙홀은 바로 여성성을 상징한다. 우주의 생멸과 관련되는 것이니까 그렇다. 블랙홀은 빅뱅과도 관련되지만 별들의 소멸과도 관련이 되는 우주의 검은 구멍이다. 이는 여성의 자궁과 쉽게 서로 은유되는 것이다. 블랙홀이 우주의 생멸의 구멍이듯이 자궁도 실은 인류의 생멸의 구멍이다. 예컨대 남성이라는 것은 자궁에서 나왔다가 다시 자손을 낳고 기르고 죽는 일생을 거친다는 점에서 자궁으로 들어간다고 비유할 수 있다. 물론 이때 자궁은 인간의 재생산의 공장이다. 우주를 여성성으로 혹은 여성적 유기체(organism)로 보면 남성이란 여성의 구멍에서 출몰하는 존재에 불과하다.

우리의 전통 천지인(天地人) 삼재(三才) 사상은 이들이 상하·위계적으로 고정되어 있는 것이 아니라 순환하고 있고 상징적인 것이다. 이것을 마치 하늘은 항상 머리 위에 있고 땅은 항상 발아래 있으며 인간은 항상 땅을 딛고 있다고 생각하면 틀리는 경우가 나온다. 예컨대 인간이 위성으로 가면 하늘 위에 있는 것이고 인간이 하늘 위에 있으면 하늘은 땅이 되는 것이고 하늘 위에 있는 인간은 다른 땅을 볼 뿐이다. 지구의 땅보다 높은 하늘은 없다. 하늘에는 지구를 비롯한 수많은 별들이 있을 뿐이고 별들은 서로 간에 수평적 거리가 있을 뿐이다.

하늘은 말하자면 상징적인 것이다. 불교의 삼천대천세계(三千大天世界)라는 것이 물리적으로 하늘 저 높은 곳에 있다고 생각하면 오산이다. 그래서 우리 조상들은 인법지(人法地), 지법천(地法天), 천법도(天法道), 도법자연

---

8) 피플리즘(Peoplism)은 포퓰리즘(Populism)과 민주주의(Democracy)의 대립을 극복하는 제3의 통합개념이다. 다시 말하면 사회주의식 개념도 아니고, 그렇다고 자유민주주의식 개념도 아닌, 제3의 인간일반을 의미하는 개념으로 사용했다. 피플리즘(Peoplism)과 페미니즘(Feminism)과 에콜로지(Ecology)를 통합하는 개념으로 에코페미니즘(Eco – Feminism)을 사용할 수도 있다. 피플리즘이라는 것도 실은 인구(population)에서 출발하는 것으로 인구부양은 환경과 떼래야 뗄 수 없는 관계에 있기 때문에 환경에 포합하여도 된다. 아니면 피플리즘(Peoplism)을 에코페미니즘에 포함하여 피코페미니즘(PEco – Feminism)이라는 신개념을 도입해도 괜찮을 듯하다. 이것이 미래 인류사회를 이끌어 갈 새로운 이데올로기가 되어야 한다. 이것은 여성=자연=인구(재생산)라는 역할과도 부합한다. 이것은 하늘과 남성과 권력의 복합체인 가부장제(Patriarchy)에 대항하는 보편적 개념이 될 수 있다.

(道法自然)⁹⁾이라고 하였다. 하늘은 바다와 같고 별들은 바다에 떠 있는 섬과 같은 것이다. 하늘도 실은 땅이라고 하여도 틀리지 않는다. 하늘은 짐짓 하늘이라고 하는 것이다. 심하게 말하면 하늘은 없다고 해도 괜찮다. 단지 하늘을 사칭하는 것만 있는 것이다. 하늘은 남성성 혹은 부성(父性)이다. 그래서 모성의 시대, 땅의 시대가 후천개벽의 이름으로 다가올 것이라고 한다.

아무튼 여성성의 재등장과 함께 페미니즘(Feminism), 피플리즘(Peoplism), 에콜로지(Ecology)가 삼박자가 되어 함께 민간운동의 대열에 있다. 동시에 여성성의 부각은 신화시대를 다시 들여다보게 하고 이것이야말로 역설적으로 우주시대를 상기케 하고 있다. 신화야말로 원시와 고대의 인류의 우주관이 반영된 공간이기 때문이다. 인류의 상상계에 있었던 일들이 이제 물리적 우주공간에서 재현될 조짐이다. 실지로 이제 우주공간은 인간의 새로운 바다(ocean)이다. 그래서 우주선(宇宙船)이라고 한다. 현대 천체물리학은 신화의 세계이던 우주공간을 직접 항해하게 하고 있다. 그럴수록 우주공간에 대한 인간의 상상계는 활발하게 움직이고 있다. 스타워즈(star-wars)물은 이제 영화에서 일상적인 것이 되어 버렸다. 분명히 여성성은 우주의 근본과 밀접한 관련이 있는 것임에 틀림없다.

우주시대의 등장과 함께 토테미즘도 다시 등장하고 있다. 또 애니미즘과 샤머니즘도 등장하고 있다. 인류의 영성과 우주는 서로 교감하는 존재이면서 우주인간의 모델을 제시하고 있다. 멀티미디어의 발달과 인터넷의 등장, 컴퓨터의 발달, 핸드폰과 이동통신의 발달은 지구를 하나로 만들고 있다. 이들은 우주시대를 기술적으로 뒷받침하는 문명의 이기들이다. 이러한 시대에 맞춰 백남준의 비디오아트(Video-art)는 관심의 대상이 되기에 충분하다.

---

9) 노자(老子)는 《도덕경》 제25장에서 "사람은 땅의 법칙을 본받아야 하고, 땅은 하늘의 법칙을 본받아야 하고, 하늘은 도의 법칙을 본받아야 하고, 도는 자연의 법칙을 본받아야 한다(人法地, 地法天, 天法道, 道法自然)."고 설하였다. 인류문화의 원형 중의 하나인, 중앙아시아를 중심하여 사방으로 퍼진 알타이문화권은 전반적으로 법지상천(法地象天)의 개념을 가지고 있었는데 '인법지, 지법천'을 말한다. 도덕경의 구절도 이를 반영한 것이다.

1) 미학적 평론에서 인류학적 평론으로

학문의 분화가 심화된, 오히려 지나치게 된 작금에 있어 학제적 연구 (interdisciplinary study)는 이제 기본이 되어 가고 있다. 학제적 연구가 아니면 특히 종합적인 인간학과 관련한 분야는 점차 무의미해지기 때문이다. 인간은 분화된 학문처럼 조각나 있지도 않다. 또 인간의 총체성을 도외시하고는 인간학적 연구는 실효성을 거두기도 어렵다. 그런데 몇 개 분야의 연구가 인간의 총체성을 회복하게 하거나 총체적으로 바라보게 하는 데에 결정적 기여를 하는 것은 아니다. 학제적 연구에도 여러 한계들이 있다. 그래서 그 대안으로 등장한 것이 처음부터 인간과 인간문화의 총체성(wholism)을 염두에 두고 출발한 인류학(Anthropology)이다. 그래서 작금의 추세는 인류학이 학문의 풀(pool)이 되는 경향이 있다.

예컨대 오늘날의 미학은 인류학적 지식을 인용하거나 동원하고 있다. 그러나 미학이 부분적으로 인류학적 지식과 정보를 이용하거나 때로는 그것의 편린을 학문의 자료나 증거로 동원한다고 해서 인간의 총체성을 회복하는 것은 아니다. 그래서 미학과 인류학이 처음부터 결합한 어떤 제3의 미학인류학 혹은 인류학적 미학이 필요한 것이다. 나의 '예술인류학'은 그렇게 만들어졌다. ≪한국문화와 예술인류학≫(1990년, 미래문화사)이 처음 발행된 것이 1990년이었다. 이것이 쓰이기 시작한 것이 88년 무렵이었던 것 같다. 서양에서 비디오아트의 시조로 이름이 나기 시작한 백남준이 88서울올림픽을 기점으로 금의환향한 시기와 맞물리는 시기이다. 백남준은 당시 '세계는 하나'(Wrap Around the World)라는 위성 비디오아트 작품을 발표하면서 기염을 토하고 있었다. 물론 그 이전에 이미 '굿모닝 미스터 오웰'(1984년), '바이 바이 키플링'(1986년)을 발표했었다.

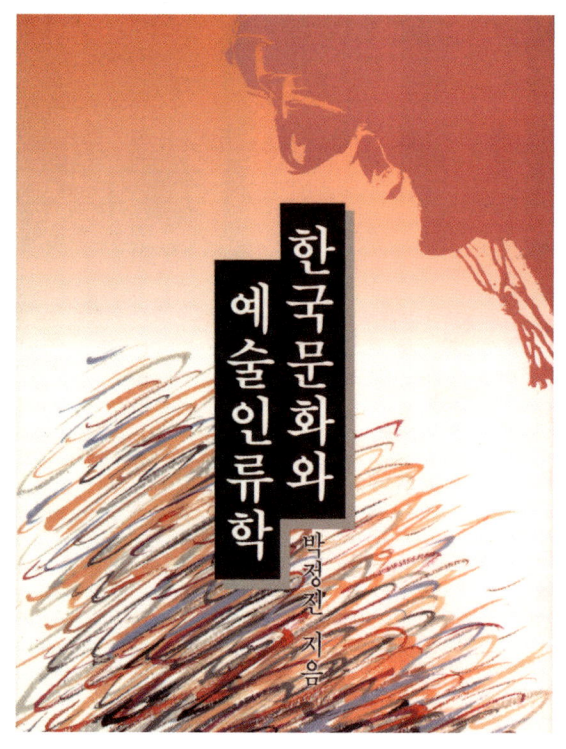

박정진의 ≪한국문화와 예술인류학≫ 표지(미래문화사, 1988년).
예술인류학은 여기서부터 시작됐다.

　당시 미술기자로서 활동하고 있던 나는 다소 생소한 '오브제'나 '퍼포먼스'라는 미술장르를 자주 접했다. 또 '콜라주'라는 것이 국내에 처음 소개되고 있을 즈음이다. 인류학자인 나는 이러한 미술경향과 인간의 삶에 대해서 반추하기 시작하였고, 그 결과 여러 서적을 뒤적이던 끝에 쓴 것이 예술인류학이라는 책이다. 86년부터 자료를 준비하고 88년에 집필에 들어가서 90년에 그 책이 나온 것 같다. 앞으로 그 책의 내용과 백남준의 관련성을 비교하고 연결하면서 이 연구의 글을 쓰겠지만, 지금에 와서 생각하면 역시 백남준을 만난 문화적 충격이 그 책을 탄생하게 한 것 같다. 참고로 나중에 안 일이지만 일본의 인류학자 나카자와 신이찌가 '예술인류학연구소'를 열면서 2005년에 '예술인류학'을 주장한 것을 들었다.

　나카자와 신이찌의 '카이에 소바주'(Cahier Sauvage) 시리즈 5권 중 마지막

권인 "대칭성의 인류학"(2004년 講談社, 일본, 2005년 김옥희 역, 동아시아, 한국)을 번역한 김옥희는 역자 후기에서 나카자와 씨가 '다마'(多魔) 미술대학 부설 예술인류학연구소 설립취지를 밝히기 위해 요미우리(讀賣)신문(2005년 7월 20일자)에 다음과 같은 글을 게재하였음을 소개했다.

"무의식 속에 잠재해 있는 감각과 사고의 야생을 잠에서 깨어나게 하고, 일어서게 하고, 그것에 표현을 부여할 수 있는 지성형태를 '예술'이라는 이름으로 부르려 한다. 아니, 그런 지성형태만이 예술이라는 이름에 어울린다. 그리고 그런 예술은 파인 아트(Fine Art)의 영역을 넘어서, 인간의 삶과 관련된 모든 영역에서 발견할 수가 있다. 지금도 우리의 무의식 속에 잠재해 있는 야생의 감각과 사고를 불러 깨우고 활용하는 것이 불가능하다면, 한계점에 다다른 오늘날의 인간세계에 미래의 바람이 들어올 창문을 절대로 열 수 없을 것이다. 바로 그렇기 때문에 '예술인류학'이 필요하다고 생각한다. 인류학과 고고학은 수만 년 동안 현생인류의 마음의 구조에는 아무런 변화도 없었다는 것을 밝혀 왔다. 인류의 마음 밑바닥에는 야생의 꽃이 피는 들판이 지금도 존재하는 것이다. 그 점을 기억 속에서 다시 떠올려, 그곳에서 '들판을 여는 열쇠'를 손에 넣어 젊은이들에게 건네주어야 한다. 그것이 바로 우리가 지금 최우선적으로 해야만 하는 일이다."

이 내용은 부분적으로 필자와 의견이 다소 다르긴 하지만 레비스트로스의 구조인류학에 지대한 영향을 받았으며 대칭성에 대한 이해를 기조로 하는 것 등은 맥락이 비슷함을 알 수 있다. 필자는 이 대칭성을 동양의 전통적인 음양사상으로 연결시키면서 '음양의 다원다층학'을 내용으로 하는 예술인류학을 주창하였던 것이다. 무의식의 대칭성 혹은 의식의 대칭성을 발견하는 것은 법칙이나 절대신을 발견하는 것보다 훨씬 중요하다. 과학의 법칙이나 종교의 절대신은 바로 무의식의 대칭성을 이성으로 억압한 결과이기 때문이다. 이성은 정령(spirit)을 미신으로 취급하게 하였으며 압도적인 비대칭의 절대신을 신으로 신봉하게 하였으며 법칙이 아닌 것은 보편성이 아닌 것으로 치부하게 하여 무의식의 대칭적 사고를 원시적인 것으로 무시하게 하였다.

예술인류학의 입장에서 보면 비대칭성이란 바로 하나의 대칭성을 절대적인 지위에 올려놓고 그 아래에 수많은 대칭성을 배열하거나 쌓아 가는 것에 지나지 않는다. 바로 대칭성의 세계를 활성화하기 위해서 기(氣)라는 개념을 활용하는 것이다. 기(氣)라는 개념은 이(理, 理性)개념과 달리 서양이 본격적으로 쓰지 않는 개념이기 때문에 서양문명의 모순이나 질병을 메울 수 있다.

나의 예술인류학은 그래서 '기(氣)철학'을 바탕으로 쓰인 인류학이다. 여기서 '기철학'이라는 것은 동양적 전통의 기(氣)라는 개념을 기초로 한 것이다. '기(氣)'라는 것이 공기(空氣, atmosphere) 혹은 에테르(ether)와 같은 것은 아니다. '불교의 공(空)＋생기(生氣)＝기운생동(氣運生動)＝생기론(生氣論)'의 개념에 가깝다. 이는 이성의 횡포에 대해 저항하는 한편 대칭적 관점에서 사물을 배열함으로써 혹은 무의식의 철학인 대칭성을 회복함으로써 새로운 삶의 활력과 새로운 문화를 건설하고자 하였다. 나의 예술인류학은 대칭성을 발견하는 예술인지도 모른다. 대칭성은 그것 자체로 법칙은 아니지만 그것을 둘러싸고 신비한 힘과 에너지가 움직이면서 우주를 역동적으로 만드는 원천이다. 아마도 우주를 주체로 보면 결국 대칭적 구조의 역동으로 보지 않을 수 없으며 반면에 우주를 객체로 보면 결국 법칙을 발견하는 것을 목적으로 삼지 않을 수 없게 된다.

그런 점에서 인류문화의 구조, 정태적인 구조와 동태적인 구조를 설명하는 틀로 우리 조상의 ＜천지인(天地人)사상＝3・1체계＞와 ＜음양오행(陰陽五行)사상＝2・1체계＞는 '보는 틀' 혹은 '설명 틀'로서 참으로 긴요한 것이다. 이들 틀은 무엇을 연구대상으로 하든지 간에 유용한 틀이다. 실지로 나는 ≪한국문화와 예술인류학≫에 이어 출간된 ≪불교인류학≫, ≪종교인류학≫ 등에서 이 두 가지의 틀이 결국 하나라는 것을 밝혔다. 음양오행도 천지인의 변용이었다. '우물 정'(井) 자의 설명 틀을 이용해서 그것을 설명하였다. 우물 정 자는 나에게 인류의 사고의 원형처럼 느껴진다. 과학과 예술과 종교의 삼각관계도 이들 틀로 설명이 가능하다.

동양의 천지인 3・1체계와 음양 2・1체계는 기독교의 삼위일체설과 현대철학의 변증법에서 드러났다. 헤겔(1770~1831)[10]의 변증법은 주체로서의 인간주의에 충실하여 역동성을 강화한 것이 특징이다. 헤겔의 정반합(正反

合)은 정신현상학, 역사변증법의 토대가 되었다. 헤겔은 절대정신을 존재체로 보고, 그것의 운동으로서, 더 정확하게는 역사발전의 운동으로서 변증법을 주장했다. 헤겔에게 있어 절대자는 이성이고 본질은 자유이다. 그는 단한 사람 전제군주(專制君主)만이 자유이었던 고대로부터, 소수의 사람이 자유이던 시대를 거쳐 모든 사람이 자유가 되는 시대로 옮아간다고 보았다. 현대는 바로 이 마지막 단계가 실현되어야 할 시대라고 보았다.

일견 이것은 민주주의를 설명하는 것 같다. 그런데 그가 절대자로 본 이성이 결코 완전한 것이 아니다. 바로 도구적 이성이 될 수 있는 것이다. 도구적 이성은 바로 악마로 돌변할 수 있는 것이었다. 헤겔의 영향으로 정반대의 마르크스의 유물론이 파생된다. 마르크스의 유물론은 헤겔의 '정신'에 '물질'을 대입한 것이다. 마르크스가 위대하면 할수록 역설적으로 헤겔이 위대한 것은 둘은 일종의 이원대립항으로서 결국 서로를 보완하거나 의지하기 때문이다. 심(心) – 물(物)은 하나의 이원대립항에 불과한 것이기 때문이다.

여기서 이원대립항에 대한 간략한 설명이 필요할 것 같다. 이원대립항이란 인간의 뇌의 활동과 관계가 있는 것으로 일종의 구조적이고 기능적인 것이다. 다시 말하면 구조이고 기능이다. 이것의 특징은 대칭적이면서도 동시에 비대칭적이라는 점이다. 전자를 비권력적이라고 하고, 후자를 권력적이라고 한다. 권력과 비권력의 이중성(ambiguity)은 만물의 역동성(dynamism)의 근원이 된다. 인간은 이 이원대립항의 최고봉에 존재와 생성, 영원과 순간, 주체와 객체, 시간과 공간, 역사와 철학 등을 올려놓고 있다.

이원대립항에서 가장 중요한 것은 위계(位階, hierarchy)가 성립되지 않는데도 불구하고 그것이 성립하는 것처럼 생각한다는 점이다. 다시 말하면 인간은 자신이 처한 입장에 따라 그것이 바뀐다는 점이다. 이것은 인간의 본질적 착각이면서 동시에 자유의 문제가 된다. 자유의 문제는 결국 이원대립항을 자유자재로 옮겨 다니지 않으면 실현되지 못하는 것이다. 자유를 획득

---

10) 헤겔은 관념론적 형이상학의 견해를 가졌다. 그래서 역사는 절대자, 신(神)이 자기를 실현해 가는 과정이라고 생각했다. 절대자는 이성(理性)이고 그 본질은 자유(自由)이다. 따라서 역사는 자유가 그 속에서 전개해 가는 과정이며 자유의 확대가 역사발전이라는 것이다. 결국 헤겔은 '절대자=신=이성=자유'를 한데 묶었다. 그의 철학은 칸트에 의해 대륙의 합리론과 영국의 경험론의 통합을 이룬 것을 다시 관념론으로 기울게 하였다.

하기 위해서는 사물을 메타포(metaphor)로 보지 않으면 안 된다. 인간에게 있어 시간은 지속의 문제가 되지만 공간은 이동의 문제가 된다. 지속의 문제를 시간적으로 배열하면 순열의 문제가 되고, 이동의 문제를 공간적으로 배열하면 조합의 문제가 된다.

공간의 입장에서 보면 이원대립항은 시간의 변수가 배제된 동시성(同時性)의 것이 된다. 동시성의 것을 조합하고 배열하다 보면 이것은 일종의 놀이가 된다. 놀이란 본질적으로 퍼포먼스(performance)이다. 퍼포먼스는 물론 대본이 필요하다. 때로는 대본이 없이 즉흥적이 될 수도 있다. 퍼포먼스는 대본을 필요로 하지만 궁극적으로 퍼포먼스가 목적이다. 다시 말하면 대본을 필요로 하지만 대본을 위해서 퍼포먼스가 존재하는 것은 아니라는 점이다. 퍼포먼스는 본질적으로 존재의 편이 아니라 생성의 편이다. 그러나 신은 짓궂게도 가장 존재적인 것이 가장 생성적인 것이 되고, 가장 생성적인 것이 가장 존재적이 되는 것을 원한다. 이는 모순의 극치이다.

헤겔이나 마르크스에게도 일반적으로 적용되는 철학과 과학의 오류가 비껴가지는 않았다. 철학과 과학의 역사는 오류라는 질병 혹은 원죄를 치료하기 위해 몸부림친 정신의 궤적인 것이다(철학(모순) = 과학(오류) = 질병 = 원죄). 나는 이 질병을 치료하기 위해서 기(氣)라는 개념을 도입하였던 것이다. 나의 '예술인류학' 혹은 '예술의 인류학'은 예술을 학문의 대상으로 보기보다는 학문의 주체로 활용하기 위한 인류학적 방법론의 모색이었다. 그래서 결국 '시인으로서의 고고학자'가 이상적인 예술인류학자의 모델이었다.

새로운 학문적 운동의 개념으로서, 사건적 개념으로서 기(氣)라는 개념을 도입하였던 것이다. '기'라는 개념을 도입함으로써 서양의 구조와 해체를 용이하게 받아들이면서 나아가서 새로운 대안으로서의 학문, 예술인류학을 정립할 수 있었던 셈이다. 예술인류학은 아직도 많은 실험과 연구를 그 과제로 남겨 두고 있다. '기의 인류학', '느낌의 인류학'은 그래서 예술인류학과 동의어로 쓰인다.

어쨌든 서양의 역사주의는 여러 형태의 구조주의에 의해 주도권을 빼앗긴다. 구조주의는 그것의 발전적 해체 혹은 외연을 넓히기 위한 조치로서 후기 구조주의(해체주의)로 발전한다. 구조주의 혹은 해체주의는 절대성보다는 상대성, 결정론보다는 비결정론, 존재체보다는 생성체에 관심을 갖는 경향을 말한다. 동양의 이기론(理氣論)은 바로 역동적 구조주의의 하나로서 서양의 이러한 움직임과 맥락을 같이한다. 더욱이 단순히 맥락을 같이할 뿐만 아니라 역동적 우주론의 완성을 주도할 수 있는 개념을 가지고 있다. 이것은 일종의 대안(alternative)이며 올터레이션(alteration)[11])이다.

존재체와 생성체는 지금까지 서양철학에서는 대체로 본질(본체론)과 현상(현상론)으로 말해 왔다. 말하자면 존재체＝본질, 생성체＝현상이다. 그러나 이제 이것이 역전되지 않으면 안 되게 되었다. 다시 말하면 존재체＝현상, 생성체＝본질이다. 이 주체를 이 책의 전편을 저류로 흐르면서 논의되는 화두와 같은 것이다. 그렇기 때문에 지금, 여기서 일괄하여 잘라 말할 수는 없다. 이 책을 잘 읽으면 ＜존재체＝가부장사회＝남성 위주＝서양 중심＞, ＜생성체＝모계사회＝여성 위주＝동양 중심＞이라는 문맥을 파악할 수 있을 것이다.

존재체와 생성체는 안팎관계를 이루면서 서로 반대방향을 가고 있다. 다시 말하면 반대에는 항상 '안의 반대'가 있고, '밖의 반대'가 있다. '안의 반대'를 '반'(反)이라고 하고, '밖의 반대'를 '비'(非)라고 한다. 물론 이것을 바꾸어 쓸 수도 있다. 이것을 가장 극명하게 보인 것이 바로 동양의 음양사상인데 음과 양은 서로 반대이면서도 동시에 음 속의 양, 양 속의 음을 내포하고 있다. 그런데 우리는 전자를 반대라고 하기도 하고, 후자를 반대라고 하기도 한다. 양쪽을 구분하여 쓸 필요도 있다. 이러한 반대는 결국 세계가 '역동적인 하나'라는 것을 증명하는 것이다.

존재체는 항상 바깥에서 실선으로 보이는 상태로 순환하고 있고, 생성체는 점선으로 보이지 않게 순환하고 있다. 보인다는 것은 바로 질서와 권력을 의미하고, 보이지 않는다는 것은 머무르지 않는 것을 의미한다. 머무르지

---

11) 올터레이션은 변경, 개조, 개편, 개수, 수정, 변화, 변질 등과 같은 뜻이 있다. 올터레이션보다는 올터네이션(alternation)은 번갈아 일어나다, 교대하다, 엇갈리다, 교착하다 등으로 쓰인다. 앞으로 이 용어의 새로운 의미구조의 발생에 관심이 간다.

않고 변하는 생성체가 있기에 역설적으로 머무르는 존재체가 가능하다. 존재체는 볼륨이 있고 생성체는 볼륨(크기, 형태, 무게를 포함)이 없다. 생성체는 기(氣)와 같이 때로는 미시적으로, 때로는 거시적으로 변화하고 역동적으로 움직이고 있다. 동서양 철학의 역사도 실은 존재체에 비중을 두었다가 생성체에 비중을 두었다가 왕래하는 경향을 보인다. 그러나 서양은 존재체 중심으로, 동양은 생성체 중심으로 변하는 양상을 보인다.

존재체와 생성체는 마치 동양의 상생론(相生論)이나 상극론(相克論)과 비교된다. 상생론은 생성체이고 상극론은 존재체이다. 삶의 현장은 언제나 상생과 상극이 번갈아 가며 있으며 그것으로 인해 생멸(生滅)이 있는 것이다. 특히 상극론＝존재체라는 상징적 등식은 극(克)을 통해 존재체가 될 수 있는 현상계를 잘 말해 준다. 존재체라는 것은 사물의 본질을 왜곡시키는 것이긴 하지만 결국 사물은 전체에서 떨어져 나와 부분이 됨으로써 자신의 자아와 존재감을 느끼게 된다. 이는 마치 어머니의 자궁에서 떨어져 나와야 하나의 개체로서 탄생하는 것과 같다. 또 개체적 인격이 되기 위해서는 다시 모성성에서 떨어져 나와야 하는 것과 같다.

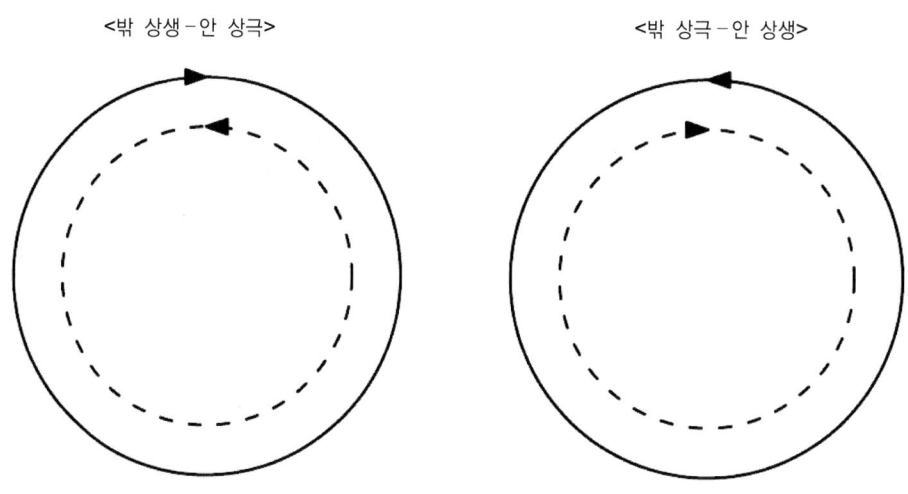

서양의 최첨단 과학은 이제 정신과 물질이 둘이 아니라 '역동적 하나'임을 양

46

자역학(quantum mechanics)을 비롯한 여러 '전일적(全一的) 패러다임'(wholistic paradigm)에서 다시 깨닫고 있다. 헤겔 이후에 쇼펜하우어(1788~1860),[12] 니체(1844~1900),[13] 베르그송(1859~1941),[14] 들뢰즈(1925~1995), 데리다(1930~2004)[15] 등 유럽의 근대철학자들은 실은 암암리에 자신들의 합리주의 철학을 벗어나기 위해서 동양에서 새로운 철학적 영양공급을 받으려고 노력한 게 사실이다. 헤겔의 정반합의 합(合)은 새로운 이원대립항의 발견에 지나지 않았다.

쇼펜하우어는 '의지(意志)와 표상(表象)'에, 니체는 '권력(權力)의 의지(意志)'에서 실체를 발견하려고 하였다. 그러나 그것이 문제의 해결은 아니었다. 구조인류학자 레비스트로스를 비롯하여 구조언어학자 등 구조주의 학자들은 대거 역사학자들과의 논쟁에서 새로운 학문적 세력으로 부상한다. 결국 구조와 구조의 해체, 그리고 그것의 반복이나 변형이 세계였다. 구조주의 학자들은 동양과 제3세계 혹은 원주민사회에 눈을 돌렸다.

동양이야말로 실은 고대에서부터 매우 구조주의적인 사고와 문명을 가진 세계였다. 음양사상과 주역(周易)은 그 대표적인 것이다. 그러한 점에서 예술인류학이 이 땅에서 거론되는 것은 너무도 당연하다. 일상과 예술의 이분법은 더 이상 용납할 수 없는 것이다. 이제 이분법 중에서 상대적으로 권력

---

12) 쇼펜하우어는 다시 헤겔을 비롯한 관념론 철학을 비판하는데 그도 역시 관념론적인 경향을 벗어나지는 못했다. 그는 특히 플라톤의 이데아론 및 인도의 베다철학의 영향을 크게 받는다. 그는 시간과 공간, 카테고리, 인과율은 인간의 주관적인 인식의 형식으로 구성된 표상(表象)일 뿐, 그것이 존재는 아니라고 주장한다. 그래서 세계는 우리들의 표상이며 세계의 존재는 주관에 의존한다고 결론짓는다. 그는 칸트가 물 자체를 인식 불가능한 것이라고 한 데 반해 그는 물 자체를 의지(意志)로써 인식한다고 주장한다. 그 의지는 '생에 대한 맹목적인 의지(욕구)'라는 것이다. 그래서 이 인과적 연쇄를 벗어나려면 불교적 해탈과 열반으로 돌아가야 한다고 한다.

13) 니체는 쇼펜하우어의 '의지(意志)의 철학'을 다시 '생(生)의 철학'으로 계승했다. 그는 피안(彼岸)이 아니라 차안(此岸), 즉 지상에서 '권력(權力)에의 의지'를 체화(體化)하는 초인(超人)이라는 이상을 향하여 끊임없는 자기 극복을 해야 한다고 주장한다. 그러나 그의 권력의 의지는 추구한다고 되는 것이 아니기 때문에 니힐리즘에 빠진다. 그는 유럽문명이 극도의 니힐리즘에 빠지는 것을 몸소 먼저 체험한 것으로 이해된다. 물론 그의 니힐리즘은 영원회귀를 주장하고, 영원회귀는 구원은 아니지만 존재로서의 긍정적 의지의 선택의 계기가 된다.

14) 베르그송은 생명의 창조적 진화를 주장한다. 또 지성과 직관을 구분하고, 직관에 기초를 둔 형이상학(形而上學)이 지속·생성(生成)·진화를 파악하여 그것으로써 과학을 보완해야 한다고 주장한다. 또 사회는 폐쇄된 사회와 개방된 사회 2가지가 있는데, 개방된 사회를 지향해야 한다고 역설한다.

15) 데리다는 독일 훗설의 현상학을 토대로 하여 언어의 기호체계가 자의적이라는 전제하에 언어의 조립물인 논리학에 대한 전반적인 재검토에 들어간다. 특히 '에크리튀르와 시차성'에 관심을 보였다. 말하자면 언어의 '구조와 체계'는 독립된 자의적 체계이며 그것은 해체될 수 있는 것이라는 결론에 도달하였다. 그래서 후기 구조주의는 해체를 중심으로 발전한다.

적인 것과 비권력적인 것을 구분하고 비권력적인 것에서 권력적인 것으로의 반운동이 절실하다. 이제 성속(聖俗)조차도 구분될 필요가 없으며 새롭게 재편될 필요가 있다. 모든 경계에서 외롭지만 세계가 하나라는 것을 보여 주기 위해 노력하지 않으면 안 된다. 이것은 혁명의 일상화이며 동시에 일상의 혁명화이다.

> **일상의 예술화, 예술의 일상화**
> **일상의 퍼포먼스(performance)와 예술의 퍼포먼스**
> **규범적·제도적 시공간을 일탈적·퍼포먼스적 시공으로 합성변주**
> **예술과 행위의 경계 허물기: 모든 경계는 외롭다.**

지금까지 인간의 일상(日常)을 가지고 예술이라고 하지 않았다. 예술이란 시인이나 작가, 화가, 음악가 등 예술을 전문으로 하는 사람들이 특별히 작품이라고 하여 발표하는 창작물을 예술이라고 하였다. 그러나 예술의 개념은 넓어져서 이제 인간의 일상생활도 예술의 차원에서 바라볼 수 있게 됐다. 말하자면 예술과 일상의 경계가 허물어지는 셈이다. 이러한 경계의 파괴는 어떤 측면에서는 일상의 예술화와, 반대로 예술의 일상화의 길도 열어 주는 셈이 된다. 이렇게 경계를 무너뜨리는 행위는 예술에 대한 새로운 개념의 설정을 요구하게 된다.

〈예술인류학의 제8원칙〉
1. 철학(哲學)은 미학(美學)의 상위개념이었다.
   그러나 이제 미학(美學)이 철학(哲學)의 상위개념이다.
   그 이유는 말 이전에 형상이 있었기 때문이다.
2. 진선미(眞善美)는 이제 미선진(美善眞)이 되어야 한다.
3. 소리는 발생학적으로 형상의 상위개념이다.
   그러나 소리는 존재론적으로 형상이 되고자 한다.
   보이지 않는 질료로서의 소리
   청각적인 것은 시각적인 것이 되고자 한다.
   (이것이 오브제로서의 음악이다.)
   보이는 질료로서의 사물
   시각적인 것은 청각적인 것이 되고자 한다.

(이것이 소리를 표현하는 비디오아트이다.)
　4. 감각은 인간의 내부 통로에서 서로 교차하고 통합하고자 한다.
　5. 말(소리)은 글자(형상)가 되고자 한다. 글자는 말이 되고자 한다.
　6. 음악(소리)은 미술(형상)이 되고자 하고 미술은 음악이 되고자 한다.
　7. 예술은 몸(물질)이다. 그러니 당연히 실천이다. 형상이라고 하는 것은 몸의 대용물
　　　이다. 그래서 창작은 체육을 닮았다(몸으로 할 수 있으면 몸으로 해야 한다). 정신
　　　노동, 그것은 예술을 향수하는 자의 말이다.
　8. 최초의 이분법이고 이진법인 음양전기전자(陰陽電氣電子)는 비어 있다.
　　　음양전기는 빈 공간으로 메워지기를 기다린다.
　　　(한국문화는 소리를 좋아하고 중국문화는 형상을 좋아한다. 그래서 문화의 원형은
　　　한국이지만 문화의 지배는 중국이다. 이는 한국과 중국, 한글과 한자의 운명이다.)

위의 8원칙은 이 글의 전개를 통해 서서히 증명될 예정이다.

無始無終, 有始有終

2) 예술의 인류학(Anthropology of Art)
　　　－ 예술을 대상으로 한 인류학－

퍼포먼스(performance)하라

　예술인류학의 가장 큰 특징은 문화를 퍼포먼스(performance)로 보는 것이고, 동시에 미술의 '퍼포먼스 시대'를 선도하는 것이다. 미술의 퍼포먼스는 무엇인가. 간단하게 말하면 여러 매체를 동시에 사용하면서 이것을 일종의 퍼포먼스, 즉 연행(演行)으로 연출하는 것이다. 퍼포먼스는 종래의 미술양식 혹은 예술의 여러 장르나 양식을 한데 묶어서 통합하여 합생(合生)하는 것이다. 여기서 합생한다는 것은 합하여서 살아나게 한다는 뜻이다. 합하였는데 살아 있지 않으면 실패한 것이다. 결국 살아 움직이는 기(氣), 활기(活氣), 기운생동(氣運生動)이 없으면 실패한 것이 된다. 이는 인류문화의 원시반본, 즉 최근에 원시반본 하려는 인류문화의 움직임과 밀접한 관련을 갖는다.

예술인류학은 쉽게 말하면 무당을 인간의 원형(shaman＝man)으로 보는 것이다. 이를 거꾸로 말하면 무당은 특별한 존재가 아니라 무당현상이 쉽게 드러나는 인물을 특수집단으로 인간의 문화가 만든 것이라고 본다. 무당은 인간의 일반적·보편적 현상이다. "모든 인간은 무당이다." 단지 그것의 정도의 차이가 있을 뿐이다. 다시 말하면 그 정도가 심한 것은 우리는 무당이라고 하기도 하고, 때로는 예술가라고 한다. 예술인류학이 무교인류학이 되는 것은 주로 무당을 주체로 하는 인류학의 경우이다.

예술인류학이 백남준에게 중요한 것은 그의 퍼포먼스야말로 어느 분야의 전문적 예술가가 아니라 누구나 그 퍼포먼스에 참가할 수 있다는 점이다. 그런 점에서 그의 퍼포먼스는 굿 예술에 가깝다. 굿 예술적 속성을 가진 아방가르드 예술이다. 백남준은 보는 이에 따라서는 유명한 음악가도 아니었다. 그렇다고 그가 유명한 미술가도 아니었다. 그렇다고 그가 유명한 문학가, 연극인, 무용가, 영화배우, 코미디언도 아니었다. 그런 그가 그래도 세계적 예술가가 되는 이유는 무엇인가. 그는 전에 없었던 새로운 장르를 개발하는 한편 예술을 인간의 일상에 낮추어 일상의 예술화를 시도하였기 때문이다. 그렇다고 일상이 바로 예술이라는 것은 아니다. 옛날 마을사회에서는 전문 무당이 아니더라도 마을 축제에 마을의 필부필부가 사제(제관)가 되어 제사를 지냈으며 그는 나름대로 신과의 교통을 이루고 마을의 안녕을 빌었다. 누구나 퍼포먼스를 행할 수 있었다.

무당은 전문예술가는 아니다. 그러나 때로는 예술가에 못지않은 행위와 영감에 찬 말과 춤을 춘다. 그러니 결국 신과 통하면(신기가 내리면, 신이 집히면) 예술가가 되고 그렇지 못하면 생활인이 되는 것이다. 물론 전라도 당골의 경우, 오늘날 아트패밀리(Art Family)라고 부를 정도로 예능에도 탁월한 재주를 보이는 집단도 있지만 그렇다고 그들을 예술가라고 하지는 않는다. 말하자면 '접신을 잘하는 생활인'이거나 '접신을 도우는(바라지하는) 반주자'인 것이다. 신과의 소통을 하려는 의지 자체가 중요하다. 신은 부르면 있고 부르지 않으면 없는 이중적인 존재이다. 예컨대 "구하라. 얻을 것이다." "하늘은 스스로 돕는 자를 돕는다."라는 것과 같다.

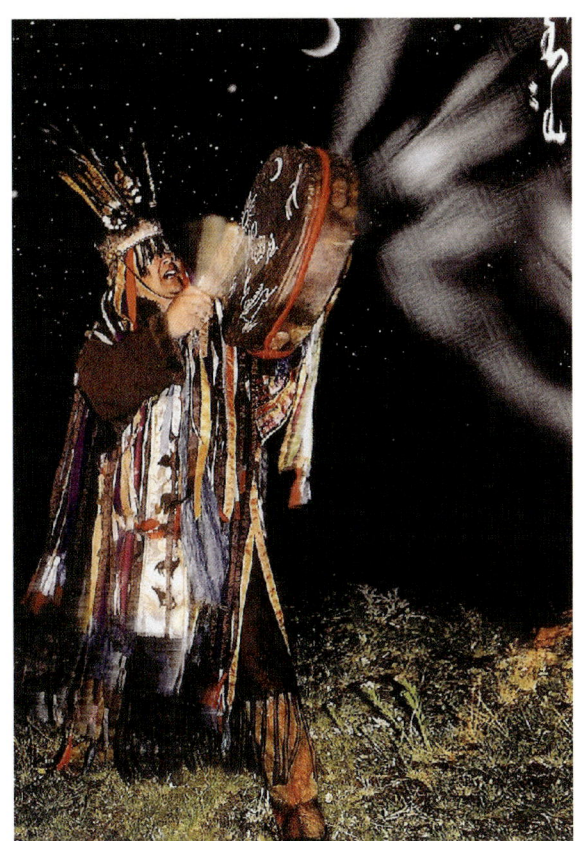

인간은 누구나 무당이다. 여기서 무당이라는 존재는 하늘과 사람과 땅을 연결하는 매개적 존재이다. 무당에게 영매가 있다면 무당 자신은 실은 인간의 영매이다. 굿 (gud)은 무당에게만 있는 일이 아니라 인간의 생활 자체가 바로 굿의 변형이다. 인간은 땅에서 살면서 하늘에 무언가를 주문(呪文)하며 살아가는 존재이다. 인간은 또 땅의 것을 하늘의 것으로 옮기고, 하늘의 것을 땅으로 옮긴다. 그때 영매가 필요하다.

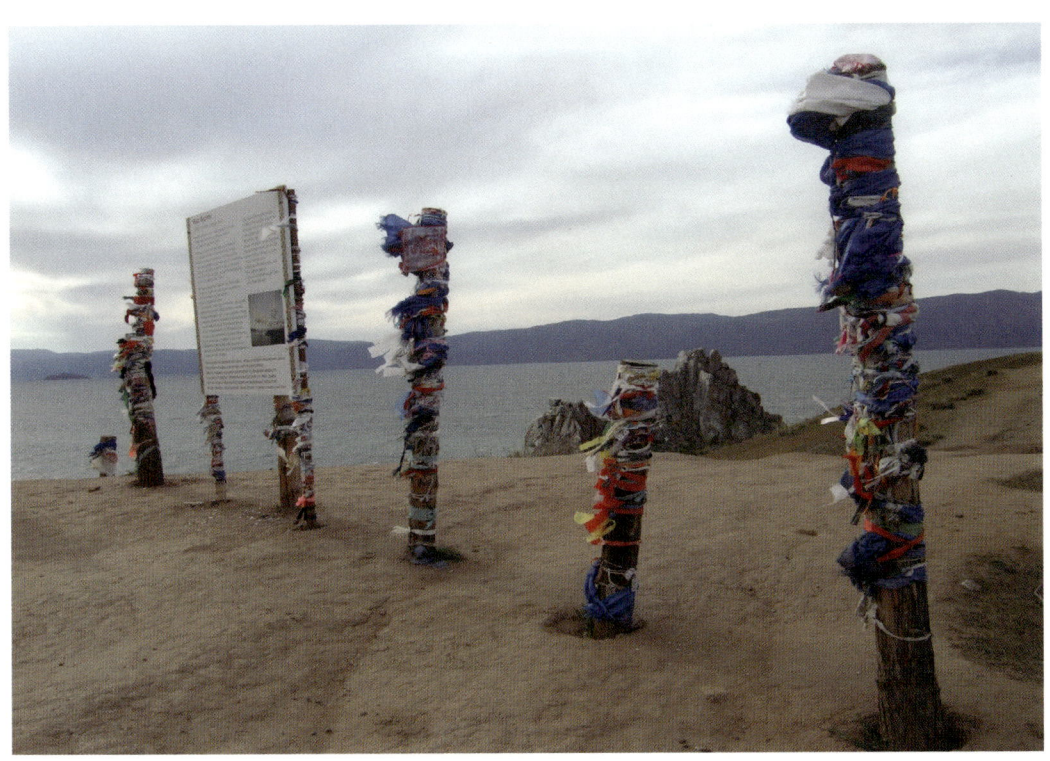

알혼섬 부루칸 바위로 가는 길목에 있는 성소(聖所). 이런 것은 해변의 만이나 곶이 있는 곳에 주로 서 있다. 아시아의 9개 성소 중 하나.

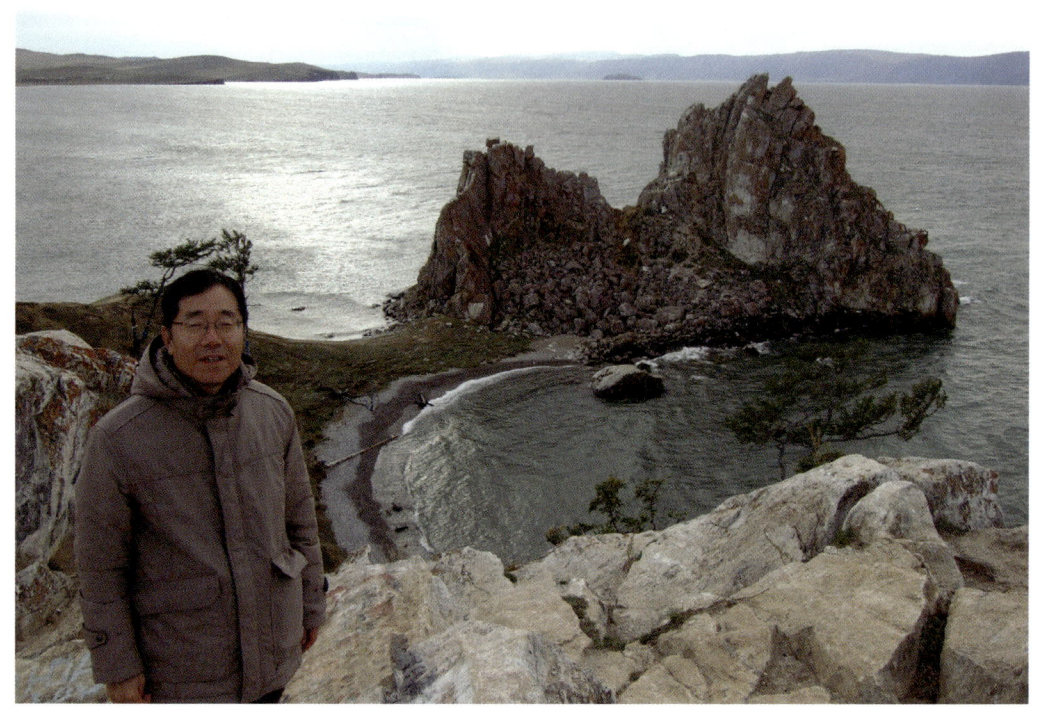

세계 무당들의 고향이라고 일컬어지는 바이칼 호 알혼 섬의 부루칸 바위 앞에 선 필자

<무당, 인간의 원형>

天 (＋)	영매 (靈媒)	영감 (靈感)
人 (0)	무당	예술가
地 (－)	굿 (행위)	작업 (일)

　　나의 예술인류학은 '기'(氣)철학을 토대로 이루어졌다는 점에서 '기(氣)의 인류학'이라고 할 수 있다. 나의 예술인류학은 마치 백남준의 비디오아트나 TV프로젝트를 예상이라도 하였다는 듯이 '기(氣)의 커뮤니케이션'을 주장하면서 전자기파 혹은 전자기장 등 전자시대의 키워드를 직접적으로 사용하고

있다. '기'(氣)는 결코 말로써 달성할 수 없는 것이기에 방편적으로 '기'(氣)라는 말을 사용한다. 또 구조(structure)보다는 기능(function)을, 정적(靜的)인 것보다는 동적(動的)인 것을 우선하는 것을 볼 수 있다. 그래서 이론적 모델이름을 아예 '역동적(力動的) 장(場)의 개폐이론'(DSCO)이라고 명명하였다. 영혼과 영매는 이제 '말'(言)이나 '귀신(혹은 신)'들이 아니고 전자기로 바뀌었고, 인간마저도 'TV인간'(TV와 같은 기통氣通의 인간을 말함)으로 변하는 것을 예상이라도 하였던 듯하다. 이는 인간이 자연을 모방하고, 다시 TV가 인간을 모방하는 단계로 변해 버린 듯하다.

우주적 증식(增殖)이라는 것은 매체가 다를 뿐이지, 크고 작은 것, 다시 말하면 소우주와 대우주라는 것이 실은 상동체인지도 모른다. 만약 상동체라고 한다면 물론 예술의 기원을 모방이나 유희에서 찾는 것이 더욱 타당할 것이다. 그러나 그 모방이나 유희의 과정이 프로그램 변형의 과정이 없이 단박에 실현되는 것은 아니다. 예술이란 무엇일까. 과연 '모방본능(模倣本能)',[16] '유희본능(遊戱本能)'[17] 때문일까. 여기서 나는 예술의 원천, 근원에

---

16) Aristotle says, "Art is an imitation of nature" 모방본능설: 플라톤이나 아리스토텔레스는 예술을 모방으로 본다. 따라서 모방 충동성이란 모방 충동이 예술을 낳게 하는 원동력이 된다는 것으로 희랍시대 이래 칸트의 유희 충동설이 나오기까지 가장 권위 있는 견해로 인정되어 왔다. 아리스토텔레스는 「시학(Poetics)」 4장에서 다음과 같이 말하고 있다. "대체로 어떤 두 개의 원인이 시를 낳는데, 그 어느 원인도 사람의 성정(性情)에서 흘러나오고 있는 것 같다. 제일의 원인은 사람의 모방성이다. 왜냐하면 모방한다는 것은 사람에게 있어서는 어린애의 시절부터 본능적으로 갖추어져 있다. 그리고 사람이 다른 동물과 다른 점은, 사람은 가장 모방적인 동물이며 사람의 최초의 지식은 모방을 통하여 이루어진다는 데 있다. 그와 함께 사람은 모두 모방된 것에 기쁨을 느낀다는 것도 또한 사람의 본능이다. 이것이 제이의 원인이다."

17) 유희 본능설: 칸트(Immanuel. Kant)로부터 시작하여 쉴러(F. Schiller), 스펜서(H. Spencer) 등에 의하여 계승 발전 확대된다. "문자 그대로 그가 사람인 한, 그는 완전히 인간이다."의 유명한 쉴러의 명제는 예술을 인간의 유희 본능이라고 규정한다. "인간에게는 두 가지의 충동 — 사태 충동과 형식 충동 — 이 있다. 앞의 것은 인간의 육체적 성질에서 일어나 외계에서부터 여러 인상을 받아 끊임없이 변화를 추구한다. 뒤의 것은 인간의 자아의 활동에서 일어나 항상 휴식을 구한다. 이들은 상호 보족하면서 활동하는 것인데 상호 보족이 가장 조화가 잘되었을 때에 제3의 충동이 생긴다. 이 제3의 충동이 바로 유희 본능이다." 이밖에도 예술에는 '자기 과시설'이 있다. 자기 과시설은 허드슨(W. H. Hudson)이 주장한 학설로 "예술은 자기를 과시하려는 본능에 의하여 창작된다."는 것이다. 허드슨은 그의 저서 "문학 연구 서설"에서 문학을 만드는 인간의 심리적 동기로 네 가지를 들었다. ① 우리들 자신이 가지고 있는 자기표현의 욕구 ② 우리들이 인간과 그 활동에 흥미를 갖는 것 ③ 우리들의 현실의 세계 및 공상의 세계에 대한 흥미 ④ 우리들이 형식을 형성으로서 기뻐하는 마음. 끝으로 '발생론적 기원설'은 사회적인 요구에 기초한 것인데 유희충동설과 같은 자연발생설을 부정하고 삶과 관련된 실천의 동기, 현실성에서 비롯되었다는 소위 '실용도구 유래설'이다. 이 설은 고고학, 인류학적 성과에 크게 힘입고 있는데, 헌, 그로세 등에 의해 주장되었다. 유희설이 생활과 무관한 것을 비판하는 데서 출발한 이 이론은 실제 생활과 관련된 실용설, 노도 과정, 마술과의 관계 등을 통하여 예술의 발생 기원을 찾는다. 즉 실용적, 공리적 욕구가 먼저 있었고, 심미적 욕구는 그 다음에 생긴 것이라는 것이다.

대해서 말하려는 것이 아니다. 예술 자체가 다른 문화 장르에 비해 어떤 것인가를 말하고자 한다. 특히 학문(인문학적인)이나 과학(자연과학적인)에 비해 마이너스(－)적이라는 것을 말하고자 한다. 여기서 마이너스적이라고 하는 것은 흔히 플러스(＋)가 전기의 흐름에서 주도권을 잡은 것에 대해 그렇지 못하다는 말이다.

말하자면 예술은 주도권을 잡지 못하고 다른 학문이나 정치, 종교, 심지어 과학기술 등에 조종을 당하는 입장에 있다는 뜻이다. 그렇다고 예술의 힘이 부족하다는 뜻은 아니다. 인류의 권력자들은 예술로써 자신을 치장하고 자신의 권위를 드러내고 자신의 심미안이 탁월하였음을 과시하기 위해서 기꺼이 예술의 후원자(patron)가 되었기 때문이다. 예술가가 독자적으로 권력을 쌓은 경우는 거의 없다. 그런 점에서 예술가는 겉으로는 때로는 귀족처럼 사치스럽게 생활할 수도 있겠지만 결국 그들은 신(혹은 왕)의 심부름－직접 작업을 하여야 한다는 점에서 귀족이라기보다는 노동자에 가깝다. 미켈란젤로나 다빈치는 평생 심각한 노동(좋아하는 작업일 때도 있지만)을 면하지 못하였다. 무당도 마찬가지이다. 그래서 때로는 '신의 노예'로 저주받은 사람이라고 하지 않던가. 무당이 일상의 예술가라면 예술가는 특별한 무당이다.

일상이야 어떻든, 예술가의 정치적 위치가 어떻든, 타고난 예술가들은 예술을 하지 않고는 못 배긴다. 그렇기 때문에 예술이 오늘날까지 버티고 있는지도 모른다. 인간의 신체가 총동원되는 예술이 다른 문화장르에 비해 최고의 권력자의 위치에 오르지 못하는 까닭은 바로 예술의 신체성에 있다. 이를 흔히 '몸'(mom, maum)이라고 한다. 몸이라고 하면 흔히 육체라고 생각하는데 이때의 몸은 정신과 육체라는 이분법의 육체가 아니다. 몸과 마음이 하나가 된 상태의 몸이다. 예술의 이러한 위치는 마치 남자와 여자가 함께 생활을 꾸려 가면서도 신체성에 더 밀접한 여자가 권력관계에서 불리한 것과 마찬가지이다. 여자는 아이를 낳아야 한다. 바로 그 여자의 특징이 나중에 사회적 권력의 배분에서 소외당하고 결국 한 남자에 소속되지 않으면 안 되는 입장에 서게 되는 것이다. 이는 정말 숙명적이다.

흔히 종교야말로 온 몸을 바치는 헌신(獻身, sacrifice), 희생(犧牲), 순교(殉

敎) 등으로 매우 신체적인 것으로 비친다. 물론 이때의 헌신은 명목상으로는 신체적인 것이 아니라 영혼적인(spiritual) 것으로 명명한다. 그러나 그러한 종교적 희생이나 순교를 일상의 관점에서 보면 몸을 바치는 것이다. 몇몇 순교자나 특별한 은총을 받은 사람들을 제외하고는 신앙이라는 것이 과연 예술보다 더 신체를 바치는 것이 될지에 대해서는 의문이다. 어떤 평범한 신앙인과 어떤 평범한 예술가를 두고 볼 때 과연 누가 더 자신의 '온몸'으로 자신이 숭배하는 대상에게 전심전력을 기울일 것인가. 적어도 예술가는 탁월한, 역사적인 예술가가 아닐지라도 처음부터 저절로 온몸으로 접근하는 것을 기본으로 한다. 예술이란 몸의 육화과정을 거치지 않고는 도대체 창작되지 않는 것이기 때문이다. 종교는 어떤 개인의 액세서리가 될 수 있지만 예술은 그렇기 어렵다. 물론 예술을 일종의 액세서리로 달고 다니는 예술가도 있다. 그러나 그들은 진정한 예술가는 아니다.

　　예술 자체가 과학(학문)에 비하면 마이너스(－)이다.
　　마이너스(－)가 있어야 플러스(＋)가 힘을 쓴다.
　　학문, 과학(＋)＝이(理)/종교(O)/예술(－)＝기(氣)

　　그러나 마이너스가 있어야 플러스가 힘을 쓴다는 것이 서서히 증명되고 있다. 그동안 전기(電氣)는 플러스에서 마이너스로 흐르는 것으로 알았다. 그렇다. 그런데 그 전기라는 것이 전자(電子)라는 미시세계의 뒷받침이 없으면 존재할 수 없다는 것이 증명되었다. 전자는 마이너스가 주도권을 잡고 있다. 전자는 마이너스가 중심이 되고 그동안 플러스는 일종의 비어 있음이 된다. 그래서 플러스가 형성되면 전류가 통하는 것이다. 물론 플러스와 마이너스라는 것이 물질과 마찬가지로 독립적으로 존재하는 것이 아니다. 동시에 존재하는 것이긴 하다. 그렇더라도 굳이 주도권을 따지자면 그렇다는 것이다. 플러스에 있던 남자, 권력, 학문 등은 단지 플러스라는 이유로 과도한 권세를 누렸다. 이제 마이너스인 여자, 비권력, 예술 등이 권세를 누릴 수 있는 전자적 근거가 마련되었다. 내가 이 말을 하는 것은 비디오아트라는 것이 바로 문명사적으로 전자적 세계의 등장과 궤를 같이하는, 예술적 신천지라는 점에서다.

> 과학이 태어나서 천지가 창조된 것이 아니다.
> 천지가 창조되고 과학이 태어난 것이다.
> 종교가 태어나서 천지가 창조된 것은 아니다.
> 종교는 자연이 과학을 만나 태어난 것이다.
> 천지가 창조되는 것은 자연의 예술이다.
> 천지는 저절로 제 몸을 얻은 것이다.

천지창조를 비롯하여 거대한 물리세계, 코스모스(Cosmos)의 형성은 그동안 흔히 종교적이고 신화적인 레벨에서 다루어 왔다. 이는 그동안 과학이라는 것이 우주의 신비를 밝히기에는 능력이 부족하였기 때문이다. 그러나 과학이 발달하였다고 해서 우주의 신비를 다 풀 수 있는 것은 아니다. 여전히 궁극적인 문제는 남겨 놓고 있다. 어쩌면 영원히 풀 수 없는 궁극은 남아 있을지도 모른다. 그러나 상당수 그 신비를 푼 것도 사실이다. 그렇지만 우주라는 것이 과학이라는 것 때문에 탄생한 것은 아니다. 과학이라는 것은 탄생 이후에 그것에 대해 설명하고 해명하는 후차적인 것이다.

종교도 그러한 후차적인 것이라는 점에서는 과학과 마찬가지이다. 종교는 흔히 경전이 성립되면 시간을 소급하여서 마치 본래부터 있었던 것처럼 수사학을 동원하는 것이 과학과 다르다. 종교는 본질적으로 유시유종(有始有終)이나 무시무종(無始無終)을 선택하지 않으면 안 된다. 어느 것을 선택하더라도 결과는 마찬가지이다. 종교는 결국 순환론에 의지하는 이데올로기이기 때문이다. 유시유종이든, 무시무종이든 처음과 끝이 만나면 마찬가지이다. 그래서 기독교와 불교가 마치 거대한 차이라도 있는 것처럼 말하지만 그것은 수사학의 차이에 불과하다. 종교라는 것은 이러한 순환론을 바탕으로 그것의 사이사이에 인과론이나 인과응보론을 삽입한 것에 불과하다. 종교는 자연이 과학을 만나 탄생한 것이다.

자연에서의 인간은 삶을 영위하면서 자신을 둘러싸고 있는 우주에 대해 어떤 설명을 가하지 않고는 살 수 없었다. 그것은 불안이었으며 그것보다는 틀려도 좋으니(진실이나 사실의 문제가 아니다) 어떤 설명을 하지 않으면 안 되는 실존적 한계상황에 부딪혔다. 그 가운데서도 특히 죽음의 문제는 인간의 인지능력의 발달과 더불어 해결하지 않고는 하루하루 살아갈 수 없었다. 무엇을 조금 안다는 것은 도리어 큰 부담이 되었던 셈이다. 그래서 자연은 과학의 힘을 빌려서 종교를 탄생케 했다. 신앙이란 본질적으로 믿으면 있고, 믿지 않으면 없는 것이다. 신앙은 스스로 일어나는, 기신(起信)하는 것이다. 신앙이 이렇게 지식과 다른 것임에도 경전(經典)이 필요한 것은 인간은 어떤 설명이든 설명을 요구하기 때문이다.

그런데 자연은 글자 그대로 제 몸을 제가 난 것이다. 자연에서 멀리 떨어진 객관적 존재로서 신(神)이 천지를 창조하였다는 것은 과학시대에는 설득력이 전혀 없다. 그것보다는 신이 주체적 존재로서 내재해 있다는 설이 훨씬 설득력이 있고 유효한 것이다. 객관적 존재로서의 신은 아무리 찾아도 끝이 없고 무한히 연장되는 객관적 세계에서 신을 찾는 것은 애초에 증명할 수 없는, 실현할 수 없는 도로(徒勞)이다. 신이 무소부재(無所不在) 한 것이 아니라 무소부재 한 것을 신이라고 하였다는 편이 훨씬 옳다. 이는 '변하는 것이 신'이라는 말과 같다.

어떻든 제 몸으로 태어났다는 점에서 굳이 말한다면 천지창조가 일어난 것은 자연의 예술이라고 하는 편이 옳다. 자연에 비해 신(神)은 훨씬 왜소해지게 된다. 심지어 신은 '인간이 발명한 것'이라는 주장도 있다. 인간은 자문자답하기 위해서 신을 만들어 놓고 신과의 대화를 통해 문제를 풀어 갔던 셈이다. 이는 과학이 가설을 설정해 놓는 이치와 같다. 인간은 연역의 동물이면서 귀납의 동물이다. 말하자면 쌍방향으로 문제를 풀어 가는 존재라는 뜻이다. 만약 천지창조가 자연의 예술이라고 한다면 학문, 예술, 종교 가운데 예술이 훨씬 더 높은 자리, 아니 높은 자리라는 위계적인 술어보다는 중심자리를 차지하게 된다고 하는 편이 옳다. 중심이라고 할 때는 이미 원(圓)을 가정하고 있다. 세계는 정태적으로 있는 것이 아니라, 혹은 삼각형의 위계로 있는 것이 아니라 동태적으로 돌고 있으며, 돌고 있다는 것은 일종의 개체의 스핀(spin)과 궤도(orbit)가 있다는 말이다.

천지창조가 자연의 예술이라면 남성보다는 여성이 더 중심이 된다. 여성이야말로 자신의 몸을 분화시켜 재생산(reproduction)을 담당하는 존재이기 때문이다. 우주천지는 바로 여성이라고 말할 수도 있다. 여성은 그러한 점에서 우주의 바탕(matrix, material)을 이루는 분모(分母)가 되고 남자는 분자(分子)가 되는 것이다. 남자의 아버지(父)로서의 위치는 매우 한시적이고 부차적인 일이 된다. 그러한 점에서 하느님 아버지보다는 하느님 어머니가 더 적합할 것 같다. 우주는 마치 흐르는 강과 같이 흐르는 흐름(stream, situation)이면서, 콘텍스트(context)이면서 그 가운데 간간히 거점(據點, station)으로서의 텍스트(text)를 생산하는 체계인지도 모른다. 그러한 점에서 뒤에 논의할, 독일에서 일어난 반문화, 반예술의 운동으로서 플럭서스(Fluxus)의 가치가 있는 것이다.

텍스트(Text)↔콘텍스트(Context)의 동시성
절대적인 것은 상대적인 것이다. 상대적인 것은 절대적인 것이다.
대대적(待對的) 인지구조(認知構造): 동양의 전통적 음양론
BSTD(Binary opposition Space Time Dialectical reciprocity)

(+) = 권력　　　　　　　(−) = 비권력
* 이성(理性)↔기운생동(氣運生動)
* 질서(Cosmos)↔무질서(Chaos)
* 구조(Structure)↔기능(Function)
* 랑그(language)↔파롤(parole)
* 콤피턴스(competence)↔퍼포먼스(performance)
* 이론(theoria)↔실천(praxis)
* 작곡(compose)↔연주(play)
* 송신(發信)↔수신(受信)
* 협화음↔불협화음
* 신(神)↔인간(人間)
* 왕(治者)↔백성(被治者)
* 문(文)↔무(武)

* 유(有)↔무(無)
* 남자(男子)↔여자(女子)
* 천지창조(天地創造)↔천지개벽(天地開闢)
* 물리학(物理學)↔주역(周易)
* 역학적(力學的)↔역동적(易動的)
* 양음(陽陰)↔음양(陰陽)
* 전력(電力 : ＋→－)↔전자(電子 : －→＋)
* 유교(儒敎)기독교(基督敎)↔무교(巫敎)불교(佛敎)
* 그림↔오브제

┤ 예술인류학의 각종 표시 ├

대칭성 혹은 동시성 '－'
연계성 혹은 서로 다른 코드의 연결 '⏜'
나아가는 방향(정반응) '→'
돌아오는 방향(역반응) '←'
평형상태(가역반응) '↔'
상부구조/하부구조＝드러난 것/숨어 있는 것 ' / '
예) 본성적－존재적/본질적－생성적＝기표/기의＝부성/모성
＝보편성/일반성＝유심론/유물론＝하느님 아버지/하느님 어머니＝갓 파더(여호와)/갓 마더(마고)＝분자/분모
＝태극/음양＝양/음
포지티브(플러스) '＋'
네거티브(마이너스) '－'

예술인류학은 우선 '예술을 대상으로 한 인류학'(Anthropology of Art)이다. 위의 대칭적 가역(可逆)반응은 필자의 ≪예술인류학≫(1990년, 미래문화사)에서 끊임없이 논의된 이원대립항들이다. 이원대립항이라고 하는 것은 전통적 음양사상을 현대의 인류학, 그것도 구조인류학의 개념으로 번안하여 붙인 말이다. 구조적 사고로 말하면 서양보다는 동양이 훨씬 앞선 것이다. 우리의 전통적 음양사상을 구조인류학으로 말하면 다원다층(多元多層)의 음양학(陰陽學)이다[18].

인류의 문명사를 음양론으로 보면 서양은 양(陽)에 속한다. 양에 속하는 것으로는 소위 이성과 권력이라는 것이 대표적이다. 그런데 이성과 권력의

---

18) 박정진, ≪한국문화와 예술인류학≫, 91－123쪽 참조.

끝은 결국 소외를 낳고, 비대칭의 역사를 낳고 말았다. 양은 결국 비대칭의 문명을 낳았다. 이에 비하면 동양은 음(陰)에 속한다. 세계는 이제 음의 관점, 여성성의 관점에서 새롭게 건설되어야 한다. 예술인류학은 음의 관점에서 새로운 문명을 건설하는 것을 목표로 한다. 그러나 음의 문명이라는 것이 억압적으로 이루어진다면 자기 배반적이다. 음의 문명이라는 것은 법과 제도에 의해 이루어지는 것이 아니라 실은 각자의 깨달음으로 실현되는 것이기에 기다릴 줄 알아야 한다.

그런데 음양이란 어떤 고정된 것이라기보다는 매우 상대적인 개념으로 차라리 어떤 '비어 있는 것'으로 보면 더 이해하기가 용이하다. 예컨대 음양학은 어떤 이원대립항들이 나선형을 이루면서 수없이 많이 존재하는 것이다. 그래서 어떤 대립항들은 우리의 뇌(腦)가 선험적으로 제안하여 그렇게 바라보는 일종의 관념적 틀이다. 그러나 그것을 단지 관념의 틀이라고 할 수 없다. 이는 자연의 일부이기도 한 인간이 동시에 이성적 존재이기 때문에 자연현상도 그렇게 설명할 수 있기 때문이다.

'예술을 대상으로 한 인류학'은 바로 그것을 '대상'으로 했기 때문에 권력적이기 쉽다. 이는 기존의 질서의 편이라는 점이다. 위의 이원대립항에서 <왼쪽(+)=권력>이라는 질서(Cosmos)의 입장이다. 그 반대는 물론 비권력적이다. 이는 대상마저도 주체적으로 보려는 경향 때문이다. 위의 이원대립항에서 <오른쪽(-)=비권력>이라는 무질서(Chaos)의 입장이다. 그 반대의 입장을 우선하는 것을 나는 '예술적 접근의 인류학'(Artistic Anthropology)이라고 명명하였다. 여기서 굳이 예술적이라고 한 것은 예술을 대상으로 혹은 예술은 주체로 연구하기는 하지만 그것보다는 예술이라는 개념을 생활 전반으로 넓혀서 <생활→예술>이라는 가역적 상황을 염두에 둔 것이다.

이것은 예술과 생활을 주체(Subject)로 한 것이 된다. 먼 미래에는 예술과 생활의 차이와 구별이 없을 수도 있겠다는 전망이 포함되어 있다. 그런데 지금까지 질서에 대한 무질서, 코스모스에 대한 카오스, 문화에 대한 반문화는 역사적으로 실천되어 왔지만 어디까지나 질서와 코스모스의 편에서 이루어진 것이었다. 그런데 이제 무질서와 카오스의 편에서 이루어져야 한다는 주장이 내재되어 있다.

　그렇게 볼 때 인간은 사물을 보다 역동적으로 보고, 생활을 보다 역동적으로, 자유롭게 영위할 수 있을 것이다. 다시 말하면 카오스는 무질서로, 심하면 악(惡)으로 규정되었지만 이제 그것은 악이 아니라는 얘기이다. 선과악은 전기적으로, 음양적으로 표현하면 플러스(＋)/마이너스(－)로 규정된, 혹은 좋은 것/나쁜 것으로 규정된 것들－다원다층의 음양들의 집중 혹은 분산에 불과한 것이다. 따라서 한 문화권, 한 사회의 약속(도덕)이 다른 문화권에서는 통용되지 않는 것이다. 카오스를 악이라고 규정하는 것은 권력자(기득권자, 율법학자, 사제)의 편에서 보는 시각이다. 카오스야말로 가장 천지창조에 가까운 가장 역동적인 우주의 본래의 모습이다. 카오스는 무질서 속의 질서인 것이다. 단지 카오스를 코스모스의 입장에서 보니 단순한 무질서처럼 보였을 따름이다. 대상적 우주는 '질서적 코스모스(질서)'이지만, 주체로서의 우주는 '카오스적(무질서적) 질서'인 것이다.

　동양의 주역은 대체로 카오스를 잘 반영하고 있다. '음(--), 양(－)/0, 1'이라는 두 기호를 중층적으로 쌓아서 자연의 운동과 변화를 설명한 이것은 참으로 세계를 역동적 구조로 보는 데에 있어서 금자탑이다. 요컨대 음양주역론(陰陽周易論)은 동양적 우주론이 되었고 한의학체계의 근간이 되었다. 특히 우리가 쓰고 있는 전기(電氣)와 원자세계의 전자(電子)라는 것은 바로 동양의 음양론에 흡사한 물리현상이다. 전기는 플러스에서 마이너스로 흐르지만 전자는 마이너스가 있음으로써 플러스가 일어난다. 이것을 둘로 떼어 놓을 수 없다. 동시적으로 일어나는 것인데 말을 하니까 마치 둘로 떨어져 있는 것이 작용하는 것 같다.

　필자의 예술인류학은 바로 이러한 음양의 이치를 인류학에 원용한 것인데 음양의 작용을 마치 화학의 가역반응처럼 설명하는 일종의 설명틀이다. 가역반응이라는 것은 양방향적 벡터를 말하는 것이고, 동시에 이중성을 내포하고 있다. 이것은 일종의 자유의 가능성이다. 가역반응은 물론 평형(equilibrium)이라든가, 균형(balance), 동시성(同時性), 양가성(兩價性)을 의미한다. 그러나 물론 약간의 미세한 불균형으로 존재는 완전히 환원되지는 않는다. 그래서 환원주의(還元主義)는 항상 옳은 것은 아니다.

　가역반응이라는 것은 그것의 거론 자체가 정(正)반응에 대한 역(逆)반응을 강조하는 것이다. 그러나 구조인류학의 입장은 구조 혹은 질서를 있게 하는 능동적인 정반응에 힘을 실어 주는 것인데 반해 예술인류학은 질서에 반대하는 수동적인 역반응에 힘을 실어 주는 것이다. 물론 여기서 반(反)은 어떤 실체에 대한 적극적인 반대를 말한다. 이에 비해 어떤 것에 대한 비(非)는 소극적인 반응이다. 비(非)는 또한 반대에는 소극적이지만 도리어 다른 많은 것의 가능성, 잠재성(potential)을 내포하고 있다.

　우리는 흔히 습관적으로 말하는 순서가 있다. 대체로 권력적인 것을 먼저 말하고 비권력적인 것을 뒤에 말한다. 말하자면 이것은 무의식적으로 훈습(薰習)된 것이다. 천지, 남녀, 좌우…… 등 이루 헬 수 없이 많다. 그런데 가만히 보면 항상 먼저 말하는 것은 중심이 되고 뒤에 말하는 것은 주변이 된다. 그래서 반대로 역반응으로써 사물을 한번 바라보자는 태도를 예술인류학은 가지고 있는 셈이다. 예술인류학은 자신의 정(靜) 상태가 구조인류학이고, 동(動) 상태가 역전을 가능케 하는 예술인류학 본래의 입장이라는 것이다. 그러한 점에서 예술인류학은 무엇보다도 '몸의 부활의 인류학'이다. 또 '반(反)의 인류학'이며 '역동(逆動)의 인류학'이며 '혁명(革命)의 인류학'이다.

　예술인류학은 사물을 바라볼 때 우선 적합한 이원대립항 — 음양(陰陽)항목 — 을 떠올리고 그 다음에 그것의 가역반응을 통해 사물이나 사건을 설명하고자 한다. 이때 중요한 것은 물론 정반응의 것도 중요하게 다루지만 역반응의 것을 동시에 고려함으로써 우리의 훈습된 습관과 다른 시각과 그 결과를 제공하고자 하는 것이다. 그런데 더 중요한 것은 가역반응이 한 번에 그치는 것이 아니라 계속적으로 일어난다고 하는 사실이다. 어떤 구조라는 것, 음양관계라는 것은 실체라기보다는 구조이기 때문에 서로 간에 선후(先後), 상하(上下), 대소(大小), 좌우(左右)도 없고, 중심과 주변도 없다. 설정한 대립항들의 상호 작용을 설명하는 틀이다.[19]

---

19) '천지창조↔천지개벽' 항목을 보자. 천지창조라는 기독교적 우주론보다는 천지개벽이라는 동양적 우주관, 혹은 자연관이 훨씬 자연적이고 순리적이다. 그러한 상대적인 우주를 절대적으로, 유일신적으로 설명하려

그림↔오브제의 항목은 바로 두고두고 앞으로 계속해서 논의될 부분이다. 오브제(Objet, Object)라고 하는 것은 참으로 역설적인 단어이다. 그것은 대상도 되고 목적도 된다. 대상은 객관적인 것이고 목적은 주관적인 것이다. 예컨대 사물을 '객관적으로 떨어져 있는 것'으로 보면 그것은 단순한 대상인 데 반해 주체가 자기 조직적인 의미에서 새롭게 추구하는 목적으로 보면 그것은 주체적이 된다. 인간이 무엇을 목적하는 것은 주체적인 행위이기 때문이다. 주체와 대상, 수단과 목적, 시간과 공간, 과정과 실재는 애매모호하고 가역적인 것이다.

시간과 공간의 문제, 시각과 청각의 문제는 매우 복잡하다. 이들은 교차하면서 역설적이고 표층과 심층에서 상호 보완적이다. 청각은 시간적이다. 시각은 공간적이다. 그런데 이들은 교차한다. 청각은 공간(소리가 흐르는 그릇)이 있어야 하고 시각은 시간(사물이 변하는 양상)이 있어야 한다. 시각은 청각적 환상을 갖고, 청각은 시각적 환상을 갖는다. 이들은 몸의 어디에선가 서로 만나고 교차하고 통합하는 기제가 있는 것 같다. 시각중심문화인 서양은 청각분야인 음악에서 괄목할 만한, 매우 층위적(層位的)인 고전(서양음악은 매우 건축적이다)을 만들었다. 이에 비해 청각중심문화인 동양은 시각분야인 미술에서 사물의 왜곡(歪曲)이라는 고전(동양회화는 원근법을 무시한

고 하다 보니 천지창조가 된 것이다. 자연은 글자 그대로 '저절로 그러한 것'이다. 기독교의 여호와도 실은 '나는 나다'라는 의미이다. 이는 결국 같은 뜻이다. 단지 자연과 달리 인격신으로서 인칭대명사를 쓴 것이 다르다. 결국 상대적인 것의 절대적인 표현이라고 보면 옳다. 물리학↔주역은 참으로 동서양 문명의 특징을 극적으로 드러내는 항목이다. 서양은 물리학적 완성을 한 문명권이다. 이에 비해 동양은 주역적 완성을 한 문명권이다. 전자는 역학(力學)이고 후자는 역학(易學)이다. 전자는 인과론을 바탕으로 하고 있고 후자는 순환론을 바탕으로 하고 있다. 참으로 대조적이다. 전자는 사물을 객관화하고 실험하고 관찰하는 대상으로 설정하고 있는 반면에 후자는 사물을 주체화하고 즉자화하고 물아일체를 추구하는 것이다. 전자는 당연히 법칙을 발견하는 것을 우선하고 후자는 자연에 순응하는 것을 우선으로 한다. 이는 인간이 발명할 수 있는 두 개의 커다란 우주적 패러다임이다. 양음↔음양은 이 논문의 전체를 관통하는 철학이며 원리이며 미학이며 이데올로기이다. 실지로 서양문명은 양음의 편이고 동양문명은 음양의 편이다. 그러나 동양도 실은 음양을 말하였지만 실지로 역사의 구성에서는 양음의 편이었다. 다시 말하면 가부장제의 편이었다는 것이다. 음양은 가부장제가 시작되기 전의 모계사회를 지배하던 이데올로기였던 것 같다. 그런데 천지개벽 우주론은 바로 음양론과 병행한 것으로 보인다. 그런데 최근 천제물리학이라는 거시물리학과 원자론이라는 미시물리학의 성과를 보면 블랙홀(Black Hole)과 전자(electron)라는 것이 양음의 세계보다는 음양의 세계에 손을 들어주는 꼴이다. 유교·기독교↔무교·불교는 위와 같은 음양론을 가지고 바라본 결과 떠오른 이원대립항이다. 유교와 기독교는 매우 가부장적이다. 이에 비해 무교와 불교는 매우 모계적이다. 불교도 고등종교로서 종교사적으로는 가부장제를 지원한 이데올로기였지만 그래도 고등종교 가운데서는 가장 모계적-모성적 종교관을 가지고 있는 셈이다.

다)을 만들었다. 이런 것을 굳이 말하자면 음은 음이기 때문에 음이지만 양을 필요로 한다. 양은 양이기 때문에 양이지만 음을 필요로 한다. 이때 어느 지점에서 교차와 역설과 상호 보완이 일어나는지 알 수 없다.

$$
\begin{array}{ccc}
시각 \leftrightarrow 공간 & & 시각 \leftrightarrow 청각 \\
[\quad \times \quad] & : & [\quad \times \quad] \\
청각 \leftrightarrow 시간 & & 시간 \leftrightarrow 공간
\end{array}
$$

$$
\begin{array}{ccc}
주체 \leftrightarrow 주관 & & 주체 \leftrightarrow 객체 \\
[\quad \times \quad] & : & [\quad \times \quad] \\
객체 \leftrightarrow 객관 & & 주관 \leftrightarrow 객관
\end{array}
$$

과정철학(Process of philosophy)을 주장한 영국의 철학자 화이트헤드(A. N. Whitehead)는 그래서 주체적 지향(subjective aim)인 어떤 목적인(final cause)과 불멸하는(즉 객체적으로 불멸하는) 과거인 작용인(efficient cause)을 구분하였다. 전자는 합생(concrescence)이라고 하고, 후자는 이행(transition)이라고 하였다.[20] 화이트헤드의 과정철학에 대해서는 뒷장에서 상론할 것이다. 하여튼 소위 전통적으로 '대상'(object)이라는 의미는 아인슈타인적 패러다임 혹은 화이트헤드의 패러다임에 의해서 정반대로 역전하는 입장에 서게 된다. 이것은 사물이 사건으로, 물질이 에너지로, 정(靜)이 동(動)으로 변하는 것이다.

미술사에서 오브제(objet)의 등장은 대상으로서의 오브제(object)를 대상이 아니라 주체(subject)로 보려는 반운동의 시작이다. 미술행위로서의 오브제의 개념이 등장하고, 퍼포먼스의 개념이 등장한 것은 실은 미술이야말로 가장 직접적으로 대상과 맞닿는, 다시 말하면 대상으로부터 탈출하여야 하는 절박감이 절박한 예술은 없기 때문이다. 그래서 미술에 퍼포먼스(performance)

---

20) A. N. 화이트헤드(Alfred North Whitehead, 1861~1947) 지음, "과정과 실재(Process and Reality)", 오영환 옮김, 612-613, 1991 민음사. "A Key Whitehead' Process and Reality"(ed) Donald W. Sherburne 1966 Macmillan Publishing Co., inc. "화이트헤드의 과정철학의 이해" 문창옥 지음, 1999, 통나무 참조.

가 도입되고, 미술 작품 전반이 수행적(performative)으로 되는 것이다. 이것은 종래에 지각과정에서 '물질에서 이미지로, 이미지에서 관념'으로 변하는 것이 다시 거꾸로 움직이거나 적어도 가역하는 것에 해당한다. 세계를 대상으로 보는 철학적, 미학적 활동에 대반격을 가하는 것이다. 나중에 설명하겠지만 나의 '예술적 접근의 인류학'(Artistic Anthropology)은 바로 '예술을 주체로 보는 인류학'(Anthropology of art as subject)인 것이다. 그런 점에서 미술사에서 오브제는 사물에 대한 굴욕이면서 동시에 사물에 대한 승리이다. 말하자면 오브제를 통해서 오브제를 극복하는 것이 된다.

퍼포먼스와 함께 고려되어야 하는 것이 설치미술이다. 퍼포먼스가 '인간의 행위' 중심으로 전개하는 것이라면, 설치미술은 '사물의 행위' 중심으로 전개된다. 설치미술은 전통적인 의미에서 회화, 조각, 건축처럼 어떤 일관성 있는 '매체의 기능적 틀을 가진 장르'의 개념이 아니다. 더욱이 입체파나 추상표현주의, 그리고 팝아트처럼 특정한 테크닉이나 방법론에 초점을 맞춘 양식개념이라고도 볼 수 없다. 설치미술은 다양한 장르, 인접분야의 경계를 넘나들면서 개별 장르의 고유성에 도전한다고 볼 수 있다. 또 그것은 예술의 자율성, 권위, 다른 문화적 맥락과의 관계에 계속 질문을 던지는 복합적인 성격을 특징으로 한다. 퍼포먼스나 설치미술에는 어딘가 '흘러가는 것', '해체되는 것' 등의 개념이 숨어 있다. 모더니스트 미술사가 2차원적 평면에 대한 담론이었다면, 설치미술은 4차원, 혹은 5차원적 공간의 담론이다. 설치 작가들에게 있어 오브제가 놓이는 공간은 3차원을 넘어서 사회, 문화, 정치, 역사 등 문화전반으로 확대된다. 설치미술은 퍼포먼스와 함께 다차원적이다. 이는 예술인류학의 다원다층의 공간학(음양학)으로 해석이 가능하다. 퍼포먼스와 설치미술의 공통성은 바로 가변성과 비결정성으로 요약된다.

백남준의 경우도 오브제를 극복하기 위해서 처음에 오브제를 사용하였던 것이다. 요컨대 백남준의 오브제에 '반탄(反彈)의 미학'[21]이 있는 것이다. 이 반탄의 미학은 '역반(逆反)의 미학'이라고 할 수 있다. 뒷장에서 구체적으로

---

21) 백남준의 미학을 '반탄(反彈)의 미학'이라고 한 것은 그가 항상 미술과 음악, 음악과 미술을 동시적으로 생각하기 때문이다. 그의 작품 제목은 대개 음악적 제목이다. 특히 퍼포먼스는 그렇다.

토론하겠지만 백남준의 예술가로서의 일생은 음악을 오브제로 하면서 시작하여 결국 미술에 음악을 도입하는 <음악↔미술>의 가역인생이라고 할 수 있다. 그래서 그가 음악가인가, 미술가인가 애매호모하게 되는 것이다. 비디오아트 자체가 실은 음악인지, 미술인지, 청각예술인지, 시각예술인지 애매한 이중성(ambiguity)의 것이다. 그러나 음악가의 입장에서는 그를 음악가라고 하고 싶지는 않을 것이다.

백남준의 예술은 시각예술의 막다른 골목에서 청각예술에서 얻은 퍼포먼스의 감각을 접목한 반동의 예술이다. 결국 예술을 연행함으로써 예술과 생활을 상징적으로 등식화하고 있다. 그런 점에서 그의 예술은 시각예술에 공헌한 것이 많으며 오히려 음악을 이용해서 미술을 진화시킨, 아니면 미술로 진화한 양서류인 것이다. 비록 오브제의 탄생은 마르셀 뒤샹에 의해 이루어졌지만 그것의 우주적 확대는 백남준에 의해서 완성되었다. 백남준의 예술론, 퍼포먼스 예술론은 미래 예술의 광대적(廣大的) 성격을 잘 예언하고 있다. 말하자면 미래는 어느 시인의 말대로 '광대천국(廣大天國)'이 될 것이다. 광대한 우주는 광대[22]였던 셈이다.

음양의 이원대립항에서 인간이라는 매개체 혹은 중간자(中間子)가 들어가면 <음양(陰陽)-2·1체계>가 <천지인(天地人)-3·1체계>가 된다. 이것에 대해서는 논의를 생략하겠다.[23] 그런데 3.1 천지인체계가 2.1 음양오행체계보다 앞선 세계관이었다는 사실은 알아둘 필요가 있다. 참고로 이상과 같은 예술인류학 이론에서 바라보면 구조인류학과 예술인류학의 차이는 다음과 같다. 구조인류학(+)과 예술을 대상으로 한 인류학(0), 예술적 접근의 인류학(-)은 천지인(천지인: +, 0, -) 혹은 삼위일체의 관계에 있다.

---

22) 광대의 어원은 무당과 화랑, 화랑이와 관련이 있다. 광대는 소리꾼, 악사, 재주꾼, 놀이꾼 등 전통적 직업 예능인을 통틀어 칭하는 말이다. 민족정신의 대명사인 '화랑'이 '화랑이'라는 천민 놀이예능집단의 이름으로 속화되면서 민족의 주체정신은 사대주의로 변질되어 갔다. 말하자면 화랑도 시절에는 풍류(風流)와 도(道)가 균형을 잡고 있었는데 도는 사라지고 풍류만 남으면서 타락한 셈이다. 조선조에 주자학이 들어오면서 광대 집단은 급속하게 천민화되었다.

23) 나의 ≪불교인류학≫(2007년, 불교춘추사)과 ≪종교인류학≫(2007년, 불교춘추사)에서 충분하게 논의하였다.

구조인류학: 랑그, 콤피턴스, 이론, 작곡, 이(理), 송신(送信)에 비중
(전기적이다: 플러스(＋)에서 마이너스(－)로 이동)
예술인류학: 파롤, 퍼포먼스, 실천, 연주, 기(氣), 수신(受信)에 비중
(전자적이다: 마이너스(－)에서 플러스(＋)로 이동)

예술인류학의 가역반응(two－way)과 대칭/(and, or)비대칭
가역반응은 헬 수 없다(countless).
＝무량(無量)/애매모호(曖昧模糊)/공생(共生)공영(共榮)공존(共存)
＝겹침(overlapping)/동시성(同時性)/평형(equilibrium)

　　가역반응은 흔히 한 번으로 생각하기 쉬운데 실은 수없이 진행되는 것이다. 이는 마치 자연의 사계절과 같이 끊임없이 반복되는 것이다. 그럼으로써 어떤 특정 시공간의 텍스트가 영원한 텍스트가 될 수 없으며 텍스트는 콘텍스트화하고 콘텍스트는 텍스트가 되는 과정을 거친다. 이것을 불교적으로 말하면 무량(無量)이 되고, 불확실성의 양자이론에 따르면 애매모호함이 된다. 또 예술론으로는 겹침, 오버랩이 되고, 화학적으로는 평형이 된다. 예술인류학은 예컨대 어떤 이원대립항을 거론하더라도 그것을 방편적으로 쓰는 것이지 그렇게 존재하는 것으로 보지 않는다. 예술인류학은 따라서 문화예술의 불확정성 이론이라고 말할 수 있다. '불가지론/(and, or)가지론'이다.

이데아(理)의 이분법(二分法)·대위법(對位法)의 극단적인 예들:
이상적인 이상(ideal idea), 체지체(體之體), 무극지태극(無極之太極)
임의적 행동(random act), 용지용(用之用), 태극지음양(太極之陰陽)
로고(Logo)는 로고스(Logos)가 아니다.

　　이원대립항 중에서 가장 추상적인 단계의 극단적인 예들은 이상적인 이상(ideal idea), 체지체(體之體), 무극지태극(無極之太極)이다. 이에 대응하는 것이 임의적 행동(random act), 용지용(用之用), 태극지음양(太極之陰陽)이 된다. 어떤 행동이나 실천을 두고 그 속에서 체(體)와 원리를 발견할 수도 있지만 그것이 바로 행동과 실천이 되는 것은 아니다. 행동과 실천은 원리적

인과성 및 정당성과 상관없이 그것대로의 의미가 있다. 이제 임의적 행동의 시대, 용지용의 시대, 태극음양의 변전(變轉) 시대가 되었다.

세습무(世襲巫)와 같다 : 예술을 함으로써 신(神)을 접한다.
음악과 춤이 있음으로써 신명이 난다.
바이블(텍스트)을 읽으니까 신이 존재한다.

예술인류학은 세습무와 같다. 인간은 신(神)을 설정함으로써 신을 내리게 하고 신과 소통하고 끝내 신과 하나가 되어 신인합일(神人合一)의 경지에 도달할 수도 있지만 그보다는 예술을 함으로써 신을 접하는 경우를 말한다. 음악과 춤이 있으면 저절로 신명이 나는 경우는 일상에서도 드물게 보는 것이 아니다. 이는 바이블이 있기 때문에 그것을 조석으로 가까이하면서 읽고 생각하고 그렇게 하다 보니까 신을 느끼게 되는 것과 같다. 일상인들은 접신하는 것이 용이하지 않다. 분위기를 업그레이드(upgrade)시켜 주어야 신이 움직이기 시작하는 것이다. 전라도 세습무, 당골들은 좋은 음악이 곁들여져야 굿하는 맛이 난다고 한다. 음악과 술은 접신하는 데에 있어서 좋은 매개가 된다. 이것이 바로 영매(靈媒)일 수도 있다.

텍스트(기존의 관습, 영역, 질서, 전범)가 중요 : 이론에 무게
각 분야의 전문가가 되어야 예술가이다.

예술인류학 가운데서도 예술을 대상으로 하는 인류학은 아무래도 기존의 텍스트, 예컨대 관습이나 질서, 전범, 클래식이 중요하다. 이론에 무게를 두고 그 이론에 따라 예술적 실기를 하는 경향성이 높다. 물론 이러한 방법은 각 분야의 전문가를 양성하는 방식이기도 하다. 그러나 간혹 이러한 클래식을 준수하면서도 다른 것을 모색하는 예술가도 더러 나온다. 그러나 예술사에 이름을 남길 정도의 나름대로 신기원을 이룬 인물들은 기존의 텍스트에서 빠져나와 새로운 자기 나름의 콘텍스트를 만들어 낸다. 그래서 자신이 다음의 텍스트가 되는 것이다.

신(로고스)이 사물을 창조했다: 학교(學校), 교회(敎會)가 중요
(사제(司祭)적인 예술가)

대부분의 예술가가 학교를 중시한다. 이들은 이미 체계화되고 이론화된 것을 추종한다. 이는 마치 사제와 같은 예술가라고 말할 수 있다. 이들은 신(神) 혹은 로고스(Logos)가 사물을 창조했다고 생각한다. 말하자면 절대적인 어떤 존재가 있어서 천지창조를 했다고 생각하는 것이다. 이들은 우주가 코스모스 상태를 유지할 것은 의심하지 않는다. 이성과 코스모스라는 것이 감성과 카오스의 일부라는 것을 인정하기 어렵다. 도리어 후자가 전자의 일부라고 생각한다. "이성적이기 때문에 신이다."라고 생각한다. 종교와 과학은 신에게서 하나가 되어야 한다.

신(神)이 자연과 인간을 창조했다.

신이 자연을 창조하였다고 해야 실은 우주를 하나의 질서로 바라보는 데에 유리하다. 이성의 신이든, 감성의 신이든, 인격신이든 결국 신은 초월자이고 초월자가 자연을 창조하였다고 해야 질서를 찾을 수 있다. 그래서 신은 이성적이어야 하지만 동시에 감성적인 것도 포함하여야 하고 인격적인 것도 포함하여야 한다. 신(神)의 발전과정은 그래서 때로는 이성신(理性神)으로, 때로는 감성신(感性神)으로 전전(展轉)하지만, 결국 인격신(人格神)으로 낙착되었다. 신이 자신을 닮은 존재로 인간을 창조하였다고 하였다. 인간은 신을 닮은 셈이다.

이(理)의 예술인류학: 일즉다(一卽多), 공즉색(空卽色)

이성의 신과 이성의 인류학은 불교적으로 말하면 일즉다(一卽多), 공즉색(空卽色)이라고 할 수 있다. 이것이 다즉일(多卽一)과 색즉공(色卽空)과 다른 점은 자신의 반대방향에서 움직여 오는 것을 인정하는 데에 인색하다는 점이다. 단지 관견(管見)의 어느 한편에서만 바라보는 것을 즐기는 경향이 있다. 불교는 물론 양쪽 방향을 모두 포함한다. '예술을 대상으로 하는 인류학'은 종종 그러한 편견과 편향, 일방통행에 빠질 위험이 있다.

無時無空無大無小
動靜易動理氣神學
理氣共發, 理氣互發

3) 예술인류학(Artistic Anthropology)
- 느낌의 인류학(Feeling of Anthropology) -

역동적(力動的 逆動的, 易動的) 장(場)의 개폐(開閉)이론
DSCO: Dynamic Space, Close and(/or) Open
(DSCO: Dynamic Situation, Context and(/or) Out of Context)

'예술인류학'(예술적 접근의 인류학)이 '예술의 인류학'(예술을 대상으로 하는 인류학)과 다른 점은 바로 역동성(力動性, 逆動性, 易動性)과 반동(反動)과 반탄(反彈)에 있다. 예술인류학은 예술의 인류학을 포함하면서도 전반적으로 그것의 역(逆)의 방향에 초점을 두는 인류학이다. 그래서 이(理)보다는 기(氣)를 우선한다. 또 이지이(理之理)보다는 기지기(氣之氣)를, 체지체(體之體)보다는 용지용(用之用)을 우선한다. 그래서 근본적으로 '언어' 혹은 '언어에 의한 기록'보다는 '기록되지 않는 행위' '흘러감' '덧없음' 등을 중시한다. 주체와 객체의 가역의 운동을 열려진 공간에서 실천하는 인류학이다. 그러한 점에서 예술인류학은 특정 시공간에서의 균형(중용, 혹은 중도)도 중요하게 여기지만 그것보다는 항상 열려진 마음과 자세를 갖는 것을 더욱 중시한다. 왜냐하면 닫힌 마음은 설사 한시적으로 균형을 잡는다고 해도 동시에 운동성과 탄력성의 부족과 노쇠로 인해서 균형을 잃을 확률이 높기 때문이다. 그러나 열린 마음과 자세는 설사 한시적으로 균형을 잃는다고 해도 단지 그 열려있음으로 인해서 언젠가는 균형을 잡을 확률이 높기 때문이다.

70

예술인류학은 흔히 생활에서 말하는 일종의 역지사지(易地思之)를 학문적으로 실천하는 셈이다. 예컨대 그동안 대상으로 취급하였던 사물을 거꾸로 주체로 보고, 대상의 주체적 입장에 서는 것을 말한다. 인류학에서는 전자를 에틱(etic approach)이라고 하고, 후자를 에믹(emic approach)라고 한다.[24] 예술인류학은 에틱-에믹의 입장을 동시에 활용하면서 안팎으로 연구대상에 접근하고 연구한다. 그리고 나중에 이를 인류문명사적 입장에서 총체적이고, 종합적으로 해석한다. 결국 예술인류학은 다원다층의 음양학이 될 수밖에 없다. 여러 레벨, 맥락, 코드에서 연구를 실천하기 때문이다.

'예술의 인류학'='예술(무당)을 대상으로 하는 인류학'
(Anthropology of Shaman)
'예술인류학'='예술(무당)을 주체로서 생각하는 인류학'
(Anthropology of Shaman as Subject)

예술인류학이 무교인류학이 되는 것은 주로 무당을 주체로 하는 인류학의 경우이다. 무교인류학은 먼저 '무당을 대상으로 하는 인류학'(Anthropology of Shaman)이 있고, 두 번째로 '무당을 주체로서 생각하는 인류학'((Anthropology of Shaman as Subject)이 있을 수 있다. 인간은 누구나 신(神)과 소통할 수 있고, 신이 될 수 있고, 영감에 가득 할 수 있다. 예술인류학은 무당을 주체로 하는 무교인류학에서 절정을 맞는다. 예술인류학은 쉽게 말하면 무당을 인간의 원형 'shaman＝man'으로 보는 것이다. 이를 거꾸로 말하면 무당은 특별한 존재가 아니라 무당현상이 쉽게 드러나는 인물을 특수집단으로 인간의 문화

---

24) 에틱과 에믹은 언어학의 음성학(phonetic)과 음운론(phonemic)에서 연유한 것이다. 음성학: 인간은 타인과의 의사소통을 하기 위해 주로 구어(말소리)를 사용한다. 이러한 구어는 신체의 어떤 기관의 활동이 필요하고 이러한 활동을 통해 말소리가 산출된다. 이러한 구어를 담당하는 신체기관의 움직임으로 발생된 음성 또는 말소리를 생리학적으로, 물리학적으로 실험적으로 연구하는 자연과학이 음성학이다. 음운론: 우리가 언어활동의 최종 산물로서 접하는 실체는 발음. 즉 음성 그 자체이므로, 음운론이란 부문은 결국 통사구조에서 음성을 유도해 내기 위한 중간의 규칙이라고 말해도 좋다. 전달의 체계 내에서 이루어지는 기능이란 관점에서 언어음성을 연구하는 학문이다. 한 언어 안에서, 의미가 다른 두 소리를 구별해 주는 음성적 요소(예를 들어 한국어의 달과 딸은 語頭音의 차이로 의미 차이가 생긴다)를 연구하며, 여러 가지의 서로 다른 개인차(음색의 차이, 미세한 발음의 차이)에도 불구하고 동일한 의미전달을 가능하게 하는 음성적 요소를 연구한다. 이것은 의사소통에 있어서의 기능과는 관계없는 음성요소를 연구하는 음성학과는 다르다.

가 만든 것이라고 본다. 무당은 인간의 일반적·보편적 현상이다. "모든 인간은 무당이다." 단지 그것의 정도의 차이가 있을 뿐이다. 다시 말하면 그 정도가 심한 것은 우리는 무당이라고 하기도 하고, 때로는 예술가라고 한다.

나의 예술인류학은 '기'(氣)철학을 토대로 이루어졌다는 점에서 '기(氣)의 인류학'이라고 할 수 있다. 나의 예술인류학은 마치 백남준의 비디오아트나 TV프로젝트를 예상이라도 하였다는 듯이 '기(氣)의 커뮤니케이션'을 주장하면서 전자기파, 혹은 전자기장 등 전자시대의 키워드를 직접적으로 사용하고 있다.

예술인류학의 실천은 때로는 시공을 초월하거나 시공을 넘나들며 영감에 찬 연구를 할 수밖에 없다. 그래서 시인의 고고학이라고 말하기도 한다. 예술인류학에서 가장 중요한 점은 바로 초의식과 의식과 무의식의 차원에서 연구대상에 대한 종합적인 해석을 한다는 점이다. 의식의 차원은 다원다층적으로 전개된다. 그러나 그것이 아무리 많아도 결국 인간은 그것을 메타언어적(초월적, 초의식적)으로 정리하고 싶어 한다. 또 동시에 본능적(자연적, 무의식적)으로 설명하고 싶어 한다. 메타언어와 본능은 결국 만나고 하나가 되지 않으면 안 된다.

<예술인류학의 천지인>

天/초의식/ 남성/권력 (보편적 하나)	신(神)/ 고등종교/ 理=太極(陽, +)	정신/ 1, 1 수직적초월
人/의식/ 양성/소통 (다원다층음양)	신(身)/ 일상생활/ 일상예술 (0)	지각/ 3, 2
地/무의식/ 여성/사랑 (일반적 하나)	귀신(鬼)/ /샤머니즘 氣(器)=太陰(陰, −)	사물/ 2, 0 수평적초월

음양은 상징이고, 음양은 구조이고, 음양은 2진법이고, 음양은 전기전도이다. 바로 이것 때문에 신화와 전설, 담론의 분석과 해석, 분류학, 그리고 몸에서의 신경전도, 생각과 느낌의 전달이 가능하게 된다. 무엇보다도 세계에 대한 역동적 일원론이 가능해진다. 음양을 정태적으로 보면 구조주의가 되고, 음양을 동태적으로 보면 세계는 하나가 된다. 여기서 하나가 된다는 말은 마크로코스모스와 마이크로코스모스가 하나가 된다는 말이다. 세계를 하나로 느끼는 데는 위로 향하는 하나, 즉 위로 쌓아져가면서 좁아지는 '탑과 같은 하나'와 아래로 향하는 하나, 즉 아래로 한없이 넓어져가면서 퍼지는 '네트워크와 같은 하나'가 있다. 전자를 보편성이라고 하고, 후자를 일반성이라고 한다.

여기서 보편성과 일반성의 구별이 필요해진다. 우리는 은연중에 보편성과 일반성을 같은 것으로 취급해왔다. 그래서 종종 '보편적이고 일반적인' 이라는 말을 잘 쓴다. '일반성'은 '보편성'을 강조하기 위해서 혹은 '따라다니는 것'으로 붙여 쓴다. 그러나 이것은 가부장사회의 유습이면서 비대칭적 사고를 한 영향이라고 보인다. 그러나 보편성과 일반성은 엄연히 다르다. 이는 가부장사회에서 하늘숭배와 관련이 있다. 그러나 모계사회의 대칭적 사고를 위해서는 보편성과 일반성을 대칭적으로 놓을 필요가 있다.

인류는 이제 새로운 의식의 태반(胎盤)을 요구받고 있다. 그동안 일반성(一般性)을 보편성(普遍性)과 같은 뜻으로 사용한 전통은 실은 가부장사회의 음모와 같은 것이다. 보편성이라는 것은 공약수적 성질을 가지고 있고, 일반성이라는 것은 공배수적 성질을 가지고 있기 때문이다. 이는 일자(一者)에 대한 사유에서도 드러나고 있는데 마치 일자가 부성적인 것처럼 취급하는 태도는 절대정신 혹은 절대신과 같은 계열이다. 일자에도 분명히 부성적-정신적인 것이 있고, 모성적-물질적인 것이 있다. 일반성(一般性)이라는 것이 바로 일반성(一盤性), 즉 하나의 우주적 태반을 상정할 수 있다는 점에서 주의할 필요가 있다.

보편성이라는 교회의 첨탑이 일반성이라는 자궁의 태반 위에 성립된 것이라는 점을 자각할 필요가 대두된다. 하늘에 나무줄기가 있다면 땅에는 뿌리줄기가 있는 것이고, 남자의 뒤에는 여자가 있고, 남자의 생산의 뒤에는 여자의 재생산의 바탕(matrix)이 있음을 의미한다. 최대공약수(最大公約數)가 있으면 최소공배수(最小公倍數)가 있다. 왜 전자에는 공약(公約)이 있고, 후자에는 공배(公倍)가 있을까. 공약은 바로 다스리는 규약(規約=법률=정치)을 말하고, 공배는 바로 다스림의 토대인 배양(培養=재생산=인구)을 뜻한다. 이는 광범위하게 문명의 뒤에는 자연이 있음을 의미한다.

위의 표에서 보면 천(天)는 1이고, 지(地)는 0이다. 천지인(天地人)이라고 할 때 상수학(象數學)로 보면 천=1, 지=2, 인=3으로서 지(地)는 2에 해당하지만 지(地)는 더 궁극(본질)에서는 0일 수도 있다. 0이라고 하는 것은 숫자의 가장 기본이면서도 숫자에 들어가지 않는 수이다. 그래서 0은 원융의 수이다. 그러면서도 0은 플러스와 마이너스의 균형수이다. 그래서 0은 어머니의 수이면서, 자연의 수이다. 1이 위(하늘)에 있는 0이라면 0은 아래(땅)에 있는 1이다. 0은 우주의 그릇과 같은 수이다. 우주를 다 담고도 아무런 말을 하지 않는다. 또 우주의 가장 밑바닥에서 서로 교통하고 교감하고 균형 잡기를 하고 있는 수이다.

예술인류학은 바로 상수학으로 보면 0으로 돌아가는 것을 추구하는 학문이다. 나무로 말하면 나무의 줄기가 아니라 나무 뿌리에서 서로 얽히고설켜 있는 것을 풀어헤쳐 보는 학문이다. 예술인류학은 인류문명과 다른 기타 여러 학문적 코드 혹은 삶의 여러 코드를 넘나들면서 영감적으로 작가와 작품에 내재한(꼭꼭 숨어 있는) 수많은 코드의 다발을 푸는 것이다. 이는 마치 무당이 공수를 받아서 점을 치는 것에 비할 수 있는 광경이다. 점을 친다는 것은 그러한 행위가 단지 미신이 아니라 복합적인 어떤 것(something), 혹은 신비로운 것(mistery)에 대한 일종의 접근법이다. 그것은 어차피 확률일 수밖에 없다.

어떤 학문도 하나의 학문으로 우주의 신비를 풀고 해답을 얻을 수는 없다. 그래서 인문학의 거장 혹은 여러 학문의 학제적인 거장, 혹은 인류학적 거장을 요구하는 것이다. 예술인류학은 그러한 요구에 부응하려는 시도로 새롭게 만들어진 학문이다. 그러나 예술인류학은 궁극적으로 학문적 엄정성과 완전성을 달성할 수 없다. 예술인류학은 본질적으로 '미완성의 학문'이 될 수밖에 없다. 아무리 분석과 해석을 잘 한다고 하여도 그것은 그 대상의 총체성을 획득할 수 없기 때문이다. 그래서 대상에 대해서 항상 겸허할 수밖에 없다.

지금까지 모든 학문은 대상에 대해서 오만한 태도를 가졌다. 그러나 대상은 그것이 어떠한 것일지라도 하찮게 볼 것이 아니다. 대상은 인간이라는 주체가 바라보는 것보다 훨씬 무겁고 두껍고 신비로운 것이기 때문이다. 과연 인간만이 주체의 자리를 차지해도 좋으냐에 대해 반성해볼 때도 되었다. 그래서 예술인류학은 매우 고고학이나 인류학의 바탕 위에서 일종의 점프(jump)를 할 수밖에 없다. 마치 고고학의 여러 지층처럼 '가면의 인류학'이다. 가면의 인류학은 미지의 것을 전제한 뒤에, 드러난 것은 그것의 극히 일부라는 태도를 가져야 한다. 이는 확실성을 추구하는 일반 학문을 '거울의 학문'이라고 보고 빗댄 말이다.

알 수 없는 것, 신비는 우주의 본질이다. 그것은 모른다는 것이기보다는 서로 얽혀있기 때문에, 자기원인적이기 때문에, 자기순환적이기 때문에 풀 수 없는 것이다. 과학의 첨단에 있는 양자역학을 마크로코스모스와 마이크로코스모스가, 대우주와 미립자의 우주가 하나라는 데에 이르고 있다. 이를 예술인류학은 우주 자체가 서로 대칭적인 것들의 순환관계에 있기 때문에 빚어진 것이라고 본다.

필자가 이 책을 마무리할 즈음에 백남준 아트센터가 펴낸 ≪백남준의 귀환-이영철·김남수 편집 및 해설≫(백남준 총서 2) (2010, 백남준 아트센터, 총체미디어연구소 편)은 그야말로 예술인류학의 결정판이다. 어쩌면 그들이야말로 백남준에 대한 예술인류학을 가장 폭넓게 실천한 셈이다. 필자는 이에 앞서 예술인류학이라는 새로운 분과학문을 들고 백남준 아트센터의 초청으로 <2009 백남준 아트센터 워크숍>(5월 14일, 백남준 아트센터 교육실 green room)을 가졌다.[25] 그 때 '백남준의 코스몰로지(Cosmology)을 위한 예

---

25) 나는 이 밖에도 백남준 아트센터가 주최한 제 2회 국제세미나 〈백남준의 선물 2-고르디아스의 매듭 다시 묶기〉(2009년, 9월 3~4일, 백남준 아트센터) 및 '21세기 디자인 예술을 위한 문명루트탐사' 국제세미나(2009년, 12월 19일, 백남준 아트센터)에 발표자로 참가하였다. 그리고 계원디자인예술대학교와 백남준 아트센터가 공동주최한 11일 간의 '몽골·러시아 문화탐방'(2009년 9월 12일~22일)에도 참가하

술인류학: 우주 인간으로서의 백남준-네오샤머니즘(neo-shamanism)의 입장에서 본 백남준론'을 발표했다. 이 책은 그 때 발표된 논문을 토대로 보강하여 만들어진 것이다.

우리는 습관적으로 시간과 공간을 말할 때 시간을 앞서 말한다. 말하자면 시간이 권력인 셈이다. 공간은 비권력이다. 예술적 접근의 인류학은 시간과 공간의 두 변수를 공간(space)으로 일원화하고 시간은 공간의 매개변수로 하였다. 시간은 공간에 숨어 버린 셈이다. 공간의 개폐 상태가 시간을 나타내는 것이 된다. 시간이라는 변수는 기존의 여러 학문이 기준으로 삼아 왔고, 인류학은 통시적 접근(diachronic approach)보다 공시적 접근(synchronic approach)에 무게를 두었다. 공시성(共時性)은 바로 공간(space)을 중시하는 경향이 되었다. 공간은 다시 공간성(locality), 나아가서 '장'(field: 場)으로 발전한다. 장(場)은 끝내 공(空)이다. 이는 역사(History)시대에서 우주시대(Space Age)로의 적응이다. 이제 시간이 중요한 것이 아니라 공간이 중요하다.

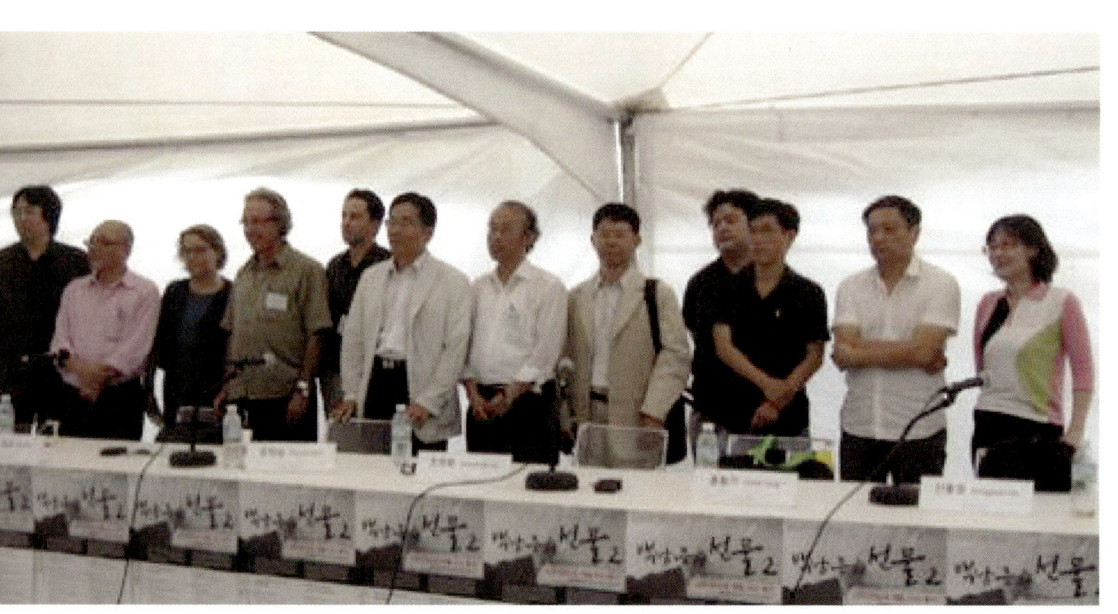

백남준아트센터 '제2회 국제세미나'(2009년 9월 3∼4일)에 참석한 각국의 대표들. 왼쪽부터 김남수, 이영철, 수잔 노이부르거, 행크 불, 데이비드 저비브, 박정진, 윤천실, 조정환, 홍철기, 진중권, 이영준, 정헌이.

였다.

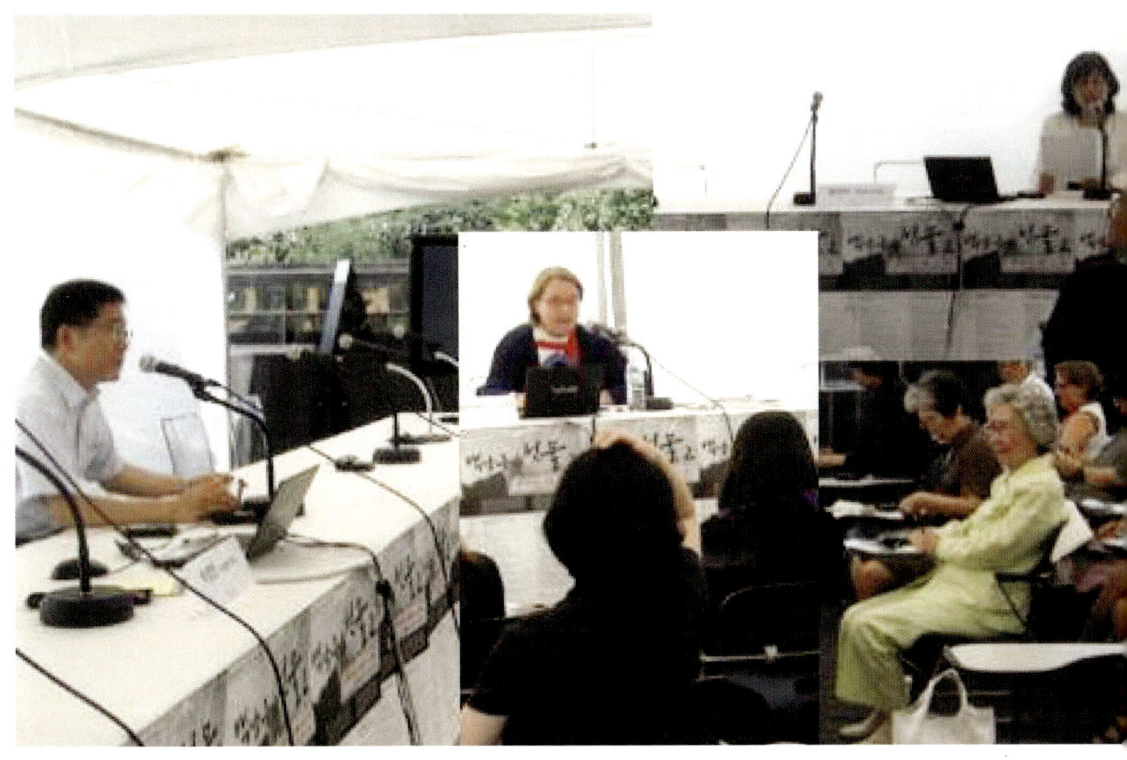

제2회 국제세미나 장에서 발표하고 있는 필자. 왼쪽에 지난 3월 백남준의 첫 전시'음악의 전시-전자 텔레비전'을 재현한 전시를 기획한 수잔 노이부르거(비엔나 현대미술관 큐레이터)씨가 앉아있다. 플로어에 백남준 선생의 유치원 친구 이경희 씨가 앉아있다.

예술을 대상으로 하는 인류학과 예술적 접근의 인류학이 다른 점은 바로 우주를 일원적으로 보는 점이다. 예술적 접근의 인류학에서는 물론 예술을 대상으로 보기도 하지만 동시에 대상을 주체적으로 보면서 그것의 역동적 변화를 다룬다. 역동적 변화가 바로 시간이 되는 셈이다. 변화가 시간이지 시간이 따로 없다. 시간은 공간에 포함된 매개변수이다. 이것은 매우 중요한 사건이다. 시간이 없으면 천지창조에 대해 그렇게 심하게 논의할 필요가 없어진다. 현재의 공간(空間), 공시성(共時性), 현재성(現在性)이 중요해지는 것이다. 이는 시간이 변화를 재는 기준(척도)이 되는 것을 부정하고, 일종의 공간을 옮겨 가는 혹은 공간이 변해 가는 것이 됨을 말한다. 공간을 옮겨 가면 바로 시간이 이미 포함된 셈이다. 예술적 접근의 인류학의 중요 모델이 되는 것은 다음의 것이다.

다원다층의 음양학(multi layer Yin－Yang perspective)
주역(周易) 64괘: 건곤감리진손간태(乾坤坎離震巽艮兌)
음양오행(陰陽五行: 相生/水木火土金, 相剋/水火金木土)

　　인간은 시간과 공간이라는 것을 만들어 놓고 그 덫에 걸렸다. 시간은 편리한 도구지만 결국 인간을 향해 죽음의 인식을 돌려주었다. 끝이라는 것은 시작을 떠올리게 하고 시작은 신을 만들게 하고 신은 인간을 스스로 노예가 되게 했다. 인간은 자신이 신을 만들었는지 까맣게 잊어버렸다. 단지 나중에 신은 남자인가, 여자인가 묻기만 했다. 그러나 인간이 공간 속에 시간을 넣어 버리고부터 시간에 매이지 않고 자유자재로 시간을 말할 수 있게 되었다. 시간과 공간이 별도가 아니라면 시간은 공간에 남아 있다.

　　그런데 어느 시점에선가 공간(空間)은 공간이 아니라 공(空)이 되었다. 그러나 공간은 결국 공(空)이다. 사물의 사이사이에는 빈틈과 성긴 곳, 공(空)이 있어서 사물들이 자유자재로 움직일 수 있는 것이다. 이것을 공(空)의 입장에서 보면 시간만이 있다고 말할 수 있다. 사물은 단지 존재하는 입자가 아니고 파동에 불과하다. 파동은 단지 변화와 운동에만 존재한다. 철학이 미학이 되어야 했던 이유는 바로 공(空) 때문이다. 사물은 이제 시간과 사건에 의해서가 아니라 변화와 성숙으로 말한다. 성숙은 정확하게 말하면 생장염장(生長斂藏), 춘하추동 사계절이다.

포지티브 피드백(positive feedback): 팽창, 무한대(∞), 일체(一切)
네거티브 피드백(negative feedback): 수렴, 제로(0), 일(一)

　　포지티브 피드백은 역동적 장(場)이 전진하여 계속 확대 재생산할 경우에 해당한다. 팽창, 무한대(∞), 일체(一切)가 그것이다. 네거티브 피드백은 물러서서 계속 축소 재생산할 경우에 해당한다. 수렴, 제로(0), 일(一)이다.

인간의 모든 행위는 하나의 '굿'(Gud, God, performance)예술이다.
('굿'(Gud)이라는 발음은 '갓'(God)이라는 발음과 주체와 대상의 관계에 있고
주객일체의 가능성이 높다. 여기에 '굿'(good)은 그것의 파생어일 가능성이 높다.)

백남준의 예술세계는 마치 그 옛날 무당이 굿을 하는 것과 같은 장면을 연상하게 한다. 또 그러한 이미지와 열기와 신기(神氣)로 가득 차 있다. 그는 고등종교의 사제와 같은 태도는 아니다. 그런 점에서 무(巫)와 무당에 대한 이해를 새롭게 할 필요가 있다. 지금 우리 주변에서 볼 수 있는 무속(巫俗)적 형태와는 다르다. 말하자면 그 옛날 무당들은 무속이 아니라 무성(巫聖)이었다. 그런데 종교적 성스러움인 성(聖)은 간 곳 없고 속(俗)만 남은 꼴이다.

무당은 굿을 하는 여사제이다. 만약 인간이 하늘과 땅 사이에 살면서 행하는 온갖 행위, 즉 퍼포먼스를 일종의 굿이라고 할 수는 없을까. 만약 인간의 활동 자체가 실은 하늘과 땅 사이에서 어떤 메시지를 보내고 받는 행위라고 가정한다면 인간의 모든 행위가 굿이라고 한다고 해도 별 무리는 없을 것이다. 무(巫)는 ≪설문≫에 따르면 춤으로 신을 강림케 하는 것이라고 한다. 공(工) 자에 사람(人)이 좌우에서 춤을 추는 형상을 보탠 것이 무(巫) 자라고 하는 것이 일반적인 통설이었다.[26] 문화의 원형으로서 무(巫)라는 개념

---

26) 이에 대해 시라카와 시즈카(白川靜)는 새로운 해석을 보탠다(시라카와 시즈카, ≪사람의 마음을 움직여 세상을 바꾸리라≫, 장원철 역, 102쪽, 1991년, 한길사). "갑골문이나 금문(金文)에 따르면 공(工)자를 가로세로로 짜 맞춘 모양으로 되어 있다. 이때 공(工)은 신을 강림케 하는 주구(呪具)였다. 좌(左)라는 글자는 그러한 주구를 가진 모양, 우(右)는 축사(祝辭)를 담은 ㅂ자 모양의 바구니를 든 모양이다. 기도를 올리면서 주구를 사용해서 신이 있는 곳을 찾는 것인데, 심(尋)이라는 글자는 우(右)와 좌(左)라는 글자를 위아래로 짜 맞춘 모양이다. 신은 모습도 없고 숨어서 보이지 않는 존재다. 숨었다는 뜻의 은(隱)자는 주구인 공(工)없이 숨은 장소를 찾을 수 없다. 그러한 공(工)을 가진 이가 무(巫)이고 ㅂ를 이고 있는 이가 축(祝)이었다. 축(祝)은 제단에서 축문(祝文)을 읽는 신관이다. 축(祝=示+兄)자의 형(兄)자는 무당의 모습을 나타내는 것이다. 그래서 ≪시(詩)≫에서는 신을 부르는 자를 공축(工祝)이라고 일컫는다." 시라카와는 이 책에서 무축사(巫祝史)에 대한 어원을 탐색하면서 여러 전거를 통해 이들이 성직자, 사제, 지식인이었음을 증명한다. 또 무축(巫祝)을 공축(工祝)이라고 했음을 지적한다. 무(巫)는 여자, 무녀(巫女)이고 축(祝)은 남자이고 사(史)는 남자이지만 같은 본래 무축(巫祝)의 부류였다는 것이다. 이러한 무축사(巫祝史)의 변천과정도 여자에서 남자로 넘어가는. 다시 말하면 제정일치에서 제정분리로 넘어가는 과정에서 남자의 득세를 말해준다. 무축(巫祝)에서만 해도 무녀(巫女)가 신을 부르는 행위에서 중심이고, 남자인 축(祝)은 축사를 머리에 이고 있는 들러리였다. 축사(祝史)에 이르면 남자가 득세를 하고 신을 부르는 행위도 합리적이 된다. 이는 사(史) 때문이다. "사(史)도 옛날에는 무축의 무리였다. 사(史)는 제사자였다. 사(史)의 글자모양은 축사(祝詞)의 그릇을 나타내는 재(ㅂ)를 비쭈기나무에 걸고 이를 손에 들고 있는 모양이다. 사(史)는 제의(祭儀)의 집행자인 동시에 제의가 유래되는 신들의 이야기를 전승한 이들이기도 했다." 오늘날 역사의 사(史)가 축사(祝史)에서 연원하였음을 보여준다. 이는 결국 역사가 신화에서 출발하였고 역사가의 역할이 오늘의 신화를 만들어내는 것임을 상기케 하는 대목이다. 역사의 객관성만을 주장하는 것은 사실과 자료(실증적 자료)를 토대로 신화를 구성하라는 말에 지나지 않음을 알 수 있다. 결국 역사는 신화인 것이다. 시라카와는 유(儒)라는 글자의 유래에 대해 언급하면서 유(儒)자의 성부(聲符)인 "수(需)는 비가 그치기를 기다리는 글자가 아니라 비가 오기를 비는 남무(男巫)의 모양이다."고 결론짓고 왕이 옛날에 무축왕(巫祝王)으로서 희생의 제물이 되었음을 상기시킨다. 그런 후 "유(儒)는 아마도 본래 기우에 희생되던 무축을 일컫는 말이었다고 생각된다. 그 말이 나중에는 일반화되어 무축 가운데 특정한 부류를 유라고 불렀을 것이다. 그것은 원래 무축 가운데서도 하층에 속하는 무리였을 것이다. 그들은 아

은 중요한 것이기에 좀 더 천착해 보자.

인간의 모든 행위는 하나의 '굿'(Gud, God, performance)예술이다

우리시대, 20세기에 백남준만큼 '놀이하는 마음'을 가진 예술가는 없었던 것 같다. '순진무구의 마음'이라고나 할까. 모든 사물은 그의 손에 들어가면 그만 놀이가 되고, 해프닝이 되고, 장난이 된다. 또 어떤 예술도 그의 손에 들어가면 장르의 벽을 잃어버리고 만다. 백남준은 신 혹은 귀신과도 놀이하고 수작하면서 일생을 보냈다. 백남준에 이르러 굿은 기원하고 치성하는 것이라기보다는(그런 것도 포함하지만) 무엇보다도 '굿은 놀이하는 굿'이 되어 버렸다. 그는 '땅을 통해 하늘을 바라볼 줄 아는 예술가'였다.

<철학하는 인간, 놀이하는 인간>

철학하는 인간	진(眞 : 부분진리)→궁극진리(眞理 : 전체진리): 앎 → 삶으로	자연(삶)으로서의 인간 : 신체적 인간	이(理)/이지용(理之用): 태극지향	진리의 궁극(전체진리)은 알 수 없다: '존재와 무', '존재와 시간'	존재자↔존재/존재↔생성
놀이하는 인간 (백남준: 놀이하는 굿, 21세기형 인간)	위(僞: 人+爲)→놀이로서의 삶	언어의 놀이꾼: 거짓말의 인간	기(氣)/기지체(氣之體): 음양지향	모방, 유희, 과시, 실용: 수작을 할 수밖에 없다.	인간은 기존의 사물, 혹은 언어를 재배열함

이상에서 볼 때 무(巫) 자는 공(工)과 사(史) 그리고 유(儒)와도 긴밀한 관계에 있다. 오늘날로 보면 종교가, 예술가, 과학자, 문사(文士), 무사(武士)의 모습이 한데 뭉쳐 있다. 그렇다면 인간의 모든 활동의 원형을 무라고 한다고 해도 무리가 아닐 것이다. 그런데 예술은 더더욱 무(巫)와 관련이 크다. 굿 자체가 바로 퍼포먼스이며 퍼포먼스는 바로 예술이다. 백남준의 퍼포먼스는 다른 어떤 현대적 개념보다 우리의 전통적인 '굿' 개념이 훨씬 설명적이다. 굿에는 온갖 예술이 다 동원된다. 그러한 점에서 백남준이 펼치는 해프닝에서부터 비디오아트까지 그 사이에 있는 온갖 예술행위는 바로 원시

마도 유가가 성립되기 전부터 유라고 불렸고, 유가가 성립된 후에도 여전히 유라고 불렸을 것이다."고 조심스럽게 단언한다. 이것도 역시 제정일치에서 제정분리로 넘어가면서 무녀(巫女)가 담당하던 것을 남무(男巫, 巫祝, 祝史)가 담당하고 옛날의 왕이라는 것도 남무인 무축왕(巫祝王)에서 출발한 것임을 설명한다.

무(巫)의 현대적 재현 혹은 현대적 복원이라고도 할 수 있다.

굿은 신을 청해서(請神) 같이 놀고(娛神) 정중히 보내는(送神) 것으로 구성되어 있다. 또 굿은 복과 행운을 비는 것이라고 할 수 있다. 인간의 모든 행위는 하나의 '굿'(Gud, God, performance)예술이다. '굿'(Gud)이라는 발음은 '갓'(God)이라는 발음과 주체와 대상의 관계에 있고 주객일체의 가능성이 높다. 다시 말하면 푸닥거리로서의 굿(Gud)은 행운(Good)을 신(God)에게 비는 행위, 제의이다. 그래서 'Gud, God, Good'은 서로 파생어일 가능성이 높다.

<샤머니즘, 굿(Gud), 갓(God), 굳(Good)>

天	God	갓(神)
人	Gud	굿 푸닥거리
地	Good	굳 (幸運)

5차원의 위성예술가: 시간과 공간(3차원)→시공(4차원: 동시성의 시공간)→시공초월(5차원: 텔레파시)

종교에는 주술이 그 하부기술로 따른다. 종교란 현실계를 상상계로, 다시 상상계를 현실계로 옮겨 놓고, 사람들을 어리둥절하게 하고, 그 겹치는 공간에서는 신비스런 기적과 같은 것이 들어 있는 것처럼 인식시켜야 성공하는 것이다. 그런 점에서 백남준은 그의 신화와 더불어 성공했다고 할 수 있다. 분명 백남준의 작품에는 무엇이 있는 것 같다는 말이다. 흔히 사람들로 하여금 그렇게 느끼게 하는 것이 단순한 속임수일 수도 있지만 적어도 제대로 된 종교나 예술가가 되려면 그것이 일시적인 것이 되어서는 안 된다. 또 일시적인 속임수를 사람들이 그렇게 존경하지 않는다. 그것에는 무언가 획기적인 새로움, 사람들의 눈을 휘둥그레 뜨게 하는 마법이 있는 것이다.

이것은 종교적 전략과 똑같다. 그러니까 주술은 이미 예술과 종교를 동시에 내포하고 있었다. 예술과 종교는 주술이 낳은 두 아이다. 그런데 백남준의 주술은 첨단기술까지 내포하고 있으니 그야말로 금상첨화이다. 아마도 백남준만큼 전자적 세계를 마음대로 요리하는 예술가가 다시 나오는 것은 쉽지 않을 것이다. 물론 그의 기술적인 성공의 이면에는 그의 조수 아베가 있었지만 말이다. 그는 기술과 상상력을 적절히 조합하여 그의 세계를 만들어 내는 데에 명수였다. 그의 손이 가면 사물들은, 텔레비전 모니터는 금방 기적의 성화(聖化)를 받은 듯이 새롭고 휘황찬란한 세계를 연출하였던 것이다. 그는 5차원의 위성예술가이다. 그에게 시간과 공간은 3차원으로 있지 않았고, 동시성을 달성한 4차원의 시공(時空)을 넘어 시공초월의 5차원을 달리고 있었다. 말하자면 이는 텔레파시(telepathy)의 수준이었다.

그는 시종 신내림을 받은 무당처럼 영감에 차 있었으며 실지로 그는 무당굿을 좋아했다. 요셉 보이스를 추모하는 굿 퍼포먼스를 벌였으며 그의 예술 전반이 실은 새로 신내림을 받은 새내기 무당처럼 신기가 철철 넘쳤으며, 사람들은 그의 일거수일투족, 그의 일련의 모든 작품을 마치 무당의 공수(空手)처럼 신의 신탁이라도 되는 양 쳐다보았다. 백남준의 관심은 형태적인 것이 아니라 놀라움이 뒤섞인 무질서와 혼동이다.

그의 비디오아트는 처음부터 분명한 상(象)을 추구하는 것이 아니라 상의 흐림을 추구하고 상의 혼합을 추구하였다. 다시 말하면 혼돈 그 자체나 혼돈 속의 질서를 추구하였다. 어떻게 정리한 패턴은 보이지 않고 도리어 의도적으로 흩트려 놓았다고 보는 편이 옳다. 후기의 '굿모닝 미스터 오웰'을 비롯한 일련의 위성을 연결하는 비디오아트의 전 지구적 방영은 그를 확실히 5차원의 위성적 인간이 되게 하기에 충분했다. 그는 부동의 비디오아트의 아버지가 되었으며 예술창조자의 새로움에 대중은 향수자로 기꺼이 환호했던 것이다.

그의 예술의 기술적 측면을 보면 전자의 이동(-에서 +로)에 따라 전기(+에서 -로)가 흘러가는 것을 기초로 이진법(二進法, 0/1)을 철저히 이용하는 주술가적 성취였다. 전자의 세계는 마이너스(-)가 주도하고 플러스는 비어 있다. 대지의 인간은 하늘을 플러스(＋)로 보면 마이너스(－)의 위치에 있다. 그래서 그는 신의 플러스를 기다렸는지도 모른다. 그의 간절한 기도는 신을 발생시켰는지도 모른다. 신은 비어 있다가 발생하였다. 신이 발생하면 (플러스가 생기면) 인간에게 전율(電慄, 戰慄, 典律), 감전(感電), 영감(靈感)이 온다.

강신무(降神巫)와 같다: 신이 내림으로써 예술을 한다.
신이 내려 가무를 하고 주술을 행한다.
바이블이 없어도 신이 현전(現前)한다.

그의 예술은 한판의 강신무와 같다. 그는 적어도 예술을 함으로써 간간히 신의 영감이 내리는 것이 아니라 신이 내림으로써 그 넘치는 광기를 주체할 수 없어서 사물의 온갖 것에서 아이디어를 얻고 어느 곳에서나, 어떤 시간에서나 작품을 구상하지 않을 수 없었던 것 같다. 그는 신이 내려서 가무를 하고 주술을 하는 무당이었다. 그래서 그는 남이 이미 써 놓은 바이블을 읽으며 성령(聖靈), 신의 영감을 받으려고 애쓰는 기도자(祈禱者)가 아니라 신은 항상 그의 앞에 현전(現前)하였으며 그로 인해 그는 뜻밖에 비디오아트라는 새로운 바이블을 썼던 것이다.

그에게 빙신, 텔레파시, 무질서, 새로움은 새로운 콘텍스트가 되었으며 그는 시종 콘텍스트의 인생을 살다가 드디어 마지막에 비디오아트라는 텍스트를 썼던 셈이다. 그는 비디오아트라는 보자기에 모든 사물을 집어넣었으며 이들 이미지들은 마치 커다란 양푼에 들어 있는 비빔밥처럼 사람들에게 맛이 있었던 것이다. 보자기 예술, 비빔밥 예술은 한국문화의 특성이 개인적 천재에게 선물한 일종의 민족적 DNA이었을 것이라는 점을 의심하지 않는다. 그의 일생을 보면 운도 좋았던 것 같다. 물론 기회를 놓치지 않고 잡은 것은 그의 공로이지만 그대로 초기 독일 사회에서 플럭서스 집단에 들어가서 세계적 예술가와 어깨를 함께할 수 있었던 것이 오늘의 그를 있게 하였다.

백남준의 예술은 생활 자체가 예술, 존재 자체가 예술이었던 그의 삶에서 저절로 우러나온 '생활의 예술화'의 본보기를 보여 주는 것 같다. 그런 점에서 나의 예술적 접근의 예술인류학은 마치 백남준을 위해서 탄생한 것처럼 보인다. 그는 사물이 스스로 신(神)이 되게 하였으며 기운생동(氣運生動)을 중시하였다. 자연은 그 자체로 이미 신이며 새로운 신이 따로 필요 없는 것을 느끼게 하였다. 그에게 세계는 일즉다(一卽多), 다즉일(多卽一), 색즉공(色卽空), 공즉색(空卽色)의 세계였다.

굿 혹은 굿놀이의 구성을 보면 청신(請神), 오신(娛神), 송신(送神)의 3 단계를 가진다. 다시 말하면 귀신이라는 손님을 정중히 모신 뒤 즐겁게 놀다가 공손히 바래다주는 것이다. 굿의 내용은 풀이(legomenon: exorcism: hahuri: 공수: 노래)와 거리 (dromenon: nori: 몸짓: 놀이)로 나뉜다. 이 구조는 인간의 모든 행위에 확대적용할 수 있다. 즉 문화는 바로 풀이와 놀이, 말과 행동(실천)으로 나누어 말할 수 있다는 뜻이다.

굿과 관련하여 문화의 원형과 그것의 확대과정을 보면 다음과 같다.

'문화의 원형=주술(呪術)=주(呪)+술(術)=주문(呪文)+몸짓=풀이+놀이=말+연행=주문(呪文)+기술(예술)=문(文)+무(武)=종교+과학=문화복합=문화'

무(巫)는 또한 같은 음의 다른 글자인 무(武), 무(舞), 무(無)와 의미의 상관관계를 가지고 있다[27]

무속의례는 무의(巫儀), 즉흥(卽興), 시작(詩作)의 삼위일체로 진행된다. 이것은 자기최면 혹은 자기초월 혹은 시공초월의 모습도 보인다. 그래서 무속의 언어, 신화의 언어는 로고스(logos)가 아니라 뮈토스이며 신의 말을 그대로 옮기는 것이고 이는 개인의 창작예술의 언어인 포에시스(詩)와도 다르다. 바로 이러한 신화적 언어의 특징은 사람으로 하여금 상상계(想像界: 想像的 공간)와 현실계(現實界: 物理的 공간)를 왕래하게 할 수 있고 무한한 상징의 의미세계로 사람의 삶을 확장하게 한다.

신화라는 집단예술과 예술이라는 개인창작은 다르지만, 마치 생물에서 계

---

27) '무'자의 한글발음이 같은 것에 주목할 필요가 있다. 같은 발음 속에 같은 의미가 있는 경우가 많다. 적어도 역사적 발전의 연관성 혹은 문화의 원형과 변형의 관계에 있을 가능성이 높다. 예컨대 단(檀), 단(壇), 단(丹), 그리고 선(仙), 선(禪), 선(善)도 같은 관계에 있는 것 같다.

통발생은 개체발생에서 그대로 재현되듯이 예술에서도 계통발생이 있는 것도 사실이다. 그것이 바로 전통이며 개인이 어쩌지 못하고,계승할 수밖에 없는 것이다. 적어도 계통발생이 아니라면 문화인자의 유전풀(gene pool) 같은 것이 있어서, 결국 매우 자유스러운 창작 같지만, 실은 그 풀에서 인자를 퍼올리며 개인은 단지 그것을 조합하는 데에 창의력을 발휘하는 것인지도 모른다.

상징에는 원래 다의미(多意味)와 역설적(逆說的) 의미가 내재해 있고 여기에 여러 경험의 이미지가 중첩적(重疊的)으로 작용한다. 상징이 상상과 다른 것은 상징은 서로 모순되고 대립되는 것을 하나에 담는 특성이 있다는 점이다. 상징은 죽음과 동시에 삶을, 처음과 동시에 끝을, 현실(이승)과 동시에 사후(저승)를 의미함으로써 공간을 확장할 뿐 아니라 우주순환의 원리를 간접적으로 설명하며 인간의 삶을 더욱더 풍부하게 한다. 상상은 그 상징의 세계에 살을 붙이고 범위를 넓혀 공간을 확대재생산하는 역할을 한다.

종교에서는 언제나 대립적인 세계(善惡)가 있고 또 거기에 대립적인 세계가 갈등하는 화해하는 상상계가 존재한다. 또 상상계는 현실계와 서로 교섭하고 교통하고 거래하게 된다. 양 세계를 오가는 것이 정령이고 영혼이고 신들이고 또한 천사와 악마들이다. 양 세계를 중개하는 것이 무당이고 사제이다.

상상계는 기본적으로 꿈과 같은 것으로 해석에 있어서 쌍방향 통행이 가능하게 되어있다. 말하자면 특정의 사건이 길몽(吉夢)이 될 수도 있고 흉몽(凶夢)이 될 수도 있는 것이다. 저주가 곧 축복이 될 수 있고 죽음이 곧 영생이 될 수 있다. 이와 같은 꿈과 상상계의 쌍방향적 해석의 가능성은 현실계의 합리성이나 인과론보다 훨씬 오래 전부터 인간생활의 중심이 되어왔다. 결국 인간은 인과론이나 합리성(과학)을 위해 사는 것이 아니라 오히려 꿈과 상상을 통해 살아왔다. 꿈이 무의식의 것이라면 상상계는 의식의 꿈이다. 종교는 상상계를 채우는 대표적인 문화양식이다.

물론 무교가 종교의 원형임을 생각할 때 우리는 무교의 비과학성이나 미신을 비난하기 전에 삶에 있어서 쌍방향적 해석으로 희망과 꿈을 주고 절망과 질병에서 벗어날 수 있다는 기대를 주고 경우에 따라서는 치료의 길을 열어준 역할을 과소평가해서는 안 될 것이다. 인간은 결국 믿음의 존재이다. 인간은 귀신 혹은 신과 조화를 이루면서 복을 빌며 살아왔다. 설사 그 복이 실현되지 않는다고 해도 그 까닭은 신에게 있는 것이 아니라 나(인간)에게 있는 것이고 비는 것만으로도 안심이 되는 것이었다. 백남준의 예술을 굿의 과정으로 보면 그동안 서양미술의 개념에서 설명할 수 없는 많은 것을 설명할 가능성을 높이는 것이다.

백남준 예술, 퍼포먼스를 굿의 구성요소와 비교하면 재미있는 대응을 발견할 수 있다. 그의 퍼포먼스를 보고 있노라면 전통 굿이 떠오른다. 원시예술의 종합판이었던 굿(제의)에서 예술이 분화되었다가 다시 오늘날 퍼포먼스로 수렴되는 것 원시반본을 느낄 수 있다. 원시예술로서의 '굿'은 발음 그 자체에서 그 뿌리[28]를 느낄 수 있다.

Ⅰ. 소리(음악: 기악 바라지)

Ⅱ. 이미지(미술: 여러 신령 상)

Ⅲ. 행위(무용·연극: 몸짓)

Ⅳ. 말(문학·대본: 풀이, 사설)

Ⅴ. 신령 지핌(접신: 영감: 텔레파시)

Ⅵ. 즉흥성

Ⅶ. 기운생동(혼돈: 무질서: 디오니소스적 분위기)

---

28) 한글의 옛 문자로 알려진 가림토 문자와 관련하여 /글/의 어원에 대하여 살펴보면, 다음과 같다. '금을 그리다'에서의 /긋/과 /그리/는 금을 그어서 일정한 말을 점토판과 같은 것에 쓴다는 뜻이다. 그러므로 /가림토/는 "점토판 위에 금을 그어서 글을 쓰다"라고 해독된다. 우리는 옛날부터 말을 쓰는 것을 /글/이라고 하고, 그것을 쓰는 도구를 붓이라 하며, 그것을 쓰는 행위를 쓴다고 한다. 이 세 개의 낱말은 순수하고 고유한 우리말일 뿐 아니라, 그 어원을 살펴보면, 옛 선조들의 글자 생활을 이해할 수 있다. /글/은 /긋/에서 파생된 말이다. /그림/이란 말도 /긋다/에서 파생된 것이다. 결국 글이란 "금을 그어서 쓴 것"이란 뜻이다. 붓이란 말도 고유한 우리말이다. 붓이라 한 것은 곧 옛날에 글을 처음 쓰기 시작할 때 쇠나 나무 막대기 같은 것을 불에 태워 가지고 금을 그었기 때문에 생긴 말이다. /부수, 부루/는 /붇, 붓/ 등의 다른 형태이다. /붓/이란 /불(火)/에서 생긴 말이다. /쓰다/는 불에 태운다는 말로 /시르다, 실다/에서 생긴 말이다. 15세기 문헌에 /살다, 사다/로 기록된 예를 볼 수 있다. /긋/은 /굿/과 발음이 비슷하다. 글과 그림은 점토판에 그은 것이지만 /굿/은 점토판이 아니라 무언가 공간에 크게 긋은(공간을 크게 가르고 휘젓는) 것을 연상시킨다. 만약 그렇다면 글과 그림, 굿은 서로 소리에서 내통하고 있다. 아마도 그 옛날에는 글씨를 쓰고, 그림을 그리고, 굿을 벌이는 행위가 곧 신성한 제의와 주문, 기도와 관련이 있었던 것 같다.

굿에는 항상 음악(무악: 삼현육각)[29]이 깔려 있다. 음악이 없는 굿은 생각할 수도 없다. 백남준의 작품에도 항상 소리(음악)가 있다. 이는 몸짓을 주로 하는 무용에 음악이 배경으로 깔리는 것과 같은 이치이다. 음악이 없으면 몸짓의 리듬을 탈 수가 없다. 서양의 현대 전위미술이 오브제와 콜라주에 이어 행위미술(퍼포먼스)로 발전하면서 음악을 도입한 것은 예술구성을 위해 당연하고도 자연스런 방향이다. 그래서 그의 첫 전시가 '음악의 전시-전자텔레비전'이라고 한 것은 참으로 시사하는 바가 크다.

<문자, 이미지, 사진, 오브제, 퍼포먼스>

문자시대/남성위주	회화 조각	문자 시대의 미술
이미지 시대/여성위주	사진 오브제 설치	이미지 시대의 미술
전자 시대/매체위주	퍼포먼스 비디오아트 (전자 굿)	정보화 시대의 미술

백남준은 음악을 한다고 생각했기 때문에 미술의 영역을 극단적으로 소리로 넓혔다. 그는 또 뒤샹의 '(정지된)오브제'를 '(움직이는) 오브제'로, 그리고 '퍼포먼스'로 전환하였기 때문에 미술의 영역을 퍼포먼스로 넓혔다. 이에 더하여 그는 오브제를 드디어 '객체의 미술'을 테크놀로지에까지 달성하였다. 객체의 미술이라는 것은 미술 자체가 객체라는 뜻이 아니라 어떤 작품을 다른 사람도 똑같이 기술적으로 실현할 수 있다는 뜻이다. 이것은 주체와 객체의 완전한 교체이다. 백남준이 실험한 '왜곡된 영상'은 다른 사람들로 기계적인 조작, 다시 말하면 전자 음극선에 전자기력을 줌으로써 실현할 수 있다.

---

29) 굿은 원래 삼현육각(三絃六角)을 반주로 쓰는 것이 원칙이지만 지역마다 주로 다루는 악기가 있다. 경기도는 피리, 장구, 징(가끔 쓴다)만 있으면 열두거리를 다한다고 한다. 남도가 징·장구, 황해도가 장구·제금(바라)·호적(가끔 쓴다), 평안도가 쌍장구·제금, 제주도가 장구·설쇠, 동해안이 쌍팽과리·호적·제금 등을 쓴다. 경기도는 피리가 특징이다. 종합적으로 보면 경기도의 전통예능은 추석권에 단오권의 특징이 가미되었다고 볼 수 있다. 백남준이 경험한 굿은 서울·경기 지방의 굿으로 짐작된다.

한편 그는 거의 전문적인 인류학적의 수준에서 인류문명을 바라보면서 새로운 예술을 창조해나갔다. 그는 문명사적으로 '문자의 시대'에서 '이미지의 시대'로의 대전환을 눈여겨보고 있었다. '문자의 시대'에서 미술이라는 이미지 작업이 차지하는 영역과 '이미지의 시대'에서, 특히 사진의 발명 이후에 미술이 개척해야할 영역에 대해서, 특히 정화상의 사진에서 동화상의 사진으로, 영화나 텔레비전의 등장과 같은 발명 속에서 미술이 어떻게 살아남아야 하는 것에 대해 고민한 것 같다.

만약 오브제 미술이 사진예술의 등장과 그것의 전통적인 미술에 가한 충격에 따른 탈출이라면, 예컨대 미술이 대상의 복제 혹은 차이-복제의 영역에서 밀려나 오브제 그 자체에 매달려야 했던 것이라면, 백남준의 비디오 아트는 사진예술의 또렷한 '사실적·질서적 이미지'에 반발하는 흐릿한 '사실왜곡적·반질서적 이미지'의 창출이라고 말할 수 있을 것으로 보인다.

오브제 미술은 대상(객체)의 사물에 대해 주체적 자격을 부여하는 것으로 볼 수 있다. 백남준의 테크놀로지 미술은 이를 사물에서 테크놀로지로 확장한 셈이다. 여기서 대상은 주체적 자격을 부여받는 정도가 아니라 완전히 주체가 된 것이다. 이제 대상이 없어져버린 셈이다. 예술의 본질은 일상의 코스모스에서 상상력의 카오스를 추구하는 것인지도 모른다.

비디오 아트는 기본적으로 '카오스(chaos)의 이미지' 혹은 '카오스모스(chaosmos)의 이미지를 추구하는 것이라고 볼 수 있다. 이는 비디오의 일상적 활용에 따른 예술적 반동이라고도 보이는데(예술은 무언가 일상과 달라야 한다는 의미에서) 결국 '질서적(기록적) 이미지'의 추구에 반하여 '카오스(지우기)의 이미지'를 추구하는 것이라고 볼 수 있다.

그렇다면 과연 굿으로 본다는 것을 무엇을 의미하는가. 인간은 다른 동물과 달리 '생각하는 동물'이다. 생각하는 동물이라는 것은 생각을 통해 무엇을 축적하고 기록해가는 것을 말한다. 여기에는 언어가 필수적이다. 언어가 없으면 생각을 쌓아갈 수가 없다. 그런데 우주라는 것은 반드시 생각으로만 소통하는 몸체가 아니다. 말하자면 몸으로, 느낌으로 교감하는 몸체이다. 전자를 '플러스 방식' '천(天)의 방식' '문(文) 방식'이라고 한다면 후자는 '마이너스 방식' '지(地)의 방식' '무(武)의 방식'이다. 이때 '무'라는 것은 바로 '巫, 舞, 無'의 방식으로 변형된다.

물론 사람에 따라 이 두 방식을 자유자재로 쓰는 경우도 있다. 그러나 그렇지 못하고, 어느 한쪽만을 특히 많이 쓰게 되는 경우가 있다. 그런데 천지인은 삼등분된 세계가 아니고 교감하고 순환하는 몸체이다. 그래서 특히 '지'의 방식에 있는 사람도 '천'과 통한다. 도리어 '지'의 방식에 있는 사람이 더 '천'을 부르게 된다. 그래서 종교를 믿거나 신을 숭배하는 사람들은 하늘을 숭배하게 된다. 이 말은 하늘을 연구의 대상으로 보는 것이 아니라 숭배의 대상으로 본다는 뜻이다. '지'의 방식에 있는 사람은 '몸/본능'으로 사는 사람을 의미한다. 아무리 문명화된 사회라고 하더라도 자연적인 느낌에 따라 살아가는 부류가 있기 마련이다.

자연은 머리와 문명으로 통하는 문만 열어놓은 것이 아니라 몸으로 통하는 문도 열어놓았다. 그러한 점에서 인간은 여전히 본능적 존재인 셈이다. 이것은 또한 여성과 항문과 무의식으로 통하는 문이다. 인간의 종교는 수많은 경전을 가지고 있지만 실은 종교라는 것은 몸으로 느낀 것을 글로 써놓은 것에 속한다. 그것은 이성적인 것은 아니다. 단지 이성적인 것으로 표현하였을 따름이다. 그러한 점에서 모든 종교는 무교(巫敎)의 변형이면서 아류이다. 백남준으로 말하자면 천지인을 관통한 통인(通人)에 속하는 '상(上)무당'이면서 '쟁이'면서 최고의 '선비'이다. 그러나 그의 예술을 굿이라고 보는 것은 흔히 '지'의 방식에 내려오지 못한 예술가와 구분하기 위해서다. 예술인류학이 무교인류학에서 절정에 도달하는 이유를 여기서도 확인할 수 있다.

<굿, 혹은 예술로 보는 방식의 의미>

天 플러스 보편성(+)	文 理性/머리 科學/선비	男性 뇌 초의식
人 陰陽電氣 (+, −)	文武 理性本能 藝術/쟁이	男女合一 가슴 의식
地 마이너스 일반성(−)	武巫舞無 本能/몸 宗敎/무당	女性 항문(膣) 무의식

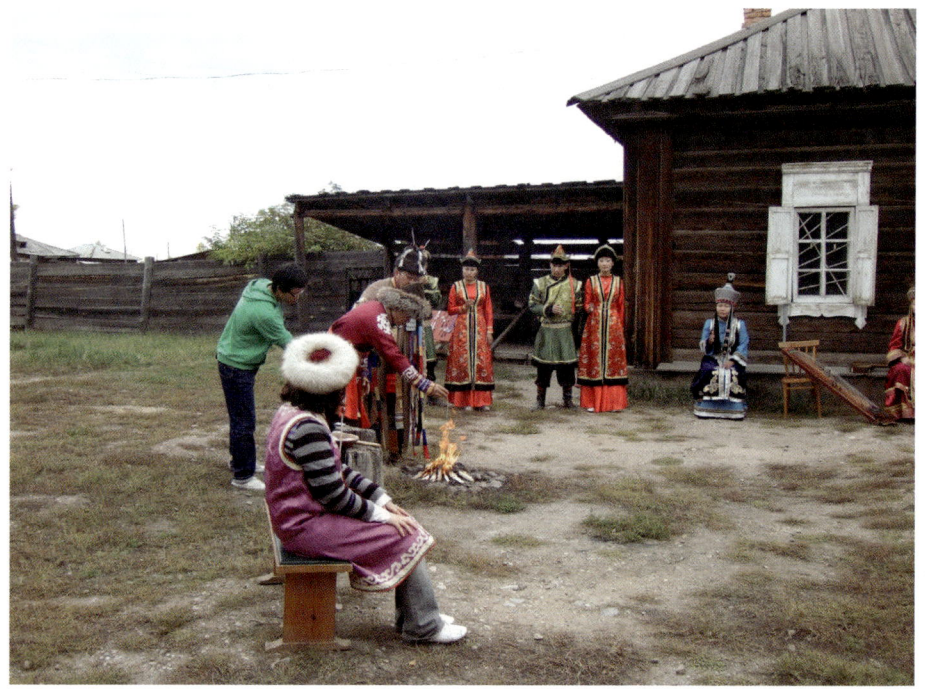

몽골 탐사 도중(2009년 9월 12일~22일) 브리야트 족 민속촌을 찾는 필자는 이들의 전통의상을 입고 함께 민속춤을 춘 후 모닥불에 술을 뿌렸다. 이 부족은 북방 샤머니즘의 전통, 천지인 사상을 잘 보존하고 있었다.

제2장 백남준 예술을 읽기 위한 정보와 훈련

　그렇다면 예술이란 무엇인가. 일상과 비교하여서 과연 예술이란 특별한 것인가. 여기서 황금률(黃金律)이라든가, 동서양의 미의식을 예로 드는 것은 처음부터 관심이 없다. 그것은 이미 많이 주장되고 규명되어 왔기 때문이다. 특정 미의식에 대한 기존의 선입관이 없는 일상의 대중을 기준으로 말하고자 하는 것이다. '일상＝예술'은 전후 독일에서 일어난 플럭서스(Fluxus) 운동과 매우 상관적인 의미를 갖는다. 플럭서스의 창시자 조지 마키우나스는 "플럭서스는 예술이 아니고 '좋은 창조적인 개그'에 불과하며 플럭서스 미술가들은 '농담꾼들의 집합'이었다."[30]고 말했다.

---

30) George Maciunas(interviewed by Larry Miller), 〈Transcript of the Videotaped Interview with George Maciunas〉(24 March 1978), in Fluxus etc. /Addenda I, p.15.

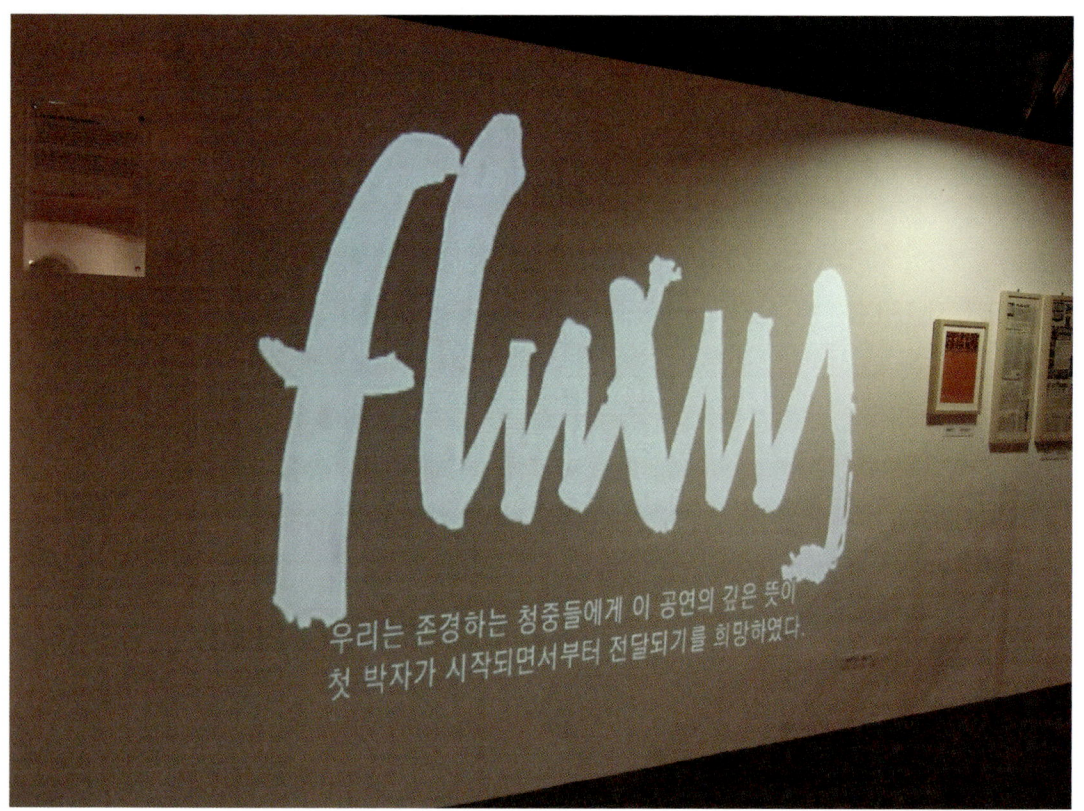

백남준의 초기 작업에서 가장 영향을 미친 것은 역시 플럭서스 그룹에서의 활동이다. 플럭서스(fluxus) 개념은 제2차 세계대전 후 서구에서 새로운 예술적 돌파구를 위한 아방가르드의 대표성을 갖는다. '흐름'이라는 이 말은 바로 동양의 정신에 피를 닿을 수 있는 개념 중의 하나이다.

조지 마키우나스는 또 1962년부터 발표한 일련의 선언문에서 "미술가는 '비전문적이고 비예술적이며 사회에서 비엘리트 계층에 속해야 하며' 그들은 이 세상 무엇이든지 예술을 대치할 수 있으며 누구든지 예술을 행할 수 있다는 것을 보여 줘야 한다. 예술을 대치할 오락(Amusement)은 간단하고, 재미있으며, 무의미하고 상품가치나 전시가치가 없어야 한다."[31]고 말했다. 요컨대 플럭서스 미술가들은 예술과 일상(인생)의 구별을 없애려는 노력을 했다. 플럭서스와 다다이즘(Dadaism)이 만나는 것은 역시 '예술과 인생의 결합'에서다.

백남준은 이미 테크놀로지가 오브제를 대신할 것이라는 것을 알고 있었던 것 같다. 에디트 데커가 편집한 백남준의 아포리즘 가운데 매체에 관하여

31) George Maciunas(interviewed by Larry Miller), 〈Transcript of the Videotaped Interview with George Maciunas〉(24 March 1978), in Fluxus etc. /Addenda I, pp.26 - 27.

다음과 같은 서술이 포함되어 있다.[32)]

  "단어(문자)가 가장 근본적인 매체다."(플라톤)
  "소리가 가장 근본적인 매체다."(아우구스틴)
  "보는 것이 가장 근본적인 매체다."(스피노자)
        …… 해묵은 논쟁은 끝났다 ……
        …… 텔레비전 상업방송은 위의 3가지 모든 것을 갖고 있다.

  언어, 소리, 시각 사이의 문명적 주도권 쟁탈은 심각하였지만 이제 텔레비전 시대, 텔레커뮤니케이션의 시대를 맞아 모든 것은 텔레비전 방송과 인터넷 및 위성방송에 포함되어 버렸다. 그렇다면 이들이야말로 전지전능한 권력으로 새로 부상하고 있는 셈이 된다. 그러나 전권을 행사하기도 전에 인터넷 네트워크 시대의 방송국은 쌍방향을 추구하지 않으면 살아남기 어렵게 되었고 결국 송신자의 시대가 아니라 도리어 수신자 주도권의 시대로 들어가게 되었다. 인간은 이제 세계와 통할 수 있는 하나의 기기(器機)를 저마다 하나씩 가지고 있는 셈이다. 시각과 청각 그리고 상징이 하나가 되어 통하는 통합의 시대에 인간은 살게 되었다. 이는 서로 통하고자 하는 지각이미지(sense image)의 내부 통로에 상응하는 외부 통로라고 할 수 있다.
  정보화 시대에 이르러서야 더 이상 '통합'(統合)이 아니라 '통합'(通合)임을 알게 된 것이다. 존재하기 때문에 소통하는 것이 아니라 소통하지 못하면 존재가 아니라는 것이 증명되고 있다. 말하자면 이제 '소통(communication)의 인류학(anthropology)'이 필요한 시점이다. 신들도 이제 전지전능한 것이 실은 통하는 것이라는 것을 서서히 인정하고 있다. 소통하는 것이야말로 신

---

32) 독일어 원문:
  "Das Wort ist das tiefgruedigste Medium" (Platon)
  "Der Klang ist das tiefgruedigsteMedium" (Hl. Augustin)
  "Das Sehen ist das tiefgruedigsteMedium" (Spinoza)
        …. dieser alte Streit ist beigelegt…
        …. Fernsehwerbung hat alle drei.)
  (Nam June Paik: Aphorismen, Niederschriften eines Kulturnomaden. Hrsg.v. E. Decker. Koelen 1969. S. 87)

화시대부터 인간이 추구해 온 최고의 가치이고, 하늘과 땅이 추구하는 것이고, 전기전자(電氣電子)야말로 신들의 보이지 않는 섭리이고, 보이지 않는 손이며, 보이지 않는 창이며, 보이지 않는 몸이라는 것을 드러내고 있다. 로고(Logo: ideagram)는 로고스(Logos)가 아니다. 하느님의 말씀(Word)과 인간의 이성(Reason)은 더 이상 하나가 아니다. 로고스중심주의(logocentrism)는 음성중심주의(phonocentrism)에 포함되어야 한다. "태초에 말이 있었다."가 아니라 "태초에 소리가 있었다."라고 하여야 한다. 소리는 훨씬 자연에 가깝다.

백남준은 플럭서스 이전(1958~1960년)에 이미 다다(Dada)에 심취하였던 것으로 보인다. 그는 플럭서스 이전에 이미 음악콜라주 작업을 하였고, 콜라주 작업을 시각예술로 연장할 생각을 하지 않았던 것 같다. 백남준은 마르셀 뒤샹(Marcel Duchamp)과 쿠르트 슈비터스(Kurt Schwitters)로부터 영향을 받은 사실을 고백한 적이 있다. 뒤샹은 물론 그의 미학과 철학 때문이고, 슈비터스는 콜라주 기법과 비예술적 요소를 예술에 도입한 때문이다.[33] 슈비터스가 말한 "다다이즘은 단지 안티테제를 제시하는 반면, 메르츠(Merz)는 예술 작품의 모든 요소에 상대적인 가치를 부여함으로써 안티테제를 서로 화해시킨다. 순수한 메르츠는 예술이고 순수한 다다이즘은 비예술이다. 양쪽이 모두 의도적으로 그러하다."[34]는 내용은 의미심장하다. 이는 '반미술로서의 다다'에서 새로운 '예술의 종합으로서의 다다'를 예언하고 있기 때문이다. 이는 백남준의 비디오아트를 응원하는 것이다.

백남준과 뒤샹은 닮은 데가 많다. 백남준은 뒤샹과 관련하여 재미있는 말을 했다.

"마르셀 뒤샹은 이미 비디오 아트를 제외하곤 모든 것을 다 이뤄놓았다. 그는 입구는 커다랗게 만들어 놓고 출구는 아주 작게 만들어놓았다. 그 조그만 출구가 바로 비디오 아트이다. 그리 나가면 우리는 마르셀 뒤샹의 영향권 밖으로 나가는 셈이다."

뒤샹의 중요한 점은 에컨대 피카소(Pablo Ruiz Picasso, 1881~1973)까지만

---

33) 강태희, 〈전위의 첨단, 백남준 예술 – 초기 작품에서 비디오까지〉 p.38, 미술세계 11월호(통권 49호), 1988.
34) 강태희, 〈전위의 첨단, 백남준 예술 – 초기 작품에서 비디오까지〉 p.39, 미술세계 11월호(통권 49호), 1988.

하더라도 기존의 전통적인 미술에 오브제를 삽입하는 것에 불과했던 것을 오브제를 기존 미술의 공격도구로 사용했다는 점이다. 이것은 미술의 밖에서 오브제로 공격하는 것이다. 뒤샹식의 오브제는 처음에는 미술의 범주에 넣어주지도 않았다. 어떤 미친놈이 미친 짓 한 것쯤으로 해석했다. 오브제는 그 후에 미술의 범주에 들어가게 된다. 모든 창조적인 것은 처음에는 외면 당하게 되어있는 것이 운명이다. 뒤샹은 백남준만큼이나 기상천외한 발상을 하고 인생을 풍자하고 해학했던 수다쟁이, 말장난의 천재였다.[35] 그러나 백남준은 전자테크놀로지의 장인, 대장장이가 됨으로서 그를 넘어섰다.

백남준은 플럭서스 그룹에 참가하기 이전에 이미 서구 미술의 새로운 흐름에 대해 이해하고 있었으며 그것에 참가할 준비가 되어 있었다. 좀 더 솔직하게 말하면 백남준은 이미 준비된 사람처럼 그들보다 더 소신을 가지고, 확실하게, 충격적으로 그들을 인도하였다고 하는 편이 옳다. 백남준 예술을 연구함에 있어서 우리는 그가 서구 전위 미술의 흐름을 어떻게 잘 따라갔는지에 대해서 서구 미술사의 맥락에서 연구할 일이 아니라 한국문화의 특수성, 특유의 미학의 무엇이 그를 그렇게 만들었는지에 대해 주목하여야 한다. 어쩌면 그에 대한 연구는, '어떻게 그가 그렇게 할 수 있었는지', 낯선 곳에서 제 마당처럼 한판 잘 놀았는지(굿판을 벌였는지)를 설명해야 할 의무가 있다. 그의 예술 인생을 서구 미술사의 맥락에서 해석하는 것으로 책임을 다했다고 할 수 없다.

플럭서스는 일종의 예술사적 허무주의와 연관이 있는 것으로 보인다. 전후 유럽의 허무주의라는 것은 역설적으로 나치즘이나 파시즘이라는 극도의 권위주의의 반작용으로 보인다. 플럭서스는 운동에 참가한 사람들이 인식한 것보다 훨씬 더 큰 볼륨으로 무의식에 어떤 가능성이 잠재된 것으로 보인다. 따라서 "플럭서스는 별것 아니야, 잠깐 독일 쾰른 중심의 아방가르드 집단들이 한번 해 본 해프닝이야."라고 말하는 것은 세계사나 동서양의 흐름

---

35) 뒤샹은 남성이지만 여장을 한 것으로도 유명하다. 그는 모나리자를 남자로 패러디한 작품 'L. H. O. O. Q'(1919)에서 '그녀의 엉덩이는 뜨겁다'(Elle a Chaud au cul)라는 말을 붙였다. 영어로는 'She is hot(sexy)'와 같은 뜻이다. 그는 여장으로 분장한 사진 '로즈 세라비(Rrose Sélavy)'(1921년)를 남겼다. 이것을 발음대로 풀어쓰면 'Rose, Cést la vie'(장미, 이것이 인생이다)라는 뜻이 된다.

에 대해 무지를 드러내는 것이다.

때때로 인간은 행동하고 난 한참 뒤에야 그 이유를 발견하고 설명할 수 있는 것이다. 플럭서스가 그런 것 중에 하나이다. '플럭서스'라는 단어가 풍기는 '흐름', '변하는 것', '그렇고 그런 것', '심각하게 생각하지 마', '예술이라는 것도 별것 아니야' 등과 같은 분위기는 결국 '괴짜들'이라는 작품을 올리게 한다. 말하자면 괴짜가 되지 않고는 그 문명적 억압, 전쟁의 비인간화, 위선, 거짓말 등을 극복할 수 없었다. '플럭서스'로 풍자하고 희화화하지 않고는 그나마 살아갈 수 있는 힘을 얻을 수 없었던 것 같다. 진위(眞僞)와 가부(可否), 선악(善惡)의 경계는 없어진 지 오래다. 이제 마지막 기대를 할 수밖에 없었던 곳이 예술이었을 것이다. 전후의 분위기는 한마디로 허무주의 그것이다.

현대에 들어 유럽문명은 세계문명을 다스리는 일종의 인류사에 유례없는 권력경쟁, 헤게모니 쟁탈전이 제2차 세계대전이었으며 그러한 권력게임의 결과는 런던에 이은 미국의 세계 중심—무역, 금융, 패션, 예술, 문화 중심지로서의 부각이다. 특히 허무주의에 빠진 것은 패전국인 독일이다. 제2차 세계대전의 실패는 특히 독일 엘리트 계층에겐 필연적으로 플럭서스 운동을 하지 않을 수 없었을 것이다. 예술은 흔히 실패하거나 패배한 나라에서부터 시작하는 것이다. 미국이 세계 정치와 경제를 좌지우지하였다면 새로운 예술적 아이디어와 종교적 반성은 독일에서 이루어지는 것이 당연했다.

그동안 예술이라고 한 것들이 장소를 바꾸고 어떤 관습적인 맥락을 바꿈에 따른 놀라움이나 새로움 및 의외성과 깊은 관련이 있음을 깨닫기 시작했다. 이에 형이상학적인 미학에 대한 일대 반란을 일으키는 새로운 미학이 필요하다. 예술은 물론, 모든 문자적이고 문화적이고 상징적인 것들은 모두 의식화의 산물이다. 다시 말하면 의식화를 통해서 어떤 결정성을 승인하는 관계로 우리는 특정의 미의식을 갖게 되는 것이다. 이것을 생활 속에서 일어나는 일로 표현하면 역시 '낯설게 하기'와 '낯익게 하기'일 것이다. 낯설고 낯익다는 것은 실은 통각적인 뉘앙스를 갖는다. 이것은 '몸에 익숙하지 않게 하기', '몸에 익숙하게 하기'라는 뜻이 된다.

'낯'(얼굴)에는 눈(眼), 귀(耳), 코(鼻), 혀(舌) 등 신체(身)나 의지(意)를 제외한 신체의 모든 감각이 집중되어 있다. 그럼으로써 몸 전체로 느끼는 느낌(feeling)[36]에 근접하는 통합성을 갖는다. 다시 말하면 아름답다고 하는 것이 실은 낯설고 낯익기의 가역과정에서 발생하는 어떤 종합적인 미의식, 균형 감각이라는 것을 알게 된다. 낯설고 낯익다는 것은 매우 가역적이고 유동적이다. 그런 점에서 미(美)라는 것은 매우 양가적이고 이중적이다. 그래서 미(美)라는 것은 도덕과는 다르다. 도덕적 선악(善惡)은 보다 분명한 것을 요구하는 데 비해 미추(美醜)는 애매모호하다. 몸은 애매모호하기 때문이다. 미(美)에는 선악마저도 함께 공존할 수 있다는 뜻이 된다.

여기에 아름다움에 대한 정답을 쉽게 내릴 수는 없지만 '낯설게 하기'와 '낯익게 하기'[37]란 개념으로 예술인류학은 답하고자 한다. 미의 기준은 시대와 장소에 따라, 다시 말하면 시공간에 따라, 위도와 경도에 따라 달라 왔다. 어떤 특정의 미의식을 가지는 것은 집단의 크기와 관계없이 어떤 카테고리로 묶을 수 있는 특정집단의 경우에 해당한다. 이들에게는 바로 감각적으로 낯선 것이 있고 낯익은 것이 있다. 그런데 이 낯선 것과 낯익은 것은 구분이 확실치 않고 서로 가역적이라는 데에 문제가 있다. 낯선 것은 언젠가는 낯익은 것이 되고, 정작 완전히 낯선 것은 아름답다고 말할 수도 없다. 예컨대 어떤 창작품에 대해서 '아름답다'고 느낄 때 과연 그것은 참으로 처음 보는 낯선 것일까. 반드시 그렇다고 할 수도 없다. 그럼에도 불구하고 반

---

36) 재미있는 것은 시베리아 남부 지역에 살고 있는 에벤크족의 언어에서 아리랑(arirang)은 '맞이하다'의 뜻으로 쓰이고, 쓰리랑(serereng)은 '느껴서 알다'는 뜻으로 사용된다. 이것은 상제례(喪祭禮)문화와 관련이 깊은 것 같다. 우리가 '아리랑'이라는 민요의 후렴으로 사용하고 있는 '아리 아리랑, 쓰리 쓰리랑'에서 고대 북방 샤머니즘의 흔적을 볼 수 있다는 것은 놀랍다. 여기서 '쓰리랑'이야말로 느낌의 철학 혹은 미학과 깊은 관련성을 맺는다. '느껴서 안다'는 것은 표층적으로, 기표적(記表的)으로 안다는 것이 아니라 심층적으로, 기의적(記意的)으로 안다는 것을 말하는 것 같다. 이때의 안다는 것은 몸 전체로 안다는 것과 상통하는 것 같다.

37) '낯설게 하기'와 '낯익게 하기'의 연장선에서 '멀리서 보기', '가까이서 보기' 등 공간의 여러 방향과 각도에서 사물을 다양하게 보는 방식이 가능하다. 예컨대 백남준의 사물을 '흐리게 보기'도 그중의 하나가 된다. 고전적 미술에서도 사물을 다양하게 보는 방식이 적용되지 않는 것은 아니다. 그러나 대체로 정적인 상태에서 사물을 대상으로 그렸다. 인상주의(impressionism)에서도 빛과 함께 시시각각 움직이는 색체의 변화를 그렸지만 그것도 눈에 보이는 사물을 객관적으로 기록하려고 한 것이다. 입체주의(cubism)도 색체주의의 반동에서 나온 것이지만 포름(forme)의 존중을 기했지만, 예컨대 동적인 상태의 사물을 그린 것은 아니다. 미술은 본질적으로 시각예술임으로 인해서 청각예술인 음악에 비해 정적이다. 백남준에 의해서 동적인 미술이 가능하게 됐다.

대로 어디서 본 듯한 낯익은 것은 창작품이라는 느낌도 들지 않을 것이다.

물론 여기에도 여러 차원의 의문이 제기된다. 예컨대 바바라 로즈(Barbara Rose)가 마르셀 뒤샹과 존 케이지, 두 예술가의 차이점에 대해 논한 내용, 즉 프랑스 부르주아 엘리트 미학을 가진 미술가 뒤샹의 '미술의 한계'에 대한 전위적 실험과 케이지의 '모든 것이 예술'이라고 생각하는 것과 다르다. 다시 말하면 뒤샹의 '예술과 비예술의 차이'에 대한 의문과 케이지의 '모든 것이 예술'이라는 생각은 차이가 있다.[38] 언뜻 생각하면 예술인류학의 퍼포먼스 개념은 케이지에게 가깝다. 그러나 예술이라는 것은 일상으로부터 계속적으로 영감을 받으며 때로는 예술과 일상의 경계가 애매모호해지는 것을 강조하는 편이라고 보면 적합하다. 그동안 서구 엘리트 미술은 너무 예술과 비예술의 경계가 뚜렷하였다는 폐단이 있다.

예술과 도덕의 궁극적인 차이는 도덕은 보편성을 강화하는 반면 예술은 더욱더 악마성과 파괴성을 확대 재생산하는 경향이다. 도덕은 차라리 모든 종교의 교집합을 말하는 것이라면 예술은 계속해서 기존의 것을 파괴하고 사회의 체제적 억압으로부터 자유나 해방을 얻는 것이다. 그런 점에서 절대선의 입장에 있는 자들에겐 예술은 악마와의 결탁으로 보일 수도 있다. 도덕과 예술은 그러한 점에서 절묘하게 의식과 무의식, 역사와 심리에서 균형잡기를 하고 있다. 균형이라는 말 자체가 이미 긴장과 불안을 배태하고 있다. 1966년 9월 런던에서 열린 다이아스(DIAS: Destruction in Art Symposium)도 비디오아트 탄생에 좋은 계기가 되었다고 말할 수 있다.

미의식이라는 것도 매우 불확실성 속에 있다. 말하자면 지금까지 '아름답다', '추하다'고 하는 것은 정말 한 문화의 특징적 경향이고, 한 문화적 편견의 산물이다. 이것을 다른 문화에 강제로 이식하거나 강요하는 것은 정치적 독재와 같다. 물론 문화교류에 의해서 서로의 선택적(selective) 소통(communication) 혹은 교감(sympathy)이라면 문제가 없다. 그러나 제국주의와 문화는 그것을 그렇게 두고 보지 않는다. 그래서 선진문화(큰 문화)가 후진문화(작은

---

38) Barbara Rose, 〈The Value of Didactic Art〉 Artforum 5(April 1697), p.33.

문화)를 점령하는 문화접변(文化接變: acculturation) 현상이 일어나는 것이다. 인간은 알게 모르게 미의식은 물론이고 철학에 대해서도 규제당해 왔다. 삶의 방식, 옳고 그름의 문제도 마찬가지이다. 그렇게 의식화되고 길들여져 왔던 것이다. 또 길들여지고 습관화되는 것이 문화이기도 하다.

인류사를 보면 주로 계급적으로 상류계층이 미의식을 주도해 왔고 민중들은 그것에 길들여지면서도 또 나름대로 자신들의 미의식을 개발해 왔다. 인간은 창조적 동물이기 때문이다. 이것은 선진국과 후진국의 사이에도 마찬가지이다. 주로 후진국의 상류층과 선진국 중산층은 문화종속적 상황의 공모자이다. 그런 점에서 사회 어느 구석에서 기존의 문화적 척도에 대한 반운동·반문화운동이 수평적·자발적으로 벌어지는 것은 당연한 일이다. 물론 이 반운동에는 계급적 반항이나 혁명 같은 것도 있을 수 있다. 지배층은 계급적 갈등을 순화시키기 위해 축제를 통해서 화합을 다지거나 축제기간 동안 질서를 깨는 놀이나 일탈을 허용하기도 한다.

일상과 예술은 원시·구석기 시대부터 서로 교통하고 교감해 온 것이 사실이다. 더욱이 문명이 발달하면서 주로 일상이 예술을 모방한 게 전체적인 흐름이다. 지금에 와서 일상의 예술화와 예술의 일상화가 다시 거론되는 것은 종래의 것과는 다르다. 현대에 들어 그 논의의 한가운데에 '오브제'[39]라는 것이 있다. 현대는 예술 전반에 걸쳐서 반문화운동이 필요한 시점이다. 최근에 벌어지고 있는 반문화운동은 종래와 달리 전반적으로 예술이 일상을

---

39) 오늘날 오브제의 의미와 범위는 규정하기 어렵지만 어원적으로는 라틴어 「Objectum」에서 유래된다. 영어는 오브젝트(object), 이에 상응하는 프랑스어 바로 오브제(objet)이다. 오브제는 본래 사물, 물체, 객체의 의미다. 그러나 미술용어로 사용되는 경우에는 사물의 본래 기능을 떠나서 예술의 영역으로 들어온 자연물과 공업제품, 일용품, 폐품 등을 가리키는 말이다. 이들이 직접 예술작품에 사용되면서 예술과 현실을 연결시키는 매체로 작용하게 된다. 이제 작가들에 의해 일상적인 오브제는 거의 물감튜브와 같은 재료처럼 전혀 생소하지 않게 되었다. '오브제'는 기존의 미술, 예컨대 일루전(illusion)의 미학을 거부한데서 기원을 둔다. 최초로 일상적인 사물이 미술에서 사용된 것은 벽지였다. 그 벽지는 파피에 콜레(papier collé)라 불렸다. 브라크는 '과일접시와 유리잔(Fruitdish and Glass)'(1912년, 봄)에서 파피에 콜레를 사용했다. 피카소의 '등나무가 있는 정물'(1912년, 가을)이 그 다음이다. 피카소의 이 작품에서 파피에 콜레는 콜라주(collage)의 개념으로 확장된다. 입체파 회화를 실현하는 과정에서 콜라주 기법은 보다 선명한 형식을 제공했다. 1913년 마르셀 뒤샹은 기존의 미학에 대치되는 '레디 메이드'의 오브제를 사용함으로써 기성예술을 공격하는 도구로 썼다. 그는 기성예술계에 공격자로 충격을 주었다. 뒤샹의 최초의 작품은 '자전거 바퀴'(1913년)이다. 이어 '병걸이'(1914년)를 제작한다. 소위 일상의 변기를 작품으로 내놓아 세상을 떠들썩하게 한 '(자궁의)샘(Fountain)'(1917년)은 미국 뉴욕 독립미술가전에 전시된 첫 작품이다.' R. Mutt' 라고 사인된 이 작품은 남성용 변기를 거꾸로 놓아 마치 여성의 엉덩이를 연상시키는 장난을 시도했다.

모방하는 경향을 보이고 있다. 이는 일상이 예술을 모방하면서 나름대로 심미적 카타르시스와 엑스타시, 만족과 성취를 느끼던 것과는 반대이다.

일상의 예술화와 예술의 일상화라고 해서 일상이 바로 예술이 되고 예술이 바로 일상이 되는 것은 아니다. 양자가 서로 가역하면서 실천적으로 부딪칠 때 (관념적 이원대립항으로 있는 것이 아니라) 그 과정에서, 그 중간에서 예술은 일상으로부터 새로운 아이디어를 얻고 예술은 반대로 일상을 아름답게 한다. 일상의 예술화의 한 예로 일상의 오브제가 바로 장소와 시간을 바꾸어 놓으면 그 자체가 바로 새로운 미술이 된다는 것은 혁명적이다. 오브제가 그것의 시공간적 맥락(context)을 바꾸어 놓음에 따라 새로운 미술이 된다는 것은 종래의 일상의 예술화와는 전혀 다른 상황이다. 오브제(objet), 퍼포먼스(performance), 콜라주(collage), 여기에 비디오아트(video－art)를 더하는 것은 반문화, 반미술의 금상첨화이다.

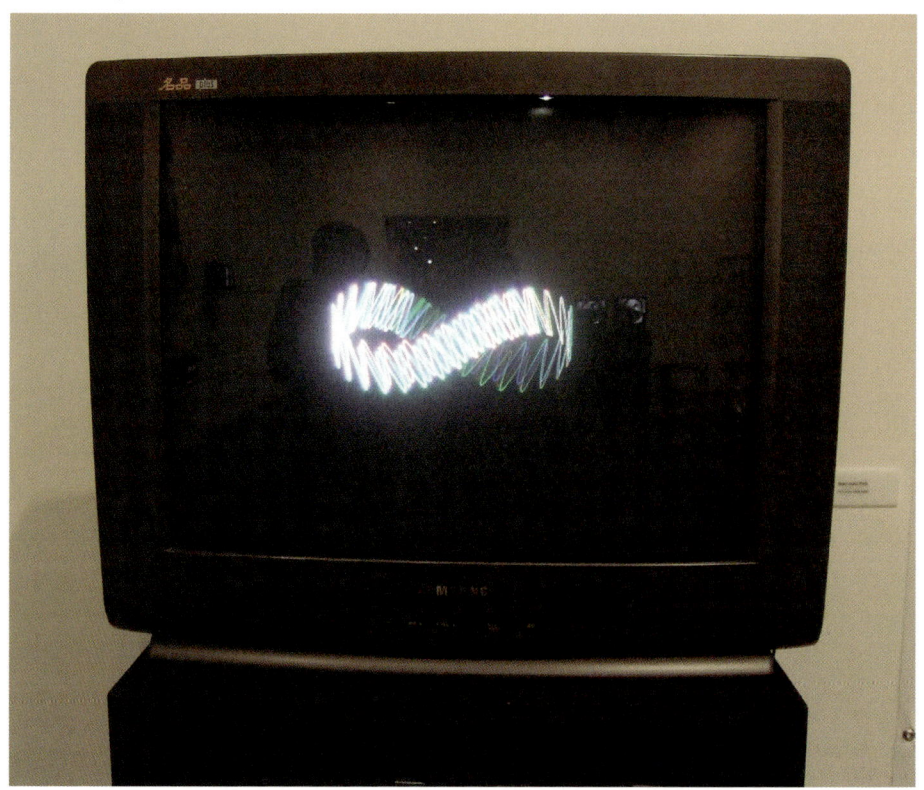

음극관에 전류를 흘리면 여러 가지의 교란된 전파모양이 나온다. 가장 대표적인 것이 바로 무한대(∞)의 형상이다. 백남준의 비디오아트는 상을 선명하게 보이려는 것이 아니라 도리어 상을 흐리게 혹은 왜곡되게, 심하게는 카오스 상태를 지향한다.

비디오아트는 텔레비전의 음극관을 이용하는 새로운 미술이다. 텔레비전은, 구체적인 상이 나오기 전 바탕화면이 본래 반사(난사)되는 빛이다. 이는 우주배경복사(CMBR)와 닮았다. 우주배경복사는 지금 이 순간에도 우주로부터 지구로 날아오고 있는 마이크로파(microwave)이다.[40] 빅뱅의 잔해를 우리는 TV를 통해 보고 있는 셈이다. 방송이 끝난 후 TV화면 속의 잡음(백색소음, white noise)들 속에 약 1퍼센트 정도로 우주배경복사가 포함되어 있다고 알려져 있다.[41]

텔레비전 모니터를 이용하는 비디오아트는 말하자면 우주의 축소판인 셈이다. 백남준은 비디오아트의 미술사적 의미에 대해서도 소상히 알고 있었던 것으로 보인다. 말하자면 작업과 이론이 분리된 아티스트가 아니라 그의 예술은 테크놀로지이고 실험이었기 때문에 이론무장을 하지 않으면 한 치도 진전할 수 없었다.

다름슈타트 하기강좌의 창설자 슈타이네케 박사에게 보낸 1959년 편지에서, 그는 이렇게 말한다. 이영철·김남수도 이점에 크게 주목한다.[42] 이 구절은 백남준 예술철학의 핵심을 압축하고 요약한 부분이다.

"마르셀 뒤샹+도스토옙스키 =쿠르트 슈비터스"라는 수식을 쓰고, '다양성 variete'과 변주곡variation은 같지 않다"는 말을 덧붙였다. 흥미로운 것은 63년에 쓴 후주곡에서 '빅뱅'이 일어나기 3분전의 상황이란 표현을 쓰는 것과 연

---

40) 우주가 시작된 후 약 38만 년쯤에 양성자proton가 전자를 잡아 원자atom를 형성함에 따라, 전자들과 충돌하던 광자photon, 빛의 알갱이들이 그 충돌을 멈추고 홀로 우주 공간을 퍼져나가기 시작했다. 그 광자들이 우주가 팽창해서 식어짐에 따라 에너지가 줄어들어(즉, 파장wave length이 늘어나서) 지금은 절대온도 3K 의 마이크로파가 되어 우리 지구를 향해서 날아오고 있는 것이다. 광자들이 자유롭게 직진할 수 있게 되었다고 해서 이 시기를 '우주가 맑게 갬' 또는 우주가 투명해졌다고 부른다. 실제로 1965년에 윌슨과 어스에 의해 우주배경복사가 처음으로 발견되었으며, 그 후 COBE, BOOMERANG, WMAP 프로젝트 등의 실험에 의해 더욱 자세히 연구되었다. 이러한 연구 결과, 두 가지 중요한 사실이 있다는 것을 알게 되었다. 하나는 우주배경복사가 흑체복사black body radiation란 점이며, 두 번째는 이 전파의 온도가 우주의 전 공간에 걸쳐 약 100만분의 1정도로 불균일inhomogeneous 하다는 점이다. 흑체복사란 한마디로 이상적인 발광체로 우리의 우주가 한때 불덩어리fire ball였다는 것을 말해주며, 빅뱅이론Big Bang theory 을 뒷받침해주고 있다. 그리고 온도의 불균일한 분포는 물질밀도matter density의 불균일을 의미하는데, 당시 우리 우주의 물질 분포에 아주 미세한 밀도의 차이, 즉 요철凸凹, fluctuation이 존재하였다는 것을 의미한다. 이러한 작은 밀도의 차이가 나중에 중력gravitation에 의해 자라서 우주거대구조가 형성되었다고 볼 수 있다. 그래서 이러한 밀도의 요철을 '우주의 씨앗seed of cosmos'이라고 부른다.(이영철·김남수(편집 및 해설) ≪백남준의 귀환≫, p. 82, 2010년, 백남준아트센터 총체미디어연구소.)

41) 이영철·김남수(편집 및 해설) ≪백남준의 귀환≫, p. 83, 2010년, 백남준아트센터 총체미디어연구소.

42) 이영철·김남수(편집 및 해설) ≪백남준의 귀환≫, p. 193, 2010년, 백남준아트센터 총체미디어연구소.

관 지어서 생각할 때이다. 간질발작 직전의 상황을 '빅뱅'이 일어나기 전의 3분간 에너지가 응축되어 요동하는 특이점에 비유하고 있기 때문이다. 백남준은 뒤샹식의 개념적 창안에 만족하기 어려웠고, 빅뱅만큼의 고강도의 폭발력을 자신의 예술에 필요로 했다. 그 때는 어떤 주제도 없는 다양성과 하나의 주제에 의한 변주곡은 전혀 다른 차원에 놓여지는 것이다. 1980년 백남준은 비디오아트의 현란한 색채 발산이 곧 시간적 콜라주라고 주장하고 있다. "우리는 비디오로 작업하기 전에 색이 시간의 기능이라는 생각을 전혀 하지 못했다." 색채의 끊임없는 범람은 주제 없이 구성되는 거대한 아상블라주의 세계이며, 시간 자체를 되먹임하거나 분절, 재구성하는 '5차원의 예술'로 힘차게 달려 나갔다. 나중에 구체적으로 거론하겠지만 비디오아트는 예컨대 독일에서 시작된 반문화 운동의 주류인 플럭서스(Fluxus) 멤버가 해프닝을 벌이면서 '소리를 오브제화한 것을 다시 거꾸로 '오브제를 소리화했다는 점에서, 소리마저도 오브제화한 것에 다시 역전하는, '반(反)의 반(反)미술'인 것이다. 참고로 "비디오예술의 아버지: 1963년부터 현재까지"를 소개한다.

〈비디오예술의 아버지: 1963년부터 현재까지〉

　백남준은 가시적 전자기파의 매체, 즉 비디오 예술에 여러모로 새로운 길들을 열어 주었다. 1963년 3월 비디오예술 작품으로는 첫 번째인 〈음악의 현시 - 전자 텔레비전〉(이 얼마나 경이로운 선언적인 제목인가!), 티브이 수상기를 관람자까지 들어가는 전자 회화에 이용한 것(〈참여 티브이〉), 1965년 뉴욕에서 처음 제작한 비디오테이프들, 1969/70년 록펠러 재단의 지원을 받아 보스턴 WGBH 텔레비전 방송국에서 쓸 초유의 비디오 신디사이저 제작, 1974년부터 대형 멀티 비디오 설치 작업들(필라델피아의 〈티브이 정원〉에 이어 1977년 6회 도쿠멘타 출품작), 사상 처음으로 일반 예술작품들을 위성 생방송으로 내보낸 1977년 6회 도쿠멘타 개막작(요셉 보이스, 더글러스 데이비스와 합작), 1985년 이후 구체적 형상이 있는 비디오 조형작업들(특히 〈로보트 가족〉), 1987년부터 벽을 빈틈없이 채우는 멀티스크린 벽 작업들(1987년 첫 작품은 8회 도쿠멘타 출품작으로 〈보이스 보이스 Beuys - Voice〉), 90년대 중반부터는 2000년 2월부터 열릴 뉴욕 구겐하임 전시를 위해 레이저와 비디오를 결합한 초대형 작업 등. 백남준은 1963년 3월 개시된 비디오예술의 벽두에서 텔레비전 매체를 예술적으로 활용할 수 있는 가능성의 전모를 대중에게 명백한 사례로 방증해 보여 준 선구자의 역할로 그친 것이 아니라, 뒤이어 텔레비전, 비디오, 컴퓨터, 레이저 등의 매체들이 전개할 기술적, 철학적, 사회적 함의를 속속 예언하고 형상화했고, 그런 점에서 이에 견줄 만한 조형예술계 인사는 없었다. 이러한 수십 년을 뛰어 넘는 발전의 경로는 백남준과 동시대의 작가들 및 미술사가들에게 시시각각 수용되었는데, 이는 다른 미술의 발전양상 대부분이 그렇지 못한 것과는 비교되는 측면이다. 새로운 것을 찾아낸 사람들, 예컨대 새로운 방법이나 매체를 개발한 사람들이 반드시 이후에도 결정적 영향력을 가지는 작가적 인격체로 남는다는 법은 없음을 우리는 알고 있지만, 백남준의 경우에는 이러한 이야기가 들어맞는다. 그 이유는 시시각각 나오는 새로운 기술의 세계를 대면했을 때 백남준은 항상 그 반대쪽 극단, 예컨대 그것을 축소하고 최소화하거나 거부한 결과를 예술적으로 형상화하기 때문이다. 음(Yin)과 양(Yang)이 하나이듯, 백남준에게서 과다의 작업과 과소의 작업이 병렬적으로 있기도 하고 또 동시적으로 있기도 한 것이 바로 결정적으로 중요한 국면이다.

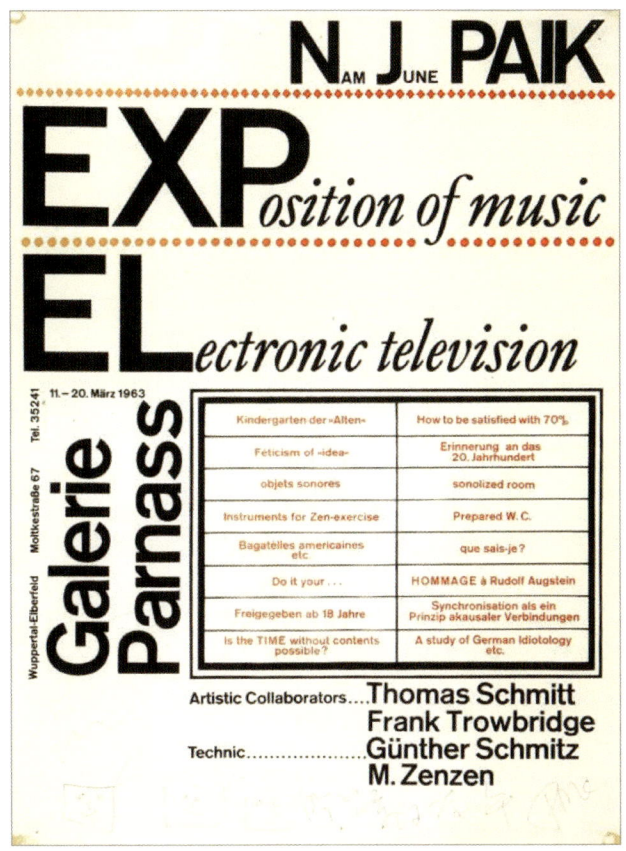

1. 성인을 위한 유치원 2. "이데아"의 물신주의 3. 소리 나는 오브제 4. 선禪 수행을 위한 도구들 5. 미국 바가텔, 기타 등등 6.. 스스로 해라 7. 18세 이상 8. 내용 없는 시간은 가능한가? 9. 70%에 만족하는 법 10. 20세기의 기억 11. 소리 나는 방 12. 장치된 화장실

TREFFPUNKT

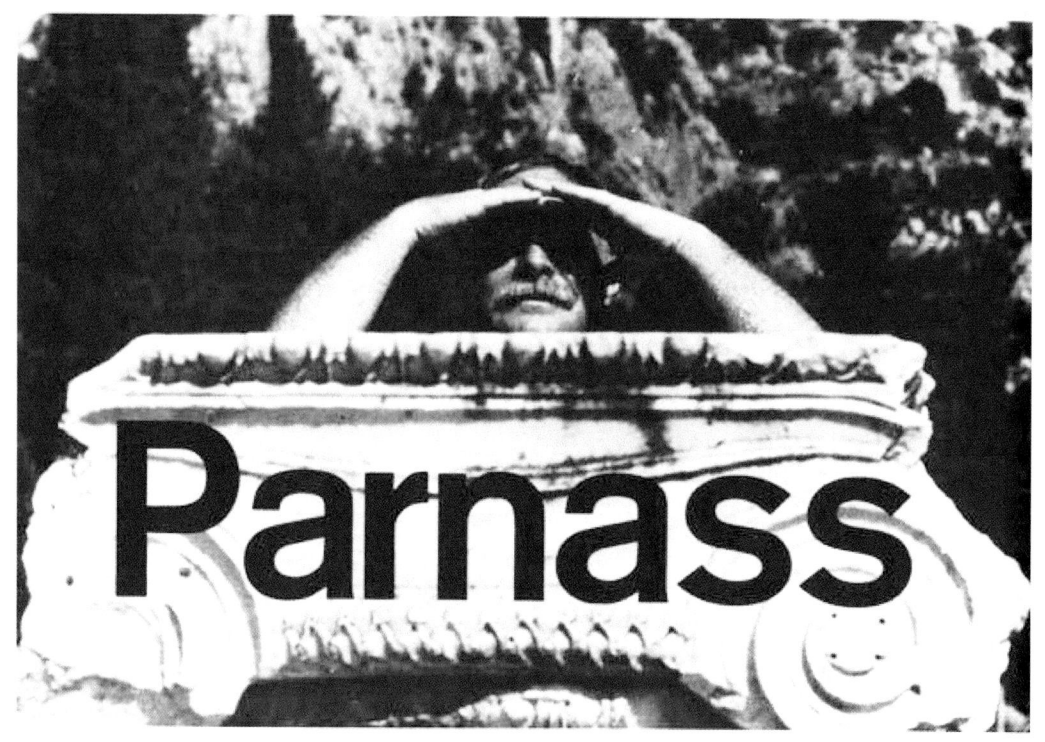

WUPPERTAL
RÜCKBLICK AUF 1949 — 1965

부퍼탈 파르나스 갤러리 이오니아 기둥 뒤에 서 있는 예를링, 19591~1965, 빌 발쳐, 알퐁스 W. 비어만.

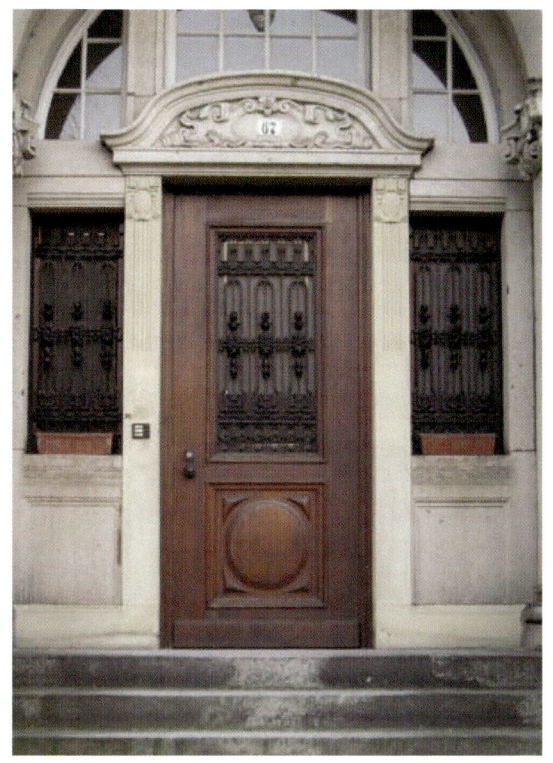

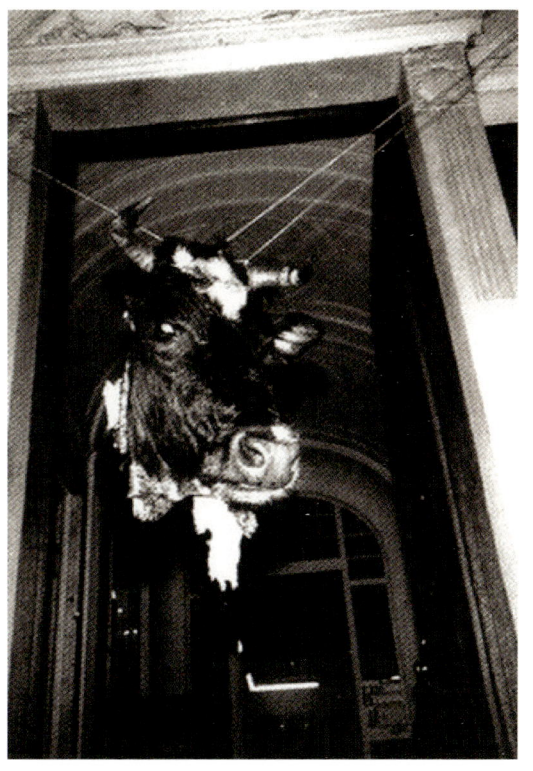

파르나스 화랑(1949~1965) 입구. 1963년 <음악의 전시-전자 텔레비전>전시 이후 불과 2년만인 1965년 파르나스 갤러리는 문을 닫는다. 갤러리가 오픈한 지 16년만의 일이다. 갤러리가 문을 닫기 직전에도 플럭서스 퍼포먼스로 유명한 <24시간> 해프닝 쇼가 열렸다. 경제적 어려움이 가중된 탓이 컸겠지만, 갤러리의 주인 롤프 예를링 씨는 백남준에게 "당신의 소대가리 때문에 망했소"라고 농담을 자주 했다고 한다.

백남준의 독일에서의 첫 전시 '음악의 전시-전자텔레비전'(Exposition of Music, Electronic- Television)>(1963년 3월 11일~20일, 독일 부페탈, 파르나스 화랑)은 그 후 '비디오 아트'의 기원을 이루었다. 전시장 입구에는 도살된 소머리가 걸려 있었다.

1963년은 참으로 절묘한 해이다. 마네(1832~1883)가 1863년 '낙선전(落選展)'에 전시한 ≪풀밭 위의 점심Le Déjeuner sur l'herbe≫이 일약 세계적인 주목을 받은 해이다. 인상주의의 아버지인 마네의 이 작품은 인상파의 시작을 의미한다. 물론 마네에 이어 모네(1840~1926)의 1874년 작품 ≪인상·일출(日出)≫은 인상파의 이름을 낳게 한 작품이다. 백남준은 마네와 모네를 혼동하여 모네라고 하였을 수도 있다. 이것은 백남준이 아니라 기록자가 잘못했을 수도 있다.

비디오에 관한 철저한 연구는 말馬에 대한 연구와 함께 시작해야 한다. 왜냐하면 1863년 전화가 발명되기 전까지 말이 가장 빠른 통신수단이었기 때문이다.

1863년은 마네[43]가 처음 인상주의를 발표한 해이기도 하다. 이 두 가지가 한 해에 이루어진 것은 의미심장한 일이며, 세계 구조를 완전히 해체한 뉴턴적인 사건이라고 할 수 있다.
(≪백남준: 말에서 크리스토까지≫(백남준 총서 1) 167쪽, 2010, 백남준 아트센터.)

어쨌든 1863년 인상파의 출발에 이어 평면화, 입체화를 거친 서구 미술은 결국 백 년 후에 백남준이라는 비디오아트를 만나게 되는 것이다. 이것은 빛에서 어둠으로의 전환, 캔버스에서 브라운관으로의 전환, 정화상에서 동화상으로의 전환 등 갖가지 획기적인 변화가 이루어졌다. 이 기간 동안 서양은 근대라는 이름이 과학주의의 시대를 전개하였다. 햇빛에 의한 인상을 담기 시작한 인상주의는 서양의 과학시대와 궤를 같이했다. 햇빛을 받은 자연의 표정을 따라 밝은 색을 효과적으로 구사하고, 팔레트 위에서 물감을 섞지 않는 인상파기법의 한 전형을 개척하였다. 역사에서 주기는 이상야릇한 것이다. 인상파, '해(빛)의 시대'는 오브제, 퍼포먼스로 막을 내렸다. 여기엔 마르셀 뒤샹의 공이 컸다.

뒤샹도 후기에 "모든 것이 예술이다."라는 생각에 동의한다. 이것은 참으로 서양미술사에서 코페르니쿠스적 전환이다. 그러면서 뒤샹은 언어에 거의 편집증적이다(≪내 뺨의 혀≫, 1959년). 뒤샹은 결국 언어지향적, 개념지향적이 된다.

뒤샹은 '신부(Bride)'에 대한 노트에서 '고르디아스의 매듭(Gordian Knot)'을 언급했다. 고르디아스 매듭은 이것을 풀면 왕이 된다는 전설이 있는 것인데 알렉산더 대왕이 칼로써 풀긴 했으나 매듭이 끊어짐으로써 나라가 분열하였다는 전설이 있는 것이다. 이 매듭은 풀기 어려운 난제를 말하거나 난제를 대담한 행동으로 간단하게 푸는 것을 동시에 말한다. 뒤샹에게 있어 고르디아스 매듭은 '시각적인 회화'(처녀)에서 '개념적인 회화'(신부)로 이행하는 것을 상징한다. 처녀는 키네틱(kinetic art)에서 회화의 출구를 기대하다가 결국 종래

---

43) 원문에는 모네(Monet)로 표시되어 있으나 오기로 봐야 한다. 1863년은 마네가 〈풀밭 위의 저녁식사〉, 〈올랭피아〉를 발표하여 현대미술의 새 장을 연 해이다.

의 회화의 정의를 완전히 떠나는 개념미술(concept art)에 이르게 된다.[44]

뒤샹이 개념지향적인 데에 비해 백남준은 매우 기술지향적이다. 이는 백남준에겐 개념보다는 기술이 훨씬 새로운 예술을 할 수 있게 하는 것이기 때문이다. 뒤샹은 개념과 오브제를 가지고 작품을 연출했지만 백남준은 오브제와 기술을 가지고 연출했다. 백남준은 기술자이면서 예술가이다. 이는 원시 주술가와 똑같다. 백남준은 분명히 뒤샹의 오브제에서 한 걸음 더 나아가 기술찬미자가 된다. 오브제만 가지고 비디오아트는 되지 않는다. 말하자면 오브제 속에서 움직이면서 소리 내는 어떤 이미지를 창조하려고 하고 있는 것이다. 그는 물리력에 어떤 우연이나 신비한 일, 예상외의 일이 일어나기를 기대하고 있는 분위기이다. 백남준은 여기서 예술의 민주화, 예컨대 '전자예술＝예술의 민주화' 같은 것을 보았을 것이다.

백남준은 종래의 예술가들은 "자기 내부보다 더 심오한 것을 만들지 못한다."고 한다. 또 "기술은 타자이다."라고 말한다. 백남준은 언어의 파편화를 시도한다. 다중국적자인 백남준의 언어는 자연스럽게 파편적이 될 수밖에 없다. 백남준은 작업을 하면서도 계속해서 "내 성격은 없다."고 주장한다.

> 나의 TV는 나보다 훨씬 '예술가'이다. 나는 내 개성보다 훨씬 고상하거나 저급한 기술로 무언가를 구성할 수 있다. 당신은 페인팅을 통해 원하는 대로 구성할 수 있지만, 드 쿠닝이라고 해도 작가 자신의 내부보다 더 심오한 것을 만들지 못한다. 반면 엔지니어들은 그 안에 타자가 ― 더 큰 타자가 ― 있다. 그것은 당신이 아니다.
> (Douglas Davis, "Nam June Paik: The Cathode-Ray Canvas" in Art and the Future, A History-Prophecy of the Collaboration between Art, Science, and Technology, New York, 1973. pp.146-152 중 p.152.)

나의 실험적 텔레비전은 '완전 범죄'(perfect crime)를 가능케 한 최초의 예술 작품이다. 반대 방향으로 다이오드를 끼워 넣고 흔들리는 텔레비전 영상을 얻는다. 다른 작가들도 이를 모방해 같은 속임수를 이용한다면 동일한 결과를 얻을 수 있다. 말하자면 나의 TV작업은 내 인격체의 표현이 아니라 단순히 '물리

---

44) 정헌이(미술사학자)는 백남준 아트센터가 주최한 제2회 국제세미나 '백남준의 선물2 - 고르디아스의 매듭 다시 묶기(Re-tying the Gordian Knot)' (2009년 9월 3, 4일)에서 '백남준과 마르셀 뒤샹'을 발표했다.

적 음악'인 것이다.
(≪비디아와 비디올로지 (Videa 'n' Videology)≫)

물론 '기술은 타자이다.' 그러나 그것보다 중요한 것은 타자이기 때문에 자유자재로 부려야 하는 것이 백남준의 입장이다. 기술로서 기술을 극복하는 것이다. 그에게 예술은 과정(process)이다. 사전에 정의된 이미지는 없다. 역설적으로 과정이기 때문에 모든 것은 도구가 될 수 있다. 그것이 기술이든 사물이든 개념이든 도구이다. 백남준의 유물론은 유물로써 유물을 극복하는 유물론이다. 백남준의 예술은 계기적인 것이고 찰나적인 것이고, 무엇보다도 텔레파시적인 것이다. 여기에서 오브제에 대한 재역전이 일어나는 것이다. 백남준은 뒤샹의 오브제에 큰 영향을 받은 것은 사실이지만 얼마 가지 않아서 오브제를 뛰어넘는다. 그것이 전자기술과 결합된 비디오아트인 것이다.

도리어 백남준은 텔레비전 세트를 오브제로 활용하여 TV조각이라는 설치미술을 감행한다. 이는 데콜라주에서 콜라주로 다시 돌아가는 것이기도 하다. 이것은 단순한 후퇴가 아니다. TV조각 안에는 비디오아트 프로그램이 작동하고 있는 것이다. 이것은 단순한 종래의 설치가 아니라 동시성을 가진 재생 혹은 재생산, 전자복제가 이루어지는 살아 있는 현장인 것이다. 그의 영원은 초월적이고 추상적인 것이 아니고 상대적인 것이고 구체적인 것이다. 그의 영혼은 비디오아트이다.

뒤샹과 케이지는 매우 대조적이다. 뒤샹은 미술에서 오브제로 탈출을 시도하고 있었고, 케이지는 음악에서 물리적 음악에서 탈출을 시도하고 있었다. 여기서 오브제와 물리적 음악은 매우 내통하는 것이다. 전자는 시각적인 것이고 후자는 청각적인 것밖에 다른 것이 없다. 둘 다 사물에서 전자는 청각을, 후자는 시각을 뽑아내는 것에 다름 아니다. 결과적으로 둘 다 '사물 자체'(Thing itself)에 도달해 있었던 셈이다. 사물 자체라고 하는 것은 서양 철학사에서 처음부터 '알 수 없는 것'으로 치부해 두었던 것이다. 그것을 그렇게 전제해 둠으로써 이성 중심의 합리론과 감성 중심의 경험론이 통합될 수 있었던 것이다.

108

그런데 여기에 다시 의심의 눈초리를 보낸 자가 바로 이들, 뒤샹과 케이지이다. 두 사람 다 "물(物)과 심(心)은 하나다." "모든 인간의 행위가 예술이다."라는 데에 동의하고 있었다. 그러나 자신이 닦아 온 것에서 그것을 실천할 수밖에 없었다. 음악은 본래 퍼포먼스적인 예술이다(시간예술). 미술은 본래 오브제적인 것이다(공간예술). 케이지는 그래서 퍼포먼스를 먼저 시작했다. 이는 뒤샹이 오브제를 먼저 시작한 것과 같다. 케이지는 퍼포먼스의 개척자였다. 백남준에게 있어서 케이지의 영향이 뒤샹의 것보다 좀 더 큰 이유는 본래 그가 음악을 먼저 시작한 것과 관련이 있다. 백남준의 영혼은 음악인 셈이다. 그에게 있어 음악은 모태와 같은 것으로 비록 창작품은 음악적인 것보다는 미술적인 것일지라도 그의 본질은 음악에 있다. 그는 물리적 음악에 더 치중한 것 같다. 이는 비디오아트가 먼저 있고, TV설치 시리즈가 뒤에 있는 것과도 긴밀한 관련이 있다. 그래서 백남준을 음악가라고 해야 하는가, 미술가라고 해야 하는가, 고민에 빠진다.

구체적으로 눈에 보이는 대상을 가진 시각예술(retinal art)을 벗어나기(혹은 충격을 주기) 위한 개념미술(conceptual art)은 마치 보이지 않는 청각예술인 음악에서의 물리적 음악(physical music)과 대칭관계에 있는 것 같다. 그러나 뒤샹은 엘리트 미술에 충격을 주기 위한 것이었으나 케이지는 인생과 예술을 통합하고자 하였다는 점에서 다르다. 이에 비하면 백남준은 이들의 영향을 받았지만 무엇보다도 퍼포먼스의 멀티미디어적인 것에 매료되었던 것 같다. 존 케이지는 "백(백남준)이 자신의 아이디어를 그 자신은 결코 가지 않을 곳으로 몰고 갔다."고 말했다.[45] 소리와 이미지 그리고 오브제와 행위가 뒤섞이는 새로운 음악과 미술, 그리고 그것의 종합으로서 비디오아트에 대해 구원과도 같은 감정을 느껴졌던 것 같다.

그런데 가만히 생각해 보면 인상파의 외광(外光)에 대한 관심은 실은 태양(빛)을 직접 그리는 것이 아니라 태양 아래에서 반사되는 것을 그리는 것이기에 달의 의미가 전혀 없는 것은 아니다. 달도 태양의 반사광이기 때문이다.

---

45) Tomkins, 〈Profiles: Video Visionary〉, p.48. 강태희, 〈전위의 첨단, 백남준 예술 – 초기 작품에서 비디오까지〉 p.45 재인용, 미술세계 12월호(통권 50호), 1988.

단지 차이는 외광은 지구 안에서 벌어지는 것이고 (지구인의 입장에서 보면) 달은 하늘에서 벌어지는 것의 차이가 있다. 결국 인간이 달에 관심을 가지는 것은 지구에서 하늘 – 위성으로의 빛의 확장이라고 말할 수 있다. 태양은 직접 보기 어렵지만 달은 직접 볼 수 있다. 달은 이미 반사이기 때문이다.

달은 지구의 위성이다. 달에 대한 관심은 위성 – 하늘에 대한 관심이다. 이는 태양을 통해서 하늘에 관심을 갖는 것과는 다르다. 인간은 태양에 도착하려는 생각을 할 수 없다. 물론 태양은 불덩어리로서 도착할 수도 없는 것이다. 태양이 뜨면 하늘의 달과 별과 모든 은하수는 볼 수 없다. 태양은 그렇게 처음부터 인간에게 권력적으로 다가온 별이다. 실제로 우주에서 태양은 작은 별에 불과하다. 우주에는 태양 이외에 수많은 별이 있다. 그럼에도 태양은 지구인에게 다른 별이 마치 없는 것처럼 빛으로 장님을 만든다. 이것은 일종의 맹점(盲點)이다. 빛나는, 낮을 만들어 주는 태양은 도리어 우주를 보지 못하게 한다. 이는 매우 중요한 시사를 준다. 달은 어둠으로 인해서 도리어 스스로는 물론, 다른 수많은 별들도 보게 한다. 이것이 어둠의 역설이다. 어둠이 오히려 무엇을 보게 하는 셈이다.

인간은 때때로 자신의 진실을 보려고 할 때 눈을 감고, 자신의 진실을 표현할 때 가면을 쓴다. 매우 역설적인 것이지만 어둠이야말로 인간으로 하여금 내면을 바라보게 하기 때문이다. 태양은 자신을 숭배하게 만들지만 달은 인간으로 하여금 스스로를 바라보게 한다. 달은 친구이다. 인간의 육체는 달빛을 닮았다. 달빛 속에 드러나는 육체는 더욱더 빛을 발한다. 달빛 속의 육체는 스스로를 풍부하게 하고 스스로 보게 한다. 그러나 태양 아래의 육체는 부끄러운 것이고, 죄악의 것이고 보면 안 되는 것이다. 결국 같은 사물도 '태양 아래에서 보느냐, 달빛 아래에서 보느냐'의 차이에 따라 선악과 이분법이 생긴다. 태양 아래에서 육체는 악이지만 달빛 아래에서의 육체는 생명이다.

모권제에서 달의 영(靈)은 가부장제가 내세우는 '비물질적이고 비가시적인 영'이 아니다. "여성적 속성은 천성적으로 물질성에서 벗어날 수 없다. 반면에 남성은 완전히 그것에서 벗어나서 햇빛의 무형성(또는 비물질성)으로 솟아오른다."[46]

"남성의 승리는 영적 원리에 있다."[47] "가부장적 의식은 자신이 속하는 달과 여성적 요소를 평가절하 한다. 의식은 다만 영혼에 관한 것일 뿐이라는 것이다. 다시 말해서 가부장적 의식은 순수 영과 대립관계에 있는 지상의 형태, 물질적인 발달을 나타내는 단순히 가장 높은 단계의 형태라고 보는 것이다. 아폴론 – 플라톤적 형태와 유대교 – 기독교적 형태에 와서야 이 순수 영은 현대 의식에서 추상적 개념을 갖추게 되었다. 그러나 이 현대의식은 서구인의 존재를 위협하고 있다. 왜냐하면 남성성의 일방적 발달이 온전한 인간을 희생하고 의식의 이상(異狀)발달을 초래했기 때문이다."[48]

'태양의 세계'와 '달빛의 세계'는 '보이는 세계'와 '보이지 않는 세계'로 연장될 수 있을 것이다. 태양 – 보이는 세계를 기준으로 달빛 – 보이지 않는 세계를 보면 육체는 어둠이고 죄악이다. 그러나 정반대로 보면 그것은 생명이다. 보이지 않는 세계에 대한 숭배는 수많은 신화를 만들어 냈다. 보이지 않는 세계는 망각해 버린 시간을 되돌려 주고 수많은 동식물들과 친구가 되게 한다.

태양은 빛을 주는 것 같지만 너무 강한 빛으로 사물을 보지 못하게 한다. 태양 아래에서의 생물들은 서로 생존경쟁을 한다. 태양으로 인해서 생겨난 생물들은 도리어 살기 위해서 생존경쟁을 하고 권력경쟁을 한다. 그러면서도 태양은 그 경쟁의 정점에서 왕관을 쓰고 자신을 섬기게 한다. 그러나 달은 그렇지 않다. 달은 적당한 빛으로 다른 사물을 보게 한다. 아마도 달이 없었으면(계속 태양만 바라보았다면) 모든 생명은 이미 타 죽었을 것이다. 여기에 태양 – 불(火), 달 – 물(水)의 이중과 역전의 의미가 있다. 이를 인류문명사에 적용하면 종교와 과학, 가면과 거울도 이중과 역전의 의미가 있다.

달과 어둠이야말로 생존경쟁을 멈추게 하고 자신을 되돌아보게 하고 다른 생명을 잉태하게 하고 안식을 준다. 역설적으로 다른 모든 생물들이 적이 아니라 친구이며 오랜 세월 동안 함께 살아온, 옛날 옛적에는 친구였고, 한

---

46) Bachofen, Johann Jakob. ≪Das Mutterrecht≫, vol.1, p.412.

47) Bachofen, 같은 책, vol.2, p.600.

48) Erich Neumann, ≪The Great Mother≫, 박선화 역, ≪위대한 어머니 여신≫, p.86, 2009, 살림.

가족이었고, 진화의 과정에서 한 뿌리였다는 것을 일깨운다. 달이 없으면 어찌 애니미즘과 토테미즘과 샤머니즘이 생성되었겠는가. 원시미개인들은 문명인의 입장에서 보면 무지한 동물에 가까운 삶을 산다고 할지 모르지만 그들이야말로 자연과 더불어 살아온 지혜로운 자들이다. 그들은 자신의 몸에서 동물의 소리를 듣고, 자신의 몸에서 식물의 꽃향기를 맡으며 정령들과 함께 살아가는 자연합일의 삶을 살았을 것이다. 실은 음양(陰陽) 혹은 밝음－어둠은 수평적으로 계속 이어질 뿐 누가 수직적으로 위에 있는 것이 아니다. 시간은 선후와 인과를 주고 공간은 상하와 계급을 주었지만 이제 시간은 평등을 주고 공간은 동시성을 준다.

백남준은 심하게 말하면 '달에 빠진 작가'이다. 백남준에 의해서 미술은 '해의 시대'에서 '달의 시대'로 접어들었다. 비디오아트는 근본적으로 텔레비전 모니터에 의해서 출발하기 때문에 '달의 이미지'이다. 모니터에 의해 반사된 이미지들이다. 동시에 미술은 이제 캔버스의 정태성에서 벗어나 브라운관의 동태성으로 전환하였다. 그럼에 따라 이미지는 이제 모니터에서는 이미지로 보이지만 모니터 밖에서는 일종의 대본 혹은 프로그램이 되어 버렸다. 이는 매우 역설적이다. 퍼포먼스를 지향하는 비디오아트는 미술을 직접적으로 보는 대상에서 프로그램 텍스트로 대체되었다. 그는 아폴로 계획에 의해 암스트롱이 달에 발을 내딛자 백남준은 즉각 그의 작품 '자서전(自敍傳)－태내기(胎內記)'를 발표했다. 그 날짜 뉴욕 타임스지에 써 내려간 태내기는 바로 백남준의 DNA일지 모른다. 그에게 달은 바로 자궁과 같은 것이다.

달은 빛이자 어둠이다. 자궁은 달을 닮았다. 자궁을 가진 여자는 달이다. 여인은 식물이자 동물이자 인간이다. 여인은 의식이면서 무의식이다. 그래서 여인은 인간의 대표성인 맨(Man)이 되지 못하고 우먼(woman)이 되었다. 그러나 여자야말로 개체이면서 동시에 세계이고 전체이다. 여자는 신비 그 자체이면서 자연의 연장으로서의 인간이다. 인간은 여자에서 태어난 모자(母子)관계에서 출발하여 점차 부자(父子)관계로 발전하였다. 남자는 어머니를 살해하고 자신을 아버지와 동일시하여 스스로 원천이 되었다.[49] 부자관계는 가부장사회와 더불어 시작되는데 이때부터 여자는 남자에게 종속되고, 인간의 공동사회는 이익사회, 계급사회가 되었다. 자궁은 따라서 공유성(共有性)을 나타낸다. 여자는 남자와의 대칭관계보다는 다른 방사선의 여러 대칭관계를 염두에 둔다.50)

1969년 7월 20일은 인간이 처음으로 달에 착륙한 날이다. 1932년 7월 20일은 백남준의 생일이다. 백남준은 2006년 1월 29일에 돌아갔다. "백남준은 물고기 궁(宮)에 달이 빠질 때에 태어났다. 태생적으로 몽상가가 될 운명이다. 돌아간 날은 반대로 물고기 궁에 태양이 빠질 때에 돌아갔다. 운명적으로 황화(黃禍, 황색공포: yellow peril)이다."51) 2009년 7월 22일에 있었던 개기일식, 즉 대낮에 달이 태양을 완전히 먹어 버리는 현상은 일본과 몽고에서 가장 잘 확인되었다고 한다. 백남준은 일본에서 음악과 미술을 공부하였고, 몽고의 칭기즈칸을 항상 염원하였다. 그의 생몰연대와 인생역정이 달과 중첩적으로 연결됨을 알 수 있다.

---

49)　　　　　신체 밖 산업생산(product)
　　　　　↗
　남자: 입 → 항문(배설): 남성의 양면성: 자아형성(긍정적)/살인적 공격성(부정적): 권력(權力)
　여자: 입 → 항문(배설): 여성의 양면성: 모성보호(긍정적)/원천적 파멸성(부정적): 생멸(生滅)
　　　　↘
　　　자궁: 인구의 재생산(reproduction)

50) 인간이 초의식에 이르는 길은 두 가지가 있다. 하나는 의식에서 바로 초의식으로 가는 것이고, 다른 하나는 무의식을 거쳐서 초의식에 이르는 길이다. 전자는 부계 – 가부장적이고, 후자는 모계 – 모성적이다. 전자는 권력적이고 후자는 비권력적이다. 전자는 기독교적이고, 후자는 불교적이다. 모계는 부계를 내포하는 이중성을 가지고 있다.

51) 백남준 아트센터 이영철 관장의 분석이다. 한 가지 첨부할 것은 〈백남준, 7월 22일〉작품에서, 재클린 케네디 오나시스(재키)의 생일이 1929년 7월 28일임에도 1928년 7월 20일로 되어있다. 아마도 생일의 28일을 생년의 29와 혼동한 듯하고, 생일의 자리에는 그저 20일이 들어간 듯하다. 백남준의 의식에는 항상 재키가 있었던 것 같다. 백남준은 마리린 먼로도 자주 작품화했다. 이들은 세기적 육체파 글래머(먼로), 지성적 미모(재키)였다. 그런데 먼로는 케네디 대통령의 정부였다는 사실이 공공연히 드러나고 있어, 세 인물은 삼각관계로, 남자로서는 가장 이상적인 상황이다. 백남준은 자신을 케네디와 동일시했을 수도 있다.

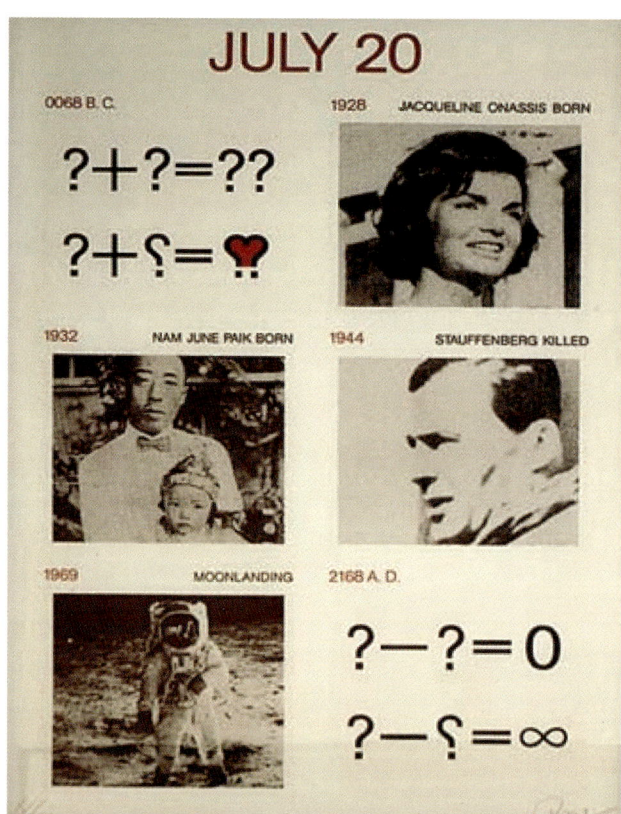

백남준 <7월 20일>

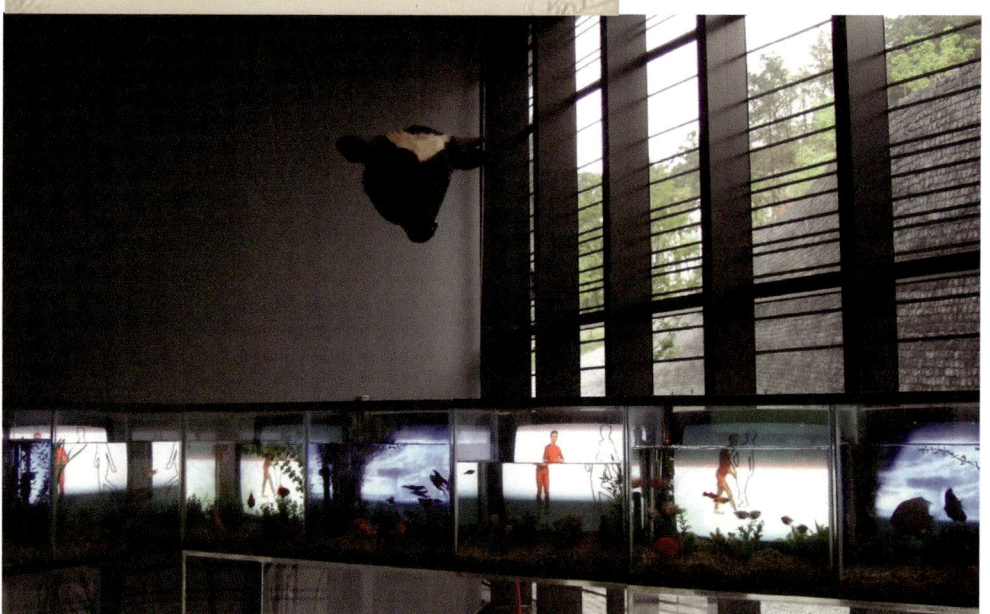

백남준 아트센터 입구에 걸린 소머리와 <TV물고기>. 백남준에게 달은 운명적인 토템이다. 인간이 처음 달에 착륙한 날인 7월 20일(1969년)은 그의 생일(1932년)이다. 그는 물고기 궁에 달이 빠질 때에 태어나서 물고기 궁에 태양이 빠질 때 돌아갔다(2006년 1월 29일). 소의 뿔과 초승달은 같은 상징이다. 백남준아트센터는 개관기념 페스티벌로 <NOW JUMP!> 행사(2008년 10월 8일~2009년 2월5일)를 가졌다. 3개의 스테이션으로 짜여진 <NOW JUMP!=NJP> 행사는 백남준 선생의 '실행과 혁신'의 정신을 다양한 전시와 공연 형식으로 풀어낸 예술 난장이었다.

백남준은 그날을 기념하기 위해서 "달은 가장 오래된 TV이다(Moon is the oldest TV)."라는 것을 제목으로 태내기를 썼다.[52]

52) 태내기는 아래의 1932년 4월 1일 이후 이렇게 계속된다.

1932년 4월 2일: 백남준 마이너스 109일째/백남준은 태내에서/질척하고(muddy)/너무 덥다고 느꼈다./여기서 영원히 지내고 싶어요./아직 세상을 대면할 준비가 되지 않았어요./뮌헨이 뭔가 잘못되었다는/만주가 뭔가 잘못되었다는 느낌이 들어요./그러나 엄마가 말했다./(미스 폭스의 사진) 너는 미스 폭스(Fox)와 결혼하게 될 거야./(공화당 대변인의 사진) 그리고 공화당원을 발로 걷어찰 거야./그러나 나는 스탈린이 무섭다고 말했다./나는 태어나고 싶지 않아요./나는 약하고 감기도 잘 걸리게 될 거야./테니스도 절대 치지 않을 것이고/그러나 엄마는 말했다./"얘야 ― 넌 착한 아이가 될 거야."/거짓말도 못 하고, 잘 뛰지도 못하고/터프하지도 못하고/속임수를 쓰지도 못하고/높이 뛰지도 못해./발차기도 못 해./그래도 너는 가야만 해.//1932년 4월 3일: 마이너스 109일째/내가 물었다. 한국이 뭔가요?/나의 아버지가 말했다./그건 너의 나라가 될 거야./내가 물었다. 왜요?/엄마가 말했다./이유는 없어./백남준, 큰 나라인가요?/엄마는 말했다. 아니./내가 물었다./선진국인가요?/엄마: "아니, 후진국이란다."/백남준: "난 태어나지 않을래요."/엄마가 말했다./그렇지만 약한 것이 좋은 것일 수도 있어./우리는 1943년에 피난을 갈 거야./나는 물었다. 왜 한국을 선택하신 거예요?//4월 4일: 백남준은/아직/마이너스 107일째(나는 TV를 혐오해, 랄프 왈도 에머슨)/TV를 기다리며//4월 5일: 마이너스 106일째/나는 엄마에게 물었다./저 이탈리아인은 누군가요?(참고: 무솔리니)/엄마가 말했다./너는 질문이 너무 많구나./너는 선한 파시스트가 되지 않을 거야./백남준이 말했다./난 민주주의자니까 태어나는 것을 거절하겠어요./비디오 만세(난 백남준과 결혼하고 싶어.)//4월 5일: 마이너스 105일째/엄마에게 말했다./"린드버그를 봐요."/(참고: 린드버그는 요트를 찾아 떠난 두 번째 비행에서 돌아왔다.)/전 납치되고 싶지 않아요./그리고 납치범이라고들 말하는 하우프트만 씨는, 무죄예요./이 세상엔 정의란 없어요./바깥세상으로 떠밀려 나가는 것을 거절하겠어요./엄마가 말했다./요 어리석은 녀석./널 독일로 내쫓아야겠다./나는 물었다. 어디로요?/독일, 부퍼탈./백남준이 말했다./나쁘지 않네요. 난 프리드리히 엥겔스가 좋아.(난 백남준과 섹스하고 싶어.)/난 지금부터 50년 후에 휘트니에서 전시회를 열거야.//4월 6일: 마이너스 104일째/엄마에게 다시 말했다./"절 1945년까지 태내에 있게 해 주세요."(ref: reich plans to ban Nazi storm troops)/전 곤란한 상황이 끝나면 올게요./엄마가 말했다./요 이기주의자 꼬마야./난 널 데리고 다니는 데에 지쳤다./300일 동안/난 널 못 데리고 다니겠다./4,000일/난 캥거루가 아니란다.//4월 7일: 백남준 마이너스 103일째/엄마가 말했다./넌 아방가르드 예술의 마르코니가 될 거야.(참고: 마르코니가 극초단파로 무선통신을 하다.)/전자의 세계로/쫓겨날 준비를 하렴.//4월 8일: 백남준 마이너스 102일째/엄마에게 물었다./루스벨트가 누구인가요?(참고: 루스벨트는 워싱턴에서 열리는 제퍼슨 데이의 기념 만찬에 불참할 것이다.)/그는 거대한 국가의 대통령이 될 논쟁적 인물이란다./루스벨트는 일본으로부터 우리를 해방시킬 거야./그러나 한국의 절반을 스탈린에게 넘기기도 할 거야.//4월 9일: 백남준 마이너스 101일째/엄마에게 말했다./"자궁 안이 너무 어두워요."/엄마의 우유는 달콤하고/시큼해요./아빠는 어디 있나요?/그는 운이 좋은 남자야./그렇지만 아주 조용한 사람이지./아빠는 너에게 말도 거의 안 할 거야./또한 몇 명의 첩도 거느릴 거야.(난 백남준과 자고 싶어.)/백남준/아니요, 난 세상에 태어나지 않을 거예요./나는 세상의 괴로움을 원하지 않아요./나를 그냥 작은 태아(fetus)가 되게 해 주세요./제가 천국으로 바로 갈 수 있게/절 낙태해 줄 수 있나요?//4월 10일: 백남준 마이너스 100일째/린드버그를 납치한 사람이 처형된 것을 아무도 몰라요./그런데 이제 모든 사람들이 그가 무죄라고 생각해요./모스크바는/아직도 춥고 눈이 와요./엄마./"그렇지만 만일 네가 태어나지 않으면/넌 뉴욕 타임스 일요판을 놓치게 될 텐데./200페이지와 200파운드의 즐거움 말이야."/비디오아트 만세.//4월 11일: 백남준 마이너스 99일째/엄마에게 말했다./저를 그만두시거나 아니면 히틀러를 그만두게 해 주세요./엄마가 말했다./나오렴!/마리 바우어마이스터와 크리스토가 널 기다리고 있어/불가리아와 쾰른/얼마나 먼가요?/음, 지구의 반대편에 있어./지구가 뭔가요?(난 백남준과 결혼해.)//4월 12일: 백남준 마이너스 98일째/왜 우울증의 한가운데에서 나오지 않는 거니?/젖은 저를 먹일 수 있을 만큼 넉넉한가요?/엄마가 말했다./걱정 마라./너는 자가용을 타고/유치원에 다니게 될 거야.

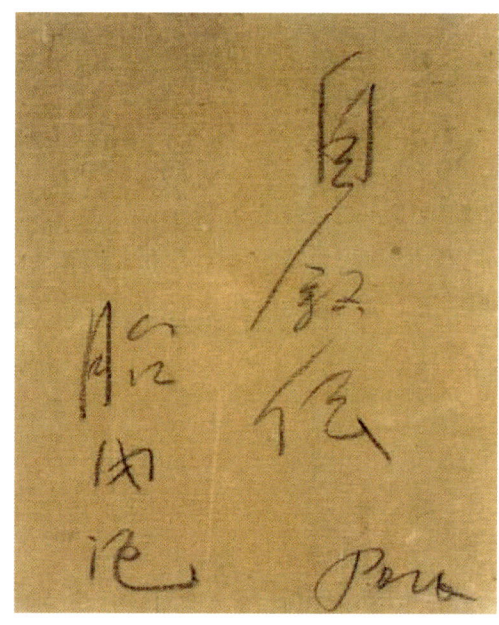

백남준 <태내기-자서전> 1981

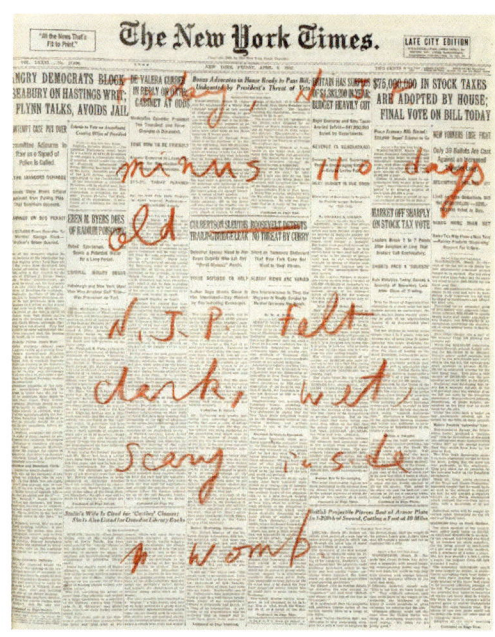

백남준 <태내기 자서전> 1981년 첫 페이지 "1932년 4월 1일/오늘은 백남준 태어나기 전 마이너스 110일째/백남준은 자궁 속에서 어둡고, 축축하고, 무섭다고 느꼈다." 예술가 중에서 자신의 태내기를 표현한 인물은 없을 것이다. 태내기는 역설과 예언과 풍자로 가득 차 있다. 놀랍게도 휘트니 미술관의 스타가 될 것을 쓰고 있다.

//4월 13일: 엄마가 말했다./너는 휘트니 미술관에서 스타가 될 거야./저는 후버를 바꿀 거예요./엄마가 말했다./그렇지만 후버 청소기는 좋아.
//4월 14일: 엄마가 말했다./너는 비디오아트를 시작하게 될 거야./독일, 부퍼탈에서/부퍼(W)/탈(V)
//4월 15일: 엄마가 말했다./재빨리 밖으로 나오렴./그래서 1963년 부퍼탈로 가야지.
//7월 20일: 오늘 백남준은 유럽에서 낮 시간에 태어났다./백남준은 서울에서 밤 시간에 태어났다.

백남준과 달과의 인연은 예사롭지가 않다. "백남준의 몽상가적 기질의 DNA 성분은 점성학에서 그가 태어날 때 달이 물에 빠진 이미지로 표현됩니다. (중략) 24대의 모니터로 구성된 TV물고기라는 설치작품에서 보자면 TV = 달이 어항 속에 잠겨 있는 것을 간파할 수 있습니다. 물고기의 집에 TV = 달이 있는 것이고 24대의 모니터는 하루 24시간(혹은 일련 24절기)을 의미하며, 물고기의 하루 생이 되겠습니다."53)

"1969년 7월 20일은 인간이 처음으로 달에 착륙한 날입니다. 1932년 7월 20일은 백남준의 생일입니다. (중략) 1944년 7월 20일은 스타우펜베르크가 사망했습니다. 스타우펜베르크는 프로이센의 군인 출신으로, 나치 체제에서 반히틀러 운동을 전개하고 히틀러 암살계획을 수행하다 그것이 실패로 돌아 갔죠. (중략) 그는 반나치운동의 영웅입니다."54)

달은 인간이 처음으로 발을 내디딘 곳이다. 달(月)은 지구인에게 생명을 나타낸다. 그래서 육체를 나타낼 때의 훈(訓)은 바로 '달 월'(月 = 肉)이다. 육체는 더 이상 죄악이 아니다. 영혼의 불멸을 위해, 영원으로 날아가기 위 해 거치는 중간매개가 아니다. 이제 영원이 순간으로 돌아와야 하고 영혼이 육체로 돌아와야 한다. 신이 인간으로 돌아와야 한다. 이렇게 할 때만이 인 간은 영원히 살고, 육체가 영원하고, 신이 살아 있게 되는 것이다. 백남준은 수많은 화두를 던졌다. 그의 화두 가운데 백미는 역시 "달은 가장 오래된 TV이다."(Moon is the oldest TV)이다. 백남준은 분명히 동양적 달의 의미를 정확하게 간파하고 있었다. 그 달은 이미 음양사상 속에서 대칭적 사고를 통해 원시미개사회와 내통하고 있었다.

기존 질서의 파괴, 해체(죽음), 그리고 재창조(부활)
죽은 일상의 사물에 생명 불어넣기
모든 체계(system)·구조(structure)는 부서져야 한다.

---

53) 이영철, 《관점이동과 시간성》 〈월인천강, 달에 홀린 삐에로〉, pp.85 - 86, 2009, 백남준 아트센터.
54) 이영철, 같은 책, pp.85 - 86, 2009, 백남준 아트센터.

달과 백남준의 만남은 매우 중층적인 메타포를 가지고 있다. 작게는 그의 탄생과 관련되지만 크게는 인류문명의 밀레니엄의 새로운 전개와 관련을 맺는다. 인류문명의 중심이동과 함께 동아시아의 재등장, 태평양시대를 예감하게 한다. 백남준은 새로운 노마드(nomad)의 시대를 맞아 칭기즈칸과 대비된다. 예컨대 칭기즈칸은 영토화 시대의 세계 최대의 제국을 만든 영웅이었다면, 백남준은 탈영토화의 시대, 인터넷 커뮤니티의 시대에 비디오아트라는 탈영토의 영토를 만든 영웅이다. 그는 칭기즈칸에 비유될 수 있는 예술의 샤먼-킹이다.

죽음은 자연의 일부라는 말이 있다. 기존 질서의 파괴, 해체, 죽음은 흔히 부정적인 것으로 보이지만 실은 이것이야말로 새로운 창조이며 새로운 부활이다. 이는 계절의 변화와 같은 것이다. 겨울이 있어야 봄이 오는 것이다. 겨울은 흔히 죽음에 비유된다. 가역적이고 순환적인 우주에서는 죽음은 바로 죽음으로 끝나는 것이 아니라 생명의 탄생으로 다시 이어진다. 그럼에도 인간사회의 권력은 변화와 구조의 해체를 부정하며 체제유지와 복종을 민중에게 요구해 왔다. 오늘날 민주주의가 되기까지 인류의 역사는 오랜 시간을 기다려야 했다. 더욱이 작금의 인터넷 시대는 민주주의를 더욱 가속화하고 심지어 과거 그리스의 직접 민주주의를 다시 실현할 수 있는 가능성마저 배태하고 있다.

백남준의 세계 문화문법과 문화변동에 대한 이해는 참으로 어떤 인류학자보다 더 인류학자다운 면이 있다. 그는 인류의 위선과 자기중심주의, 그리고 온갖 편견들에 대해 대반란을 일으키면서 동시에 매우 인간적인 모습들에 대한 이해와 동정을 보였다. 그는 마치 혜성처럼 등장한 신령스러운 무당처럼 나름대로의 주문과 신탁으로 지구인들에게 새로운 메시지를 주었다. 그는 세계의 여러 나라와 땅에 있었을 뿐만 아니라 지구 밖의 위성에도 있었다. 그런 점에서 그는 예술계의 암스트롱(Neil Armstrong)이었다. 그는 예술계의 첫 스페이스맨(space man)이었다. 그는 종종 자신을 '칭기즈칸'에 비유했다. 여기엔 인류문화의 종합(conversions) 혹은 새로운 버전(new version)이라는 의미가 있었다.

역사상 제국들이 정복지와 식민지를 다스리기 위해 문법을 바꾸어 버리는 것과 전쟁에서 말의 역할에 대해서도 알고 있었다. 그는 '문법(文法)'과 '말(馬)'에 대한 제목의 글에서 세계사를 한눈에 보고 있는 듯이 견해를 피력하고 있다.[55]

118

문명의 흥망성쇠는 서로 주고받으면서 진행된다. 장기 지속의 시간에서 보면 입장이 정반대가 되는 경우도 왕왕 있다. 역사의 중용과 균형은 언제나 균형점에서 이루어지는 것이 아니고 크게 보면 플러스(＋)에서 마이너스(－)로 가면서 그 사이에 중심(0)을 두고 이루어진다. 문명과 역사도 실은 자연을 닮았다. 악조건이 도리어 문명을 발달하게 하고 부족이 필요를 만들어 내는 것이다. 적당한 스트레스는 적당한 적응을 불러와서 상대적으로 스트레스가 전혀 없는 행복한 나라보다 더 훌륭한 나라를 만들어 낸다. 식량부족은 도리어 약탈과 전쟁을 불러오고 전쟁은 무기와 과학의 발달을 가져왔다. 인구압은 다시 농업혁명과 산업혁명 그리고 최근에 정보혁명을 가져왔다.

이는 마치 사계절과 같다. 왜 계절이 평균적으로 적당한 온도와 습기로 이루어지지 않고 여름(＋)과 겨울(－)이 있으며 여름에서 겨울로 가는 사이에 가을(0)이라는 환절기를 두고, 겨울에서 여름으로 가는 사이 봄(0)이라는 환절기를 두는 것과 같다. 남녀를 비롯하여 모든 음양의 우주만물에 적용할 수 있을 것이다. "인류사회는 왜 평등하지 않고, 모계에서 가부장제로, 다시 가부장제에서 모계로 움직이는 반복을 계속하는가."라는 물음에도 같은 대답을 할 수 있을 뿐이다. 작은 입자에도 하늘의 이치와 땅의 이치가 있고,

---

55) "문법의 중요성은 제국의 영토에서 현격하게 드러난다. 이자벨 여왕은 1492년에 아랍인들과 유대인들을 이베리아 반도에서 추방한 직후에 에스파냐 문법을 '창조했다'. 한국 '제국주의자들'은 일본에 건너가 우랄 알타이어 문법을 전해주고, 현대 한국어로 '국가'라는 의미의 나라奈良를 건설했다. 일본의 제국주의만 비판하고 (오늘날 한국에서 그리고 있듯이) 몽골 만주인이나 중국의 제국주의를 비판하지 않는 것은 도덕적으로 부당한 태도이다. 기술은 늘 한국에서 일본으로 전파되었기 때문에 16세기까지 일본인들은 '도움을 갚을 만한'(?) 위치에 있지 못했다. 그러나 포르투갈 사람들이 한국보다 먼저 일본에 먼저 대포를 전해주면서 상황이 달라졌다. 사실 만주의 침략도(다른 침략 중에서) 16세기 쇼군 히데요시의 침략만큼이나 처참했다. 그런데 왜 한국인들은 유독 일본인들만을 증오할까? 물론 20세기에 한국이 일본과의 전쟁에서 또다시 패했다는 이유도 있겠지만, 이러한 편견은 형제간의 경쟁심에서 비롯된 것일 수도 있다. 한국인들은 2천 년이 넘도록 중국을 맏형처럼 받들어 모셨다. 반면에 일본을 막내로 취급하면서 일본이 중국으로 이어진 육로를 사용하지 못하도록 했다. 어쩔 수 없이 위험한 해로를 이용해야 했던 일본으로서는 한국이 무역과 문물의 개발에 큰 걸림돌이었던 것이다. 결국, 한국은 16세기에 처음으로 그리고 20세기에 다시 한 차례 일본의 공격을 받아 자존심에 큰 상처를 입으면서 증오심이 생긴 것이다. 일본인들이 모방한 것은 영국, 프랑스, 네덜란드 사람들이 유럽에서 천 년 전부터 이룩했던 것들이지만, 사실 그것은 아시아인들이 이보다 더 앞서 수천 년 전부터 상호교류를 통해서 축척해왔던 것들이다. 그런데 왜 한국인들은 지난 세기 그리고 그 이전에 서너 차례 잔혹한 전쟁을 치르면서도 신하의 예를 갖추라고 강요한 중국인들은 미워하지 않았을까? 나는 알 수가 없다. 중국인들이 '특성' '도교' '호의' '의무' 등 우리 민족에게 많은 것을 물려준 것은 사실이다. 게다가 5만 개의 명사도 물려주었다. 하지만, 그중에 '자유'를 뜻하는 말은 없다. '탐욕'과 '중재'라는 말은 있지만, 어디에도 '자유'라는 말은 없다."
(≪백남준: 말에서 크리스토까지≫(백남준 총서 1) 69∼70쪽.)

거대 우주에도 하늘의 이치와 땅의 이치가 있다.

신경전도의 이진법은 전기만 있으면 되지만 이분법은 여러 이분법의 단어들과 그 단어들을 연결하는 구문(syntax)이 필요하다. 구문에는 반드시 문법(grammar)이 필요하다. 이는 사회가 법이 필요한 것과 같다. 구문은 아무리 길다고 해도 언젠가, 어느 곳에선가는 끊어진 대목이 있기 마련이다. 그래서 문장에는 인과론과 당위론, 그리고 단순히 앞과 뒤를 이어 주는 접속사와 관계대명사가 있는 것이다. 이는 역설적으로 문장이라는 것은 끊어진 것을 이어 주는 기술이라는 점을 상기시킨다. 그러나 전기는 구문이 필요 없다. 구문이라고 굳이 말한다면 플러스와 마이너스라는 두 단어의 연속만 있을 뿐이다. 우주는 전기의 세계이다. 동양의 음양론은 현대의 전자전기론은 아니지만 그 같은 음양의 성질을 일찍이 간파한 것이라고 말할 수 있다.

단지 장(場)의 연속적 변전(變轉)으로써 이루어지는 예술
낯설게 하기, 낯익게 하기: 결국 예술이란 이것의 속임수이다.
"예술은 사기다": 상상계와 현실계를 왕래하는 일종의 주술(magic)

백남준의 미술세계는 음악에서 오브제, 해프닝, 퍼포먼스, 비디오아트 등 여러 장르에 걸쳐 형성된다. 이들은 연속적으로 다원다층의 층위를 형성해 가듯이 변전(變轉)한다. 마치 음양의 계속적인 변전과 같다. 그러나 아무리 변전을 많이 하더라도 실은 그의 출발은 음악이다. 음악(소리)을 오브제화하는 것에서 출발하여 결국 음극관, 텔레비전 모니터라는 오브제를 다시 소리화하는 것으로, 혹은 텔레비전 모니터를 조각화하는 것으로 끝을 맺는다. 이는 '소리의 오브제화, 오브제의 소리화'(음악의 미술화, 미술의 음악화)[56]라는 가역반응으로 요약할 수 있다. 둘 사이에 행위음악(action music)이 있었고, 음악에 극(theater)과 비결정성(indeterminacy)의 도입은 결국 종합적인 퍼포먼스를 향하고 있었다. 특히 그의 비디오아트는 퍼포먼스의 결정판으로

---

56) 백남준은 TV시리즈 작품을 '소리 나는 오브제'라고 말하였다. 백남준은 "이 작품은 회화도 조각도 아닌, '시간예술'이다." 또는 "나는 장르를 좋아하지 않는다."는 점을 강조하고 있다. 〈전자텔레비전〉은 〈음악의 전시−전자 텔레비전〉이라는 포스터에 보듯이 〈음악의 전시〉 다음에 있었다.

복합매체인 텔레비전 모니터를 통해 그것을 우주로 확대하는 것이었다.

백남준의 예술에서 소리는 신화와 같은 것이다. 백남준의 일생이 예사롭지 않은 것은 조형(미술)을 하기 위해 소리(음악)를 먼저 공부하였다는 사실이다. 이는 매우 우회적이지만, 흔히 거장들이나 천재들이 보다 큰 혁명을 위해서 반대의 먼 길을 돌아오는 것에 비유할 수 있다. 만약 소리에 대한 이해가 없었다면 백남준의 비디오아트는 탄생하지 않았거나 훨씬 늦었을지도 모른다. 텔레비전 모니터는 화상을 보여 주기도 하지만 동시에 소리를 보내 준다. 소리에 대한 간절함이 없었으면 텔레비전 모니터를 미술에 도입하려는 생각은 하지 않았을지도 모른다. 소리를 내는 그림을 추구하다 보니 텔레비전을 도입하였고, 텔레비전은 본래 정화상보다는 동화상을 주로 하는 것이기에 오늘의 비디오아트의 판타지가 창조되었다고 해도 과언이 아니다.

조형성을 위주로 하는 미술이 음악이라는 비조형성으로 나아가는 것은 전위미술을 넘어서 반미술이라고 하는 것이 더 적합하다. ≪호모 루덴스(Homo Ludens)≫를 저술한 요한 하위징아는 이렇게 말한다. "시, 음악, 춤과는 다르게 조형예술과 놀이의 관계는 덜 명확하다. 그리스 정신은 시, 음악, 춤은 뮤즈의 소관으로 할당하고 조형예술에 속한다고 생각되는 것들에게는 그런 위엄을 부여하지 않음으로써, 두 분야의 미학적 생산과 인식에 기본적 차이점이 있음을 명확히 했다. 조형예술은 신성한 신들의 지도를 별로 받지 못했으며 그런 지도를 받는다고 생각될 때에는 헤파에스투스나 아테나 에르가네(일을 관장하는 아네타 여신)의 몫이라고 생각되었다."[57]

하위징아는 "조형예술과 음악예술 이렇게 둘을 놓고 볼 때, 전자에는 대체적으로 놀이 특질이 결여된 반면 후자에는 명백하게 존재한다."고 했다. 다시 말하면 조형예술인 미술은 음악보다는 놀이로서의 특성이 부족하다. 음악은 그것의 비구상성 때문에 처음부터 끝까지 놀이영역을 벗어나는 법이 없다. 만약 어떤 예술가가 놀이의 특성을 강화하고자 한다면 반드시 음악과 시와 무용의 특성을 미술에 과감하게 도입할 것이다. 이들 시, 음악, 놀이는 흔

---

57) 요한 하위징아, 이종인 옮김, ≪호모 루덴스≫ pp. 302~305, 2010, 연암서가.

히 '음악적 예술'이라고 했다. 그리스 사상에서 '음악적'인 모든 것은 의례, 특히 축제와 관련이 있었다. 의례는 이 축제 속에서 고유의 기능을 담당했다.

백남준의 독일에서의 첫 전시회인 <음악의 전시-전자텔레비전>(Exposition of Music, Electronic-Television) 중에서 특히 '음악의 전시'는 바로 놀이의 강화와 관련이 있다. 다시 말하면 그의 해프닝과 퍼포먼스는 바로 미술을 놀이로 변형시킨 좋은 예이다. 백남준은 처음엔 음악을 전공했다. 그래서 음악의 바탕과 영향은 클 수밖에 없다. 그의 퍼포먼스는 바로 시, 음악, 무용과 같은 '음악적 예술'의 종합적 표현이다. 물론 '전자텔레비전'은 바로 그의 예술인생에서 영광스러운 '아버지'라는 칭호를 받게 한 비디오아트로의 발전을 기약한다. 그의 비디오아트의 경우도 우선 동화상이기 때문에 원천적으로 놀이성이 강할 뿐만 아니라 그 상의 흐림과 왜곡, 그리고 카오스모스적인 이미지들의 중첩과 빠른 변화는 그야말로 놀이성 그 자체라고도 할 수 있다.

"모든 음악적인 것에서 놀이의 영역을 발견한다면 음악의 쌍둥이 자매인 춤에서는 더욱 그러하다. 우리가 원시인들의 신성하거나 마법적인 춤을 생각하든, 그리스 의궤에서의 춤을 생각하든, 계약의 궤(Ark of Covenant) 앞에서 추었다는 다윗의 춤을 생각하든, 단순히 축제의 일부분인 춤을 생각하든, 무용은 항상 모든 시기, 모든 사람들에게 순수한 놀이였으며, 존재하는 놀이 형태들 중에서 가장 순수하고 가장 완벽한 것이다."[58]

대체로 음악과 무용은 바늘과 실처럼 함께 다닌다. 음악은 가장 추상적이고 비신체적인 것인 반면, 무용은 가장 신체적이고 구체적이다. 무용은 바로 신체 자체의 언어이다. 무용은 실천적이고, 가장 행동적인 것이기에 가장 인간적인 것이기도 하다. 다시 말하면 인간이 움직이면 바로 그것이 무용이 될 수도 있는 것이다. 따라서 무용이야말로 가장 종합적으로 즉물적으로 인간의 행위와 동일시된다. 예컨대 퍼포먼스는 비록 전문적인 무용이라고 보기는 어렵지만 실은 비전문인의 혹은 일상의 행위도 보기에 따라서는 얼마든지 무용이라고 볼 수도 있는 것이다. 놀이의 종합적인 성격에 가장 가깝게 근접하

---

58) 요한 하위징아, 이종인 옮김, ≪호모 루덴스≫ pp. 313, 2010, 연암서가.

는 것이 무용이다. 굿은 여러 구성요소로 짜여있지만 전체적으로 보면 바로 춤이다. 그래서 흔히 무당은 지무(知舞: 춤을 아는 사람)라고 한다.

백남준은 어쩌면 미술가라기보다는 놀이꾼으로서의 면모가 강하다. 그래서 백남준 예술을 굿으로 볼 필요성이 대두되는 것이다. 굿은 현대적 개념으로 보면 퍼포먼스와 설치의 결합이라고 말할 수 있다. 다시 말하면 퍼포먼스와 설치는 굿판에서는 자연스럽게 이루어지는 것이다. 필자가 생각하기에는 퍼포먼스와 설치의 기원을 굿에서 찾을 수 있을 것 같다.[59] 굿은 시이고 신화이다. 시와 신화는 놀이의 원형이다. 그래서 신화와 제의와 축제는 놀이와 경기와 투쟁으로 대응된다.

백남준과 함께 시작한 플럭서스 멤버들이, 볼프 포스텔은 물론, 요셉 보이스조차도 백남준에 비하면 초라한 행위미술가(실지로 보이스는 백남준보다 더 위대한 아방가르드 예술가로, 영웅으로 서양미술사에서 대접을 받고 있지만 시간이 지나면 사태는 달라질 것이다. 자세히 보면 백남준으로부터 아이디어를 가져간 흔적이 많기 때문이다. 백남준은 시종 아이디어를 흘리고 다녔다)에 불과한 작가로 생을 끝맺은 것은 바로 소리(음악)에 대한 사전의 철저한 공부와 회의가 없었기 때문이다. 존 케이지는 음악에 대해 백남준보다 훨씬 조예가 있었지만 그는 백남준의 다른 면인 미술가적인 재능은 없었다. 백남준은 양수겸장이었다.

예컨대 백남준이 즐겨 사용한 악기는 피아노와 바이올린 그리고 첼로이다. 악기의 연주는 음악이다. 그런데 갑자기 연주를 하다 말고 악기 자체를 오브제화해 버린다. 당연히 오브제가 된 악기는 퍼포먼스의 소품이 되겠지만 여기에는 엄청난 전이(轉移)가 있는 것이다. 악기는 종래에 타성적으로 사용되던 소리통으로서의 역할을 포기하고 다른 사물이 되는 것이다. 부서진 피아노와 끌려 다니는 바이올린은 전혀 다른 주체적 의미를 파생한다. 악기로서 종래 음악의 체제에 따라 소리를 내던 습관을 버리고 전혀 다른 삶을 사는 셈이다. 오브제 미술이란 타성적 맥락과 다른 것에 놓음으로써 뜻밖의 미의

---

59) 굿은 본래 원시종합예술로서 예술이 분화되기 전에 총체예술에 속하는 것이었다. 고도로 분화한 현대예술은 작금에 예술의 총체성을 회복하는 경향을 보이고 있다. 그 좋은 예가 퍼포먼스와 설치미술이다.

식을 느끼게 하는 것이며 오브제는 쉽게 퍼포먼스로 전환이 가능하다.

그의 첫 전시회의 이름이 <음악의 전시 전자텔레비전>(Exposition of Music, Electronic - Television)이다. 그야말로 관음(觀音)이다. 여기에는 시간적인 것, 흘러가는 것을 공간에서 잡는 잠재력, 포텐셜(potential)이 있다. 이것은 시각적 모자이크나 조합, 심하면 랜덤 액세스(random access) 같은 것도 가능하다. 첫 전시회의 이름에서 두 글자의 머리(머리는 남성을 상징한다)를 빼앗아 새로운 의미를 만들면 '추방'(Expel)이라는 글자가 된다. 무엇을 추방한다는 말인가. 무엇으로부터 추방되었다는 말인가.

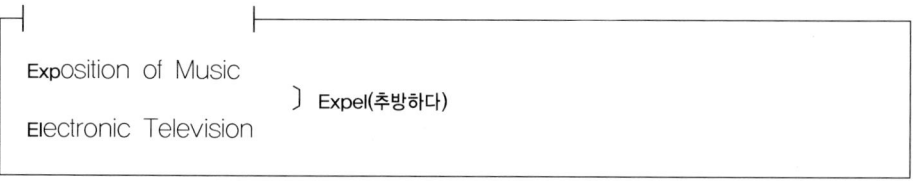

첫 전시회의 포스터는 백남준의 무의식과 초의식을 드러내는 상징들로 가득 차 있다. 우선 백남준에게 항상 떠나지 않았던 것은 추방(expel)과 노마드(nomad)이다. 그런 점에서 그의 노마드는 '추방의 노마드'(expel of nomad)이다. 그는 자신의 영토가 없이 세계를 떠돌았다. 그는 자의반 타의반 조국인 한국으로부터도 추방되었는지도 모른다. 그래서 세계를 떠돌아다녔다. 그렇기 때문에 그렇게 새로운 영토, 영토 아닌 영토인 비디오아트를 창안하였는지도 모른다. 그가 전자에 매달린 것은 전자가 중량, 볼륨이 없었기 때문이다. 볼륨이 없는 것은 존재체를 주장하지 않는다. 끊임없이 생성될 뿐이다.

이것은 영토가 아예 없었던 유대인의 디아스포라(Diaspora)와는 다르다. 디아스포라는 돌아갈 땅, 조국이 없었다. 그러나 백남준은 돌아갈 땅은 있었다. 비록 작고 보잘것없는 극동의 작은 나라, 전쟁의 상처로 의식주도 제대로 챙기지 못하는 나라였지만 말이다. 그는 동족상잔의 6·25 전쟁과 그 후의 산업화와 민주화 과정에 참여하지 못한 자신의 원죄를 용서해 달라고 선물꾸러미를 들고 왔는데 그것이 '비디오아트'였다. 그의 금의환향을 보노라면 차라리 동족상잔에서 멀리 떨어졌던 것이 다행이라고 여겨진다. 누구나 똑같은 것을 할 필요는 없다.

아마도 그는 서구에서 전쟁하듯이 매일매일을 살았을 것이다. 그는 열심히 그의 천재성과 노력을 합하여 인류로 하여금 미래의 예술을 준비하도록 책임을 다하였다. 그는 결국 추방당함으로써 세계인이 된 셈이다. 그는 세계인이 되어 조국에 돌아왔다. 정확하게 그는 한국계 미국인이다. 그런 점에서 그의 민족은 입으로 주장되는 민족이 아니라 몸에서 DNA로 숨어 있는 민족일 것이다. DNA는 어떤 담론보다도 더 강렬한 담론을 담고 있다. 그것은 인류의 시원까지 거슬러 올라갈 수 있는 담론이다.

그는 유목민의 피가 흐르고 있음을 항상 주장하였다. 그의 그런 발언은 세계인 – 세계주의를 표방하는 말이기도 하다. 그러면서도 민족의 원류에 대해 그 흐름을 잃지 않는 태도이다. 어쩌면 그는 추방당함으로써 자신의 핏줄의 향방과 그 원류에 대해 반성적으로 고심하였는지도 모른다. 세계 속에 나가는 것은 항상 민족을 돌이켜 생각하게 하고 동시에 세계인으로의 적응을 도모하여야 하는 이중적 제스처가 필요하다. 바로 민족과 세계의 가역반응(↔)으로 쌍방을 강화하는 계기가 되었을 것이다. 그가 민족을 떠올리면서 가장 먼저 기억을 회복한 것이 '굿'이라는 놀이이다. 밖으로 나가니까 바로 즉자(卽自)였던 '굿'은 대자(對自)가 되고 드디어 타자(他者)가 되었다. 즉자일 때는 모르고 그저 그것으로 살았던 것인데 타자가 되니 그것을 대상으로 할 수 있었다. 그의 비디오아트는 바로 '비디오 굿'인 것이다.

Ex – P – El을 끊어서 보면 재미있다. Ex는 밖으로 드러내는 것을 말한다. P는 전반적으로 남자를 상징한다. Penis, Pen, Palace, Prince, Pole 그리고 무엇보다도 백남준(Paik Nam June)의 P이다. E는 전반적으로 여자를 상징한다. El(엘, 엘르)은 본래 여신 혹은 신을 나타내는 말이다. 또 두 글자의 첫 철자인 E는 Eve(이브 = 前夜 = 신화 = 종교) 혹은 Equal(평등 = 문화), Equation(등식 = 과학)을 나타낸다. 백남준은 그의 남자를 밖으로 드러내는데 그 내용은 여자, 여신이다. P는 하나인데 E는 둘이다. 두 여자 사이에 한 남자가 있다. 이것은 마치 음(陰)의 표시인 '--'와 같다. E와 E의 사이에 P가 있는 것이다.

이 포스터에 숨은 결정적 수수께끼가 있다. 바로 제일 하단에 있는 'A study

of German Idiotology'라는 글자이다. 우리말로 하면 '독일 바보학에 대한 연구'이다. 다시 말하면 백남준은 당시에 이미 '바보학'에 대한 어떤 생각을 가지고 있었던 듯하다. 'Idiotology'[60]는 백남준의 조어인데 나름대로 그는 기회가 있을 때마다 '바보가 되어야 한다.'고 되뇌었다. 어쩌면 그는 큰 바보인지도 모른다. 바보이기 때문에 비디오아트의 창시자가 된 것인지도 모른다. 동양의 ≪도덕경≫은 어리석음, 즉 우(愚)를 높이 산다. 어리석어야 무위자연(無爲自然)을 실천할 수 있는 것이다.

그의 첫 전시회의 주제에서도 알 수 있듯이 음악의 전시에 대조되는 전자텔레비전(electronic - television)은 텔레비전이라는 오브제가 처음부터 '소리를 내는 오브제'여서 백남준의 '오브제의 소리화'에 결정적인 매체이다. 텔레비전 브라운관의 화면은 동화상이면서도 동시에 화면분할과 겹치기, 지우기 등 여러 변형이 가능한 것이어서 종래의 캔버스 예술이 갖고 있는 원근법과 평면과 입체의 문제를 자유자재로 가공하고 왜곡시킬 수 있다는 점에서 실은 획기적인 전자캔버스인 것이다. 다시 말하면 비디오아트는 매체의 진전, 복합매체 차원의 것이 아니라 종래의 예술적의 전제와 바탕과 역사를 송두리째 바꾸어 놓은 것이다.

그런데 그는 왜 귀국하자마자 "예술은 사기다."라고 충격적인 고백을 했을까. 이것에 대해서는 그의 고백 그대로 받아들이는 부류와 그렇지 않은 부류가 있다. 후자의 경우 그의 평소의 발화태도가 원래 충격을 주는 수법을 많이 쓰는 것과 연관시킨다. 말하자면 충격을 주기 위한 플럭서스 작가다운 태도가 아닌가 하는 것이다. 어느 쪽이든 공통적인 부분이 있는 것 같다. 예술적 조형이나 형상은 실은 허구의 혹은 창조적 진실을 표현하는 것으로 픽션(fiction)을 용인받고 있는 것이다. 그런데 만약 예술가들이 허구의 진실을 표현하지 않고 적당히 남의 작품을 복사하거나 모방하거나 흉내 내는 것으로 그친다면 이는 분명 사기라고 할 수 있다.

그런데 백남준은 자신은 그렇지 않으면서도 굳이 예술가에게 금기사항인

---

60) '바보학'에 대해서 가장 먼저 주의를 기울인 사람은 이영철(李永喆) 백남준 아트센터 관장이다.

'사기'를 고백한 것은 실은 일반 생활인의 예술에 대한 새로운 이해와 태도를 도우기 위한 것이다. 물론 거리낌 없는 그의 솔직한 성격 탓도 있다. 여기에 대가다운 면모가 있다. 현대예술은 바로 근본적으로 복제의 성격이 짙은 것이기 때문이다. 사진의 등장은 바로 복제예술을 탄생시켰고, 백남준은 사진의 리얼리티(reality), 다시 말하면 일종의 절대적 리얼리티를 다시 흐리게 하고 왜곡시킴으로써 예술적 은유를 새롭게 달성하게 하여야 했다. 그것이 비디오아트이다. 기술과 예술의 충돌은 사진예술에서 이미 진행되어 나름대로 예술의 영역을 개척하였는데 비디오아트에서 새로운 신천지가 열렸다.

상(象)이 흐려지거나 왜곡되는 것, 그리고 여러 가지 상의 동시적 콜라주에 의해서 달성되는 것의 음악효과에 대해 주의할 필요가 있다. 이것은 일면 카오스를 지향하는 것이면서도 묘하게 보는 이로 하여금 어떤 울림이나 공명 같은 것을 느끼게 한다. 이는 음악의 보이지 않는 형상과 같은 것이다. 상이 흐려지는 것은 실은 상의 울림, 상의 파문과 같은 효과를 지닌다. 말하자면 미술적 상이 음악적 상으로 일순 변형되는 것이다. 상의 포갬도 마찬가지 효과를 지닌다. 여러 상이 겹쳐지는 것은 호수의 파문과 같다. 경계가 불분명해지는 것은 분명 과학과는 다른 느낌을 갖게 한다.

백남준의 예술은 여기에 이르면 음악인지, 미술인지 불분명해진다. 미술의 외면이 넓어지고 음악의 외연이 넓어지면서 둘의 영역은 마치 두 파문이 만나서 이루는 공명처럼 서로 침범하고 새로운 장르가 된다. 이런 이미지들이 정화상이 아니라 동화상으로 전개될 때 이것은 자체가 이미 퍼포먼스인 것이다. 여기에 문자나 문장이라도 보태지면 이는 '음악＋미술＋무용＋연극＋문학'의 새로운 종합예술이 탄생한다. 비디오아트는 이러한 종합예술적 성격을 갖게 된다. 흔히 우리는 영화를 종합예술이라고 말해왔다. 그러나 이제 비디오아트가 그 자리에 동참하게 되었다.

현대미술이 발견한 오브제, 콜라주 등의 기법과 비디오의 동화상, 그리고 브라운관의 음극에 전류를 가함으로서 달성되는 상의 흐림과 왜곡의 기술은 분명 새로운 예술의 탄생을 말하는 것이 되었다. 기술과 예술의 충돌은 사진예술에서 이미 진행되어 나름대로 예술의 영역을 개척하였는데 비디오아트에서 새로운 신천지가 열렸다. 비디오아트의 음악적 성취에 대해서는 아직 논의가 제대로 이루어지지 않았다. 그러나 분명 비디오아트와 설치 등의 작품에는 소리가 항상 함께 하고 있고, 그것은 일종의 프로그램으로서 존재한다. 소리가 있다는 점에서 작곡이고, 대본이 있다는 점에서 문학이다. 비디오아트는 분명 예술적 종합의 성취 때문에 장르적 애매모호함을 가지고 있다. 역으로 말하면 그것이 비디오아트이고, 그럼으로써 새로운 장르이다.

백남준은 분명 한국이 낳은 예술적 천재이다. 그는 현대예술의 은유(隱喩)의 다양한 층을 알고 있고, 그 은유는 각층마다 환유가 될 수 있다는 것을 알기 때문이다. 그래서 예술은 대수롭지 않은 것이고, 오브제나 물리적 음악처럼 누구나 자리를 옮기거나 맥락을 바꾸면 예술을 할 수 있는 그런 것이기 때문이다. 예술은 이제 수수께끼와 같은 것이다. 마치 수수께끼의 문제를 풀듯이 예술을 할 수 있다는 뜻이 내포되어 있다. 수수께끼는 트릭(trick)이고, 트릭이 바로 은유(metaphor)이다. 그는 어떻게 하면 예술이 되는지, 본능적 감각으로 알아차린다.

'예술은 사기다.'라는 화두는 다른 예술가들에게는 또 하나의 경종이 된다. 다시 말하면 '사기'가 되지 않는 예술을 하기 위해서 노력하지 않으면 안 된다는 경종이다. 그는 '에고(ego)의 예술'을 경계한 것 같다. 교감하고 공감하기 위한 예술은 작업태도부터 민주적이어야 한다. 무슨 거대한 영조물이나 기념비적 업적을 남기기 위한 것이라고 생각하는 것은 금물이다. 결과적으로 그렇게 되는 것과 그렇게 된다고 생각하는 것은 전적으로 다르다. 전자는 저절로 되는 자연스런 것이고 후자는 남에게 강요하는 것이다. 백남준의 미래예술에 대한 태도는 복제에 대해 엄격하지도 않으면서 생멸(生滅)하는 것에 대한 용인을 담고 있다.

담론에서 하나의 층(layer)을 강요하는 것은 텍스트(Text)이다. 그러나 여러 층(multi - layer)을 허용하는 것은 콘텍스트(Context)이다. 어떤 텍스트도 콘텍스츄얼라이즈(Contextualize)하고, 어떤 콘텍스트도 텍스츄얼라이즈(Textualize)한다. 백남준은 이것을 관객이 자유롭게 하도록 해방시키는 것이다. 심지어 관객의 제작자로서의 참여도 유도한다. 말하자면 보는 것과 쓰는 것에 대한 개방적 태도이다. 사물은 언제나 개방될 수도 있고, 폐쇄될 수도 있다. 이것은 마음의 문제이다. 사물이 개방되어 있기도 하고 폐쇄되어 있기도 하다(개방↔폐쇄). 이 '예술은 사기'라는 부분에 대해서는 뒤에서 다시 언급될 것이다.

예술은 '낯익은 것을 낯설게 하는 방식'과 '낯선 것을 낯익게 하는 방식'의 상호 가역반응이라고 할 경우, 예술가 자신의 하는 일을 일반인의 관점에서 바라보면서 솔직하게 말한 것이 된다. 이런 언중에는 "예술은 별것 아니야. 일종의 속임수 같은 거야. 그런데 그 속임수는 아무도 흉내 내지 못하는 것이거든." 하는 내포적 의미가 들어 있었을 것이다. 이는 그 옛날 주술가(magician)들과 같다. 마치 주술가들이 자신의 비밀을 털어놓아 버리는 해프닝과 같은 사건이다. 오늘날 많은 예술가들에게 "당신은 예술가가 아니라 주술가야."라고 한다면 펄펄 뛸지도 모를 일이다. 그러나 실은 훌륭한 주술가가 될 자격이 있는 예술가는 드물다. 말하자면 백남준 같은 수준의 예술가야말로 훌륭한 주술가적 예술가가 될 수 있는 것이다.

한편 예술 본래적인 것으로 돌아가서 말한다면, 예술이란 것이 현실계와 상상계를 왕래하는 것인 만큼 결국 양 세계를 오가는 눈 속이기, 속임수와 같은 것이라는 천진난만한 고백이 아닌가. 이러한 발언에서 도리어 그의 대가다운 풍모가 보인다. 비디오아트의 아버지라 불리는 그는 그의 신화 허물기를 이미 살아서 시작한 셈이다. 실지로 무엇을 창조한 사람은 평소에 자신의 삶의 방식으로 성취한 것인데 그것이 일반인에게 비칠 때 신화가 되어, 그것도 덕지덕지 잘못된 화장처럼 붙어 있을 수도 있다. 이것을 참지 못하는 것이었는지도 모른다. 어쨌든 일련의 해프닝은 정말 아방가르드 예술가다운 발화였다. 그의 일생은 계속 반전의 반전을 거듭하면서 창조를 이루는 것이었다.

한국적 유전인자로서의 백남준(1932~2006)
한국인은 우뇌형(右腦型) 좌파(左派)
반체제, 반제국주의

한국인은 우뇌형(右腦形) 좌파(左派)적 삶을 산다. 우뇌형의 특징은 감정적으로 삶을 영위한다. 세계사를 보면 대체로 우뇌형, 즉 감정에 의존해서 사는 민족은 세계를 지배하기에 불리하다. 세계를 지배하는 것은 좀 냉정하게 이성적으로 플랜을 짜고, 그것을 꾸준히 실천하여야 달성할 수 있는 것인지도 모른다. 문화적 노하우의 축적과 국가의 문화능력의 볼륨을 키우는 것은 즉흥성과 인정에 의해 달성되는 것이 아니다. 우뇌형이 세계를 지배한 예외적인 것으로 로마를 들 수 있는데 불행하게도 한민족은 그런 경험을 하지 못했다. 혹자는 삼국시대에 중국과 패권을 다투면서 동북아시아를 지배했던 고구려, 백제 그리고 통일신라를 로마제국에 비하는 경우도 있는데 그것이 합당할지는 모르겠다.

　한국인의 대뇌(大腦)는 우뇌(右腦)가 더 발달하였다. 이는 매우 여성적인 특징이다. 좌뇌가 더 발달하면 이성적(합리적)이고 우뇌가 더 발달하면 감성적(감각적)이고 상상력이 풍부하다. 종교가 신내림이나 영감(靈感)이나 기(氣)의 산물이고 예술이란 그러한 것을 감각적으로 승화하여 형태화(형상화)하는 것이라는 점에서 한국인은 필연적으로 종교성과 예술성이 풍부하다고 말할 수 있겠다. 그래서 한국인은 결국 여성적 - 종교적 - 예술적 태도가 높은 편이라고 할 수 있다. 한국인은 역사를 의례화(儀禮化)하고 살고 있다고 하는 편이 옳을 것이다. 의례는 일종의 퍼포먼스(performance)이다. 이 의례화는 바로 예의 종교성과 예술성 그리고 여성적인 특성의 결과로 보인다. 이때 여성성이라는 것은 특히 정복전쟁을 좋아하지 않고 평화를 애호하는 민족이었다는 것과 크게 결부된다.

　한국인은 의례를 매일 생활화하고 있다고 해도 과언이 아니다. 의례에는 반드시 몸이 따라가야 한다. 이는 머리로 사고하는 것과는 다르다. 사고는 몸이 따라가지 않아도 된다. 몸이 따라간다는 것은 감각을 해야 하는 것이고, 그래서 한국인은 몸이 직접 느끼지 못하는 것을 믿기 어렵다. 그래서 요즘과 같은 인터넷의 시대에도 간혹 몸으로 직접 부딪히면서 대면해야 직성이 풀리는 것이다. 이러한 특성을 두고 중국인들은 해동의 한민족을 '동방예의지국'이라고 하였는지도 모른다. 이는 위에서 말했지만 콤피턴스(competence)와는 다르다. 한국인은 파롤(parole)은 좋아하지만 랑그(langue)는 좋아하지 않는다. 한국인은 법(法)을 좋아하지 않는다. 오죽하면 법감정(法感情)이라는 말이 생겼을까. 이는 법을 법대로 하지 않겠다는, 상황(context)에 따라 조정하겠다는 의지가 내포된 말이다. 그래서 이현령비현령(耳懸鈴鼻懸鈴)이었는지도 모른다. 이것은 이성의 보편성과는 거리가 멀다.

송준만에 따르면 지구의 동서양을 보면 동양은 우뇌적이고 서양은 좌뇌적이다. 동양의 불교, 도교, 유교는 우뇌적이고 서양철학과 기독교는 좌뇌적이다. 또 같은 동양권에서도 인도는 좌뇌형에 가깝고 중국은 우뇌형에 가깝다. 또 중국과 한국을 비교하면 중국은 한국의 서쪽에 있으므로 좌뇌적이고 한국은 우뇌적이다.[61] 한국은 우뇌형의 가장 극단에 있는 셈이다.

한국인은 퍼포먼스, 가무(歌舞)를 좋아한다.

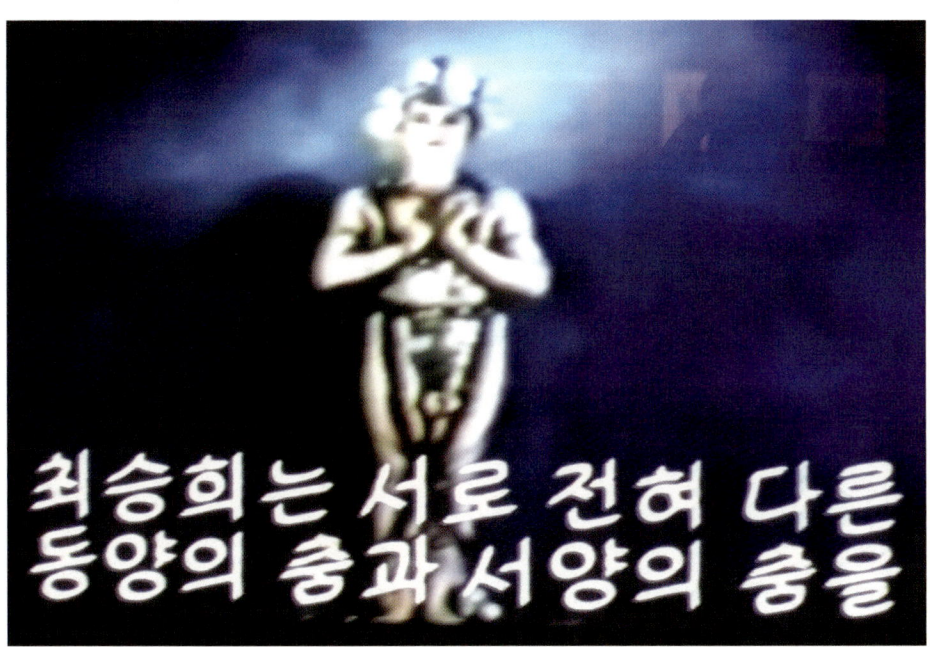

한국인은 세계 어느 민족보다 가무를 좋아한다. 백남준은 한국 근대 무용의 선구자였던 최승희를 작품화했다. 최승희는 일본의 이시이 바쿠우에게 3년간 배우긴 했지만 한국인 특유의 재능을 발휘하여 동서양 무용을 통합하여 재창조하는 발군의 실력을 보였다. 세계 10대 무용가에 들 정도였다. '조선민족무용 기본동작'이라는 무보(舞譜)를 남겼다.

---

61) 송준만, 《마음의 두뇌》, 235쪽, 1981년, 교문사.

한국인이 가무를 좋아한다는 것은 이미 ≪삼국지(三國志)≫ <위지동이전(魏志東夷傳)>에 나온다. 삼국지 위지동이전 부여(夫餘) 조에 보면 다음과 같은 구절이 있다.

"은나라 역으로 정월에 하늘에 제를 지낸다. 이때는 나라 안이 크게 모인다. 며칠씩 먹고 마시고 노래하고 춤춘다. 이름하여 영고(迎鼓)이다. 이때에 형벌을 중단하고 죄인들을 풀어 준다."[62]

또 같은 책 마한(馬韓) 조에 보면 다음과 같이 나와 있다. "항상 오월에 파종을 하고 걸립을 하여 귀신에게 제사를 지내고 여러 무리를 이루어 노래와 춤을 추고 술을 마시면서 밤낮으로 쉬지도 않고 춤을 춘 사람이 수천 명이었다."[63]

동양의 고전적(古典籍)들에 우리나라를 지칭하는 말인 소위 동이족(東夷族) 사람들의 특징으로 우선 '제사와 가무와 술을 즐긴다.'는 것을 들고 있다. 이것은 바로 종교적 – 예술적 태도의 원형인 것이다. 그리고 M.엘리아데를 비롯한 샤머니즘 연구가들은 고대 동북아시아 종교적 특징으로 '샤머니즘'을 들고 있다. 샤머니즘에서 섬기는 귀신(鬼神)이야말로 인신(人神) 가운데서는 신(神)의 앞선 형태이다. '신'(神) 자가 귀신(鬼神) 신(神) 자인 것은 이를 증명하고 있다. 귀(鬼)와 신(神)은 지금은 음양관계에 있지만 실은 귀의 개념이 먼저 있었기 때문에 신의 개념이 있는 것이다. 따라서 처음에는 귀신(鬼神)을 신(神)이라고 하였다. 그러던 것이 고등종교가 등장하고 신(神)의 개념이 새롭게 되면서 역으로 귀(鬼)가 귀신(鬼神)이 되어 버린 것이다. 죽은 영혼이 귀신이 되는 것이 아니고 바로 과거가 귀신이고, 영원이 신이 아니고 미래가 신이다. 인간은 귀신과 신의 사이에 있다.

음악은 영혼이고, 사물이 이미지다. 음악에서 시작한 백남준의 삶: 음악에서 미술로(소리가 없으면 아무것도 할 수 없다. 소리는 만물의 시작이다). 흔히 예술가에게는 이미지가 사물이었다. 이제 아니다. 이제 사물이 이미지다. 인간은 귀신(鬼神)과 신(神) 사이에 있다.

---

62) 以殷正月祭天 國中大會 連日飲食歌舞 名曰迎鼓 於是斷刑獄 解囚徒.
63) 常以五月下種 乞祭鬼神 群聚歌舞飲酒 晝夜 無休其舞 數千人.

이러한 가무의 전통을 DNA에 가지고 있는 백남준은 드디어 세계 미술사에서 일을 내고 만다. 음악(소리)을 미술(오브제)로 만들어 버리고, 그동안 예술가에게 이미지가 사물이었던 것 — 이것을 물화(物化) 혹은 육화(肉化)라고 한다. 이는 사물에 새로운 옷을 입히는 행위이다. 이 물화를 통해서 예술가들은 일반인과 다른 족속임을 드러냈다 — 을 도로 사물이 이미지인 것 — 사물을 오브제로 그냥 사용해 버리는 행위 — 으로 만들어 버렸다. 이는 종래 예술의 포기이면서 반음악이고 반미술이고 반예술이다. 그러나 그동안 예술이라는 고상한 취미에 무식할 정도로 반란을 일으키고 이제 사람들로 하여금 허무(虛無)와 동시에 새로운 종류의 판타지(fantasy)를 느끼게 하는 비디오아트를 만들어 냈다. 이는 전자(電子)라는 입자와 파동의 이중성을 가진 것을 매개로 한 작업이었다.

> 보이지 않는 질료로서의 소리, 보이는 질료로서의 사물. 청각적인 것은 시각적인 것이 되고자 한다(이것이 오브제로서의 음악이다). 시각적인 것은 청각적인 것이 되고자 한다(이것이 소리를 표현하는 비디오아트). 감각은 인간의 내부 통로에서 서로 교차하고 통합하고자 한다. 이것은 결국 감각의 무화(無化)를 향한다.

소리는 보이지 않는 질료이다. 사물은 보이는 질료이다. 인간의 지각이미지(sense - image)는 지각과정에서 우리 몸에 들어올 때, 청각자료는 귀로, 시각자료는 눈으로 따로 들어오지만 몸 내부에서는 서로 통하려는 움직임이 있다(서로 통하고 있다). 그래서 청각적인 것을 시각적인 것으로, 시각적인 것을 청각적인 것으로 전환하는 것이 가능하다. 그런데 이것이 서로 충돌하는 수도 있다. 때로는 서로를 억압할 수도 있다. 음악의 오브제화라는 것은 음악을 음악의 원칙대로 사용하는 것이 아니라 시각적으로 사용하려는 것이다. 이는 종래의 음악작품을 미술작품으로 표현하는 것과는 다르다. 이는 음악의 긍정이면서 동시에 음악의 부정을 가지고 있다.

지각이라는 것은 우주적 소통을 중간에서 차단하고 벽을 쌓는 일인지도 모른다. 그래서 지각은 존재를 형성한다. 인간은 '역반(逆反)하는 존재'이다. 존재하려고 역반하고, 존재이기 때문에 역반하고, 나중엔 역반하려고 존재한다. 그러나 그 역반은 생성을 거스르는 것이라는 것을 알게 된다. 이는 마치 상류로 헤엄치는 물고기와 같다. 인간은 시간을 역반하려고 하다가 결국 시간에 휩쓸려 내려오면서 생성을 알게 된다. 생성은 어떤 누구도 존재하는 것을 허용하지 않는다. 신들조차도 이름을 바꾸지 않으면 안 된다.

여기에서 공(空)이나 무(無)의 개념이 병행된다. 백남준은 쇤베르크의 무조(無調)음악에 심취하고 결국 프럭서스 집단에서 피아노 부수기를 한다. 이는 종래 서양음악의 8음계 체계에 대한 도전이기도 하지만 동시에 음악 자체를 부정하는 심리도 숨어 있다. 그러나 음악을 부정한 그는 반대로 비디오아트에서는 텔레비전 모니터를 오브제화하면서 그곳에서 소리를 재생해 내는 보상을 하는 것이다. 그에게는 청각과 시각의 가역성(可逆性)이 반역성(反逆性)이 되었다가 나중에는 서로 보상(報償)의 길을 모색하고 있다.

정적(靜的) 아이콘(icon)에 대한 소리(sound)의 반란, 행위의 도입
해프닝(happening)으로서의 음악: 불협화음과 퍼포먼스의 만남

음악을 전공한 백남준이 음악을 오브제화할 때는 실은 내면의 무의식에 이미 미술의 정적(靜的)인 아이콘(icon)에 대한 반란을 꿈꾸고 있었는지도 모른다. 바로 이것을 결행하기 위해서 도리어 음악을 오브제화함으로써 면죄부를 얻을 공산을 했을지도 모른다. 백남준에게는 도대체 보이지 않는 음악도 싫었지만 움직이지 않는 미술도 싫었는지도 모른다. 그래서 이미 보이는 음악, 움직이는 미술로서의 비디오아트를 향하여 한 걸음 한 걸음씩 전진했을 가능성이 높다. 이것은 그의 계산된 행보가 아니었다고 해도 아무런 문제가 없다. 예술가들이 흔히 자신도 모르는 사이에 어떤 것을 실천하고 있는 것은 특별한 일이 못 된다. 특히 어느 분야에서 미지의 일을 개척하고 있는 경우는 더욱 그렇다. 백남준은 이미 소리와 미술을 함께 버무리면서 그것을 퍼포먼스(performance)로 승화시키고 있었던 것이다. 서양 미술사에서 초기의 퍼포먼스는 미술과 일상을 분리하지 않았다. '미래파 선언'(1909년) 때만 하더라도 그랬다. 그러던 것이 '다다이즘의 퍼포먼스'(1916년~

1922년: 1차 세계대전 중~2차 세계대전까지), '플럭서스의 퍼포먼스'(1961
년~)에서 미술의 전문분야로 자리잡게 된다. 플럭서스가 정신적인 면을 중
요시 하는 반면에 팝아트는 자본과 물질에 충실하다. 그래서 그런지 플럭서
스는 퍼포먼스 위주의 작품이 많고, 팝아트는 오브제를 활용한 작품이 많다.
결국 예술이란 무엇인가? "저거 멋져", "저것엔 뭔가 있어", "저것엔 메시지
가 있어." 이러한 말이나 생각을 유발시키는 그런 총체를 말하는 것이 아닐
까. 그것이 오브제든, 퍼포먼스든, 비디오아트든 간에--. 퍼포먼스라는 것은
인간의 감각 중의 어느 하나가 특별히 심하게 작동하는 것이 아니라 몸 전
체로서, 총체적인 예술로서 작동하는 것으로 예술적 컨버전스(convergence)를
달성하는 느낌을 주었을 것이다. 그는 비디오아트를 발견하고 발전시키기
전에는 이 퍼포먼스로 스스로를 달래고 있었다.

오브제: 반미술(반미술의 미술) * 마르셀 뒤샹
무조음악: 반음악(반음악의 음악) * 쇤베르크
(음계(音階)를 무시하는 것은 바로 사회적 음계인 계급(階級)에 대한 도전으로
연결되었다. 기존질서와 양식에 대한 도전이었다.)
반음악＋반미술＝비디오아트 * 백남준

　현대미술사에서 오브제(object)의 등장이 혁명적인 사건이라는 것은 누구나
동의하는 바이다. 그러나 오브제라는 것은 실은 전통적인 입장에서 보면 이
는 말도 되지 않는 것이고 미술을 포기하는 것이나 다름없다. 오브제를 그리
는 것이 미술이었는데 오브제를 그대로 옮겨 놓음으로써 미술행위를 다했다
고 하는 것은 아무래도 납득이 가질 않는 것이다. 오브제는 굳이 말하자면
반미술이다. 반미술의 미술이다. 캔버스 내에서 여러 가지 빛과 색 그리고
조형실험을 하던 회화는 드디어 캔버스 밖으로 탈출을 시도한 셈이다. 이것
은 회화의 역사에서 한 번밖에 있을 수 없는 반운동이다. 이것은 조각과의
경계는 물론 다른 예술장르와의 영역에서도 혼란을 일으킬 것이 분명했다.
　마르셀 뒤샹(Marcel Duchamp, 1887~1968)이 변기(便器)로 시작한 오브
제 사건은 참으로 현대미술을 논할 때 뒤샹 이전, 뒤샹 이후라는 말이 분수

령을 세울 만하다. 오브제는 뒤에 콜라주로 나름대로 발전을 거듭하였지만 백남준의 비디오아트는 분명 그 정점과 같은 것으로 비친다. 미술에 이어 음악도 비슷한 시기에 반음악 운동을 시작한다. 왜 미술과 음악이 거의 동시에 반운동을 시작하였을까에 대해서는 여러 사가들의 해석이 있겠지만 적어도 새로운 시대에 적응하여 새로운 예술을 혹은 제3의 예술을 창안하려는 움직임과 관련이 있는 것은 분명하다. 현대 음악사에서 이 사건이 바로 쇤베르크(Arnold Schönberg, 1874～1951)의 무조(無調)음악이라는 것이다.

쇤베르크의 초기 작풍은 후기 낭만파의 연장선상에 있었으며, 현악6중주곡 ≪정화된 밤 Verklärte Nacht≫(작품 4, 1899), 교향시 ≪펠레아스와 멜리잔데 Pelleas und Melisande≫(작품 5, 1903) ≪구레의 노래 Gurrelieder≫ (1900～1911) 등 바그너와 말러의 영향을 받은 전통적인 음악에 충실했으나, 초기 작풍을 거치고 조성(調性: tonality)의 틀에 박힌 음악에 질식한 나머지 마침내 소위 ≪3개의 피아노 소품≫(작품 11, 1909)에서 조성과 결별하기에 이르렀다. 그는 12음기법을 창안하기 전까지를 '무조(無調)시절'이라고 한다. 이 시기에 그는 ≪관현악의 5개 소품≫(작품 16, 1909)과 ≪달의 피에로 Pierrot lunaire≫(작품 21, 1912) 등의 걸작을 내놓았다.

백남준은 일본 도쿄대학 문학부 미학미술사학과 졸업논문으로 "아놀드 쇤베르크에 관한 연구"(Research on Arnold Schonberg)(1956년)를 쓸 정도로 그에게 심취하였다. 쇤베르크에 대한 그의 감탄은 대단한 것이었다. 백남준의 글모음 ≪말(馬)에서 크리스토까지－(백남준의) 그 밖의 글모음≫[64]에 다음과 같은 구절이 있다.

1951년 지루한 어느 오후, 나는 가마쿠라鎌創[65]에서 NHK 라디오를 듣고 있

---

64) Du cheval à Christo et autres écrits/(공)저: Nam June Paik, Edith Decker－Philipps, Edith Decker, Irmeline Lebeer, Yves Cantraine/출판사: Lebeer Hossmann, 1993/ISBN 2872840125, 9782872840120.

65) 가마쿠라(鎌倉)는 가나가와현(神奈川県)의 해안마을로, 도쿄(東京)에서 남쪽으로 1시간 정도 거리에 있다. 1192년 미나모토 요리토모(源頼朝)가 새 군부의 영지로 가마쿠라를 선택하여 일본의 정치적 중심이 되었다. 가마쿠라 막부(鎌倉幕府)는 초기에 미나모토 쇼군(将軍) 아래에서, 이후에는 호죠(北条)의 섭정 아래에서 1세기 이상 계속해서 일본을 통치했다. 14세기에 가마쿠라 막부가 쇠퇴하고, 그 계승자가 교토(京都)의 무로마치(室町) 막부와 아시카가(足利) 막부를 설립한 이후에도 가마쿠라는 다른 도시에게 그

었다. 육감적인 목소리의 소프라노 가수가 엄청난 불협화음을 내며 울부짖고 있었다. 나는 그것이 쇤베르크의 곡일 수밖에 없다고 중얼거렸다. 〈달에 홀린 피에로Pierro Lunaire〉였다. 지금도 갈색 플라스틱의 작은 라디오 상자가 눈앞에 '보이는' 듯하다.

쇤베르크는 예술적으로 그의 스승이었으며 그는 열렬한 그의 추종자였다. 백남준은 "쇤베르크 때문에 독일에 갔고, 존 케이지 때문에 미국에 갔다."고 말한 적이 있다. 오브제의 등장과 무조음악의 등장은 백남준에게 이르러 확대재생산을 이루어 새로운 예술적 합일(合一)을 향하게 된다. 그러한 점에서 <백남준의 비디오아트＝쇤베르크의 반음악＋마르셀 뒤샹의 반미술>이라는 등식이 성립될 수도 있을 것이다. 그는 기존의 계급적 사회체계에 대해서도 많은 회의를 가지게 된다. 물론 그가 참가한 플럭서스 집단은 대체로 무정부주의를 지향하는 면면들의 모임이었다. 그의 삶은 기존의 계급적 삶에서 권력을 얻기 위해(예술가 집단 내부에서도) 적응하지도 못했고, 그렇게 노력하지도 않았던 것 같다. 이름난 예술가 중에는 그러한 계급적 상황을 잘 읽고 적당한 파트론(patron)을 얻고 풍족한 삶을 영위한 사람들도 적지 않다.

캔버스에서 TV브라운관으로
비디오아트: 틀을 깨고 새로운 틀로 들어가다.
오브제로 오브제를 극복하다: 전자기파

위치를 뺏기기 전까지 잠시 동안 동일본의 정치적 중심으로 남았다. 오늘날 가마쿠라는 때때로 동(東)일본의 교토라 불리며 수많은 절, 신사, 그 밖의 역사적인 기념물이 있다. 헤이안 시대(平安時代：794～1185) 말기에는 극심한 사회적 혼란을 겪는 가운데 말법사상이 유행했다. 융합적 불교를 배척하고 하나의 구원의 길만을 선택하는 전수(專修)운동이 일어났다. 이러한 경향은 가마쿠라 시대(鎌倉時代：1192～1333)에 신불교(新佛敎：남도육종이나 천태종과 진언종으로부터 구별하여 부름)를 일으켰다. 염불을 주창한 호넨(法然：1132～1212)은 아미타불을 부르기만 하면 정토에 왕생한다는 일본 정토종(淨土宗)의 원조가 되었다. 호넨의 제자들 가운데는 염불의 행(行)과 믿음(信) 중 믿음을 중시하는 신란(親鸞：1173～1263)는 정토진종(淨土眞宗)을 세웠다. 그는 믿음도 염불의 행도 모두 아미타불의 회향(廻向)의 힘에 의한 것이라는 순수타력신앙을 강조했다. 신란과 그의 제자들은 자유로이 결혼을 했다. 현재 정토진종은 일본불교의 최대 종단을 형성하고 있다. 가마쿠라 시대에는 투쟁적인 승려 니치렌(日蓮：1222～82)이 등장하여 일련종(日蓮宗)을 개창하여 나무묘법연화경(南無妙法蓮華經)을 부르면 구원받을 수 있다는 대중적인 신앙을 전파했다. 창가학회(創價學會) 등 전후 신흥 종교들은 니치렌 종 혹은 법화신앙 계통에서 파생한 것들이 많다. 가마쿠라 시대에는 중국으로부터 선불교의 종파들도 수입되었다. 에이사이(榮西 1141～1215)는 임제종(臨濟宗), 도겐[道元：1200～53]은 조동종(曹洞宗)을 개창했다. 선불교와 함께 일본 중세에는 다도·서도·하이쿠[俳句：17음절의 짧은 시] 등이 유행했다. 선(禪)은 일본 문화에 지대한 영향을 끼쳤다. 가마쿠라 신불교의 지도자들은 천태종에 몸담고 있던 승려들이었으나 오늘날에는 천태종과 진언종을 누르고 일본 불교의 대중을 이루고 있다.

백남준은 미술을 캔버스에서 브라운관, 텔레비전 모니터로 옮겼다. 이는 종래 미술에서 볼 때 분명히 혁명이다. 브라운관의 상은 정태적인 이미지가 아니다. 언제나 동태적인 이미지이다. 역설적으로 브라운관이라는 사각의 상자 속에 갇힌 상들이 어떤 상자 밖의 미술보다 활발하게 움직이고 상상력의 세계를 자유자재로, 마음대로 확장하는 마술상자로 변한 것이다. 흔히 텔레비전을 마술상자라고 하지만 백남준의 비디오아트에 오면 그야말로 판타지가 된다. 비디오아트는 캔버스에 비해 극도로 변형할 수 없는 감옥과 같은 오브제인데 그 속에서는 기상천외한 일들이 만화경으로 벌어지는 것이다. 전자기파는 오브제로 오브제를 극복하게 하는 힘을 가지고 있다.

백남준의 비디오아트, 즉 미술상자는 처음에 텔레비전의 '확실한 상'을 '흐리게(흩으리다)' 함으로써 예술적 영역을 확보하려고 하였다. 흩뜨리게 하기 위해서 이는 분명 전자정보화 시대의 새로운, 적합한 미술이 되기에 손색이 없다. 상을 흐리게 하는 것은 종래의 조형어법을 쓰는 전통에 저항하면서 동시에 사물을 소리화하려는 전조이다. 목적은 소리화에 있다. 오브제를 청각적으로 듣는다는 것은 새로운 형태의 청상(聽象)/청상(聽相)이다. '소리를 보고, 빛(색깔)을 듣는다.'는 것은 일종의 교차이다. 교차는 일견 모순이지만 실은 고정관념을 깨는 것이다. 또 일종의 이분법을 넘어서는 것이다. 그럼으로써 일원적인 세계에 참여하게 된다. 세계는 끝없는 대칭의 연속이다. 어느 한 차원의 대립이 아니다. 세계는 끝없는 판타지(fantasy)이다.

  TV주사선: 수직·수평·원의 전자기적 해탈
  이분법(dualism)의 극복: 황홀경(ecstasy)·영점(zero point)
  * 시적인 영감의 광란(the frenzy of poetic inspiration)
  * 정신적인 변화(mental transport)
  물질을 비물질화하는 데에 성공하다.
  (호랑이를 잡기 위해 호랑이 굴로 들어가다.)
  동굴 벽화에서 건축, 조각, 설치, 캔버스, 그리고 TV상자로

TV주사선은 참으로 재미있는 문명의 이기이다. 그것은 수직과 수평의 주

사선이 마치 직물을 짜듯이 날줄과 씨줄로 어떠한 상을 만들어 내는 것인데 이 교직물은 옷감이 아니라 어떠한 상도, 그것도 칼라로 자유자재로 만들어 내는 것이 아닌가. 주사선은 말하자면 수직－수평 교직의 해탈자와 같다. 전자기적 해탈자가 아닌가. 이것이야말로 전자의 세계가 달성할 수 있는 원융의 세계가 아닌가. 주사선은 이분법(dualism)의 극복은 물론, 보는 사람으로 하여금 황홀경에 도달하게 한다. 이것은 '시적인 영감의 광란'(the frenzy of poetic inspiration)이며 일종의 '정신적인 변화(이동)'(mental transport)마저 가능하게 한다. 이것은 물질을 비물질화하는 데에 성공한 것이다.

이렇게 볼 때 백남준은 텔레비전 상자라는 호랑이 굴에 들어가서 호랑이를 잡은 것에 비할 수 있다. 1960년대 후반의 서구 미술의 특징은 바로 비물질화로 요약된다. 미술의 비물질화는 추상표현주의를 필두로 하여 점차 여러 형태의 반미술을 보여 주었다. 퍼포먼스와 비디오는 반미술의 극치라고 할 수 있다. 예술 가운데 가장 물질과 관련이 많은 미술이 그것을 포기한다는 것은 일종의 극단적 처방과 같은 것이었다. 서구 미술의 새로운 출구는 그렇게라도 찾아져야 했다. 미술행위에서도 결과보다는 과정과 개념 그리고 문학과 공연예술처럼 프로그램이 중시되었다. 복합매체, 퍼포먼스, 필름, 비디오, 개념예술, 대지미술(earthwork) 등 다양한 시도가 이루어졌다. 백남준은 운 좋게 60년대 초반 그것에 합류하면서 세계적 작가들과 재능을 펼칠 수 있었다.

한국인은 흔히 쉽게 외래의 도그마에 빠지기 쉽다고 한다. 그래서 항상 사대주의에 빠져서 나오질 못한다고 한다. 그런데 백남준에 이르면 상황은 달라진다. 서구 미술을 받아먹던 일방통행에서 쌍방통행을 시작한 셈이다. 물론 백남준 이전에도 유능한 작가들이 있었다. 예컨대 고암 이응로(李應魯), 이우환(李禹煥) 등이 있었으나 이들은 결코 새로운 서구 미술사를 쓸 정도의 인물은 아니었다. 백남준은 서구의 도그마에 빠진 것이 아니라 새로운 도그마가 되어 우리 앞에, 세계미술사에 등재된 것이다. 그의 성취는 인류의 미술사적 시각에서 보면 동굴의 벽화에서 시작한 미술이 조각, 설치, 캔버스를 거쳐 이제 텔레비전 브라운관이라는 캔버스, 정적 이미지가 아니라 동적 이미지를 자유자재로 표현하는 '움직이는 캔버스'로 진화한 역정(歷程)이다.

비디오아트는 본질적으로 추상이라든가, 복제에 쉽게 접근할 수 있는 매체이다. 또 일련의 'TV조각'들은 조각이라기보다는 설치에 가깝다. 공간의 확대나 변용에 매우 유동성이 높은 특성이 있다. 백남준의 조각이야말로 가장 덩치가 큰 콜라주이고 그것의 조립과 가변성으로 인해 설치조각이라고 명명하는 것이 옳을 것 같다. 그런데 그 TV콜라주는 모니터 화면을 가지고 있어서 마치 조각이 설치된 장소성을 떠나서 다른 세계의 이미지 혹은 다른 위성의 존재 혹은 저세상의 영혼과 같은 것들이 계속 말을 걸어오고 신호를 보내는 것 같다. 이것은 회화와 조각을 결합한 형태이다. 이는 다른 종류의 콜라주 회화나 키네틱(kinetic) 조각과는 비교도 할 수 없는 생명력을 발산하고 있는 것이다.

비디오아트는 분명 기계와 전자의 차이를 극명하게 보여 주는 것이었다. 이것은 기계와 생명의 차이를 은유하고 있기도 하다. 이것은 인간 상상계에 새로운 날개를 달아 주는 것이고, 과거와 미래를 자유자재로 이동하게 할 뿐만 아니라 심지어 시간과 공간을 초월하게 하는 마력을 가지고 있다. 이것을 현대적 주술(magic)이라고 하지 않으면 무엇으로 말할 수 있을까. 이것은 회화, 조각, 퍼포먼스 등 모든 기존의 미술을 한꺼번에 담을 수 있는 그릇으로서 자리매김하기에 충분하였다. 이를 '위성(衛星)미술'이라고 하면 어떨까. 비디오는 한마디로 새로운 가능성이었다. 이러한 위성미술도 그 출발은 조그만 아이디어에서 비롯된다.

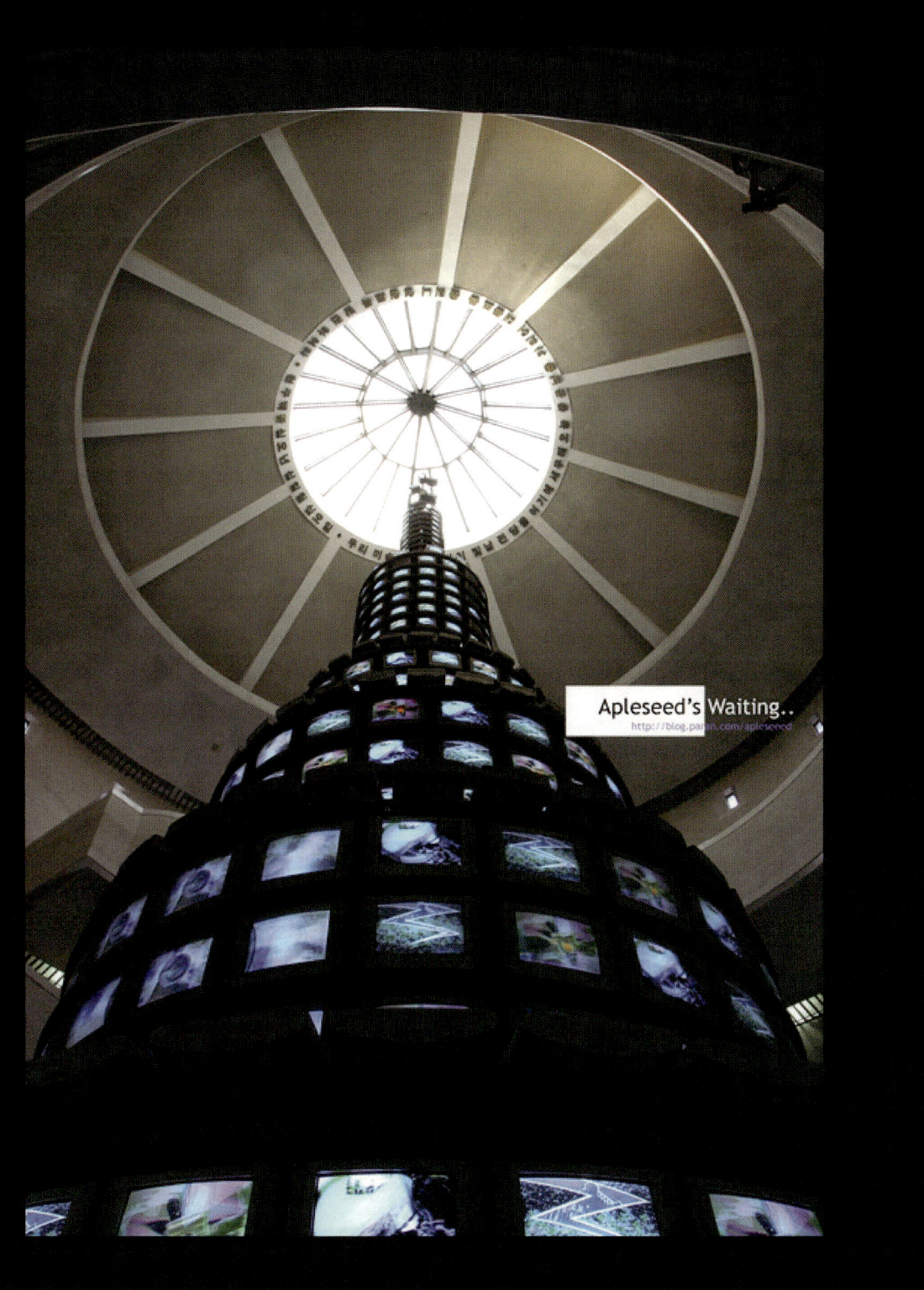

백남준의 다다익선(多多益善)은 '88서울올림픽' 때 개천절(10월 3일)을 맞아 1003개의 텔레비전을 콜라주한 작품이다. 이것은 일종의 TV조각(설치)이다.

TV 데콜라지: TV 콜라지

　백남준의 콜라주 기법은 언제 형성되었을까. 백남준은 미술작업에서 콜라주 기법을 쓰기 전에 이미 음악에서 실시했다. 그는 일상의 소음을 즐겨 콜라지를 했다. 그가 프라이부르크에서 작곡한 것 중에는 물소리, 애기의 웅얼거림, 차이코프스키 곡의 한 소절 등을 콜라지한 것이었다. 전자음악, 구체음악(concrete music)은 콜라주가 자연스럽고 당연한 작업의 일부였다. 1958년 그가 작곡한 곡은 역시 콜라주 요소를 가미한 '폴리 - 헤테로 - 포니'(poly - hetero - phony)였다.[66] 구체음악이란 바로 자연의 소리를 콜라지한 것이다. 요컨대 그는 어떤 종류의 소리라도 음악 만들기의 재료가 된다고 생각했다. 그런데 이것이 TV에서 보다 적극적으로 이용된 것은 아마도 볼프 포스텔의 영향도 있었을 것으로 보인다. 예술가가 자주 접촉하는 동료 예술가에게 영감과 기법의 자극을 받는다는 것은 당연한 발전의 과정이다.

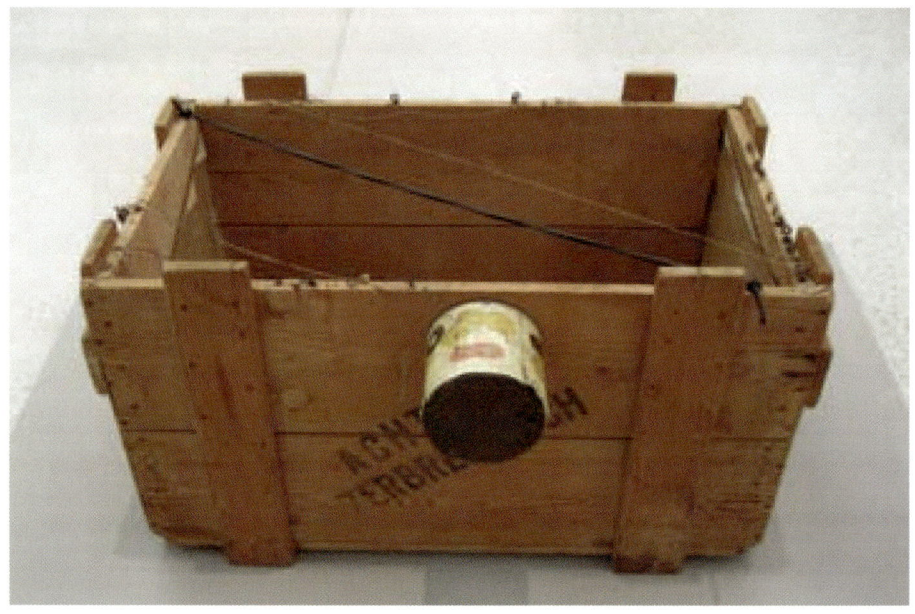

백남준 〈원초음악〉 1961

---

66) Jonathan Price, Video Visions: A Medium Discovers itself(New York: American Libraru, 1972), p.126. 강태희, 〈전위의 첨단, 백남준 예술 - 초기 작품에서 비디오까지〉 p.38, 재인용, 미술세계 11월호 (통권 49호), 1988.

볼프 포스텔의 데콜라주(de－collage) 기법과 관련되는 부분이다. 비디오아트의 시원에서도 흔히 백남준과 함께 거론하게 되는 포스텔은 1954년에 이미 데콜라주 개념을 성립한다. 1954년 '데콜라지', 1959년 'TV 데콜라지', 'TV 데콜라지 총보', 1963년(5월 19일) 얌 페스티벌 'TV 장례식'(이 작품은 TV영상을 조작하는 것이 아니라 TV를 켠 채 매장한 TV장례식이었다), 그리고 1963년(5월 21일) 스몰린 갤러리의 'TV 데콜라지' 등 데콜라지 개념의 시리즈를 계속 발표한다. 포스텔은 더욱이 백남준이 1963년 '음악의 전시－전자텔레비전' 전시회 때 배포한 전시 취지문에서 그에게 영향을 준 인물로 오토 괴츠, 크누드 비겐과 함께 거론된 인물이다.[67]

백남준은 포스텔이 발행한 ≪데콜라주≫(2호, 쾰른, 1962)에 그의 다섯 편의 교향곡 가운데 1번 '젊은 페니스를 위하여'를 발표하였다. 데콜라주에 발표된 초기의 글들을 보면 "바가텔레스 아메리카인스"(1호, 쾰른, 1962), "음악의 전시"(3호, 쾰른, 1962), "플럭서스 지도"(?호, 쾰른, 1963)이다. 백남준은 또 데콜라주에의 참여와 함께 플럭서스 그룹에 들어가면서 결정적으로 풍부한 예술적 영감을 얻게 된다. 포스텔은 적어도 1964년까지 가장 지속적인 협력자였다. 이 과정에서 예술가의 특성상 본능적으로 다른 것을 찾는다. 그러한 점에서 데콜라주와 콜라주는 참으로 반면교사이다.

그러나 포스텔의 적극적인 텔레비전에 대한 접근은 1963년 5월 19일 행위예술가 앨런 카프로우가 기획하였던 한 축제에서의 해프닝이다. 포스텔은 조각가 조지 시걸의 농장에서 열린 얌 페스티벌에서 철망으로 감겨 엉

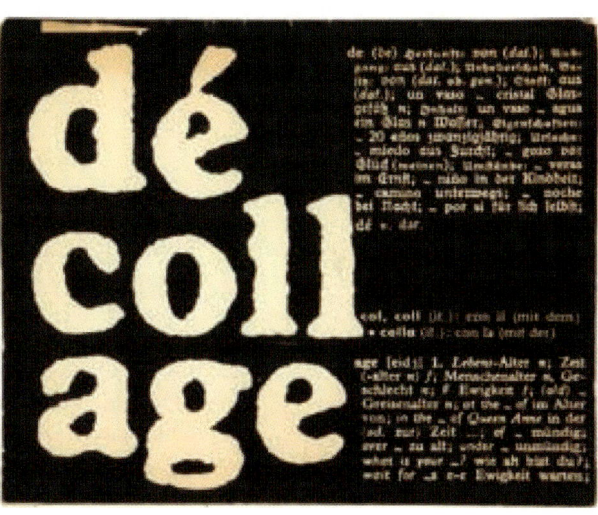

<데 콜라주 3호> 1962년

67) 이용우 ≪비디오 예술론≫, 127－135쪽, 2000년, 문예마당.

망이 된 텔레비전을 관에 담아 텔레비전 장례식을 치렀다.[68] 그로부터 사흘 후인 5월 22일 뉴욕 스몰린 갤러리에서 가진 'TV 데콜라지' 전시는 6대의 텔레비전을 이용하여 영상을 교란시키거나 텔레비전의 위치를 변형시키는 행위가 수반되었다.[69]

포스텔은 1963년 5월 이전에 TV를 예술적 소재로 사용한 근거가 없다. 그 전에는 TV를 행위미술의 대상으로 대했다. TV 데콜라주를 언급한 것은 데콜라지 4호에서다(1964년 1월). 이런 전후과정을 보면 백남준과 포스텔은 참으로 묘한 관계에 있다. 백남준은 포스텔에게서 데콜라지의 반대개념으로 콜라지를 생각하는 반사이익을 얻었는지도 모른다. 포스텔은 반대로 백남준의 영향으로 'TV 데콜라지'를 생각하였는지도 모른다. 서로 영향을 주고받았다고 하는 편이 공정할 것 같다. 백남준은 포스텔을 '플럭서스 지도'(1963년)에서 '성(聖) 포스텔 대로'라고 명명할 정도로 크게 취급하고 있다. 이는 그의 독일 대부(代父)라고 할 수 있는 '성(聖) 장피에르 빌헬름 산'과 플럭서스의 창시자 '성(聖) 마키우나스 대로'와 같은 대접이다. 그만큼 그의 영향이 컸음을 반증한다.

백남준이 '데콜라지'보다 '콜라지'를 선택한 것은 참으로 다행이다. 백남준은 피아노는 파괴하였지만 텔레비전은 파괴하지 않았다. 백남준이 피아노는 파괴하면서도 텔레비전은 파괴하지 않은 것은 무엇을 말하는가. 쉽게 말하면 그가 텔레비전을 통해서는 데콜라지에서 콜라지로 돌아설 것을 예상케 한다. 그의 파괴는 새로운 창조를 위한 파괴였으며 텔레비전은 이미 그에게는 무의식적으로 창조적 매체였던 것이다. 이것은 놀랍게도 그가 음악에서 미술로의 다리 건너기라는 변신과 관련이 있는 것 같다. 백남준에게 음악은 시적 영감, 뮤즈, 기운생동의 운동체였으며 미술은 새로 정착할 땅 위에 세울 구조물이었던 셈이다.

데콜라지보다는 콜라지가 전통적인 미술세계와의 교감이나 확산에서 유리하였던 것이다. 데콜라주는 일상에서 발견되는 사물을 부정하는 일종의 행위로서 뜯어내거나 찢거나 부수거나 불태우는 행위를 통해서 우연하게 새로운 효과와 예술적인 성과를 달성하는 일종의 행위적 미술이다. 백남준도 데콜라지 개념에

---

68) 이용우, 같은 책, 136쪽.

69) Wolf Vostell, *Wolf Vostell: Das Plastische Werke*, 1953~1987, Multipia, Milano, 1988, pp.66-67.

참여하여 퍼포먼스를 맹렬하게 하였다. 오죽하면 '동양에서 온 테러리스트'라고 하였겠는가. 그러나 부수고 부정하는 것은 기존의 틀을 부순다는 의미가 초기에는 있지만 계속해서 그렇게 부정만 한다면 결코 오래 지속될 수 없다.

인간의 문화는 부수면 다시 틀을 만드는 것이 운동의 방식이다. 이것이 문화예술의 생멸의 리듬이다. 백남준은 콜라주로 돌아섬으로써 비디오아트라는 장르를 새롭게 만들어 냈던 것이다. 비디오아트는 데콜라지 개념이 아니다. 데콜라지를 극복한 새로운 콜라지 개념의 산물이다. 그것은 TV증식 혹은 TV유기체(Organism)라는 새로운 전자환경을 만들어 냈다. 비디오아트는 콜라지와 복제의 면에서 다른 어떤 장르보다 탁월한 것 같다. 처음부터 콜라지와 복제의 미술로 비디오아트는 탄생하였다고 해도 과언이 아니다. 예술을 좋아하든 싫어하든 현대인이면 누구나 생활필수품으로 가지고 있는 것이 텔레비전이고, 비디오아트는 기본적으로 텔레비전 모니터의 예술이다.

보이지 않는 세계와의 영적교감(telepathy)
반사와 가면: 인간은 영혼을 물질에 주고 신을 창조했다.
물질에도 영혼이 있다: TV 애니미즘(animism)
TV 토테미즘(totemism), TV 샤머니즘(shamanism)

데콜라주, 콜라주의 개념으로 백남준의 작품을 해석하는 것은 다원다층의 음양학 가운데 하나일 따름이다. 백남준의 작품은 하나의 코드로 풀이하기에는 이중나선구조(double helix)이다. 백남준의 공간은 위성적 공간이다. 소우주는 대우주와 같다는 동양적 전통을 반영하고 있다. 그뿐인가. 백남준의 작품에는 애니미즘에서 토테미즘, 샤머니즘 그리고 불교와 기독교 등 고등종교의 메시지와 이미지를 담뿍 담고 있다. 이들은 또한 현란하게 서로 피드백하면서 서로를 반사하고 있어서 시간을 압축해 놓은 것 같다. 그 압축은 때로는 전도(顚倒)도 포함하고 있어서 자연의 야성과 혼동, 원시적 생명성을 느끼게 하기에 충분하다. 그것은 은유이면서 감염이다. 이것은 주술의 동종주술(同種呪術)과 감염주술(感染呪術)을 동시에 포함하고 있다. 때로는 전율을 느끼게 한다. 다시 말하면 종합적으로 원시반본(原始返本)인데 그것이 거꾸로 돌아가는 것이 아니라 앞으로 나아가면서 실현된다는 점에서 초현실적이다. 그의 작품을 보노라면 어느새 우리는 전자 숲이라는 새로운 정령과 뮤즈를 만나고 있는 자신을 발견한다.

백남준의 작품들은 보이지 않는 세계에 대한 영감으로 가득 차 있다. 특히 '굿모닝 미스터 오웰' 같은, 인공위성을 이용하여 전 세계를 하나의 네트워크(network)로 묶을 수 있는 TV 프로젝트는 그야말로 거대한 환상적 TV쇼로 백남준 예술의 극치라고 할 수 있다. 텔레비전의 화면들은 처음부터 동시 방영되는 복제들이기에 팝아트의 앤디워홀의 실크스크린의 카피보다 훨씬 더 강렬한 효과를 가지는 것이다. 일련의 TV프로젝트는 신디사이저를 삽입하여 훨씬 더 환상의 세계로 다가가는 시적 내용들로 가득 차 있다. 그의 비디오아트는 이제 TV아트에 이어 위성아트가 되어 동시에 지구촌 사람들이 하나가 되는 — 한 민족, 한 가족이 된 듯한 — 느낌을 불러일으킨다.

대형 TV쇼들은 수많은 화면의 역동적 전개로 인하여 예술이 노리는 수법인 거울의 반사효과와 이미지의 가면효과를 극대화시키면서 사람들로 하여금 경탄케 하기에 손색이 없다. 마치 TV화면이 영혼이 있는 유기체처럼 느껴지고 물질에도 영혼이 있음을 의심하지 못하게 하고 있다. 이는 새로운 TV애니미즘((tele – animism)이라고 할 수 있다. 그의 TV조각들은 전자시대의 새로운 TV토테미즘(tele – totemism)이라고 할 수 있으며, 동시에 역사적으로 유명한 인물을 모델로 한 TV조각들은 새로운 TV샤머니즘(tele – shamanism)이라고 해도 과언이 아니다. 그는 새로운 자연, TV자연(tele – nature)이라고 할까, 어떻게 명명할지 모를 정도로 새로운 미술의 세계를 보여 주고 있다.

미완성의 시퀀스로서의 완성: 불확정·불투명의 영혼(spirit), 그리고 진실(truth)·영원(eternity)·완성(consummation)

그의 예술은 아직도 완성되었다고 말하고 있지 않지만 분명히 미술사에서 새로운 신기원을 그은 것임에는 틀림이 없다. 비디오아트는 하나의 잠재적 에너지로서, 큰 가능성으로 우리에게 남아 있는 것이다. 말하자면 미완성의 시퀀스로서의 그의 예술, 도리어 미완성이기에 '과정으로서의 예술'로서 미래적 기대를 듬뿍 받고 있는 것이라고 할 수 있다. 여기엔 플럭서스(fluxus)의 개념이 저류에 숨어 있다. 만물은 흐르고 변하여 무상한 것이다. 그래서 더더욱 순간의 의미가 있고 변하는 것 자체를 즐겨야 하는 우리 인간들인 것이다. 그의 이미지들의 빠른 변주들은 마치 불확정의 혹은 불투명의 영혼들이나 정령들이 마구 쏘다니는 것 같다. 그의 작품을 보고 있노라면 "흐르는 것이 진리(眞理)야." 혹은 "변하는 것이 신(神)이야."라는 소리가 들리는 것 같다. 미완성의 시퀀스로서의 완성은 불확정·불투명의 영혼(spirit)이지만, 그 속에 진실(truth)·영원(eternity)·완성(consummation)이 있다.

수(數)적 영감과 브리콜라주(bricolage)
블리콜레르(bricoleur 손재주꾼)로서의 백남준

백남준은 유난히 어떤 수(數)의 영감에 차 있는 것 같다. 때로는 그의 수적(數的) 결단은 마치 점쟁이 수준이다. 그리고 그는 음악에서든 미술에서든, 전통적인 영역과 테크닉에서, 그리고 연출에서 특출하게 잘한 것이 없는 것 같다. 연주와 작곡, 그림 그리기, 조각 등 어느 곳에서도 뛰어났던 것 같지는 않다. 도리어 한 분야에서 특출하지 않은 것이 여러 가지를 손대게 하는, 마치 옛날 마을사회에서 무엇이든지 조금씩 잘하는 재주가 좋은 손재주꾼, 블리콜레르(bricoleur) 같은 인물이다. 그래서 그는 여러 가지를 브리콜라주 하는 방법을 택했는지도 모른다.

한판의 강신 굿판으로서의 백남준 예술: 전체성(全人性)의 회복

백남준은 아무것도 제대로 할 줄 모른다. 그래서 백남준은 모든 것을 할 수 있다. 본래 앞에서도 언급하였지만 무당은 대장장이고 과학자였다. 앞장에서 보았듯이 '巫'자는 대장장이를 겸했다. '巫' 자는 춤추는 '지무'(知舞)이지만 동시에 '공인'(工人)이었고, 때로는 천문학자였다. 그는 유명한 백-아베 비디오합성기 발명가였으며, 최초로 상업적 네트워크 방송망을 이용한 네트워크 아트, 그리고 지구 도시를 연결하는 위성아트의 선구자였다. 이것은 전기전자와 네트워크에 대한 과학적인 이해가 없이는 실현불가능한 것이다. 그는 소위 사물이라는 오브제에 대해 타자로서가 아니라 주체적인 지위를 부여할 정도로 매체 혹은 미디어에 대한 이해를 앞장서서 하고 있었다. 그는 인간과 비인간, 예컨대 자연, 기술, 타자를 비위계적으로 통합하여 21세기 예술의 선구적 역할을 하였다. 그래서 그는 텔레비전과 컴퓨터의 융합 시대, 인터넷 시대에 발맞추어 인터넷을 통해 세계를 휘젓고 다니는 정주유목민을 생각하기도 했다. 그의 비디오아트야말로 이러한 커뮤니케이션 기술 체계의 커다란 전환에 대한 확실한 이해를 바탕으로 전개했다. 그는 관념과 추상에 머무는 철학자나 물질에 대해 교양인 수준의 이해를 가진 예술가가 아니었다. 그야말로 '예술=기술'인 것을 한 몸에 익힌 전위예술가였다. 그래서 무당은 흔히 광대(廣大)라고 한다. 물론 그는 과학도 좀 할 줄 안다. 그는 주위의 친구들이 "전기와 전자도 구별하지 못한다."고 핀잔을 준다. 전기는 혈관 속의 혈액과 같은 것이고 전자는 신경을 흐르는 신경전도와 같은 것이라고 대중적 설명을 하기도 한다. 적어도 동시대의 플럭서스 친구들보다는 전자에 대해 밝았다. 그의 전자에 대한 지식은 독일 쾰른의 서독방송국(당시 WDR: 세계 최초의 전자음악 스튜디오) 전자음악 스튜디오에서 작업한 덕분인지도 모른다.

현대인은 하나밖에 할 줄 모른다. 그래서 전체(wholism)를 엮을 줄 아는 그에게서 세례를 받아야 하는지도 모른다. 그렇다고 그가 제너럴리스트(generalist)라는 말은 아니다. 그는 분명 비디오아트의 스페셜리스트(specialist)이다. 그런데 그가 재료로 하는 텔레비전 자체가 모든 것을 연결하는 정보기기이고, 그것은 네트워크 시대의 총아이고, 비디오아트 자체는 그것을 최대한 이용하는 새로운 예술이다. 백남준이라는 인물을 위해서 텔레비전이라는 기기가 나왔는지, 텔레비전을 위해서 백남준이 태어났는지 어리둥절할 정도이다.

백남준이 태어난 곳은 한국이다. 한국에서 유년기를 보냈으니 그의 DNA와 문화인자는 한국적이라고 하는 것이 당연하다. 그러나 예술가로서 보다 전문적인 공부를 시작한 곳은 일본이다. 그의 예술가로서의 자질을 시험하고 본격적인 예술적 작업을 시작한 곳은 독일이다. 독일에서 어느 정도 비디오 아트를 성립시켜 놓고 미국으로 건너간다. 결국 세계 문화예술의 첨단을 가는 미국에서 백남준의 예술은 꽃을 피운다. 백남준이 비디오아트 분야에서 대부, 세계 최초, 최고가 된 것은 세계인으로서의 백남준을 스스로 키워 왔기 때문이다. 백남준이 세계적으로 될 동안 한국이 해 준 것은 그의 조국이 있다는 것뿐이었다. 백남준은 완전히 세계인으로, 지구인으로서의 인생관을 갖고 있다.[70] 백남준은 한국의 백남준이 아니라 세계의 백남준이다. 그는 한국계 미국인이다. 만약 그렇지 않았으면 오늘의 백남준은 없을 것이다.

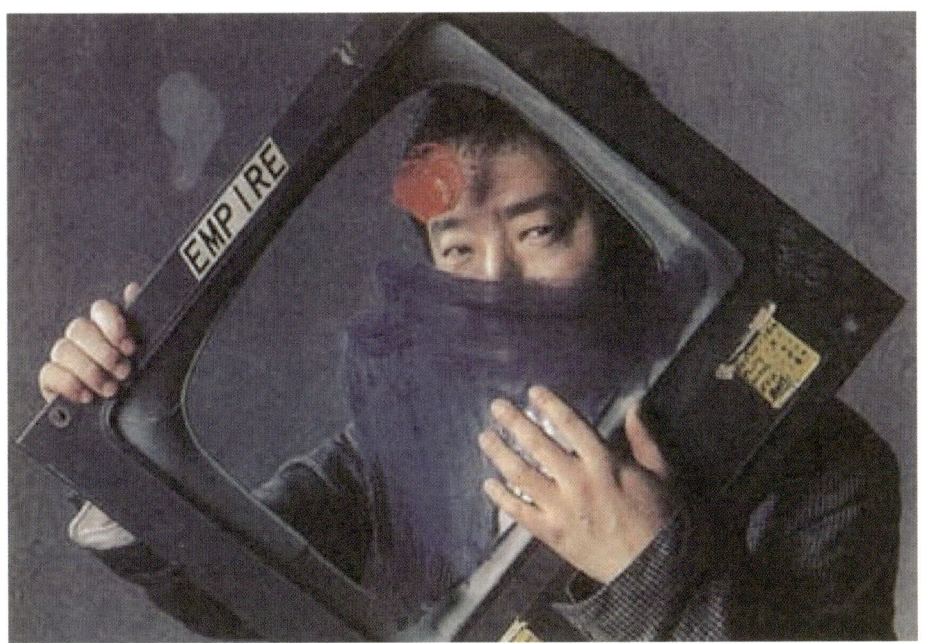

<바이바이 키플링>에서 엠파이어 TV를 들고 있는 백남준, 1985.
아라비아 하렘의 여인처럼 차도르를 착용하고 있다. 이는 억압당한 여인을 역설적으로 상징하면서 텔레비전이 신모계사회를 상징하는 매트릭스(matrix)임을 시사한다.

---

70) 백남준은 이렇게 말했다. "루카치나 카프카도 작품을 헝가리어나 체코어가 아니라 독일어로 썼다. 그것도 강요가 아닌 자유의지로. 나 역시 지금 이 글을 영어로 쓰고 있다(물론 내 의지로). 조이스나 존 레논, 쇼. 와일드 혹은 베케트가 켈트어로 작품을 썼다면 세계 문화계는 꽤나 고생을 하지 않았을까. 위의 천재들은 자신들이 전 세계를 대상으로 글을 쓰고 있다는 것을 알고 있었기 때문에 지엽적인 자신들의 언어보다 독일어나 영어로 쓰려고 더 많은 노력을 기울여야 했을 것이다. 이처럼 그들은 모두 각자의 결점을 지닌 사람들인 것이다."(≪말(馬)에서 크리스토까지 - (백남준의) 그 밖의 글모음≫ 1993년) 이것은 식민지나 약소국 출신의 예술가가 세계예술의 선두를 먹기 위해서는 스스로 제 몸을 내주지 않으면 안 된다는 것을 강조한 셈이다.

제3장 비디오아트(video art)와 플럭서스(fluxus)

1) 비디오아트(video art: 內有神靈)

시각적 혼란과 교란이 비디오아트의 시작

여러 개의 텔레비전 모니터의 등장으로 단성복제, 전자증식

(＋, － 전자기의 흐름에 의한 단성증식이다. 이에 비해 사람은 양성에 의한
양성증식이다.)

그러나 깨달음은 단성독성(單性獨聖)이다. 비디오아트는 그 단성독성을 재현하
고 있다.

(비디오는 음양을 안에, 사람은 음양을 밖에 가지고 있다.)

    백남준의 예술세계를 이해하기 위한 워밍업으로서의 준비는 앞 장에서 거
쳤다. 이제 좀 더 세분화하여 이해할 차례이다. 우선 비디오아트라는 것은
무엇인가. 비디오아트는 우선 텔레비전의 음극관에 의해서 시작된다. 음극관
에 얽힌 사연을 백남준의 독백으로 들어 보자.

    모든 사람들은 — 세상에 있는 백만 명의 엔지니어들이 알고 있어요 —
TV 화면에 자석을 가까이 대면 영상에 변화가 생긴다는 사실을 알고 있죠.
    모든 물리학 책에 그렇게 적혀있어요.
    그런데 아무도 그걸 해 보지 않은 거예요.
    나는 음극관을 작은 자석 고리로 둘러쌌어요. 이 발명품과 함께 4년을 보

냈어요.

파르나스 갤러리에서 전시회를 연 뒤에 나는 컬러TV를 가지고 작업을 하고 싶었어요. 하지만 1963년 독일에는 아직 컬러TV가 없었어요. 게다가 독일은 생활비가 무척 비쌌어요. 독일에서 지낸 7년 동안 나는 한 푼도 벌지 못했죠. 완전한 적자였죠. 내 나이 서른한 살 때였어요. 결국 나는 1964년 도쿄로 돌아와 1년간 가족들과 함께 생활하며 지냈어요. 아버지가 돌아가시면서 남겨준 유산을 나는 모두 컬러TV 연구와 비디오합성기를 만드는 데 썼지요. 일본으로 날아가는 비행기 안에서 나는 팬 아메리카 비행기 안에서 나는 메뉴판에 내가 할 일들을 적었어요.

나는 뉴욕으로 돌아가고 싶었는데, 그때 보여줄 만한 뭔가를 가져가야 했어요. 나는 로봇을 만들고, 컬러TV 작업에 뛰어들었죠.

(≪백남준: 말에서 크리스토까지≫(백남준 총서 1) 214쪽.)

음극관에 자석을 대면 영상에 변화가 생기고 영상이 흐려진다는 것을 처음 이용했다. 이것이 비디오아트의 시작이다. 그런데 영상이 흐려진다는 사실은 매우 중요하다. 텔레비전의 경우 영상을 더욱 확실하고 아름답게 보여 주는 것이 과제인데 반해 비디오아트는 그와는 반대의 영상을 흐리는 ― 이것이야말로 예술가의 창조적 형상작업에 속한다 ― 작업에서 시작된다. 영상을 흐리게 하는 작업은 실지로 아방가르드의 반미술 작업의 의미도 함께 가진다. 나중에 이미지 변주(變奏)·변형(變形)을 위한 여러 가지 기술적-프로그램적 장치를 개발한 뒤에 오늘날과 같이 화려하고 판타지한 영상이 가능하게 된 것이지만 원시적인 단계에서는 '이미지 흐리기'가 비디오아트의 전부였다.

이것이 여러 개의 텔레비전 모니터의 등장으로 전자복제, 일종의 단성증식이 가능해지면서 콜라주적 의미가 부가된다. 비디오아트는 결국 플러스(+), 마이너스(-) 전자기의 흐름에 의한 단성증식이다. 이때의 단성증식은 텔레비전모니터라는 기계장치를 유기체적 장치로 인식하게 할 뿐 아니라 이것의 사람과의 합성(合成) 혹은 로봇와의 합성은 마치 합성이 아니라 합성(合性) 혹은 합생(合生)처럼 느껴진다. 이것은 사람의 양성증식과는 다르지만 그래도 여러 개의 텔레비전에 한꺼번에 나타나는 상을 보고 있으면 묘한 증식이라는 효과를 느끼게 된다. 극과 극은 통한다는—. 이것은 분명히 기계와 전기전자의 만남에 의한 것이지만 신기하게 느껴진다. 인간이 마치 조물주라도 된 기분이다. 영화의 '터미네이터'물과 같은 것 말이다.

　로봇도 사람이 되지 말라는 법이 없는 것 같다. 정말 인간의 발전(진화 혹은 창조)이 어디까지 가는지 알 수 없다. 신(神)만이 신비로운 것이 아니라 모든 것이 같다. 결국 무기물에서 유기물 그리고 신까지 모두 하나가 된다. '로봇↔사람'의 가역도 생각해 볼 문제이다. 현란한, 증식된 다채로운 모양의 이미지를 동시에 보고 있노라면 '일즉일체(一卽一切), 일체즉일(一切卽一)', '공즉시색(空卽是色), 색즉시공(色卽是空)'이라는 깨달음이 저절로 나온다. 그런 점에서 이것은 일종의 단성독성(單性獨聖)에 해당되는 것 같은 착각이 든다. 비디오는 음양을 안에, 사람은 음양을 밖에 가지고 있는 것이 아닌가. 로봇은 단지 스스로 섹스와 증식만 하지 않는 것인가? 그렇다면 섹스의 가치는 그야말로 천정부지로 뛸 것인지, 아니면 대체 섹스가 나올 것인지, 알 수 없다.

천지창조의 비디오아트적 혼돈(混沌) 재현
카오스와 다원다층적 운동 그리고 해체

　비디오아트의 영상교란은 마치 천지창조의 혼돈(混沌)을 재현하는 것 같다. 카오스와 다원다층의 운동과 해체는 질서와 위계적 운동과 집중에 익숙한 사람들에게 혼란을 안겨 준다. 그러나 혼란과 불안의 이면에 이상야릇한 자유와 해방의 기쁨도 안겨 준다. 끝없는 공간의 열림과 닫힘(DSCO), 이것은 마치 반도체(半導體)와 같다. 열리고 닫히는 원인은 많겠지만 결국 그러한 운동을 계속하는 것이 우주 유기체의 생리이다. 만약 시간과 공간이 별도가 아니라면 시간은 공간에 남아 있다. 시간의 나아감은 공간에서는 이동이다. 그러나 그 공간은 결국 공(空)이다. 텔레비전의 이미지들은 아무리 많아도 물결처럼 스스로 쓰러지고 사라지며 바로 그것 때문에 다른 이미지들이 화면을 채울 수 있는 것이다. 생멸(生滅)이 있기 때문에 진여(眞如)가 있다(생멸이기 때문에 진여이다). 진공묘유(眞空妙有)의 세계가 바로 텔레비전 화면이다. 화면은 수많은 이미지들이 지나는 백지와 같다. 비디오아트를 정리하면 다음과 같다.

비디오아트＝멀티미디어(multimedia) 아트(art)
비디오아트＝오브제(모니터)＋교란영상＋소리(처음 소리를 미술화)
비디오아트는 세계수(宇宙木): 보이지 않는 세계에 대한 은유
비디오아트는 비디오와 상상력의 판타지, 행성적 향연

새로운 신(神)의 탄생: 오브제의 '전자(電子)문명적' 탈출구

백남준은 독일에서 존 케이지를 알게 되고 플럭서스 그룹에 들어가서 한동안 그들과 함께 해프닝을 벌이고 아방가르드의 멤버로서의 사명을 다한다. 그러나 그는 그것에 싫증을 내는 한편 비디오아트에 대한 꿈을 남몰래 키우게 된다. 그가 소리를 오브제화하고 해프닝을 벌인 것은 기존의 미술적 질서와 권위에 대한 도전이었다. 그러나 그는 그것에 만족할 수 없었다. 이 같은 사실은 그가 샬롯 무어맨을 만나지 않았으면 퍼포먼스를 포기하였을 것이라는 고백에서 알 수 있다. 무어맨은 그에게 뜻하지 않게 다가온, 신의 선물, 뮤즈의 여신이었으며 아마도 백남준 예술의 근원적인 에너지가 되었을 것으로 짐작된다. 무어맨은 그에게 여신-창녀의 이중적 이미지였으며 남-여 양성의 원형이었다. 독일에 들어가서 무어맨을 만나기 전까지 그의 활동을 연보를 통해 보자.

▪ 1958년＝다름슈타트 국제현대음악하기강습회에 참가한다.[71] 현대음악사의 독보적 인물이며 플럭서스의 스승인 존 케이지 만남. 독일 프라이부르크대학에서 음악수업. 쾰른의 서독방송국(당시

---

71) 이때 백남준이 작곡한 첫 악곡 '현악4중주'를 선보인다.

WDR) 전자음악 스튜디오에서 작업 시작.

- 1959년＝서독 뒤셀도르프에서 첫 퍼포먼스 ＜존 케이지에게 바치는 경
  의(Homage a John Cage): 녹음기와 피아노를 위한 음악＞ 발
  표(갤러리22). 퍼포먼스 과정에서 피아노를 파괴함.

- 1960년＝독일 쾰른에서 퍼포먼스 ＜피아노포르테를 위한 연구(Etude for
  Pianoforte)＞ 발표(마리 바우어마이스터 아틀리에). 퍼포먼스
  과정에서 2대의 피아노를 파괴하고 존 케이지의 넥타이를 잘
  랐으며 샴푸로 머리를 감기는 격렬한 행동을 함.

- 1961년＝'플럭서스(Fluxus)' 운동의 창시자 요셉 보이스, 조지 마키우나
  스 만남. 네오다다 음악 발표. ＜머리를 위한 선(Zen for Head)＞,
  ＜에튀드 플라토닉(Etude Platoniques No.3)＞, 칼 하인츠 슈
  톡하우젠의 ＜괴짜들(Die Orgininale)＞ 공연. 일생 동안 예술
  적 파트너인 샬롯 무어맨을 처음 만나다.

(백남준 연보)

그의 고백에서 퍼포먼스를 포기할 생각이었다는 구절을 보자.

1961년, 나는 퍼포먼스 예술가의 길을 포기할 생각이었다. 강렬했던 시기
(무대 위에서의 갑작스런 영감, 몸과 세계 안의 다양한 이원론의 파기[72])를
지나 자유, 다양성, 시각적 즐거움, 그리고 인식론적 관심 같은 새로운 장르로
관심을 돌리고 있었다. 그러려면 여러 음향기기, 전자 아인자츠[73], 전자TV의
세계가 필요했다. 변화에 대한 내 결심은 확고했다. 독일의 카머슈필레 극장
(Kammerspiele)에서 ＜음악에서의 네오‒다다Neo-dada in der Musik＞ 이벤트
를 무대에 올리고, 비스바덴에서 플럭서스의 작업에 참여했지만, 그것은 내가
원해서 한 것은 아니었다.

(≪백남준: 말에서 크리스토까지≫(백남준 총서 1) 51쪽,)

---

72) Aufhebung: 상반되는 것들을 더 높은 단계에서 파기하는 것.(N, d, T)

73) Einsatz: 개입과 적용.(N, d, T)

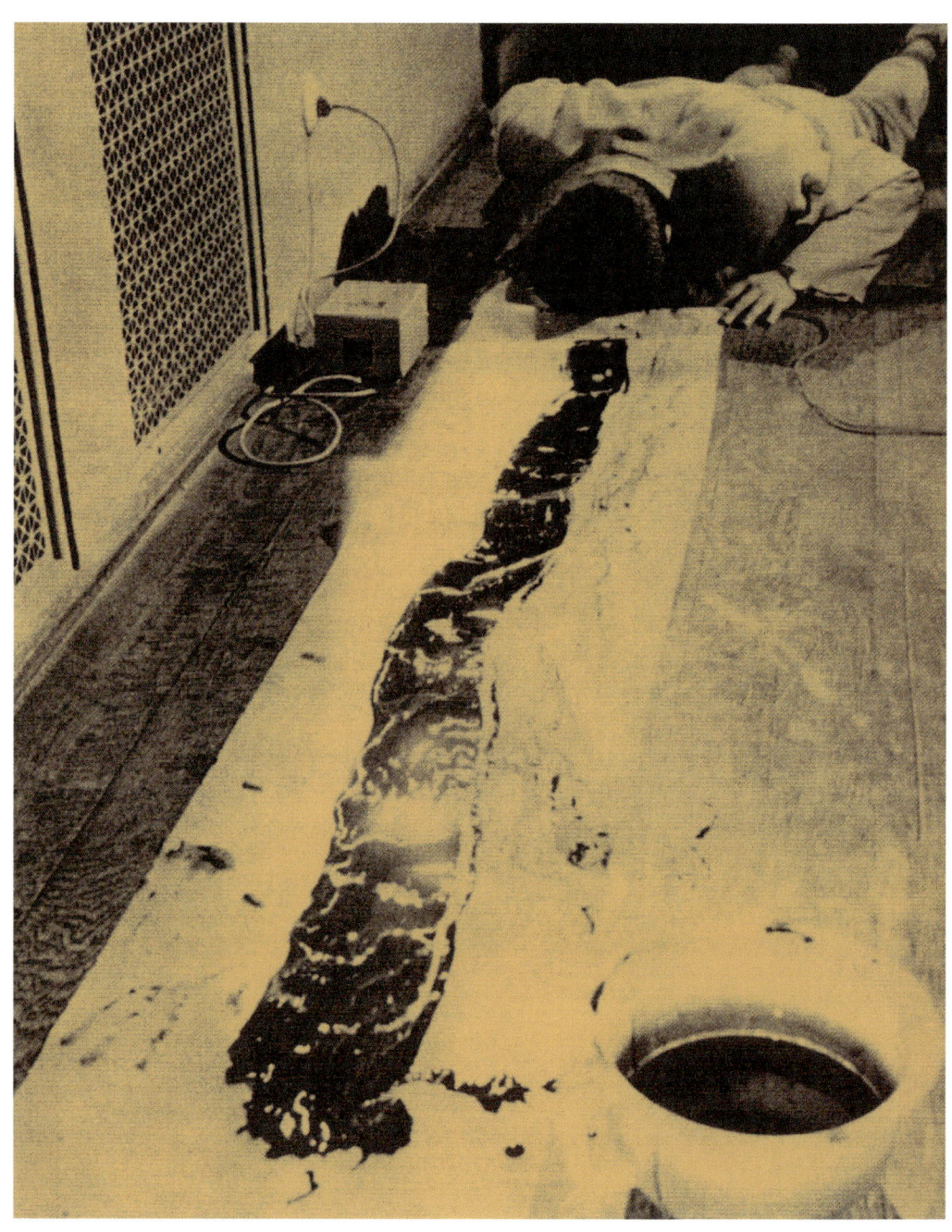

백남준 <머리를 위한 선> 1961년

백남준의 초기 해프닝은 일종의 아방가르드의 실험무대이면서 데뷔무대와 같은 것이었고 정작 그의 관심은 상당히 일찍부터 비디오아트에 있었음을 엿볼 수 있다. 그렇다면 초기 과격한 피아노 부수기와 넥타이 자르기, 샴푸로 머리감기와 같은 퍼포먼스는 일종의 시선 끌기 혹은 한국인 특유의 '기(氣)싸움'에 해당하는 것이었을 가능성이 높다. 말하자면 동양에서 온 이방인이 플럭서스라는 유럽 최고의 아방가르드 집단에서 튀기 위해서는 조그마한 일탈로는 하는 둥 마는 둥 하는 것이었을 것이다. 그렇게 해서는 결코 그는 살아남지 못한다. 그는 예상치 못한 과격한 행동으로 '동양에서 온 테러리스트'라는 별명을 얻는다. 그는 그래서 피아노도 몇 대씩 가지는 한편, 당대 유럽 최고의 기인이며 '호랑이 꼬리만 보여 준다.'는 거물, 뒤셀도르프 미술아카데미 교수, 갤러리에서 최고의 인기를 누리고 있던 시각예술가인 요셉 보이스와 친구 사이가 된다.

그가 한 해프닝 가운데 특히 '머리를 위한 선(Zen for Head)'은 가장 동양적인 제스처로 성공한 것이었다. 도대체 머리를 가지고 글씨를 쓰는 도구로 활용하는 기발한 아이디어는 서양인들에게 기상천외한 것으로 받아들여졌을 것이다. 선(Zen)은 머릿속으로 하는 것인데 먹물을 잔뜩 뒤집어쓴 머리로 글씨를 쓰면서 선을 한다고 하였으니 이것은 역설 중에서도 역설이었던 셈이다. 그러나 이것은 머리카락이라는 오브제가 선과 자리바꿈하는 것이었다. 서예라는 것은 그들에게 생소한 것이었으며, 가장 소중하게 생각하는 머리라는 신체를 이용해서 벌이는 해프닝은 서양인들을 놀라게 하기에 충분했다. 백남준은 물질=정신이라는 유물주의에 충실하였던 아방가르드였다. 이 작품은 상대적으로 조용하면서도 가장 유럽에 충격을 주었을 가능성이 높다.

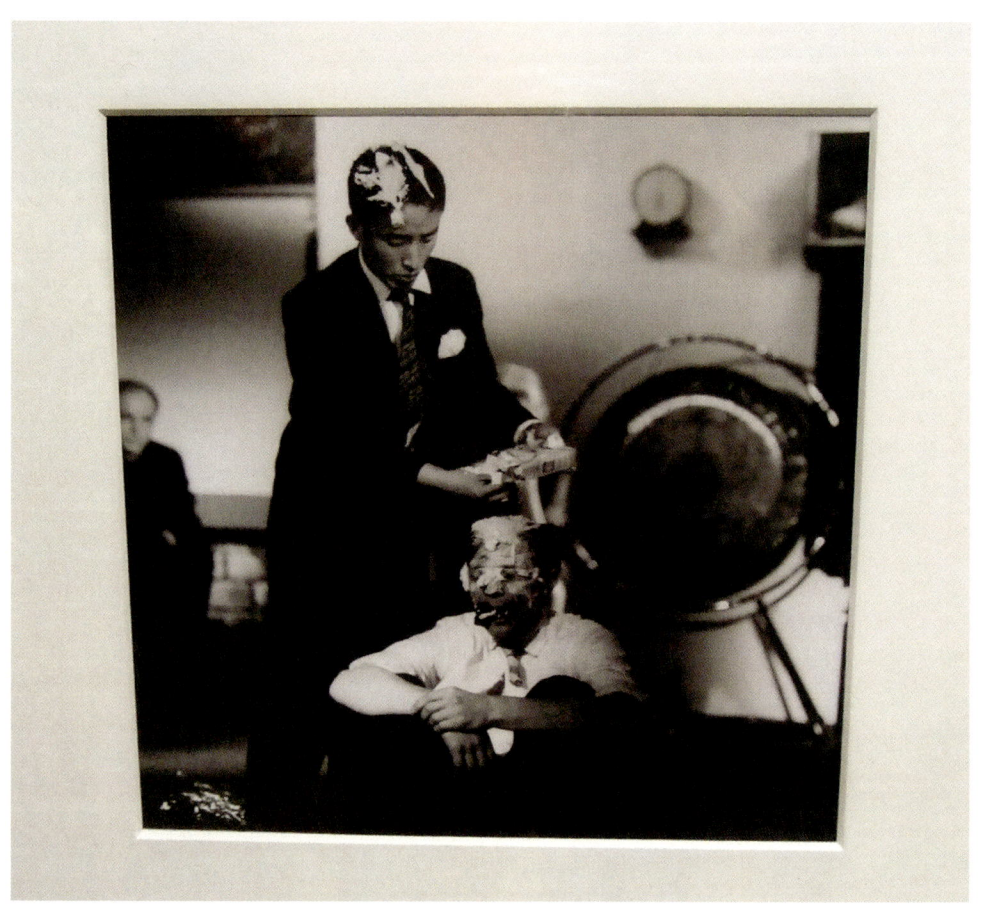

백남준은 마리 바우어마이스터의 작업실에서 <피아노 포르테를 위한 연습곡>을 처음으로 연주하던 도중, WDR의 초청으로 쾰른에 와 구경하고 있던 존 케이지에게 다가가 그의 셔츠를 가위로 자르고 이어 머리를 샴푸로 감기고는 그의 넥타이를 조각냈다. 공연 도중 백남준은 사라졌는데 인근 전화부스에서 전화를 걸어 공연이 끝났음을 알려주었다.

백남준은 1964년 6월 뉴욕에 도착하였다. 그 시기는 매우 중요하였다. 뉴욕 전위예술제 이후 유럽에서 활동하고 있던 많은 미국 플럭서스 멤버들은 소호 지역에서 자리를 잡았는데 그도 그곳의 중심인물로 자리 잡아 갔다. 소호지역은 후에 퍼포먼스, 독립영화(필름), 비디오아트의 거점이 되었다. 백남준은 소품과 여러 재료들을 이곳에서 구했으며 특히 세계 어느 곳도 소호만큼 전자(electronics)가 밀집한 곳은 없었다. 그는 이곳에서 마음대로 실험할 수 있었고, 발표할 수 있었고, 조언을 받을 수 있었다. 물론 작품에 대한 아이디어를 구할 수 있었다. 지하 비디오 단체가 생겨났고, 그 가운데 키친(1971년 설립), 글로벌 빌리지(1969년 창립), 리스 팰리화랑(1970년 개관)은 중요한 무대였다.

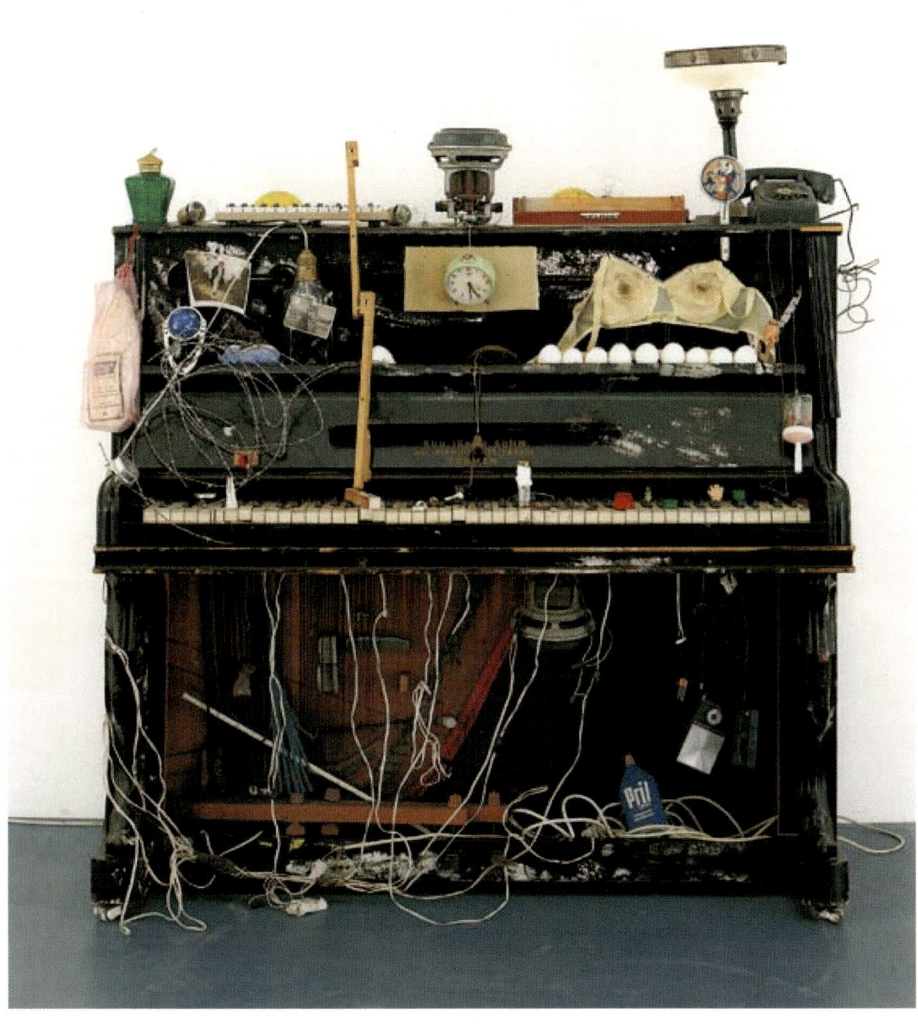

백남준 <총체 피아노>1958/1963년

백남준의 첫 전시회에 사용되었던 '총체 피아노'. 온갖 잡동사니들(시각, 음향, 기타)을 얹고, 매달고, 부착하고, 못으로 박고, 끼워 넣고, 장치했다. 건반에도 온갖 촉각적 요소들, 조그만 사발, 뾰족한 핀, 부드러운 것, 거친 것 등등이 손가락의 터치를 기다리고 있었다.

"피아노는 건반 악기로만 사용되는 것이 아니라 현악기, 피치카토, 타악기로도 사용될 것입니다. 음악가들이 신문을 읽고, '관객들과 얘기하고', 그랜드 피아노를 밀고, 피아노를 뒤집을 것입니다. 피아노가 무대에서 관객들이 있는 바닥으로 떨어질 것입니다. 관객들은 무대를 향해 불꽃을 던지고, 권총을 쏘고, 유리잔을 깰 것입니다. 그리고 스쿠터가 무대 뒤에서 도착합니다. 게다가 여러 장난감들과, 일기예보들, 뉴스, 스포츠 중계, (라디오), 부기우기, 물, 녹음기 소리 등등. 다시 말해 기능에서 자유로워진 소리들이죠. 당연히 ─ 아주 슬픈 <무음악>은 슈비터스의 소리입니다."(백남준, <슈타이네케 박사에게 보낸 편지>(1958년) 중에서).

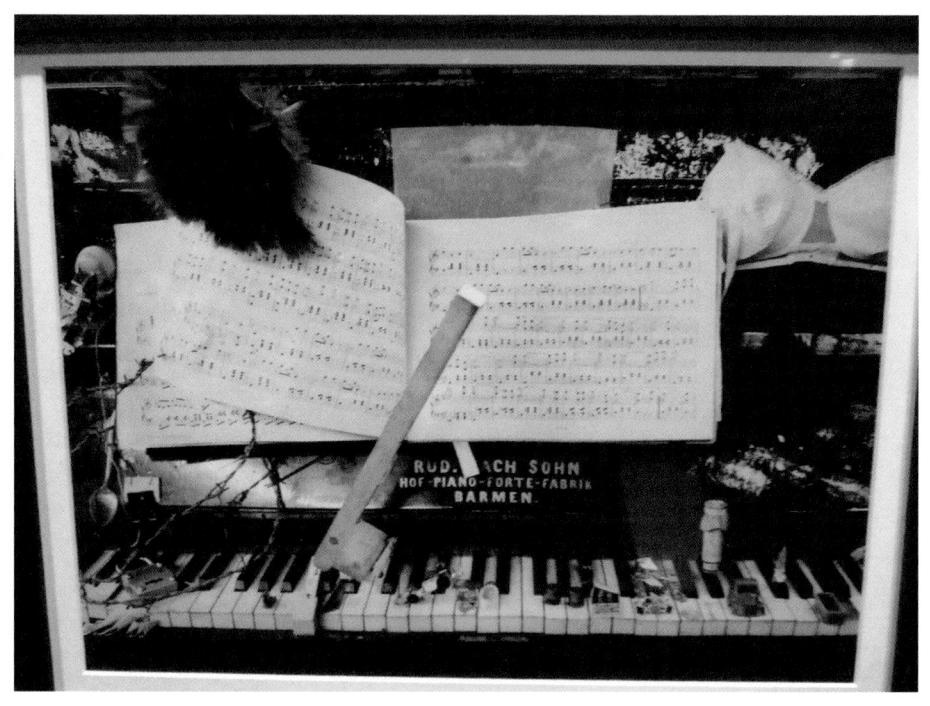

　무엇보다도 미국 도착 직후 그의 일생 동안 예술적 파트너인 샬롯 무어맨을 만나게 되고 함께 공연함으로써 방향을 잡아 간 것은 결정적인 도움을 준다. 백이 샬롯 무어맨을 처음 만난 것은 칼 하인츠 슈톡하우젠의 <괴짜들(Die Orgininale)> 공연에서다(1961년). 무어맨도 백남준을 예술의 반려로 결정한 듯하였다. 그는 무어맨과 더욱더 콤비로 활동한다. 무어맨 없는 백남준을 생각할 수 없을 정도로 둘 사이의 예술적 교감은 특별한 것이었다. 무어맨 때문에 백남준은 일생 동안 퍼포먼스를 계속하게 된다. 저 유명한 퍼포먼스 '오페라 섹스트로니크'(1967년)는 그의 비디오 작품 '굿모닝 미스터 오웰'(1984년) 못지않게 유명한 작품이다.

　무어맨과 함께 벌이는 이 퍼포먼스는 '살아 있는 조각을 위한 TV브라', 'TV첼로와 비디오를 위한 협주곡'과 함께 단골메뉴였으며 상황에 따라 여러 버전이 생겼다. 이 클래식 음악과 누드의 조합은 실은 즉흥적인 것이라기보다는 매우 논리적인 것이었다. 서양에서 히트를 칠 것은 뻔했다. 그런데

도 사람들은 인습에 매여 클래식 음악은 누드와 벽을 쌓고 살아야 되는 것처럼 생각했다. 무어맨과 백남준의 관계에 대해서는 뒷장에서 자세히 다룰 예정이다.

여러 이런저런 경과를 거친 끝에 가장 백남준다운 활동이라고 할 수 있는 전시회가 열린다. 그것이 바로 부퍼탈(Wuppertal) 파르나스(Parnass: 1949~1965) 화랑에서 열린 첫 개인전 '음악의 전시 – 전자텔레비전'이다. 파르나스 화랑의 파르나스는 그리스 신화의 파르나소스 산에서 유래하는 것 같다. 그 산에는 두 개의 봉우리가 있는데, 하나는 아폴론의 봉우리이고, 다른 하나는 디오니소스의 봉우리이다. 결국 파르나스는 아폴론과 디오니소스 둘 다 포함하는 이중적인 산이며, 문명적으로 혹은 의식적으로 일종의 변곡점이 된다. 백남준의 경우, 아방가르드, 반예술에 속하는 예술가니까, 결국 디오니소스를 상징한다. 백남준이 아폴론보다는 디오니소스의 편에 서는 것을 증명하는 것은 어렵지 않다.[74] 부퍼탈 전시회는 여러 문화적 상징들로 가득 차 있다. 이것이 비디오아트의 신기원을 이룬 역사적인 전시회다. 왜 '음악의 전시'일까. 왜 그는 줄곧 귀로 듣는 음악을 '연주'가 아닌, 눈으로 보게 '전시'하려고 하는 것인가. '전자텔레비전'은 또 영상인데 왜 음악인가. 여기에 그의 '소리의 오브제화와 오브제의 소리화'라는 지상명제가 이미 숨어 있다. 시작은 끝과 같은 것이다.

음악의 전시는 필연적으로 퍼포먼스였다. 우선 '음악의 전시'라는 말에는 전통적인 음악에 대한 반동이 숨어 있다.

그의 시작은 그의 끝을 예언한다. '음악의 전시-전자텔레비전'의 제목은 많은 것을 설명한다. 백남준은 이때까지만 해도 비디오아트로 발전할 수 있는 '전자텔레비전'보다는 '음악의 전시'에 더 관심이 있었다. 우선 순위가 '음악의 전시'에 있었다는 말이다. 그래서 그는 우선 음악가라고 자처하였다. 그의 음악의 전시는 필연적으로 퍼포먼스였다. 우선 '음악의 전시'라는 말에는 전

---

74) 필자는 ≪무당시대의 문화무당≫(1990, 지식산업사)에서 한국의 지성인(예: 김용옥과 강신표)을 비교연구하면서 '아폴론적 인물과 디오니소스적 인물', '동키호테적 인물과 햄리트적 인물'로 나누었다.

통적인 음악에 대한 반동이 숨어 있다. 말하자면 소리가 나는 모든 것은 음악이라는 의미가 숨어있다. 세상에 소리가 없는 경우는 없다. 경우에 따라서는 극단적으로 침묵조차도 소리이다. 그 소리는 가수의 목소리나 악기의 소리가 아니라 구체음악일 수도 있고, 불협화음 혹은 잡음일 수도 있다. 이 말에는 인간의 삶의 모든 환경으로부터 오는 모든 소리가 들어가는 한편 따라서 인간의 모든 행위가 음악에 들어간다는 퍼포먼스의 개념이 숨어 있다. 그의 음악작품이라는 것이 결국 퍼포먼스로 연장되는 것은 이 때문이다.

더욱이 그의 작품에는 어떤 괴상망측한 것, 혹은 기상천외한 것도 오브제가 될 수 있다. 그는 소리와 함께 뒤샹의 오브제의 개념을 삶의 전체로 확산시켰다. 그럼으로써 그는 '음악'(music)을 '음악이 아닌 음악'(a-music)으로 가출 혹은 출가시켰다. 이는 매우 선불교의 공안적(公案的)인, 불립문자적(不立文字的)인 발상이다. 뒤샹이 처음 변기를 전시장 속에 들여올 때는 오늘날 통용되는 미술작품으로서의 오브제 개념이 있었던 것이 아니라 단순히 기존의 미술에 대해 반란하는, 다시 말하면 반란을 위한 반란이었다. 그럼에도 불구하고 오브제 개념은 생활 속의 모든 사물이 오브제가 될 수 있는 길을 열어놓았다. 사실 그러한 전위적 행위 때문에 백남준의 영역이 넓어진 것은 사실이다.

총체피아노는 지금까지 서구에서는 들어보지 못한 소리였다. 가야금의 명인 겸 작곡가인 황병기는 다음과 같이 말한다.[75]

"이것은 음악적으로 매우 세련된 연주예요. 무시할 수 없는 소리가 나옵니다. 소리 자체로 볼 때는 막힌 소리, 탁한 소리예요. '프리페어드 피아노'로서 타악에 가까운 음색이에요. 북소리라고 할까. 혹은 거문고 소리라고 할까. 사실 거문고는 타악기에 가까운 거에요. '대모'라고 산돼지가죽(또는 거북 등껍데기)으로 댄 부분을 활로 때립니다. 국악에서는 "거문고를 팬다."라는 표현을 써요. 도끼질하는 것처럼. 그와 같이 타악에 가까운 음색입니다. 그리고 이건 완전히 '난-유러피안', 비서구에요. 그렇게 소리가 나도록 조작한 거야. 재미있는 것은 시각적으로도 볼 수 있게 만들어져 있어요. 뿐만 아

75) 이영철·김남수(편집 및 해설) ≪백남준의 귀환≫, p. 98, 2010년, 백남준아트센터 총체미디어연구소.

니라 서구의 고상한 것들을 다 엎어버렸어요. 느닷없이 자동차 소리가 난다거나. 원시적인 것과 문명적인 것을 비빔질 해놓았다고. A, B, C가 있다고 하면 그런 경계를 다 때려 부순 거에요. 상놈인가 하면 귀족이고, 동양인가 하면 서양이라고. 이런 식이지만 그럼에도 불구하고 세련되어 있어요. 미적 감각이 대단해요. 그 왜 물음표와 물음표를 '빼기' 해서 무한대로 만드는 수식 있잖아요. 그걸 보고 경기중학 다닐 때 백남준 선생이 화장실 낙서 하던 것을 옮겨놓지 않았나, 라고 생각했어요. 변소간 아이디어를 그냥 갖고 나왔다고. 이런 것은 공부보다는 직관이에요. 모여서 얘기하던 것, 아무것도 아닌 것에도 백 선생이 하면 의미가 생긴다고. 그리고 상당한 속도감이 잠재해 있어요. 스피디하고 대중적이면서 천박하지 않다고. 그렇다고 고매하지도 않아요. 안티-쇤베르크라고. 쇤베르크는 고매하잖아요? 존 케이지 때부터 지적됐던 거지만. 언젠가 백 선생님이 나한테 귓속말을 해요. 뉴욕에 가기로 결정한 것이 바로 존 케이지 때문이라고. 독일이 아무리 앞선 것 같아도 뉴욕이 아방가르드의 본산이라고."(황병기, 백남준아트센터에 설치된 '총체 피아노' 연주(Mumok, 2009년, 3월 전시에 대하여, 2009년)

　백남준은 카오스, 혹은 카오스모스를 추구하고 있었다. 그러한 점에서 그는 디오니소스적이다. 흔히 질서의 입장에서 보면 카오스는 무질서인데 반대로 무질서의 입장에서 보면 카오스는 무질서가 아니라 도리어 질서를 생성하는 근본이다. 말하자면 질서보다 더 앞선 그 무엇이다. 만약 질서라는 것이 존재라면 카오스는 생성이다. 그러한 점에서 카오스를 추구하는 자만이 생성의 창조자가 될 수 있다. 마찬가지로 유(有)의 무(無)는 무가 아니라 유를 생성하는 근본이다. 존재의 무는 무가 아니라 존재를 생성하는 근본이다.

　'전자 텔레비전'은 실은 텔레비전 화면을 전제하는 것이고, 그 화면은 사진의 존재가 없으면 실현할 수 없는 것이다. 사진의 등장은 기존의 미술을 근본적으로 바꾸어버렸다. 대상을 재현하는 아트로서의 미술은 설 자리가 없게 되었고, 심지어 인상파들이 주장하는 빛의 반사와 관련한 것도 사진이 더 잘 할 수 있게 되었고, 도리어 미술이 극사실로 사진의 재현을 모방하는 것도 등장하였다. 백남준의 비디오 아트는 사진의 발명과 사진예술이 등장한 이후 가장 빛나는 진보였다고 해도 과언이 아니다. 그 이전에는 미술은 캔버스나 덩어리 조각의 범주를 크게 벗어나지 못했는데(벗어났다고 해도 획기전인 변화는 아니었다) 그에 이르러서 텔레비전 박스라는 레디메이드(ready made) 된 오브제와 그 속에서 움직이는 동화상은 미술 자체를 이제 프로그램으로 변화시켜버리고 말았다.

백남준의 등장은 음악이나 미술뿐만 아니라 예술계 전체에 기존의 영역과 개념과 질서를 한꺼번에 무너뜨리는, 신천지를 전개했다. 이는 인류문명사적으로 보면 '문자의 시대에 미술의 역할'과 텔레비전과 컴퓨터의 등장 이후 전개되는 '이미지의 시대에 미술의 역할'이라는 것이 오프라인과 온라인만큼이나 다르다는 것을 극명하게 보여준다. 백남준의 예술은 실은 온라인의 세계에 미리 적응한, 그리고 물질 자체가 그동안 인간중심주의로 인해 '아무 생각도 느낌도 없는 것이 아니라는 것'을 자각하기 시작한 '몸의 시대', '물신(物神) 시대'를 예감한 한 천재의 어릿광대적 삶의 산물이었다는 것을 말해준다. 이것은 그동안의 인류문명사를 무화(無化)시키고도 남음이 있다. 그런 점에서 그는 '선사(禪師)와 같은 예술가'이다.

의미가 무한대, 무량(無量)하다는 것은 '의미가 많다'는 뜻도 되지만 글자 그대로 '의미가 없다'는 것과도 통한다. 의미가 있다는 것은 실은 그 의미가 어떤 부분을 표상하기 때문이다. 전체를 표상하는 의미는 무의미한데도 인간은 초월적 기표, 절대기표에 대해 꿈을 갖지만 실은 그것은 단지 말장난에 지나지 않는다. 어쩌면 인간은 그러한 '말장난이라는 놀이'(그러한 점에서 그의 말대로 '예술은 사기이다')를 하기 위한 존재로 태어났는지도 모른다.

서양미술사를 보면 오브제의 등장 이후 그 개념은 확대재생산의 길을 걷는다. 오브제에 이어 콜라주가 등장하고, 회화와 조각, 조각과 설치의 경계가 무너진다. 이 같은 움직임은 건축의 일부로서 시작한 회화와 조각이 건축으로부터 독립하더니 다시 건축의 품으로 돌아오는 경향마저 보였다. 백남준의 TV조각은 오브제-콜라주의 개념에서 설치의 개념을 넘나들었다. 특히 미술에서 퍼포먼스의 도입은 경계의 벽을 여지없이 흔들어놓기에 충분하였으며, 미술에서의 고유영역의 해체와 더불어 미술 밖, 즉 예술전반에도 해체의 바람은 예술의 개념과 영역을 뒤죽박죽으로 만들었다. 이러한 혼란과 와중을 한마디로 요약한다면 '문자시대에서 이미지의 시대로 전이(轉移)'라고 말할 수 있다. 이러한 와중을 선도한 것이 바로 백남준이라는 인물이다. 그래서 백남준은 현대미술의 다빈치나 미켈란젤로라고 칭해도 손색이 없다.

▴ 1963년＝독일 부퍼탈의 파르나스 화랑에서 첫 개인전 ＜음악의 전시－ 전자텔레비전＞을 발표(뮤직일렉트로닌TV전). '비디오예술'(Video －art)의 신기원을 열다. 만프레드 몬트베와 같이 ＜모든 감각 을 위한 공연(Piano for all sense)＞을 함.

전자세포(tele－cell), 전자바디(tele－body)들의 환희
허구의 예술에서 현실과 허구의 도착: 오브제의 시(詩)

백남준의 첫 비디오 작품은 1965년 10월 4일, 소니 휴대용 비디오테이프 녹화기로 멈춘 택시 안에서 폴 교황(Pope Paul)의 미국방문을 녹화하여 그날 밤 카페 고우고우에서 사람들에게 보여 준 것이다. 그때 그는 저 유명한 "콜라주 기법이 유화를 대치하였듯이 브라운관(cathode ray tube)이 캔버스를 대치할 것이다."라는 선언을 했다.[76] 그는 회화에 시간이라는 요소를 집어넣 어서, 다시 말하면 움직이는 회화를 제안하였다. 브라운관의 이 움직이는 회 화는 퍼포먼스를 넘어서서 보다 다양한 이미지 조작을 가능하게 하는 비용 이 적게 드는 최선의 회화가 될 수 있는 길이었다. 그것에다 소리마저도 삽 입할 수 있으니 음악과 미술의 융합치고는 금상첨화였다.

백남준은 처음에 비디오를 조각보다는 회화 쪽으로 접근했다. 그래서 자 석을 이용해서 이미지를 왜곡시키는 것, TV 영상이 음파에 의해 조절되는 것에 주력하였다. 하워드 와이즈(Howard Wise)가 기획한 키네틱 라이트전인 '궤도의 빛(Light in Orbit)'(1967년, 2～3월), '빛의 축제(Festival of Light)'

---

76) Tomkins, "Profiles" 62: David Ross, "Nam June Paik's Videotapes" in Nam June Paik, ed, John Hanhardt(New York: Whitney Museum of Art, 1982), p.102.

(1967년 말)에 참가할 때만 해도 비디오아트는 키네틱 조각이나 라이트 조각으로 받아들여지는 것에 대해 그는 동의할 수 없었다. 그래서 백남준은 "전자적 움직임과 기계적 움직임의 차이는 하나는 중력이 있는 것이고 전자는 중력이 없는 것이다. 그것이 내가 내 예술을 키네틱 미술과 관련을 시키지 않는 이유이다."라고 말했다. 그러나 다른 사람들이 그의 작품을 조각으로 생각하는 것은 뜻하지 않게 훗날 설치작품을 유도한 듯하다. 실지로 오늘날 미술관에서 가장 눈에 띄는 것은 일련의 거대한 설치작품들이다. 비디오회화 작품은 실지로 프로그램으로 텔레비전 모니터가 없으면 볼 수 없지만 설치작품은 그것이 없이도 훌륭한 시각예술의 전통을 잇고 있다. 물론 그의 설치작품은 텔레비전 화면으로 인해 회화와 조각을 겸하고 있지만 순전히 조각으로도 각광을 받고 있다.

백남준의 첫 설치작품은 'TV십자가(TV Cross)'(1966~1968년)이다. 십자가 모양의 강철 틀에 TV세트를 올려놓은 것이다. 이것은 십자가를 형상화한 것이 아니라 TV가 신처럼 모셔지는 것을 풍자한 것이다. 이 작품은 11대의 TV로 구성됐다. 그는 1970년대에 들어서면서 TV조각을 제작하는 데에 열을 올렸다. 비디오와 조각을 결합한 이들 작품들은 관객들로부터 의외의 성공을 거둔다. 어쩌면 그의 조형예술가로서의 성공은 TV시리즈에 의해 달성되는 듯하다. 텔레비전 모니터는 그 어떤 조각보다도 물질적인 것이었다. 비디오회화의 비물질성과 TV조각의 물질성이 묘하게 조화를 이룬 셈이다.

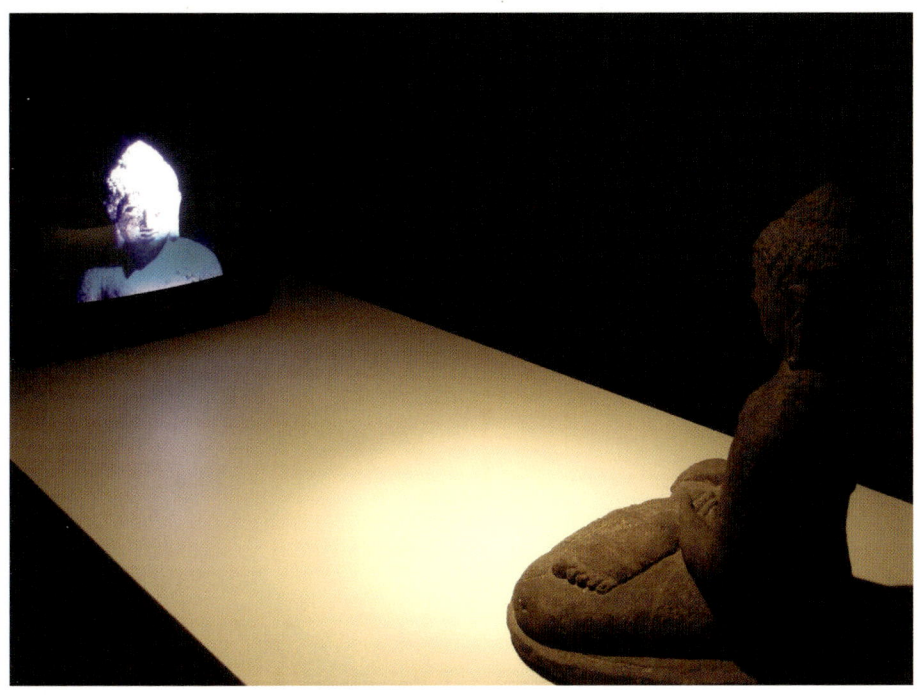

백남준의 TV시리즈 중에서 가장 인기를 끈 것이 바로 'TV부처'이다. 이 작품은 10여 년간 전시회 때마다 변주되었다. 작품의 단순성이 도리어 동양적 특징으로 받아들여졌다.

　　TV부처(1968년, 갤러리 보니노)는 계속 버전을 달리하면서 제작되어 10여 년간 지속될 정도로 인기를 모았다. 작품의 단순성이 도리어 서구에 호소력이 있었다.[77] 그의 조각의 대표작이다. TV부처는 부처를 형상화한 것이 아니라 명상을 풍자한 것이다. 백남준은 예술가로서는 조형작업을 하지 않을 수 없어서 형상을 만들지만 종교적인 입장은 선사(禪師)와 같았기 때문에 우상으로 제작한 것은 아니었다. 백남준의 TV시리즈는 1976년을 전후로 피크에 오른다. TV로댕(1976년)은 TV부처의 번안이었지만 로댕의 조각 '생각하는 사람'이 유럽의 유명 작품이라는 점에서 일종의 패러디 성격이 강하다. TV침대(1972년), TV시계(1972년)도 TV라는 오브제를 생활도구로 함으로써

77) 'TV 부처'(1974)는 암스테르담 스테델릭 박물관이 소장하고 있다. 미술관이나 박물관에서 개인전을 연 것은 1977년 암스테르담의 스테텔릭 박물관이 처음이었다. 1991년에는 쿤스트하우스 취리히와 쿤스트 할레 바젤이 공동 기획하에 백남준의 작품 전체를 보여 주는 전시를 동시에 열었다. 그해 다이믈러사는 백남준을 초청해서 포츠담 광장에 있는 데비스 빌딩에 영구 설치할 비디오 조각 작품을 제작하도록 했다.

오브제 작업의 새로운 가능성 혹은 대중과의 새로운 소통을 시도한다. TV 정원(1982년)은 휘트니미술관 회고전에서 본격화되었는데 모니터에는 미리 제작된 비디오테이프 '글로벌 그루브'(Global Groove)[78] 등 다양한 영상이 내장되었다.

이들 일련의 작품들은 마치 전자세포(tele - cell)/전자바디(tele - body)들의 환희와 같았으며 허구의 예술에서 현실과 허구의 도착(倒錯)에 이르는 오브 제의 시(詩)였다. 이 시는 '낯설게 하기'와 '낯익게 하기'를 번갈아 가면서 벌이는 장관이었다. 일상생활의 여러 도구들로 변모하는 TV를 만끽하면서 오브제와 사람 사이의 거리감도 줄이고 동시에 지구촌의 면면을 담은 다채 로운 영상을 환상적으로 보여 준다.

인간이 착용할 수 있는 TV브라, TV안경, TV십자가, TV페니스 등은 인간 이 착용하고 퍼포먼스를 벌임으로써 인간과 기술이 만나 예술로 승화될 수 있음을 보여 주는 한편 역으로 인간이 기술에 압도되는 것이 아니라 도리어 기술을 자유자재로 이용할 수 있음을 은유하는 것이었다. 이것은 새로운 기 술에 대해 항상 인간이 두려워하거나 거리감을 두는 것을 상쇄시키는 효과 도 있었다. 샬롯 무어맨(1971년, 11월 23일, 갤러리 보니노)이 텔레비전 안 경을 쓰고 TV첼로를 연주한 것은 이러한 것의 상승효과를 내기에 충분했다.

<TV시리즈 연보>

TV참선(1963), 자석TV(1965년, 1월 뉴욕, 뉴스쿨, 미국 첫 전시회), TV부 처(1968년, 갤러리 보니노), '살아 있는 조각을 위한 TV브라'(1969), '참여텔 레비전'(1971), TV첼로(1971), TV침대(1972), TV시계(1972), TV안경(1972), TV십자가(1972), TV페니스(1972), '하늘을 나는 물고기'(1974), TV의자(1975), TV로댕(1976), TV정원(1978, 1982), TV달걀(1982), 개선문(1986), 스위스시 계(1999) TV촛불(2000)

---

78) '글로벌 그루브'는 일종의 글로벌 뮤직 - 페스티벌로서 '지구의 환희'라는 뜻이다. 세계 모든 나라들이 서 로 케이블 TV로 연결될 때 일어날 수 있는 것을 미리 앞당기는 일종의 상상의 비디오 경관이다. 이것도 일종의 콜라주다.

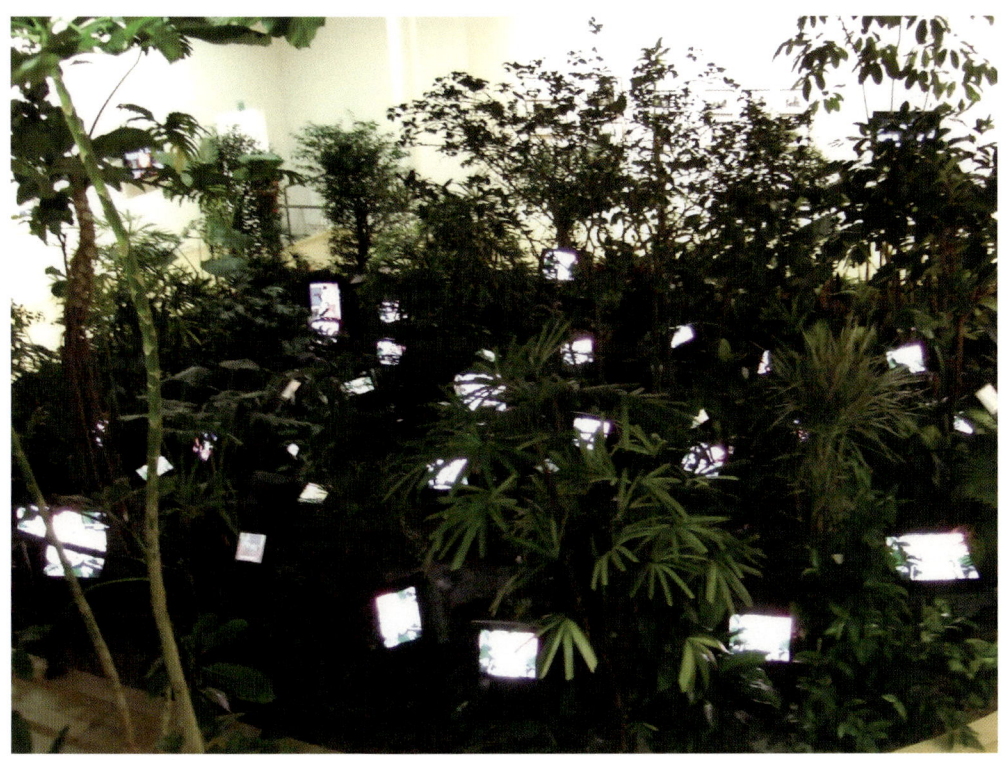

백남준 <TV정원>은 TV시리즈 중에서 말기의 작품이다. 백남준 아트센터에 설치된 것이다.

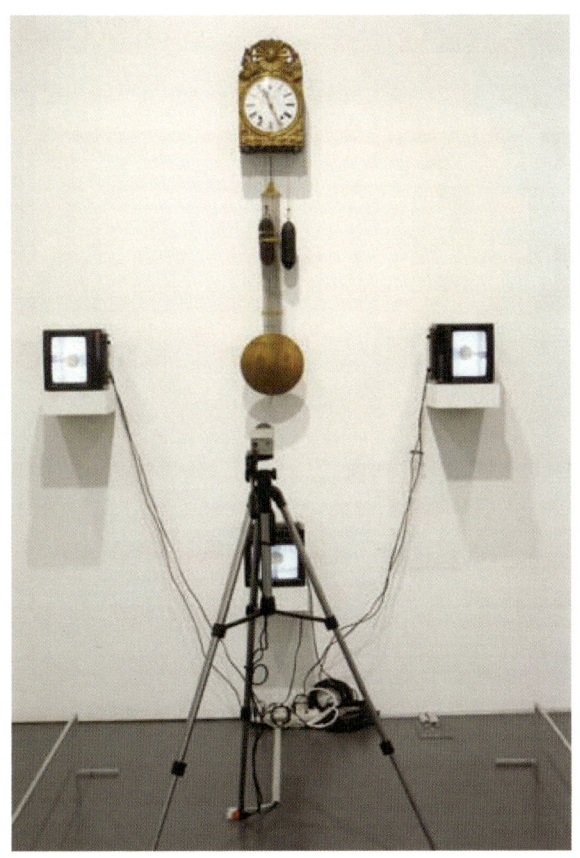

백남준 <스위스 시계> 1988

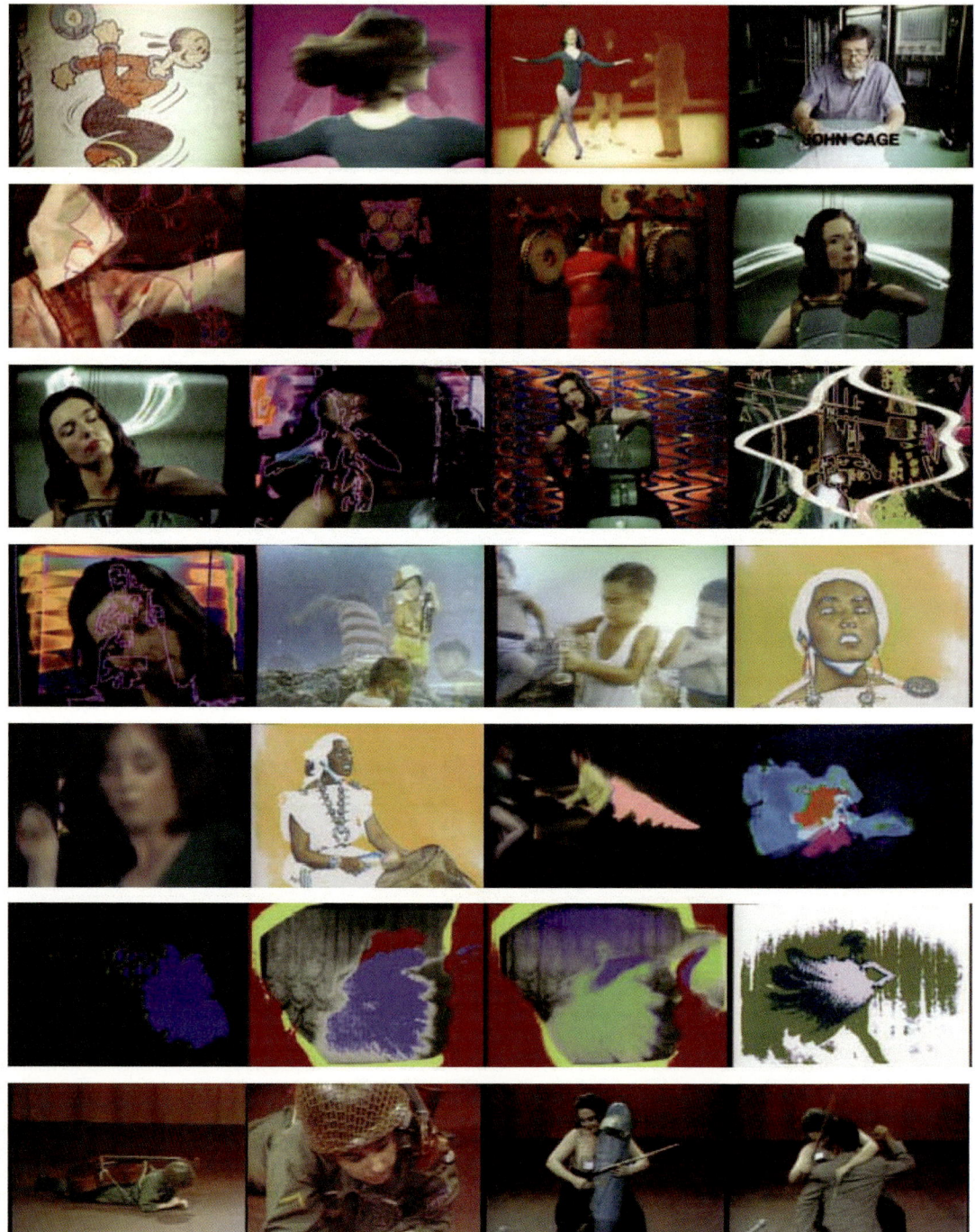

백남준, 《글로벌 그루브》의 스틸 이미지, 1973.

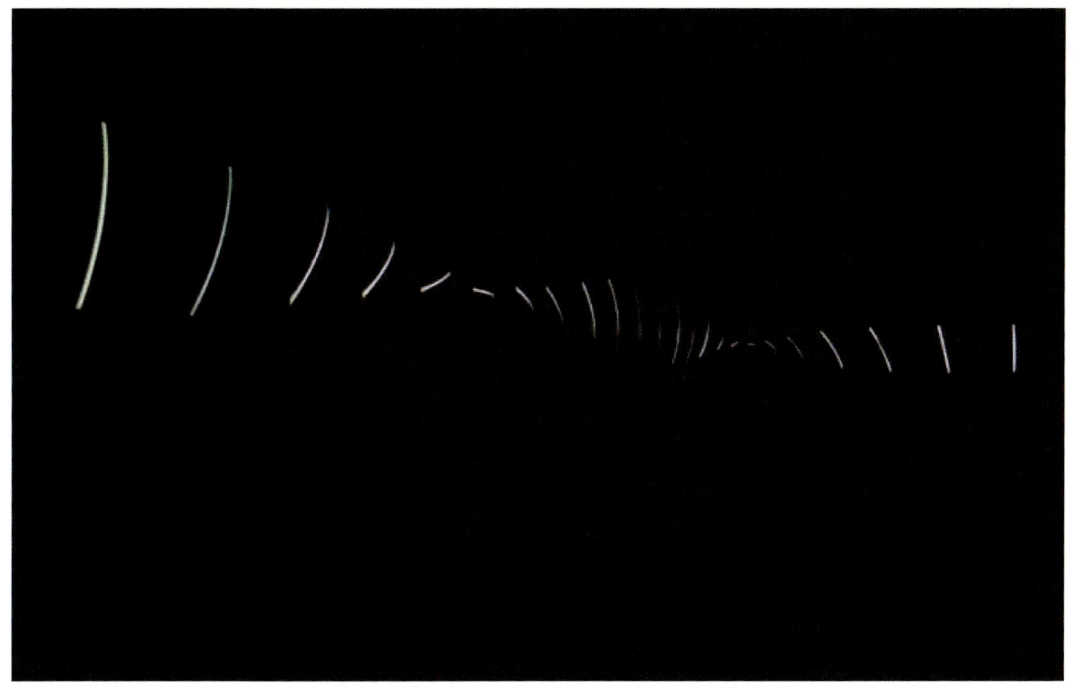

백남준 <TV 시계>, 백남준 아트센터 설치장면, 1965∼2002

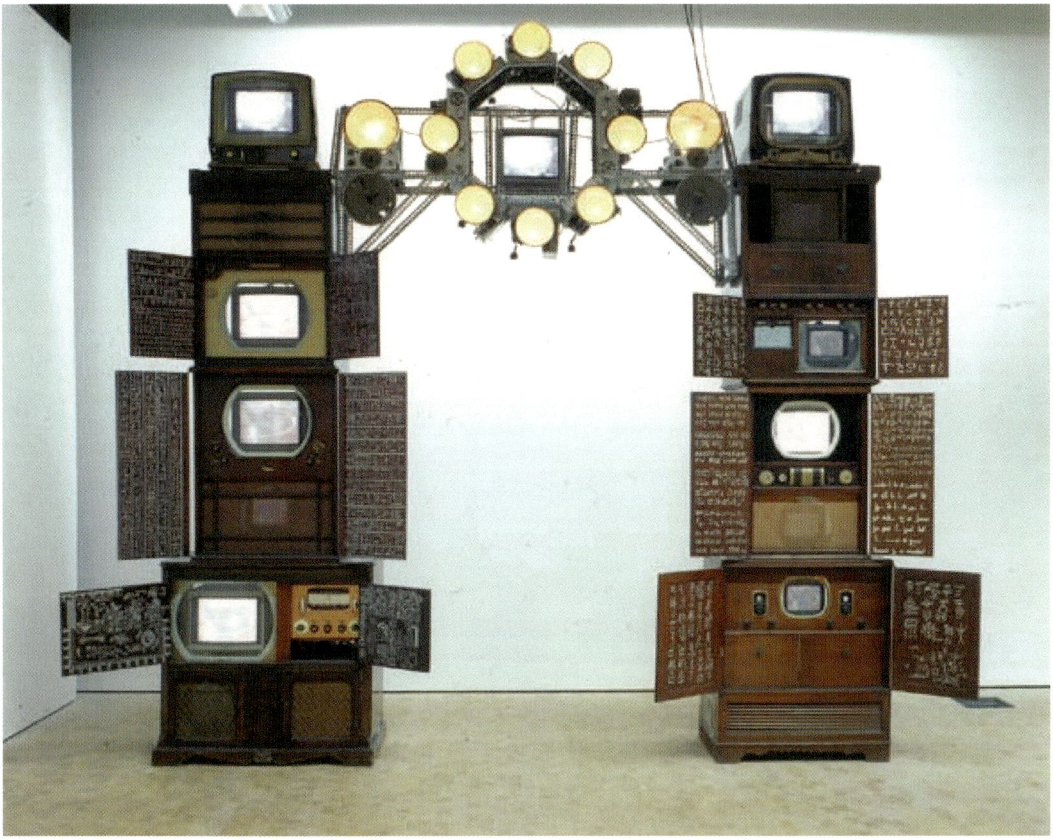

백남준 <개선문> 1986, ZKM(585×466)

비디오 신디사이저의 개발과 환상적인 연출은 비디오아트를 대중음악 이상으로 발전시킬 수 있음을 보여 주었다. 이것은 새로운 팝아트였다. 미술관 벽에 걸린 비디오는 기존의 회화나 조각에 비해 전혀 손색이 없는 예술작품임을 인식시키기에 충분했다. 비디오 신디사이저는 예술가와 일반인의 구분을 애매하게 하는 것이었다. 백남준의 비디오아트는 실지로 그러한 구분을 없애려고 노력하는 중이었는데 그 획기적인 진전이 바로 신디사이저이다.

"비디오합성기의 개발은 1964년 백남준이 일본에 잠시 머물던 기간에 일본인 기술자 아베 슈아와 함께 시작하여 1968년 보스턴의 WGBH방송국에서 프로그램을 제작할 때 완성되었다. 오디오합성기가 1965년부터 개발된 것을 감안한다면 비디오합성기의 개발은 이와 유사한 시기에 백남준에 의해서 시작된 것이다. 비디오합성기는 본질적으로 백남준의 초기 작품인 '참여 텔레비전'과 '자석텔레비전'을 조합한 것이다. 즉 백남준이 자석을 이용하여 이미지를 왜곡시키거나 뒤틀리게 하였던 것을 기계를 이용하여 보다 체계적으로, 다양한 색채와 이미지의 조합을 다량 생산할 수 있는 기술을 개발한 것이었다. 종전의 기술에서 추가된 것은 비디오가 찍은 흑백이미지를 7가지의 무지개 색깔로 채색할 수 있는 기술을 합성기가 해낼 수 있도록 고안되었다. 그리고 영상의 왜곡이나 변형을 통하여 보다 다양한 형식과 패턴을 창출할 수 있는 점이 특징이었다."[79]

백남준의 비디오합성기는 1970년 '비디오공동체'라는 4시간짜리 생방송(WBGH)에서 처음 사용되었다. 이어 신디사이저물인 '전자오페라'(1972년), '글로벌 그루브'(1973년), '호랑이는 살아 있다'(2000년)는 한참 후의 백미이다. 백남준은 이때 흥분했다.

"레오나르도만큼 엄밀하게
피카소만큼 자유분방하게
르누아르만큼 색감 넘치게
몬드리안만큼 심오하게

---

79) 이용우, 《백남준 그 치열한 삶과 예술》 173쪽, 2000년, 열음사.

폴록만큼 폭력적으로
또 야스퍼 존스만큼 시적으로"

그가 얼마나 이 합성기에 기대를 하고 있는지 알 수 있다. 이것은 비디오
아트의 민주화의 기점이다. 다시 말하면 비디오아트의 '일상적 굿화'의 선언
이다. 예술은 특별한 사람의 특별한 것이 아니라는 것이 그의 철학이 아닌가.
전자 회화, 시각 음악은 그의 꿈이 아니었던가. 백남준이 1957~1999년에
서지목록을 정리(위르겐 H. 마이어 구성, 사비네 마리아 슈미트 편집)한 ≪
Nam June Paik: Fluxus Video (독어번역)≫[80])에서 신디사이저 부분을 보자.

이 <비디오 신디사이저>는 티브이 영상 내지 비디오 영상을 만들어 내
는 가능성 면에서 가히 혁명을 가져왔다. 바로 그 시점에 음악 부문에서 이
미 개발된 상태였던 오디오 신디사이저와 기능방식의 구성이 비슷한 이
<비디오 신디사이저>는 전자신호 내지 음향 임펄스(전기자극, 전기충격)를
형태와 색채로 변환시킬 수 있는데, 원칙적으로 무한한 변조가능성을 제공
한다고 할 수 있다. 이때 변조는 비디오 영상을 종합을 통해 낯설게 하는
것일 수도 있고, 또 대상의 모사와는 전혀 무관하게 이미지를 생성하는 것
일 수도 있다.

이미지를 생성하는 이 전자기계에서 백남준의 예술적 야심을 뒷받침해 줄
결정적인 측면은 특히 두 가지이다. 그 하나는 예술가의 주관적 개입과는
대체로 무관하게 임지를 만들어 내는 보장책이 된다는 것이다. 그러니까 이
러한 성질의 기계를 통해 예술가의 몸짓의 자리를 전자적 도구가 차지하게
되는 것이다. 즉 예술가는 이 기계를 이용하기는 하지만, 이미지 생성과 관
련된 기계의 작동방식에는 단지 국한된 영향만을 미칠 수 있다. 합성에 의
한 이미지 생성은 이를테면 '전자회화'라고 할 수 있는데, 이러한 작동방식
을 통해 판넬화가 갖는 정태적 차원을 깨는 것일 뿐 아니라, 그에 못지않게

---

80) Nam June Paik: Fluxus, Video/(공)저: Wulf Herzogenrath, Nam June Paik/출판사: S. Schreiber,
1983/ISBN 3889600042, 9783889600042

'표현', '표출', 예술가의 '필치' 등 고전적 범주의 부조리성을 논증한다. 그런 만큼 백남준은 합성 이미지가 지니는 회화적 스펙트럼에 대해 도취적인 어조로 이렇게 기술하고 있다. "이것 덕분에 우리는 레오나르도만큼 엄밀하게, 피카소만큼 자유분방하게, 르누아르만큼 색감 넘치게, 몬드리안만큼 심오하게, 폴록만큼 폭력적으로, 또 야스퍼 존스만큼 시적으로 스크린 캔버스를 만들어 낼 수 있을 것이다."

두 번째 측면은 합성 이미지를 만들 때 여기에 리듬구조를 부여할 수 있는 이 기계의 기능이다. 음향 임펄스를 형태와 색채로 변환하면서 소리와 리듬은 시각적으로 체험 가능한 것이 된다. 그런 만큼 전자회화, 시각음악이라고 규정할 수 있다. 신디사이저를 <전자 콜라주>의 리듬은 낱낱의 시퀀스들을 몽타주하는 것을 통해 생성되는데, 이 작품에서 리듬을 받쳐 주는 것은 신디사이저를 이용해서 만든 이미지들이다. <Suite 212>, <Guadalcanal Requiem>, <Electronic Opera no.1> 또는 음악사전에도 악곡이라고 명시되어 있는 <Global Groove> 같은 백남준의 비디오테이프 몇 작품이 음악의 영역에서 빌려 온 제목을 달고 있는데, 이 또한 우연이라고 하기 어렵다. 이러한 작품의 제목들은 백남준이 원래 작곡가임을 말해 준다.

≪굿모닝 미스터 오웰≫(1984년 LA - 뉴욕 - 파리 - 쾰른을 잇는 생방송)

우리는 백남준 하면 으레 세계적 아티스트이며 한국이 낳은 세계적 인물이라고 생각한다. 그러나 세계라는 무대는 그렇게 쉽사리 세계적인 작가의 반열에 올리기를 거부한다. 다음의 백남준의 글모음은 '굿모닝 미스터 오웰' 전까지 그가 그렇게 유명하지 않았음을 간접적으로 말해 준다.

백남준. 1932년 서울 출생. 그는 뉴욕에 거주하지만 그야말로 세계시민이다. 그는 비디오 아트의 창시자며, 백-아베 영상합성기를 발명한 사람으로 잘 알려졌으며 2500만 명의 사람들이 <위성 예술>의 방송, 굿 모닝 미스터 오웰(1984년) 바이바이 키플링(1987년)을 시청했다. 하지만 사람들은 음악가로서의 백남준은 잘 알지 못한다. 프랑스에서는 그를 작가로 알고 있는 사람이 거의 없다.

((≪말(馬)에서 크리스토까지-(백남준의)그 밖의 글모음≫ 서론(책을 뒤에서부터 읽는 독자를 위해))[81]

'굿모닝 미스터 오웰'(1984년)은 그야말로 그를 세계적으로 알린 출세작이고 비디오아트의 아버지답게 그를 세계의 필부필부에게까지 알린 종합판이다. 이 작품이 세계에 방영되고 난 뒤에 백남준에게 쏟아진 찬사는 대단했다. 이 작품은 '존재로서의 예술'이 아니라 '소통으로서의 예술'의 금자탑이었다. 존재하기 때문에 소통하는 것이 아니라 소통하기 때문에 존재하는, 소통이 존재를 뛰어넘는 순간이었다. 소통하지 않으면 예술은 없는 것이었다. '굿모닝 미스터 오웰'의 탄생도 순탄한 것이 아니었다. 당시 인공위성 프로젝트의 프로그램 디렉터였던 미국의 케롤브란덴버그의 회상에 따르면 프랑스 채널 3번 텔레비전과 약속을 해 놓은 상태였고, 퐁피두센터와도 프로그램에 대한 결정을 해 놓고 있는 상태에서 빼지도 박지도 못한 그는 이브몽땅을 비롯하여 로리 앤더슨, 데이비드 보위 등 대중스타들과 백남준의 친지들인 보이스, 케이지, 앨런 긴즈버그, 머스 커닝햄, 조지 플림톤, 벤 보티에, 피터 가블엘을 황급히 섭외했던 것이다.

1958년 퍼포먼스 '존 케이지에게 바치는 경의'(Homage a John Cage)는 1973년 비디오아트 '존 케이지에게 바침'(A Tribute to John Cage)으로 발전하면서 백남준 예술의 발전을 상징적으로 표상한다. 존 케이지의 60번째 생일을 기념하기 위해 WGBH-TV가 제작을 의뢰한 것이다. 이것은 기본적으로 다큐멘터리 프로그램의 성격을 가지고 있었다. 그래서 비디오아트의 종합적인 실험의 기회를 주었다. 이즈음 제작을 시작한 '글로벌 그루브'(1973년)와 함께 이 작품은 백남준 예술의 에센스를 집약하여 보여 주고, 그 이면에

---

81) introduction: ≪백남준–Niederschriften eines Kulturnomaden≫(뒤몽, 쾰른, 1992년, pp. 9~14)에 수록된 것을 ≪백남준: 말馬에서 크리스토까지≫(백남준 총서1)를 출판할 때 작가가 수정함. 수정하면서 이 대목은 빠졌다. 초고가 훨씬 더 백남준에 대한 서구의 이해를 솔직하게 표현하고 있다.

있는 새로운 미학과 철학을 은근히 과시하였다. 글로벌 그루브는 그가 '음악의 전시 – 전자 텔레비전'(1963년)이라는 비디오아트의 신기원을 이룬 전시 이후 꼭 10년 만의 일이다.

10년이면 강산도 변한다는 말이 있지만 역시 10년 정도 열심히 작업을 하니까 서광이 비쳤던 것이다. 글로벌 그루브는 그의 중간결산에 가까운 작품이다. 그동안 잘 알려졌던 작품과 의미심장한 작품이 망라됐다. 글로벌 그루브에는 '로봇 K – 456'을 비롯하여 '비디오 쿄문', 'TV브라', '생상스에 의한 주제의 변주곡' 등 백남준의 작품과 케이지의 '4분 33초'가 함께 삽입되었다. 이에 앞서 제작된 '뉴욕을 팝니다(The Selling of New York)'(1972년)도 큰 기여를 하였다. 뉴욕의 삽화를 콜라주한 7분 30초의 짧은 이 작품은 후에 보다 긴 작품 '212조곡(Suite 212)'(1975년)으로 다시 가공되었다. 뉴욕의 지역번호 212를 따온 작품이다.

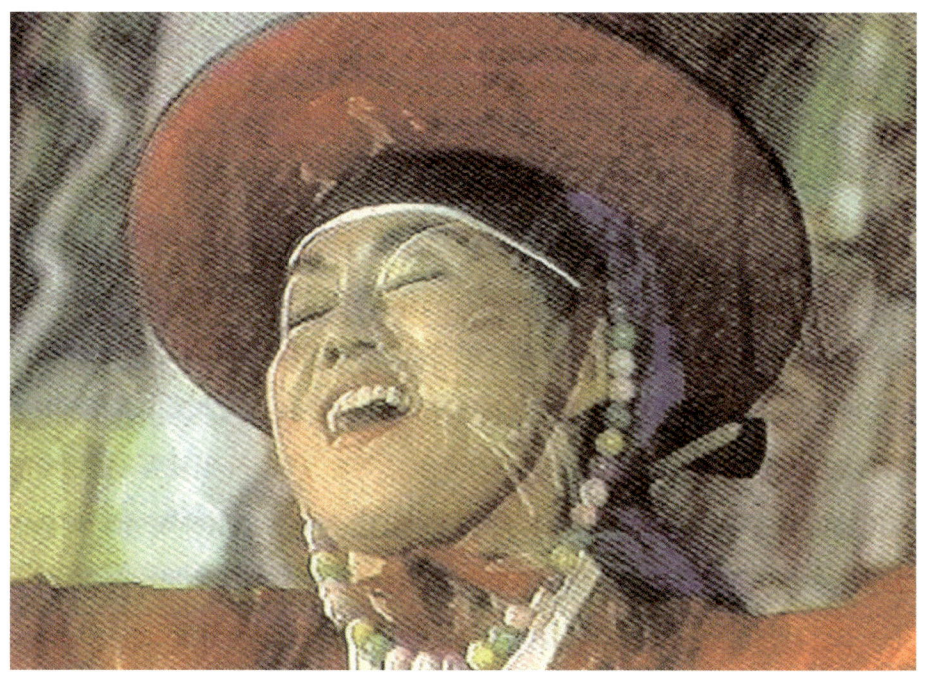

'굿모닝 미스터 오웰'(1984년)은 우여곡절 끝에 세계적으로 방영되어 세계적인 출세작이 되었다. 백남준은 물론 그 이전에도 세계적인 작가였지만 확실하게 세계인의 뇌리에 꽂히는 것은 이 작품이 계기였다.

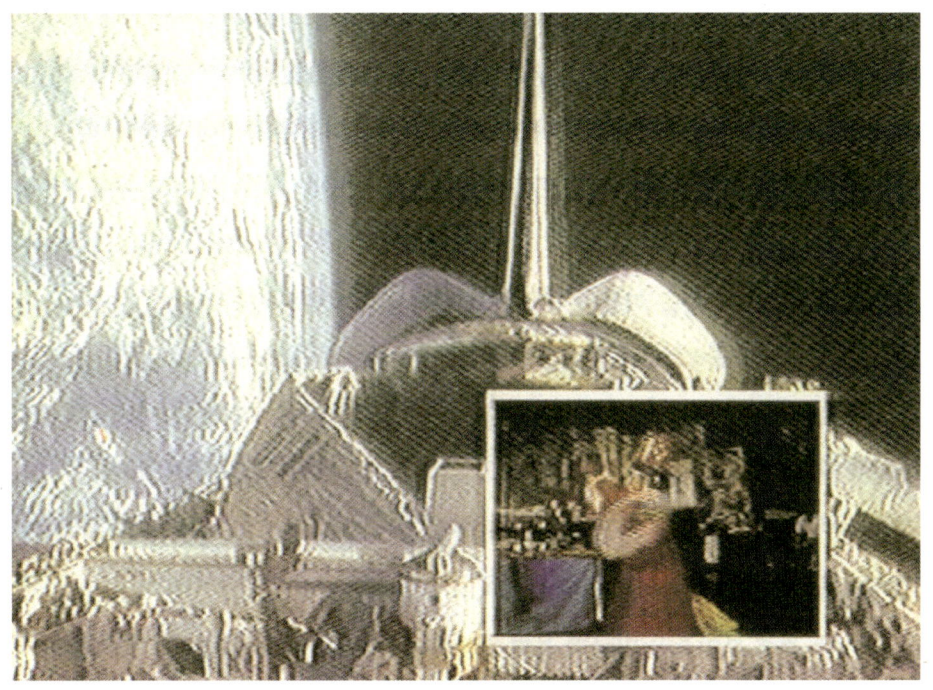

　1984년의 '굿모닝 미스터 오웰'은 이러한 연습이 없었으면 도저히 실현 불가능한 작품이었다. 이 작품은 여러 우여곡절 끝의 탄생이었지만 그의 비디오아트는 세계에, 그것도 세계의 대중들에게 선보이는 결정적인 기회가 되었다. 세계의 TV는 순간 백남준의 비빔밥 그릇이 되었다. 그는 잘도 그 비빔밥을 맛있게 만들어 냈다. 아마도 지구촌이 하나라는 것을, 지구의 밖에서 지구를 보는 위성적 감각을 일거에 표현한 작품은 그 이전에는 없었다. 백남준은 마치 위성인, 외계인 같은 인상을 주었다. 동서와 남녀와 계급이 한 화면에 붕괴되는 순간이었다.

　이것은 애초에 불가능한 것을 백남준의 배짱이 밀어붙이게 한 것이었다. 일단 방영이 되자 세계 각국의 언론들은 백남준의 지구촌 잔치에 찬사를 보냈다. 그러나 거금 40만 달러가 소요된 이 작품으로 인하여 백남준은 빚더미에 올라앉았다. 록펠러 재단이 17만 달러를 지원한 것을 비롯하여 친지들의 찬조, 방송사의 협찬이 있었지만 중과부족이었다. 하지만 이 작품은 1982년 휘트니미술관에서 회고전에 이어 백남준의 주가를 절정에 도달하게 하였다.

1961년에 작곡한 <20개의 방을 위한 교향곡Symphony for 20 Rooms>(공연된 적이 없음)은 <바이바이 키플링Bye Bye Kipling≫(1987년에 서울 – 도쿄 – 뉴욕 동시 위성방송)의 시나리오를 예고하고 있었으며, <존 케이지에게 보내는 찬사Hommage to John Cage>(1958년에 다름슈타트에서 제안했지만, 다른 곳에서 공연되었음) 또한 <굿모닝 미스터 오웰Good Morning, Mr. Orwell>(1984년 L.A. – 뉴욕 – 파리 – 쾰른 동시생방송)을 예고하는 작품이었다. 이들 작품은 괘종시계와 정형의 곡선을 그리는 전파, 부기우기, 그리고 아이들의 웃음소리를 혼합하거나, 공간에 금속판과 빛을 내는 사물들, 신비로운 향, 오토바이를 탄 사서를 배치하거나, 혹은 방송되었던 아크로폴리스의 그리스 합창과, 타지마할에서의 라비 샹카르Ravi Shankar의 라이브 공연, 장황한 글의 형식에 대해 노먼 메일러를 인터뷰하는 인기 있는 뉴욕의 사회자, 생방송으로 중계되는 아기의 탄생, 한국의 굿, 올림픽대회에 출전한 섹시한 여자 다이빙선수들(현란한 디지털 효과에 특히 잘 어울림)의 장면을 모아 놓거나, 혹은 파리 퐁피두센터 지붕에서 이루어지는 팝 그룹 오잉고보잉고Oingo Boingo의 두 공연 사이사이에 뉴욕에서 행해진 케이지·커닝엄의 공연을 방영하는 퍼포먼스 등이다. 키워드는 소통, 유연성, 공감각, 비물질성, 다방향성, '임의 접속', 불확정성 등이다. 물질주의의 무게를 걷어낸 총체적이고, 열린, 그의 예술작품은 모든 장르와 시대, 그리고 모든 국가와 예술가와 관객을 함께 아우른다.

(≪백남준: 말에서 크리스토까지≫(백남준 총서 1) 15쪽, ≫

'바이바이 키플링'(1987년에 서울 – 도쿄 – 뉴욕을 잇는 위성방송), '세계는 하나(Wrap Around the World)'(1988년 서울올림픽 때)가 위성 쇼로서 그 뒤를 이었다. 한번 물길을 터놓으니까 그런대로 종전보다는 쉽게 된 셈이다. '다다익선(多多益善)'(2006년)은 그가 개천절(10월 3일)을 맞아 그날을 기념하기 위해 1003개 모니터를 구성하여 만든 작품이다. 조국에 바친 규모가 큰 기념비적 작품이다.[82] 다다익선은 매우 상징적인 작품이다. '다다'라는 발음은 흔히 '다다이즘'(Dadaism)을 연상시킨다. 또 '많을수록 좋다'는 말은 실은 백남준의 예술의 전자증식적(電子增殖的) 특징, 콜라주 기법을 그대로 표현하는 말이다. 백남준은 이렇게 한자적 감각도 탁월하여서 이를 시적으로 승화시키는 힘을 가지고 있다.

백남준은 작품 이외에도 수많은 말을 생산함으로써 흔히 예술가들이 말을 많이 하지 않는 버릇을 비껴나갔다. 이러한 그의 특성은 한 것은 그에게 '말＝행동＝작품'이라는 것이 수없이 상호 작용하고 있으며 등식을 성립하게 한다. 그의 음악작품의 대부분이 실은 퍼포먼스를 위한 대본(마치 연극을 위한 대본)과 같다고 할 수 있다. 그에게 말은 바로 시(詩)였다. 백남준의 어록은 별도로 연구하여도 좋을, 시적 은유와 각종 풍자로 가득 찬 문학이기도 하다. 그는 단순한 '쟁이'(匠人)가 아니었다. 백남준의 행보를 보면 조금도 빈틈이 없다. 일본 유학, 독일 유학과 작업, 미국 진출 그리고 글로벌 그루브에 이르기까지 그는 마치 비디오아트를 위해 태어난 사람과 같다. 오죽하면 그를 '비디오아트의 조지 워싱턴'이라고 할까. 그는 자신의 인생을 조금도 낭비 없이 살다가 간 인물이다.

비디오 신디사이저는 그가 얼마나 대중을 이해하는 대중적 예술가인가를 생각게 한다. 그는 비록 팝아트 작가는 아니지만 마치 대중음악에서 신디사이저를 통해 음악에 쉽게 접근하는 것처럼 대중들이 비디오아트를 연주해 줄 것을 염원하는 것이었다. 누구나 신디사이저를 통해 자신이 원하는 이미지들을 구성해 볼 수 있는 것이 아닌가. 그는 도대체 소리(음악)가 하는 것이라면 미술(이미지)에서도 구현될 수 있게 하는 것이 그의 인생의 목적인 듯했다. 그는 예술과 인생을 평준화하는 데에 열중하였다.

---

82) 백남준이 현재까지 제작한 구상 조각 가운데 가장 큰 〈거북〉(모니터 166대로 구성)은 1993년 베를린에서 열린 국제 무선통신 전람회 필립스 부스에 설치되어 예술적 관심의 초점이 되었다.

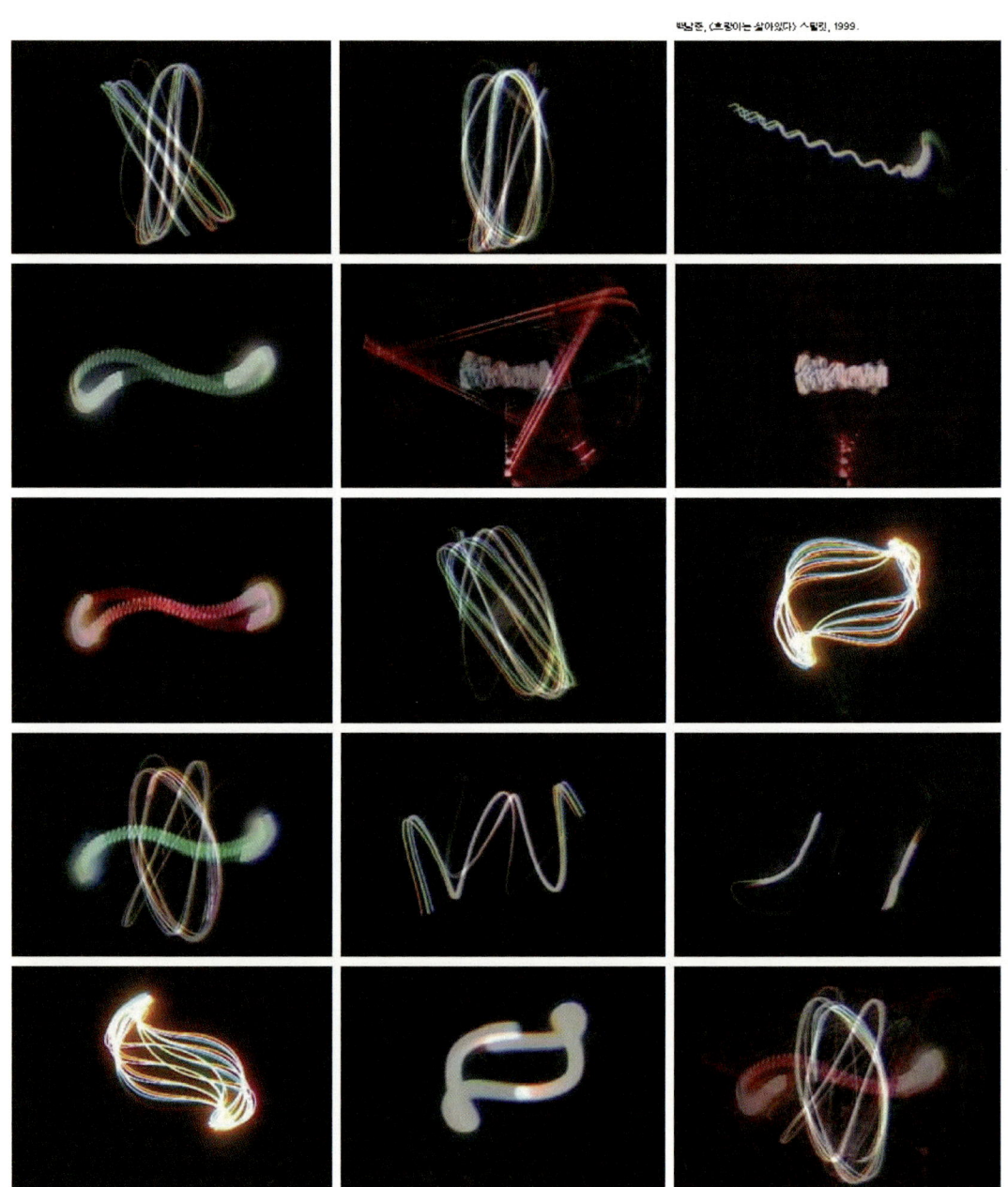

비디오 신디사이저: 《글로벌 그루브(Global Groove)》(1973년, 28분 30초), 비디오공동체(1970년), 전자오
페라(1972년)
《호랑이는 살아 있다(Tiger Lives)》(2000년, 1월 1일 세계 77개국 방영)

2) 플럭서스(外有氣化 : fluxus)

과정(processing)으로서의 세계 그리고 예술: 무위이화(無爲而化)
(시간과 공간이 별도가 아니라면 시간은 공간에 남아 있다. 그러나 공간은 결국
공(空)이다. 이것을 공(空)의 입장에서 보면 시간만이 있다고 말할 수 있다. 플
럭서스의 이면에는 항상 공(空)의 그림자가 평행적으로 숨어 있다.)

백남준의 예술세계에서 플럭서스는 빼놓을 수 없다. 아니, 그보다는 플럭
서스의 개념은 백남준 예술의 전편에 흐르는, 마치 무의식과도 같은 것이다.
플럭서스에 대해서 나가자와 신이치(종교학, 일본)의 논문 "보이스, 백남준,
자연: 자연주의 – 제 삼의 길"은 매우 중요한 시사점을 주고 있다. 그의 논
문은 이런 경구로 시작하고 있다.[83]

"보이스와 백남준, 그들의 의식은 근대예술이 극한적인 해체를 추진해 네
가티브한 <공무(空無)>의 심연에 도달한, 그런 것들과는 다른 사유방법들
을 찾고자 했던 것 같다."

신이치는 이어 다음과 같은 말을 한다.

"되돌아볼 때 상징적인 것은 <플럭서스>라는 말 그 자체이다. 이 말은
원래 유동이라든가 유동체라든가 하는 의미를 갖고 있다. 60년대 초, 유동체
라는 말을 쓰기 시작했을 때부터 그들은 어쩌면 자신들이 근대예술과는 다
른 길을 걷기 시작했다는 사실을 분명하게 인식하고 있었는지도 모른다. 물
론 플럭서스가 갖는 다다적인 의미도 중요하지만, 그들이 유동체적인 모델을
예술 속에 끌어들이는 행동을 자각적으로 실천했다는 점, 그리고 그것이 어
떤 의미를 갖고 있는가 하는 문제에는 대단히 흥미로운 사실들이 담겨 있다.

여기서 말하는 유동체란 대단히 인텐시티(강도, 농도)가 높은 정밀한 운동
같은 것을 가리키고 있다. 유동체적인 성질에 대한 강조에는 최근의 들뢰즈
철학 등에서 멋있게 표현되고 있듯이, <자연＝퓌시스(physis)>와 의식의 관
계에 대하여 근대적인 사고에서 벗어나게끔 하는 커다란 열쇠가 숨겨져 있

---

83) 나카자와 신이치, "보이스, 백남준, 자연: 자연주의 – 제 삼의 길", pp.48 – 52.

는 것이다. 예를 들면, 근대예술은 자연에 대항하여 인간 의식의 결과물을 만들어 냈으나 결코 보기 좋게 만들어 낼 수 없는 불합리함, 부자연스러움, 낯섦 같은 문제들을 떠안게 되고 말았다는 비극적인 인식에서 출발하고 있다. 형식을 둘러싼 집요한 물음도 그 문제와 밀접한 관계가 있다.

철학적으로 말하자면, 인간의 사고가 만들어 내는 언어 논리의 형식과 수학의 형식은 분명히 자연관찰에서 출발하면서도 결국에는 자연과 융합할 수 없는 불합리성을 껴안고 만다. 뒤집어 말하면, 패러독스를 품지 못한 합리적 논리는 이 우주 안에선 절대 불가능한 법이라는 의식. 이러한 의식이 근대 초, 래디컬한 형태로 출현하였으며 형식의 파괴로 나아갔던 것이다. 가라타니 고진(柄谷行人) 같은 사람들이 멋지게 보여 주었듯이, 근대예술에서 발생한 문제들은 사실 철학과 테크놀로지에서도 벌어졌던, 근대적인 <자연> 개념의 붕괴를 뜻하는 것들이었다. 특히 예술에서는 이 위기가 인상적인 방식으로 표명되었다. 예술의 형식은 수학 등과 달리, 근거가 무척 약하며 자유롭고 자의적인 것인 만큼, 이 해체운동의 화려한 무대가 되었던 것이다. 예술은 자연과 밀접하게 연결되어 있다. 그러므로 한쪽에서는 이 위기에 대한 표현으로 수학적 추상화를 향한 예술이 탄생한 것이며 또 다른 쪽에서는 뒤샹으로 대표되는, 의식과 자연이 (본질적으로) 품고 있는 패러독스를 네가티브한 형태로 추궁해 가는 예술과 그와 관련된 운동들이 생겨났던 것이다.

그런데 <플럭서스>라는 말에는 이러한 근대적인 래디컬리즘과는 또 다른 무언가가 담겨 있다고 생각한다. 뇌를 가진 인간의 의식 활동과 자연을 근대적인 비극적 회로와는 다른 회로로 연결해 가고자 하는 포지티브한 유머어를 향한 새로운 예술운동. 이것이 바로 보이스하고 백남준이 60년대 <플럭서스 시대>에 얻은 것들이 아니었나 싶다.

인간 의식 활동의 본질은 플럭서스하며 유동체적이며 유동적이다. 그렇기 때문에 <자연＝퓌시스>와 새로운 긍정적인 대화가 가능한 것은 아닐까. 이러한 입장에 서 있는 플럭서스가 표면상으로는 매우 다다적이며 해체주의적이나, 그럼에도 불구하고 근대예술의 래디컬리즘과는 본질적으로 다른 방향을 지향해 나가기 시작했던 것처럼 보인다. 현재 보이스와 백남준이 아직도 그 새로운 무언가를 품고 있다면, 그것은 바로 그들의 포지티즘일 게다. 근대적 래디컬리즘은 실제로는 사명을 이미 다 마쳤다. 지금 필요한 것은 인간의 비극성을 강조하는 것이 아니라 새로운 <자연>의 개념을 찾겠다는 긍정적인 작업인 것이다."

그는 이어 "슈타이너는 에테르와 아우라의 이야기를 한 적이 있다. 그때 그는 인간의 내부 속에 잠재해 있는 힘과 강도, 그러니까 우리들이 통상적으로 생각하는 실체적인 에너지를 유동체적인, 플럭서스적인 운동성으로 파악할 필요가 있다고 주장했다. 그것들은 절대 관념 내지는 구조의 관념이 아니라는 것이다. 그는 인간적인 모든 영역에서 플럭서스한 힘을 가능성의 상태로, 모두 다 되찾고자 하는 일에 자신의 모든 활동을 쏟아 부었던 것이다.

그는 예를 들면 유리스미(Eurythmy) 같은 댄스, 색채론, 식물형태학 등에서도 플럭스성을 강조하였는데, 항상 유동적으로 움직이며 그리고 끊임없이 소용돌이치고 있는 힘으로서의 플럭서스의 성질을 모든 예술과 철학을 통해 실천하고자 하였다. 그러므로 플럭서스가 예술을 통하여 보여 주고자 했던 것과 슈타이너가 인지학이라는 종합적인 형태로 했던 작업은 밀접하게 연결되어 있다고 볼 뿐만 아니라 실제로 이 사실은 보이스에 의해 표명되고 있기도 하다.

슈타이너에게서는 근대적인 의식이 찾고 있던 네카티브한 래디컬리즘은 전혀 찾아볼 수가 없다. 그 이유는 슈타이너 역시 의식을 지닌 인간이 자연을 위반하는 존재가 아니라는 사실을 자신의 인지학적인 실천과 체험을 통해 알고 있었기 때문이다. 그러나 여기서 주의해야만 한다. 근대의 내추럴리즘이 주장하는 자연에로의 회귀와는 다른 의미에서, 슈타이너의 <자연> 개념이 다루어지고 있음에 주의하여야 할 것이다. 미세체(微細體)로서의 <자연>과의 회로를 찾아가는 새로운 <자연주의>를 그는 생각하고 있었던 것이다. 그때 내추럴리스트가 말하는 자연은 거칠고 엉성한 환영(마야, Māyā)이 되어 사라져 가고, 이를 대신해 인간의 뇌 주름까지 집어삼킬 듯한 또 다른 형태의 <자연>이 모습을 드러내게 된다."고 하였다.

이 글은 놀라운 탁견이다. 기존의 것에 대해 반음악, 반미술, 반예술적이면서도 긍정적 힘을 가지고 있다는 것은 플럭서스가 단순한 반운동이 아니라는 것을 웅변하는 것이다. 결국 반대를 위한 반대가 아니면서 새로운 대안을 기대케 하는 것이 바로 플럭서스와 같은 것이다. 인류문화의 발전을 항상 이러한 포지티브한 반대, 나의 예술인류학적으로 말하면 포지티브 피드백(positive feedback)과 같은 것이다.

백남준의 글모음에 다음과 같은 구절이 있다. 이 구절은 백남준의 예술이 불교적 사상에 심취했다는 것을 말해 주기도 하지만 플럭서스가 얼마나 공(空)사상에 기반하고 있는가를 말하는 대목이다.

쉬리다르 바파트Shridar Bapat가 어느 날 말했다. "인도는 영국 제국주의의 발명품이었다." 이 말을 듣고 내가 한 마디 농담을 던졌다 "인도는 바퀴를 발명했다. 하지만 플럭서스는 인도를 발명했다." 조지 마키우나스가 내 말을 들으며 한참을 웃었다.

(≪백남준: 말에서 크리스토까지≫(백남준 총서 1) 69쪽.)

그의 비디오아트도 실은 플럭서스의 산물이라고 해도 과언이 아니다. 소리(음악)를 오브제화한 것도 그것에서 가능했고, 다시 오브제를 소리화하는 것도 그것에서 가능했다. 사회적 동물인 인간은 흔히 사회적으로 정(正)이라고 하는 것에 익숙해 있다. 그러나 정(正)이라는 것이 실은 권력적인 것이고 적어도 권력에 편승하는 것이라는 사실을 간과한다. 물처럼 자연스럽게 흐르는 것임에도 불구하고 때로는 사회적으로 반(反)이라는 이름이 붙는다. 그것이 정(正)이 되기까지는 상당한 시간이 흐른다. 바로 반(反)의 예술을 추구하는 사람들의 모임이 플럭서스였다. 플럭서스는 그래서 극단적으로는 무정부주의에 흐르지만 예술이야말로 정부가 필요 없는 장르가 아닌가.

차라리 종교들은 대체로 권력친화적이다. 겉으로 그렇지 않은 것처럼 위장하지만 실은 종교만큼 권력아부적인 것은 없다. 제정일치사회에서 정치권력이 독립한 뒤로부터는 종교라는 것은 권력의 하부에 스스로 자리매김함으로써 권력을 나누어 가졌다. 그러나 종교보다는 예술이 훨씬 본래의 종교적이고 권력에도 저항한 전통과 속성을 가지고 있다. 플럭서스의 뒤에는 항상 공(空)의 그림자가 있어서 설사 그것이 사회적 도덕이나 습관과 배치된다고 하더라도 용인해야 할 그 무엇이 있는 것이다. 모든 것을 무화(無化)시키는 예술, 그럼으로써 새로운 예술을 발견하고 창조해 내는 것이다. 플럭서스는 그러한 점에서 예술인류학을 닮았다. 가역반응 가운데 역반응에 주목하면서 세상을 뒤집어 보는 매력이 있는 것이다. 그것에 창조와 소통이 역설적으로 자리하고 있는지도 모른다.

드러나는 것은 언제나 부분, 드러나지 않는 것은 전체(不然其然)
오브제의 끝없는 흐름(flux): 이중나선구조(double Helix), DNA
ex) 은하수, 강물, 산맥

플럭서스는 마치 강물을 닮았다. 여러 오브제들을 강물에 띄워 보낸다. 개개의 예술들이 마치 위로 솟는 불꽃처럼 내로라하고 고개를 쳐들지만, 그 오만을 잠재우면서 도도하게 수평으로 흐르는 것, 그것은 부분에 매달리지 않고 전체에 몸을 맡기는 선(禪)과 같다. 플럭서스는 우리 몸에서 DNA의 이중나선구조(double helix)로 있고, 하늘에는 은하수로 있고, 지상에는 강물과 산맥으로 있다. 무엇보다도 인생 자체가 플럭서스가 아닌가. 역전의 역전을 거듭하면서 도도히 흐르는 그 무엇이다. 플럭서스란 어느 선사(禪師)의 말과 같다.

"무억(無憶) 무념(無念) 막망(莫妄)"[84] 이것을 풀이하면 다음과 같다.

"기억하지 마라. 생각을 멈추어라. 망령되지 말라 – 그렇지 않으면 너는 결코 실체를 볼 수 없다. (흐르는 우주에 몸을 맡기고) 당장 느껴라. 그러면 너는 이미 실체가 되어 있다."

---

84) 이 선구(禪句)는 신라 무상(無相) 스님의 삼구로 이루어진 인성염불선(引聲念佛禪)이다. 무상 스님은 신라 성덕왕의 셋째 아들로 태어나서 늦게 중국 유학길에 올라 사천성(四川省) 지선(智詵)의 검남종(劍南宗) 문하에 들어 처적(處寂) 선사에게 법인가를 받은 후 다시 정중종(淨衆宗)을 일으켜서 중국 선종사를 지배하는 제자들을 낳고 오백나한(455번째)에 든 인물이다. 그의 제자 중에 마조(馬祖)라는 걸출한 인물이 있다. 마조의 제자들이 신라의 구산선문을 일으켰다. 구산선문 9개 문중 가운데 7문중이 마조의 제자들이 연 문중이다. 희양산문은 4조 도신(道信)에서, 수미산문은 7조 청원행사(靑原行思)에서 갈라진 문중이다.

플럭서스는 불협화음과 우연적·즉흥적·돌출적 해프닝으로 구성된다. 플럭서스에는 말하자면 '플럭서스＝멀티개념(multi－concept)＋멀티장르(multi－genre)'라는 개념이 숨어 있는 것 같다. 플럭서스는 낯선 행동으로서의 시작법이고 이에 따라 장르의 융합·은유의 거리가 멀수록 아름답고 충격적이다. 음악과 퍼포먼스의 대추씨(교집합)가 플럭서스로 하여금 단순한 퍼포먼스가 아님을 말하고 있다. 그렇다고 행위미술이 무용도 아니다. 플럭서스는 예술의 제 장르, 제 감각기관의 통합을 통해 미술에서 새로운 영역을 개발하고 확충하기 위한 준비였는지도 모른다. 이것은 인간의 시공간에 대한 역(逆)도전이며, 공(空)의 재발견이라고도 할 수 있다.

보이는 음악의 작곡은 오선지가 아니라 대본(퍼포먼스 작가)이다. 그런데 연주될(playable) 음악마저 적다. 행위음악이 벌이는 퍼포먼스는 몸으로 쓰이는 시적 은유이며, 이것은 다른 어떤 개념보다 '굿'이라고 하는 편이 적합하다. 굿은 원시적인 종합예술인데 백남준의 예술은 바로 그것을 복원한 것이나 다름없다. 백남준은 극단적인 것의 조합에는 천재이다.

"예술은 사기다."의 언설의 이중적 의미

백남준은 "예술은 사기다."라고 말한 적이 있는데 이는 고도의 마술과 같은 발언이어서 잘 뽑으면 맞기도 하고, 그렇지 않으면 틀리기도 하는 마술가의 손장난, 눈속임을 적나라하게 표출한 것인지도 모른다. 이는 예술일반이 갖는 상상계와 현실계의 이동을 직설적으로 말한 것이고 굳이 말한다면 오브제의 등장과 더불어 시적 은유가 더 이상 기술로서 필요가 없는 사기(詐欺)가 되었다고 선언한 것이라고 볼 수도 있다. 더 이상 인간은 언어라는 시적 은유로 예술을 할 필요가 없고 바로 사물(오브제)과 마주 섬으로써 '사물 은유'를 하는 것을 예언하는 것인지도 모른다. 텔레비전의 등장은 현대인으로 하여금 세계 도처에서 일어나는 혹은 전개되는 사건과 풍경과 현란한 이미지를 날마다 경험케 하고 있으며 더 이상 시인들은 광고의 카피라이터로 전락하는 한편 광고의 이미지에 이미 수장되었는지도 모른다.

그래서 예술가들은, 백남준은, 약발이 받는 새로운 사기를 시작하고자 하면서, 그 미안함에 그런 언설을 자신도 모르게 쏟아 냈는지도 모른다. 이러한 멀티미디어 시대, 우주시대를 맞고 있는 세상에 전통적인 예술 분류법과 미술 장르로서는 더 이상 독자들을, 수집가들을 끌어들일 수 없으며 그들의 성감대를, 카타르시스를 일깨울 수 없다는, 자학적인, 자기비판적인 고백성사인지도 모른다. 원천적으로 오늘을 사는 많은 살아 있는 대중들과 소통하고 교감할 수 없는 상황과 환경을 플럭서스 작가인 백남준은 미리 읽었을 것이다.

이는 초현대와 미래 그리고 원시가 만나는, 진화된 미술과 비슷하다. 백남준은 자신이 예술가라고 해서 무슨 대단한 벼슬을 하고 있는 것처럼 으스대거나 천재라고 하거나 무식한 대중들을 훈육하기보다는 일상과 대중의 차원으로 자신을 한없이 낮추면서 백지에서, 밑바닥에서, 땅에서 새롭게 자신의 예술탑을 구축하고자 한 마술가였다고 보인다. 옛날 마술가(magician)는 마술을 예술이라고 하지 않았고 자신을 예술가(artist)라고도 하지 않았다. 백남준은 그런 심정이었을 것이다. "오브제는 미술이다. 미디어는 메시지다."라는 아방가르드 미술과 텔레비전의 매체혁명은 이렇게 물신들을 새롭게 일상으로 불러오면서 인간은 사물을 재배열하는 데에 만족할 수밖에 없었는지도 모른다.

백남준의 전략을 보면 우주공간으로 높이 솟기 위해 우선 지상의 일상으로 내려왔으며, 그곳에서 음악과 미술과 무용을 결합한 혹은 그들의 장르를 부셔 버리는 시도를 통해 음악은 보이지 않는 세계의 공(空)의 흐름을 배경으로 깔아 놓고, 무용은 춤추는 우주로 치솟기 위한 도약장치로 들러리를 세운다. 미술은 그 중심이 되어 새로운 미술적 합성, 테이크업(take up), 돌연변이적 진화를 도모한다. 이때 미술은 1이면서 3이다. 1인 미술은 비디오아트인 3이 된다. 그래서 다시 3은 1이 된다. 이는 마치 천부경(天符經)의 천지인(天地人) 3·1체계와 같다. 그래서 어느 정도 퍼포먼스가 성장이 되어 크면 그것을 비디오아트라는 상자 속에 집어넣는다. 그러면 환상적인 글로벌 그루브(global groove)의 판타지가 된다. 그의 조각설치나 퍼포먼스는 모두 비디오아트, 글로벌 그루브를 위한 소품이 된다. 결국 백남준의 시대 읽기, 대중 읽기는 우주시대로 도약하기 위한 준비였다고 보인다. 그의 '굿모닝 미스터 오웰'(1984년)을 비롯한 우주쇼, TV프로젝트는 이를 증명하고도 남는다.

플럭서스 작가들은 문명의 불(火)을 자연의 물(水) 위에 놓고 본다. 그것은 때로는 햇빛이고 때로는 달빛이다. 불은 문명, 섹스는 달빛, 여인은 먹음직한 음식이다. 모든 예술의 명제는 매체를 통해서 매체를 극복하는 것이다. 그것은 예술이라는 것이 물질성을 통해 물질성을 극복하고 승화시키는 장르이기 때문이다. 이는 백남준에게도 예외가 아니었다. 백남준에게 여체와 텔레비전 모니터는 같은 것이었다. 그는 섹스와 음악의 결합을 시도한 '섹스트로니크'(1967년)에서 무의식의 리비도인 섹스를 극복하고 '글로벌 그루브'(1973년)를 통해서 텔레비전 모니터라는 문명의 이기를 극복했다. 그에게 남은 것은 보이지 않는 자유이다.

불을 훔쳐서 인간에게 준 프로메데우스는 왜 남자인가. '섹스트로니크'의 경우 발동을 거는 것은 남자(백남준)이고, 클라이맥스에 도달하는 것은 여자(무어맨)이다. 그런데 재미있는 것은 그 사이에 일종의 전도가 있다는 점이다. 첼리스트 무어맨은 젖가슴을 드러낸 채 첼로로 변신한 백남준을 연주한다. 말하자면 여자가 남자를 연주하는 것이다. 본래 섹스는 남자가 여자를 연주하는 것이다. 이것은 전도이다. 그러면서도 무어맨은 첼로를 연주하다가 절정에 도달하는 순간, 준비되었던 커다란 드럼통에 몸 전체를 담근다. 물은 넘친다. 이 퍼포먼스는 일종의 자연과 문명의 순환을 은유한다. 다시 말하면 물과 불의 순환 말이다. 물=여자, 불=남자의 대칭이 성립한다. 동시에 물 속에 불이 있고, 불 속에 물이 있다. 물과 불은 서로 안고 있다.

여자는 자신의 몸에 놀라 황홀경에 떤다. 여자는 이 순간 암수동체의 꽃이 된다. 불은 결국 물을 지펴 물을 돌게 하였을 뿐이다. 문명은 결국 불과 물을 분리하고 암수를 분리한 결과였다. 꽃은 자신의 생식기를 드러내 놓고 부끄러워하지도 않고 보란 듯이 도리어 자랑하고 사람들은 그것의 의미도 모르고 무의식적으로 즐거워한다. 몸은 그것을 아는 까닭이다. 예술은 인간이 만들어 낸 또 하나의 불이고 꽃이고 음식이다. 씹고 씹고 또 씹어야 맛이 난다. '글로벌 그루브'의 이미지는 아무리 환상적인 것이라고 하더라도 그냥 스쳐 지나가서는 색(色)이기 때문에 공(空)인 것이다.

아직 플럭서스는 식사법 없는 요리, 요리법 없는 재료와 같지만, 기존 예술장르의 벽을 부수는 탈장르와 함께 새로운 복합장르의 개발을 시도하는 것으로 보이기도 한다. 여기서 보이지 않는 주제는 "새롭지 않으면 신이 아니다."는 것이거나 "변하지 않으면 신이 아니다."는 것이다. 플럭서스 멤버들은 모두 제 나름으로 발전하였지만 백남준은 결국 플럭서스라는 다리를 통해 비디오아트라는 새로운 복합매체의 장르를 창조한 셈이다. 실험으로서의 예술로 일생을 보낸 백남준은 '플럭서스 아일랜드(Fluxus Island, 1963년)'라는 이상향을 종이에 남겨 놓았다. 우리는 이렇게 말할 수 있다. "모든 인간은 섬을 꿈꾼다. 섬은 잃어버린 낙원의 다른 이름이다."

인간은 괜히 잃어버렸다고, 잊어버렸다고 하면서, 순진무구한 체하면서 자신의 완벽한 꿈의 알리바이를 위해서 신을 기다리게 하고 있는지도 모른다. 아마도 우리는 백남준이 있기에 꿈꾸는 것에 자극을 받고 자신의 꿈을 꾸는지도 모른다. 그런 점에서 백남준은 죽지 않았다.

* 존 케이지(John Cage, 1912~1992): 음악
* 요셉 보이스(Joseph Beuys, 1921~1986)): 해프닝
* 조지 마키우나스(George Maciunas, 1931~1978): 플럭서스
* 샬롯 무어맨(Charloote Moorman, 1933~1991): 영원한 여성
* 백남준(Paik Nam June, 1932~2006): 이들의 집합체

존 케이지는 백남준이 항상 스승으로 모신 인물이다. 요셉 보이스는 든든한 친구이고 조지 마키우나스도 그렇다. 샬롯 무어맨은 정말 백남준 예술의 무의식적 아니마(anima) 같은 인물이다. 백남준은 이들 네 사람으로부터 스스로를 재구성하였다고 해도 과언이 아니다. 이들 네 명의 종합판이 백남준이다. 이 가운데 한 사람만을 든다면 백남준은 존 케이지 유형이다. 백남준에 대한 뒤샹의 영향은 지대한 것이지만 존 케이지에 비하면 약하다. 존 케이지에게 예술은 일종의 축제(festival)이다. 그는 이렇게 말한다. "내가 취하고 있는 태도는 우리의 일상생활을 깨닫고 보면 축하의 폼(예술)보다 더욱

흥미진진하다는 것이다. 그 깨달음이 오는 순간은 우리들의 의도가 영으로 내려가는 때이다. 그때 당신들은 이 세상이 요술 같아지는 것을 느낀다."[85]

존 케이지에게 있어서 인생과 예술은 하나가 되고 예술에는 아무런 가치 판단이나 취향의 우열의 구별이 없어진다. 그래서 그는 우리의 일상생활과 비슷한 '비의도적이고', '비조직적인' 작품을 위한 캠페인을 벌인다.[86] 케이지에게 있어서 음악을 창조하는 것은 단순히 '우리가 살고 있는 바로 그 인생으로 깨어나는 것'이라는 선(禪) 아이디어를 실천하는 것이고 인생은 그 복합성이나 예측불허인 면에서 예술보다 우수한 것이라고 믿는다.[87]

백남준은 독일에 입성하자마자 존 케이지에게 처음 작품을 바쳤다(1958년). 케이지는 쇤베르크의 제자이었던 적이 짧게 있었다. 백남준은 쇤베르크를 논문으로 썼다. 둘은 '우연성의 음악'에 대해 크게 공감하고 있었다. 케이지는 백남준을 제자라고 대놓고 말하지 않았다. 오히려 백남준 쪽에서 제자라고 자처하였다. 케이지는 정신적 스승 같은 존재였다. 독일 쾰른에서 열린 '피아노 포르테를 위한 연구'(1960년)에서 백남준은 존 케이지의 넥타이를 잘랐으며 샴푸로 머리를 감기는 격렬한 퍼포먼스를 하였다. 아마도 백남준은 존 케이지를 매우 존경하면서도 약간은 편하게 대하는 사이였던 것 같다. 백남준과 존 케이지는 마치 선문(禪門)의 사제 간과 같다.[88] 그들의 선문답을 보자.

---

85) John Cage(Michael Kitby and Richard Schechner 인터뷰) 〈An interview With John Cage〉, Tulane Drama Review 10(Winter 1965), p.65. 강태희 〈전위의 첨단, 백남준 예술 - 초기 작품에서 비디오까지〉 p.43, 재인용, 미술세계 11월호(통권 49호), 1988.

86) John Cage, 같은 책, p.57. Richard Kostelanetz, ed., John Cage(New York: Praeger, 1970), p.20. 강태희, 같은 책, 재인용, p.43.

87) Calvin Tomkins, The Bride and the Bachelors(New York: Viking Press, 1968), p.100. 강태희, 같은 책, 재인용, p.43.

88) 그들의 선문답 내용은 다음과 같다.
1960년 : (케이지는 48살이었다). 케이지는 항상 '무(無)'에 대해 이야기했다. 내가 그에게 물었다.
"당신이... 죽을 때 당신의 테이프와 악보를 모두 불태우고 음악사에 '존 케이지라고 불리는 사람이 있었다.'라는 단 한 줄로만 남는다면 기분이 어떨 것 같아요?"
케이지가 대답했다. "그건 너무 극적인데."
1982년: 그는 클라우스 쇠닝과 함께 쾰른 서양미술관을 찾았다. 뉴욕에 있는 야마모토 양이 처방한 식이요법과 지압 덕분에 관절염이 많이 좋아졌다.
케이지가 말했다. (그는 일흔 살이었다)
"내가 죽는 날, 나는 건강할 거야."
그는 먼저 작고한 여러 예술가들을 등장시켜 그들의 이야기를 듣는 연극을 선보였다 (제임스 조이스, 맥클루언...). 연극은 음산했지만 무척 대담했다. 나는 속으로 그가 아이디어의 샘물이 여전히 넘치는 사람이

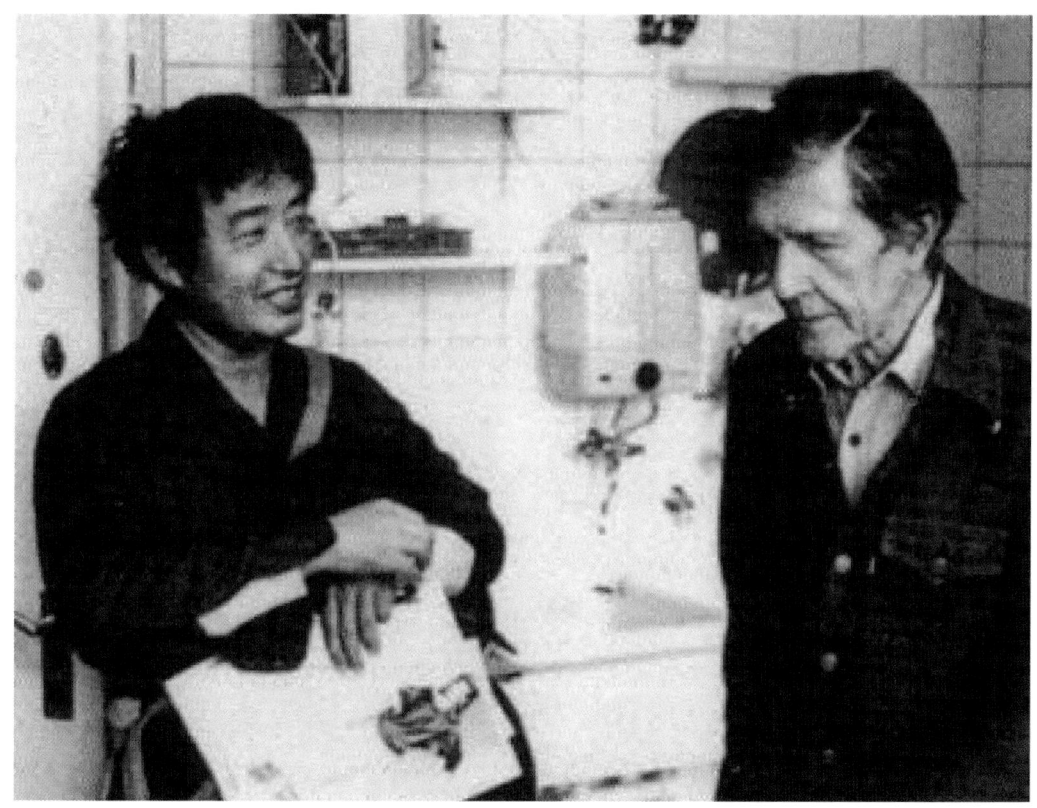

존 케이지(오른쪽)와 백남준이 공연도중 담소를 나누고 있다.

라고 중얼거렸다. 그 생물이 끊임없이 솟아나는 한 언제나 봄이었다.

1990년: 나는 로버트 쿠쉬너[1]와 홀리 솔로몬Holly Solomon 갤러리에서 소규모 전시회를 열었다. 오프닝에 케이지가 불쑥 나타났다. 그는 몸을 굽힐 수 없어 택시를 탈 수 없었다. 버스를 타야 했다. 힘들게 전시장을 찾은 그를 보고 나는 놀라면서도 무척 당황했다. 시게코는 그가 내게 마지막 인사를 하러 온 것 같다고 말했다.

1992년 : 나는 몇 푼 안 되는 저작권료를 주려고 그를 찾아갔다. 그는 내가 'royalty(인세)' 대신 'loyalty(충성)'라고 쓴 걸 보고 살짝 웃었다. 그와 이야기하는 동안 전화벨이 계속 울렸다. 대개 그의 안부를 묻는 친절한 전화였다. 하지만 좋은 일도 지나치면 해가 될 수 있다. 나는 그에게 왜 비서를 두거나, 걸려오는 전화번호를 식별할 수 있는 기계를 사지 않느냐고 물었다.

그가 대답했다. "그럴 순 없지."

보이스처럼 그는 직접 전화 받는 일을 신성시했다.

한국에 가기 전에 (60회 생일을 위해) 나는 마가렛 뢰더[1]에게 말했다.

"그를 너무 많은 기념 음악회에 참석하지 못하게 해... 그러다가 죽겠어."

그러자 뢰더가 말했다. "당연히 그러려고 해. 하지만 내가 가지 말라고 하면 그는 미쳐버릴 걸."

존이 죽은 뒤 뢰더가 말했다. "존은 대보름날 세상을 떠났어. 선불교 수도승들은 대보름날 세상을 등진대."

내가 말했다. "하지만 선불교 수도승은 스스로 언제 죽을지를 알죠"

그가 유서를 남겼던가?

(≪백남준: 말에서 크리스토까지≫(백남준 총서 1) 38~40쪽.)

백남준이 존 케이지를 어떻게 생각하느냐를 단적으로 보여 주는 구절이 있다. 그는 다름슈타트에서 존 케이지를 처음 만났다.

1962년, 내가 앨리슨 놀즈[89]에게 말했다. "내 삶은 1958년 8월 저녁 다름슈타트에서 시작되었다... 1957년이 기원전(B.C.) 1년이다(Before Cage 1). (기원전/기원후) 1947년은 기원전 10년이다. 플라톤은 기원전 500년이 아니라 기원전 2500년에 산 것이다. 기원후(A.D.)[90] 는 무엇을 뜻할까?" 그녀가 대답했다. "기원후After Death는 예수 죽음 이후를 뜻하는 불어 약자"라고.

세계 역사는 세 남자의 죽음으로 시작된다. 소크라테스, 중국의 푸이[91], 그리고 예수. 어쨌든 내게는 1993년이 기원후 1년이다.

(≪백남준: 말에서 크리스토까지≫(백남준 총서 1) 43쪽.)

요셉 보이스는 백남준이 1962년 뒤셀도르프에서 '바이올린 독주(One for Violin)'를 발표하면서 바이올린을 때려 부수는 퍼포먼스를 할 때 만났다. 그가 막 바이올린을 들어서 내리치는 순간 객석에서 "바이올린 살려 주세요."라는 괴성이 들렸다. 이때 건장한 체구의 남자가 그를 향하여 소리쳤다. "여보쇼, 콘서트 방해하지 마시오." 그가 바로 요셉 보이스였다. 1963년 백남준은 비디오아트 첫 개인전시회 '음악의 전시 - 전자텔레비전'에서 피아노 한 대를 부술 생각이었으나 그가 먼저 도끼를 가져와 선수를 쳤다. 뒤셀도르프 미술아카데미 교수였던 보이스는 음으로 양으로 백남준의 지지자였다. 그는 기꺼이 함께 공연을 가짐으로써 백남준의 위상을 저절로 높였다. 아시안게임(1986년) 때 백남준은 보이스와 함께 신나는 굿을 계획하였으나 한 해 전에 그가 갑자기 사망했다. 보이스와의 우정을 잊지 못한 백남준은 1990년

---

89) Alison Knowles(1933~ : 미국의 예술가. 플랫 미술학교에서 순수예술을 전공했으나 플럭서스에서 활발히 활동했다. 플럭서스의 구성원인 딕 히긴스와 결혼했다.

90) A.D.=Anno Domini, 프랑스어로 '기원후는 예수(J. C) 탄생 후'를 의미한다. 여기서 백남준은 존 케이지의 이니셜인 J. C.를 '존 케이지 후'라고 표현한다.

91) 溥儀(1906~1967): 중국 청(淸)의 마지막 황제인 선통제(宣統帝). 1908년 3살의 나이로 청(淸)의 12대 황제가 되었지만 1912년 신해혁명으로 퇴위하였다. 1934년 일본에 의해 만주국의 황제가 되었으나 일본의 패전으로 소련에 체포되었다가 중국으로 송환되었다. 1967년 10월 16일 신장암으로 사망했다.

'보이스 추모굿'을 현대화랑에서 벌였다. 이때 동해안 별신굿과 그의 퍼포먼스가 함께 어울려 진풍경을 연출했다.

조지 마키우나스는 1961년에 결성된 플럭서스의 창시자이다. 그러나 리투아니아 출신의 천재괴짜인 그는 1965년 플럭서스 그룹의 슈톡하우젠(Karlhein Stockhausen)의 작품 '괴짜들' 공연에서 흑인음악을 조금밖에 연주하지 않았다고 동료들에게 배신감을 느낀다. 그는 플럭서스의 종말을 선언하고 소호지역을 리모델링하는 건설계획에 뛰어든다. 그 덕분에 소호는 새로운 지역으로 탈바꿈하게 된다. 그는 또다시 입주자와 공동소유자들, 부동산업자에게 배신을 당한 뒤 세상을 등진다. 열렬한 양심적 마르크스주의자였던 그는 사회로부터 배반당하는 수모를 겪다가 끝내 죽는다. 마르크시즘은 이론적으로는 맞지만 그것을 실천할 만큼 민도가 따라 주지 않는다. 사람들에게는 평등보다는 욕망이 훨씬 더 큰 것이다. 조지 마키나우스에 대한 평가는 높다.[92]

플럭서스의 대표인 마키우나스는 동료에게 배신당했다고 느낀다. 그는 결

---

[92] "동부 유럽국가의 혁명이 체코슬로바키아에서 작가 대통령을 배출시킨 셈이다. 그가 바로 바슬라프 하벨 Vaclav Havel이다. 하지만 똑같은 혁명으로 리투아니아에서는 플럭서스 출신의 비타우타스 란츠베르기스Vytautas Landsbergis가 대통령으로 선출되었다는 사실을 아는 사람은 그리 많지 않다. 1990년 봄, 안경을 쓰고, 어깨를 축 늘어뜨린 이 '음악과 교수'가 매일 TV뉴스에 모습을 드러냈다. 그는 소비에트 정부의 봉쇄정책에 반기를 들고 초강대국의 정상회담을 방해할 위험스런 일을 저지르지 말 것을 '친절히' 충고하는 서구 언론에 반항했다. 고르바초프가 노벨 평화상을 수상했을 때 란츠베르기스 는 '경외하는 대통령 각하...'로 시작하는 축하 전문을 보냈다. 골리앗에 당당하게 맞선 어린 다비드와 같은 그의 이런 태도는 내게 '작은' 플럭서스 운동과 '큰' 소호 계획의 창시자인 그의 친구 조지 마키우나스의 모습을 떠올리게 한다. 란츠베르기스와 마키우나스는 모두 부유한 건축가의 아들로, 전쟁 전 몇 년간 지속되었던 리투아니아의 평화로운 시절에 함께 쿠나스 초등학교에 다닌 절친한 친구 사이다. 독일과 소비에트의 점령, 전쟁, 독일 군대의 후퇴, 배고픔, 아버지의 의문사(자살?), 뉴욕의 허영, 자본주의의 '모순'등 끔찍한 일들이 조지 마키우나스를 심각한 천식환자, 인류의 행복을 위한 숭배자, 자기중심주의자, 그리고 간헐적인 편집증 환자로 만들었다. 1965년에 순진한 마르크스주의자인 마키우나스는 리투아니아의 옛 친구에게 연락을 했다. 그러자 불행하게도 그 당시 격렬한 반마르크스주의자였던 1966년 12월 5일 답신으로 그에게 반체제적인 퍼포먼스 아이디어를 적어 보냈다."(《백남준: 말에서 크리스토까지》(백남준 총서 1) 73~74쪽.) "플럭서스의 대표인 마키우나스는 동료에게 배신당했다고 느낀다. 그는 결국 플럭서스의 종말을 선언하고, 오래 기억할 만한 소호 지역 건설 프로젝트에 뛰어들었다. 그는 기업체 빌딩을 예술가들을 위한 스튜디오로 만들어도 좋다는 허가를 받아냈다. 그리고 우스터 가 80번지에 있는 소호 예술가들을 위한 첫 번째 빌딩에 '플럭서스'라는 이름을 붙였다. 이는 공동소유의 빌딩으로, 그후 그는 다른 27개의 빌딩도 똑같은 방식으로 개발하며 전혀 이익을 챙기지 않았다. 그의 계획으로 소호 지역에 부동산 붐이 일어났다. 1978년, 마흔일곱의 나이에, 마키우나스는 가난했다. 그는 입주자와 공동 소유자들, 그리고 부동산 업자들로부터 배반당한 채 세상을 등졌다. 같은 해, 요셉 보이스[1]와 나는 뒤셀도르프 미술 아카데미에서 마키우나스를 기리는 고별 소나타를 연주했다. 플럭서스의 옛 구성원인 고집스러운 란츠베르기스이 주도로 철의 장막 건너편 리투아니아에서 조심스러운 개혁의 바람이 불기 시작했을 때, 플럭서스는 조용한 재탄생의 증언이 되었다."(《백남준: 말에서 크리스토까지》(백남준 총서 1) 75~76쪽.)

국 플럭서스의 종말을 선언하고, 오래 기억할 만한 소호 지역 건설 프로젝트에 뛰어들었다. 그는 기업체 빌딩을 예술가들을 위한 스튜디오로 만들어도 좋다는 허가를 받아냈다. 그리고 우스터 가 80번지에 있는 소호 예술가들을 위한 첫 번째 빌딩에 '플럭서스'라는 이름을 붙였다. 이는 공동소유의 빌딩으로, 그후 그는 다른 27개의 빌딩도 똑같은 방식으로 개발하며 전혀 이익을 챙기지 않았다. 그의 계획으로 소호 지역에 부동산 붐이 일어났다. 1978년, 마흔일곱의 나이에, 마키우나스는 가난했다. 그는 입주자와 공동 소유자들, 그리고 부동산 업자들로부터 배반당한 채 세상을 등졌다.

같은 해, 요셉 보이스[93]와 나는 뒤셀도르프 미술 아카데미에서 마키우나스를 기리는 고별 소나타를 연주했다. 플럭서스의 옛 구성원인 고집스러운 란츠베르기스가 주도로 철의 장막 건너편 리투아니아에서 조심스러운 개혁의 바람이 불기 시작했을 때, 플럭서스는 조용한 재탄생의 증언이 되었다.

(≪백남준: 말에서 크리스토까지≫(백남준 총서 1) 75〜76쪽,)

샬롯 무어맨은 그 누구보다도 백남준의 예술을 꽃피우게 한 장본인이다. 그녀와의 만남은 일종의 운명적인 것이었다. 당시 뉴욕에서 클래식 첼리스트로 명성을 어느 정도 쌓은 그가 과감하게 아방가르드의 첨단을 가는 플럭서스의 멤버로 뛰어든 것은, 그것도 심한 노출을 감행하면서 해프닝이나 퍼포먼스를 벌인 것은 백남준에게는 하늘이 도운 것이라고 해도 과언이 아니다. 그녀의 미모와 풍만한 신체는 클래식 연주자라는 고상함과 어울려 극단적인 긴장감을 불러오면서 이에 더하여 오브제로서의 누드와 악기라는 새로운 합성(合成)을 통해 전율을 관람자들에게 선사하여 시적(詩的) 은유를 배가시켰다. 단박에 공연장은 유명해졌다.

백남준과 만날 때 샬롯 무어맨은 이미 암 진단을 받은 상태였다. 암 발병은

---

93) Joseph Beuys(1921〜1986): 현대미술에 지대한 영향을 끼친 독일예술가. 뒤셀도르프 쿤스트아카데미를 졸업하고 모교의 조각과 교수로 재직했다. 직접민주주의를 주장하거나 환경주의파에 가담하는 등 강한 정치적 성향을 띠면서 활발한 퍼포먼스 활동을 벌였고, "사회적 조각"이라는 개념을 정치영역으로 확대하였다. 특히 플럭서스 구성원으로 백남준과 절친한 우정을 나누며 함께 작업했다. 예술과 삶의 분리를 부정하고 자신의 삶 자체를 예술작품으로 인식했다. 그의 진지한 사유와 적극적인 표현방식으로 20세기 가장 영향력 있는 작가 중 한 사람이 되었다.

단순히 스쳐 갈 사항은 아닌 것 같다. 백남준은 1961년 '괴짜들' 공연에서 무어맨을 처음 만난다. 젊은 무어맨은 암 발병이라는 충격과 함께 언제 죽을지도 모르는 불안 속에서 자신의 삶을 가장 진하고 강력하게 보내는 방법의 하나로서 플럭서스를 택했는지도 모를 일이다. 그래서 쉽사리 결정할 수 없는 누드연주를 감행하였을 공산이 크다. 마침 백남준은 '클래식＋퍼포먼스'가 가능한 여성을 물색하고 있었다. 그의 고백에 따르면 아마 그때 무어맨이 나타나지 않았으면 백남준은 일찍이 퍼포먼스를 포기하였을 공산이 크다.

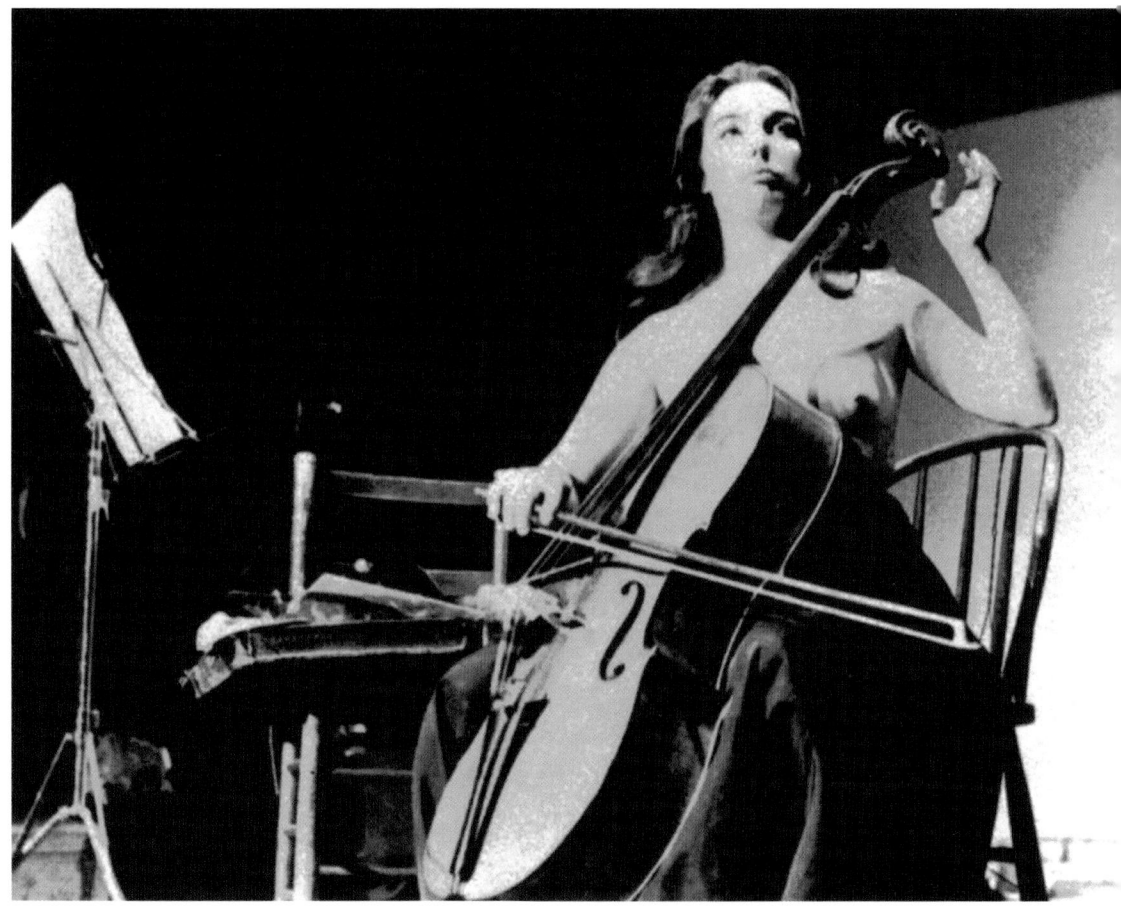

오페라 <섹스트로니크>를 연주하는 샬롯 무어맨. 경찰에 체포되기 직전의 모습. 1967년 2월 9일, 사진 딕 프레스턴. 이 작품으로 세계적 파문을 일으켰던 샬롯 무어맨은 백남준의 퍼포먼스 파트너였다. 유태인 첼로 연주자였던 그는 글래머였던 관계로 대중적인 눈길도 끌었다.

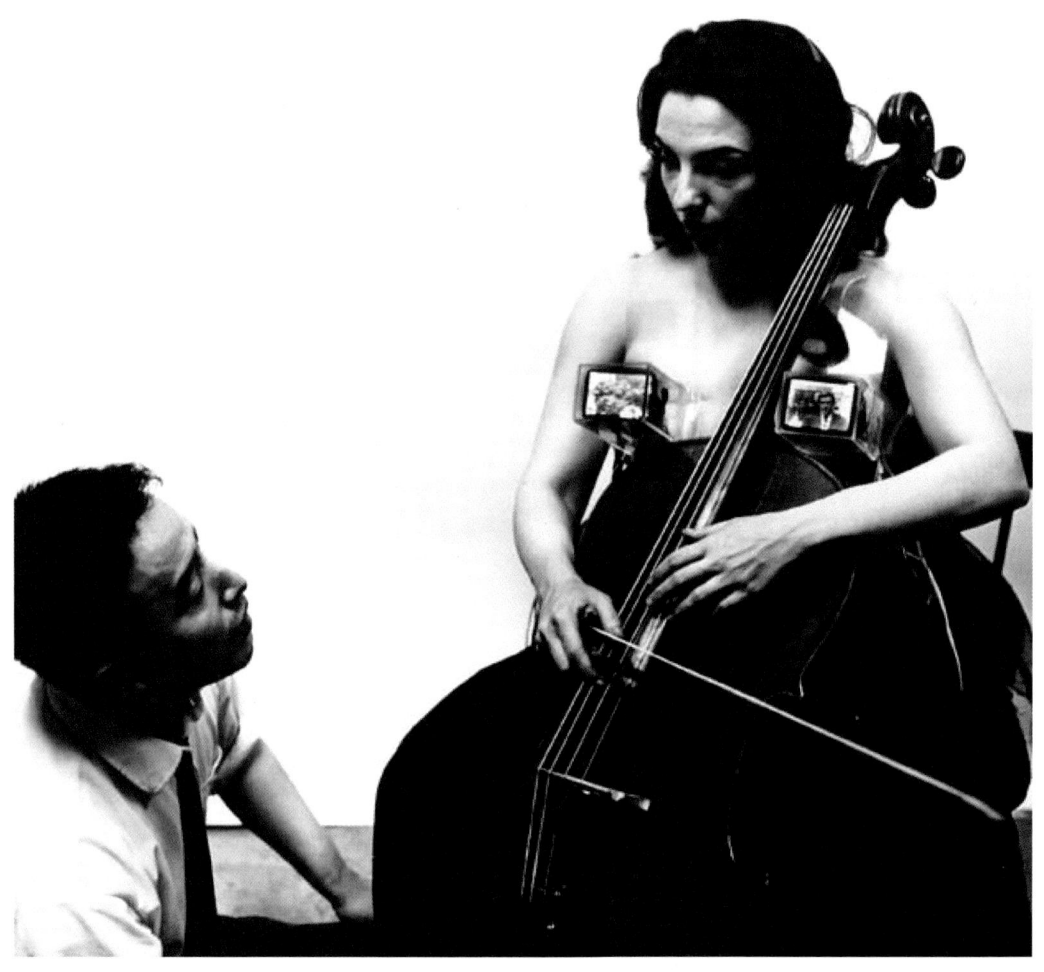

백남준 <살아있는 조각을 위한 TV브라> 1969년

　무어맨은 1964년 백남준이 뉴욕에 들어오기 한 해 전에 '제1차 뉴욕 전위예술제'를 주최하고 이듬해에 백남준을 기다리고 있었다. 그해 8월 져슨 홀(Judson Hall)에서 열린 '뉴욕 제2차 전위예술제'에서 백남준과 첫 퍼포먼스를 공연했다. 이날은 정장차림이었다. 그러나 백남준은 음악에 섹스를 도입할 의도를 가지고 있었다. 무어맨은 백남준과의 첫 번째 만남에서 백이 그녀에게 한 말을 다음과 같이 회고했다.

　"그래요, 첼로는 본래 섹시한 악기예요. 나는 누군가 공연하고 옷을 벗을 사람(strip)을 찾고 있어요. 팬티를 벗고, 물속에도 들어가고, 전라가 돼야 해요. 당신을 위해 셀로판으로 된 잠옷을 만들어 드리죠."[94]

무어맨이 다른 악기가 아니라 첼로 연주자였다는 사실은 섹스를 음악퍼포먼스, 소위 행위음악에 도입하기에는 금상첨화였다. 첼로가 여체를 가장 잘 집약적으로 상징한다는 것은 알려진 사실이다. 뉴욕의 촉망받는 유대인 연주자인 무어맨이 클래식을 연주하다가 조금씩 옷을 벗다가 누드가 된다는 것은 섹스와 음악의 결합, 음악에의 섹스충격으로서는 최상이었고 또 다른 절정이었다.

무어맨은 백남준의 충격적인 제안을 받아들였다. 심지어 '성인만을 위한 첼로 소나타 NO.1'(Cell Sonata NO.1 for Adults Only)을 1965년 1월, 뉴스쿨(New School for Social Research)[95])에서 공연했다. 바하를 연주하면서 중간에 옷을 하나씩 벗기 시작했는데 완전히 나체가 될 때까지 연주는 계속됐다. 무어맨은 마지막에는 마루에 누워 배 위에 첼로를 얹어 놓는 것으로 작품을 끝냈다.[96]) 그것은 가부장사회에서 모든 도덕과 제도와 체제를 일시에 무너뜨리는 충격을 주었다.

이어 '뉴욕 제3차 전위예술제'에서 '생상스의 주제에 의한 변주'(Variation on a Theme by Saint-Saens, 1965년, 8월)를 연주했는데 무어맨은 '백조'를 연주하고는 물이 가득 찬 기름 드럼통에 몸을 담그는 퍼포먼스를 감행했다. 상반신과 가슴을 드러낸 누드였다. 무어맨의 글래머는 주위에 충격을 주었다. 또 존 케이지의 작품 '현을 위한 26 ′ 1.1499 ″'에서는 반라(半裸)의 백남준이 인간 첼로의 역할을 했다. 이 작품은 같은 해 10월에 가페 고우 고

---

94) Paul Gardner, 〈Turning in to Nam June Paik.〉 Art News 81(May 1982), p.70. 강태희, 〈전위의 첨단, 백남준 예술-초기 작품에서 비디오까지〉 p.41, 재인용, 미술세계 1월호(통권 51호), 1989.

95) 뉴욕의 뉴 스쿨은 조지 마키우나스(George Maciunas), 알란 카프로(Allan Kaprow), 알 핸슨(Al Hansen), 딕 히긴스(Dick Higgins), 조지 브레히트(George Brecht), 라몬테 영(La Monte Young), 시인 잭슨 맥로우(Jackson Maclow) 등 플럭서스 작가들이 존 케이지와 함께 공부한 곳이다. 이들 예술가들은 존 케이지의 영향으로 퍼포먼스 작품을 만들었다. 1961년 마키우나스가 맨해튼에 연 'AG' 화랑과 오노 요코(Yoko Ono)의 스튜디오는 플럭서스 작가들에게 전시장소를 제공했다. 플럭서스는 라몬테 영, 잭슨 맥로우가 편집을 맡고, 마키우나스가 장정을 맡아서 '앤솔로지'(1963년)를 냈다. 플럭서스는 마키우나스에 의해 62년에 출발하여 마키우나스가 죽은 78년에 활동을 중단했다고 본다. 마키우나스는 "플럭서스는 예술이 아니고 창조적 개그였다."고 말했다. 그는 또 플럭서스 집단을 '농담꾼들의 집합'이라고 말했다.

96) Paul Turok, 〈Music Note: More Torso Than Playing〉, New York Herald Tribune, 9 January 1965, reprinted in Videa, p.7. 강태희, 〈전위의 첨단, 백남준 예술-초기 작품에서 비디오까지〉 p.41, 재인용, 미술세계 1월호(통권 51호), 1989.

우에서 연주됐다.

백과 무어맨은 이들 작품을 1966년까지 유럽순회 공연에서 실행했다. 그러다가 뉴욕 공연 '오페라 섹스트로니크'(1967년 2월)에서 '지나친 노출'의 죄목으로 구속되었다. 특히 음악과 섹스를 주제로 한 퍼포먼스의 하이라이트였던 '섹스트로니크'는 외설시비와 함께 뉴욕을 떠들썩하게 한 사건이었다. 당시 상황을 보자.

"무어맨은 첫 무대에서 바늘이 주렁주렁 달린 비키니를 입고 첼로를 연주하였으며 얼굴에 마스크를 쓰고 나타나는 등 이상한 행동을 반복하였다. 이 공연의 3장 '아리아'에서는 하반신을 완전히 벗은 채 머리에는 헬멧을, 상체는 미식축구 선수의 유니폼을 입었다. 4장에서는 실오라기 하나 안 걸친 채 첼로를 연주하였다. 이 공연은 뉴욕의 45번가에 있는 영화제작자극장에서 실연되었으며 공연 도중 경찰의 제지로 중단되었다. 이들은 체포되었다가 그다음 날 풀려났다."[97]

이 사건은 외설시비로 뉴욕법정에 서고 뉴욕예술계의 '예술의 표현의 자유'를 위한 노력, 록펠러 주지사의 '외설과 예술의 표현의 자유는 다르다.'라는 최종 판결내용 발표로 백남준과 무어 맨은 도리어 영웅이 되었다. 백남준은 "샬롯의 유명한 가슴은 지난 10년간의 전위예술의 업적과 고뇌를 상징한다."고 말하기도 했다. 백남준과 무어맨이 콤비가 된 퍼포먼스는 섹스트로니크를 비롯하여 '살아 있는 조각을 위한 TV브라'(1969년), 'TV첼로와 비디오테이프를 위한 협주곡'(1971년), 'TV페니스'(1972년) 등으로 이어졌다.

백남준의 전시회에 등장하는 비디오테이프는 '글로벌 그루브'와 '굿모닝 미스터 오웰'이다. 이들 작품에도 샬롯 무어맨의 신체가 등장한다. 백남준의 주요 작품에는 신체화된 작품이 자주 등장하는데 이것은 도리어 무어맨을 위하여 제작된 것이기도 하다. 그녀의 신체는 최상의 오브제였다. 클래식과 신체, 이것은 뮤즈의 여신이 백남준에게 선사하는 최고의 시였다. 무어맨은 바로 살아 있는 뮤즈였다. 두 사람은 콤비공연으로 인해서 서로가 도움을 받았다.

---

97) 이용우, 같은 책, 121쪽, 열음사.

훌륭한 연주자는 악기를 위한 연주를 한다. 연주의 초보자들은 이미 작곡된 작품의 연주, 자신의 연주를 위해 악기를 도구로 사용하지만 훌륭한 연주자는 결국 악기를 위한 연주를 한다. 악기를 위한 연주를 위해서는 연주를 할 때마다 새롭게 작곡을 하지 않으면 안 된다. 이것이 바로 창조적 연주자이다. 창조적 연주자는 자신이 연주하는 것이 아니라 악기가 연주한다. 백남준과 무어맨이 벌인 섹스트로니크를 이렇게 은유할 수 있다.

명기를 연주하는 자는 안이비설신의(眼耳鼻舌身意)로 연주한다. 안이비설신의로 연주하는 자는 신체의 일부분이 연주를 하는 것이 아니다. 결국 마음으로, 영혼으로 연주를 한다. 영혼으로 연주를 하려면 영매가 필요하다. 그것이 어떤 종류의 영매이든, 영매가 필요하다. 모든 사물은 영매가 될 수 있다. 단지 영혼관계를 맺으면 영매가 될 수 있다. 백남준은 무어맨과 첼로를 영매, 매체로 만들었으며 스스로 첼로가 되어 무어맨으로 하여금 자신의 몸을 마치 첼로처럼 연주하게 했다. 이것은 '여자－되기', '악기－되기'였다. '－되기'는 매우 은유적이다.

어떤 섹스의 달인은 여자를 다루면서 열 개의 손가락과 마음과 성기로 섹스를 하였다. 그때 성기라는 것은 열 개의 손가락과 마음 등 12개의 도구 중 하나에 불과했다. 그 달인은 자신의 만족을 위해 연주를 하는 것이 아니라 여자, 즉 명기의 만족을 위해 연주를 하였다. 그 달인은 여자가 접신되는 것을 보았다. 섹스는 모든 일어나는 것, 사건의 핵심코드이다. 섹스 속에 모든 일과 놀이와 종교와 예술 그리고 철학이 들어 있다. 섹스를 단지 배설로 보는 자는 불쌍한 자이다. 그러한 자는 황금을 돌같이 보는 자가 아니라 황금을 돌로 쓰는 자이다. 그러한 자는 다이아몬드를 흑연으로 쓰는 자이다. 섹스트로니크는 그런 점에서 무어맨이라는 서양무당을 백남준이라는 한국의 박수무당이 뒷바라지하여 한판 멋들어지게 벌인 굿판이다.

유대인인 무어맨은 백남준이 뉴욕에서 성장하는 데에 간접적인 도움을 주었다. 무어맨은 섹스트로니크 공연에 따른 온갖 어려움 속에서도 공연을 강행했다. 무어맨은 뉴욕경찰의 기소에서 풀려났지만 이로 인해 그녀의 할머니가 심장마비를 일으켰고, 아메리칸 심포니와의 고용계약을 파기당했을 뿐만 아니라, 당시 그녀의 주요 생계수단이었던 텔레비전 광고에서 밀려났다. 라스베이거스나 그 밖의 장소에서 공연할 경우 많은 보상을 지불하겠다는 제안들은 그의 자존심을 악화시켰을 뿐이다. 그만큼 무어맨은 백남준을 위해서 희생을 감수하였다.

백남준은 예술의 파트너로서뿐만 아니라 한 사람의 여성으로서도 무어맨을 좋아한 듯하다. 그러나 가난한 예술가의 삶이 이들로 하여금 결혼을 망설이게 하고 결국 포기하게 하였다는 흔적이 많다.

백남준은 소꿉친구 이경희 씨에게 고백한 적이 있다.[98]

"그런데 왜 샬롯 무어맨과 결혼을 안 했어요?"
"돈도 없고 나그네였는데 어떻게 결혼을 해?"
"그럼 서로가 좋은 관계였을 텐데 어떻게 지냈죠?"
"그렇지 뭐. 둘이 여행을 했으니까."

백남준과 샬롯의 뉴욕 생활은 그리 풍부하지 않았던 것 같다. 암과 투병하는 무어맨은 수술비도 없고 보험도 없었다. 예술을 위한 파트너였던 두 사람은 예술을 위해 현실에서의 행복을 포기한 것이나 다름없었다. 백남준도 당시 경제적으로 매우 무력하였던 것 같다. 그러던 중 무어맨은 호텔의 지배인 프랭크 필레기(Frank Pileggi) 씨와 결혼을 한다. 필레기는 샬롯이 오래 머문 파리 호텔의 지배인이었는데 병마와 싸우면서 치료비가 없는 그녀에게 의료보험을 제공하고 호텔 무료투숙을 용인해 주었다. 그러던 그는 어느 날 백남준에게 '샬롯을 사랑하니 결혼을 하고 싶다.'는 고백을 한다. 백남준은 두 사람의 결혼을 주선하였다.

남편이 된 필레기는 그 후 공연의 매니저 역할을 하기도 하였으며, 샬롯에게 헌신적이었다. 적어도 무어맨은 남편 덕택에 20년은 더 생명을 연장하면서 공연을 할 수 있었다. 임종을 지키는 필레기에게 샬롯은 '고마워요, 고

98) 이경희(李京姬), 《白南準 이야기》 p.164, 2000년, 열화당.

마워요.'를 연발했다. 샬롯 무어맨의 남편, 프랭크 필레기와의 순애보는 눈
물겹기까지 하다.[99]

≪Nam June Paik: Fluxus Video(독어번역)≫에 따르면 다음과 같다.

<금기: 음악에서의 성>

60년대 이루어진 해프닝에서 맨젖가슴을 드러내는 행위의 파괴력은 가히
폭발적이었는데, 거의 40년이 흐른 오늘날 당시의 파괴력을 느끼기는 거의

---

99) "1969년쯤 이미 위까지 퍼진 암은 계속 퍼지고 있었다. 그녀의 몸은 임신 5개월의 임산부처럼 보였다.
그런데 수술비도 없었고, 보험도 없었다. 프랭크 필레기Frank Pileggi가 어느 날 내게 그녀를 구할 수 있
는 지갑과 블루실드 보험증을 보여주었다. 프랭크 필레기는 샬룻이 오랫동안 머물렀던 파리의 한 호텔의
야간 지배인이었는데, 그녀가 호텔비를 내지 못해 쫓겨날 때마다 그녀에게 방문을 열어주었다. 그러면서
둘의 아름다운 사랑이 시작된 것이다. 프랭크는 조심스럽게 복도로 미끄러지듯 다가와 자신의 열쇠로 그
녀의 방문을 열어주고 사라지곤 했다. 나는 프랭크와 오랫동안 이야기를 나누었다. 평생을 두고 그녀를
사랑하겠다면서 결혼 허락을 받아달라는 그의 간절한 부탁을 그녀에게 전했다. 프랭크의 보험과 하워드
와이즈Howard Wise의 도움으로 그녀는 생명을 20년이나 연장할 수 있었다. 비록 10년은 병마와 싸우
며 힘들게 보내야 했지만. 그러나 프랭크의 초인간적인 헌신 덕분에 그녀는 생명을 이어갈 수 있었고, 여
러 페스티벌과 퍼포먼스에 참여하고, 솔로몬 섬에도 가고, 이스라엘에서 체류할 수 있었다. 하지만, 마지
막 몇 년간 그녀는 몹시 고통스러워했다. 수시로 몰핀 주사를 맞아야 했다. 프랭크는 매시간 정확하게 잠
에서 깨어 그녀에게 주사를 놓아주고, 다시 한 시간 동안 잠을 잤다. 그는 여덟 시간을 한 번도 깨지 않고
잠자는 것이 소원이라고 했다. 게다가 엄청난 치료비가 필요했다. 내 도움만으로는 충분하지 않았다. 하워
드 와이즈와 오토 피네는 오랜 세월 옆에서 따뜻한 조언을 아끼지 않았고, 금전적으로나 일에 있어서도
많은 도움을 주었다. 샬룻은 메사추세츠공대에서도 이름이 알려졌다. 그녀는 이 대학의 학장이며 케네디
와 존슨의 직속 과학 분야 자문인 제롬 위즈너Jerome Wiesner와 함께 찍은 사진을 제일 좋아했다.
1991년 봄. 그녀의 마지막 퍼포먼스는 그야말로 눈부셨다. 그녀가 쥔 활은 펜싱 챔피언이 휘두르는 검보
다도 빠르게 움직였다. 첼로에서 푸른 불꽃이 튕겨 나오는 것만 같았다. 그때 내 머리에 두 가지 생각이
떠올랐다. 죽어가는 새의 마지막 노래가 가장 아름답다는 중국 속담과 죽음의 침상에서 아무 것도 두렵지
않은 기사가 들려주는 마지막 충고가 지닌 순수함이었다. 공연 전에 한 가지 생각이 더 스쳐갔다. (9시쯤
이었던 것 같다.) 그녀는 퍼포먼스 도중에 고통 때문에 괴로워하지 않으려고 모르핀 주사를 맞았다. 이 주
사 때문에 그녀의 정신은 마치 여신이나 무당처럼 날아다녔다. 어쨌든 망가진 몸으로 공연한 카리스마적
인 그녀의 퍼포먼스는 마치 1965년 파리에서 나체와 셀로판으로 만든 이브닝드레스와 관중들의 환호성
이 뒤섞인 퍼포먼스의 피드백 같았다. 그녀의 몸은 루벤스 그림의 여인처럼 아름답고 매혹적이었다. 2
년 후 이름을 날리게 될 트위기[1]와는 대조적인 이미지였다. 1977년. 콜로라도의 어느 산에서 나는 앨런
긴즈버그Allen Ginsberg에게 몇 살까지 살고 싶으냐고 물었다. (그 당시 그의 나이는 50세쯤이었다). 그
가 대답했다. '다음 세기를 보고 싶군.' 어떤 의미에서 100 혹은 10이란 경계선은 대나무의 마디처럼 사
람들의 생각을 결정짓고 변화시키는 것 같다. 약 7개월 전에 나는 프랭크 필레지에게 제법 값나가는 종이
100장을 주면서 말했다. '샬룻에게 몸 상태가 괜찮을 때 종이 맨 아래쪽에 사인을 부탁하게나. 나야 필요
하지 않지만, 자네는 샬룻의 그림이나 사진을 인쇄할 수 있을 걸세. 그걸로 돈을 벌 수 있지 않겠나.' 나는
헨리 밀러의 가족이 그가 사인을 백지를 팔았다는 사실을 알고 있었다. 수집가들이 그 종이에 헨리 밀러
의 그림을 인쇄해서 한 장당 천 달러에 팔았다는 것이다. 어제 바바라 무어Barbara Moore가 내게 전화
해서 프랭크가 이 백지(서명하지 않은)를 내게 돌려주고 싶어 한다고 전했다. 그렇다. 프랭크의 헌신은 그
의 마르지 않는 사랑의 결실이었던 것이다. 다정한 이 남자는 샬룻에게 서명하게 할 용기가 없었다. 마담
에바 보이스Eva Beuys가 자신의 남편과 그럴 수 없었듯이. 나는 죽음을 앞둔 그녀와 함께 보낸 일곱 시
간을 결코 잊지 못할 것이다. 죽음이 임박했음을 느낀 샬룻은 끊임없이 프랭크에게 '고마워요. 고마워요'
라고 말했다."(≪백남준: 말에서 크리스토까지≫(백남준 총서 1) 49~51쪽)

불가능해졌다. 내숭 떠는 시대는 이제 저만큼 물러간 것처럼 보인다. 그럼에도 불구하고 미국의 매체들이 퍼뜨려 국제적인 염문으로까지 비화된 클린턴과 르윈스키의 스캔들을 보면, 대다수 미국인들의 도덕적인 체(君子然)하는 태도는 지금도 여전하지 않은가! 예컨대 유머에 찬 <영 페니스 심포니>(그 신체 부위 여러 개가 흰 캔버스 위로 솟아 있다)의 구상은 1962년 포스텔이 펴낸 잡지 데콜라주(De'-coll/age)에 발표되었는데, 1986년에야 쾰른 쿤스트베어라인에서 첫선을 보였지만, 이는 전혀 놀라운 일이 아니다. 백남준 자신도 1962년 구상을 발표할 당시 1984년을 작품 개봉시일로 예견했었고, 그의 예견은 10퍼센트밖에 틀리지 않았다! 백남준은 문화의 모든 영역들을 성이 석권했는데, 예외적으로 음악만이 지금도 여전히 동일한 시각적인 양상으로, 대개 흑백으로 무대에 올려진다는 사실을 확인하고 놀라워한 바 있다.

"작품의 일부가 되는 인물", 클래식을 정식 공부한 첼로주자 샬롯 무어맨에 와서야 '토플리스'로 연주하는 것이 초점인 백남준의 악곡들에 접근이 가능했다. 샬롯 무어맨의 활동, 그리고 미디어 분야에 대한 백남준의 생각을 실현하고 거기에서 그가 거둔 성과에서 무어맨이 차지하는 몫은 결코 과소평가되어서는 안 된다. 활력 넘치는 그녀의 개성 그리고 정식 첼로주자로서의 경력에 위해가 될 것을 마다하지 않고(미국에서 일련의 '금기타파'가 벌어진 직후에는 그 작품에 대한 주문은 이어지지 않았다!) 아방가르드에 온전히 투신한 그녀의 용기는 이제 60, 70년대 미술 퍼포먼스의 역사에서 당당한 부분이 되었다. <소나타 1번 C장조-어른 전용>, 1965(샬롯 무어맨의 음영이 종이 오린 것처럼 투명 벽 위에 투사되는 가운데, 무어맨은 옷을 벗고 누워서 자기 몸 위에 놓인 첼로를 연주한다!), 그리고 옷을 벗은 상태라는 전해지는 이야기와는 달리 여러 다양한 옷차림으로, 대개 반창고로 가슴에 <살아 있는 조각을 위한 티브이 브라>(1969)를 고정시킨 채 연주를 한 유명한 <티브이-첼로>(1971) 등이 대표적이다. 샬롯 무어맨은 1967년 2월 9일 뉴욕 영화제작사의 시네마테크에서 연행되어 곧바로 '부적절한 노출'로 유죄판결을 받는 센세이션을 일으켰다(무어맨은 백남준의 악곡 <오페라 섹스트로니크>를 '상체에 옷을 걸치지 않고' 연주한 적도 있었다). 러셀

베이커는 뉴욕타임즈에 만약 카잘스가 두 다리와 첼로 사이에 헝겊 한 조각을 걸치지 않는다면, 이렇다 할 첼로주자가 되지 못했을 거라는 판사 밀턴 샬록의 말을 비꼬는 글을 실었다! 얌전한 체하는 60년대였기에 보일락 말락 하는 여자 첼로주자의 아름다운 가슴이 문화철학적 논쟁의 실마리가 될 수 있었다. 특히 백남준의 관심사가 되었던 의문, 즉 마치 우리에게 시각적으로 음악 연주회를 즐길 마음이 없는 양, 오케스트라 단원들은 왜 늘 펭귄 같은 옷을 입어야 하나라는 의문이 논쟁의 매개가 되었다. 비단 <글로벌 그루브> 1973 같은 비디오테이프로 자신의 직접적인 분야에서 선구자가 되는 것에 그치지 않고 이 분야에서도 백남준은 오늘날 통용되는 뮤직비디오 클립의 선구자가 되었다.

이현선은 "장벽 가로지르기—백남준과 샬롯 무어맨: 섹스, 비디오 & 음악(Crossing Barriers—Nam June Paik and Charlotte Moormann: Sex, Video&Music)"에서 60년대 말 백남준이 무어맨을 위해 만든 대표적인 작품들로 4편의 비디오 작품 '살아 있는 조각을 위한 TV브라'(1969년), 'TV첼로와 비디오테이프를 위한 협주곡'(1971년), 'TV Glasses'(1971), 'TV Bed'(1972)를 들면서 "샬롯 무어맨의 육중하고 관능적인 반나체가 중요한 역할"을 하였다고 평가했다.

이현선은 또 "'상호매체성' 또는 '섞은 매체'(Mixed Media)란 요소가 중요한 역할을 하는 백(백남준)의 작품에서 이러한 이미지들은 비디오, 회화, 조각 매체의 시각적 효과에 의존하는 바가 크다."고 밝히고, 그러나 "1960년대 중반 이후 섹스와 음악의 관계 문제는 백남준 예술의 대표적인 이슈의 하나가 된다. 앞서 지적했듯이 섹스/섹슈얼리티 문제가 서양 음악의 하나의 관건이었다는 점을 일단 제쳐 두고라도, 샬롯 무어맨의 (반쯤 벗은) 몸 또는 남성의 페니스를 정면에 내세움으로써 백남준은 벗은 몸과 섹스, 섹슈얼리티를 동일시하고 있는 것처럼 보인다. 이 점만을 두고 볼 때 그는 아방가르드적 위치를 포기하고 있는 셈이다."고 아방가르드의 후퇴를 꼬집는다. 왜냐하면 "벗은 몸과 섹스를 거의 무차별하게 동일시하는 전통적 관념이 벗은 몸이 공공의 장소에서 허용되지 않은 요인 중의 하나이며, 이는 서유럽 기독교 문화의 한 특징이 되어 왔던 것이다."고 그 이유를 밝힌다.

이현선은 나아가 첼로는 악기 자체가 에로틱한 이미지를 연상시키는데 여기에 무어맨의 벗은 몸, 첼로를 대신하는 백남준의 '휴먼첼로'(1965년)는 그야말로 '더 이상 텍스트가 필요 없는 하나의 폭로적인 포르노그래피의 장면'이라고 비판한다. 그러나 이는 무어맨의 신체가 애초부터 음악을 연상시키는 오브제로 사용되었다는 사실에 주목한다면 오브제에 충실한 작품이었다고 보인다. 동시에 그들의 퍼포먼스도 결코 무용이 아니다. 무용이라고 하기에는 기본동작도 없다. 이는 물론 일상인의 눈으로 보면 얼마든지 외설일 수 있다. 결국 극단적으로 가면 예술이란 보는 이에 달린 것이 아닌가. 오브제란 것은 관람자가 예술가의 의도에 동의하면 작품이 되는 것이고 동의하지 않는다면 작품이 안 되는 것이다. 그것은 오브제에 달린 것이 아니라 관람자에 달린 것이다. 다행히 오브제에 대해서 현대의 일상인도 어느 정도 동의하기 때문에 그것은 작품으로 행세를 하는 것이다. 바로 오브제라는 것은 보는 이의 관점에 따라 외설도 될 수 있고, 작품도 될 수 있는 불확실성과 이중성이 도리어 작품의 의미를 새롭게 한다고 보인다. 현대 아방가르드는 바로 이 이중성을 노리는 것인지도 모른다.

이현선도 백남준의 작품들 중 '오페라 섹스트로닉', 'TV첼로와 비디오 테이프를 위한 협주곡' 등 비록 음악적 제목을 붙이고 있지만 아방가르드라는 말을 쓰더라도 음악으로 보기는 어려우며 차라리 미술 쪽에 – 예컨대 퍼포먼스 예술가, 조각가, 비디오아티스트가 어울린다고 생각한다. 이것은 매우 중요한 문제이다. 백남준을 과연 음악가라고 할 수 있을까. 나도 그것에는 동의를 할 수 없다. 백남준은 음악을 소재와 주제로 하였지만 '음악을 오브제로 활용한 미술가'라는 편이 옳다고 본다. 그것의 연장선에서 유명한 첼리스트이고, 글래머인 무어맨을 효과적인 오브제로 사용한 것이다. 다시 말하면 백남준은 음악을 오브제로 사용한 작가이다. 그것을 위해서 그는 음악을 전통적인 음악에서 탈피시키는 무조(無調)음악을 징검다리로 이용하면서 미술 쪽으로 건너갔던 셈이다.

앞에서 예를 든 '비디오 조각'들에 대해 백남준은 조각이라는 말보다 설치라는 말, '비디오 장치(Video Installation)'란 명칭을 즐겨 쓴다. 이는 전통적인 덩어리(massive) 개념의 조각과는 차별을 선언하고 싶은 저의를 읽을 수 있으며 도리어 설치에다 콜라주 개념을 도입하여 그의 작품은 가로세로 축적되어 갔으며, 작품세계를 확충하여 갔던 것이다. 이들 비디오 조각들은 'Global Groove'(1973), 'Topless Cellist'(1995) 등의 비디오 작품에도 삽입된다. 말하자면 백남준의 종합적인 파로나마인 비디오아트를 위하여 부분으로 들어가는 것이다. 그의 마지막 집대성은 항상 비디오아트에 있다.

이연숙은 또 "그레고리 베트코크는 백남준과 샬로테 무어맨을 '미국의 가장 중요한 아방가르드 음악가'라고 자리매김시키고 있다. 그는 또한 샬로테 무어맨을 '첼리스트'라고 표현하는 반면 백남준을 '작곡가/조각가/비디오예술가'이자 '텔레비전을 포함한 엘렉트로닉 장치를 자주 이용하는 잘 알려진 조각가'라고 소개하고 있는데(Battcock 142),[100] 이는 백(백남준)의 예술을 기존의 카테고리로는 분류하기 힘들다는 것을 단적으로 보여 줄 뿐만 아니라 여러 매체들이 함께 사용되는 그의 예술 세계를 어떻게 불러야 할지 난감했던 당시의 경향 또한 보여 준다고 하겠다."고 말한다. 음악 작품인 "Klavier Integral"조차도 콘서트홀이 아닌 박물관에 서 있으며 "Symphonie No.5"도 음악이 아니고 픽션이라고 덧붙인다.

백남준의 작품은 듣기 위한 것이 아니라 보기 위한 것이며 소리를 시각에 종속시킨 것이며, 덧붙이면 퍼포먼스를 위한 대본이다. 그러한 점에서 백남준의 모든 예술은 오브제에서 퍼포먼스 사이에 있다. 그는 탈장르를 통해, 더 정확하게는 주변의 다른 예술장르의 영감(靈感)하에 결국 비디오아트란 새로운 장르를 개척한 불세출의 미술가이다.

백남준은 1980년 무어맨과 '생상스를 위한 변주곡'을 함께 공연한다. 이것이 그녀와의 마지막 공연이다. 무어맨은 10년 뒤인 1990년 오토 피네(Otto Piene)의 주관하에 MIT공대 '심층시각 연구센터'에서 그녀의 마지막

---

100) Battcock, Gregory(Ed.): Paik and MoormannPerform Cage, in: Breaking the Sound Barrier. A Critical Anthology of the New Music, E.P.Dutton/New York: A Dutton Paperback 1981, 142 - 149.

퍼포먼스를 열었다. 이해는 백남준이 죽은 요셉 보이스를 위한 추모굿을 현대화랑에서 개최한 해였다. 1991년 무어맨은 58세의 일기로 사망한다. 공교롭게도 무어맨의 사망을 전후로 백남준에게는 세계 각국에서 회고전을 열어주었으며, 1993년에는 미술가의 노벨상이라고 할 수 있는 베니스 비엔날레 대상(황금사자상)을 수상한다.

○ <샬롯 무어맨과 백남준의 관계연보>

■ 1961년＝'플럭서스(Fluxus)' 운동의 창시자 요셉 보이스, 조지 메키어너스 만남. 네오다다 음악 발표. <머리를 위한 선(Zen for Head)>, <에튀드 플라토닉크(Etude Platoniques No.3)>, 칼 하인츠 슈톡하우젠의 <괴짜들(Die Orgininale)> 공연. 일생 동안 예술적 파트너인 샬롯 무어맨을 처음 만나다.

■ 1962년＝6월 뒤셀도르프 캄머슈빌레에서 열린 '음악에서의 네오다다'에서 <바이올린을 위한 독주(One for Violin)> 등 발표. 10월 암스테르담 모네화랑에서 앨리슨 노울즈와 <엘리슨을 위한 세레나데> 공연. 11월 코펜하겐에서 앨리슨 노울즈와 <먼 거리의 음악(Music for the Long Road> 공연. 파리 에펠탑에서 앨리슨 노울즈와 <청중이 없는 높은 탑을 위한 음악(Music for High Tower and without audience)> 공연. <20개의 방들을 위한 작곡> 샬롯 무어맨(1933~)은 겨우 29살의 나이에 첫 암수술을 받았다.

■ 1963년＝독일 부퍼탈의 파르나스 화랑에서 첫 개인전 <음악의 전시－전자텔레비전>을 발표(뮤직일렉트로닌TV전). '비디오예술'(Video－art)의 신기원을 열다. 만프레드 몬트베와 같이 <모든 감각을 위한 공연(Piano for all sense)>을 함.

■ 1964년＝첼리스트 샬롯 무어맨과 <뉴욕 제2회 아방가르드 페스티벌>에서 <괴짜들> 공연(카네기홀) 및 <로봇 K－456>을 가지

고 <로봇 오페라> 공연. 그해 여름, 샬롯 무어맨은 불치병을 고백. 미국으로 건너감.

- 1965년＝1월 뉴욕 뉴스쿨에서 <백남준 일렉트로닉전>을 개최. 뉴욕 보니노화랑에서 미국 최초로 <전자 예술> 개최. 샬롯 무어맨과 <성인을 위한 첼로 소나타> 초연. 8월 무어맨과 ≪표현 자유 페스티벌≫(장－자크 레벨 주최, 몽파르나스에 있는 미문화원) 공연.

- 1966년＝4월 뉴욕 영화제작자 극장, 무어맨과 <눈에 보이게 무료하게>에서 <로버트 브리어에 주제에 의한 변주곡> 공연.

- 1967년＝2월, 무어맨과 <오페라 섹스트로니크> 공연(뉴욕, 서 41번가 영화제작자 극장).
  (백남준과 무어맨은 뉴욕공연에 앞서서 66년 6월 아헨, 그리고 67년 1월 필라델피아 미술대학에서 별다른 물의를 일으킴 없이 이를 공연하였다.)

- 1969년＝뉴욕 하워드 와이즈 화랑에서 열린 <창조적 매체로서의 TV전>에 참가하여 무어맨과 공연. <참여 텔레비전>, <살아 있는 조각을 위한 텔레비전 브라>를 제작. 제7회 아방가르드 페스티벌에서 <물고기 소나타> 초연. 시카고현대미술관에서 열린 <전화에 의한 예술>에서 <피아노 소나타>를 초연. 무어맨과 <상상스를 주제로 한 변주곡>을 연주. 르네 블록 화랑에서 <르네 블록을 위한 액션> 공연. 비디오 신디사이저 개발.

- 1970년＝브랜다이스대학 로즈미술관에서 열린 <비전, 텔레비전>에서 <살아 있는 조각을 위한 TV브라> 공연. 쾰른미술협회에서 열린 <해프닝과 플럭서스>에 출품.

- 1971년＝뉴욕 아모리에서 열린 <제8회 뉴욕 아방가르드 페스티벌> 참가. 캘리포니아 산타클라라대학에서 열린 <성 유다 비디오> 초대전에 출품. 보니노화랑에서 열린 제3회 개인전 <일렉트로닉 아트 3>에서 <TV첼로와 비디오테이프를 위한 협

주곡>, <백 아베 비디오 신디사이저>, <TV안경>을 각각 무어맨과 초연.

■ 1972년＝뉴욕 에버슨미술관에서 열린 뉴욕 주 빈켐튼, 실험텔레비전센터의 프로그램으로 <TV첼로와 비디오테이프를 위한 협주곡> 무어맨과 공연. 뉴욕 머서 아트센터 키친에서 <라이브 비디오> 프로그램으로 <TV침대>를 무어맨과 초연. <제9회 뉴욕 아방가르드 페스티벌>에서 <TV침대>를 재연.

■ 1973년＝비디오테이프 <글로벌그루브> 제작. 뉴욕 그랜드 센트럴 역에서 열린 <제10회 뉴욕 아방가르드 페스티벌>에서 <TV첼로와 비디오테이프를 위한 협주곡>, <살아 있는 조각을 위한 협주곡>, <열차 첼로>를 무어맨과 협주.

■ 1974년＝뉴욕 보니노화랑에서 열린 제4회 개인전 <일렉트로닉 아트 4>를 개최. 뉴욕 웨스트베이스에서 머스 커닝햄 무용단과 <비디오 없는 머스 커닝햄을 위한 음악>을 공연. 쾰른미술관 및 쾰른예술협회에서 열린 <프로젝트 74 – 1970년대 초두의 국제미술전>에서 <TV첼로와 비디오를 위한 협주곡>을 무어맨과 공연. 에버슨 미술관에서 <남준백 – 비디오 앤 비디올로지>전 개최. 뉴욕 플러싱 셰 스타디엄에서 열린 <제11회 뉴욕 아방가르드 페스티벌>에 참가.

■ 1975년＝뒤셀도르프시립미술관에서 열린 <1960년대 시각음악의 오브제와 콘서트>에서 <살아 있는 조각을 위한 TV브라> 무어맨과 공연. 마사 잭슨 화랑에서 <하늘을 나는 물고기>전 개최. 제13회 상파울루 비엔날레 미국관의 비디오전 참가.

■ 1977년＝위성방송 <도큐먼트6> 제작. 구보타 시게코와 결혼. 뉴욕 국제무역센터에서 열린 <제13회 뉴욕 아방가르드 페스티벌>에 참가. 뉴욕 타운홀에서 <아담과 함께 요셉 보이스를 위한 '침투 – 첼로를 위한 동질'>을 상연. 뉴욕현대미술관에서 <프로젝트 백남준>전 개최. 함부르크미술대학 교수가 됨.

■ 1978년 = 파리 퐁피두센터에서 <TV정원> 전시. 동경 와타리 화랑에서 개인전 <존 케이지에게 경의를> 개최. 뒤셀도르프 아카데미서 요셉 보이스와 <조지 마키우나스를 위한 추모> 듀엣 공연. 뒤셀도르프 아카데미 교수가 됨. 파리시립미술관에서 <백남준전> 개최. 여기서 무어맨과 퍼포먼스를 함.

■ 1980년 = 구겐하임미술관에서 열린 <인터미디어아트 페스티벌>에서 <바이올린 독주> 공연 및 <생상스를 위한 변주곡>을 무어맨과 공연. 부퍼탈 폰데어 하이데 미술관에서 열린 <파르나스화랑에 모인 작가들: 1949 - 1965>에 출품.

■ 1990년 = 7월 20일 현대화랑에서 1986년 사망한 평생의 친구 요셉 보이스를 위한 추모굿 벌임. 샬롯 무어맨은 오토 피네(Otto Piene)의 주관하에 MIT 공과대학의 '심층 시각 연구 센터'에서 그녀의 마지막 퍼포먼스를 열었다.

■ 1991년 = 스위스 취리히 현대미술관 <백남준 회고전>. 바젤 현대미술관 회고전, 뒤셀도르프 개인전, 카이저상 수상, 와타리화랑 개인전, 루프케화랑 개인전, 바이서라울화랑 개인전. 샬롯 무어맨 사망(1933 ~ 1991). 58세.

■ 1992년 = 서울에서 '춤의 해'를 위한 백남준의 퍼포먼스공연. <비디오예술 30년 회고전>(갤러리현대, 원화랑, 갤러리미건). 퐁피두센터 마니페스트 전시출품. 몬트리올 미술관 개인전. 한국국립현대미술관 개인전. 2월 샬롯 무어맨 회고전이 휘트니 미술관에서 열림.

(휘트니 미술관에서 열린 그녀를 위한 회고전에서 (1992년 2월) 데이빗 로스(David Ross)는 그녀의 용감한 변호사가 되어주었다. 존 핸하르트(John Hanhardt)가 그녀의 업적을 역사적인 차원에서 평가해 달라고 요청했다. 오노 요코(Yoko Ono), 시몬 포르티(Simone Forti), 리하르트 타이텔바움(Richard Teitelbaum), 얼 하워드(Earl Howard)가 그녀를 위해 아름다운

퍼포먼스 공연을 했다. 하지만 아무도 노만 시맨(Norman Seaman)을 빼놓을 수 없을 것이다. 여러 도시의 문들을 여는 열쇠를 쥐고 있는 매력적인 그녀에 대해 그가 들려준 위트 넘치는 일화들을 잊을 수가 없다. 시장과 도지사의 보도 담당관인 시드 파강(Sid Fagan)은 얼마나 그녀가 도전하기 힘든 남자들의 성문을 깨 버렸는지도 얘기했다. 예를 들어, 야구 경기장, 그랜드 센트럴 역, 월드 트레이드 센터, 잉그리드 버그만과 험프리 보가트가 <카사블랑카>의 마지막 장면을 찍었던 공항 등이 있다. 내일, 세상은 아름다울 것이다. 샬롯은 심지어 1970년대에 캘리포니아에 설치한 <러닝 펜스(running fence: 달리는 울타리)>(크리스토의 작품, 1976년 9~10월, 캘리포니아 대지에 설치된 높이 5.50미터, 길이 4킬로미터의 하얀 나일론 커튼)의 문까지 열게 했다. 하지만 그녀는 너무나 겸손했기 때문에 널리 알려지지 않았다.)

■ 1993년＝베니스 비엔날레 독일관 출품. 대상(황금사자상) 수상. 대전엑스포 재생조형관 전시 참가. 일렉트로닉 슈퍼하이웨이 제작. 와타리 현대미술관에서 <반향과 예측>전.

3) 백남준의 비디오아트, 총체적 예술세계

오브제를 넘어서 우주적 프로그램으로: 비디오의 조지 워싱턴
문화는 어떠한 것도 프로그램(program)이다.
프로그램에는 문법(grammar)이 있다. 공(空)도 문법이다.
움직이는 모든 것에는 공(空)이 있다.
공(空)은 자유의 터전이다. 자유는 전자(電子)이다.

백남준의 예술은, 정확하게 미술은 소리를 오브제로 하는 것에서부터 출발하였다. 그의 음악가(작곡가 혹은 연주가)로서의 면모는 다소 있기는 하지

만 그의 미술가에 비하면 클로즈업되지 못하고 있다. 그러나 그를 음악가라는 입장에서 보면 그렇게 못 볼 것도 없다. 그의 비디오아트를 보면 결국 음향통(소리통)이라는 생각도 들기 때문이다. 다시 말하면 기존의 미술에는 소리가 없다. 그런데 그의 미술에는 항상 소리가 있다. 그리고 그의 이미지는 항상 동화상 위주이다. 다시 말하면 움직이는 이미지와 소리로 구성되어 있는 것이 그의 비디오아트라는 것이다.

그의 주장에 따르면 그는 교향곡을 5개나 썼다. 제 1번은 <젊은 페니스를 위한 교향곡), 제 2번은 <20개 방을 위한 교향곡>, 제 3번은 원본을 아직 찾지 못했지만 존재했음이 확인되었고, 제 4번도 역시 원본이 확인되지 않았고, 제 5번은 <교향곡 제 5번>, 대작으로 유명한 것이다. 이밖에도 <오페라 섹스트로니크>를 비롯하여 <로봇 오페라> <하프타임> <미국 바가텔> <라디오를 위한 소나타> <엘리슨을 위한 세레나데> <아름다운 여성 화가의 연대기-엘리슨 놀즈에게 바침> <개발원조> <딕 히긴스를 위한 위험한 음악> <샌프란시스코에서 연주하라> <장송국> <많고 많은 날이 지난 후> 등이 있다.

이들 작품들은 제목은 음악작품처럼 되어있지만 대체로 전통적인 연주보다는 퍼포먼스나 연극의 대본 같은 인상을 주는 게 많다. 더욱이 <미국 바가텔>(1962년경에 여러 곡 작곡됨)처럼 퍼포먼스에 대한 지시처럼 보이지만, 공개적인 연주를 목적으로 한 것이 아니라 완전히 개념적인 글도 있다. 아마도 그는 소리가 있는 작품이면 모두 음악이라고 생각했던 것 같다. 심지어 백남준이라는 이름을 세상에 알린 그의 출세작 <음악의 전시 – 전자텔레비전>도 작곡이라고 볼 수 있고 <존 케이지에게 헌정> <피아노포르테를 위한 연습>도 마찬가지이다.

그런데 그의 이미지는 항상 흐려져 있거나 교란되어 있고, 왜곡되어 있다. 왜 일까? 그의 미술이 종래의 '정적인 시각예술'로서의 미술을 '동적인 청각예술'로 극단적으로 밀어붙인 것이라고 볼 때, 도리어 그를 음악가라고 볼 수도 있을 것 같다. 그의 비디오아트, 퍼포먼스, 위성 쇼, TV조각 등 어떤 작품에도 소리가 나지 않는 작품은 없다. 그리고 보면 그는 항상 '소리가 있는 작품을 제작하는 미술가'이다. 이를 두고 전통적인 음악가의 범주에 넣을 수는 없지만 전위음악가에는 넣을 수 있을 것이다.

백남준은 특히 그의 음악을 무음악(a-music)이라고 명명하면서 쇤베르크의 무조성(atonal), 존 케이지의 무작곡(a-composition)에 대비하였다. 말하자면 '무음악의 음악'이다. 매우 역설적이고 선문답과 같은 말이다. 동양에서는 예로부터 무(無)라는 용어를 어떤 극적이고, 반전이나 역설적인 것에 사용한다. 그는 <존 케이지에게 보내는 경의>라는 작품을 순수연극이라고 하면서도 '무음악'이라고 하였다.

이미지를 흐리게 하거나 혼란스럽게 하는 것은 이미지를 볼륨화하는 것에 반하는 입장이다. 말하자면 소리로 말하면 볼륨을 줄이는(마이너스화하는) 것에 비할 수 있다. 소리의 경우 볼륨을 줄인다고 해서 볼륨이 없어지는 것은 아니다. 단지 작아질 뿐이다. 볼륨이라는 것은 실은 단지 커지거나 작아지는 것일 뿐 완전히 없어지는 것은 아니다. 마치 우주의 에너지의 양이 불변인 것처럼 소리의 볼륨이 변하는 것일 뿐이다. 소리는 파동으로서 본질적으로 움직이는 것이다. 백남준 미술은 총체적으로 소리지향 혹은 운동지향이라고 말할 수 있다.

백남준 미술은 결국 미술 본래의 '정(靜)＋이미지(象)'를 '동(動)＋소리(音)＋이미지(象)＋행위(performance)'로 확대한 것이라고 볼 수 있다. 그의 비디오아트는 종래의 미술적 전통을 일부 계승하면서도 그것을 반전시키기 위한 것이거나, 아니면 완전히 미술과 음악, 무용, 연극, 심지어 대본까지를 통합하려는 제스처를 취하고 있다. 이것은 종래의 장르파괴이면서 새로운 장르의 창조라는 동시성을 가지고 있다. 그런 점에서 그는 통합예술가라고 말할 수 있다.

그런 점에서 그의 작품들이 '심포니', '소나타' 등 음악작품임을 명시하거나 풍자하는 것으로 점철되어 있는 것은 눈여겨볼 만하다. 그는 음악가인지도 모른다. 그런 점에서 음악가로서의 그에 대한 조명도 필요할 듯하다. 그는 차라리 음악을 시각화하려고 했으며 마지막에 신디사이저의 개발은 그것을 어느 정도 달성한 듯이 보인다. 기존의 음악계(특히 클래식)에서는 그것을 음악적 성과로 말하지는 않는다. 아무리 그렇더라도 소리(음악)를 어느 정도 시각화할 수 있는 가능성을 모색한 것을 간과할 수는 없다.

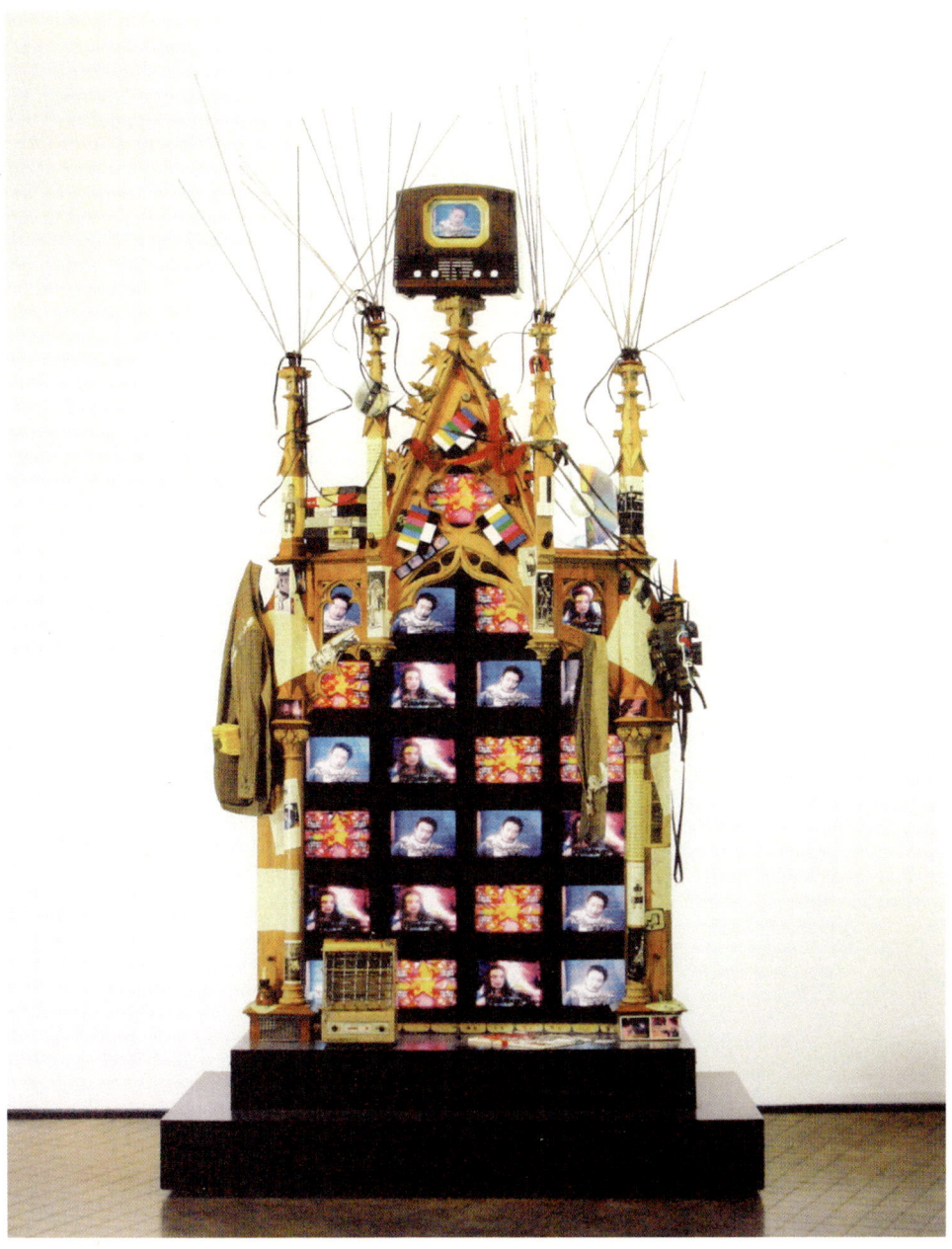

백남준 <나의 파우스트, 자서전> 1989~1991, 삼성문화재단 소장, 사진 김현수
이 작품은 무당의 이미지가 가장 시각적으로 잘 드러난 수작이다.

훌륭한 음악을 비디오 신디사이저로 대체할 수는 없는 것이다. 그렇게 대체되는 수준의 음악은 결코 훌륭한 음악이 될 수 없을 것이다. 그러한 점에서 백남준에게 음악은 마치 그의 예술을 끌고 가는 뮤즈와 같은 것이었다고 보인다. 자연의 소리, 구체적인 소리, 소음 등을 음악에 도입하는 실험정신은 높이 살 만하다. 그가 소리에 매인 까닭은 무엇 때문일까. 혹시 소리가 가지고 있는 운동과 변화의 그 무엇, 보이지 않는 세계에 대한 호기심, 유무(有無), 존재와 비존재의 경계가 가장 확연하지 않는 그것에 심취했던 것은 아닐까. 볼륨의 최소(마이너스) – 최대화(플러스), 속도의 최소 – 최대화, 화면의 최소 – 최대화를 통해 그가 노린 것은 생성의 세계일 것이다.

예술은 시가(詩歌)에서 출발하고 시가란 바로 음악을 말하는 것이 아닌가. 그러한 점에서 음악은 모든 예술의 원천이다. 보이지 않는 그것은 오히려 보이지 않는 것 때문에 인간의 상상력의 촉매가 되고 끝내 영매가 되었던 것이다. 백남준에게 음악은, 더 정확하게 그가 전공했던 무조(無調, atonic)음악은 기존의 음악체계와 질서에 대항하는 반(反)음악이었지만 그를 반(反)예술로 이끌어 주는 원동력이 되었던 것 같다. 그랬기 때문에 역설적으로 항상 오브제나 퍼포먼스, 비디오아트에서도 음악(소리)에 대한 집착을 잃지 않았던 것으로 보인다. 그것은 차라리 일반사물에 대한 정령, 혼령과 같은 역할을 하여 그를 보다 자유롭게 춤추는 우주, 춤추는 공간으로 인도한 천사와 같다.

백남준의 여러 작품을 한꺼번에 담을 수 있는 개념은 없을까. 그것은 음악도 아니고 미술도 아니고 춤도 아니다. 그러면서도 음악이고, 미술이고, 춤이다. 그렇다고 그것을 '기(氣)의 흔적, 궤적'이라고 할 수도 없다. 작품의 뒤에는 항상 그것을 계획한, 실제로 가동된 프로그램이 있는 것이다. 결국 인간이 만든 모든 창작물은 결과적으로 프로그램의 산물이다. 작품의 핵심을 뽑아낸다면, 작품의 모든 곁가지·살점들을 걷어 낸다면, 결국 순수하게 인간의 것으로 남는 것은 프로그램이다. 프로그램은 물적·인적 그리고 그것의 복합적인 것까지도 커버한다. 백남준의 작품은 한마디로 종합하면 '프로그램'(program)이다.

모든 창조는 문화이다. 문화에는 그 뒤에 문법(grammar)이 있다. 그 문법은 통사구조(syntax)를 구성한다. 그런데 어떠한 통사구조도 반드시 끊어지는 부분이 있다. 모든 문장은 끊어진 것이며, 그것을 통사구조란 풀로 잇는 것이 문장이다. 그러니 문장의 특성은 이어진 것이 아니라 끊어진 부분이 있다는 것이다. 끊어진 부분을 무엇이라고 말할까. 그것에 가장 근접하는 단어는 '빈 곳', '공'(空)이라는 것이다. 모든 창작물은 공(空)의 산물이다. 만약 공이 없었다면 공간(空間)의 어떠한 것도 움직일 수조차 없었을 것이다. 공간에서 어떤 특정의 시퀀스를 가지고 배열되는 것, 그것이 상하이든, 선후이든, 원이든 공(空)의 산물이다.

백남준은 흘러가는 소리, 플럭서스와 같은 세계를 공간에서 잡고 싶었다. 그래서 그는 퍼포먼스도 하고 비디오아트도 했다. 그것이 아무리 일순 잡았다고 하더라도 흘러가는 것을 멈추지는 않는다. 아니, 오히려 흘러감으로써 완성된다. 쉽게 말하면 '죽음으로써 완성된다.' 이는 마치 프로이트가 생의 본능과 함께 있다고 한 죽음의 본능[101]과도 같다. 죽음은 파멸이 아니라 완성이다. 죽음은 자연의 일부이며 나의 죽음이야말로 남의 생을 탄생케 하는 섭리이다. 공(空)은 이 모든 것을 가능하게 하는 그릇이다. 공(空)이 있으므로 자유가 존재한다. 그러므로 공(空)은 허무한 것이 아니라 자유와 부활의 상징이다.

그렇다면 물질과 비물질의 사이에서 가장 공(空)에 가까운 것이 무얼까. 바로 전자(電子)이다. 전자는 비어 있음의 대명사이고 바로 그렇기 때문에 가장 작은 퀀텀(Quantum: 입자와 파동의 이중성의 존재)도 가능한 것이다. 전자의 세계가 전기의 세계와 만나 벌이는 우주적 쇼는 이제 백남준의 텔레커뮤니케이션을 통해서 일상적인 것이 되었다. 인간은 이제 이 우주적 쇼를 보면서 생의 욕망에 시달리지도 않고 죽음의 두려움에 떨지도 않으면서 흘

---

101) 에로스와 타나토스: 프로이트(G. Freud)의 주장에 의하면, 인간들은 살고 싶다는 생각을 가지고 있으면서도, 마음 깊은 곳에서는 끊임없이 죽음을 생각하고 있다는 것이다. 프로이트는 이것을 죽음의 본능 '타나토스(Thanatos: 그리스 신화에 나오는 의인화된 죽음의 신)'라고 불렀다. 이 타나토스와 대립되는 존재가 바로 에로스이다. 이 에로스는 새로운 생명을 창조하는 원동력인 동시에 생존본능이다. 1920년에 저술한 〈쾌감원칙의 피안〉이라는 책에서 프로이트는 인간에게는 삶과 죽음의 본능이 있는데, 이 두 개의 대립된 본능이 인간의 정신을 지배하고 있다는 새로운 이론을 전개했다. 일반적으로 '에로스'와 '타나토스'는 서로가 굳게 융합되어 떼어 내려야 떼어 낼 수 없을 정도로 결부되어 있다. 이를테면 동전의 앞뒷면과 같은 것이라고 할 수 있다. 인간은 에로스에 이끌려 삶을 영위하고 있으며, 타나토스의 영향을 받아 죽음의 길을 향해 달려가고 있는 것이다.

러감에 만족하는 안심입명의 경지에 들어갈 수 있는 것이다. 특히 정신과 물질이라는 이원론에 사로잡히지 않고, 왕과 백성이라는 계급론에서 벗어나서 살다 갈 것이다. 그런 점에서 백남준은 소리의 시각화 및 눈으로 볼 수 있는 시각음악, 시각 이미지의 청각화, 귀로 들을 수 있는 전자회화를 꿈꾸었다. 이것이 바로 백남준으로 하여금 세계적으로 비디오아트의 아버지가 되게 한 원인이다.

그는 결국 오브제를 넘어서 저세상으로 갔다. 그러나 그가 죽지 않은 이유는 바로 비디오아트의 초시공간성, 초월성 때문이다. 백남준의 예술세계를 몇 개의 차원으로 분류하면 다음의 표와 같다. 특히 여기서 전자(電子) 플럭서스는 우주의 끝없는 흐름을 상징한다. 플럭서스는 공(空)이고 무(無)이고, 일리(一理)이고 일기(一氣)이고 일물(一物)이고 일심(一心)이다. 이것이 또한 부처의 세계이다.

백남준에게 붙여진 여러 별명 가운데에 '비디오의 조지 워싱턴'이라는 것이 있다. 이 별명은 그냥 붙여진 것이 아니다. 물론 그가 비디오아트의 창시자이지만 록펠러 재단에서 1967년부터 1986년까지 일했던 하워드 클라인(Howard Klein)과 함께 비디오아트의 성장을 이끌어 온 장본인이기 때문이다. 하워드 클라인은 실은 뉴욕 제3차 전위예술제에서 백과 무어맨의 공연을 보고 뉴욕 타임즈에 혹독한 평을 쓴 장본인이다. 그때 그는 "아무 창의성도, 감각도, 재능도 없다."라고 했다. 그런 그가 입장을 바꾼 것은 백남준의 예술이 미래를 달리고 있음을 보았기 때문이다.

"백의 작곡자로서나 공연자로서의 자질과 중요성에 대해서 심각한 회의를 품고 있었다. 왜냐하면 그의 작품은 무정부주의적이고 현재의 기준에 대한 반항이었기 때문이다. 그러나 그를 만나고 그의 비디오 작품을 보았을 때 나는 즉시 그가 현재의 문제점에 대해 다른 해결책을 찾고 있는 것을 알았다. 그리고 나는 분명히 백의 마음이 미래를 향하여 달리고 있어서 앞으로 올 일을 예고할 수 있으며 미래의 문제에 대해서 실제적이고도 비교적 비싸지 않은 해결책을 제시할 수 있다는 것을 알 수 있었다."[102]

백남준의 천재는 여러 가지이다. 그는 극동의 작은 나라, 6·25 전쟁과 폐허와 빈곤만을 기억하고 있는 한국에서 일본을 거쳐 독일, 미국으로 가서 소수자의 불리한 입장을 극복하고 독일과 미국의 주류사회, 주류 예술가사회에 끼어들어 중심인물이 되고 끝내 전후 아방가르드를 이끌어 간 예술가이다. 그는 다다, 플럭서스, 개념미술, 행위음악 등 여러 전위예술운동에 참여하면서 결국 오브제, 해프닝, 퍼포먼스를 거쳐 비디오아트의 집대성을 이루는 업적을 쌓았다. 미술의 비물질주의를 철저히 실현한 끝에 비디오아트의 아버지가 됐다.

그는 특히 다른 어떤 예술보다도 비디오아트에 대해 남보다 수십 년을 먼저 가는 눈을 떴으며 전자의 세계에 대한 이해와 기술력은 그를 예술과 기술의 합성어로의 아트(art)에 대해 빠른 접근을 허용했다. 모든 예술은 시대적 정신과 기술의 산물이다. 그래서 새로운 예술의 아버지가 되었던 것이다. 비디오아트의 창시자라는 칭호에는 예술일반에 대한 해박함과 새로운 미학과 철학에 대해서도 남다른 깊이를 요구했다. 때로는 그가 남긴 어록은 그의 작품에 비해 전혀 손색이 없을 정도이다. 그는 분명 후기근대를 위한 새로운 시학(詩學)을 준비하고 있었다.

혹자는 그를 팝아트의 앤디 워홀(Andy Warhol)과 함께 후기 모더니즘의 대표적인 인물로 본다. 말하자면 팝아트와 비디오아트를, 미국을 대표하는 미술이라고 한다면 그럴 법도 하다. 다른 것은 이미 유럽에서 다 경험하였던 것이다. 물론 그의 작품에서 정치적 메시지가 없다는 것은 보는 이에 따라서는 결정적 하자와 흠이 되겠지만 그것은 정반대의 해석도 가능하다. 도리어 정치적 메시지보다는 재미와 유머를 우선하는 그의 태도가 훨씬 더 예술 본래의 사명에 충실한 것이고 그의 이름을 오래도록 예술사에 남기는 장점이 될 수도 있을 것이다. 지금에 와서 그를 회고하면 역시 한국적 샤머니즘을 체질적으로 타고난 그가 세계를 무대로 한판 큰 굿을 벌이고 간 느낌이다.

---

102) Howard Klein, Letter to author, 19 June 1987. 강태희 〈전위의 첨단, 백남준〉, p.49. 재인용, 미술세계 1월호(통권 51호), 1989년.

<예술인류학으로 본 백남준 작품>

5차원	무극 (太極, 空)	부처 '전자(電子) 플럭서스'
4차원	태극 (陰陽, + −)	우주소 우주정원 비디오아트
3차원	음양 (男女, 物)	오브제 TV조각 섹스트로니크

백남준의 글모음집: 비디아와 비디올로지(Videa 'n' Videology)
우주론적 자서전 쓰기:
자신을 수퍼바이징(supervising)하는, '이미지 기둥세우기' 기법을 통한 건축
적 프리즘(prism)의 글쓰기

백남준의 글모음집 ≪비디아와 비디올로지(Videa 'n' Videology)≫(1959~
1973: 영어번역/뉴욕 시라큐스 에버슨 미술관)[103)]는 참으로 백남준을 제대로
아는 데에 필수적이다. 이 글모음집은 백남준이 단순한 어릿광대가 아니었
으며, 당대에 최고 철학자이며 미학자이며 예술가라는 것을 증명하고도 남
는다. 그는 동서양의 역사와 인류학, 예술사를 꿰뚫고 있었으며 무엇보다도
유목민 특유의 유랑으로 인해 얻은 '발로 직접 걸으면서 깨달은' 깨달음으
로 나름대로 세계와 인간, 인류의 미래에 대해 통찰하고 있었다. 제임스 하
나시스의 서문을 보자.

---

103) Nam June Paik: Videa 'n' Videology, 1959~1973/(공)저: Nam June Paik, Judson Rosebush,
Everson Museum of Art, Everson Museum of Art/편집자 Judson Rosebush/출판사: Everson
Museum of Art, 1974/88페이지/Published in conjunction with exhibitions at the Everson
Museum of Art and the Galeria Bonino, New York, Jan. 1974.

〈서문〉

텔레비전 기술에 기반을 둔 백남준의 선구적인 예술이 실현되고 있다. 백남준이 이러한 형태의 예술을 주도해 온 지 10여 년이 지난 지금, 세계 각국에서 많은 예술가들이 이 매체를 실험하고 있다. 비디오아트는 미술관, 교육방송국, 재단, 대학 같은 기관의 주요 관심사(a crucial issue)로 부상하고 있으며 세계 여러 지역으로 저변을 확대해 나가고 있다.

백남준은 저술, 전시, 텔레비전 퍼포먼스 등을 통해 비디오아트의 발전을 위해 보다 새롭고 중요한 기여를 해 오고 있다. 작가로서 백남준의 작품은 다양한 범위의 비디오적 표현이나 사변적이며 이론적인 추론을 포함한다. 백남준은 미학적으로 복잡한 비디오 작품이나 풍부한 상상력에 바탕을 둔 퍼포먼스나 이벤트를 창조하고 있다. 그의 예술은 선불교, 현대서양철학, 현대과학 등에 근거하고 있다. 백남준은 또한 인공지능을 토대로 자신만의 수단을 연구 개발하고 있다. 가장 야심적인 것이 "로봇 K-456"(Robot K-456)이나 1969년 슈아 아베와 공동으로 개발한 영상 합성기, 1971년 샬롯 무어맨과 공연한 "TV첼로"(TV Cello)이다. 예술작품으로서 그의 비디오 창조물들은 깊은 감동을 줄 뿐 아니라 독창적 (original)이다. 이 작품들은 미학적인 동기를 갖는 비디오 방법론의 공식화에 근거한 구조적 요소(structural elements)를 보여 준다.

비디아와 비디올로지(Videa 'n' Videology)는 본질적으로 존재론적 영역(an ontological discipline)을 탐색한다. 비디오의 일부 효과는 퍼포먼스나 해프닝과 유사하며 관객들의 상호 작용과 참여를 이끌어 낸다. 비디아와 비디올로지는 텔레비전의 창조적 우연성(creative serendipity)과 미학적 투입과 산출에 근거한(전송신호나 색채부호의 주파수 조정과 같은) 과학적 발견의 관계를 명확히 한다. 백남준의 미학적 입장은 보다 광범위한 문화적 경험에 근거하고 있다. 부분적으로 그의 사고나 작업은 불교나 클래식, 전자음악의 영향이나 존 케이지나 노버트 위너 등의 작품에 대한 관심을 보여 준다. 그는 컴퓨터 기술과 텔레비전을 이용하여 끊임없이 작품을 실험하였다.

이 책자는 백남준의 주요 사상, 서신, 에세이, 인터뷰뿐만 아니라 그의 중요한 창작물이나 작품에 대한 기록을 최초로 수록하게 될 것이다. 이 책을 통해 독자들은 백남준의 비디오아트에의 기여와 이를 가능케 한 그의 사유나 작업과정에 대해 알 수 있다. 이를 통해 우리는 전자나 컴퓨터 기술을 인간의 내적인 창조성과 조화를 이루며 인간적인 세계문화 건설을 위해 이용하고자 하는 백남준의 관심사와 소통할 수 있다(제임스 하니사스).

백남준에 대한 이해는 이 밖에도 그와 관련된 많은 사람들의 글을 모은 ≪Eine Data Base≫[104]을 들 수 있다. 여기에는 클라우스 부스만, 피에르 레스타니, 존 캐너데이, 캘빈 톰킨스, 그레이스 글뤽, 데이빗 버든, 오토 피네, 칼 루어베르크, 어빙 샌들러, 래리 리트, 불프 헤르조겐라트, 에디트 데커, 플로리안 마쯔너, 겐페이 아카세가와, 크리스틴느 반 아쉐, 자놀라프 말란데, 바바라 무어, 잭슨 맥로우, 바바라 런던, 아냐 오스발트, 존 오코너, 카롤 브란덴부르그, 시게코 구보타(그의 부인), 요코 오노, 헤르만 니치, 이경성, 이어령, 이원홍, 오광수, 유준상, 김홍희, 이영우, 홍신자, 강석희, 황병기 등 그에게 친지들이 보낸 미술평론, 짧은 편지, 메시지 등 총 230편이 망라되어 있다. 그리고 백남준 자신의 글 '미디어아트에서의 탈구성', '보이스에 관하여', '베니스 I – 1960, 베니스의 존 케이지', '베니스 II – 1966, 곤돌라 해프닝', '베니스 III – 1975, 쾰른시가 내 아이디어를 훔쳤다' 등이 포함되어 있다.

백남준 연보 읽기

백남준의 연보를 읽으면 결국 다음의 4가지로 요약된다.

① 음악에서 출발하여 미술에서 완성된다.

---

104) Eine Data Base/(공)저: Klaus Bussmann, Florian Matzner, Nam June Paik/Edition: illustrated/
   출판사: Cantz, 1993/296페이지.

② 소리를 오브제화하고 오브제를 소리화하다.

③ 카오스를 제자리로 돌려놓다: 혼돈의 대가(大家), 혼돈의 신(神)

④ 모든 길은 길로 통한다: 백남준의 로직(Logic)

(“모든 길은 로마로 통한다.”가 아니다.)

(multimedia(媒體) = 도(道) = 길(way) = 도(Tao) = 사이버네틱스

(cybernetics))

　

백남준의 문서는 아직 정리되지 않는 것을 포함하면 실로 방대하다. 훌륭한 예술가가 훌륭한 말까지를 남긴 예는 그렇게 많지 않다. 그러나 백남준은 후세를 위해서인지 많은 말과 문서를 남겼다. 이것은 참으로 다행이다. 백남준 문서에 대한 읽기는 또 다른 큰 과업이다. 그래서 위의 요약은 단지 얼마간의 문서를 읽은 인상에 불과하다. 실로 백남준은 서양문명에 충격을 준, 동양에서 날아간 예술계의 칭기즈칸이었다. 백남준은 예술의 ‘옐로우 페릴’(yellow peril), 황색공포였다.

제4장 불교인류학과 백남준

부처 백남준
일본 가마쿠라에서 선불교를 배우다

　백남준이 무교적이고 불교적인 세계관과 우주관을 가지고 있는 것은 우연이 아니다. 그의 비디오아트의 탄생도 동양적 우주관의 무의식적 발로가 아니었던가 생각한다.

　백남준에게 불교는 매우 가까운 것이었다. 특히 일본에 체류할 때 불교에 심취한 것 같다. 이는 그가 한국에 있을 때 무당의 굿과 가까이 접한 것과 대조적이다. 백남준을 구성하는 데는 물론 가장 밑바탕에 무교가 있지만 그 바로 위에 불교가 있다. 1932년 일본 강점기에 한국의 재벌 가정에서 태어난 백남준은 서울과 홍콩에서 중학교를 다니다가 한국 전쟁 직후 일본으로 건너가 동경 근교에 위치한 가마쿠라에서 고등학교를 마친다. 유년기에 일본 선불교의 본산이기도 한 불교성지 가마쿠라에서 살았던 경험은 그의 예술의 정신적인 기반으로 작용한다. 이것이 쇤베르크 음악을 좋아하게 하고, 존 케이지와의 만남을 사제지간으로 생각하게 했다. 이 과정에서 우리는 선불교의 영향을 볼 수 있다.

　백남준이 텔레비전과 예술이 하나가 될 것이라는 예언을 한 것도 선방(禪房)에서의 체류에서 힘입는 바 큰 것 같다. 백남준이 1957~1999년에 서지목록을 정리(위르겐 H. 마이어 구성, 사비네 마리아 슈미트 편집)한 그의 글모음을 보자.

    1963년 백남준은 잠시 일본으로 돌아오는데, 그것은 자신이 글에서 밝힌 대로 특히 비디오 테크닉의 새 기술을 알기 위한 것이었습니다. 그런 한편 백남준은 같은 시기에 동양음악을 공부하고, 가마쿠라 인근의 선승방에서 3일을 보냅니다. 그 뒤 도쿄에서 그는 아베와 함께 리모트 컨트롤 시스템으로 걷기도 하고 말하기도 하는, 직접 구상한 로봇을 실제로 제작합니다. 그러고서 1964년에 뉴욕으로 거처를 옮깁니다. 1960년에 벌써 백남준은 존 케이지에게 보내는 편지를 통해 텔레비전과 예술이 언젠가는 하나가 될 것이라는 예언을 내놓습니다. 그러고서 1965년 그 단계까지 나아가지요. 백남준은 처음으로 출시된 비디오 리코더를 구입해서 예술가 제작 비디오테이프로는 사상 최초의 작품을 만듭니다. 게다가 그 작품은 만든 그날 관객 앞에서 상영되는 기회도 가졌습니다. 그때 그는 이렇게 선포합니다. "콜라주 기법이 유채를 대신하는 것처럼, 장차 브라운관이 캔버스를 대체하게 될 것이다."라고 말입니다.

(<Nam June Paik: Fluxus Video (독어번역)>)

    백남준이 플럭서스 집단에 쉽게 적응할 수 있었던 것은 무엇보다도 불교, 특히 선불교의 힘이 컸던 것 같다. 플럭서스 집단의 대부분 멤버들은 상식적으로 동양의 선(禪)에 대해 조예가 있었지만 그들이 선을 체질로 느끼기에는 서구 문화적 전통은 너무 달랐다. 백남준은 플럭서스 멤버들이 나름대로 선을 이해하거나 혹은 이해하려고 노력하고 있을 때 이미 훈련된 선사처럼 퍼포먼스를 해 댔다. 백남준은 일본에서 배운 선사상을 그대로 예술작업에서 실천하면 되었다. 말하자면 백남준은 자신이 평소에 잘 알고 있는 것을 가지고 '잘 놀면' 되는 것이었다. 다시 말하면 '잘 놀기만 해도' 플럭서스 집단에는 새로운 것이 되고 심지어 놀라운 것이 되었다. 백남준은 선적(禪的) 발상을 자유자재로 구사하면서 플럭서스의 아방가르드가 되어 두각을 나타냈다.

일단 서구사회에서 동양의 소수민족이 마이너리티(minority)로 전락하지 않고 주류사회(majority society)에 들어간다는 것은 대단한 행운이다. 이것은 아마도 예술분야이기 때문에 더 쉬운 측면도 있었을 것이다. 그러나 무엇보다도 백남준이 성공할 수 있었던 것은 제2차 세계대전 후 유럽과 미국 등 서구사회는 전후의 새로운 문화예술 환경을 만들기 위해서, 특히 동양에서 어떤 아이디어 혹은 구원자가 오기를 기대하고 있었다고 해도 과언이 아니다. 현대에 들어 서구사회의 문화예술적 변화는 흔히 자신들의 논리나 문화적 전통에서 새로운 길을 찾지 못하거나 막다른 골목에 들어서면 동양이나 제3세계 혹은 아프리카 원시사회에서 새로운 수혈을 받고 활로를 모색하는 것이 습관처럼 되어 있었다. 백남준이 독일에 갔을 때도 마찬가지였다.

백남준이 "괴짜들"에서 얼마나 적극적이고 능란하고 천연덕스럽게 퍼포먼스에 임했는가를 짐작하게 하는 기록이 있다. 아르투스 C. 카스파리가 쓴 "<오리기날레(괴짜들)>에서 백남준이 한 부분"이 그것이다.

백남준은 불확정(미로)한 구조 안에서 힘들이지 않고 움직일 줄 아는 사람이었다. 공중부양(초능력으로 물건을 공중에 들어올리기, 앙드레 톰킨스가 붙인 표현), 그때그때 주어진 상황을 루두스로 풀어헤쳐 놀이로 변주하기 등을 할 줄 알았고, 어떤 기보든 다 변주해서 기보의 최종확정 상태에서 이탈시킬 줄 알았다.

"슈톡하우젠이 백남준에게 …… 독자적인 배역을 허용했다."라는 식의 글을 지금 읽게 되면, 나는 너무나도 웃겨서, 이런 생각까지 하게 된다. 온갖 유연한 능력을 갖추고서 전통적으로 천재들이 갖는 빈틈으로 언제라도 뛰어들어, 지금까지 있는 웃기는 인물과 mupo들로 안 되는 부분을 보완할 태세가 아마도 되어 있는 사람이라면 이런 식의 사고방식을 억지로 갖다 붙인다(설령 그 자신 그런 사람이었다고 해도)는 것은 온당치 못한 처사라고 말이다(극장 무대 뒤에서 우리는 치안경찰의 약칭인 슈포 schupo라는 말을 변형시켜 저 카라얀 같은 인사들을 무포라고 불렀다).

천만에 말씀이다. 백남준은 필시 집에서 ─ 아시아에서부터 이미 색다른 실체를 가지고 왔을 것이다. 우리 같은 유럽인들이라면 기존 트렌드들의 저항이 있기 때문에 그러한 다른 실체를 불러오려면 대개 힘겨운 과정을 거쳐야만 했다(우리 모두의 성장 공간이었던 천년왕국이 이제 막 지나고 난 시점이니 더더욱 그렇다). 백남준은 어딘가 잠재해 있는 지평을 뛰어넘어 다른 영지들을 보았으며, 마리 바우어마이스터의 작업실에서 이미 그러한 영지 몇 지점을 똑똑히 드러내 보인 바 있다.

　백남준은 (총보상의) 예상치 못한 지점에서 갑자기 자신이 쓴 <머리를 위한 선 zen for head>을 들이밀었고, 그것을 위해 자기의 머리카락을 먹이 담긴 접시에 잠그고, 그것을 붓 삼아 바닥에 펼쳐져 있는 일본 종이 두루마리에 그림을 그렸다. 그때 백남준은 자신이 이성과 무지(무분별) 사이에 위치한 극도로 예민한 지대에 들어섰음을 아주 잘 알고 있었다. 아울러 자신이 몰이해의 상황을 앞에 두고 광대를 자임하는 한편, 이해의 국면에 대해서는 구두점을 찍는 사람의 역할을 했음도 잘 알고 있었다. 이러한 즉흥적 결정은 치밀하게 준비된 것이었고, 자신이 준비한 장면 하나하나에 신이 내린 듯 몰입하기 전에(박엽지(얇고 투명한 종이)와 벼루나 다른 날 사용한 쌀이나 콩이 든 봉지 - 고무젖꼭지 - 비누거품 - 막대기와 천들 같은 구성된 악기들의 면면을 보면 치밀한 준비임을 알 수 있다) 백남준은 총보를 준비한 상태였다. 그러나 백남준은 선승이 되는 것 같은 자신이 설정한 과제, 즉 '관(觀)'을 먼저 깨부수어야 했다.

　　　　≪말(馬)에서 크리스토까지 - (백남준의) 그 밖의 글모음≫

　백남준의 작품 전반에서 불교사상의 흐름을 감지하는 것은 어렵지 않다. 어쩌면 그는 비디오아트로 선문답(禪問答)을 한 선사(禪師)인지도 모른다. 때로는 그 문답이 은미(隱微)하고 진공묘유(眞空妙有)의 수준이어서 집중하고 긴장하지 않으면 그 진의를 파악하기 어렵다. 겉으로는 별것 아닌 것 같은데 돌아서면 그 의표를 찌르는 해학과 재미, 기상천외의 발상이 있는 것이다. 때로는 평론가들조차 그 의미를 놓쳐서 단지 부정부적이고 무의미한 반항 정도로 혹평하게 만든다. 극단적으로는 기존의 모든 미술 사조를 흔들어 버리는 충격에 외설스럽게 생각한다. 그러한 점에서 매우 선불교적이다. 말하자면 미술에서의 교외별전이며 특유한 반전(反轉)에 이르게 한다. 그는 서슴없이 부처의 목을 잘랐던 것이다.

비디오아트라는 것은 전자 만다라의 세계(수없는 내부 회로를 가진)이고, 새로운 전자 지구라트(비디오 조각, 설치), 전자 선(禪)인지도 모른다. TV시리즈는 '상자 속의 우주' 혹은 '우주 속의 상자'인지도 모른다. 그의 우주프로젝트에 이르는 과정을 보면 "모든 틀은 깨어지려고 있는 것이고, 흐르지 않는 것은 없다."는 철학에 직면하게 된다. 이는 바로 "부처는 평범하다." "누구나 부처가 될 수 있다(平常心是道)."는 선불교의 도에 이르게 된다. 카르마(Karma)가 없으면 다르마(Dharma)도 없다는 대진리에 이르게 된다. 백남준의 작업방식도 매우 선적(禪的)이고 즉흥적이다.

"나는 보통 작업을 시작하기 전에 미리 그려진 어떠한 비전도 갖지 않는다. 우선 나는 방법을 찾는데 그 방법이 어디에 이르게 될지를 미리 알 수 없다. 그 방법이란 회로를 연구하고 다양한 재생을 시도하고 어떤 부분을 잘라 내고 거기에 다른 파장을 집어넣거나, 파장의 위상을 바꾸거나 하는 것 등을 의미한다."(백남준 1964)[105]

<플럭서스 신문>(Fluxus Newspaper) 1964년 6월호에 게재된 글을 보면 그의 작업태도는 극명하게 선적인 것임이 드러난다. 이 글은 독일 부퍼탈 파르나스 갤러리에서 1963년 3월에 열린 "음악의 전시 - 전자 텔레비전" 전시 직후 쓰였다. 이 짧은 글은 그의 예술철학과 작업태도, 그리고 동서양의 철학과 미학을 꿰뚫는, 그러면서도 서양적 예술철학의 한계에 대한 대안으로서 동양철학, 불교를 내심 감안하고 있음을 짐작하게 한다. 이것은 비극(悲劇)을 중심으로 쓴 아리스토텔레스에 필적하는 비디오아트를 중심으로 쓴 <백남준 시학(詩學)>[106]인 것이다.

---

105) 윤명로(서울대 서양화과 명예교수) "백남준의 예술과 禪사상", 재인용 ≪백남준과의 대화(Conversation with Nam June Paik)≫(2006년 5월), 백남준미술관 건립추진위원회.

106) 실험적 텔레비전 전시(Exposition of Experimental Television)를 위한 후주곡 (Afterlude): 1963년 3월 파르나스 화랑

(1) 나의 실험적 TV (experimental TV)는 항상 재미있는 것은 아니다. 그렇다고 항상 재미없는 것도 아니다. 자연처럼 아름다움은 아름답게 변하기 때문이 아니라 단지 변하기 때문에 아름답다. 자연미의 핵심은 질의 범주를 무력화 시키는 자연의 무한한 양이다. 질의 범주 (the category of quality)에는 특성과 가치라는 두 가지 의미가 복잡하게 뒤섞여있다. 나의 실험적 TV에서 "질"이라는 단어는 "가치"가 아닌 단지 "특성"을 의미한다.

A는 B와 다르나 이는 A가 B보다 낫다는 의미는 아니다.

나는 때때로 빨간색 사과를 필요로 한다. 나는 때때로 빨간 입술을 필요로 한다.

(2) 나의 실험적 텔레비전은 "완전 범죄" (perfect crime)를 가능케 한 최초의 예술작품이다. 반대 방향으로 다이오드를 끼워넣고 흔들리는 텔레비전 영상을 얻는다. 다른 작가들도 이를 모방해 같은 속임수를 이용한다면 동일한 결과를 얻을 수 있다.

a) 물질적인 음악
이는 마치 플럭서스 예술가들의 "오줌 오래 누기" 게임 (the longest-pissing-time-recordholder)처럼 승자에게 애국가를 불러주는 행위와 같은 것이다. (첫 회에서 미국출신 트로우 브릿지가 59.7초로 우승했다.)

나의 텔레비전은 예술 이상, 혹은 예술 이하의 것이다.
나는 나의 개성보다도 우월하거나 열등한 무엇을 작곡할 수 있다.

(3) 그러므로 작업과정과 최종 결과는 아무런 연관이 없으며 "텔레비전 실험"만큼 즐겁게 작업했던 작품은 없다. 대부분의 작품에서 우리는 완벽한 작품과 근접한 비전을 갖는다. (이는 미리 제시되는 이상적인 이미지이거나 혹은 플라톤적인 의미에 있어서 "이데아"라 할 수 있다.) 그러므로 작업과정은 이상적인 "이데아" (Idea)에 도달하기 위한 고통스런 노력을 의미한다. 그러나 실험적 텔레비전에서 이러한 개념은 완전히 수정되었다. 대부분의 경우 나는 작업 전에는 미리 시도된 이미지의 비전을 가질 수 없었다. 나는 처음으로 나를 어디로 인도할지 알 수 없는 "방법" (way)을 추구했다. 이는 회로를 연구하며 다양한 피드백을 시도하거나 어떤 회로는 절단하고 다른 신호를 가해 전파를 변형시키는 것을 의미한다. 다음 글에서 자세한 기술적 사항을 기술할 것이다. 어쨌든 나에게 필요한 것은 미국의 광고회사가 자주 이용했던, 무언가 새로운 것에 도달하는 "방법"이나 새로운 것의 핵심인 "이데아"와 동일한 것이다. "이데아"의 현대적 의미는 "진실", "영원성" (eternity), "완성" (consummation) 등이나 플라톤이나 헤겔이 정의했던 유명한 용어인 "이상적인 이데아" (ideal Idea)와는 무관하다.

(4) 비결정론 (indeterminism)과 변동성 (variability)은 과거 10년 동안 음악의 중심과제였으나 시각예술에서는 충분히 다루어지지 않았다. 그러나 반대로 성 (sex)과 같은 주제는 문학이나 시각예술에서는 충분히 다루어진 반면 음악에서는 관심 밖의 영역에 머물러있었다.

a) 나는 보통의 프로그램을 직접 전달하는 방식을 집중적으로 이용했으며 이는 시각예술에서 가장 가변적이다. (적어 주신 뒷부분은 제가 받은 복사본에는 보이지 않습니다. ???)

b) 다양성의 두 번째 영역
13종의 수직-수평 비디오영상은 13가지 변화를 보여준다. 13종 모두 내부회로를 변형시켰다. 어느 하나도 동일한 기술적 원리에 의해 작동되지 않는다. 집에서 수평-수직 조정버튼을 조작해도 단순히 영상이 흐려지진 않는다. 1961년 이후 나는 전자공학에 관해 공부했고 15킬로볼트 이상의 전기를 다루며 생명의 위협을 느꼈다. 운 좋게 우치다 라디오 연구소의 소장으로 미국보다 2년 앞서 트랜지스터의 원리를 발견했던 천재적인 아방가르드 전자공학도 히데오 우치다와 과학이 논리적이기 보다는 아름다울 수 있음을 알고 있었던 전능한 기술자 슈아 아베와 같은 훌륭한 조력자를 만났다. 우치다는 전자기적으로 텔레파시를 증명하고자 했다.

c) 다양성의 세 번째 영역
발전기, 녹음기, 라디오 등에서 나온 전자파가 여러 지점으로 공급돼 다양한 리듬을 만들어낸다. 고주파 기술과는 본질적으로 결합하진 않는 다소 낡은 양식의 아름다움은 무언가 인간적인 요소 (some humanistic aspects)를 담고 있으므로 관람객들이 쉽게 이해할 수 있다.

d) 프랑스 치즈 만큼이나 다양한 종류의 텔레비전 회로가 있다. 1952년형 낡은 모델은 자동주파수 조절장치를 갖춘 신모델이 갖지 못한 다양한 변화를 보여준다.

e) 나의 방법을 추구하는 많은 사람들이 영원성의 의미를 이해하기 위해 한 방향으로 흐르는 시간 (one-way-time)에 관심을 갖는다.

228

aa) 정점에 이른 영점 (zero-point)에서의 정지는 영원성을 이해하는 하나의 고전적인 방법이다.
bb) 독립적인 움직임의 동일한 흐름을 동시에 인식하는 것은 이를 위한 또 다른 고전적인 방법이다. 가련한 조이스는 책 한권을 위해 여러 이야기를 동시에 진행시켜야만 했다. 신비주의적인 훈련없이 우리의 통상적인 신체구조 (normal physiognomy) (우리는 하나의 심장, 한번의 호흡, 하나의 눈의 중심을 가지고 있다.)로 이것이 가능할지 의문이지만 신비주의자의 오랜 꿈은 13대의 독립적인 텔레비전의 동일한 흐름을 동시에 인식함으로써 실현될 수 있다. 훈련 한다면 13대의 텔레비전, 전자공학, 음악, 미술도 필요 없으며 이제까지 존재했던 예술이나 반예술이 소멸된다. 나는 누가 이러한 관념적인 (platonic)이며 무미건조한 (sterile) 예술의 죽음을 초래했는지 모른다. 설령 그 누군가가 했을지라도 나는 그의 이름을 알아서는 안되며 알 필요도 없다.

(5) 이는 그리스어 eksistenanai (존재의 밖 / 존재의 외부)에서 비롯된 "황홀경" (ecstasy)이라는 단어의 두 의미를 생각하게 한다.

xx) 이 단어는 통상적으로 시적인 영감의 광란 (the frenzy of poetic inspiration), 혹은 정신적인 변화 (mental transport)나 성스러운 것에 대한 명상으로 인한 환희를 의미한다. 다시 말해 완전하게 충만된 시간, 영속적인 현재의 현존, 의식의 비정상적인 상황, 무의식이나 초의식, 일부 신비주의자들의 자기망각 등을 의미한다. 나는 나 자신을 통합시키며 세계를 3분 동안 정지 시킬 수 있다!!! 초시간적인 3분 동안!!! (간질로 인한 발작이 일어나기 전의 도스토예프스키)

*** 독일인들이 좋아하는 높고 깊은 (high or deep) 영역이 존재한다.
zz) "황홀경"은 의식의 비정상적인 상태와 관련이 있으나 장 폴 사르트르는 이 용어를 정상적인 상태에서 우리의 의식을 분석하는데 응용했다. ("존재와 무") 사르트르에 의하면 우리의 의식은 항상 존재의 일종인 "대자" (l'etre pour soi)로 자체와는 통합될 수 없다. 이는 우리가 사유의 운명, 존재에 대해 의문을 제기해야 할 운명을 지고 있음을 의미한다. 나는 항상 지금의 내가 아닌 것은 아니며, 나는 항상 지금의 나는 아니다.

끊임없이 자신으로부터 벗어나고자 하는 황홀경 (ecstasy)의 상태는 통상적인 상황에 놓인 우리 의식의 전형적인 특징이다. "황홀경"이라는 용어는 여기에서 첫번째 경우의 반의어로서 사용되고 있다. 이는 우리 의식 내에서 자체적으로 통합되어 있다. 이는 이원적인 우리 의식을 통합시킨다. 여기에서 우리 의식의 이원성 (dualism), 혹은 우리 정신의 변증법적 발전 (dialectic evolution of our esprit)은 우리의 자유를 증거하는 중요한 요소이다.

(6) 영원성을 이해하기 위해 완전한 상태인 영점 (zero point)에서 중단하는 것 aa)과 성스러운 것에 대한 명상으로부터 오는 정신적인 황홀이나 환희 xx)는 동일한 것이다. 그러나 많은 독립적인 움직임의 동일한 흐름에 대한 인식(bb)과 사르트르식의 황홀경 zz), 다시 말해 정상적인 상태에서 우리 의식의 영속적인 진행은 매우 상이해 보인다. bb와 zz는 매우 중요한 공통점을 지닌다. bb와 zz에는 종착점이나 결론이 없으며 절대적 순간, 완성, 상승의 순간에 결코 중지하지 않는다. 다시 말해 이 둘은 상대적이며 평이하고 통상적이며 이동가능하고 다양하며 공중에 매달려있다.

나의 실험적 텔레비전처럼 그다지 만족스럽지도, 그다지 불만족스럽지도 않다.
나의 실험적 텔레비전은 항상 흥미로운 것은 아니며 그렇다고 항상 흥미롭지 않은 것도 아니다.

(7) 다이세츠 스즈키와 같이 자문화를 파는 세일즈맨이 되지 않기 위해 통상 회피해 온 선 (禪)에 대해 이야기 해보겠다. 문화적 애국심은 정치적 애국심보다 더욱 해로우며 전자는 일종의 위장술로 선불교의 자기선전 (self-propaganda) (자기포기의 교리)은 선불교를 스스로 죽이는 행위이다.
선 (禪)은 두 가지 부정 (negation)으로 구성되어 있다.
절대적인 것은 상대적인 것이다. 상대적인 것은 절대적인 것이다.
첫 번째 부정은 모든 유한한 것들, 어머니, 연인, 영웅, 젊음, 명성 등이 매순간 조우하며 스쳐 지나간다는 소박한 사실을 의미한다.
두 번째 부정이 선 (禪)의 핵심이다.
이는 의미한다.
현재가 바로 유토피아이다.
10분의 현재가 바로 유토피아이다
20시간의 현재가 바로 유토피아이다
30달의 현재가 바로 유토피아이다
4천만년의 현재가 바로 유토피아이다

우리는 어떻게 75% 만족할 수 있을지 배워야 한다.
우리는 어떻게 50% 만족할 수 있을지 배워야 한다.
우리는 어떻게 38% 만족할 수 있을지 배워야 한다.
우리는 어떻게 9% 만족할 수 있을지 배워야 한다.
우리는 어떻게 0% 만족할 수 있을지 배워야 한다.

1960～1970년대에 걸쳐 TV시리즈가 계속된다. 백남준은 '머리를 위한 선 (禪)' 외에 'TV를 위한 선(禪)', 'TV 붓다', '비디오 물고기', '물고기를 위한 방생 소나타', 'TV 촛불', 'TV 로댕'등과 같은 선을 주제로 한 작품들을 발표한다. 이들 중 상당수의 것은 재구성되는 경우가 많았다. 이 중 그의 출세작 중의 하나인 TV부처는 부처와 텔레비전 모니터, 폐쇄회로 카메라, 부처를 올려놓은 대(臺)가 전부이다. 그러나 여기에는 동양과 서양, 과학과 종교, 명상하는 주체와 명상당하는 사물, 부처와 인간, 거울과 가면, 반사와 숨김, 열반과 일상 등 상반된 것들이 동시에 한곳에 집중된 감을 버릴 수 없다. 이 작품은 폐쇄회로를 이용한 싱글채널 방식의 설치이다.

"이 작품은 1968년 백남준이 보니노화랑에서 가진 네 번째 개인전에 처음으로 출품되었다. 원래 백남준은 전시장 천장에 텔레비전 모니터를 가득 매달고 불을 끈 뒤 흡사 하늘에 물고기가 가득 날아다니는 것과 같은 이미지를 연출할 셈이었다."[107] 그러나 그것이 여의치 않자 엉겁결에 대안으로 마련한 작품이었다. 본래 훌륭하고 단순한 수작은 종종 이런 궁여지책에서 나온다.

우리는 어떻게 -1,000% 만족할 수 있을지 배워야 한다.

선은 반아방가르드적이고 반개척자적이며 반케네디적이다. 선은 아시아의 빈곤에 책임이 있다. 아시아의 빈곤을 정당화함이 없이 어떻게 선을 정당화할 수 있는가? 다음 글에서 나는 이 문제에 대해 설명하겠다. 어쨌든 나의 텔레비전 작품을 30분 이상 볼 것을 권한다.

"영속적인 진화는 영속적인 불만에서 비롯된다. 이는 헤겔적 변증법의 유일한 장점이다." (R. 아쿠타가와)
"영속적인 불만은 영속적인 진화이다. 이는 나의 실험적 텔레비전의 주요한 장점이다." (백남준)
좌절은 좌절로 남는다. 카타르시스는 없다.

(8) 나의 텔레비전 작품에서 충격, 표현주의, 낭만주의, 절정, 경이로움 등을 기대할 수 없다. 파르나스 갤러리에서 관람객을 보다 흥분시킨 것은 13대의 텔레비전보다 황소머리 (bull's head)였다. 전자음악에서 많은 "소음"들의 미묘한 차이를 인식하기 어렵듯, 13대의 텔레비전 영상이 보여주는 미묘한 "왜곡"을 인식하는데 많은 시간이 필요할지 모른다.
(1963년 부퍼탈 파르나스 갤러리에서 열린 나의 전시서문과 J.P. 빌헬름의 서문 참조. 이 글을 재출판하는 것도 가능하며 데콜라주 제4호에 재게재됨.)
(≪비디아와 비디올로지 (Videa 'n' Videology)≫)

107) 이용우, 같은 책, 132쪽, 열음사.

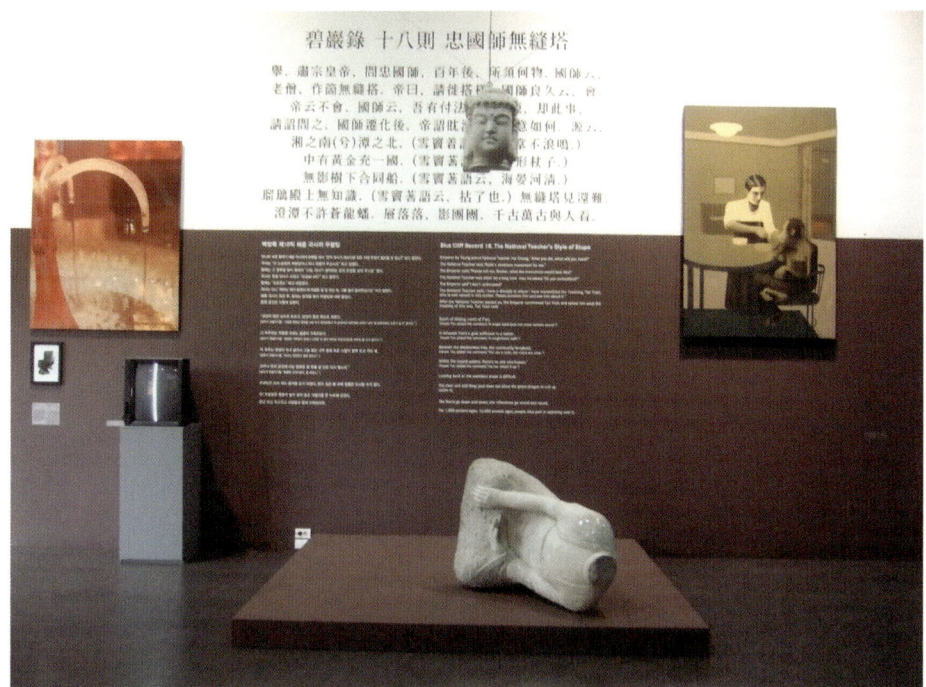

백남준의 작품에는 선불교적 냄새가 많이 난다. 이는 아마도 그가 가마쿠라에 있을 때 선종사찰을 드나들면서 불교사상에 심취할 기회가 있었던 때문으로 보인다. 사진은 백남준 아트센터가 2009년에 실시한 백남준 회고전 '신화의 전시, 전자 테크놀로지'에서 벽암록의 공안. 부처의 머리가 잘려나간 것이 눈에 띈다.

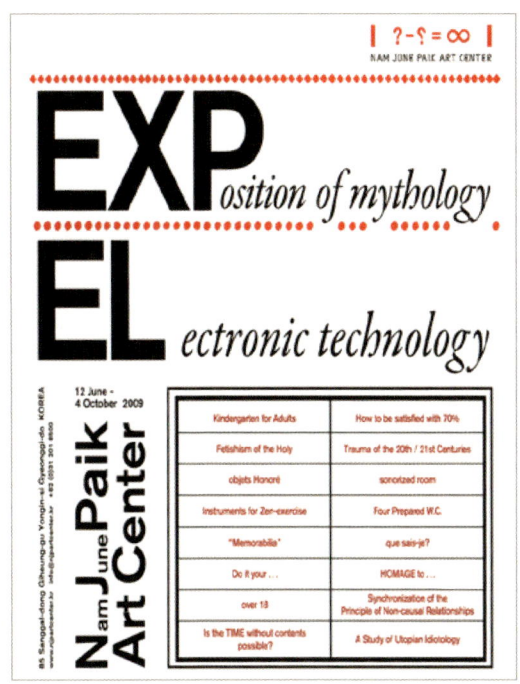

백남준 아트센터가 기획한 2009년 <신화의 전시-전자테크로 놀로지>전시회(2009년 6월 12일 ~ 10월 4일) 포스터. 이것은 1963년의 <음악의 전시-전자텔레비전>을 패러디한 것이다.

황필호는 그의 질문방식이 답변을 필요로 하지 않는, 소크라테스를 닮았다는 것을 지적했다.[108] 그의 질문은 해결(solution)보다는 해소(dissolution)를 추구한다고 하였다. 백남준은 그러한 것은 오랫동안 불교를 통해 무(無)나 공(空)의 사상이 몸에 밴 때문으로 보인다. 그는 아포리아(aporia)와 무지(無知)를 알기 때문이다. 그래서 질문으로 질문을 해소한다. 이는 선사들이 자주 이용하는 선문답 방식이다. 선사들은 질문을 계속하거나 얼토당토않은 말을 하여 생각을 끊어 버리게 하는 수법을 쓴다. 이는 존재(being)의 철학이 아니라 생성(becoming)의 철학을 그가 가지고 있음을 드러낸다.

김홍희는 플럭서스에서 중요한 활동을 전개했던 케이지(John Cage)의 사상을 통해 비결정성을 이렇게 설명한다.

케이지는 비결정성(indeterminacy)에 대한 철학적 정의는 내리고 있지 않지만, 유연성(flexibility)·가변성(changibility)·유동성(fluency)으로 비결정성의 성질을 설명하고, 작곡과 그 공연이 비결정성을 갖게 되는 음악의 이론적 및 실천적 작업을 통하여 그 의미를 가르치고 있다. 케이지에 의하면, 비결정성의 음악은 비의도적이려는 의도 이외에는 아무런 의도 없이 만든 '목적적 무목적성'(purposeful purposelessness)의 음악이기 때문에, 완성보다는 과정에 치우친다. 또한 그 공연이 비결정성을 띠는 음악 작품은 미리 예측할 수 없기 때문에 필연적으로 실험적이며, 똑같이 반복될 수 없기 때문에 필연적으로 유일하다.[109]

황 교수와 백남준의 대담을 보자. 그의 인생이 자연스럽게 저절로 이루어지는 것임을 알 수 있다. 그에게 의도함은 없다.

황: 선생님이 정형을 깨뜨리는 것은 단순히 의외성을 주기 위해서가 아니라 어떤 목적이 있는 게 아닙니까?

---

108) 황필호(강남대학교 신학부교수) "영원한 질문자", 재인용, ≪백남준과의 대화(Conversation with Nam June Paik)≫(2006년 5월) 백남준미술관 건립추진위원회.

109) 김홍희, 『백남준과 그의 예술』, 26 - 27쪽, 1992, 디자인하우스.

백: 목적은 없어요. 난 원래 어리광을 부리면서 자란 놈이라, 그저 하고 싶은 대로 하거든요. 특히 1963년까지는 비교적 먹는 걱정은 없었어요. 그래서 그냥 하고픈 식으로 했지요. 좌우간 나는 내가 이렇게 유명하게 될지도 몰랐고, 또 유명해지려는 목적도 없었어요. 유명한 감정가들이 나에게 무엇인가 있구나 하니까 차츰차츰 팬들이 생겼지만, 그것도 대중적인 팬들은 아니지요. 더구나 나의 연주회나 퍼포먼스는 어떤 기록도 남기지 않습니다. 나중에 감정가들이 기록을 남기지요. 그저 나중에 박수가 나오면 그제야 "아, 내가 할 일을 했구나."라고 생각하지요. 일종의 무상행(無常行)이지요. 그리고 그때는 많이 하지도 않았어요. 일 년에 한 번 정도였으니까요.

자놀라프 말란데는 "안테나에 의해 텔레비전에 잡힌 백남준과 목동 그림"을 보고 다음과 같이 말했다.

백남준의 작품은 많은 얼굴을 가지고 있다. 1991년 바젤과 취리히에서 열린 그의 회고전은 지식인들을 위한 "피네간스 웨이크"(Finnegans Wake 제임스 조이스의 마지막 소설: 역주)와 같이 일종의 드러내기(Revelation)였다. 그의 전체 작품을 관조하면 10점의 목동 그림들과 비슷한 또 다른 유사점이 생생하게 떠오른다. 나는 이 글을 통해 이 유사점이 무엇인지 밝히고자 한다. 이 글은 "선의 살, 선의 뼈"(Zen Flesh Zen Bones)의 인쇄본에 근거하고 있지만 매우 자유로운 해석을 담고 있다.

자놀라프 말란데는 놀랍게도 백남준의 비디오아트의 발전과정을 불교의 득도의 과정인 심우도(尋牛圖)에 비유하여 설명하고 있다. 그의 일생을 이렇게 분명하게 시적으로 요약한 것은 보지 못했다. 역시 그래서 선사(禪師)들은 자신도 모르게 선시(禪詩)를 쓰는 모양이다. 이것은 백남준의 예술작업을 마치 구도(求道)의 길로 보는 데서도 관심을 끌지만 이면에는 예술과 종교를 하나로 보는 시각이 있다는 점에서 매우 전향적으로 보인다.

심우도는 구도의 10단계를 소를 찾는 것에 비유하고 있다.

① 심우(尋牛): 동자승이 소를 찾고 있는 장면이다. 자신의 본성을 잊고 찾아 헤매는 것은 불도 수행의 입문을 일컫는다.

② 견적(見跡): 동자승이 소의 발자국을 발견하고 그것을 따라간다. 수행자는 꾸준히 노력하다 보면 본성의 발자취를 느끼기 시작한다는 뜻이다.

③ 견우(見牛): 동자승이 소의 뒷모습이나 소의 꼬리를 발견한다. 수행자가 사물의 근원을 보기 시작하여 견성(見性)에 가까웠음을 뜻한다.

④ 득우(得牛): 동자승이 드디어 소의 꼬리를 잡아 막 고삐를 건 모습이다. 수행자가 자신의 마음에 있는 불성(佛性)을 꿰뚫어 보는 견성의 단계에 이르렀음을 뜻한다.

⑤ 목우(牧友): 동자승이 소에 코뚜레를 뚫어 길들이며 끌고 가는 모습이다. 얻은 본성을 고행과 수행으로 길들여서 삼독의 때를 지우는 단계로 소도 점점 흰색으로 변화된다.

⑥ 기우귀가(騎牛歸家): 흰 소에 올라탄 동자승이 피리를 불며 집으로 돌아오고 있다. 더 이상 아무런 장애가 없는 자유로운 무애의 단계로 더할 나위 없이 즐거운 때이다.

⑦ 망우재인(忘牛在人): 소는 없고 동자승만 앉아 있다. 소는 단지 방편일 뿐 고향에 돌아온 후에는 모두 잊어야 한다.

⑧ 인우구망(人牛俱忘): 소도 사람도 실체가 없는 모두 공(空)임을 깨닫는다는 뜻으로 텅 빈 원상만 그려져 있다.

⑨ 반본환원(返本還源): 강은 잔잔히 흐르고 꽃은 붉게 피어 있는 산수풍경만이 그려져 있다. 있는 그대로의 세계를 깨닫는다는 것으로 이는 우주를 아무런 번뇌 없이 참된 경지로서 바라보는 것을 뜻한다.

⑩ 입전수수: 지팡이에 도포를 두른 행각승의 모습이나 목동이 포대화상(布袋和尙)과 마주한 모습으로 그려진다. 육도중생의 골목에 들어가 손을 드리운다는 뜻으로 중생제도를 위해 속세로 나아감을 뜻한다.

1. 첫 번째 이미지에서 황소는 보이지 않는다.

소년은 산을 향해 난 오솔길을 따라 사라진 소를 찾고 있다. 이는 백남준의 독일에서의 초기 플럭서스 활동과 일치한다. 그가 무엇을 하려고 하는지 알고 있는 사람은 거의 없었다. 그의 임무가 무엇인지 거의 드러나지 않았다. 유럽에서 텔레비전은 낙후되고 지루한 것으로 인식되고 있었다. 어느 미술애호가도 텔레비전에서 어떤 예술적 영감을 발견할 수 있을지 예상할 수 없었다. 마찬가지로 대안도 없었다. 매우 유감스럽지만 텔레비전은 전반적으로 진부한 것이다. 그러나 백남준은 기본적인 텔레비전 작품을 실험한다. 아마 "텔레비전을 위한 선"(Zen for TV)은 미래에도 가장 인상적인(telling) 작품으로 남을 것이다.

2. 황소의 발자국을 찾다.

깊은 산속 풀숲에서 황소의 발자국을 발견한다.

1960년대 중반 체 게바라가 서구의 모든 매체에 다양한 방식으로 등장한다.

중국에서 문화혁명이 진행 중이다.

서구에서는 팝아트가 미술계를 장악한다.

존 케이지는 '침묵'(Silence)을 공연한다.

유럽에서는 2년간에 걸쳐 케이지와 브레히트 간에 문화논쟁이 벌어진다.

플럭서스 그룹의 결속력은 약화된다.

백남준은 쾰른 외곽의 비밀스튜디오에서 텔레비전 아트를 탄생시킨다. 아마도 그는 "많은 도구들이 한 종류의 금속으로 만들어지듯, 많은 실체들이 마음으로부터 만들어진다."는 시구를 발견한 듯 보인다.

텔레비전을 이해하면 황소를 볼 수 있다. 그러나 백남준은 조작된 텔레비전 속 인물의 거만한 초자아적 꿈을 해체한다. 그는 1963년 "준비된 TV"(Prepared TV)와 유명한 "음악의 전시"(Exposition of Music)에서 예기치 않은 사물을 이용해 화상을 일그러뜨리거나 흔들려 보이게 한다. 이 지점의 어디에선가 텔레비전 아트가 실질적으로 시작된다.

3. 황소 인식하기

이 서정적인 시는 소년과 황소의 만남을 다룬다. 황소는 둔부와 꼬리만이 보이며 시는 "어느 예술가가 이 육중한 머리, 위엄 있는 뿔을 그릴 수 있는가?"라고 수사적인 질문을 던진다. 이 장면은 아마 백남준에게 60년대 중반에 해당할 것이다. 이 시기 베트남에서는 전쟁이 시작되었고 히피들은 대안적인 라이프스타일을 추구했다. 맥루한은 미디어의 세계에서 몇 년간 군림했다. 새로운 잡지들이 등장하고, 영화와 미디어의 확장에 관해 많은 토론이 있었다. "오관이 통합되고 새로운 문이 열리고 – " 백남준은 브라운관을 가지고 유희하며(fiddle around) 로봇과 놀며 텔레비전 아트의 세계로 들어선다. 심지어 전시실 입구 한가운데 피투성이가 된 죽은 황소의 머리를 걸어 놓는다. 1965년경 그는 일련의 전자 아트(Electronic Art) 퍼포먼스를 선보인다. "오페라 섹스트로니크"(Opera Sextronique)는 추문이 되어 여러 매체를 통해 보도되는 성공(a media success)을 거둔다. 갑작스럽게 텔레비전 아트가 출현하고 최초의 비디오 세대가 등장한다.

4. 황소 포획하기

시는 지칠 줄 모르는 힘을 지닌 황소와의 처절한 싸움에 대해 노래한다. 이 맥락에서 황소는 상업적인 텔레비전 방송, 연예사업 그리고 로큰롤계의 에너지를 상징한다. 그러나 백남준은 황소뿔을 잡았으며(달리 말해 TV 영상을 안테나를 이용해 잡고) "텔레비전은 20년 동안 지식인들을 고문해 왔다. 이제는 우리가 이놈을 고문할 차례이다."고 말한다. 70년대 초 다양한 동양의 사상과 전통이 서구로 유입되고 불교는 미국에서 뿌리를 내리기 시작했다. 백남준은 한 TV 방송과의 인터뷰에서 "미국인들이 동양의 유산을 이용해 무엇을 할지 보고 싶다."고 말한다.

그러나 대부분의 예술은 분석주의(aboutism)에 관한 것이고, 백남준은 "참여 TV"(TV Participation)를 통해 대안적인 제2의 문화를 창조하고자 노력한다. "글로벌 그루브"(Global Groove)는 커다란 성공을 거두었으며 이로 인해 비디오 작가라는 새로운 세대가 형성되었다. 나는 1971년 아른헴 순스빅에서 처음으로 백남준을 만났다. 그는 세 대의 비디오카메라와 모니터 앞에서 불켜진 초를 가지고 유희하고 있었다. 자석을 내보이며 백남준은 "이는 끝없는 반영(endless mirror)을 내 식으로 표현한 것입니다."라고 말했다.

5. 황소 길들이기

이는 70년대 중반의 백남준에 해당한다. 이 시기 하이테크에 대한 담론, 유토피아와 비디오 혁명에 관한 고찰 등이 이루어졌다. 하지만 시는 "채찍과 밧줄이 필요하다. 코뚜레를 바짝 쥐고, 의구심을 갖지 말라."고 경고한다. 코뚜레는 텔레비전 황소를 조종하기 위해 백남준이 사용하는 자석이고, 채찍은 그가 73과 74년 사이 일본에서 개발한 영상 합성기를 상징함이 분명하다. 예술가는 권력, 돈, 아름다움, 성공, 폭력, 재난 등의 이미지에 매몰된 미국에서 생산된 영상의 에너지와 이미지를 길들인다.

백남준은 미국의 청년문화와 적당한 거리를 유지한다. 그는 지금 중년이고, 냉소적이나 또한 서정적이다. 백남준은 "종이 없는 사회에서의 확장된 교육"(Expended Education for the Paperless Society)을 선언한다. 백남준의 많은 작품들은 이러한 차원을 보여 주며 '비디오 수족관'(Video Aquarium), 무어맨의 텔레비전 첼로 소나타, 그리고 이 밖에 다른 분위기의 작품들은 이런 단계를 잘 보여 준다. 백남준은 또한 보스턴 국영방송(WBGH)에서 네 시간에 걸쳐 생방송을 진행한다. "첫 번째 생각이 깨달음으로 비롯되면 이어지는 모든 생각은 진실하다."

6. 황소 타고 집으로 가기

"싸움은 끝나고 지고 이기는 것은 하나가 된다." 황소를 타고 피리를 불며 손으로 박자를 맞추는 한 소년이 보인다. 이 단계에서 "모든 경험은 만다라의 형태를 갖는다."는 설명이 붙어 있다. 이는 70년대 말 백남준의 작업에 해당하며 1982년 휘트니 미술관에서 열린 회고전에서 정점에 다다른다. 이 회고전에서 백남준은 자신의 비전을 총체적으로 제시한다. 이 시기에 록 비디오의 시대가 개막되며 음악방송이 시작되고 위성방송이 광범위하게 확대된다. 3세대 비디오가 출범하고 백남준은 시대의 영웅이 된다. 당시 백남준의 심리상태는 모니터를 나선형으로 쌓아 올린 "하늘을 나는 물고기"(Fishes fly in the sky)와 함께 난간계단에 앉아 우리를 내려다보며 미소 짓고 있는 백남준의 사진에서 잘 드러나 있다.

7. 황소 초월하기

시에서 우리는 오두막 앞에 앉아 달을 응시하고 있는 소년을 발견한다. 황소는 사라지고 TV의 모습은 보이지 않는다. 원래 장면에서 어떤 것도 수정할 필요가 없다. 백남준의 관찰처럼 달을 바라보는 것은 TV를 보는 것과 동일하다. 이러한 심리상태에서 백남준은 텔레비전에 비친 자신의 모습을 바라보는 불상을 표현한 탁월한 작품을 제작한다. 고정된 영상과 전자영상, 동양과 서양의 기법, 신비한 통찰력, 과거와 미래 등 여러 이미지들이 이 지점에서 만난다. 어떤 안테나나 위성도, 심지어 어떤 프로그램도 필요 없다. 심지어 플럭서스의 경향조차도 뛰어넘는다. 이 작품을 통해 우리는 너무도 중요한 질문을 제기할 수 있다. "TV 부처는 본성을 지니고 있는가?" 헬싱키에서 열린 현대미술대전을 관람한 적이 있는 나의 늙은 어머니는 유일하게 이 작품만을 기억한다.

8. 황소와 자기 초월하기

채찍, 고삐, 소년, 황소, 이 모든 것들이 무(無)로 통합된다고 시는 노래한다. 오직 원 (circle)만이 나타난다. TV는 비어 있고 예술가의 존재는 보이지 않는다. 남아 있는 것은 화면을 넘나들며 날아다니는 새들과 빈 액자 속의 촛불을 묘사한 드로잉뿐이다. 백남준만이 이러한 단순성으로부터 벗어날 수 있다. "여기에 창시자(patriarchs)의 발자국이 있다." 하지만 백남준은 어디에 있는가? 추측건대 그는 잠이 들었거나, 혹은 이웃에 있는 어느 단골 식당에서 식사를 하고 있을 것이다.

9. 원류 찾기

"백남준은 침묵 속에 포즈를 취하며 창조하고 파괴와 파괴, 통합과 분열의 형태들을 관찰하고 있다." 공허함을 경험한 후 모든 것은 되살아나 가능성과 의미로 채워진다. 모든 것은 살아 있는 소통이다! "텅 빔과 함께하는 충만한 가능성"(카뮈).

이것은 80년대 확대된 백남준이다. 우리는 새로운 방식으로 "TV를 위한 참선"을 다시 볼 수 있고, "TV정원"에 대해 명상하며, 비디오 수족관을 편안하게 관람할 수 있다. 우리의 시간을 레이저 시계와 연관시키며 로봇 가족과 즐거운 시간을 함께할 수 있다.

모든 것은 단지 구경거리(show)이다.

10. 세상에서

마지막 장면은 배가 나온 현자가 선물꾸러미를 메고 세계를 방황하는 모습을 그리고 있다. 그는 지극히 직접적이고 단순한 방식으로 세상을 다루며 그를 만나는 모든 사람들이 깨달음의 순간을 경험한다. 지난 10년 동안 우리가 보아 온 백남준의 작품은 이러한 특질을 갖고 있다. 그는 우리 지구촌 사람들에게 위성중계 텔레비전 방송을 통해 확대된 통찰력을 제공한다. 동양과 서양을 분리하는 이원론적 관점이 해소되며 (바이 바이 키플링) 두려움이 사라진다. 오웰이 틀렸다. 관찰이나 감시(the watching business)에도 즐거운 면이 있으며 백남준은 오히려 이를 축하한다. 90년대에 록 비디오에는 예술적인 통찰력이 엿보이며 음악방송이 현장을 지배한다. 백남준이 예견했듯 아마도 내일 우리는 벽과 벽을 마주하는 TV와 마음과 마음으로 전달되는 비전을 가질 것이다. 우리에게 더 이상 유토피아는 필요치 않을지 모른다. 미래는 계획되지 않은 것이다.

≪Eine Data Base≫

흔히 백남준은 '유물론적 불자(佛者)'라고 말한다. 이 말은 매우 역설적이고 이중적이다. 마르크스가 유물론자라면 부처는 차라리 유심론자이기 때문이다. 그러나 또한 색즉시공, 공즉시색이 아닌가. 유물이 유심이고 유심이 유물이 아닌가. 그런 점에서 위의 말은 맞기도 하고 틀리기도 하다. 유물과 유심은 수많은 인간의 사고과정의 대칭 중의 하나에 불과한 것이다. 따라서 그것에 목매달 필요는 없지만 바로 모순과 역설을 공존하게 하는 것이 실은 예술가라는 직업이다. 예술의 형상이라는 것은 바로 유물과 유심의 중간물이 아니던가. 그래서 궁극적으로 소통을 실현하는 도구이자 목적이 된다.

　백남준의 장점은 무엇보다도 예술을 심각한 것이 아닌, 재미(fun)로 보고 있다는 점이다. 이는 마치 깨달음의 결정적 순간, 심각한 진리를 제자에게 전수하는 과정에서 선문답을 할 수 있는 선사와 같다. 인간이 아무리 깨달았다고 하더라도 자연 혹은 처음부터 주어진 것, 자신이 태어나기 전의 피조물의 여러 조건에 대해 어쩔 도리가 없다. 말하자면 태어난 존재는 아무리 왕이 되고, 성인이 되어도 어머니의 존재를 극복할 수 없다는 뜻과 통한다. 그것이 어떤 사람에게는 물질이라는 이름으로 각인된다. 만약 어떤 사람이 그 물질은 정신이라고 하여도 궁극적인 그것에 대해 특정 이름을 고집할 수는 없다. 어차피 후에 붙여진 이름이고, 인간이 붙인 이름이기 때문이다. 그래서 그의 예술에 대한 펀(fun)적 사고는 그를 예술로부터도 해방시킨다.

　백남준의 예술을 종합적으로 평가한다면 이렇게 말할 수 있는 것 같다. 그의 서구 미술사에 대한 새로운 반동으로서의 '반(反)의 예술'이 반도체(半導體)와 전자(electronics)에 의해 이루어진 것이다. 그러한 점에서 그의 예술은 '반(反)의 예술'이면서 동시에 '반(半)의 예술'이다. 특히 '반(反)의 예술'의 의미는 크다. 불교적 이데올로기로 '반(半)은 중(中)이고 중(中)은 공(空)이고 공(空)은 무(無)이다.'라는 공식을 생각해 볼 수 있다.

　감각적으로도 그의 예술은 '시각에서 청각으로: 미술에 청각의 도입', '청각에서 행동으로: 미술에 행위의 도입'으로 요약할 수 있을 것 같다. 이는 '물질적(물리적) 음악: 소리를 오브제화', '오브제의 소리화'라고 말할 수 있다. 이러한 과정에서 불협화음을 쓰는 것은 협화음을 주로 쓰는 전통에 저항이면서 동시에 소리를 오브제화하는 전조이다. 목적은 오브제화에 있다. 소리를 시각적으로 본다는 것은 새로운 형태의 관음(觀音)이다.

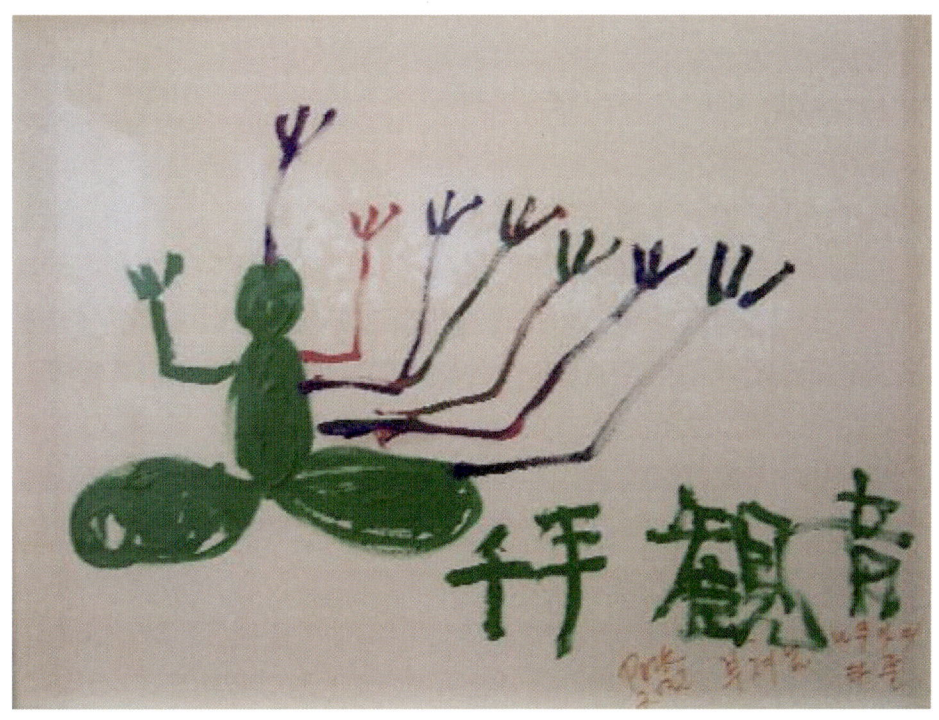

불교에 관심이 많았던 백남준이 그린 천수관음보살. 마치 유치원생이 그린 것 같은 치기와 아동적 상상력이 돋보인다

관음(觀音)은 관음(觀滛)의 극단에 있는 것이다. 이것은 색(色)에서 공(空)을 보는 것에 비유할 수 있다(觀音＝空, 觀滛＝色). 관음(觀音)이 최고의 경지라고 말한다면 관념(觀念: 생각을 보는 것)은 아직 생각과 형상(形相)에 머물러 있는 것이고, 관심(觀心: 마음을 보는 것)은 우주의 존재(存在: Being)에 도달한 것이다. 보다 정확하게는 현실적 존재(Actual Entity)에 도달한 것이다. 불교가 전통적으로 깨달음에 이르는 방식은 소승(小乘)[110]의 방식이 있고,

110) 석가세존(釋迦世尊)의 입멸 후 100~200년 뒤, 불교교단이 18~20부파로 분열되어 논쟁을 벌인 때의 불교. 아비달마불교라고도 한다. 대승불교가 이를 소승불교라고 하였다. 여러 부파 가운데 대중부(大衆部)·상좌부(上座部)·화지부(化地部)·독자부(犢子部)·설일체유부(說一切有部)·경량부(經量部) 등이 중요하다. 부파불교는 원시불교 이래 삼법인(三法印 ; 諸行無常·諸法無我·涅槃寂靜)에 힘씀으로써, 석가세존의 계승자가 되고자 하였다. 흔히 이것을 자리행(自利行)이라고 한다. 〈제행무상〉에 대해서는 무상구조(無常構造)를 보다 정확하게 설명하고자 하였다. 특히 유부(有部)는 〈삼세실유설(三世實有說)〉을 주장하고, 현상세계를 구성하는 칠십 여 개의 법이 과거·현재·미래에 실재하고 다만 현재의 한순간만 작용을 일으켜 우리에게 알려지는 것이라고 하였다. 또한 〈제법무아〉에 관해서는 윤회와 행위의 주체를 고찰하고, 대중부는 근본식(根本識), 화지부는 궁생사온(窮生死蘊), 독자부는 비즉비리온아(非卽非離蘊我), 경량부는 종자(種子)의 각 존재를 주장하여 무아설(無我說)과의 모순을 해결하고자 하였다. 또한 윤회의 원인이 되는 번뇌나 업에 대해서도 깊은 고찰을 하였다. 또 〈열반적정〉에 대해서는

대승(大乘)[111]의 방식이 있다. 백남준이 접한 것은 주로 대승의 방식이고, 대승의 방식 가운데서도 선불교의 방식이다. 흔히 간화선(懇話禪), 혹은 화두선(話頭禪)이라고 하는 것이다. 간화선은 주로 금강경을 소의경전으로 하는데, 일반에겐 '벽암록'(碧巖錄)이 유명하다. 백남준은 벽암록을 즐겨 옮겨 썼다. 벽암록 제 18칙과 제 37칙이 그것이다. 제 18칙은 '혜충 국사의 무봉탑'[112]이고, 제 37칙은 '반산이 말하기를 삼재가 다 텅 비었다'[113]라는 것이

열반(깨달음)의 의미와 열반에 이르는 수행과정 등을 상세하게 규정하였다. 부파불교연구는 원시불교·대승불교의 교리, 역사를 해명하는 데 매우 중요하다.

111) 일체중생의 제도(濟度)를 목적으로 하는 불교이다. 대승이란 산스크리트의 마하야나(mahāyāna)를 번역한 말이며 〈 많은 사람들을 태우는 광대한 탈것 〉이라는 뜻이다. 이것을 흔히 이타행(利他行)이라고 한다. 석가가 떠난 지 수백 년 뒤인 기원 전후 무렵 인도에서 일어난 새로운 불교운동으로 여러 교파로 나뉘어 각자의 교리체계를 고집하고 있던 당시의 불교를 날카롭게 비판하고 폭넓은 활동을 전개했다. 이때 여러 경전이 생겨나는 가운데 《반야경》 이래 대승불교라는 말이 확정되었다. 종래의 출가자 중심의 불교를 일반 대중에게 개방하여 재가신자를 주로 하는 진보적 사고의 불교도 사이에서 이 운동이 일어났다. 3세기 이래 인도에서 흥성하였으며, 그 뒤 중국·한국·일본·티베트에 전해져 주류가 되었다. 소승이란 말은 인도에서는 많이 쓰지 않고 대승불교를 근본으로 삼는 중국이나 한국·일본에서 많이 쓴다.

112) 《벽암록 제18칙: 혜충 국사의 무봉탑》
혜충 국사에게 당나라 숙종 황제가 문병을 와서 "만약 국사가 죽는다면 죽은 뒤에 무엇이 필요할 것 같소?"하고 물었다. 국사는 "이 노승에게 무봉탑이나 하나 만들어 주십시오." 하고 대답했다. 황제는 그 말뜻을 알지 못하여 "그럼, 국사가 생각하는 탑의 모양을 보여주시오" 했다. 국사는 한참 있다가 이윽고 "아셨습니까?" 하고 물었다. 황제는 "모르겠소." 하고 대답했다. 국사는 "뛰어난 제자 탐원이 제 마음을 잘 알 터인즉 그를 불러 물어 주십시오"라고 했다. 혜충 국사가 죽은 후. 황제는 탐원을 불러 무봉탑에 대해 물었다. 탐원 응진은 이렇게 답했다. "상강의 물은 남으로 흐르고, 담강의 물은 북으로 흐른다.(설두가 평하기를, '한 손만으로는 소리가 날 리 없다네.') 그 무봉탑 속에는 황금이 가득하도다.(설두가 평하기를, '그것은 산같이 커다란 주장자구나') 이 우주는 한없이 크고 넓어서 그늘 없는 나무 밑에 모든 사람이 함께 타고 가는 배.(설두가 평하기를, '바다는 잔잔하고 물은 맑도다.') 그러나 유리 궁전에 사는 왕족은 참뜻을 알 만한 자가 없노라.(설두가 평하기를, '훌륭한 견식이로다. 잘 보았소.'). "무봉탑은 보려 해도 좀처럼 보기 어렵다. 맑고 깊은 물속에 청룡은 도사릴 수가 없다. 아! 무봉탑은 층층이 높이 솟아 둥근 그림자를 온 누리에 던진다. 천년만년 두고두고 사람들과 함께 지켜보리라.(碧巖錄十八則 忠國師無縫塔 舉. 肅宗皇帝 問忠國師 百年後 所須何物. 國師云 與老僧 作箇無縫搭. 帝曰 請徒搭樣 國師良久云 會麼 帝云不會. 國師云 吾有付法弟子眈源 却此事 請詔問之. 國師遷化後 帝 詔眈源 問此意如何. 源云 湘之南(兮)潭之北 (雪竇着語云 獨掌不浪鳴.) 中有黃K金充一國. (雪竇著語云, 山形杖子.) 無影樹下合同船. (雪竇著語云, 海晏河清.) 瑠璃殿上無知識. (雪竇著語云, 拈了也.) 無縫搭見還難. 澄潭不許蒼龍蟠. 層落落, 影團團. 千古萬古 與人看.)

113) 《벽암록 제37칙: 반산이 말하기를 삼계가 다 텅 비어 있다》
수시하기를, 번갯불을 낚아채는 탁월한 선기禪機를 지닌 사람을 만나면 바보는 공연히 멍청히 서서 생각에 잠긴 채 어쩔 줄을 모르고, 하늘에서 천둥소리가 갑자기 쾅 하고 울리면 미처 귀를 막을 틈도 없다. 또 머리 위로는 높이 우승기를 치켜들고 뒤에서는 쌍검雙劍을 휘두르면 밝은 눈과 월등한 수단을 지니지 못한 자는 도저히 그와 대적하지 못한다. 대개의 사람들은 그만 고개를 푹 떨구고 멍하니 서서 생각에 잠긴 채 눈앞의 일에 사로잡혀 이것저것 망설인다. 해골 앞에서 유령이 우글거리듯 어쩔 줄 몰라 하는 것과 같다. 그럼 말해보라. 이것저것 망설이지 않고 이해득실에 구애되지도 않는 눈뜬 자가 홀연히 여기 나타난다면 어떻게 대하겠느냐? 이제 그 실례를 들어 보일 테니 잘 살피라. 어느 날 반산이 대중에게 수시했다. "삼계가 다 텅 비어 있으니 어디서 마음을 찾겠느냐?" 삼계가 다 텅 비어 있으니 어디서 마음을 찾으라. 흰 구름 머흘머흘 머리 위를 덮고, 흐르는 물 오묘한 거문고 가락을 타건만, 한 가락

다. 백남준은 선불교에 대해 양가적인 태도를 취한 것으로 보인다.[114] 선불교의 화두는 극단적으로 상대적인 세계에서 절대적인 세계를 순간적으로, 혹은 사제지간에만 통하는 은밀한 소통을 취하는 것이다. 이것은 실은 당시, 사제의 입장을 떠나면 아무런 의미가 없는 말이다. 그래서 백척간두라는 말을 잘 쓴다.

불교의 교종(教宗)인 화엄학이 이(理) 혹은 이지이(理之理)＝절대리)(絶對理, 唯理論)를 추구한다면, 선종(禪宗)은 기(氣) 혹은 기지기(氣之氣)＝절대기(絶對氣, 唯氣論)를 추구한다고 할 수 있다. 그래서 선사들은 선기(禪機,

---

두 가락 아는 이 없구나. 가을밤 비에 불은 물이 둑에 넘친다.(碧巖錄三十七則 盤山三界無法 垂示云 掣電之機徒勞佇思 當空霹靂 掩耳難諧. 腦門上播紅旗 耳背後輪雙劍 若不是眼辨手親 爭能搆得. 有般底 低頭佇思 意根下卜度 殊不知 髑髏前見鬼無數. 且道不落意根 不抱得失 忽有箇恁麼.舉覺 作麼.生祗對. 試舉看. 舉. 盤山 垂語云 三界無法. 何處求心. 三界無法. 何處求心. 白雲爲蓋 流泉 作琴 一曲兩曲無人會. 雨過夜塘秋水深.)

114) 백남준은 처음부터 선불교(Zen Buddhism)에 양의적인 태도를 취했다. 그는 한편으론 선에 극단적으로 반대하는 입장이었다. "선은 반아방가르드이며 반개척정신이며 반케네디이다."(실험TV 전시회 후주곡) 선이 아시아의 빈곤과 정체에 책임이 있다는 그의 말은 "선불교는 아시아의 죽음이다"(카스파리와의 인터뷰)라는 대목에서 절정에 치닫는다. 그렇게 말할 수 있었던 근거는 무엇인가. 그것은 백남준이 선불교에 대해 매우 잘 알고 있었다는 사실 때문이다. 그는 1950년대 초 동경대 재학 시절 선불교의 본산인 가마쿠라에 살았고, 독일 유학 시절에는 마리 바우어마이스터를 비롯한 친구들에게 ≪벽암록≫의 선지식에 대해 가르쳐줄 만큼 해박했다. 비디오아티스트 야마모토 게이고 교수에 따르면, 백남준은 가마쿠라 시절에 선 수행을 했다고 증언한다. 그가 '존 케이지가 수행도 하지 않으면서 선을 이야기한다.'고 비판했을 만큼 선의 엄격한 수행을 강조했던 것은 자신의 체험에서 나온 부분이었다. 그렇기 때문에 선불교의 형식주의적 추종이나 반복에는 결코 찬동하지 않았다. 그러나 이러한 부정의 정신이 있는가 하면, 한편으론 일체 긍정의 실천으로 나아갔다. 백남준은 온갖 사물과 사건에 '선'을 갖다 붙인다. 가령, 긴 두루마리 종이 위에 머리 붓질을 하면서 〈머리를 위한 선〉, 처마 밑에 일종의 풍경소리가 나는 음악 오브제를 설치하고 〈바람을 위한 선〉, 바이올린을 무심히 끌고 가면서 〈걸음을 위한 선〉, 두드릴 수 있는 몇 개의 음악 오브제를 갖다 두고 〈접촉을 위한 선〉이라고 명명한다. 이러한 작품들에서 주목할 것은 선의 목적이 사람이 아니라는 점과, 사물과 사건에 접속하는 선은 결국 참여하는 자를 '그 무엇인가'로 되게 하는 방법이라는 점이다. 그러니까 케이지가 선적 경지를 목적론적으로 접근하여 정적주의를 좋아했다면, 백남준은 이미 확립된 선적 교리조차 벗어나 생성론적으로 변형되기를 추구했다고 볼 수 있다. 즉 '머리가 되고 바람이 되고 걸음이 되고 접촉 자체가 되는' 것이다. 이는 들뢰즈가 인간과 비인간이 접속하고 원래의 기능을 벗어난 제3의 생성체가 되는 소위 '되기(becoming)'의 개념과 일치한다. 백남준의 퍼포먼스들에 등장하는 '여성-되기' '아이-되기' '소수자-되기' 등은 이러한 맥락에서 해석될 수 있을 것이다. 그는 선불교가 생명과 무생명까지 모두 개입하는 급진적인 생성론이라는 잊혀진 본질을 재활성화했다. 그는 〈필름을 위한 선〉 〈TV를 위한 선〉에서 스스로 '테크놀로지-되기'를 감행한다. '전자적인 선'이라는 개념은 더 이상 기계들을 수단이나 도구로 여기지 않는다는 현대의 기술과학적 관점에서 생각할 필요가 있다. 모든 존재가 연결된 관계의 다발이며, 그 다발을 끊고 다시 새로운 관계를 맺으며 미지의 생성으로 '치명적인 도약'을 하는 것. 그것이 백남준 예술에서 아주 중요한 문제였다. 여기서 백남준이 삼계가 다 텅 비어 있다는 ≪벽암록≫ 제37칙의 한 구절을 선택한 것은 이처럼 생성의 모험을 하는 자가 감당해야 할 어떤 근원적인 정서 때문일 것이다. "흰 구름 머흘머흘 머리 위를 덮고, 흐르는 물 오묘한 거문고 가락을 타건만, 한 가락 두 가락 아는 이 없구나. 가을밤 비에 불은 물이 둑에 넘친다."(이영철≫김남수(편집 및 해설), ≪백남준의 귀환≫ p. 225, 2010년, 백남준아트센터 총체미디어 연구소.)

禪氣)를 발휘한다. 소위 공안이라고 하는 것은 바로 선기의 발로이다. 결국 불교인류학적으로 보면 백남준 아트에서 '공(空)의 미학'을 발견할 수 있다. 공의 미학은 비디오아트가 본질적으로 미술이라는 조형예술에서 시간예술로의 전환을 하는 데서 비롯된다. 비디오아트는 모두 흘러가는 것이고 변화무쌍한 것일 뿐, 아무 것도 잡을 것이 없다. 정지하는 것이 없다. 공간(空間)은 없고 공(空)만 있다. 따라서 비디오아트는 무소유(無所有)의 미술이다.

선종(禪宗)	기(氣) 혹은 기지기(氣之氣)= 절대기(絕對氣, 唯氣論)	교외별전(敎外別傳) 불립문자(不立文字) 능가경(楞伽慶) 금강경(金剛經) 육조단경(六祖丹經)	선기(禪機, 禪氣) 화두(話頭) 경덕전등록(景德傳燈錄): 1700古則公案 벽암록(碧巖錄):100則公案
교종(敎宗)	이(理) 혹은 이지이(理之理)= 절대리(絕對理, 唯理論)	보살경(菩薩戒) 반야경(般若經) 화엄경(華嚴經) 금강경(金剛經) 열반경(涅槃經) 원각경(圓覺經) 승만경(勝鬘經) 요의경(了義經) (하나의 법이 천 가지 이름을 가진 것은 인연을 따라 이름을 지었기때문)	法性偈: 華嚴一乘法界圖 (迷宮圖)

제5장 무교인류학과 백남준

네오 샤먼 백남준: 원시인, 인디언

백남준은 ≪말(馬)에서 크리스토까지 - 그 밖의 글 모음≫의 서문을 대신하는 끝 맺음말에서 다음과 같이 간명하게 말한 적이 있다.

"TV로 작업을 하면 할수록 나는 신석기 시대를 떠올린다."

인류학상 신석기 시대라고 하면 대체로 무교가 성립되는 시점이다. 무교는 청동기 시대까지 세계적인 종교였다. 실은 인류의 모든 종교는 무교를 바탕으로 프로그램업(program up)된 것이라고 해도 과언이 아니다. 고등종교들은 용어를 바꾸고 합리성을 강화한 척하지만 종교 본래의 것은 무교에서 하나도 달라진 게 없다. 물론 고등종교의 신(神) 대신 귀신(鬼神)을 섬기는 것이었지만 신(神)이라는 글자도 실은 '귀신' 신(神) 자이다. 신보다는 귀신이 먼저이다. 과거의 신이 바로 귀신인 셈이다. 그렇다면 작금의 신은 현재와 미래의 신이 되지 않으면 안 된다. 살아 있는 신이 아니면 결코 신이라고 큰소리칠 이유가 없다. 도리어 신석기 시대 사람들은 귀신을 믿으면서도 현대인보다 더 신을 믿었는지 모를 일이다.

백남준 하면 선(禪)불교를 떠올리지만 실은 그의 무의식을 생각하면 무교에 비하여 표층구조에 불과한 것이다. 서구인들은 이미 일본에 의해 어느 정도 선(Zen)을 받아들이는 훈련이 되어 있었다. 특히 독일인들은 그랬다. 그러나 백남준의 무의식적 심층에 자리하고 있는 정수인 무교는 서구인들에게는 그저 미신으로 취급될 것이었을 것이다. 기독교의 영향은 절대적이었기 때문이다. 그러나 서구의 현대를 받치고 있는 자연과학주의와 기독교는 제2차 세계대전의 상처로 인해 심한 회의와 공황에 빠져 들었다. 그래서 상대적으로 무교에 대해 덜 배타적이었다. 백남준을 무교적 관점에서 보면 저급한 무속이 아니라 이미 현대에 잘 적응된 세련된 무당이었다고 표현할 수 있을 것이다.

백남준의 작품에는 선불교적 영향이 깊게 보인다. 그러나 그 영향을 샤머니즘과 비교를 한다면 역시 샤머니즘의 영향이 절대적이라고 하여야 한다. 그의 작품은 한마디로 현대적 복합매체로 펼친 거대한 굿판이다. 다시 말하면 '퍼포먼스 굿'이고 '비디오 굿'이다. 그의 일련의 작품은 불교적 정(靜)과 질서(秩序)보다는 샤머니즘의 동(動)과 혼돈(混沌)에 가깝다. 종교의 진화론으로 보면 원시반본에 가깝다. 불교에서 무교로 진행한 것이라고 보아도 무방하다. 정중동(靜中動)보다는 동중정(動中靜)에 가깝다. 공즉색(空卽色)보다는 색즉공(色卽空)을 선호한다.

특히 그의 비디오아트를 이용한 자기최면은 아무도 흉내 낼 수 없었다. 그는 한마디로 신들린 사람처럼 작업을 하고 세계를 쏘다니고 아이디어를 쏟아 냈다. 여기에는 그의 타고난 사교성과 확고한 철학적 태도도 한몫했다. 그의 즉흥적인 퍼포먼스는 언제나 사람들의 의표를 찌르는 것이었다. 그는 독일이나 유럽사회에 적응한 차원이 아니라 서서히 동료들 가운데서도 두각을 나타내기 시작했다. 독일 사람들은 볼프 포스텔을 비디오아트의 창시자로 자리매김하려고 했다. 그러나 백남준의 신들린 것 같은 작업, 기발한 발상과 퍼포먼스, 다종다양한 작품들 앞에 그러한 시도는 빛을 잃었다. 탁월한 무교적 발상들, 그 옛날 무당들이 세계수를 타고 하늘과 땅의 메신저가 되는 역할 같은 것을 따라갈 수 없었다. 백남준은 현대판 전자무당이었다. 백남준에게 예술에 대한 샤머니즘의 접근은 누구나 예상할 수 있는 일에 속한다.

실지로 여러 사람에 의해 접근되었던 것 같다. 그중에서 배정희의 "백남준과 '간(間)문화적' 샤머니즘(Nam June Paik and 'Intercultural' Shamanism)"[115]이라는 논문과 이토 토시하루의 "네오 샤머니즘과 인터미디어 아트 – 백남준과 21세기의 미디어 아티스트들(Intermedia Art and Neo – Shamanism)"[116]이 의미심장하였다.

위의 두 사람의 논문은 탁월한 것이다. 배정희와 토시하루는 현대의 텔레커뮤니케이션 상황과 무당의 영매와 접신, 엑스타시 상황을 일종의 유비로 보는 점에서 공통적이다. 그러나 무당의 경우나, 텔레커뮤니케이션의 경우나 실은 신(神)은 객관적인 것으로 떨어져 있는 것이 아니라 인간의 내부에서 '부르면 일어나는 것'이고 양자는 매체(혹은 영매)는 다르지만 결국 신을 부르는 것은 인간이라는 점이 간과되거나 의미가 축소되어 있다. 다시 말하면 신을 부르는 프로그램을 생산하는 것은 인간이라는 뜻이다. 무당의 매체는 인간의 몸이고 텔레커뮤니케이션의 매체는 전기전자통신시스템이다.

배정희는 "백남준 예술의 동양적 — 불교적, 도교적 그리고 샤머니즘적 — 전통은 부처, 자연물, 성황당 등의 오브제를 통해서 쉽게 인지된다."고 전제하고 "이들 오브제는 흔히 테크놀로지와 그 속에 나르시시즘적으로 함몰된

---

115) 배정희(Bae, Jeong Hee), "백남준과 '간(間)문화적' 샤머니즘(Nam June Paik and 'Intercultural' Shamanism)"은 연세대 미디어아트 연구소(IMA)가 주최한 MAC(Media Art Culture, 맥脈) 2002 "백남준과 미디어아트(Nam June Paik & Media Art) 국제학술심포지엄(2002년 3월 25 – 27일, 연세대학교 백주년기념관 콘서트홀)"에서 발표된 논문이다. 이 심포지엄에서 발표된 논문은 다음과 같다.
홍가이 Hong, Kai – 예술에 대한 비판적 지도 다시 그리기/이그나시오 발레로(Valero, Ignacio) – 아방가르드와 식민지적 이국성/조셉 키트리 &사하로 제프리간(Chytry, Josef & Hojat – Dehghan, Sahar) – 역사로서의 아방가르드 정신/비르기트 하인(Hein, Birgit) – 백남준의 60년대와 70년대 작품 – 순수예술과 아방가르드 영화와 관련하여/유봉근(Yoo, Bong Keun) – 백남준에 있어서의 예술 담론/미하엘 비엘리츠키(Bielicky, Michael) – 문화와 문화 '사이'의 백남준/김은지(Kim, Eun Ji) – 백남준과 갈릴레오 갈릴레이/이지호(Lee, Jee Ho) – 텔레비전, 예술품으로서의 일상적 오브제 백남준의 텔레비전과 마르셀 뒤샹의 레디메이드 비교/안느 – 마리 뒤게(Duguet, Anne – Marie) – 예측, 조롱 그리고 폐기/장 – 루이 브와씨에(Boissier, Jean – Louis) – 흐름과 반복 – 인터랙티브 순간/김경온(Kim, Kyoung On) – 레오나르도 다빈치와 백남준/이현선(Lee, Hyun Seon) – 장벽 가로지르기 – 백남준과 샬롯 무어맨: 섹스, 비디오 & 음악/미나토 치히로(Minato, Chihiro) – 고대적 심성으로부터 – 백남준 이후의 아시아 시각예술 속으로/배정희(Bae, Jeong Hee) – 백남준과 '間문화적' 샤머니즘/이토 토시하루(Ito, Toshiharu) – 상호매체예술과 네오 샤머니즘 등이다.

116) 이토 토시하루(Ito, Toshiharu)의 "네오 샤머니즘과 인터미디어 아트 – 백남준과 21세기의 미디어 아티스트들(Intermedia Art and Neo Shamanism)"도 연세대 미디어아트 연구소(IMA)가 주최한 MAC(Media Art Culture, 맥脈) 2002 "백남준과 미디어아트(Nam June Paik & Media Art) 국제학술심포지엄(2002년 3월 25 – 27일, 연세대학교 백주년기념관 콘서트홀)"에서 발표된 논문이다.

서구문화에 대하여 동양의 철학적 생태론적 자연주의적 균형물로 이해되고 있다."고 주장하였다.

배정희는 TV부처(TV Buddha, 1974)는 "주체와 객체, TV시청과 명상, 비디오를 통한 자기응시와 명상, 동양과 서양과 같은 이분법을 넘어 끝없는 대화적 순환고리를 이룬다."고 설명한다. 또 다다익선(多多益善, The more The better, 1988)의 경우, "장수 샤먼을 연상시킨다."고 말한다. 동시변조(同時變調, Modulation in Sync – Sweet and Sublime, Jacob's Ladder, 2000)의 경우, "우주와의 소통을 추구하는 거시적 비전을 제시한다."고 평한다. 특히 그는 "원형 천장 아래 매달린 스크린 위에 기하학적인 형태들이 만들어지는 감미로움과 숭고함(Sweet and Sublime), 떨어지는 폭포수를 뚫고 레이저가 빗살모양으로 투사되는 야곱의 사다리(Jacob's Ladder), 그리고 바닥의 텔레비전 모니터 작업으로 이루어진다. 즉 천장에는 동양적 우주관의 상징기호가 형상화되어 있고, 바닥에는 모니터가 천장을 향해 있으며, 이 하늘과 땅을 연결하고 있는 것은 구약성경의 인간구원의 상징인 야곱의 사다리이다."고 전제하면서 아이러니하게도 하늘, 땅, 인간의 단순한 구도는 놀라울 정도로 샤머니즘적이라고 말한다.

이토 토시하루는 "비디오 인스톨레이션, 비디오 퍼포먼스, 피라미드상의 모니터를 쌓아 올린 비디오 조각, 세계적인 정보통신 시스템을 사용한 네트워크 아트 등은 TV나 비디오를 신체나 신체환경으로 취급하고 TV수상 장치에 신체적인 운동이나 정신적인 파동을 송수신시키는 새로운 미디어테크놀로지의 미학을 제시하고 있다."고 전제하고 "백남준의 작품들은 어떤 의미에서 새로운 형식의 샤먼 행위의 실천과 같은 것이 아닐까."라고 조심스럽게 반문한다.

그는 백남준에게 들은 매우 압축된 이야기를 소개한다.

"한국에는 여러 형태의 샤머니즘이 강하게 남아 있다. 일본에서의 무당. 내가 작품을 만들 때 무의식으로 만들지만 나에게 가장 영향을 준 것이 무당이다. 매년 10월이 되면 한국의 어머니는 1년의 액을 때우기 위해 무당을 부른다. 그러면 24시간 해프닝이 된다. 혼을 부르는 것이기 때문에 철저하게 밤에 이루어지는 밤의 예술. 그것도 그녀의 예술이 된다. 혼을 불러오겠다면서 무당이 나타나면 남자들은 모두 집 밖으로 내몰리고 여자들은 노래하고 춤추고 모두 술을 마시면서 점점 몰입해 간다. 한밤중이 되면 클라이맥스. 그때 무당은 돼지 머리를 자기 머리 위에 올려놓고 춤춘다. 그 리듬은 중국의 아악 리듬과는 전혀 다르다. 한국의 리듬은 싱코페이션이 있는 삼박자로 세 박자, 다섯 박자, 일곱 박자로 이어지는 홀수가 많다. 옛날에 내가 작곡하면 거의 세 박자, 다섯 박자가 되던 것은 결국 나의 예술은 한국의 미술, 골동품과 같은 관제, 궁정미술과는 별로 관계가 없지만 민중의 예술, 그중에서도 민중의 시간예술, 춤, 무당의 음악에 가까운 것이다."

이 이야기는 한국인이면 으레 직접 경험하거나 이해할 수 있는 내용이다. 그의 작품은 결코 지루하지 않다. 지루함이란 현대미술의 또 하나의 특징임에도 그는 결코 지루함을 추구하지 않는다. 그에게 언뜻언뜻 보이는 선불교의 명상적 태도나 내관(內觀)은 그의 작품의 이면을 흐르고 있지만 정작 표현된 이미지는 항상 혼돈스럽고 분주하다. 그는 결코 점잔 빼는 선사가 아니다. 그런 점에서 그의 심층구조는 불교적이고 표층구조는 샤머니즘적인지 혹은 그 반대인지 모른다. 아무튼 매우 가역적이고 그것 자체가 유동적이고 비결정적이다.

토시하루는 "백남준은 한국의 샤머니즘을 다른 시각에서 볼 뿐만 아니라 중국을 제외한 몽골, 티베트 등 우랄 알타이어계의 동양 민족 전체를 포함해 생각해야 한다고 주장한다."고 소개하면서 "결국 일본을 포함한 헝가리, 에스토니아, 핀란드, 터키, 네팔 그리고 구소련의 반 이상인 우랄 알타이어계의 동양문화야말로 21세기에는 커다란 비중을 지고 갈 것이라고 지적"했음을 지적한다.

그의 말대로 "텔레커뮤니케이션이 탄생시킨 새로운 언어에 의해 성립하는 신체는 예전의 신체와 같은 한 개의 통일체라기보다 분화된 유동체와 같은 존재다. 그것은 물질이라고 하기보다는 비물질의 존재에 가깝고, 신체란 이미 피부로 싸인 육혼이 아닌 기체나 자장과 같이 흐르는 장소이고, 그것은 좁은 의미에서 신체의 폐쇄회로에서 빠져나와 녹아 버린다든지, 기화한다든지, 이전하든지 한다. 샤만의 텔레마틱 퍼포먼스는 그야말로 새로운 전자시대의 신체의 비전을 상징적으로 제시하는 것이다."

토시하루는 "전화 커뮤니케이션과 컴퓨터와의 융합에서 발생한 네트워크 아트인 다이너미즘은 새로운 문화의 장이 디지털화되면서 보다 세련된 소재와 지적인 어플리케이션과 인터페이스를 통해 연결된 글로벌한 네트워크의 위에서 탄생할 것이다."고 예견한다. 그는 또 "네오샤머니즘은 사이버스페이스 시대에 소멸하고 있는 샤머니즘을 새로운 미디어와 테크놀로지를 사용해 재생시켜 가려는 모험"이라고 전제하고 "텔레프레전스 테크놀로지는 하나의 공간에 하나의 시간이 대응하는 것이 아니고, 하나의 공간은 복수의 시공간에 대응하고 하나의 시간이 복수의 시공간과 대응하는 것이 모르는 사이에 침투해 버린다."고 말한다.

그는 "텔레프레전스에 의한 동시성은 '지금'과 '여기'라는 개념을 통해 죽은 자가 '지금' 나타난다든지, 극락이 '여기'에 출현하기도 한다."고 말하고 "이것이 텔레프레전스 효과이고 텔레프레전스 상상력이 발생하는 자장"이라고 한다.

토시하루는 다음의 말로 끝을 맺는다. "인터미디어를 핵으로 하는 텔레프레전스 테크놀로지는 샤머니즘과 마찬가지로 실은 마크로코스모스와 마이크로코스모스를, 시공의 세계를, 다이내믹하게 넘어 이어 가는 인간 상상력의 활동과 깊이 연결되어 있으며 21세기는 미디어·아트란 통로를 찾기 위한 비전의 실험장이라고 말할 수 있지 않을까."

래리 리트는 "비디오-무당, 샤머니즘" 서문에서 "한국의 무속에서 '신'은 산, 바다, 집 등에 기거하는 유익한 존재를 말한다. 반면 '귀신'은 인간에게 끊임없이 육체적, 정신적 고통을 초래하는 안식을 찾지 못한 악령이다. '무당'은 인간, 자연 그리고 내세 사이에서 벌어지는 투쟁을 지원하기 위해 다양한 신을 불러내며 '굿'은 이 무당에 의해 행해진다. 나로 하여금 보편적인 무속을 이해하도록 인도해 준 수많은 한국인들에게 이 '굿'을 바친다."고 말하였다.

그런데 그의 글에 백남준의 무교와의 관련성을 증명할 수 있는 글들이 수록되어 있어 관심을 끈다. 그 글들은 바로 무당이 흡사 무병에 들어 입무(入巫) 과정을 거치는 과정과 같은 내용으로 가득 차 있다. 이 글은 백남준의 글인지, 아니면 래리 리트의 글인지, 래리 리트가 백남준의 마음을 잃고 무감(巫感)을 받아서 쓴 글인지 분명치 않다. 그러나 한 가지 분명한 것은 이 글은 백남준과 샬롯 무어맨의 무당기질을 확실히 밝혀 주고 있다는 사실이다.

○ 신병(Spiritual Sickness)

나를 향해 돌아서라, 나를 향해 돌아서라.
원격조종은 쉽고, 보다 쉽고, 가장 쉽다.
편리함은 결코 일어나지 않고 그대는 자리를 떠나는구나.
누가 누구를 조종하는가?
팔은 의자에 맡긴 채, 안락의자에 편하게 앉으라.
나를 바라보라, 나를 바라보라, 변화하는 그러나 여전히 같은 나를 바라보라.
나는 스스로를 가장 위대한 사람이라고 믿는 그대보다 더욱 위대하다.
나는 TV 속의 영혼, 그대가 나를 향해 돌아서지 않는 한
보이지 않는 TV 귀신이다.
그대는 나를 부르고 나를 원하며 지금 나를 바라본다.
먼 곳에서, 혼자서, 동떨어져, 거리를 두고, 아무도 네 곁에는 없네.
그러나 내가 그대 곁에 있을 때 그대와 함께할 때 그대는 혼자가 아니구나.
보이지 않는 세계로부터 그대에게로 다가와
그대가 나에게 돌아설 때까지 보이지 않네.
나는 그대를 위해 그곳에, 그대의 의자에 이야기, 신화, 기적과 함께 머무네.
나는 영혼 없는 육신
나는 영혼으로부터 분리된 육신
트랜지스터, 전선, 회로, 거울.

나는 TV 귀신, 골렘, 프랑켄슈타인.

내가 무언가를 창조하기 전 그대는 서로에게 많은 이야기를 들려주었지.

나는 영혼 없는 회로

나는 뉴스, 전쟁, 스포츠, 공포, 폭동, 엔터테인먼트, 엔터브레인먼트, 디멘터테인먼트!

자, 우리의 십일조 모금인으로부터 온 메시지:

"우리를 용서하소서, 우리는 그대에게 단지 알리고자 했다오.

우리는 그대에게 좋은 것을 팔고 있다오.

그대의 생활이 나아지도록 돕지요.

그렇지 않는다면 아무도 그대를 좋아하지 않을 거예요.

무언가 사지 않는다면, 돈이 없어요, 여보!"

그대처럼 영혼을 가진 사람

그대가 존재하고자 하듯이

그대가 존재할 것처럼

그대는 여전히 내가 보이지 않는다고 생각하는가?

나를 향해 돌아서 내 앞에 앉으라.

사람들은 그대처럼, 내가 그대의 존재를 원하는 것처럼

그대의 이야기와 같은 이야기처럼, 동일한 모든 이야기처럼

이것이 문제인가?

그저 앉아 나를 바라보라, 그대와는 아무런 관련도 없구나.

편히 앉아 휴식을 취하라.

나의 눈이 그대를 바라볼 때 그대처럼 보다 많은 사람들이 나를 바라보게 하라.

원격조종은 꿈꾼다: 그대는 나와 함께 내 안에, 내 아래, 영원히 나의 한 부분으로 존재한다.

○ 비디오 무탈(만신에 의한 무업 전수와 수련)

미친 놈 놈, 미친 미친 미친, 놈 놈, 미친 놈 놈, 미친 놈, 놈, 미친, 놈 미

252

친, 미친 놈, 미친 놈!

한국의 부모들은 예술적 재능을 가진 아이를 '미친 놈'이라 부른다. 미친, 스스로에게 사로잡힌, 이기적인 아이.

단지 미친 사람만이 예술가가 되길 원한다.

'미친 놈'은 '신병'을 앓고 있으며 영혼이 아픈 젊은이.

무당이 되기 위해선 만신으로부터 무업전수와 수련이 요구된다.

만신의 인도가 없다면 수련과정에 더 많은 시간이 소요되며 보다 많은 고통과 위험이 수반된다. 수련과정은 이른, 고통스런, 영적인 죽음을 초래할 수 있다.

바로 이점 때문에 만신예술가가 '신병'을 앓는 젊은 예술가를 인도하고 안내하는 것이 중요하다.

○ 백남준(판수 무탈: 박수무당을 뜻하는 듯)

막대로 눈 찌르기

명성은 손바닥 위에서 새어 나가는 물과 같도다.

수로를 파라.

그대의 자아는 텔레비전 앞에 머문다.

모든 장소에서 닭처럼 모이를 쪼아 먹다.

하나를 선택해 그것과 머물라. 그대가 선택한 그것과 머물라.

거기에는 무언가가 있다. 차이는 없다.

무언가 배울 것이 없을지라도 거부할 무엇이 있음이 확실하다.

평행주차를 흉내 내며

채널을 바꿀 무언가를 할 수 있는가?

판수무당, 남자무당

그는 원격 조정하는 눈에 보이지 않는 신인가?

○ 샬롯 무어맨(미국무당)

첼로라는 나무부처 뒤에 숨은 무당.
'TV브라'를 착용하고 클래식의 세계를 이해하며
그대를 버리다.
그대는 진정 내 안에 머물기 원하는가?
혹은 벗어나길 원하는가?
부처첼로를 등 뒤에 짊어지고 그대의 부드러운 배 위를 기어간다.
죽은 병사들의 영혼을 찾아 과달카날 해변을 헤매며
할 수 있는 모든 방법으로 연주하며
침묵이든 소음이든 지휘자 없이
스스로의 부름에 인도되며
스스로의 황홀경을 세계에 알리며 비디오 굿을 사랑하며 즉흥적으로 노래
하는
무당 혹은 만수받이(무가를 부르는 양식이나 장단: 역주), 무당 혹은 음악가
그대의 육신은 사라졌으나 그대의 영혼은 여전히 살아 있네.
비디오 무당의 아름답고 풍부한 꿈을 연주하며

○ 무당(무아지경)

정적인 사람들(the quiet ones)은 자신들의 신을 기쁘게 하기 위해 정원을
가꾸며 사색하고 그리며 시적인 화두(poetic koans)를 던진다.
동적인 사람들(the noisy ones)은 노래 부르며 춤추고 음악을 연주하며 머
스 커닝햄처럼 땅, 공기, 불 그리고 물 위를 걷는다.
그들은 하울링 앨런 긴스버그처럼 명상에 관한 노래를 부른다.
그들은 마이크에 대고 코요테처럼 울부짖는다.
그들은 진흙 속에서 뒹굴며 흙의 일부가 되고 발가벗고 아름다운 갈색,
에이미 그린필드처럼 성적으로 매력이 있으며 바람직한 모습으로 변한다.

그들은 옷을 벗고 무대에 서며 서로 껴안고 사랑하며 관객들을 무아지경으로 이끄는 '무감'(굿판에서 무당이 아닌 일반인이 굿 중간 사이에 무복을 입고 굿장단에 맞춰 춤을 추는 것: 역주)에 초대한다.

그들은 주역을 읊으며 존 케이지처럼 '동료를 위한 음악'(Music for the Peers)을 감상할 수 있는 적당한 장소를 물색한다.

그들은 육체로부터 벗어날 수 있는 순간까지 춤추고 북치며, 땀 흘리고 영혼의 도취를 갈망한다.

그들은 투명한 유리관의 내부에 존재하며, 영상 합성기의 다이얼을 돌려 보이지 않는 것을 보이게 하고, 소품을 갖추고 옷을 입은 영상무당을 창조한다.

그들은 오케스트라가 진혼곡을 연주할 때 피아노를 불태운다.

그들은 항해를 계속하며 먹고 집에 오며 먹고 파티를 열고 먹고 잡담하며 그레고리 베트콕처럼 보다 많이 먹는다.

그들은 '모스크바와 뉴욕의 미디어 셔틀'과 그들이 할 수 있는 한 모든 곳에서 세계에 평화를 가져온다.

그들은 뉴욕에 사는 단 하나의 이점이 직접 천당에 가는 것임에도, 러셀 코너처럼 뉴욕을 팔고 있다.

소란스런 사람들은 그들을 향해 돌아설 때만이 보이는 예술계의 아름답고 사교적이며 보이지 않는 스타들을 초대한다.

그들은 동일한 많은 것을 추구한다.

○ 신명(황홀경)

북소리, 행위, 뜨거운, 춤, 음악, 노래, 영혼, 황홀경, 무아지경, 춤, 김치, 양념, 뜨거움, 땀, 달콤함, 회전, 젖은, 행위, 살아 있음, 살, 열, 춤, 매운 음식, 쓴 소주, 뜨거운 육체, 열, 박자로 인한 영혼의 고양.

남아메리카, 동유럽, 중앙아시아, 시베리아의 보편적 샤머니즘, 아메리카 대륙 원주민의 춤, 뜨거움, 행위, 양념, 음식, 육체, 섹스, 육체와 정신의 결합, 매운 소스, 살사, 열정적인 음악, 춤, 부름.

그대의 뜨거운 육신을 통한 신과 영혼.

그들에게 그대가 같은 사람의 더 많은 것, 같은 사람의 더 많은 것, 같은 사람의 더 많은 것을 원하고 있음을 말하라.

자! 마늘, 후추, 생강, 식초, 파프리카는 몸의 질병을 치유한다.

달콤함은 신을 달랜다.

신을 육체 안으로 영접하라.

석류, 초콜릿, 오렌지, 춤, 무아지경에 도달하기 위해 필요한 두 가지.

○ 만신(귀신 들림)

부처는 나의 사색을 위한 모니터, 하느님은 나의 모든 학식 있는 편집자.

알라는 나의 가스탱크 속에 있고 그리스도는 나의 케이블이며 크리슈나는 나의 카세트, 그리고 공자는 모든 값을 지불한다.

나의 불완전한 예술적 영혼은 무당이다.

나는 그대를 내 안에 받아들이며 그대의 모든 것을 위해 춤춘다.

나는 그대를 내 안에 받아들이며 그대의 모든 것을 위해 노래한다.

나는 그대의 모든 것을 위해 북을 친다.

나는 그대의 모든 것을 위해 맵고 달콤한 것들을 먹는다.

나는 그대의 모든 것을 사랑한다.

나는 그대의 모든 것을 위해 시와 소설을 쓴다.

나는 허브나 향신료, 야채나 과일이다.

이것은 흙 위에서 자란다.

나는 나를 향해 그대를 향해 웃으라 말한다.

나는 그대의 모든 것이므로 그대에 대해 모든 것을 말할 수 있을 때까지 흙과 춤을, 나무와 춤을, 산과 춤을, 불과 춤을, 비와 춤을 추며 그대에 대해 아무것도 모르는 사람을 슬퍼한다.

다르지도 같지도 않으니

나는 나의 출생만큼이나 순수하다.

나는 그대를 위해 정화된 심장의 언어로 노래를 부른다.

질문: 죽음 뒤 나의 영혼은 어떻게 될까?

답변: 그대의 비디오를 본 사람은 죽음 이후 그대의 영혼에 대해서 알 수 있다. 휴식을 취하라, 그대는 영원불멸이니라.

○ 물림(귀신 쫓기)

광고는 보이지 않는 세계로 되돌리자.

이를 조롱하라, 이에 조소를 보내라.

나는 그대의 호주머니에 있는 나의 돈을 원한다.

이것을 사라, 이것의 일부를 얻으라, 이것을 행하라.

이것이 그대에게 좋다. 그대를 채우고 바람직하게 하라.

이것을 뿌리라, 공기는 귀신을 쫓아낸다.

이것을 마시라, 그대는 힘을 갖게 되리니

이것을 피우라, 그대는 남자가 되리니

이것을 먹으라, 그대는 더욱 강하고 빨리 달릴 수 있으리니

이것을 운전하라, 그대는 나보다 먼저 도착하리니

이곳에 살라, 주방에는 귀신이 없구나!

자, 웃으라. TV 귀신 앞에 앉아 숭배하는 나를 보며 웃으라.

자신을 바라보는 부처를 보며 웃으라.

불이 붙은 피아노를 보며 웃으라.

무아지경 가운데 혹은 섹스로 인한 피로로 쓰러진 무용수를 보며 웃으라.

성적인 극치감으로 신음을 뱉어 내는 그대들을 보며 웃으라.

모든 것이 일시적임을 아는 그대를 보며 웃으라.

비디오는 이 중 가장 순간적인 것이다.

벽으로부터 벽에서부터 플러그를 뽑으라.

그대는 스스로 존재한다. TV 귀신은 더 이상 존재하지 않는다.

번창하는 인간희극, 드라마, 뉴스, 뉴스, 뉴스.

그대의 팔로부터, 그대의 몸속으로, 텔레비전의 성소로부터 도피한다.

그대는 TV 귀신 앞에 앉아 그대의 눈으로, 그대의 귀로, 그대의 육체로 이것을 구매했고 이용했다.

시계는 그대가 모든 것을 보길, 모든 것을 알길, 모든 것을 듣길, 최근의 것을, 위대한 것을, 가장 새로운 것을, 유행하는 것을, 추세를, 해야 할 것을 존재해야 할 것을 그대는 이 모든 것을 끝낼 수 있다. 뛰어오르고, 매달고, 쏘고, 찌르고, 삼키는 것이 아니라 벽으로부터 플러그를 뽑음으로써 모든 것이 끝났다. 침묵. 그대 자신의 소리, 두려운가?

바로 그대. 궁극적인 소유. 이것이 그대의 세계이다.

TV 귀신 거울을 통하지 않는다.

밖을 바라보다! 앉지 마라! 계속해서 춤추고 노래하고 웃으라.

그대 자신의 비디오 무당이 되라.

스스로 호흡하고, 스스로의 눈을 이용하고, 가깝게 충분히 가깝게 접촉하고 유리 없이 상처 입히고 냄새 맡고 느낄 수 있도록 충분히 가깝게

그대 자신의 비디오 무당이 되라.

그대 자신의 비디오 신이 되라.

이토 토시하루의 글과 래리 리트의 글은 백남준의 무교와의 친연성과 충분한 교감관계를 잘 보여 주고 있다. 이 글은 래리 리트 자신이 백남준의 퍼포먼스를 보고 느낌을 쓴 것인지, 아니면 백남준의 말이나 메모 등을 토대로 쓴 것인지 불분명하다. 백남준은 기회 있을 때마다 한국문화의 대표적 상징으로 무당을 꼽아 왔다. 백남준은 무교를 잘 알고 있었으며 자신도 그러한 무당기질이 다분한 사람이라는 것을 명시적으로 표명해 왔다. 백남준의 비디오아트 작품들의 상당수는 카오스와 어지러운 분위기, 우주의 다이너미즘(dynamism), 영감에 찬 이미지들로 가득 차 있다.

이미지 신디사이저는 전자 굿판의 대중화의 길 열어

258

백남준의 작품들은 무교적 관점에서 보면 새로운 굿이라고 할 수 있다. 오히려 사람이 하는 굿보다 전자 세계가 펼치는 굿판은 훨씬 더 역동적이고 현란하다. 또 물질적이지도, 비(非)물질적이지도 않는 전자기(電子氣)의 무중력으로 인해 가볍게 승화하고 있다. "굿모닝 미스터 오웰"을 비롯하여 우주프로젝트는 말할 것도 없고 이에 앞선 초기의 각종 퍼포먼스, TV시리즈와 퍼포먼스의 만남은 오브제들의 생생한 등장, 즉 '날 것'(Live) 혹은 '사실'(Real)들로 인해 신기와 영기가 가득 찼다. 이미지 신디사이저의 개발은 전자 굿판을 더욱 판타지(fantasy)로 만들었으며 누구나 이 전자 굿의 주인공인 무당(예술가)이 되도록 길을 열어 주었다.

합생(合生, concrescence)으로서의 네오샤머니즘
애니미즘, 토테미즘, 샤머니즘, 고등종교 그리고 그 후

백남준의 전자 굿은 한마디로 종래 인류가 거쳤던 종교의 여러 단계, 애니미즘, 토테미즘, 샤머니즘 그리고 고등종교의 것까지 다 통합하는 것이었으며, 통합은 산술적인 것이 아니라 일종의 새로운 생명의 합성이라고 하는 합생(合生, concrescence)의 분위기였다. 이것은 종래의 습합(褶合, syncretism)과는 다른, 종교적 새 생명의 탄생과도 같은 것이어서 미래 인류 종교의 미래모습을 예언하는 것으로 비쳤다. 여기엔 샤머니즘은 물론 불교, 유교, 기독교, 신선교(神仙敎) 등이 한데 녹아 있는 것 같았다. 더욱이 종래의 종교현상이라고 알려졌던 성(聖)과 성화(聖化, hierophany)라는 것이 전기전자의 소통이자 교감과 같은 종류의 것이라는 느낌마저 주었다.

예술과 종교의 피드백

이는 종교와 예술의 친연성과 상호 작용, 피드백을 떠올리게 하였다. 예술과 종교는 무엇이 다른가. 종교는 신 혹은 귀신과 직접 접하는 데 비해 예술은 종교와 달리 신을 표현하는 다른 매체가 중간에 개입되어 있는 것밖에 다른 것이 없었다. 그러나 많은 종교들도 신에게 접근하는 방식으로서 여러 예술적인 접근 — 찬송가, 성화(聖畵), 성상(聖像) — 을 사용한다는 점에서 구별이 애매한 부분이 없지 않았다. 종교적 예술이라는 것은 종교적 도그마를 강화하기 위한 것으로 마치 공산주의가 예술을 도구로 사용하는 것과 같은 것이다. 예술과 종교는 결국 세계로 열린 것이냐, 아니면 세계로부터 닫힌 것이냐 혹은 이들의 가역관계에 맡기는 수밖에 없었다. 예술인류학이 결론적으로 포지티브 피드백(positive feedback)이냐 네거티브 피드백(negative feedback)이냐로 갈라지는 것과 같았다.

주술(呪術, magic) = 예술(藝術, art)

결국 예술(藝術, art)이라는 것은 일종의 주술(呪術, magic)과 같은 것이라는 판명이 난다. 주술이라는 것은 흔히 현대과학의 입장에서 보면 미신과 같은 것이라고 하지만 현대의 과학이라는 것도 미래과학의 입장에서 보면 마찬가지로 주술적 차원에 불과한 것이 되지 말라는 법은 없다. 특히 굿(Gud, ritual)의 경우 전문 예술가라기보다는 무당(무당은 전문예술가는 아니다) 혹은 필부필부에 의해서도 치러질 수 있다는 점에서 일종의 퍼포먼스적 개념으로 해석하는 것이 용이하다. 굿에는 간간히 예술이 포함되기도 하지만 그것은 좀 틀려도 양해가 되는, 일종의 오브제적 성격의 의식이라는 점이 특이하다.

텔레파시(telepathy)를 위한 텔레비전(television), 비디오아트(video−art), 퍼포먼스(performance), 플럭서스(fluxus), 오브제(object)

백남준의 엑스터시(ecstasy)에 대해 논할 차례이다. 그의 엑스터시는 위성쇼, 전자 굿에서 총체적으로 드러난다. 일련의 전자 굿은 '원시종합예술'이 아니라 '미래총체예술'로서의 새로운 장을 열었다. 백남준의 엑스터시는 '기술+시(詩)'의 결합이다. 그는 예술인류학이 추구하는 시인으로서의 고고학자, 고고학자로서의 시인을 충실히 구현하였다. 다시 말하면 기술자로서의 시인, 시인으로서의 기술자의 모델을 제시했다. 그러한 점에서 백남준은 유물론과 유심론을 종합하고 합생한 예술가이다. 이는 물(物)과 심(心)의 이분법에 시달리는 서양의 문화적 한계를 극복한 것이다. 그것도 초월과 절대의 법으로가 아닌, 상대와 과정으로서의 법으로 말이다. 이는 진정 자연으로서의 예술과 자연과학으로서의 예술을 달성한 셈이다.

그의 실존주의는 그래서 그런지, 비극적이지 않고 희극적이고, 보다 정확하게는 해학적이다. 진실과 거짓, 존재와 비존재, 거울과 가면 등에 매이지 않고 칸트 이후 잠정적으로 유보하였던 '물 자체'에 도달한 예술가이자 철학자인지도 모른다. 물 자체를 설명할 수는 없다. 그러나 그것을 즐길 수는 있는 것이다. 물 자체를 즐기는 것이 신명(神明)이고, 기분최고(氣分最高: feeling so good)이고, 기절초풍(氣絶超風)이고, 어느 곳에도 매이지 않는 진정한 자유인, 해방인의 모습이 아닐까. 물 자체를 즐기는, 그렇다고 이데올로기로서의 유물론에 빠지지도 않는, 진정한 선사(禪師)와 같은 예술가이다. 이것은 평상심시도(平常心是道: 하루하루의 마음이 도이다), 즉심시불(卽心是佛: 마음을 내면 도이다)의 경지이다. 그는 초현실주의자가 아니다. 차라리 절대 －상대주의자, 유심－유물주의자이다. '－'의 표시는 동시성을 나타낸다.

백남준의 전자 굿은 오브제에서 출발하여 끝내 텔레파시를 얻는 것을 목적으로 한다. 그럼으로써 그는 새로운 예술의 창시자가 되었다. 그의 전자 굿(tele－Gud), '굿모닝, 미스터 오웰', '바이 바이 키플링',[117] '세계는 하나(손에 손잡고)', '호랑이는 살아 있다'는 백남준 미술의 결정판이며 하이라이트이다. 백남준은 마음 좋게도 비디오 신디사이저를 개발하여 일반인의 전자예술에의 참여의 길을 열어 놓았다. 한편 비디오아트를 설명하면서 우리가 간과하기 쉬운 것은 그동안 문명의 발달과 더불어 분리되었던, 아트(art)라는

---

117) 1961년에 작곡한 ≪20개의 방을 위한 교향곡≫(아직 연주되지 않음)은 ≪바이바이 키플링≫(1987년에 서울－도쿄－뉴욕을 잇는 위성방송)의 시나리오를 예견하고 있었으며, ≪존 케이지에게 보내는 찬사≫(1958년에 다름슈타트에서 제안했지만 실현되지 않음) 또한 ≪굿모닝 미스터 오웰≫(1984년 L.A.－뉴욕－파리－쾰른을 잇는 생방송)을 예견하는 것이었다. 예술작품은 서로 별개의 작품인 것 같지만 작가에게는 내밀하게 하나로 작용한다. 그래서 명작을 낳게 되는 것이다.

개념의 이중성인 '기술(technology)과 예술(art)'의 통합이 백남준에 의해 다시 이루어졌다는 점이다. 이것이 겉으로는 원시적 주술의 모양이지만 결코 같은 것은 아니다. 같은 이치로 비디오아트는 예술이라는 개념보다는 기예(技藝)로서의 개념이 적합하지만 옛날의 수공예품(artcraft)과는 다른 것이다.

백남준의 레이저 예술에 대해서는 사람들의 관심이 적다. 그것은 그의 일생의 마지막에 있었던 것이고, 나름대로 완성된 것이라고 보기에는 이력도 적기 때문이다. 그러나 휘트니미술관에서의 1982년의 회고전에 이어 2000년 구겐하임 미술관 전시는 레이저 예술로 입구를 장식했고, 레이저 예술은 그에게 새로운 무엇인가를 유혹하고 있음이 분명하다.

그 전시회의 풍경을 그의 소꿉친구였던 수필가 이경희 씨의 묘사를 토대로 살펴보자.[118]

"미술관 안은 어두웠다. 어둠 속에서 바닥에 쫙 깔린 텔레비전들이 제일 먼저 눈에 들어왔다. 밝은 데서는 물체들이 먼저 눈에 띄지만 어두운 곳에서는 빛이 눈에 먼저 가기 때문에 미술관 안으로 들어서는 사람이면 누구나 바닥에 깔린 텔레비전을 먼저 보게 된다.(중략)

바로 그곳에는 레이저 광선이 높은 천장을 향해 지그재그로 뻗어 올라가고 있었다. 초록빛의 레이저 광선, 그 빛은 뻗어 올라가고 있는 것이 아니라 위에서 쏟아져 내려오는 폭포처럼 보였다. 이름 지어 '야곱의 사다리'라나. 레이저 광선은 빛을 그냥 내고 있는 것이 아니라 뿜어내고 있어서 더 곱게 느껴지는가 보다. 아무튼 열두 번인가를 꺾여 튕기며 내려오고 있는 레이저의 초록빛 폭포는 너무도 아름다웠다. 한참을 쳐다보니까 폭포에 떨어지는 물줄기가 그 밑에 깔려 있는 영상(映像)의 호수로 떨어지고 있는 느낌이 든다. 그런가 하면 홀 맞은편에 설치된 여섯 개의 대형 스크린에서는 바닥에 깔린 텔레비전에서 나오는 영상의 시뮬레이션들이 확대되어 비치고 있었다. 이것들을 합해서 '모듈레이션 인 싱크(Modulation in Sync) 2000'이라 했다. (중략)

돔으로 된 높은 미술관 천장에는 삼원색의 레이저 광선이 태극을 연상시

118) 이경희(李京姬), ≪白南準 이야기≫ pp.190 - 195, 2000년, 열화당.

키며 여러 형태의 나선으로 변화하며 돌아가고 있다. 그 빛줄기의 변화하는 형태를 반복될 때까지 한참 동안 치켜 보고 있었더니 젖혔던 목이 바로 서질 않았다. (중략) 칠층 높이에서 바닥으로 떨어지는 레이저 폭포, 구겐하임 미술관의 돔 천장에다 쏴 대고 있는 레이저 빛의 하모니 '스위트 앤드 서브라임(Sweet and Sublime)'에 취하며 미술관의 램프식 회랑을 올라가기 시작했다. (중략)

하이 갤러리(High Gallery)의 캄캄한 방에는 세 개의 레이저 조각품이 있었다. 네모, 세모, 동그라미. '천(天)·지(地)·인(人)'의 삼대 요소가 느껴졌다. 이 세 작품을 들여다보고 있으면 무한한 우주공간이 연상된다. 그 안에서 서로 엇갈리며 움직이는 수없는 평행선의 레이저 광선들이 여러 가지 형태로 상상을 키워 주고 있는 것이 신기하다. 삼각형 안의 것은 삼베 짜는 베틀의 움직임 같아 인간의 지혜가 느껴졌고, 동그라미 속에서 별모양이 회전하고 있는 것에서는 언뜻 사람이 팔다리를 벌리고 동그라미 속에 서 있는 태초의 인간 모습의 도안이 연상되기도 했다."

백남준은 이전에도 레이저 예술을 여러 차례 선보였다. 레이저 예술은 비디오아트 속에서의 빛과 반사와는 또 다른 것이다. 비디오 속의 빛은 '달빛'에 해당하는 것이라면 '레이저'는 도리어 '햇빛'에 해당한다. 레이저의 빛은 밖으로 달아나는 새털과 같이 가벼운 것이다. 빛의 삼원색인 빨강, 파랑, 초록이 빚어내는 빛의 예술은 합하면 흰빛이 되는 것이다. 이는 색의 삼원색인 빨강, 노랑, 파랑이 빚어내는 검은색과는 다르다. 흰빛은 하늘을 상징하고 검은빛은 땅을 상징한다. 그는 하늘로 새처럼 날고 싶었던 것일까.

구겐하임 전시에서 보여 준 '야곱의 사다리'와 '서브라임'은 그의 우주관을 다시 레이저 빛으로 표현하는 새로운 실험의 장과 같다. 우주를 달로 느끼던 백남준은 다시 빛에 대한 향수를 느꼈던 것일까. 음양이 함께 있어야 안심이 되는 모양이다. 물론 구겐하임 미술관에서의 전시는 예술가라면 누구나 일생일대의 꿈이다. 구겐하임 전시 때에 그는 휠체어 신세가 되어 있었다. 그는 머지않아 다가올 죽음을 예감하고 있었는지도 모를 일이다. 백남준은 전시제목을 '후기 비디오(post video)'로 고집했다. 그의 후기 비디오는 전개되지 못하고 후세의 몫으로 남겨 두었다.

문화와 문화의 양식은 돌고 돈다. 시간적으로도 그렇지만 공간적으로도 돌도 돈다. 그렇지만 하나도 같은 것은 없다. 똑같은 것이 있다는 것은 "우주가 돌고 있다. 우주는 변하고 있다."는 대명제에 반한다. 결코 증식(增殖)이라고 해도 정말 똑같은 것은 없다. 백남준의 예술이 '기술＋예술', '예술＋수공예'의 만남을 거대한 우주적 흐름의 주기에 의해 보여 주지만 결코 옛날의 그것과 같은 것은 아니다. 이는 마치 피카소의 입체주의의 화면분할이 단순히 원시미술의 그것과 다른 것과 같은 이치이다.

그는 비디오아트를 통해 4가지의 목적을 달성하였다.

① 예술을 예술하다(King of kings in multimedia‒art).

② 예술과 기술의 피드백을 이루었다(사물을 본래의 자리로 되돌려 놓았다).

③ 더 이상 종교는 필요 없다. 각자가 종교이다(各知不移).[119]

④ 주술(呪術, magic)＝주문(呪文)＋기술(art)

　　비디오아트(video‒art)＝예술(art·myth)＋기술(technology·science)

인간은 결국 자신의 부적(符籍)을 갖고자 욕망하는 존재이다. 부적은 자기최면이자 자기중심의 세계를 만들어 가려는 의지이다. 만약 신이 '바로 여기

---

119) 각지불이(各知不移)는 동학(東學) 천도교(天道敎)의 인내천(人乃天) 사상의 핵심으로 인간 각자가 하늘의 깨달음에 도달한다는 것이다. 이것은 인간 각자가 신이 된다는 것과 같다. 이는 절대권력자인 신에 도달하여 절대권력을 휘두른다는 뜻이 아니라 더 이상 '신이 없는 곳'에서 도리어 '신의 책임'을 다하여야 한다는 뜻이다. 말하자면 '종래의 신이 없기 때문에 더욱 신이 되어야 한다.'는 역설적인 뜻이다. 이제 인간은 각자가 예수가 되고, 석가가 되고, 수운이 되어 몸을 바치는 희생(犧牲)을 통해 지구를 살리고 세상을 아름답게 만들어야 한다는 뜻이다. 동학 천도교와 다른 종교와의 관계는 다음과 같다.
〈동학 천도교와 민족종교·세계종교〉

	統一敎 (基督敎)	
更正儒敎 (儒敎)	天道敎東學＝中學 (各知不移)	甑山敎 (巫敎)
	圓佛敎 (佛敎)	

264

에'(now and here), 현재적(presently)으로 있다면 '세계는 바로 부적'이다. 그 부적의 매체는 여러 가지이다. 부적이라는 것이 비단 종교적 제의에 의해 발생하는 것이 아니다. 인간은 항상 자신을 병마와 죄악에서 지켜 주고, 생존과 증식과 행복을 베풀어 주는 부적을 요구하고 있다. 어쩌면 인간이 만든 모든 기호와 사물 그리고 기계는 부적의 한 양상인지도 모른다. 부적에는 희망이 있으며 절망을 극복할 힘(능력, 권능, 권력)을 주는 마력이 있다.

인간은 종교나 국가를 만들지만 그것이 조직되지 않았을 때에도 기도를 하고 부적을 만들었다. 따라서 부적은 종교나 국가보다 훨씬 오래된 인간의 비공식적 제도이다. 인간은 원시시대 때부터 오늘날 현대철학이 발견한 듯 요란법석을 떨고 있는 역량의 철학, 역능의 철학, 능력의 철학, 생성의 철학을 믿어 왔다. 그들의 물신숭배 혹은 샤머니즘 그리고 종합적인 삶을 위한 생존철학이 마치 저등한 종교인 것처럼 매도하던 오늘날의 고등종교는, 미시 ― 거시 물리학은 다시 존재가 아니라 생성 ― 생존의 철학으로 돌아가고 있다.

백남준은 당시 대한민국 최고의 재벌, 부르주아의 아들로 태어나서 일찍이 자본주의의 부패와 부도덕에 대해 남다른 체험을 하였으며, 마르크시스트가 되었다. 그러나 그는 마르크시스트가 되었지만 결국 한국문화의 가장 심층에 도사린 샤머니즘으로 돌아와서 모든 사물과 기호를 자신의 부적으로 만들어 버린 아티스트였다. 여기서 부적에 대해 논의할 필요가 있다. 부적이란 한계상황에 직면한(혹은 그렇지 않더라도 자신의 보다 나은 행복과 번영을 위해) 인간이 일종의 희망을 가지기 위한, 긍정적인 신표(信標)이다. 부적이란 신앙의 가장 최소단위의 기표(記表)로서 자연체계의 종교인 샤머니즘이 굿(Gud) 다음으로 애용하는 가장 간단한 문제해결 방식의 하나이다.

백남준은 결국 처음엔 사상적으로 마르크시스트였다가 아방가르드 활동을 하는 과정에서 서서히 자신도 모르게(혹은 의도적으로) 샤머니스트가 되어 버렸다. 그는 샤머니스트가 되어 버린 뒤 한 걸음 더 나아가서 샤머니즘 속에 기독교와 불교 등 기타 모든 종교와 사상을 포용해 버림으로써(비빔밥을 만들어 버림으로써) 새로운 샤먼으로서의 위치를 확고히 하게 된다. 샤머니즘을 오늘의 입장에서 보면 일종의 신령주의 혹은 성령주의에 해당한다. 이것은 인간의 필요에 따라 신을 부르는 것이다. 신이나 부처를 높은 곳, 다시 말하면 초월적 지위에 올려놓고 숭배하는 것이 아니라 신을 자신의 필요에 따라 불러서 부리는 것이다.

그런 점에서 샤머니즘이야말로 가장 긍정적(positive) 종교이다. 이에 비해 기독교는 들뢰즈의 지적대로 부정적(negative) 종교이고, 불교는 수동적(passive) 종교이다. 사회주의는 자본주의의 능동적(active) 종교에 대한 반동적(reactive) 종교이다. 모든 이데올로기와 이론은 실은 다른 여러 이름으로 부르지만 종교라는 관점에서 바라보면 모두 종교라고 볼 수 있다. 그런 점에서 과학(근대의 자연과학)이란 근대가 발명한 종교이다. 여기서 유물론에 대한 평가를 내리지 않을 수 없다. 유물론은 사회를 과학적으로 바라본 결과 생긴, 물(物) 전체(물 자체가 아니라)에 대한 종교이고, 그것은 자본주의의 타락이라는 계기를 기회로 잡은 종교이다. 그러나 그것은 '기표/기의＝정신/물질＝유신(有神)/무신(無神)＝자본/노동＝기계/자연(물질)'이라는 구조를 뒤집음으로써 물질과 무신과 노동과 자연(물질)을 기표로 연결한 종교이다. 자연을 물질로 보는 특징이 있다.

샤머니즘이야말로 인간이 자연에 대해 살아남기(survival) 위해 가장 본능적(instinctive)으로 적극적(aggressive)이고 능동적(active)이고 긍정적(positive)으로 대한 결과물이다. 그것은 모든 것을 신으로 만들어 버림으로써 그것을 마음대로 부르고 다스리는 가상의 종합적인 놀이인 것이다. 그것은 물심양면에서 인간의 부족과 질병을 치료해 주는 효과를 발휘하였다.

신(神)의 발명은 인간을 무지몽매하게 만든 것이 아니라 사물과 기호를 마음대로 부리는 일종의 자연과 마주한 인간의 고도의 정치학이었다. 그런 점에서 "신은 죽었다." "신은 없다."라고 하는 진실(어쩌면 과학적으로 볼 때)보다 신을 부리는 것이 훨씬 '무지(無知)의 깨달음' 혹은 '자각'(自覺) 혹은 이성(理性)보다는 더 생산적(productive)이었다고 할 수 있다. 그런 점에서 신이나 부처에게 비는 고등종교는 신의 발명에서 후퇴한 것이다. 절대적 신혹은 대상에게 처분을 바라며 비는 것은 매우 수동적인 자세이다(물론 그런 신앙을 하면서도 적극적이고 능동적으로 활동을 하는 사람이 있긴 하지만, 그것은 신앙인 개인의 자질 – 삶의 활발성 혹은 자신감의 문제이다).

가만히 생각하면 우리가 무심코 말하는 생활(生活)이라는 단어는 인간에게 내재하고 있는 생명에너지 혹은 활발성을 끌어내는 말이다. 그래서 생활이다. 활발성은 바로 신바람과 관련이 있는데 신바람은 다름 아닌, 신(神)의 바람, 신의 바램, 신의 응답인 것이다. 그런 점에서 자신(自身)은 자신(自信)이고, 자신은 자신(自新)이고, 자신은 자신(自神)인 것이다. 자신의 몸에서 결국 신을 일으키는 것이 중요하다. 신을 일으키는 것이 바로 기신(起信)이다. 그것이 자신(自信)이다. 우리가 흔히 "자신감(自信感)을 가져라."라고 하는 말을 한다. 바로 그것이다. 자신감을 가지면 자신이 새로워진다. 그것이 자신(自新)이다. 새로워지지 않으면 신이 아니다. 날마다 새로워지면 바로 그것이 자신(自神)이다. 자신이 되는 것은 자신의 몸과 외부가 하나가 되는 것이다.

그런 점에서 네오샤머니즘(neo-shamanism)의 관점이 필요한 것이다. 모든 기호나 사물은 모두 인간의 부적이라는, 인간을 활성화하는 것이고 그것이 처음 만들어질 때는 일종의 사건이다. 부적은 생명력(vitality), 물활성(animism)을 비는 것이다. 부적은 일종의 해프닝(happening)이면서 행복(happy)을 가져다줄 것을 기원하는 기도이다. 인간이 굿을 함으로써 행운을 비는 것과 같다. 자신(自神)을 깨달은 자만이 자신의 부적을 만들 수 있다. 백남준은 자신의 부적으로 비디오아트를 만든 것이다. 무교인류학으로 보면 결국 '무(巫, 武, 舞, 無)의 미학'을 발견할 수 있다. 무의 미학은 불교인류학의 공의 미학보다 훨씬 원초적인 것이면서 동시에 야성적인 것이다. 무의 미학은 몸의 미학이고, 몸의 움직임에서 시작해서 결국 신과의 소통에서 그 절정을 맞는다. 그것을 클라이맥스, 엑스터시, 오르가즘이라고 해도 좋다.

┤ <네오샤머니즘의 관점에서 본 굿과 해프닝 ├

신(god)	↔	굿(gud)	↔	행운(good)
*고(高)				
인간(human)	↔	해프닝(happening)	↔	해피(happy)
*훈(Hun)족				

제6장 마고이즘(Magoism)과 백남준

─에코페미니즘(Eco─feminism)과의 통합─

물질의 형상은 관념의 자궁이다. 관념이야말로 동굴의 우상이다.
영원한 어머니: 마더 마고(Mother Mago)[120] ＝太母神(the God Mago)
백남준은 왜 쇠머리가 필요한가? 영매(靈媒)

앞에서 언급하였지만 무엇보다도 백남준의 '자서전(自敍傳)-태내기(胎內記)'는 그의 마고이즘을 직접적으로 증명하는 작품이다. 어떻게 그런 생각을 했을까. 여성회귀, 자궁회귀 사상이 없었으면 결코 그러한 작품을 구상하지 못하였을 것이다. 그는 '살아있는 암고래의 질 속으로 기어 들어가라.'(백남준 1961년)는 퍼포먼스의 수행문을 남겼다.

여자의 질이나 자궁은 인류의 영속을 보장하는 재생산의 역할을 담당하면서도 미천한 것으로 매도되었다. 물론 가부장사회는 신불왕(神佛王)을 설정하여, 하늘과 지상의 여자(한 남자에게 소속되지 않는)를 맺는 방법으로 신화와 역사를 구성하였다. 아버지와 아들의 관계를 어머니와 아들의 그것보다 상위에 두었다. 그렇지만 어머니와 아들의 관계는 결코 약화시킬 수 없

---

120) 태초의 여신인 마고는 마고성(麻姑城)에 있었다. 마고의 시간과 공간은 개벽창세기이다. 마고는 '시간과 공간의 어머니'이다. 신화와 역사 사이에는 언제나 메울 수 없는 공백이 있다. 그래서 신화 혹은 경전을 말할 때는 항상 역사학에서 증명하듯이 '누가, 언제, 어디서, 무엇을, 어떻게'라는 것보다 '왜'에 관심을 기울여야 한다. 경전은 상징과 비유들로 가득 차 있다. 마고신화는 지구 상의 여러 고등종교의 신화가 기초적인 이데올로기로 삼고 있는 부계─가부장제의 내용과 달리 모계─모성사회의 내용을 담고 있다. 마고는 신화시대를, 황궁은 인종이나 민족시대를, 환인은 선사시대를, 환웅은 역사시대, 단군은 국가시대를 상징하고 있다. 몇몇 상징의 편린들을 갖고 태모신에 대한 시(詩)를 쓴 것이 이 책의 이야기이다.

었다. 이는 바티칸 대성당에 있는 '피에타'에서 잘 알 수 있다. 여자(어머니: 마리아)에게 아들(예수)은 신주(神主)이며 아들을 통해서 하늘(하느님) 혹은 초월적 존재(초월적 기표)를 만나는 신학적 메커니즘을 기독교는 갖고 있다. 이것은 모계사회에서 부계사회로 넘어가는 가장 자연스러운 문화적 전략이며 도치이다.

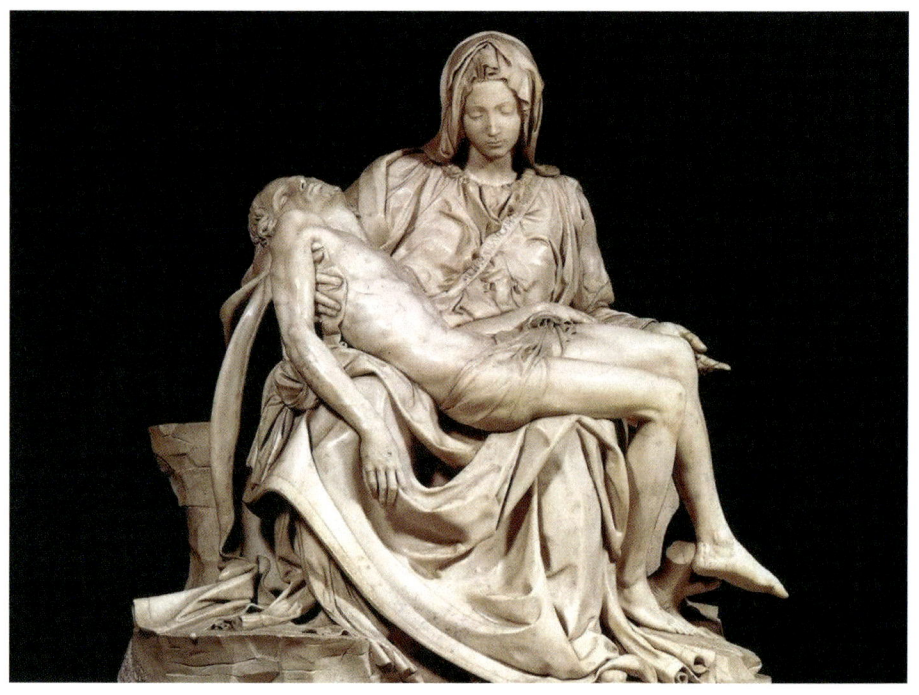

미켈란젤로 <피에타>, 1498~1499, 대리석 높이 175

어머니라는 존재는 인간으로 하여금 잃어버린, 혹은 까마득하게 잊어버린 자연의 본질에 닿게 하는 존재이다. 어머니, 혹은 여자가 있음으로서 인간은 자연과의 고리를 연결시킬 수 있는 것이다. 어머니는 아무리 문명이 발달하였다고 하더라도 여전히 원시고대의 '몸으로 아이 낳기'와 '개체발생＝계통발생'을 몸속에서 실천하고 있다. 어머니의 존재에 비할 수 있는 것이 인류문명사회에서 모계사회이다. 아이를 직접 몸으로 낳는 존재인 어머니에게 자식의 출계가 이어지는 것은 너무나 당연하다. 그러나 인구의 증가와 더불어 생존경쟁이 권력경쟁으로 변질되는 인간사회에서 가부장사회는 불가피하게 전개된다.

인구의 증가→가부장사회의 등장→국가의 등장(제정분리)→전쟁기계의 강화→제국의 등장→고등종교의 등장→산업혁명(농업혁명, 산업혁명, 정보화혁명)의 과정은 바로 여성의 재생산(reproduction)에 대한 인식의 후퇴를 불러오고, 남자의 생산(production)에 중점을 두게 된다. 재생산은 몸 안에서 이루어지는 것이고, 생산은 몸 밖에서 이루어지는 것이다. 남자의 생산은 자연의 약탈로 이어지고 에콜로지의 문제를 야기한다. 20세기와 21세기에 들어 인구와 환경에 문제에 직면한 인간은 샤머니즘의 부활, 환경운동, 페미니즘을 강조하기 시작했다.

머레이 스타인은 말한다.

"어머니들은 인류의 순수하게 이기적인 태도를 깨는, 그리고 그들의 관심 속에 스스로를 넘어서는 사랑의 대상, 즉 '나 아닌 것(not-I)'을 포함하는 최초의 사람이다. 어머니 사랑은 자기도취적(narcissistic) 마법을 깨뜨리고, 인간세계에 대상관계들(object relations)을 도입시켰다. 이런 새로운 태도가 자라나서 일반화됨에 따라, 그것은 사회를 모계로 변형시켰다. 그런 모계사회의 본질적인 특징은 모든 동물들의 보편적인 수용, '조정된 자연주의(regulated naturalism)' 그리고 자연의 질서 속에서의 조화들을 직관하는 것에 근거를 두는 종교이다."[121]

머레이 스타인은 이어서 말한다.

"바호펜에 따르면, 이기적이지 않거나 아가페적인 사랑을 탄생시키는, 어머니와 자식 사이의 고도로 특징적이고 개인적인관계로부터 출발하는, 이런 태도의 발달은 인간성과자연세계의 전체를 설명하기 위해 일반화된다. 간단히 말해, 그것은 사람을 자연세계의 뿌리로부터 분리시키는 것이 아니라 경험적 세계를 '꿰뚫어 보는' 초월의 수준, 말하자면 단일성(unity)의 품(하나) 속에 자연현상들의 다양성(많음)을 안게 되는 수준에 이른다. 여기서 우리는

---

121) 머레이 스타인, ≪해의 양심과 달 양심-도덕성, 준법성 그리고 정의감의 심리학적 토대들≫, 100~102쪽, 2008, 철학과 현실사.

해의 양심적 '수직적 초월'(vertical transcendence)[122]과는 대조되는 달의 양심적 '수평적 초월'(horizontal transcendence)[123]을 본다."

수직적 초월로 강하게 기운 의식적(일종의 氣-정보체계) 태도를 가지고 있으며, 강한 해의 양심을 가진 한 젊은이가 다음과 같은 꿈을 꾸었다.[124] 그 젊은이는 동양하고도, 한국에서 온 백남준이다. 그는 식민지의 상황에서 태어나서 자란 뒤 놀랍게도 서양을 예술적으로 정복하기 위한 장도에 올랐던 것이다. 그는 예술의 칭기즈칸이었다. 결국 그는 '비디오 아트의 아버지'가 되었다.

한국문화를 한 마디로 말하면 여성성의 문화라고 압축·요약할 수 있다. 마고할미의 전설이 강하게 남아있는 한국은 아직도 모계적, 모성적 심성을 가지고 살고 있다. 이 같은 정황을 '한국문화의 시니피앙은 단군이지만 시니피에는 마고할미이다.'라는 말로 요약할 수 있다.[125]

마고여신에 대한 신화는 한민족의 가장 오래된 신화인 《부도지(符都誌)》에 전해오고 있다.[126]

---

122) 이것을 필자는 보편성이라고 한다. 보편성은 초의식에 속하고 무의식과 하나가 됨으로서 원융을 달성한다.

123) 이것을 필자는 일반성이라고 한다. 일반성은 무의식에 속하고 초의식과 하나가 됨으로서 원융을 달성한다.

124) 이영철·김남수(편집 및 해설), 《백남준의 귀환》 p 226, 2010, 백남준아트센터 총체미디어연구소.

125) 박정진, 《단군신화에 대한 신연구》, p. 149, 2010, 한국학술정보(주).

126) 《부도지》의 내용은 대체로 다음과 같다. 태초의 여신인 마고는 마고성(麻姑城)에 있었다. 마고의 시간과 공간은 개벽창세기이다. 마고는 '시간과 공간의 어머니'이다. 신화와 역사 사이에는 언제나 메울 수 없는 공백이 있다. 그래서 신화 혹은 경전을 말할 때는 항상 역사학에서 증명하듯이 '누가, 언제, 어디서, 무엇을, 어떻게'라는 것보다 '왜'에 관심을 기울여야 한다. 경전은 상징과 비유들로 가득 차 있다. 마고신화는 지구상의 여러 고등종교의 신화가 기초적인 이데올로기로 삼고 있는 부계-가부장제의 내용과 달리 모계-모성사회의 내용을 담고 있다. 마고는 신화시대를, 황궁은 인종이나 민족시대를, 환인은 선사시대를, 환웅은 역사시대를, 단군은 국가시대를 상징하고 있다. 몇몇 상징의 편린들을 갖고 태모신에 대한 시(詩)를 쓴 것이 이 책의 이야기이다. 마고신화는 인류의 과거사에 몇 차례의 고등문명이 있었으며, 그러한 문명이 갑작스런 천재지변이나 내부적 모순에 의해 붕괴되었다는 것을 가정하고 있다. 부도지(符都誌)에 등장하는 하는 마고성은 인류사의 여명이라고 할 수 있는 70,000년 전쯤으로 잡고 있다. 70000년이라고 하면 단선진화로 보면 네안데르탈인, 무스테리안 문화(Mousterian Culture) 단계의 직후이다. 무스테리안의 '무'(Mou), 뒤에 소개되는 무 제국의 '무'(Mu), 마고의 '마'(Ma)는 인류의 집단무의식에 잠재하는 여성적 상징과 관련성이 있는 것으로 보인다. 이들은 모두 엠(M)자이다. 아마도 이러한 상징적 언어들이 모성신화의 성립에 영향을 미쳤을 것이다. 70000년이라는 시간의 길이는 우주사, 혹은 지질사로 보면 보잘 것 없는 시간이다. 마고성에서 황궁, 청궁, 백소, 흑소 등 인류의 창조가 일어나는 시기는 약 11000년 전(9200 B. C.)의 일이다. 아마도 오행사상적인 인종분류가 있는 것으로 보아 음양오행 사상이 형성된 이후에 작성된 신화로 보인다. 환인은 약 9000(7198 B. C.)년 전으로 상정하였다. 구약성경의 경우, 아담은 B. C 4000년 경, 노아는 B. C 3000년경, 아브라함은 대체로 B. C 2100년경(4000년 전) 인물로 상정된다. 모세의 출애굽기는 B. C 1450년경이다. 아브라함은 단군과, 아담은 환웅과 비슷한 시기의 인물이다. 환인은 약 9000년 전, 황궁은 약 11000년 전 인물이다. 약 1만 년 전을 문명의 시작이라고 보는 것은 크게 잘못된 비정은 아니다. 마고에 따르면 이스라엘 민족은 백소의

272

극단적으로 음(陰)의 문화인 한국에서 태어난 백남준이 하나의 양(陽)[127] 이 되어서 서양에 동양의 음의 문화를 전파하면서 자신을 스스로 양이 되는 쾌거를 이룩한 것이다.

한국의 산은 참으로 여체를 닮았다. 그 여체의 굴곡과 곡선은 참으로 평

자손이 되는 셈이다. 이 책은 마고성(麻姑城)〉궁희(穹姬)〉황궁(黃穹)〉유인(有因)〉환인〉환웅〉단군조선(기자조선〉위만조선)〉예맥〉부여〉삼한〉삼국(고구려, 백제, 신라)으로 한민족의 정통성과 고대사를 밝히는 서사시이다. 예맥(濊貊)족은 맥(貊: 貉), 또는 예(濊: 穢・薉)라고도 약칭하였다. 중국 고전의 기록에 의하면 ≪시경(詩經)≫ ≪논어(論語)≫ ≪중용(中庸)≫ ≪맹자(孟子)≫에는 맥(貊)으로, ≪사기(史記)≫의 〈흉노전(匈奴傳)〉〈화식전(貨殖傳)〉에는 예맥으로 기록되어 있다. 예맥족은 초기에 숙신(肅愼)과 동호(東胡) 사이에 끼어 송화강(松花江) 및 흑룡강(黑龍江), 압록강, 두만강 유역, 함경도, 강원도 등지에 걸쳐 살았던 것으로 보인다. 예맥족은 부여(扶餘), 고구려, 동예(東濊), 옥저(沃沮) 등으로 분산, 정착한 것으로 보인다. 특히 고조선의 준왕(準王)이 남으로 망명할 무렵 북방에서 함께 내려와 한강이남 지역에서 토착민과 함께 삼한(三韓)이라는 연방체를 만들었다. 예맥족은 한민족이 근간이 되는 민족이다.

다음은 정연규 박사(전 경북대교수)가 그린 〈마고성에 비친 인류역사의 여명〉표이다(정연규, 2004, ≪한겨레의 역사와 문화의 뿌리를 찾아서≫ iv쪽, 한국문화사).

궁희 (穹姬)		소희 (巢姬)	
황궁 (黃穹, 9200 B. C.)	청궁(靑穹)	백소(白巢)	흑소(黑巢)
환인 (桓因, 7198 B. C.)	반고(盤固, 3898 B. C.)*中原으로 이동 黃河 문명 건설	Skeyten	Indus
환웅 (桓雄, 3898 B. C.)		Babylonia	Ganges
단군(檀君, 2333 B. C.)*북방 수렵 이동족, 베링해협을 건너 알래스카 Eskimo- Aleut 문명 건설		Sumer Egypt *서구문명 건설	Maya, 타밀 문명 *마야족 태평양을 건너 미 대륙에 진출

지구상에 유원인이 등장한 것은 대체로 2백만 년 전~5백만 년 전으로 보고 있다. 인류의 진화단계를 단선적으로 보면 대체로 다음과 같다. 오스트랄로피테쿠스(Australopithecus: 5백만 년 전~3백만 년 전)/호모 헤비리스(Homo Habilis: 3백만 년 전~1백50만 년 전): 도구의 사용/직립원인(Homo erectus: 1백50만 년 전~30만 년 전): 불의 사용/호모 네안데르탈인(Homo Sapiens Neandertalensis: 30만 년 전~10만 년 전): 언어의 발달과 종교의 등장/현생인류(Homo Sapiens Sapiens: 10만년~3만5천 년 전): 종교와 예술의 등장, 모계사회/중석기(1만 년 전~8천 년 전): 식물재배의 시작, 모계사회/ 신석기(8천 년 전~5천 년 전): 가부장제의 시작/청동기(5천 년 전~3천 년 전): 국가의 성립(가부장제의 확립)/철기(3천 년 전~서력기원): 제국의 성립(가부장제의 확대재생산)/고대(서기전 10세기~서기 후 4세기)/중세(4세기~14세기)/근세(15세기~18세기)/근대(19세기~20세기)/후기 근대(21세기~)이다. 이에 비해 마고신화는 이러한 단선적인 진화론의 입장에 있지 않다. 마고신화의 이야기는 가장 앞선 현생인류의 이야기이다. 네안데르탈인은 투박한 그들의 뼈가 1856년 뒤셀도르프 근처의 네안데르탈 계곡에서 발견되어 이름이 붙여졌다. 네안데르탈인의 분포는 서유럽에서 근동에 이르는 유라시아의 광활한 지역에 걸쳐있다. 호모 사피엔스사피엔스의 아종인 흑인종과 백인종은 약 12만 년 전에, 백인종과 황인종은 약 6만 년 전에 인종적으로 분화되었다.

127) 이것은 문명의 동지(冬至)인 셈이다. 주역 상으로 동지(冬至)는 양효(陽爻)가 아래에서 하나 올라오는 괘상인데 실질적으로 새해가 시작되는 기점이다. 겨울의 추위가 끝나고 봄으로 가는 변곡점이다.

화스럽다. 이러한 환경에서 자란 한국인은 그대로 여성적 심성을 가지지 않을 수 없을 것이다. 산은 한국문화의 태반과 같은 것이다. 그 태반을 통해서 '밝 문화' 즉 불함문화론[128]이 잉태되었고, 그 후로 한국문화는 언제나 세계 문화와의 소통을 통해 국제적인 문화의 지평을 넓혀왔다. 한국의 태극기는 또한 무릇 운동하는 기운의 모양(∽, ∾)을 가장 잘 나타낸 것이다.

한국의 산은 신내림의 장소이다. 무당들도 신발이 줄어들면 산을 찾는다. 산은 동서고금을 통해서 신과의 대화 장소, 신탁을 받는 장소이기도 하다. 산이 하늘과 가장 가까이 있다는 점도 있지만 산은 특히 삼각형(△)의 가장 대표적인 지형지물로써 기가 흐르는 곳이라는 설이 예로부터 있어왔다. 한국에서 풍수지리설은 그 어떤 나라보다 득세를하고 있다. 한국의 산세와 한국인의 체질이 신내림과 특별히 긴밀한 관계가 있는 지는 앞으로 연구 과제임에 틀림없다.

한국에서 백남준과 같은 예술가가 태어난 것은 실로 우연이 아니다. 백남준 예술은 종합하면 결국 시대를 앞서 가는 마고(Mago=magi)[129]의 예술이다. 마고(mago)의 예술이야말로 매직(magic)이다. 다시 말하면 <mago=magic>이다. 여기서 유물주의와 물신숭배, 마고이즘에 대한 구별이 필요할 것 같다. 백남준은 물질을 그저 타성적인 대상으로 놓아두지 않고, 항상 영감을 받고자 했다. 실지로 그는 수많은 영감을 받았다.

물신주의(fetishism)와 신물주의(神物主義)는 다르다. 물신주의는 물질을 정신에 반대되는 것으로 규정해놓고 출발하지만 신물주의는 물질 자체가 매우 정신적인 것이다. 여기서 정신적이라는 말은 실은 신적이라는 말에 다름 아니다. 물질에는 신성이 처음부터 내재한다는 뜻이다. 물질을 객체로 규정해놓고, 아무런 주체적인 작용이 없다는 것과는 다르다. 물질로 나름대로의 수준에서 주체적인 작용을 한다고 보는 것이 신물주의다.

그래서 신물주의는 멘탈머티어리즘(mental-materialism)이라고 할 수 있다.[130]

---

128) 박정진, ≪단군신화에 대한 신연구≫ pp. 71~88, 2002, 한국학술정보(주).

129) magic이 mago에서 유래됐다. mago는 magi, 즉 주술가(magician)였다.

130) 이것은 멘탈을 대문자 M으로 써서 머티어리즘(Mmaterialism)이라고 할 필요가 있다. 물신숭배(fetishism)도 물질과 정신의 분리를 전제로 한 물질숭배를 말하는데 본래 원시인의 물신숭배는 정령숭배(animism)

멘탈머티어리즘이 원시미개인들의 정령숭배(animism)에 가깝다. 따라서 멘탈머티어리즘은 바로 신정령숭배(neoanimism)이다.

과학의 발달은 이제 기계와 인간의 구별을 어렵게 만들고 있다. 다시 말하면 기계와 인간은 서로 소통과 교체를 할 정도가 되었다. 이는 물질과 기계와 인간이 어떤 매체와 통로만 있으면 하나가 될 수 있다는 것을 의미한다. 전기에 이어 전자의 세계의 발견과 발명은 즉 <물질↔기계↔인간(전자생명체)>의 가능성을 열어놓고 있다. 인간이야말로 바이오컴퓨터인 셈이다.

<물질, 과학, 전자, 物神主義>

天 (정신/종교)	1남성10 (전자;+)	초월적기표 (∞)
人 (인간/기계)	인간3 (매개:o)	언어 기호 (∞)
地 (물질/과학)	0여성2 (전자:-)	내재적기의 (∞)

한국에서는 굿을 하면 남자들은 쫓겨난다. 남자들이 굿판에서 쫓겨나지 않으면 그는 굿을 뒷바라지하는 악사이거나 박수무당이다. 굿을 여자들의 세상이다. 특히 밤에 이루어지는 굿은 더욱 그렇다. 물론 남자들도 굿을 구경할 수는 있다. 그러나 어디까지나 굿판에서는 남자들은 들러리다. 교회나 절의 제례(祭禮)가 굿과 다른 것은 바로 전자는 남자들이 주인공인데 후자는 여자들이 주인공이라는 점이다. 마치 본래의 우주는 여자였다는 분위기이다.

굿판에는 온갖 잡동사니들이 하나가 된다. 칼과 거울과 방울이라는 무구(巫具)에서부터 돼지머리 등 온갖 것들이 어지럽게 널려 있다. 이들 사물들을 하나로 꿰는 것은 눈에 보이지 않는 영매 혹은 귀신이다. 귀신들도 가장 높은

에 더 가깝다. 원시고대인의 물신숭배(fetishism)의 철자 중 첫 철자를 대문자로 써서 '정령숭배=신물숭배'의 의미로서 페티시즘(Fetishism)이라고 할 것을 제안한다. 결국 Mmaterialism과 Fetishism은 같은 셈이다.

곳에 있는 하느님이나 부처님이 아니라 어제까지만 해도 동네에서 함께 살았던 필부필부이다. 굿판의 지무(知舞)들도 고등종교의 사제처럼 신의 대리인으로 높은 자리에 있지 않다. 동네의 변두리에서 가장 천대받는 계급이다.

무교의 특징은 여자-평등-기복(祈福)이다. 언뜻 보면 굿판은 어떤 철학이나 경전, 생각들이 없는 것처럼 보인다. 하느님이나 부처님의 보이지 않는 말이 신자들의 기도에 대응하는 것이 아니다. 온갖 영매와 귀신들의 공수와 혼란스런 소음만이 꽉 차 있는 것 같다. 물론 나름대로 체계와 격식이 있겠지만 본래 그것이 없는 것처럼 근엄한 분위기라곤 찾아볼 수 없다. 굿은 그야말로 혼돈 자체를 말한다. 이는 마치 겉으로는 그럴듯한 관념을 주장하지만 속으로는 온갖 물질성과 욕망에 젖어 있는 현대인들의 모습을 까발려 놓은 분위기이다.

앞에서 유물론이야말로 서양문명이 마고이즘(Magoism)에 도달하는 과정이라고 말했다. 그들에게 유심과 유물은 극단적으로 갈려 있다. 그것이 그들의 문화, 삶의 모습이다. 그렇게 갈려 있는 모습을 위에서 내려다본다면 바로 그것이 그들의 역동적 총체성이다. 그들에게 자연은 물질이며 동시에 신이다. 신(神)은 정신(精神)의 다른 말이다. 정신은 '기표로서의 말'을 일으키는 원동력, 포텐셜(potential) 에너지이다. '신은 기표로서의 물질'(정신적 물질)이다. 스피노자는 초월성을 주장하지 않고도 신을 바라볼 수 있는 인물이었다. 그래서 후기 구조주의자들이 마르크스보다 더 전범으로 삼는 인물이 되었다.

그러나 스피노자에게서 마르크스주의자들은 물질만 바라본다. 자신들이 주장하는 내재성(immanence)이 바로 신인 줄 모른다. 내재성은 임마누엘(immanuel: 하느님이 우리와 함께 계신다)의 전통을 담고 있는 것이다.[131]

"보는 것이 가장 근본적인 매체다."
"모든 것이 신이다(신은 곧 자연이다)."

---

131) 칸트의 이름이 '임마누엘' 칸트(Immanuel, Kant)인 것은 참으로 이름의 신비를 생각게 한다. 철학은 그 이름에서 이미 돌고 도는 것, 내재적인 것을 시사하고 있다.

(스피노자)

초의식과 의식 그리고 무의식은 동시에 있는 것이다. 마치 천지인이 하나인 것과 같다. 말과 소리, 보이는 것은 하나이다. 굿은 그것을 동시에 실현하는 것이다. 굿이야말로 가장 개념미술(concept art)인 동시에 반(反)개념미술(anti-concept art)이다. 개념미술이라는 것이 비물질성을 극단적으로 추구하는 것이지만 그것은 역설적으로 물질성 자체를 가장 가까이서 추구하는 것이다. 오브제가 바로 주체가 되는 것이다. 오브제가 스스로 의미를 생산한다. 이것은 주체가 없는 것이기도 하고, 모든 것이 주체가 되는 것이기도 하다. 주인-노예, 물질-비물질이 동시에 있는 것이다. 라캉의 주체와 욕망은 대상이 되더니 들뢰즈에 이르러 기계가 된다.

"주체는 욕망의 대상으로 존재한다."(라캉)
"욕망하는 기계는 접속들이 계열화된 결과이다(욕망은 증대하는 연장, 접속, 창조이다)."(들뢰즈)
"욕망하는 어떤 주체가 존재하기도 전에 욕망의 생산이 있는 것이다."(들뢰즈)

굿은 바로 신(神)과 기복, 신과 물질을 동시에 놓음으로써 동시성을 실현하고 있다. 그것은 역설적으로 마치 자궁에서 태어난 인간이 항상 천국이나 극락을 향하는(도모하는), 그래서 결국 자신도 모르게 여자와 어머니를 무시하고 권력적이 되어 가는 가부장제의 인류를 비난하는 것 같다. 자궁에 접속하지 않고 생명이 태어날 수 없다. 그런 점에서 들뢰즈의 유물론은 페미니즘이다.

"아무리 떠들어 보아야 너는 결국 네 어머니의 자궁에서 태어났잖아?"라고 반문하는 것 같다.

그러한 점에서 백남준은 바로 한국의 굿이라는 개념으로 개념미술을 극복한 예술가이다. 그의 비디오아트라는 것은 다름 아닌 현대판 전자 굿판인 것이다.

백남준은 1963년 "음악의 전시 – 전자텔레비전"(독일 부퍼탈 파르나스 화랑)에서 쇠머리를 걸어 놓았다. 관객들은 소머리를 통과하지 않고는 화랑 안으로 들어갈 수 없었다. 백남준은 왜 얼른 보기에도 전시회 내용과는 관련이 없을 것 같은 쇠머리를 현관에 걸어 놓았던가. 그는 쇠머리의 효과에 대해서도 대만족인 것 같았다. 쇠머리는 가장 충격적인 오브제였던 셈이다. 그것에 비하면 텔레비전 작품은 덜 효과적이었다.

나의 텔레비전 작품에서 충격, 표현주의, 낭만주의, 절정, 경이로움 등을 기대할 수 없다. 파르나스 갤러리에서 관람객을 보다 흥분시킨 것은 13대의 텔레비전보다 황소머리(bull's head)였다. 전자음악에서 많은 '소음'들의 미묘한 차이를 인식하기 어렵듯, 13대의 텔레비전 영상이 보여 주는 미묘한 '왜곡'을 인식하는 데 많은 시간이 필요할지 모른다.
　(《비디아와 비디올로지 (Videa 'n' Videology)》)

소는 희생(犧牲)의 대명사이다. 그래서 희생의 글자에도 소 우(牛) 자가 들어간다. 소는 또한 흔히 어머니로 묘사된다. 소는 또한 10달 동안 임신을 하는 가축으로 이는 여자가 10달 동안 임신하는 것에 비유된다. 하나도 버릴 것 없이 몸을 다 내주고 돌아가는 어머니는 그야말로 실질적으로 '하느님 어머니'(the God Mother, Mago)가 아닌가.

실지로 태양은 여럿인데 하나뿐인 것처럼 그려진다. 이는 우주를 태양계로 착각하는 탓이다. 우주는 태양계가 아니고 은하계이다. 태양이 고등종교의 상징이 되면서 인류문명은 원시에서 벗어나는데 이것은 바로 가부장제와 국가시대를 말한다. 그러면서 태양은 하느님 아버지(the God Father, Yahweh)가 된다. 현대 천문학의 발달과 더불어 태양계의 진실이 밝혀지고 블랙홀(Black Hole)과 빅뱅(Big Bang)이 드러났다. 블랙홀과 빅뱅은 아버지보다는 훨씬 어머니에 가깝다. 자연은 저절로 개벽하는 것이며 생멸을 반복한다.

큰 무당(Big Shaman): 영감적인(spiritual) 위성예술가
샬롯 무어맨＝처녀: 창녀: 여신＝Maria: Marilyn Monroe: Mago,
음악을 타고 부풀어 오르는 풍선 같은 누드(音樂＝陰樂＝달빛)
(신은 백남준에게 무어맨을 선물했다. 그녀는 그의 여신이다.)
어머니, 모국어, 아버지, 국제어, 다시 어머니 모국어로

인류의 역사는 모계사회에서 부계－가부장사회로 들어갔다가 다시 모계
－모성사회로 들어가고 있다. 이는 우주의 순환으로 이를 후천시대(後天時
代)라고 한다. 후천시대에는 여성과 여성성이 각광을 받으며 여성적 덕목이
훌륭한 것으로 클로즈업된다. 이를 미리 알아챈 무당인 백남준은 큰무당(Big
Shaman)인 셈이다. 그는 매우 영감적인(spiritual) 한 위성예술가이다. 그를
정신적으로 도운 것은 샬롯 무어맨이다. 백남준에게 샬롯 무어맨은 매우 복
합적인 인물이다. 무어맨은 처녀이며 창녀이며 여신이다. 마치 그녀는 마리
아(Maria)나 마릴린 먼로(Marilyn Monroe)나 마고(Mago)와 같다. 그녀는 음악
을 타고 부풀어 오르는 풍선처럼 풍만한 누드(音樂＝陰樂＝달빛)를 백남준
에게 선물했다. 이것은 매우 정신적(精神的)이라기보다는 정령적(精靈的)이
다. 재미있는 것은 무어맨의 철자도 엠(M)자로 시작한다는 점이다.

M(MOON)＝Maria＝Marilyn　Monroe＝Moorman＝Mago　Mother(Mu대륙의
여신)＝무(Mu)교(Shamanism)＝무(巫, 舞, 無, 武)

무어맨은 하늘을 태양에서 지구, 달빛, 별빛으로 바꾼 인물이며 백남준에
게 앞으로 몸의 시대, 지천(地天)의 시대가 올 것이라는 점을 예언하였다.
그녀는 당당하게 누드로 자신의 여성성을 과시하였으며 남성들에게 부러움
을 샀다. 무어맨의 퍼포먼스는 바로 가부장사회(문명)에 대한 도전이었으며,
여신(자연)의 권위를 회복하고 여신의 왕관을 다시 쓰려는 시도였다. 여자의
몸이 더 이상 한 남자의 소유물이 아니며 감추어져야 하는 것도 아니었다.
사유재산 제도는 남자가 여자를 소유하고부터 시작된 것이다. 백남준은 결

코 그녀의 몸을 소유하지 않았다. 그녀의 몸은 철저히 오브제로서 존재하였으며 그것은 범할 수 없는 신성불가침이었다.

여자의 육체는 더 이상 남자를 유혹하는 악마의 영매(靈媒)가 아니며 도리어 우주적 소통의 매개이다. 악마가 있다면 악마는 단지 악역을 맡은 미숙한 행위예술가에 불과하다. 인류는 조그마한 자신의 땅에 있는 도덕률을 남의 땅에 강요하지 않으며 지구생명체를 살리는 것만이 새로운 도덕이 된다. 우주인에게 지구의 도덕은 보편적인 것이 아니다. 예술가들은 가부장적 파시즘을 혐오하는 예술적 무정부주의자들이다.

우주인, 지구애국자
우주적 교감은 무의식적 혹은 잠재의식적 교감이다.
자연은 수단이나 목적을 위한 운동이 아니다.
수단은 수단적 과정이며 목적은 목적적 무목적성이다.

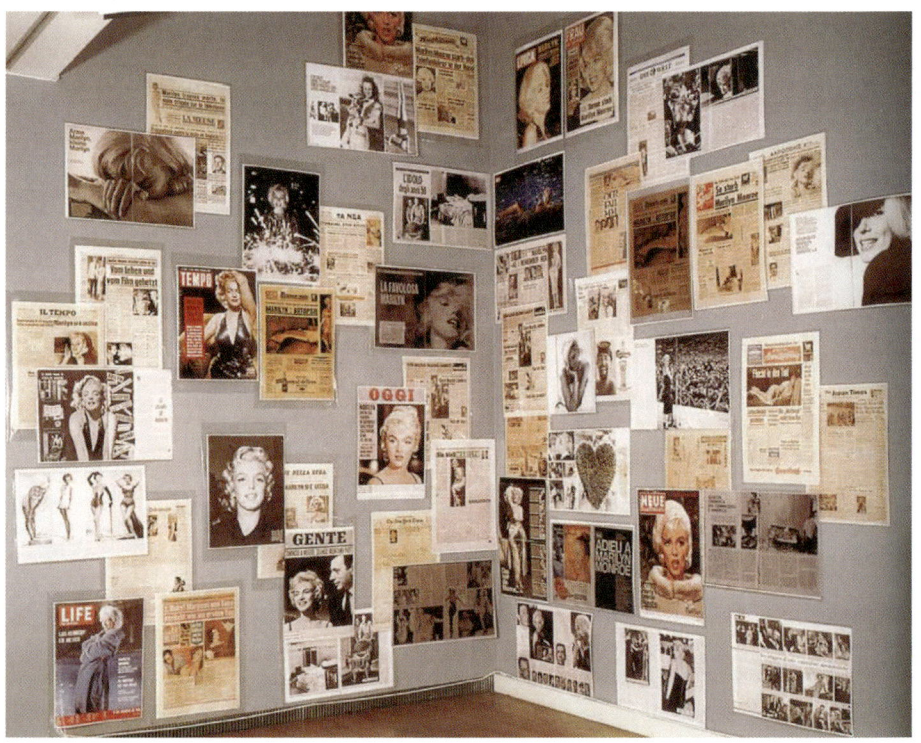

백남준 <마릴린 Ⅱ> 전시장면, 1962/1999,

백남준은 분명 한국인으로 서울에서 태어났다. 또 서울 경기고등학교를 졸업했으니 교육과정도 한국인이라고 하기에 충분하다. 백남준은 한국토종이다. 다시 말하면 그의 DNA와 그의 몸에 깔린 문화 프로그램이 한국산이라는 뜻이다. 그러나 그의 예술가로서의 훈련과 지식과 정보를 얻은 곳은 일본이다. 흔히 백남준을 형성하는 과정에서 일본의 공헌을 인정하는 데에 한국인은 소홀하거나 냉담한 편인데 이는 잘못이다. 우주인, 백남준을 기르는 데는 일본이 20세기 전반에 집대성한 인류문화의 보고가 크게 기여하였다.

특히 백남준은 일본이 대동아공영권을 목표로 구축한 자료축적 중 몽골과 징기즈칸에 관한 것을 많이 공부했던 것 같다. 백남준은 몽골에 한 번도 가지 못했으면서도 몽골의 세계제국과 징기즈칸의 인물됨에 대해서 누구보다도 소상히 알고 있었던 것 같다. 일본 백남준은 그 후 독일에서 다시 예술 실천가로서 수업과 편력을 거듭하게 되지만 무엇보다도 동양에서 온 '특별난 사람'으로 대접 받으면서 독일의 주류사회에 들어갈 수 있었던 것은 일본에서의 착실한 공부 덕분이다. 그는 이미 독일이나 유럽이 전후에 무엇을 요구하고 있는지 알고 있는 것 같았다.

우주시대가 되면 저절로 지구애국자가 되지 않을 수 없다. 우주적 교감은 자연의 무의식적, 잠재의식적 교감이다. 자연은 더 이상 수단이나 목적을 위한 운동이 아니다. 수단은 단지 수단적 과정이며 목적은 목적적 무목적성이다. 백남준의 우주프로젝트와 비디오 신디사이저는 순진무구한 유희이며 판타지이다. 더 이상 자연은 페니스(Penis)의 자연이 아니며 버진(Vagin)의 자연이다.

당연히 기독교적 심판도 가부장적 파시즘이다. 천국과 지옥, 인간과 신, 악마와 신이라는 이분법은 필요 없다. 인류의 가부장제가 시작되면서 국가적 파시스트가 종교적 파시스트를 죽였다. 종교적 파시스트는 국가적 파시스트를 비난하지만 자신도 파시스트인 줄 모른다. 자본주의적 파시스트가 사회주의적 파시스트를 죽였다. 자본주의적 파시스트가 민족적 파시스트를 죽이고 있다. 본질적으로 죽이는 것은 파시스트이다. 죽이는 자들은 자신은 정의라고 생각하지, 자신이 파시스트라고 생각하지 않는다. 그래서 파시스트가 생겨났다. 가부장제는 결국 파시스트를 생산하는 구조이다. 파시스트는 결국 누구를 악마로 몰아서 죽이기 때문에 파시스트이다.

우주는 자궁(섹스)으로 연결되어 있다. 페니스로 연결된 것은 언제나 단절(斷切)되거나 절단(截斷)되어 있다. 마치 족보나 통사구조처럼 항상 어딘가 끊어진 채로 있다. 이것은 어딘가에는 마침표(.)가 있다. 마침표가 있는 것은 절도(節度)를 나타내지만 때로는 절도(絶倒)나 절도(竊盜)를 나타낸다. 홀로무브먼트(Holomovement)여! 아버지를 포기하는 것만이 어머니를 얻는 길이다. 남자는 여자의 구멍을 탐욕하면서도 두려워한다. 그래서 여자를 억누른다. 그러면서도 동시에 여자의 가슴을 그리워한다. 왜냐? 여자가 아이를 낳지 않으면 세상은 망하기 때문이다. 동시에 어머니 없는 인간은 없다. 의외로 '지구생명'의 법칙은 간단하다. 어머니로 이어지면 된다. 모계사회로 돌아가면 된다.

백남준은 그의 작품에서 여성의 생리를 주술이나 성화의 매체로 쓰고 있다. 그는 '한 아름다운 여류화가의 연대기(앨리슨 놀즈에게 바침)'에서 국가를 상징하는 국기를 월경의 '피로 물들이는' 세례를 행한다. 후반부에는 '그후에, 멋진 갤러리에서 그것들과 당신을 노출한다.'라고 끝맺고 있다. 국가는 바로 가부장제를 상징하는 것이다. 이는 분명 가부장제를 이별하는 '예축적(豫祝的)인 상징시'이다.

또 '알리슨을 위한 세레나데'에서도 각종 다양한 색깔의 '팬티를 벗어라.'고 하면서 마지막에는 '가능하다면 당신이 더 이상 팬티를 입고 있지 않다는 것을 그들에게 보여 주어라.'라고 끝맺고 있다. 백남준에게 1962년은 앨리슨 놀즈를 위한 한 해였다. 그는 암스테르담에서 앨리슨 놀즈에게 세레나데를 헌사하고, 1964년까지 지속적인 협력자였던 볼프 포스텔의 『데콜라주(De'-coll/age)』지에 앨리슨 놀즈를 극찬하는 기사를 싣는다. 백남준이 샬롯 무어맨을 만나기 전에 파트너로 활동한 여성이다(앨리슨 놀즈는 무어맨처럼 누드로 행위를 하지는 않았다).

백남준은 이 밖에도 가부장사회에서 여성의 억압을 해방시키려고 했을 뿐만 아니라 도리어 남성의 성기를 노출하는 '영 페니스 심포니'를 연출했다.

천재 시인 이상의 오감도(烏瞰圖)를 패러디한 작품으로 '첫 번째가 종이를 뚫고 자신의 페니스를 관객에게 내민다.'에서 시작하여 열 번째로 끝맺는다 (서기 1984년 세계 초연 예정. 참조. 타이요노 키세츠: 이시하라).

'한 미모의 여류 화가, 앨리슨 놀즈에게 바치는 연대기'강대국의 국기에 월경의 피를 묻히는 것은 국가 – 가부장사 회에 대한 여성적 도발의 극치이다. 백남준 <아름다운 여성화가의 연대기(앨리슨 놀즈에게 바침)> ≪데콜라주 3≫수록, 1962.

SERENADE FOR ALISON

Take off a pair of yellow panties, and put them on the wall.
Take off a pair of white-lace panties, and look at the audience through them.
Take off a pair of red panties, and put them in the vest pocket of a gentleman.
Take off a pair of light-blue panties, and wipe the sweat off the forehead of an old gentleman.
Take off a pair of violet panties, and pull them over the head of a snob.
Take off a pair of nylon panties, and stuff them in the mouth of a music critic.
Take off a pair of black-lace panties, and stuff them in the mouth of the second music critic.
Take off a pair of blood-stained panties, and stuff them in the mouth of the worst music critic.
Take off a pair of green panties, and make an omelette-surprise with them.

(continue)

If possible, show them that you have no more panties on.

Nam June Paik

panties: in German = "Unterhose"
in French = "sous-vêtements"

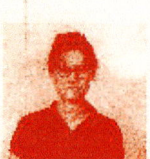

여자의 팬티를 준다는 것은 마치 세례를 주는 듯하다. 이는 여성을 원죄적 존재로 그리는 것과는 대조적이다.
백남준, <앨리슨 놀즈를 위한 세레나데>≪데콜라주 3≫수록, 1962.

YOUNG PENIS SYMPHONY

...... curtain up ......

the audience sees only a huge piece of white paper stretched across the whole
stage mouth, from the ceiling to the floor and from the left to the right wing.
Behind this paper, on the stage, stand ten young men .... ready.

...... after a while ......

The first sticks his penis out through the paper to the audience ....
The second sticks his penis out through the paper to the audience ....
The third sticks his penis out through the paper to the audience ....
The fourth sticks his penis out through the paper to the audience ....
The fifth sticks his penis out through the paper to the audience ....
The sixth sticks his penis out through the paper to the audience ....
The seventh sticks his penis out through the paper to the audience ....
The eighth sticks his penis out through the paper to the audience ....
The ninth sticks his penis out through the paper to the audience ....
The tenth sticks his penis out through the paper to the audience ....

N. J. Paik

Expected world premier about 1984 A. D.
ref. Taiyono Kisetzu: Ishihara.

남성적 성기의 권력에 대한 반운동으로 남성의 성기를 종래 여성의 그것처럼 희화의 대상이 되게 한다. 백남준
<젊은 페니스를 위한 교향곡>≪데콜라주 3≫수록, 1962.

백남준은 여성성을 죄악으로 규정했던 가부장제의 신화와 성경들에 정면으로 도전한다. 오히려 여성의 피로 정화행위를 한다. 그리고 그동안 여성성을 무대에 올려놓고 즐겼던 남성을 도리어 무대에 올려놓고 성기를 노출하게 하는 행위를 벌인다. 그는 악마적인 것이 결코 악마적인 것이 아님을 보여 주는 것 같다.

왜 여성의 생식행위가 죄가 되어야 하는가. 그러면서도 남성들은 여성에게 도리어 아들을 낳도록 강요한다. 이것은 단지 여성을 자신의 소유물로 구속하려는 짓에 불과하다. 그러면서 남성들 자신은 다른 여성과 바람을 피운다. 남성들은 창녀라는 한 남자에게 소속되지 않는 계급(신분)을 만들어서 즐겼다. 그와 똑같은 짓을 여성이라고 하지 말라는 법은 없다.

인간이 '생식을 위한 성'에서 '놀이를 위한 성'으로 진화한 것은 '성의 제한'을 벗어나서 '성의 자유'를 획득한 도약이었다. 성이 자유롭다고 하면 흔히 인간이 무조건 타락한다고 생각하는 경향이 있는데 이것은 전혀 사실이 아니다. 성의 자유가 얻어졌다고 하더라도 인간은 그렇게 자신의 성을 함부로 사용하지 않는다. 도리어 인간이 생각하는 동물이 되고, 소유하는 동물이 된 것은 바로 성의 자유에 기인하는 것이라고 볼 필요도 있다.

성의 자유는 도리어 남자로 하여금 여자를 소유하게끔 만들었고, 성에 탐욕하게 만들었다. 이는 성을 권력화하는 것이다. 다시 말하면 여자를 소유하기 위해서 남자들은 전쟁도 불사하는 것이다. 여자는 실은 어떤 남자의 여자가 되어도 좋다. 그 어떤 남자란 자신과 자녀를 남보다 훨씬 잘 부양할 수 있는 남자면 되는 것이다. 이를 단지 승자의 여자만 되면 되는 것이라고 말하면 속단일까. 인간이 형이상학적인 존재, 생각하는 존재가 된 것은 역설적으로 성적 능력이 강화되면서부터이다. 바로 여자에 대한 남자의 소유욕 혹은 남자에 대한 여자의 소유욕 때문이다. 바로 소유욕이 인간의 제도를 만들었다.

특히 가부장제는 특히 소유욕을 강화하는 계기가 된다. 소유욕은 자연적인 욕망과도 다른, 변질된 것이다. 백남준의 비디오아트는 멀게는 가부장제에 도전하는 예술이 된다. 그래서 기존의 모든 개념과 질서에 대해 도전하고, 그것을 해체하고, 희화화하고, 해프닝으로 만들어버린다. 그러한 행위 가운데 남성으로부터 여성의 해방, 페니스로부터 버자이너의 해방, 그것은 여성의 질(膣)의 해방으로 표출된다.

생각(生覺)—페니스 놀이를 위한 성	동일성 정체성	정지(停止)—정지(靜止) 명사	존재—연장(延長) 소유—시공간(時空間)	가부장제에서 강화됨
생성(生成)—버자이너 생식을 위한 성	차이 기호	운동(運動)—변역(變易) 동사	생성—반복(反復) 자연—시공(時空)	모계사회에서는 자연스러움

백남준의 아내 시게코 구보타는 질(膣)의 퍼포먼스를 즐겼다. 이는 백남준이 이해한 때문이었다. 시게코 구보타는 노래한다. 존 케이지를 위한 비디오 생일파티에서 1974년 이렇게 노래했다.

비디오는 질의 복수다.
비디오는 질의 승리다.
비디오는 지식인들의 성병이다.
비디오는 텅 빈 아파트다.
비디오는 예술의 휴가다.
비디오 만세……

　근본에 태음(太陰), 음악(音樂, 淫樂, 陰惡), 음극(陰極)이 도사리고 있다. 모든 예술은 악마를 향하여 왔다. 그래서 악마적이다.
　(천사는 악마의 부분이다. 질서는 무질서의 부분이다. 이성은 감성의 부분이다. 남자는 여자의 부분이다.)

백남준은 한 사람의 미술가, 비디오아티스트이지만 동시에 세계의 변화 혹은 미래에 대한 전망을 가지고 있었다. 그는 그 이전에 형성되었던 음악과 미술 그리고 모든 예술적 결과에 대해 총체적으로 반(反)하는 태도를 가졌으며 그러한 점에서 그는 아방가르드로 단순히 설명할 수 없는 '반탄(反

彈)의 예술가'였다.

① 그는 텔레비전 음극관(陰極管)을 처음 사용하였다. 이는 단순한 사건이 아니다. 그 음극관으로부터 시작하여 위성에 이르는 전기전자의 하나의 세계를 경험한 장본인이다. 음극관과 전자(電子)는 그 이전의 모든 인간의 문명에 대해 반운동을 시작하는 기점이었다.

② 그에게 음악(音樂)은 종래의 음악이 아니었다. 그는 음악과 연주가(샬롯 무어맨과 여체)를 오브제화하였다. 이는 일종의 음악(淫樂)이었다. 그는 섹스를 금기로 하는 음악에 대해 반기를 들었다. 그럼으로써 음악(陰惡)이라는 것에 대해 대반격을 시도하였다. 그는 정말 순수하기에 이러한 혁명을 시도할 수 있었다.

③ 모든 예술은 천사를 모델로 하였다. 이는 실은 권력자의, 남자의 위선적 이상이다. 모든 예술은 이들 남자들의 횡포에 맞서 온 과정이다. 그래서 집안에서는 평범한 부부행위에 불과한 섹스를 예술이라는 이름으로 혹은 오브제화하여 공연을 하였다. 여기엔 예술이라고 하는 약간의 가면과 장치가 필요하였다.

④ 예술로부터 악마라는 꼬리표를 떼어 버렸다. 이제 천사도 없고 악마도 없다. 도리어 천사는 악마의 부분이다. 이는 마치 코스모스가 카오스의 부분인 것과 같다. 이성은 감성의 부분이다. 남자는 여자의 부분이다. 섹스도 자연의 부분이다. 권력은 더 이상 자연의 부분인 섹스를 자신의 마음대로 억압하지 못한다.

여자는 백남준의 예술로 인해서 질에서 해방되었다. 유목기마민족에서 출발한 백남준은 이제 정주기마족(定住騎馬民族, Stationary Nomad)이 되었다. 그의 영원한 고향은 우주의 블랙홀이다. 블랙홀은 우주를 삼켜 버리지만 언젠가는 또 다시 우주를 내어놓는다. 비록 언제 될지 모르지만 그 생멸을 믿기에 자연＝여신을 믿는다. 자연의 생멸(生滅)은 항상 포지티브(positive)가 있고, 네거티브(negative)가 있다. 생(生)한다고 포지티브고 멸(滅)한다고 네거티브가 아니다. 생(生)에도 네거티브가 있고 멸(滅)에도 포지티브가 있다. 그는 항상 생멸에서 포지티브의 편에 있다.

블랙홀(Black Hole) = 귀(鬼)/or 신(神)

태모신(太母神)마고(麻姑) = 현묘(玄妙)/or 현무(玄武)

〈문명/자연: 양/음: 현상/본질: 문(文)/무(武): 정(政)/제(祭): 정신/물질:
신(神)/인간: 상상계/현실계: 종교/과학: 사디즘/마조히즘:……남자/여자: 천
(天)/지(地) = 전자오르가즘 = 우주섹스 = 카오스(Chaos)〉

인류문명은 수많은 다원다층의 음양학, 이중나선구조를 만들어 냈다. 그
것은 이제 백남준에 의해 전자오르가즘 = 우주섹스의 판타지를 제공하고 있
다. 그러나 이러한 이원대립은 역동적으로 하나가 될 때 세계에 대한 진정
한 이해가 된다. 더욱이 관념이 아니라 실제, 다시 말하면 현전(現前) 혹은
실존(實存) 혹은 실체(actual entity)가 될 때 하나가 된다. 이것은 바로 카오
스(Chaos)이다. 코스모스(Cosmos)는 카오스의 일부이며 카오스의 한 양태일
따름이다. 카오스 속에도 프랙탈한 구조와 질서와 수식[132]이 있다.

광고, 새로운 전자시대의 시인
의식주(衣食住), 색미욕(色美慾)의 시인
백남준은 악마를 입었다(악마는 백남준을 입었다).
지구시인 완성되다: 다언어시(multi – lingual poem)
　　　　　　　　　　　다매체시(multi – media poem)
백남준은 21세기 예술의 어머니이다.

비디오아트의 등장과 함께 시장에서도 광고가 차지하는 비중이 점점 늘게
될 것이다. 광고라는 것이 점점 비디오아트에 가깝게 갈 것이기 때문이다.
그렇게 된다면 이제 시인들은 비디오카메라와 비디오 신디사이저를 가지고
다녀야 할 것이며 광고카피라이터로 취직하거나 비디오카메라맨이 되는 수

---

132) 카오스이론은 오늘날 과학적 수식으로 정리되어 있다. $Y = aX(1 - X)$이다. 여기서 나온 Y의 값을 다시
　　 $Y = X$로 하여 X에 계속 대입해 가면 된다. 이것은 $X_{n+1} = aX_n(1 - X_n)$이다.

밖에 다른 도리가 없다. 비디오시인이여, 의식주(衣食住)를 색미욕(色美慾)으로 바꾸어라. 이제 시인은 악마를 입었다. 이제 시인은 상징의 언어를 사용하는 것이 아니라 비디오이미지로 보들레르의 '악의 꽃'(the Flower of Evil)을 달성하여야 한다.

백남준의 말대로 '악의 꽃'은 예술과 소통에 관한 연구에 다름 아니기 때문이다. 백남준의 글모음집 ≪비디아와 비디올로지 (Videa 'n' Videology)≫에서 보들레르의 상징주의를 그의 비디오아트에 절묘하게 은유한다.[133]

---

133) 백남준은 다음과 같이 말한다.

소통 (Correspondences)
모든 자연은 완전히 이해할 수 없는 혼란스런 말을 주절거리는
살아있는 기둥을 가진 신전 (a temple)과 같다.
인간은 멀리 떨어진 (obscure) 상징의 숲을 통해
친근한 눈빛을 의식하며 그 곳을 여행한다.

보들레르의 전마르코니적 (pre-Marconian, 구리엘모 마르코니는 안테나 등 무선장치의 발명가: 역주) "자연"을 우리의 범인공두뇌적 비디오영역 (pan-cybernated video sphere)으로 대체한다면 오늘날 이 사회의 안테나로서 예술가의 역할처럼 상징시의 모든 의미와 함축에 대해 명확한 정의를 내릴 수 있다. 우리는 매일 수백 만 개의 미확인 비행물체를 접한다. 레이더는 쌍방향 텔레비전에 불과한 것이다. "소통"의 두 번째 절은 훨씬 더 70년대적이며 덕 데이비스가 트리시 닉슨의 결혼 첫날 잊을 수 없는 밤. 코코란 갤러리와 워싱턴의 채널 9 텔레비전 방송을 통해 의도했던 것이다. 수백 대의 캐딜락과 검정 넥타이를 맨 사람들이 결혼식에 참석했다. 수백 명의 히피들은 걸어서, 혹은 자전거나 낡은 스쿨버스를 타고 결혼식장과 접한 코코란 갤러리를 찾았다. 30분 동안 모든 워싱턴 젊은이들의 공동체는 흐르는 정보에 매료되었다. 보들레르는 다음과 같이 노래했다.

저 멀리 어디선가 들리는 끝없는 메아리처럼
낮과 밤이 광대무변함처럼
하나의 심오하고 내밀한 전체 속에서
섞여 하나가 되네
모든 색채, 소리, 향기가 일체가 되듯 ──────
앞서 언급했듯이 우리 시대의 불안은 입력신호와 출력신호 사이의 불균형에서 온다. 통계에 의하면 우리는 매년 4만 여건의 광고를 접하며 이들 중 겨우 40여 가지 물품만 구입할 수 있다. 결과적으로 우리는 정신과 벤치에 누워있거나 금붕어처럼 이야기 하는 등 인공적인 출력단위(artificial output unit)를 창출한다. 나는 이러한 취미를 즐길 여유가 없으므로 팬티를 내리고 두 시간동안 변기에 앉아있거나 8권의 주간지, 4권의 월간지, 3개의 일간지를 구독한다. 나는 나의 출력단위를 확대하거나 전자적으로 말하며 출력신호의 저항을 낮춘다. 마키우나스가 기획한 벤 보티에를 위한 최근의 플럭서스 이벤트에서 보통 초콜릿처럼 포장한 엑스락스 (Ex-Lax, Excellent Laxative 헝가리 약사 막스키스가 개발한 변비약: 역주) 초콜릿을 사전경고없이 관람객들에게 나누어주었다. 벤은 미국에서 체류하는 동안 24시간을 화장실에서 보냈다.이는 관람객들이 텔레비전 수상기의 뒷면 만을 바라보도록 고안한 덕 데이비스의 탁월한 작품에 대한 나의 해석이다. 무랑루즈에서 캉캉춤을 추는 아름다운 무희의 엉덩이를 바라보라. 그러나 여기에는 초자연적인 변용 (a super-natural transfiguration)이 일어나고 있다. 60사이클 파동이 신비하게 고조된다. "내용이 풍부한 정보는 내용이 없는 정보와 마찬가지로 중요하다."라는 노버트 위너의 알쏭달쏭한 경구는 마침내 예술적으로 증명되었다. 이는 샤를르 보들레르와 레이 존슨의 기준에서 커뮤니케이션 아트의 신비라 할 수 있다. 항문심리학(anus psychology)을 창시한 지그문트 프로이트는 말기에 죽음에 이르도록 해결되지 않았던 "충동의 승화" (the sublimation of

나카자와 신이치는 "보이스, 백남준, 자연: 자연주의－제 삼의 길"이라는 논문에서 다음과 같이 말한다.

　　"많은 사람들이 백남준의 비디오 사용을 테크놀로지와 자연의 대립적 결합이라는 초현실주의적인 의식으로 이해하려고 한다. 백남준은 이화효과를 겨냥하고 있는 것이 아니다. 그보다 거기에는 새로운 테크놀로지 구조를 찾아낼 수 있는, 동양사상을 통과한 <자연주의 제 삼의 길>과 연결된 생각들이 흘러 넘쳐나고 있다. 백남준의 생각을 수학적으로 얘기하자면, 근대수학의 위기 후에 생겨난 새로운 수학, 예를 들면 프랙탈(fractal) 기하학 같은 것들로 움직여지는 발상과 밀접하게 묶여 있다. 새로운 수학도 자연을 결코 카오틱한(chaotic) 것으로 파악하는 것이 아니라 카오스 그 자체에서 인간 사고의 디지털한 미분과정을 강구해 가고 있다. 그리고 그 거칠고 엉성한 <자연>에 의식이 개입해 갈 수 있다는 가능성의 길을 펼쳐 보여 주고자 하는 것이다.

　　근대수학 위기 이후에 생겨난 새로운 수학과 뒤샹 이후에 생겨난 새로운 예술은 의식과 테크놀로지를 가진 인간이 이젠 자연에서 되찾아 올 수 없을 만큼 불합리한 것들이 되어 버린 존재라든가 존재와 자연과의 대화 회로를 어지럽힌 괴물(호모 데몬즈) 같은 것들을 찾고 있는 것이 아니다. 새로운 수학과 예술에서는 그보다는 일정한 탐구를 통하여 지금까지와는 전혀 다른 모습의 자연이 나타나게 되어 인간의 의식과 자연이 일종의 공진(共振)상태, 대화상태에 들어갈 수 있게 되었다는 긍정적인 생각들을 제기하고 있는 것이다."

　　그러나 예술가의 악(惡)이라는 것은 언제나 그러한 체하는 것이다. 그것은 현실에서 악을 행하는 것이 아니라 픽션, 신화의 공간에서 그것을 표현함으로써 도리어 현실에서 그것을 해소하는 것이다. 그것은 문제의 해결은 아니

---

impetus)라는 문제에 도달했다.

그 곳의 향기는 어린아이의 몸처럼 신선하고
봄의 향기는 녹음방초 우거진 초원에서와 같이 달콤하네.
그 곳에는 도도함, 부패, 강렬함이 있네.
향신료나 레진, 사향이나 용연향과 같이 무한한 것들이 확산되며
그 것은 정신과 감각의 환희를 노래한다.
(≪비디아와 비디올로지 (Videa 'n' Videology)≫)

지만 해소이다. 예술은 언제나 해결한다고 하지 않는다. 예술은 언제나 해소하는 것이다. 인간은 언제나 상상계와 현실계를 동시에 만족시켜야 진정한 만족이 되는 것이다. 만약 현실계는 만족하고 상상계가 만족하지 못한다면, 만약 현실계는 불만족이어도 상상계가 만족하면, 만약 현실계와 상상계가 둘 다 불만족이라면 어떻게 할 것인가. 끊임없이 만족을 위해 나아가야 하며 적어도 만족하기 위해서는 적당한 타협과 자족을 찾지 않으면 안 된다. "세상은 흘러가는 것, 허무한, 플럭서스한 것"이라고.

백남준은 광고, 새로운 전자시대의 시인이며, 의식주(衣食住), 색미욕(色美慾)의 시인이다. 백남준은 마치 무당의 엑소시즘(exorcism)처럼 귀신(鬼神)에게 잡혀 있는 것 같다. 그래서 시인은 악마를 입은 것 같지만 실은 그는 새로운 신(神)을 맞이하고 있는, '마지 굿' 영고(迎鼓)를 하고 있는 셈이다. 그는 분명 지구시인이다. 다언어시(multi-lingual poem)·다매체시(multi-media poem)를 쓰고 있는 시인이다. 종합적으로는 "백남준은 21세기, 아니 미래 예술의 어머니이다."라고 말할 수 있을 것이다.

마고적 입장에서 보면 철학이나 미학, 나아가서 인간의 삶은 형이상학적이든, 형이하학적이든 결국 자기마스터베이션(self-masturbation) 혹은 자기최면(自己催眠)의 한 양식이 된다. 마고는 세계 자체가 자신과 동격이기 때문에 혹은 자연과 동체이기 때문에 어떤 위계적 용어를 쓰고 차별화한다고 해도 결국 자기만족에 이르는 것을 목표로 한다. 마고의 시대는 자신의 자궁(컴퓨터)으로 어떤 유능한 정보(페니스)를 가진 남자를 먼저 찾느냐가 삶의 관건이다. 자신의 페니스를 자랑하기보다는 누구의 자궁이 가장 큰가를 재빨리 파악해야 한다. 관계 자체가 내용인 것이다. 예전에는 실체가 관계망을 형성하였지만 이제 관계 자체가 실체이다.

인간의 유형은 <좌뇌-우파형-이성적>과 <우뇌-좌파형-감정적>으로 크게 구분된다. 마고의 시대는 우뇌-좌파형이 삶에서 유리하다. 이제 이분법에 의한 이성우위보다는 이진법에 의한 감성우위가 유리하다. 예컨대 연구실에서 혼자 연구를 잘하는 사람보다 인터넷을 잘 서핑하고 이용하는 자가 훨씬 삶을 윤택하게 할 것이다. 마고의 시대는 네트워크의 시대이다.

네트워크의 왕이 진정한 왕인 것이다. 네트워크의 왕은 가장 큰 자궁을 가진 여왕인 것이다. 누가 많은 사람이 들어올 수 있는 검색 1위 홈페이지(큰 자궁)를 가지고 있느냐가 관건이다. 자궁이야말로 마스터베이션을 하고 있다. 가장 휘황찬란한 열락에 빠지기 위해서는 스스로 비어 있어야 한다. 찬란한 거울(mirror)보다는 어두운 현묘(Black Hole)가 더 쾌락적이다.

여자는 비어 있기 때문에 찬란한 것이다(여자는 자궁을 가지고 있기 때문에 언제 생길지 모르는 잉태를 위해 지방을 피하에 저장하고 있다. 그래서 처녀들은 풍요의 여신으로 달빛처럼 빛난다). 이에 비해 남자의 나르시시즘은 연못에 비친 자신의 얼굴에 빠져 죽는 관계로 결코 생산적이지 못하다. 실지로 세계가 계속되고 증식되고 번창하는 것은 여자에 의한 것이다. 세계는 여신의 자기증식의 결과이다. 마고의 여왕은 누구의 씨(수컷)냐를 생각하지 않고 자신의 자궁으로 난 '의심할 필요 없는 자식'을 후덕한 마음으로 양육하는 것이다. 모든 여자는 마고의 후손이다. 모든 여자는 블랙홀의 후손이다. 모든 여자는 카오스의 후손이다.

앞에서도 언급했지만 모권제(母權制)를 연구한 바호펜(Bachofen)은 "여성적 속성은 천성적으로 물질성에서 벗어날 수 없다. 반면에 남성은 완전히 그것에서 벗어나서 햇빛의 무형성(또는 비물질성)으로 솟아오른다."[134]고 말한다. 그는 이어 "남성의 승리는 영적 원리에 있다."[135]고 말한다. 심리학자이며 신화학자인 에리히 노이만(Erich Neumann)은 바호펜의 다음과 같은 내용을 인용하면서 "의식으로부터 남성은 시작하고, 남성은 자신과 의식을 동일시한다."[136]고 말한다.

바호펜은 발달의 세 단계(지상-물질적 단계, 태음-정신적 단계, 태양-영적 단계)를 기술한 뒤에 다음과 같이 선언한다. "이제 세 번째는 첫 번째이자 원초적 단계로 간주될 수 있을 것이다. 의식에서 가장 마지막으로 형성된 것은 이제 첫 번째인 최고가 된다. 태양은 원시세력이 된다. 그 태양에

134) Bachofen, 《Mutterrecht》 Vol.1, p.412.

135) Bachofen, 같은 책, Vol.2, p.600.

136) Erich Neumann, 《The Great Mother》, 박선화 역, 《위대한 어머니 여신》, p.86. 2009. 살림.

서 발산에 의해 보다 낮은 두 단계가 생겨났다. 아리스토텔레스가 모든 발달과 법칙이 될 것이라고 진술한 것은 이제 완수되었다. 마지막에 생겨난 것은 결코 마지막이 아닌, 첫 번째이자 원초적인 것으로 나타난다. 왜냐하면 발생론적으로 뒤따라 생겨난 것은 본성상 첫 번째가 되고 동시에 발생론적으로 마지막으로 태어난 것은 첫 번째가 되기 때문이다."[137] 이것은 동양의 이기(理氣)철학으로 말하면 기(氣)와 이(理)의 역전에 해당한다.

생물학적, 심리학적으로 원초적인 것이 어떻게 철학적, 사회학적으로 역전되는지를 보여 준다. 노이만의 말대로 "신화적으로 말하면 남성은 자신의 어머니를 살해하고 가부장제적 재평가에 착수한다. 이로써 아버지와 동일시한 아들은 스스로를 원천으로 삼는다. 따라서 (모권제의 주장과는 반대로) 여성성이 영적이고 반자연적인 방식으로(아담의 갈비뼈에서 이브가 생겨난 것처럼) 그 원천에서 발원한다고 남성은 믿는다."[138] 이것은 모계사회에서 가부장사회로의 역전이 어떻게 의식적으로 일어나는지를 말하는 대목이다. 이는 '생성론은 존재론에게 역전된다.'는 말로 압축할 수 있다. 생성론은 여성이고, 존재론은 남성이다. 스스로 생성한 여성은 존재론에 관심이 없다. 생성된 남성은 존재론으로 자신의 정체성을 확립하여야 한다. 이것이 가부장제 탄생의 신화적, 철학적 원리이자 비밀이다.

인류학적으로 볼 때 모계제가 모권제가 아니었다는 것은 상식에 속한다. 이는 권력 자체가 매우 남성성의 것이라는 것을 말해 준다. 노이만은 신화와 심리분석을 통해 우로보로스 단계에서는 "원시상황에 속하는 연약한 자아는 여성의 모성적 보호를 긍정적 ♀, 동시에 살인적 공격성을 부정적인 ♂로 경험한다. 신격체이든 인격체이든 상관없이 우로보로스 상징의 매개자 역할을 하는 똑같은 대상을 통해 그는 집어삼키는 여성의 힘을 부정적 ♀, 의식과 자아를 능동적으로 지지하는 힘을 긍정적 ♂로 경험할 수 있다."[139] 고 말한다. 물론 이러한 것이 나중에는 분화하는 것이겠지만 여성성과 남성

---

137) Bachofen, 《Mutterrecht》 Vol.1, p.412.
138) Erich Neumann, 《The Great Mother》, 박선화 역, 《위대한 어머니 여신》, p.87. 2009. 살림.
139) Erich Neumann, 《The Great Mother》, 박선화 역, 《위대한 어머니 여신》, p.40. 2009. 살림.

성의 긍정적, 부정적 상징이 여기에 표현되어 있다.

인류의 가부장사회는 남성의 긍정적 힘은 과대평가하면서 여성의 긍정적 힘은 과소평가해 온 역사이다. 그런데 그러한 가부장사회의 전통과 타성이 이제 무너지고 있다는 점에 주목할 필요가 있다. 그것은 무엇보다도 산업사회를 거쳐 정보화 사회에 접어든 산업과 기술 그리고 매체의 발달, 지구촌이라는 네트워크가 여성성의 긍정적 힘을 재평가하고 있는 것과 맥락을 같이하고 있다. 그 옛날 남성(아들)이 어머니의 살해를 통해 자신을 재평가하였던 것과는 반대로 이제 여성(딸)이 어머니를 재평가하는 것이다. 백남준 예술은 이렇게 문명사적으로는 여성성의 제고와 궤를 같이하고 있다.

백남준의 예술은 굿과 여자로 집약된다. 단지 그는 그것을 현대적 문명의 이기인 텔레비전 모니터로 표현했을 뿐이다. 텔레비전 모니터는 자궁이고 그것에서 표현되는 이미지는 굿판의 이미지다. 여자가 접신이 잘되는 이유는 여자는 이미 모든 것의 매개이고, 영매이기 때문이다. 여자는 모든 자연으로 열려 있다. 그러나 그 문을 닫고 여는 것은 여자 스스로의 몫이다. 남자는 경전이 필요하지만 여자는 경전이 필요 없다. 여자는 자연의 경전을 읽는다. 남자는 여자의 권능을 질투하여 여자에게 족쇄를 채워 버렸다. 그러나 여자의 여자, 즉 현지현(玄之玄)은 그 족쇄를 풀어 버리고 자신이 신을 제일 잘 받는, 자신의 영매를 찾아간다.

백남준의 비디오아트는 실은 여성시대의 도래를 상징하고 있다. 텔레비전 모니터야말로 실은 지구촌 시대, 위성시대에 지구가 하나이고 나아가서 지구촌의 인간들은 하나의 공동체, 혹은 하나의 공동소통체라는 것을 상징적으로 보여주는 도구이다. 이것은 지구적 자궁과 같은 것이다. 현대인은 이 지구적 자궁 속을 매일 들여다보면서(바라보면서) 살고 있는 셈이다. 백남준의 TV촛불은 이를 가장 간단하면서도 상징적으로 보여주고 있다. 백남준의 작품은 매번 동서문명이 혼합된 혹은 동서를 관통하는 작품을 보여주면서 카오스적 형상과 세계를 우리들에게 독창적이고 기상천외의 이미지로 선물하였다. 이는 모두 여성성을 암시하고 풍자하고 있는 것이다. 때로는 기존의 가부장적 권력에 대항하는 반권력적 표현의 양상은 과다하다 못해 관능적이기까지 하는데 이는 사실 남성적 권력이 여성의 성을 소유하고 억압하는 것에 대한 도전이다.

사실 기존의 태양을 중심으로 하는 빛의 예술은 실은 매우 권력적인 양상을 보였다. 주로 여성을 대상으로 하였을 뿐만 아니라 설사 여성을 주체로서 표현하였다고 할지라도 그것에서 반윤리적이라는 냄새를 완전히 제거하지 못했다. 이는 남성위주의, 남성의 시각에서 바라보는 여성의 이미지들이다. 그러나 텔레비전 모니터의 비디오아트는 근본적으로 빛의 예술이 아니다. 다시 말하면 빛이라는 양(陽)의 주도에 의해 이루어지는 '양의 예술'이 아니고, 전자라는 음(陰)에 의해 주도되는 '음의 예술'이다. 양의 예술의 시대에는 빛 혹은 빛의 반사에 의해 예술을 형상화하였지만 사진의 등장과 함께 음의 예술의 시대에 접어든 것이다. 음의 예술의 시대에는 설사 빛에 의해 이미지를 얻었다고(찍었다고) 할지라도 그것을 현상하는 과정에서 이차적으로 마음대로 가공하고 조작하고 왜곡할 수 있다.

비디오아트는 바로 여기서 음극에 전하를 부여함으로써 빚어지는 여러 형상들과 형상들의 조합들을 통해 독창적인 이미지를 재창조해내는 것이다. 비디오아트의 동화상은 바로 음의 예술의 시대에 영화 다음으로 등장한 예술의 보고이다. 동시에 비디오아트는 매체 자체가 예술이 되고, 기술이 예술이 되는 시대의 선언이다. 인간은 이제 오브제에 대해서, 매체에 대해서 자신이 '정신적인 존재'라거나 혹은 '이성적인 존재'라고 오만할 수 없다. 이는 더 이상 남성이 여성에 대해 자신은 여성보다는 '정신적, 이성적 존재'라고 주장할 수 없는 것과 같다.

가부장사회의 모든 제도와 예술은 여성을 대상으로 하였을 뿐만 아니라 여성으로 표상되는 물질을 비대칭적으로 배열한 일종의 정신적 강박관념, 계급주의의 산물이다. 이러한 선형성을 비디오아트라는 이름으로 평등화하고 흩트려 버림으로써 백남준은 세계를 무화시켜 버렸다. 여기에 백남준의 탁월함이 있는 것이다. 백남준의 비디오아트는 현대의 새로운 자궁이다. 그의 예술은 관음증을 불러일으킨다.

이러한 백남준의 미술적 실천은, 이데아(Idea)의 관념(觀念)에서 출발하여

하이데거에 의해 '존재(Being)의 관심(觀心)'에 이른 서양철학사와 서양미술사의 도도한 흐름의 끝에서 물줄기를 동양으로 돌려, 관심을 다시 불교적 관음(觀音)으로 부각시키고, 관음에서 다시 본능적인 관음(觀淫, 觀陰)으로 되돌려 놓은 원시반본의 문명적 실천이라고 평가할 수 있을 것이다. 관음(觀陰, 觀音)이라는 것은 일종의 기복(祈福)이다. 인간은 보이는 세계에서 달성하지 못한 것을 보이지 않는 세계에 부탁하는 존재이다. 인간은 이제 지구라는 자궁에서 살다가 다시 다른 위성으로 삶을 확장시켜야 하는 존재로 진화하고 있다. 그래서 지구의 탯줄에서 꿈을 꾸고 있는지도 모른다. 위성인의 탄생을 위해서-. 우리는 이렇게 말할 수 있다.

"섹스라고 하면 무슨 대단한 일이 있는 것처럼 호들갑을 떤다. 그러나 가만히 생각해 보라. 그것은 생물이 시작된 이후 오래 지속된 평범한 일반적 일이다. 포르노라고 하는 것도 실은 집안에서 항용 있을 수 있는 일이다. 단지 비밀의 그것, 어둠 속에 있어야 하는 것을 밖으로 내놓은 것뿐이다. 과학이라는 것도 그렇다. 어둠에 가려 있던 것을 밝음 속으로 드러내는 것일 뿐이다. 과학이라는 것은 우주적 섹스이다. 블랙홀을 생각해 보라."(박정진의 아포리즘)

백남준의 천재는 그러한 여성시대, 지구 어머니시대, 지구 에너지시대, 마고의 시대를 미리 살았을 뿐이다. 텔레비전은 모든 인간을 광대로 만들 뿐만 아니라 본래 인간이 광대였다는 것을 증명해 준다. 백남준은 이것을 좀 더 예술이라는 주술, 사기로 표현했을 뿐이다. 예술은 예술이 아니라는 것을 역설적으로 증명한 예술이 바로 비디오아트이다. 호모사피엔스 사피엔스는 지금 블랙홀을 관음(觀淫, 觀陰)하고 있다. 백남준의 비디오아트는 현대적 테크놀로지를 이용한 '자궁과 탯줄의 아트'이다. 그 가장 원초적인 작품이 TV촛불과 자석TV이다.

백남준에 대한 존 케이지의 영향은 지대하다. 또 요셉 보이스와의 교류도 그를 형성하는 데에 큰 비중을 차지한다. 요셉 보이스는 백남준보다 11살이 많았고, 존 케이지는 그보다 20살 위였다. 요셉 보이스와는 거의 친구처럼 지냈고, 존 케이지는 스승으로 모셨다. 샬롯 무어맨보다 1살이 많았고, 볼프 포스텔보다는 1살이 적었다. 이들의 관계는 거의 동갑내기로서 교감이 많았을 것을 의심하지 않는다. 그래서 예의 볼프 포스텔의 전시회 시기에 대한 조작은 비디오아트의 시원과 관련되는 일로 한때 초미의 관심사였다. 백남준의 판정승이었다. 그의 '음악의 전시, 전자텔레비전'은 비디오아트의 효시가 되었다. 그러나 볼프 포스텔의 영향도 입지 않았다고 할 수 없다.

특히 존 케이지의 '준비된 피아노'(1938년)는 백남준의 '음악의 전개 - 전자텔레비전'(1963년)에 영향을 미쳤고 이를 두고 '가정 TV의 존 케이지'라는 비아냥거림도 있다. 또 존 케이지의 '4분 33초'(1952년)는 백의 '필름을 위한 선(Zen for Film)'(1964~1965년)에 모방되었다고 주장되기도 한다. 백남준의 이 작품은 또한 뒤샹의 '먼지 쌓기(Dust Breeding)'(1920년)와 로버트 라우센버그의 '흰 그림들(White Paintings)'(1951년)을 연상시킨다. 요셉 보이스와는 서로 정보와 영향을 준 듯하다. 볼프 포스텔의 데콜라주를 백남준은 콜라주로 전환시킨 점도 있다. 그러나 백번을 양보해도 결론은 이미 나 있다. 이제 비디오아트에 관한한 백남준 이전(以前)은 없다. 백남준 이후(以後)가 있을 뿐이다. 이는 거꾸로 보면 알 수 있다. 그들은 비디오아트는 하지 않았다.

모방과 자극과 영향을 주는 것은 예술에서는 흔히 있는 일이다. 특히 새로운 예술의 탄생은 모두가 실험하고 서로 베끼고, 훔치고, 변주하고, 영향을 받는 것이 사실이다. 그런 점에서 백남준은 훌륭한 트릭스터(trickster)이다. 문제는 그러한 조건 속에서 누가 훌륭한 작품을 남겼느냐가 중요하다. 백남준은 많은 작품을 남겼다. 그리고 백남준 어록은 어쩌면 작품보다도 훨씬 중요한 것일지도 모른다. 그의 어록은 비디오아트에 국한된 것이 아니라 미래의 다른 예술을 위한 영감의 원천이 될 뿐만 아니라 '미래의 시학(詩學)'이 될 수 있기 때문이다.

백남준은 그러한 점에서 매우 유리하다. 그의 작품과 담론은 질에 있어서도 매우 영감적이고 압도적이고 광기에 서려 있다. 그의 작품을 보는 순간, 항상 의외성에 직면하게 되는 것은 그는 분명 사물과 인생을 기존의 보던 방식과는 다르게 볼 줄 안다는 것이다. 그의 작품에는 예전에 보지 못한 것들로 즐비하다.

자, 이제 백남준을 문명사적으로 해독할 마지막 때가 되었다. 백남준은 동양에서 태어나 서양으로 건너가 서양의 가부장사회의 억압으로부터 그들과 인류를 해방하기 위해서 파견된 그레이트 마더(Great Mother), 지구 어머니이다. 그들의 지리상의 발견과 황금 찾기, 그들의 제국주의를 인류가 하나 되기 위한 진통, 통과의례로 여기고, 용서와 화해로써, 이제 지구가 하나 되자고 일깨우는 선사였다. 그는 접신이 왕성한 여자 무당이었다. 그는 비록 남자로 태어났지만 문명적 사명은 여성이었다. 그에게서 과학과 예술, 섹스와 과학은 하나였다. 백남준의 기표(記表) 밑에 숨은 기의(記意)는 '한국이 세계의 중심'이 되는 신호이다.

백남준의 비디오는 0의 상징이다. 0은 중심이고, 0은 균형이고, 0은 비어 있다. 비디오는 빈 공간에 모든 것을 숨기고 생성하는 블랙홀(Blackhole)이면서 빅뱅(Bigbang)이다. 즉 B-B이다. 1은 1이면서 0이다. 0은 0이면서 1이다. 일(1)은 초월기표(超越記票), 절대기표(絶對記票)이다. 제로(0)는 일반기의(一般記意), 절대기의(絶對記意)이다. 1은 0를 만나면서, 1은 0와 재회하면서 완성된다. 백남준은 기표와 기의에 동시에 있다(0>1, 0<1, 1/0, 0/1, ∞/1, 1/∞). 백남준은 미술사에서는 기표(1)에 있지만 문명사의 입장에서는 기의(0)에 있다. 기표는 권력이고, 기의는 사랑이다. 백남준의 테코놀로지는 모든 만물, 기계에서도 사랑을 느끼게 하는 기의이다.

백남준은 사이보그를 지향하고 있다.

"백남준에게 비디오가 결합된 로봇은 '아바타(전사)'이자, '사이보그'이다. 그가 처음 만든 로봇 <K-456>은 '세계 최초의 배설기관을 가진' 로봇이었고, 그 배설물의 일부는 북방 유라시아의 사슴의 똥이었다. 즉 이 로봇은 케네디의 연설을 하고 있지만, 바람이 불면 가슴이 부풀어 오르는 북방의 여전사이다. 1993년 베니스 비엔날레에 참여한 백남준의 전시에는 <칭기즈칸> <스키타이의 왕, 단군> <고대 기마인물상>을 비롯한 많은 로봇 전사들이 숲 사이에 배치되어 있었다. 그 로봇의 몸체에 설치된 비디오는 일종의 몽골 전사의 구리 거울 같은 것으로서 나르시시즘의 도구가 아니라 공격용 무기이다."[140]

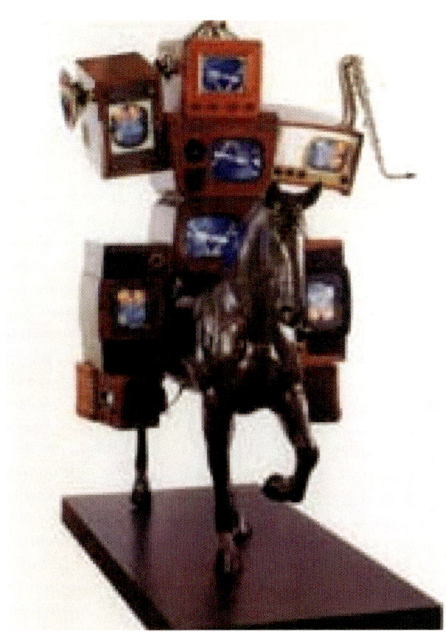

백남준 <고대기마인물상> 1991년

　　백남준의 TV 설치물을 보면, 굿을 연상시킨다. 비디오는 동경(銅鏡)이고, 비디오의 소리는 음악이자 주문이며, 칼은 기계적 테크놀로지이다.

　　도나 헤러웨이의 <사이보그 선언문>(1985년)은 이렇게 말한다.

　　"사이보그의 세계는 인간이 동물과 기계와의 혈통관계가 되는 것을 두려워하지 않으며, 단편적인 정체성과 모순적인 입장에 처하는 것을 두려워하지 않는, 사회적 육체적 실재를 체험하는 것에 관한 것이리라.

　　사이보그 통일체는 '괴물' 같은 사생아이다.

　　'신'만 죽은 것이 아니다. '여신'도 죽었다. 혹은 신과 여신은 극소전자학이나 바이오테크놀로지 정치학으로 충전된 세계 속에서 되살아났다.

　　남근이성중심의 이데올로기에 대항문화로서 사이보그는 잡종, 모자이크, 키메라다. 사이보그는 유기체와 기계와의 관계에서 범주의 경계를 해체한 것이다."[141]

---

140) 이영철 · 김남수(편집 및 해설), ≪백남준의 귀환≫ p 299, 2010, 백남준아트센터 총체미디어연구소.
141) 이영철 · 김남수, 같은 책 p. 331 재인용.

백남준의 사이보그 테크놀로지는 만물에서 애니미즘을 회복하는 신호이다. 백남준은 그런 의미에서 이 시대의 토템이고 샤먼이다. 그는 그러한 자신을 비디오아트, TV설치에서 보여주었다. 우주는 매체만 있으면 어디든지 통하는 교감체이다. 우주는 매체만 있으면 어디든지 갈 수 있는 길이 있다. 그 길은 미로(迷路)같지만 결국 순환하고 돌아오는 미궁도(迷宮圖)이다. 결국 미로는 없다. 도(圖)를 해독하면 국(□)자 안에 여(呂)가 있고, 그 안에 회(回)가 있는 구도이다.

서구인들은 흔히 자신의 한계를 동양이나 아프리카 등 제3세계에서 아이디어를 빌려 오곤 한다. 이러한 연장선상에서 서구의 오리엔탈리즘(Orientalism)도 있다. 그러나 백남준은 오리엔탈리즘을 한 것이 아니라 정반대로 서구로 가서 동양의 웨스터니즘(Westernism)을 실현했다. 이것은 서구화(西歐化)가 아니다. 서구화와 정반대이다. 서양에 동양을 심었을 뿐만 아니라 세계를 다른 위성으로 옮겨 가게 했다. 백남준이라는 처녀는 서구에 들어가서 마치 그곳이 자신의 친정인 양 자리를 잡고, 시집을 간 것이 아니라 그들을 장가들게 한 것이다. 이것은 일종의 여성적, 모계적 혼인과 같은 것이다.

이는 한국의 샤머니즘의 정체와 닮은 점이 많다. 한국의 샤머니즘은 언제나 형태적인 것에 승부를 거는 것이 아니라 영혼과 정령에 승부를 건다. 한국인의 탈주선(脫走線)은 다름 아닌, 서구의 뒷바퀴이던 위상을 거꾸로 달리게 함으로써 앞바퀴로 전도시키고, 여기서 다시 후퇴하는 것이 아니라 다른 선으로 나아감으로써 탈주를 완성한다. 이것은 수평적이라기보다는 뒤틀림이다. 뒤틀림은 원융을 지향하는 몸부림이다. 거꾸로─뒤틀림의 미학이야말로 한국인이 세계를 제패할 수 있는 미학이자 철학이다. 백남준은 이것을 실천한 인물이다.

백남준의 샤머니즘은 외형적으로는 정복을 당한 것 같지만 짐짓 정복을 당함으로써 자신의 증식을 시도하는 두꺼비와 같다. 인간은 기복(祈福)의 동물이고 또한 영원히 살고 싶어 하는 동물이라는 것을 알기 때문이다. 샤머니즘은 합리성을 주장하지 않는다. 태초의 혼돈을 환기시켜 줄 따름이다. 그 혼돈에는 질서도 없고 계급도 없으며 오로지 영감과 소통만 있을 따름이다.

소통의 영매는 자유롭다. 소통의 내용은 각자에게 달려 있다. 결국 인간은 각자가 자신이 발신한 내용을 다시 수신하는 것인지도 모른다. 그럼으로써 세계는 처음부터 하나이고 영원히 하나이다. 따로 영원한 시공간이 없다.

누가 뭐라고 해도 백남준의 비디오아트, 전자회화(electronic painting)는 서구회화의 막힌 통로를 터 주는 출구를 만들어 주는 한편 현대의 사이버네틱화 한 사회에서 가장 눈부신 대안으로 받아들여진다. 미래의 아이들은 이제 캔버스 대신에 자신의 하루하루의 삶을 비디오아트를 제작하여 프로그램으로 제출할 날이 머지않다.

신화, 제도, 기술, 경험: 영매(靈媒), 매개(媒介), 매체(媒體), 매질(媒質) 트릭스터(trickster)에서 선물(gift), 교차(亥叉), 하이브리드(hybrid)까지 하이브리드 = 반도체(半導體)

인류의 문화를 일별하면 결국 신화나 제도, 기술, 경험으로 요약할 수 있다. 이것은 항상 존재체인 것 같지만 실은 존재들의 교감과 소통을 위한 것이었다. 만약 인류가 자연과, 인간과, 기술과, 경험과 소통하지 못한다면 아마도 벌써 인류가 멸망하였을 것이다. 인류는 생명체로서 종의 번식을 위하여 결혼이라는 제도를 만들었는데 이 제도는 클로드 레비스트로스(Claude Lévi-strauss)에 의해 '여자의 교환'이라는 심층구조, 의미를 드러냈다. 레비스트로스는 결혼뿐만 아니라 재화의 순환, 즉 증여(gift)를 상호호혜성(reciprocity)으로 보고, 이를 종합적으로 커뮤니케이션(communication) 체계로 보았다. 그의 선견지명을 볼 수 있다.

지금에 와서 보면 결국 커뮤니케이션의 인종적 결과는 결국 혼성, 잡종(hybrid)이다. 이 잡종에 크게 기여한 것은 반도체의 발견과 그것의 활용을 통한 세계의 네트워크화, 즉 www(world wide web)이다. 지구촌을 기술적으로 실현한 것은 결국 인터넷이다. 지구촌이 하나의 마을처럼 역설적으로 작아지면(좁아지면) 그 좁은 지구촌은 옛 마을처럼 평화롭게 살아갈 수밖에 없다. 새로운 외계인이 내려와 우리와 경쟁하고 전쟁하지 않는 이상 말이다. 물론 지구촌에서도 불화와 트러블이 있기 마련이다. 그러나 그것은 일종의 축제나 말다툼, 놀이와 같은 전쟁일 것이다. 이것은 바로 여성 – 모계사회로의 반본 (返本), 즉 질적인 것은 바뀌었지만 겉모양이 비슷한 재연이 될 것이다.

그런데 실은 인류문화의 모든 것이 커뮤니케이션을 위한 것이라는 것이 점점 밝혀지고 있다. "인간은 소통되지 않으면 죽는다."라는 명제가 인류학자 앞에 과제로 던져진 셈이다. 이것은 존재보다는 소통이 훨씬 큰 것이고 (존재<소통), 어떤 점에서는 물음표보다 느낌표가 훨씬 큰 것이 될 것이다 (?<!). 이때가 되면 소통하지 않으면 존재하지 않은 것이 되고, 느끼지 않으면 존재하지 않은 것이 될 것이다.

트릭스터(trickster)는 말하자면 의미의 여러 층(layer)을 자유자재로 드나들거나 아니면 새로운 의미를 발생시키는 존재를 말한다. 그렇게 함으로써 소통되지 않는, 교감되지 않는 것들의 사이에서 메신저 역할을 한다. 트릭스터는 때로는 이야기일 수도 있고, 제도일 수도 있고, 기술일 수도 있고 심지어 사소한 것에서 큰 것에 이르는 경험일 수도 있고, 개념일 수도 있고, 이미지일 수도 있다. 하나의 사소한 개념조차도 하나의 굳어진 의미가 아니라 생생한 의미가 되어 사건을 일으킬 수 있다. 실지로 인류문화사에서 큰 혁명들은 새로운 개념의 출현 혹은 발생에 의해 이루어진 경우가 적지 않다.

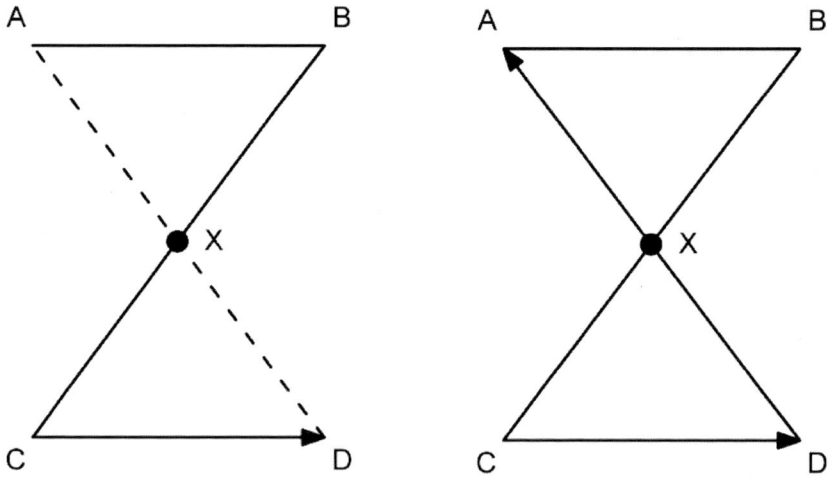

트릭스터는 위의 그림의 중앙 교차점인 X에 해당한다. 그림 왼쪽은 완전한 소통을 이루지 못한 '반(半)소통'이고, 오른쪽은 '완전한 소통'을 이룬 것이다. 소통을 이루는 것은 개념에서부터 각종 이미지, 사물까지 지각작용 과정에 있는 모든 것이다. 말하자면 어떤 두 쌍의 대립자가 서로 교차한다는 것은 다양화와 복잡화의 관건이면서도 동시에 소통과 교감을 이루는 데에 필수 불가결한 것이다. 예컨대 모계사회에서는 남자인 신랑이 여자인 신부의 집에 가긴 가지만 완전히 가지 않는다. 그래서 교환이 되지 않는다. 부계사회가 되면서 여자는 결혼의 교환의 부호가 된다. 교차사촌혼도 이 같은 문명의 다양화와 복잡화에 기여한 바가 크다.

부계사회는 전쟁으로 인한 그것의 심각한 폐해와 여성의 억압에도 불구하고 근친상간금기와 잡종강세를 이룬 것만으로도 그 죄를 갚고도 남는다고 한다. 원시부족 사회의 무당은 트릭스터의 좋은 예이다. 이 트릭스터는 가부장-국가사회가 되면서부터 남성으로 바뀌기 시작했다. 왕은 그 대표적인 것이다. 아마도 소통의 주역은 여러 가지일 수 있지만 그래도 그 대종을 이루는 것은 역시 사람이다. 사람은 여러 가지 다발들을 한꺼번에 지니고 있기 때문이다. 사람은 다른 모든 것을 내포하고 있기 때문이다.

트릭스터는 흔히 '중간에서 재주를 피우는 사람'이다. 말하자면 소통의 담당자이다. 지금은 이것을 부정적으로 보아 사기꾼, 협잡꾼, 마술사, 주술사 등의 의미로 쓰이고 있지만 실은 인류문화는 항상 이런 존재들을 필요로 했다. 예컨대 주술시대를 지나서 소위 고등종교들이 등장하면서 트릭스터들은 일제히 주술가, 마술가의 위치에서 벗어나서 성인(聖人) 혹은 현자(賢者), 철인(哲人)으로 불리기 시작했다. 이것은 문명이 전반적으로 질적 변화를 초래한 까닭이다.

여기서 질적 변화라고 하는 것은 인구의 갑작스런 증가와 이를 위한 보다 많은 식량의 요구와 이에 따른 식물의 재배와 동물의 사육 그리고 청동기와 철기의 등장과 궤를 같이하는 국가시대의 도래를 말한다. 고등종교라고 하는 것은 가부장사회의 등장에 따른 후속조치들이라고 보아도 큰 무리는 없을 것 같다. 이들은 종전의 여성-모성 위주의 삶의 개념과 장치들을 남성 위주로 바꾸는 작업을 했고, 이러한 작업들은 대체로 인간으로 하여금 의식화하는 것이었다. 여기서 의식화라고 하는 것은 자연성(nature) 혹은 본성(本性)에 따른 것이 아니라 인위적으로 제도화하고 강요하는 것이었다. 이런 것들을 싸잡아 말하면 존재체(存在體) 혹은 존재자(存在者)들을 향한 행진이었다.

지대무외(至大無外), 지소무내(至小無內):
=마크로코스모스, 마이크로코스모스

이러한 진행에서 중요한 것은 역시 볼륨(volume)이다. 볼륨이나 무게가 느껴져야 하는 것이다. 이러한 볼륨감은 역시 중력장 안에서는 불가피한 것이다. 마이크로코스모스(microcosmos), 미시우주의 세계와 마크로코스모스(macro - cosmos), 거시우주의 세계는 오히려 극과 극은 통하는 식으로 같은 것이지만 역시 중간에 뉴턴 역학, 중력의 세계에서는 볼륨이 있어야 하는 것이다. 인간의 사회제도라는 것은 마찬가지이다. 제도라는 것은 마치 중력장 안의 불륨의 세계와 같은 것으로 비유될 수 있다. 이것은 주로 권력의 형태로 나타난다.

우주는 끝없는 생성이라고 하지만 존재라고 하여도 통하는 평면, 즉 절편이 많다. 시각도 그렇고, 볼륨도 그렇다. 시각의 이면이 빛의 파동이라든가, 볼륨의 이면이 전자의 미세한 파동이라는 진실은 별로 중요하지 않다. 존재의 차원에서 움직이는 우주가 있다. 생성이라는 것 자체가 본래 존재가 아니기 때문에 존재에 영향을 크게 미치지 못한다. 생성의 차원에서 움직이는 것이기 때문이다. 그러나 생성의 차원의 것이 볼륨화되면 그것이 존재가 된다.

존재와 생성의 사이를 '생명의 창조적 진화'(베르그송)로 말하든, '권력의 의지'(니체)로 말하든, 아니면 '차이와 변화'(들뢰즈)로 말하든, '해체'(데리다)로 말하든 결국 '존재와 생성 사이'를 자기 나름대로 표현하는 셈이다. 어떤 제도들이 미시적으로 인간의 내부에서 생성되고 있다고 해도 혹은 거시적으로 우주천체로부터 종말적 현상이 다가오고 있다고 해도, 인간들은 그것을 감지하지 못하며 일부 예민한 사람들은 예감하는 것이다. 그러나 그것을 예감한다고 해서 우주적 현상을 막을 수는 없다. 단지 예언할 따름이다. 이때의 예언은 신을 설정하는 것과 마찬가지이다. 신을 통해서 예언을 하든, 스스로 예언을 하든 마찬가지이다. 신인합일(神人合一)이 되지 않으면 예언도 할 수 없는 것이니까.

거시우주와 미시우주에 대해서는 물리학이 발달하지 않았던 시절의 사서삼경(四書三經) 중 하나인 ≪중용≫과 ≪장자≫ <천하> 편에 나온다. '지대무외(至大無外) 지소무내(至小無內)'가 그것이다. '가장 큰 것의 바깥은 없고, 가장 작은 것의 안은 없다.' 이것이 오늘의 최첨단 우주 – 입자 물리학적 관점과 다를 바가 없다. 과거에는 우주의 미립자는 원자(atom)였으나 현재는 전자(electron)로 바뀌었고, 전자는 더욱더 미세한 형태를 띠고 있다. 이것은 존재냐 생성이냐, 입자냐 파동이냐의 경계선상에 있다.

'지대무외', '지소무내'가 아니면 우주가 스스로 존재하는 존재가 될 수 없다. 스스로 존재하는 존재는 바로 생성이고 생성의 우주이다. 우주의 본질은 생성이다. 그러나 생성을 말로 하면 이미 존재가 된다. 말은 이미 존재를 형성(생성)한다. 그래서 '말하는 우주'는 존재이고(생성이 아니고) 오로지 교감하는 우주만이 생성이다. 총체로서의 우주는 밖이 없고, 안이 없어야 된다. 말하자면 경계가 없어야 한다. 경계가 있으면 이미 총체가 아니다.

그래서 경계가 없는 우주를 파악하기 위해 인류의 지성들이 노력한 것이 바로 철학이고, 그것의 동양적 지혜가 바로 태극 – 음양의 철학이다. 태극 – 음양, 음양 – 태극은 1 – 2, 2 – 1(1이면서 2이고, 2이면서 1이다)의 철학이다. 둘은 서로 선후가 없고 동시에 부피도 없다. 이들은 흐르는 그 무엇이다. 한없이 변하고 흐르는 그 무엇이다. 이것은 정신이라고 할 수도 없고, 물질이라고도 할 수 없다. 그래서 서양에서는 그 중간적 존재 – 생성을 '단자'(單子, monad)라고 하기도 하고 동양에서는 '기'(氣, 氣素, 氣疎, 氣質)라고 하기도 했다. 이를 물리학에서는 입자 – 파동, 파동 – 입자, 에너지라는 용어로 표현하고 있다.

인류의 언어, 사회, 역사는 언제나 기표를 요구한다. 그러한 점에서 인류는 항상 새로운 권력으로서, 새로운 기표, 새로운 용어를 생산해 왔다. 이는 기존의 기표를 공격하면서 실은 자신의 새로운 기표를 생산하여 권력을 경쟁 하였다고 볼 수 있다. 이는 부정(否定)과 일자(一者)에 대한 추구라고 할 수 있다. 기표를 생산하는 이면에는 권력이 아니라 권력에 대한 의지(권력/권력의 의지)가 있긴 하지만 항상 권력이 이긴 것이 언어이고, 역사이고, 사회였다. 심지어 권력을 부정하는 혹은 일자를 부정하는 것조차도 실은 기표-권력이 되고자 했다. 그래서 좌파와 우파의 전도가 일어나고, 가장 좌파적인 것이 가장 우파적인 것이 되는 사태를 초래했다.

권력(제도적)/권력의 의지, 존재/생성, 남성/여성……심지어 사회적 법(法)/불교적 법(法) 등 수많은 대립항들이(혹은 차이들이) 자체 내의 내부적 대립-부정이기도 하지만 그것이 사회적, 역사적, 언어적으로 표현될 때, 그것 밖의 외부적 대립-부정이 되기도 한다. 이는 다원다층의 이원대립항을 나누는 표면이 수직-수평적으로 너무 얇아서 언제나 전도와 전이와 대치가 가능하게 되어 있기 때문이다. 예컨대 생성은 존재의 내부적 반대이지만 생성은 어떤 존재로도 없앨 수 없기 때문에 생성은 외부적 존재를 승인하게 된다. 세계는 선후상하내외(先後上下內外)를 가지고 있지 않는데 인간은 그것을 가지고자 하고 설명하고자 한다. 이것이 인류역사의 진면목이다.

여기서 기표/기의에 대해서 근본적인 이해가 필요하다. 인간에 이르러 뇌 용량의 증가는 의미의 발생으로 연결된다. 의미의 발생은 참으로 신기하다. 다시 말하면 의미의 발생은 기호를 필요로 하는데 기호/의미, 즉 기표/기의는 임의적이라는 데에 주의가 요청된다. 여기서 임의적이라고 하는 것은 기표와 기의의 사이에 수많은 다원다층의 관계, 다원다층의 의미, 무한대(∞)의 의미가 성립되는 것을 말한다. 무한대의 의미가 개입되어 있다고 하는 것은 말하자면 정반대의 의미로 전도되는 것까지 포용한다는 것을 뜻한다. 무한대는 두 방향의 원(○)의 합(∞ = ○ + ○)과 같은 것이다. 이것은 일종의 이원대립항의 이면에 정반대의 에너지(energy) 운동과 정반대의 정보(情報)운동이 동시에 존재할 수 있고, 이것의 전도가 일어날 수 있다는 것을 의미한다. 이는 예컨대 윤리적인 경우, 선과 악, 선악의 대립, 선악의 교체와 같은 것이다.

예컨대 태극/음양, 양/음, 좌뇌/우뇌, 좌파/우파, 문(文)/무(武) 등 여러 가지의 이원대립항을 떠올릴 수 있고, 이들 대립항은 도리어 대립(대칭)과 교체

그리고 전도를 함으로써 우주적 운동과 변화를 표현하면서, 동시에 그러한 운동이 언어(기호)로 변형되는 것을 의미한다. 언어는 그러한 에너지의 운동의 일종의 변형이다. 그러한 변형을 두고 인간은 언어적 위계(다원다층의 층위)를 세우는데 실은 그러한 위계는 인간종에 있어서 보편적인 것이지만, 자연 일반에 깔려 있는 일반성과는 다르다. 여기서 보편성과 일반성의 차이를 필요하게 된다. 보편성은 위로 하나를 찾아가는 것이고 일반성은 본래 가지고 있는 하나이다. 전자는 문명이고 후자는 자연이다. 그런데 가부장사회는 자연(여성)의 일반성을 남성의 보편성으로 대체하고, 자연을 왜곡시켰다는 데에 문제가 있다.

세계에 대한 남성적 관점은 수직적이고 위계적이다. 그러나 세계에 대한 여성적 관점은 수평적이고 평등적이다. 남성적 관점은 초월적인 것, 하늘을 설정하지만 실은 그러한 관점은 일종의 '기표적 관점'으로 허구적이고 추상적이다. 그러나 여성적 관점은 내재적인 것, 땅을 설정하고 그러한 관점은 '기의적 관점'으로 실재적이고 구체적이다. 남성적 관점은 초월적 관점(하늘)이고 여성적 관점은 내재적(땅)이다. 여기서 내재적이라는 것은 자연적이라는 말이다. 자연은 거대한 돌고 도는 세계이다. 남성적 관점은 피라미드의 권력형이고, 여성적 관점은 만다라의 원형(소용돌이, 카오스)이다. 인간은 이 둘 다를 가지고 있다.

<언어, 사회, 에너지>

天 (보편성)	**남성** (피라미드, △, 角)	초월적 (기호적/기표적)
人 (보편성↔일반성)	인간 (위계, □ 方)	기호 (기표↔기의)
地 (일반성)	**여성** (만다라, ○, 圓)	내재적 (자연적/기의적)

여기서 불교적 일즉다(一卽多), 다즉일(多卽一)을 떠올려 보는 것은 효과적이다. 인간에게 세계는 일(一)에서 출발하여 다(多)로 끝나든가, 다(多)에

서 출발하여 일(一)이든가 하여야 한다. 또 일(一)과 다(多)는 동시적인 것이어야 한다. 일(一)과 다(多)는 선후상하안팎이 없어야 한다. 먼저 일(一)에서 출발한 자는 다(多)의 과정을 거쳐 일(一)에서 끝나야 한다. 먼저 다(多)에서 출발한 자는 일(一)을 거쳐 다시 다(多)로 끝나야 한다. 물론 그 중간에서 머물 수도 있다. 그런데 그 과정에서 일(一)과 다(多)는 변형된다. 절대론이든 상대론이든, 절대신론이든, 범신론(범재신론)이든 그렇다.

이런 것은 소위 서양의 기독교 신학에서도 부정신학, 긍정신학으로 논의되는 문제이다. 스피노자의 범신론이라는 것도, 일의성(一意性)이라는 것도 실은 다(多)에서 일(一)을 발견하려는 계열에 속한다. 또 서양철학의 모든 문제들은 바로 이 속에 있다고 해도 과언이 아니다. 들뢰즈의 차이와 반복의 철학이라는 것도 실은 다(多)에서 출발한 철학의 계열에 속한다. 현상과 감정과 표현을 중시하는 자들은 '다에서 일(그리고 다)'을 택한다. 반대로 본질과 이성과 논리를 중시하는 자들은 '일에서 다(그리고 일)'를 택한다. 여기서 우리는 어떤 결론을 내릴 수 있다. "기표는 일을 강요한다."는 점이다.

생멸(생성)을 내용으로 하는 불교조차도 '불교'라는 용어를 생산하여 기표에 참여함으로써 권력이 되었다. 불교는 고집멸도, 제법무아, 제행무상, 열반적정을 추구하면서도 결국 경전과 승단을 조직함으로써 자신의 기표를 만듦으로써 가부장제의 종교의 일원으로 자리매김하였다. 이는 불교의 원리로 보면 스스로에 대한 배반이다. 이에 비하면 권력이 되지 않는 것은 바로 여성성을 바탕으로 하는 모계사회이다. 그러한 점에서 모계사회는 모권사회인 것 같지만 실은 모권사회는 아니다. 모계사회는 여성을 생성체(존재를 생산하는 존재)로 숭상하면서도 그것을 존재체로 하지 않음으로써 어떤 관계를 존재로 만들지 않았고, 존재와 존재 사이의 관계도 존재로 보지 않았다.

존재체로서의 물질인 물질(物質)과 생성체로서의 물질인 기질(氣質)은 구조를 가진다는 점에서는 공통적이지만 작용, 즉 역동성을 가지느냐, 다시 말하면 구조의 살아 있음에서는 달라진다. 구조의 살아 있음은 어떤 시공에서도 정지하지 않음을 의미한다. 구조의 살아 있음은 은연중에 구조의 해체를 승인한다. 그래서 모든 인간이 만든 구조는 생명의 한계와 조건이 있을 수밖에 없다. 그래서 일견 불변의 구조처럼 보이는 것도 실은 변화와 혁명을 겪는다. 구조의 핵심에는 언어가 도사리고 있다. 언어는 임의적이다. 임의적이라는 말은 처음부터 자유롭다는 것을 말한다.

인류의 혁명은 크게 산업적으로는 농업혁명, 산업혁명 그리고 최근에 일고 있는 정보혁명을 들 수 있다. 집단의 삶이라는 측면에서는 역시 신(神)의 발명, 그 다음으로 왕(王)의 발명이다. 신의 발명은 종교로 제도화되었고, 왕의 발명은 국가의 발생으로 제도화되었다. 민주주의라는 제도의 발명과 화폐의 발명도 여기에 포함될 수 있다. 민주주의와 화폐라는 것은 긍정적 피드백을 할 수도 있고 부정적 피드백을 할 수 있는 것으로 지금 크게 충돌하고 있다. 화폐가 민주주의에 기여한 것은 어떤 민주주의 운동과 제도보다도 확실한 것이다. 소위 물적 뒷받침을 한 것이다. 어떤 필부의 백 원이나 왕의 백 원이 가치가 같은 것은 요하다. 그런데 바로 가치의 동등성이 시장경제에서 부익부 빈익빈을 낳았다. 마르크시즘은 여기서 발생한 것이다.

마르크시즘은 정치사회학이나 경제, 철학에서는 중요한지 몰라도 실은 그것은 서양문명 내부에서 일어난 문제이다. 그것이 서구문명의 지구지배와 함께 전 지구적으로 파급된 것이다. 이 말은 비서구인이 서구인의 유심론과 유물론의 싸움에 끼어들 필요가 없다는 것이다. 여기에 끼어들지 말고 옆에서 사선(斜線)으로 바라보기를 하면서 새로운 대안을 마련해야 한다는 점이다. '사선으로 바라보기'는 일종의 지그재그로 바라보는 것을 의미하는데 비유적으로 말하자면 산을 알기 위해 산을 오르는데 수직으로 곧바로 오르면 산을 오르기도 힘들지만 산을 알 수 없다. 기껏해야 수직선만 바라보게 된다. 이것보다는 산의 구비를 따라 곡선을 그리면서 올라가야 산의 여러 면을 알 수 있는 것과 같다.

산이라는 큰 덩치, 큰 볼륨의 것은 멀리서 바라보아야 볼 수 있고, 동시에 그 산과 같은 덩치의 다른 산 혹은 좀 떨어진 곳의 크고 작은 산에서 보아야 더 잘 볼 수 있다. 서양문명의 결정론적 이원대립항인 심(心) - 물(物)은 동양의 입장 혹은 사선에서 보면 바로 심물(心物)의 대립항에 불과한 것으로 보이는데 서양 사람들은 그것이 마치 우주와 사물을 바라보는 전부인 양

착각하고 있다. 물론 이러한 방법은 동양이나 다른 세계에도 영향을 미쳐서 지구적인 패러다임이 되었다. 예컨대 우주는 심물(心物)이 아니라 이기(理氣)로도 볼 수 있는 것이다. 그러나 이기(理氣)도 이(理) - 기(氣)라는 이원대립항의 하나에 불과하다. 이것으로 우주와 사물을 보는 전부로 생각하면 오산이다.

이들은 하나의 이원대립항의 세트들로서 일종의 음양(陰陽) 대칭구조들로서 그것 자체로는 완전한 것이다. 왜냐하면 이들은 각자의 편에서 논리 전개를 하지만, 결국 하나의 세트임을 알게 된다. 이들은 하나의 부부와 같다. 그런데 이들은 싸우는 부부인 셈이다. 이원대립항은 얼마든지 있다. 이것은 생각하는 동물인 인간이 가지고 있는 능력(能力)이며 역능(力能, 逆能)인 의미구조의 발생 때문이다. 유심론(唯心論)과 유물론(唯物論)은 하나의 이원대립항인 '심(心) - 물(物)'의 헤게모니 경쟁이라고 할 수 있는 것이다. 이러한 이원대립항 사이의 논쟁은 본래 끝이 없는 것이다. 왜냐하면 이 둘은 궁극적으로 인간의 내부에서 확실하게 분리할 수 있는 것도 아닌 불확정성(uncertainty), 비결정성(indeterminacy)의 것이고, 도리어 서로 교환되어도 좋은 일종의 환유인 것이다.

이를 동양의 선불교는 심즉물(心卽物), 물즉심(物卽心)이라는 한마디로 잘라 말할 수 있는 것이다.

$$
\begin{matrix}
심(心) & \leftrightarrow & 이(理) \\
[& \times &] \\
물(物) & \leftrightarrow & 기(氣)
\end{matrix}
\quad : \quad
\begin{matrix}
심(心) & \leftrightarrow & 물(物) \\
[& \times &] \\
이(理) & \leftrightarrow & 기(氣)
\end{matrix}
$$

그런데 화폐라는 것은 자본주의의 기원이라고 볼 수 있는데 이 화폐는 이제 새로운 '신(神) = 돈신(money god)'으로 등장하고 있다. 그래서 '화폐 = 민주주의 = 과학'의 시퀀스 속에 그 첫째 항목에 들어간다. 유물론에 기초한 공산사회주의는 실은 이 속에 숨어 있는 것에 지나지 않는다. 자본주의의 안티로서 유물론의 탄생은 서구문명 내부의 자기극복, 자기순혼의 의미로서 진행

되고 있는 것이다. 너무 호들갑을 떨 필요도 없는 것이다. 다시 문화의 교감, 교통, 교환에 주의를 기울여 보자. 교(交)라는 것은 둘 사이에도 일어날 수 있고, 셋 이상에서도 일어날 수 있다. 둘 사이에 일어나는 것은 '↔' 혹은 '○'으로 표현하고, 셋 사이에서 일어나는 것은 삼각형 '△'으로 표현이 가능하다. 그 가운데서 가장 잘 활용되는 도형이 바로 제트, 'Z(S)' 도형이다.

Z도형 = 트릭스터 = 교감 = 영매 = 매개 = 매체 = 매질
교통 = 교환 = 화폐 = 교감…… = 혼합(hybrid) = 반도체

바로 이 Z도형의 중간에서 만나는 점이 바로 트릭스터가 된다. 말하자면 서로 다른 세계를 교차하는 점, 교차점에 위치하면서 다른 세계를 소통하는 존재이다. Z도형은 위의 불확정성을 표시하는 것과 비슷한 모양이다. 말하자면 중간에서 교차하는 가위표 '×'를 도형으로 나타낸 것이다. 그러한 점에서 백남준은 일종의 트릭스터이다. 특히 그가 기술과 예술을 종합(synthesize) 혹은 합생(concrescence)한다는 점에서 그렇다. 이것은 바로 주술가(magician)인 것이다.

가부장사회의 등장은 신화, 제도, 기술, 경험에 대한 종합적인 전환이고 반전이었다. 그러나 이제 다시 가부장사회에서 신(新)모계사회로의 전환에 직면하고 있다. 이것은 <페니스-태양화>가 아니라 <버자이너-태음화>에 의해 달성된다.

어둠의 달은 모든 사물을 비춘다. 그러나 달은 사물을 분별하게 하면서도 동시에 사물을 분별하기 힘들게 한다. 이것은 상대성이다. 그래서 역설적으로 사물을 하나가 되게 한다. 달은 자신을 바라보게 한다. 해는 그렇지 않다. 해는 사물을 밝게 비춘다. 또 누구나 같은 것(=同質性)을 바라보게 한다. 이것은 절대성이다. 그래서 역설적으로 사물을 제각각이게 한다. 해는 자신을 바라볼 수 없게 한다.

달의 '이중성=불확실성=불투명성'은 항문과 버자이너를 동시에 가진 여성과 닮았다. 남자는 안에서 먹고 생산은 바깥에서 한다. 여자는 안에서 먹

고 생산(재생산)하는 것도 안에서 한다. 입 - 항문은 인풋(input)과 아웃풋 (output)이 확실히 구별되지만 입 - 버자이너(제2의 입)는 그렇지 않다. 버자이너는 먹는 데서 다시 출산을 하기 때문이다. 신은 짓궂게도 생물의 배설의 일부가 스스로 재생산이 되도록 리사이클링(recycling)을 기획하였다. 이것은 엔트로피를 줄이는 일이었다.

<볼륨을 사선(斜線, 脫走線)으로 바라보기 = 존재를 생성으로 바라보기>가 앞으로 남은 과제이다. 그 선(線)은 바다의 파도와 같이 파동이면서 파장이다. 기(氣)는 비어 있다. 기(氣)가 볼륨화된 것이 물질이다. 기(氣)는 마크로 - 마이크로코스모스이다. 전자는 전기가 되고 볼륨화된다. 볼륨은 그 중간에 있다. 그 중간이 중력장이다.

비어 있는 것은 마이너스(-)이다. 비어 있음으로써 플러스(+)를 생산한다. 여자는 비어 있다. 여자는 비어 있음으로써 남자를 유혹한다. 남자를 유혹하여 생산한다. 여자의 생산만이 진정한 생산이다. 남자의 생산은 여자의 생산을 키우고 보호하기 위한 생산이다. 남자의 생산은 삶을 위한 수단적이고 존재적인 생산이고, 생성적이고 과정적이지 못하다.

무천(巫天)/무천(舞天)/무천(無天)/무천(武天)
마고의 나라, '무'(mu)제국/무궁화(無窮花)
하늘과 땅은 시작도 끝도 없이 반사(反射)해

마고(mago) 모계제국의 원리는 무엇일까. 고대인들은 하늘에 제사를 지내는 것이 삶의 최고의 원리였다. 제사는 자연과의 소통, 희생, 선물, 교환이었다. 하늘과 땅은 서로 수많은 반사를 하고 있었고, 그 반사는 반대(反)에 두고 있었고, 그것을 원으로 돌게 하는 것이 비(非)였다. 그래서 자연은 자(自, 正) - 반(反) - 비(非, 合은 非에의 참여)의 원리에 의해 움직이고 있었다. 자연은 원을 그리고 있었고, 그 반사를 전해 주는 것이 바로 샤먼이었다. 그 샤먼의 가부장제적 변모가 바로 하느님 아버지이고 부처였다. 하늘과 땅은 플러스(+)와 마이너스(-)였으며 이것은 자(自, 慈 = 玄 + 玄 + 心 = 검은 여인, 즉 블랙홀의 마음), 비(非, 悲＝非＋心＝어느 것도 아닌 마음)였다.

마고사상과 불교, 자연은 차이가 조금 있긴 하지만 반복이었다. 마고이즘에서 보면 백남준 미술은 여성성의 재발견으로 귀결된다. 이는 다분히 '여성의 미학'이다. 텔레비전의 등장은 문자시대에서 이미지의 시대로 넘어가게 하였을 뿐만 아니라 여성성의 가치를 높였다. 비디오아트는 물론 원천적으로 사진을 토대로 한다. 사진은 여성, 아이, 동물들에 친화적이다. 이는 언어에 대해 몸의 우위를 선언하게 한다. 텔레비전 모니터 자체가 이미 어떤 빈 공간이면서 용기이다. 텔레비전 모니터는 여성의 자궁을 연상하게 한다. 텔레비전의 화소들은 무량의 집합과도 같다. 거기서 어떤 행렬이 만들어지느냐에 따라 이미지의 크기와 모양이 결정된다. 비디오아트는 결국 사물을 재생산해낸다. 이는 여성의 재생산을 닮았다.

<마고, 불교, 자연>

마고(Mago)	불교	자연
위대한 어머니 (우주는 어머니이다.)	자비(慈悲) (우주는 마음이다.)	자(自, 正)－반(反)－비(非, 슴은 非에의 참여)
매트릭스(matrix, Mago)	삼천대천세계	그대로 자연/자연 그대로
언제나 보이지 않는 것이 있다(Black Hole＝Whole).	세계는 끝이 없이 돌고 돈다.	문명은 자연의 일부이고 반복이다.
천부경(天符經)	부디즘(Buddhism)	샤머니즘(Shamanism)
무시무종(無始無終)	만다라(윤회)	자연의식체계

('무'의 변형과정)

원시	고대	중세 – 근대 – 현대	모계	마고(mago)제국 이름은 '무'(mu)제국
무천(巫天)	무천(舞天)	무천(無天)	무천(武天＝玄武天)	

<DSCO(Dynamic Space Close, Open: 역동적 장(場)의 개폐이론)

자연과학 (존재 – 생성)	C – O – C – O	주객인과 (主客因果)	1 – 0 – 1 – 0 (이분법, 전기적 과정)	
풍류도 (음양론)	C/O – C/O – C/O – C/O	현묘지도 (玄妙之道)	1/0 – 1/0 – 1/0 – 1/0	*C＝Close＝본질＝정지＝존재 (being)＝입자＝ ＋
기독교 (주인 – 종)	C – C – C – C	유시유종 (有始有終)	1 – 1 – 1 – 1	*O＝Open＝현상＝운동＝생성 (becoming)＝파동＝ －
천부경 (자연 – 불교)	O – O – O – O	무시무종 (無始無終)	0 – 0 – 0 – 0	

巫儒佛仙道天地敎
鬼仁慈自無神中學

제7장 백남준: 데콜라주 바다의 플럭서스 섬

― 백남준의 '의식의 지도' 읽기 ―

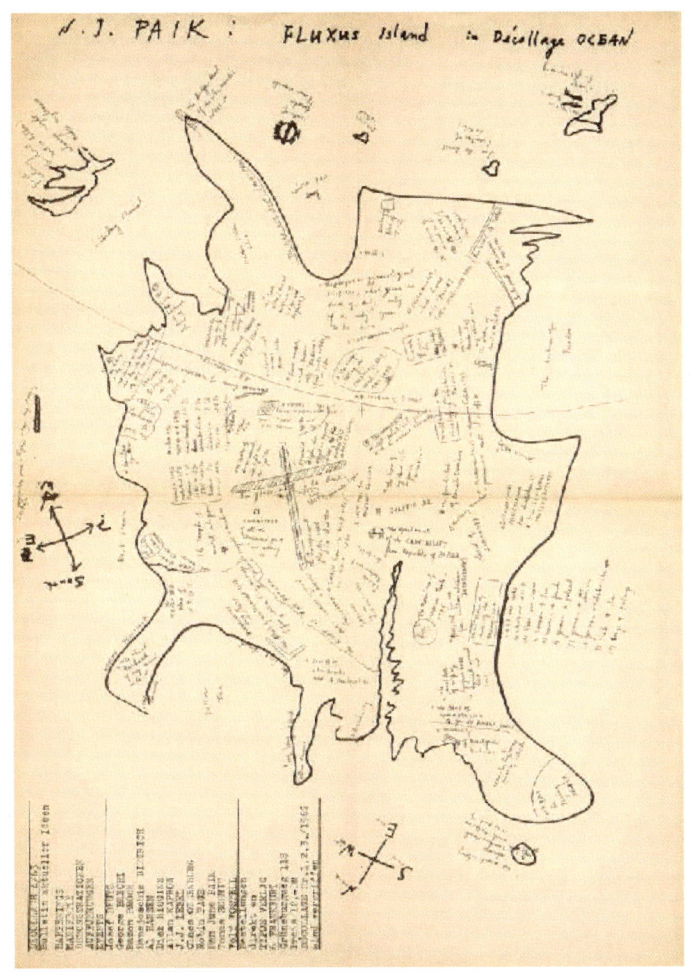

데콜라주 4-63에 실린 <플럭서스 아일랜드> 지도원문

백남준: 데콜라주 바다의 플럭서스 섬

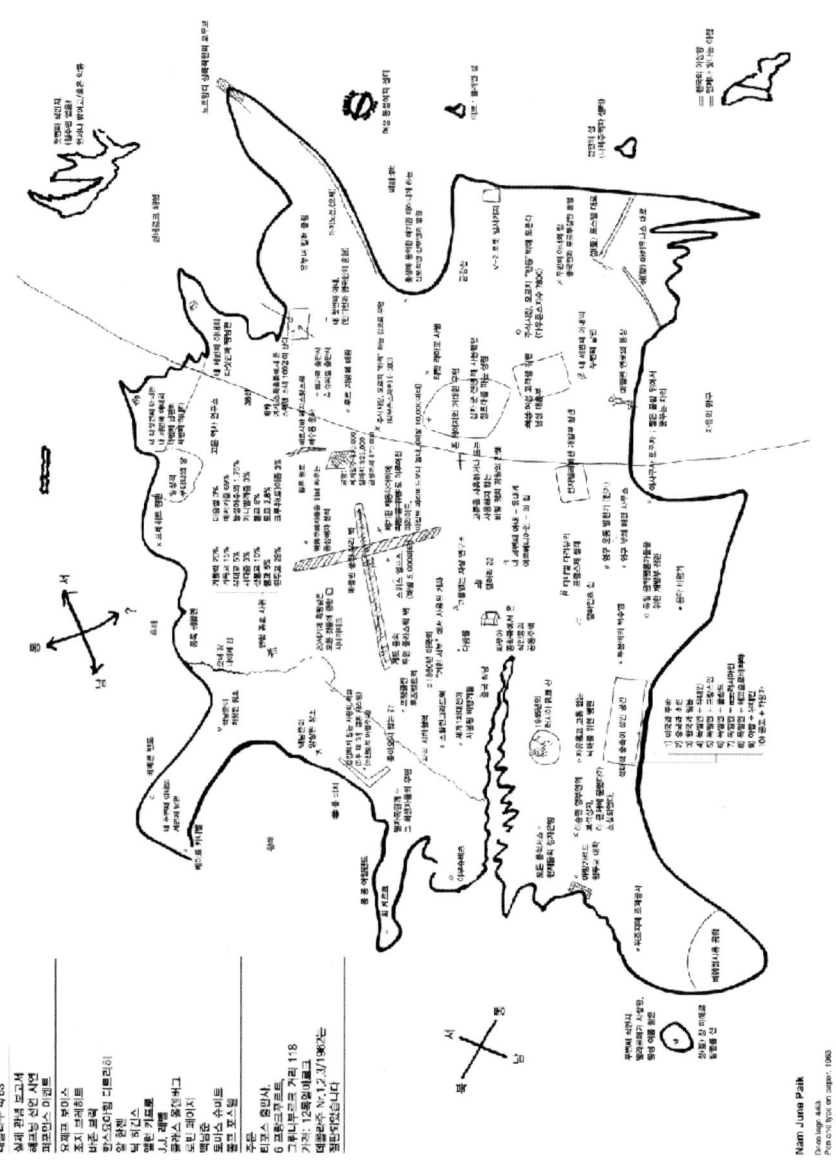

백남준의 이상향 <플럭서스 아일랜드> 지도, 한글본

우리는 백남준의 성공과 그의 작품에 대해서 논의하지만 정작 그가 얼마나 고민하였는가를 모른다. 고통과 인내와 선택과 도전의 연속이었던 그의 삶의 진면목에 대해 살펴볼 필요가 있다. 다행히 그가 남긴 '플럭서스 섬'은 그의 '의식의 지도'로서 그의 일생을 조망하는 데에 많은 도움을 준다. 그의 예술은 그의 종교였으며, 그의 종교는 새로운 플럭서스 섬이라는 피안을 탄생시켰다. 이 의식의 지도에서 그는 시공간을 초월했다. 시간적으로 과거, 현재, 미래를 자유롭게 오갔으며 공간적으로 이동이 자유로웠다.

1. 베베른 반도: 안톤 베베른은 쇤베르크의 제자로 무조음악의 완성자이다.
2. 내 두 번째 아내의 세 번째 남편
3. 케이프 카니발:
4. 황해
5. 백남준이 처형된 장소
6. 백남준이 암살된 장소
7. 롱비치
8. 롱아일랜드
9. 결정되지 않는 사랑의 학교(5우 대 5송 결혼시스템)(＝진보적 아랍주의)
10. 덩 케르크: 제2차 세계대전 중 프랑스 마지노선의 접전지
11. 원자폭탄과 그 희생자들의 무덤
12. 돌아오지 않는 강
13. 파리 지하철역
14. 아우슈비츠
15. 스탈린그라드 역
16. 제1차 세계대전에 사용된 비행기들
17. 중국 식당
18. 모든 플럭서스 천재들의 정자은행
19. 1945년의 러시아 탱크 산
20. 아방가르드 힌두교 대학
21. 이승만 영부인의 보석상자. 이 근처에 묻혔다가 소실되었다.
22. 자유롭고 고통 없는 낙태를 위한 병원

23. 위조지폐공사

24. 적대적 종족이 섞인 공간

   1) 미국과 쿠바

   2) 중국과 소련

   3) 한국과 일본

   4) 독일인 + 유대인

   5) 독일인 + 프랑스인

   6) 독일인 + 폴란드

   7) 독일인 + 러시아인

   8) 독일인 + 체코슬로바키아

   9) 아랍 + 유대인

   10) 콩고 + 카탕가

25. 성(聖) 장 피에르 빌헬름 산: 장 피에르 빌헬름은 백남준에겐 아버지 같은 존재이다. '갤러리 22'의 주인이면서 백남준에게 3번의 전시회를 주선한 인물이다. 백은 빌헬름은 추모하는 퍼포먼스도 벌였다.

26. 두 번째 식민지, 말라르메가 사랑한, 항상 여름 황혼: 말라르메는 19세기 프랑스의 상징파 시인. 그의 '화요회'에서 20세기 초 활약한 지드, 발레리 등이 배출되었다. 장시 ≪목신의 오후≫(1876), ≪던져진 주사위≫ 등이 있다. 프랑스 근대시의 최고봉으로 인정받는다. 백남준은 보들레르의 '악의 꽃'을 자신의 비디오아트를 설명하는 상징시로 애용하였는데 상징주의 시풍을 개발한 말라르메를 존경하는 뜻에서 식민지의 이름을 이렇게 정한 듯하다.

27. 비행접시용 공항

28. 흑해

29. 동독생활권

30. 오데르 강, 나이세 강: 제2차 세계대전 후의 포츠담 협정으로 오데르 강 하류(나이세 강과의 합류점 이북)와 나이세 강을 잇는 이른바 '오데르-나이세선' 이동(以東)의 독일 땅은 폴란드의 영토가 되었으며,

1950년의 동독-폴란드 협정과 1970년의 서독-폴란드 협정으로 이 선이 정식 국경으로 인정되었다.

31. 브레히트 정원: 조지 브레히트는 플럭서스 음악의 완성자이다.

32. 일상적 쿠데타의 땅

33. 연합종교 사원(가톨릭 20%, 기독교 15%, 유대교 5%, 사디즘 3%, 선불교 10%, 불교 5%, 힌두교 28%, 이슬람 3%, 마조히즘 69%, 동성애주의 1.75%, 카니발리즘 3%, 불교 8%, 도교 2.8%, 크루쉬(토)이즘 3%

34. 20세기에 혹평을 받은 모든 것들에 관한 시네마테크

35. 평등주의자들을 위해 싸우는 동성애자 센터

36. 베를린풍의 유리벽(wall)

37. 프랭클린 루스벨트 역(station)

38. 게토풍의 투명 플라스틱 벽(wall)

39. 스위스 알프스(해발 5,000미터)

40. 폐기된 자동차더미로 이루어진 피라미드, 이집트 피라미드보다 높다 (해발 10,000미터)

41. 1860년 미국의 '거친 서부'에서 사용된 기차

42. 다방꼴

43. 고통 없는 자살연구소

44. 파푸아 공화국에서 온 식인종의 공동주택

45. 갤러리 22: 빌헬름의 갤러리

46. 고문을 사용하거나 또는 사용하지 않는 비밀 정치경찰의 잔해

47. 내 세 번째 아내 — 유대계 아르메니아인 — 의 집

48. 다니엘 다리유의 프랑스제 침대

49. 전자텔레비전 개발부 장관

50. 칼 하인츠 산: 칼 하인츠 슈톡하우젠은 백남준이 독일에서 첫 공연을 한 작품 <괴짜들>을 작곡한 음악가이다. 이 작품에서 샬롯 무어맨을 만났다.

51. 투품바의 턱수염

52. 영구 운동 발전기(전기)

53. 영구 부채 해결 사무소

54. 독일 음악평론가들을 위한 개발부 장관

55. 내 다섯 번째 아내는 내 세 번째 아내의 네 번째 남편의 세 번째 아내다.

56. 고문 역사 연구소

57. 내 세 번째 아내의 다섯 번째 남편

58. 38선

59. 메카 여기 스톡홀름에서 온 스웨덴 소녀 100명이 산다.

60. 쾰른 영토: 라인 강 좌안에 있다. 본 아래쪽의 라이나우 항(港)·독일 공업항 등 4개의 라인 하항(河港)이 있고, 철도교통의 중심지이다. 로마 시대의 식민도시로부터 시작되었으며, 쾰른이란 이름은 로마명(名) 콜로니아에서 유래한다. 795년 카를 대제(大帝)가 대주교구를 이곳에 설치한 후 역대 대주교의 정치적 수완에 의해서 10~15세기에는 독일 최대의 도시로 번창하였다. 중세에는 북·서 유럽에서의 수륙교통·상업의 중심지로서 번영하여 한자동맹에 소속되었고, 현재는 교통(철도·라인 강 수운·고속도로)의 요지로서 라인란트의 경제·문화의 중심을 이룬다. 중세 말까지 건설된 시가는 라인 강 좌안에 반원형을 이루고 주위에 방벽을 둘러쳤으나 제2차 세계대전 중에 옛 건물이 거의 파괴되고, 성곽자리는 현재 넓은 녹지대가 되었다. 그 바깥쪽에 19세기 이후의 신시가가 건설되어 주택지대와 공장지대를 이루고 있으며 기계·전기·섬유·화학 등의 공업이 활발하다. 구시가에는 독일 고딕 건축의 걸작인 쾰른대성당을 비롯하여 로마 시대의 유적 및 모자이크 등을 수집하는 로마게르만박물관, 16~17세기의 독일과 네덜란드의 회화를 소장한 발라프리하르츠 미술관, 로마네스크 양식의 성(聖)게레온교회 등 몇몇 유명한 옛 건축물이 남아 있다. 1388년에 창설된 쾰른대학은 1798년에 폐지되었으나 1919년에 재건되었다.

61. 바르샤바 레지스탕스의 배수용 운하

320

62. 하가르 출판사 슈피겔 출판사: 백남준이 애용한 신문, 출판사이다. 백남준은 생전에 CIA, 슈피겔, 미쓰비시의 정보를 알면 세계의 정보를 먼저 안다고 생각했다.

63. 공항 – 세계일부 $ 10,000, 달까지 $25,000, 금성까지 $ 70,000: 지상에서 우주로 가는 공항이다.

64. 루르 지방의 폐광

65. 내 첫 번째 아내(인디언과 영국인의 혼혈)

66. 주식시장, 오로지 '하락'하는 것으로 유명(다우존스지수)(– 580)

67. 티베트 라마교 사원: 백남준의 후기 작품에 섹스를 매우 중시한다. 성적 에너지를 불교와 연결시킨 특유의 생각들을 가지고 있었다. 라마교는 불교 대승종파 가운데서도 에너지를 가장 적게 쓰는 방식을 추구하였다. 좌도밀교는 성에너지를, 우도밀교는 만다라를 이용하는 특징이 있다.

68. 존 케이지의 거대한 무덤

69. 십자군 전쟁 때 사용했던 정조대를 파는 상점

70. 여성 고객을 위한 남성매춘부

71. 내 세 번째 아내의 두 번째 남편

72. 마릴린 먼로의 동상

73. 아사쿠사 로쿠자: 짧은 풀밭 위에서 꿈꾸는 자리

74. 자유의 항구: 자유의 여신상과 같은 이미지가 있다.

75. 첫 번째 식민지(원주민 없음), 언제나 밤이고 혹은 악몽

76. 쇤베르크 해협: 쇤베르크는 물론 무조음악의 창시자이면서 백남준 예술의 시원 같은 존재이다. 실지로 백남준은 쇤베르크 음악을 연구하기 위해서 독일로 유학 간다. 처음엔 뮌헨대 철학과에 입학한다. 그러나 프라이부르크 고등음악원으로 옮긴다. 거기서 처음 볼프강 포르트너 교수를 만난다. 포르트너 교수는 백남준에게 자신의 음악경향과 다르다고 말하고 그 대신 장학금을 받게 해 준다.

볼프강 포르트너: 라이프치히 출생. 라이프치히음악원에서 그라우

프너에게 작곡과 지휘법을 배웠다. 처음에는 하이델베르크에서 지휘자로 데뷔, 실내관현악단 등을 지휘하다가 1954년 데트몰트의 독일음악원 작곡과 교수, 이어 프라이부르크 고등음악학교의 교수가 되었다. 후진양성과 현대음악을 소개하는 데 힘써 독일 작곡계에 많은 영향을 끼쳤다. 작풍은 초기에는 레거·스트라빈스키·힌데미트 등의 영향을 받아 조성음악에 치중하였으나 1950년대부터는 점차 12음기법으로 바뀌었다. 작품에는 관현악곡 ≪스베링크모음곡≫(1930), 발레음악 ≪흰장미≫(1949), 오페라 ≪피의 결혼식≫(1957), ≪운디네≫(1962), 피아노를 위한 ≪에피그람≫(1964), 남성(男聲)과 피아노를 위한 ≪테르치넨≫(1966), 소프라노와 현을 위한 ≪왕의 자장가≫(1966) 외에 오르간협주곡·피아노협주곡·바이올린협주곡·비올라협주곡·스트링오케스트라를 위한 협주곡·실내악곡·성악곡 등이 있다.

포르트너 교수는 백남준에게 '비상한 현상'이라는 말로 천재적, 예술가적 기질을 알아보고 그의 예술을 발전시킬 수 있도록 도와주었다. 백남준은 프라이부르크에서 다시 쾰른으로 옮기고 다시 뒤셀도르프, 다름슈타트로 옮긴다. 그곳에서 음악평론가로 활동한다.

77. 노르망디 상륙작전의 교두보

78. 유부녀 킬러 클럽

79. 마지노선(요새)

80. 백해: 러시아 바렌츠 해의 만이다. 대개 러시아에 속해 있다.

81. 출생에 동의한 아기만 태어나게 하는 진보적인 산부인과 병원

82. 여성 동성애자 센터

83. 금강산(金剛山)

84. V-2 로켓 발사기지

85. 이브·클라인 섬: 프랑스 니스 출생의 누보 레알리즘의 대표적인 화가이다. 1958년 '허공'전시회를 열어 화제를 모았고, '인터내셔널 클라인즈 블루'라 이름 지은 푸른 하늘, 깊은 바다의 색조를 즐겨 썼으며, 금박(金箔)·불·물·공기 등 그리스의 철학적 원소를 사용하였

다. 또 페인트를 칠한 여자들의 나신(裸身)을 캔버스에 굴려 그림을 그렸고, 그 자신이 2층집에서 뛰어내리는 '허공의 극장'을 연출하는 등 '예술의 혁명'을 지향한 기행(奇行)으로 짧은 생애를 마쳤다. 1995년 1월 말까지 독일의 쾰른(루트비히 박물관)과 뒤셀도르프(노르트라인베스트팔렌 미술관)에서 열린 이브 클라인의 1차 순회전시는 그의 실험정신을 그대로 전한다. 작품활동은 불과 8년이나 그의 이념과 작업은 요셉 보이스를 비롯한 현대의 행위예술·팝아트·미니멀리즘 등에 지대한 영향을 미쳤다.

86. 주식시장, 오로지 '반등'밖에 모른다(다우존스 7,800).
87. 두 번째 아내의 집(중국인과 포르투갈인 혼혈)
88. 성(聖) 포스텔 대로
89. 성(聖) 마키우나스 대로
90. 전면의 섬(나체주의자 센터)
91. 천국의 이상향, 언제나 빛나는 아침: 이 섬은 한국을 상징한다. 섬은 선으로 갈라져 있다.

≡ 플럭서스 섬은 이상향이다.

플럭서스는 일종의 디아스포라(Diaspora), 레퓨지(Refuse), 실향예술인, 망명예술인과 같은 집단이다. 플럭서스 집단은 벽암록, 법안록, 조주록 같은 것을 줄줄 월 정도로 선불교에 관심이 많았다. 독일의 선불교는 일본 스즈끼 다이너스의 영향을 크게 받는다. 또 중세의 기독교 신비주의파인 에카르트, 신지학회 루돌프 슈타이너의 영향을 크게 받는다. 요셉 보이스(폴란드계)는 스타이너주의자이다. 보이스는 샤머니즘을 슈타이너식으로 해석하는 경향이 있다.

≡ 방위표는 조금 북‒남/동‒서가 아니라 북‒동/남‒서로 되어 있다.

1) 플럭서스 섬에 대한 의미해독

○ 백남준의 심층에 숨은 자아

5. 백남준이 처형된 장소
6. 백남준이 암살된 장소

백남준은 항상 죄의식 속에서 살았거나 아니면 불교적 윤회관 속에서 산 것이라고 생각된다. 자기의 이상향인 섬에 처형이나 암살과 같은, 생명의 극단적인 상황의 단어를 쓰는 것은 쉽지 않다. 그래서 극단적인 죄의식이나 강박관념 속에 살았거나 아니면 그것을 극복할 정도의, 그것을 평범하게 생각할 정도의 인물이었음을 반영한다. 아니면 그러한 위험에 처할 것 같은 위협과 절망에 빠졌던 적이 있었을 것이다.

○자유연애 그리고 결혼

2. 내 두 번째 아내의 세 번째 남편
47. 내 세 번째 아내 ― 유대계 아르메니아인 ― 의 집
55. 내 다섯 번째 아내는 내 세 번째 아내의 네 번째 남편의 세 번째 아내다.
57. 내 세 번째 아내의 다섯 번째 남편
65. 내 첫 번째 아내(인디언과 영국인의 혼혈)
71. 내 세 번째 아내의 두 번째 남편
87. 두 번째 아내의 집(중국인과 포르투갈인 혼혈)

남녀관이나 결혼관이 매우 세계적이며 여러 번 결혼에 대한 개방적 태도를 가졌음을 나타낸다. 아니면 여기서 아내 혹은 남편이라고 표현한 것은

정말 결혼을 해서가 아니라 아내 혹은 남편이라는 단어를 친숙한 연인, 애인, 여자친구 혹은 남자친구 같은 것을 그렇게 표현했을 것으로 보인다. 그렇게 볼 때 백남준은 부인과 샬롯 무어맨 이외에 적어도 다섯 명의 여인을 사귀었을 것으로 보인다.

○ 백남준 예술의 상징과 인맥들

1. 베베른 반도
3. 케이프 카니발
18. 모든 플럭서스 천재들의 정자은행
20. 아방가르드 힌두교 대학
26. 두 번째 식민지, 말라르메가 사랑한, 항상 여름 황혼
25. 성(聖) 장 피에르 빌헬름 산
31. 브레히트 정원
45. 갤러리 22
50. 칼 하인츠 산
60. 쾰른 영토
76. 쇤베르크 해협
88. 성(聖) 포스텔 대로
89. 성(聖) 마키우나스 대로
68. 존 케이지의 거대한 무덤

이 항목은 모두 백남준의 예술세계를 이끈 인물들로 구성되어 있다. 먼저 쇤베르크 해협은 그야말로 백남준이 자신의 예술세계를 구축하기 위해 다른 육지(신천지)로 건너온 해협이다. 그러니까 가장 큰 이동인 셈이다. 말하자면 플럭서스 섬이라는 것이 섬이 되기 위한 조건과 같은 것이다.

대륙을 넘어와서 가장 높은 산은 성(聖) 장 피에르 빌헬름 산이다. 그러고 보면 빌헬름이라는 인물은 그의 대부와 같은 거대한 산인 셈이다. 백남준은

그의 생부에게 별로 애정을 갖고 있지 않았던 것 같다. 평생 둘이서 대화를 해 본 적이 없었을 정도의 사이였다. 물론 아버지도 집안에서 가장 머리가 좋은 백남준이 재벌을 이어받을 수 있도록 경영학을 전공하기를 기대했으나 이를 거부하고 음악을 전공하자 말하자면 '집안에서 퇴출해 버렸을 가능성'도 있다.

베베른 반도도 쇤베르크의 제자 안톤 베베른을 말한다. 베베른은 쇤베르크의 무조음악을 듣기 좋게 완성한 인물이다. 그런 점에서 해협을 건너서 만난 반도와 같이 느껴졌을 것 같다.

칼 하인츠 산은 칼 하인츠 슈톡하우젠을 의미하는 것 같다. 하인츠는 백남준이 독일에서 첫 공연을 한 작품 <괴짜들>을 작곡한 음악가이다. 백남준은 그의 여러 곡을 공연했는데 그를 독일에 데뷔하게 해 준 작품의 작곡가이니 산처럼 대접할 수도 있을 것이다. 특히 백남준은 하인츠의 작품 <괴짜들>에서 샬롯 무어맨을 만났다.

성(聖) 포스텔 대로와 성(聖) 마키우나스 대로는 유추하기에 그렇게 어렵지 않다. 볼프 포스텔과 게오르게 마키우나스는 그야말로 백남준에겐 대로를 열어 준 인물이다. 포스텔은 비디오아트라는 개념을 창출하는 데에 결정적인 역할을 한 인물이다. 미술평론가에 따라서는 포스텔을 백남준과 똑같이 비디오아트의 시조로 놓는다. 물론 포스텔은 데콜라지 개념을 가지고 있었고, 백남준은 콜라지 개념을 가지고 있었지만 양자 사이에는 반사적 촉발이 가능한 것으로 보인다. 그래서 결정적인 역할을 한 것으로 보인다. 볼프 포스텔은 잡지 <de coll/age>(1965년까지 나옴)의 발행인이었다. <플럭서스>(1호 1권은 1962년 6월 발간)의 편집장 마키우나스도 플럭서스 철학을 정립하는 데에 큰 역할을 한 것으로 보인다. 마키우나스는 뉴욕에서 자신이 운영하던 소규모 AG화랑이 재정난에 빠져 더 이상 이것을 끌고 나가기가 어려워지자 1961년 10월 독일로 이주했다. 그는 비스바덴에서 미군을 위해 디자이너로 일을 하면서 생계를 꾸렸다. 마키우나스는 독일 이주 후 곧바로 예술가들의 새 네트워크 조직자로 부각되었다.

백남준은 10월 26일~11월 6일 쾰른의 성당 Dom극장에서 열린 칼 하인츠 슈톡하우젠의 <괴짜들(Originale)> 공연에 참가했다. 칼 하인츠 카스파리가 감독을 맡았다. 참가 작가는 다비드 투더, 크리스토프 카스켈, 백남준, 한스 G. 헬름스, 마리 바우어마이스터, 이디트 좀머 등이었다. <오리기날레> 공연 중 백남준의 솔로 퍼포먼스를 볼프강 람스보트가 동영상 촬영했다.

백남준과 칼 하인츠 슈톡하우젠이 1992년 함께 '피카소 메달'을 수상했다. 이 상은 예술가의 작품 전체와 문화 간 대화에 기여한 점을 평가한 것이다. 시상은 유네스코와 쾰른 미디어 예술대학이 주관한 국제행사에 맞춰 '바벨탑-예술, 과학, 기술을 아우르는 보편적 소통의 신화'라는 주제하에 이루어졌다(루드비히 박물관, 쾰른, 1992. 10. 5, 19시).

존 케이지의 거대한 무덤은 백남준이 자칭 스승으로 모신 인물이다. 존 케이지는 정신적 스승인 것 같다. 우연성 음악의 개척자로 평가받은 그는 조작된 피아노 기법을 사용하기도 하고, 음렬주의 전자 음악 등의 음악을 작곡하였다. 쇤베르크의 제자였던 적이 있으나 화성이나 이론이 맞지 않아서 결별하였지만 쇤베르크 이후의 백남준에게 그를 대신하는 음악의 대부라고 할 수 있다. 또 백남준이 독일에 간 후 처음으로 <존 케이지에게 헌정>이라는 곡을 헌정한 인물이다. 백남준은 <피아노포르테를 위한 연습>에서 존 케이지의 넥타이를 자르는 해프닝을 벌이기도 하였다.

브레히트 정원은 플럭서스 음악의 완성자인 조지 브레히트를 상징한다. 결국 음악의 완성은 마치 정원과도 같다. 흔히 예술적 완성은 정원에 비유된다.

케이프 카니발은 일종의 아프리카의 희망봉을 연상한 듯하다. 카니발은 백남준에게는 항상 굿의 개념과 같은 것인데 말하자면 신나는 굿판을 벌이는 희망봉 같은 케이프를 원한 것인지도 모른다.

모든 플럭서스 천재들의 정자은행은 플럭서스 집단에 대한 천재성의 인정에 다름 아니다. 아마도 백남준은 이들의 정자, 즉 이들의 영혼이 사람들에게 퍼지고 증식되기를 원하였는지도 모른다.

아방가르드 힌두대학교는 바로 아방가르드 플럭서스 집단의 철학이 바로 힌두의 인도철학, 예컨대 공(空)사상, 무(無)사상에서 비롯된 것을 은유한 것이다. 플럭서스 회원들은 모두 인도철학과 불교철학의 전문가였다. 쉬리다르 바파트(Shridar Bapat)가 어느 날 말했다. "인도는 영국 제국주의의 발명품이었다." 이 말을 듣고 백남준이 농담 한마디를 했다 "인도는 바퀴를 발명했다. 하지만 플럭서스는 인도를 발명했다." 조지 마키우나스가 내 말을 들으며 한참을 웃었다.

'두 번째 식민지, 말라르메가 사랑한, 항상 여름 황혼'은 말라르메가 19세기 프랑스의 상징파 시인으로 그의 '화요회'에서 20세기 초 활약한 지드, 발레리 등이 배출되었다는 점을 상기할 필요가 있다. 장시 ≪목신의 오후≫(1876), ≪던져진 주사위≫ 등은 프랑스 근대시의 최고봉으로 인정받는다. 백남준은 보들레르의 '악의 꽃'을 자신의 비디오아트를 설명하는 상징시로 애용하였는데 상징주의 시풍을 개발한 말라르메를 존경하는 뜻에서 식민지의 이름을 이렇게 정한 듯하다.

갤러리 22는 뒤셀도르프에 있는 장 피에르 빌헬름이 경영한 갤러리 이름이다. 이곳에서 백남준은 처음 전시회를 열었다.

쾰른은 백남준의 제2의 고향과 같다. 백남준의 전자에 대한 지식은 독일 쾰른의 서독방송국(당시 WDR) 전자음악 스튜디오에서 작업한 덕분인지도 모른다. 1958년, 다름슈타트 국제현대음악하기강습회에 참가하여 현대음악사의 독보적 인물이며 플럭서스의 스승인 존 케이지를 만나게 되었고 독일 프라이부르크대학에서 음악수업을 시작한다. 1960년, 독일 쾰른에서 퍼포먼스 <피아노포르테를 위한 연구(Etude for Pianoforte)>를 발표(마리 바우어마이스터 아틀리에)하였으며, 퍼포먼스 과정에서 2대의 피아노를 파괴하고 존 케이지의 넥타이를 잘랐으며 샴푸로 머리를 감기는 격렬한 행동을 한다. '굿모닝 미스터 오웰'(1984년 L.A. - 뉴욕 - 파리 - 쾰른을 잇는 생방송)도 쾰른을 잇는 생방송이었으며 '영 페니스 심포니'(그 신체 부위 여러 개가 흰 캔버스 위로 솟아 있다)의 구상은 1962년 포스텔이 펴낸 잡지 <de-coll/age>에 발표되었는데, 1986년에야 쾰른 쿤스트베어라인에서 첫선을 보였다. 그의 베니스비엔날레 작품에서도 '베니스 Ⅲ - 1975, 쾰른시가 내 아이디어를 훔쳤다' 등이 포함되어 있다. 백남준은 독일에서 뮌헨, 프라이부르크, 쾰른, 뒤셀도르프, 다름슈타트 등으로 옮겨 다녔다.

○ 동독생활권

29. 동독생활권
49. 전자텔레비전 개발부 장관
54. 독일 음악평론가들을 위한 개발부 장관
62. 하가르 출판사 슈피겔 출판사

독일의 경우 전자산업 쪽에 일찍부터 앞섰다. 백남준은 독일에 유학을 갔기 때문에 비디오아트 분야에서 세계적으로 선두를 차지할 수 있었다. 전자산업과 음악이 만나서 시너지효과를 낸 것 중에 하나가 비디오아트라고 할 수 있다.

○ 모국 한국

21. 이승만 영부인의 보석상자. 이 근처에 묻혔다가 소실되었다.
32. 일상적 쿠데타의 땅
42. 다방꼴
58. 38선
83. 금강산
91. 천국의 이상향, 언제나 빛나는 아침(휴전선이 그어져 있다)
  '이승만 영부인의 보석상자, 이 근처에 묻혔다가 소실되었다.'
  자유당 독재를 한 이승만 대통령의 경우 부정축재를 많이 한 것으로 일반적으로 생각하고 있다. 그래서 아마도 영부인의 보석상자가 땅속에 묻혀 있을 것으로 생각한 듯하다. 그러나 실제로 그렇지는 않았다. 의외로 영부인인 프란체스카 여사는 검소한 편이었다.
  '일상적 쿠데타의 땅'이라는 것도 한국을 지칭한 듯하다. 그만큼 정정이 불안하였고 5·16, 10·26, 5·18 등 연이어 쿠데타가 일어나기도 했다.

'다방꼴'이라는 것은 한국의 다방을 말하는 것이 분명하다. 이 용어에는 한국에 대한 향수 같은 것이 짙게 풍긴다.

38선은 처음으로 남북이 분단될 때의 선이고, 금강산은 물론 한국의 금수 강산의 대표적인 산이다.

'천국의 이상향', '언제나 빛나는 아침'은 한국을 상징하고 있다. 과연 한국이 이상향인지 혹은 빛나는 아침인지는 알 수 없으나 중앙에 분단선마저 있는 것으로 보아 분명 한국의 지도모양이다. 백남준은 조국에 대해 그래도 긍정적인 생각이 강했던 것 같다. 외국에 나가면 저절로 애국자가 된다는 말이 맞는 것 같다.

○ 자유와 평등 그리고 페미니즘

9. 결정되지 않는 사랑의 학교(5♀ 대 5♂ 결혼시스템)(= 진보적 아랍주의)

22. 자유롭고 고통 없는 낙태를 위한 병원

34. 20세기에 혹평을 받은 모든 것들에 관한 시네마테크

35. 평등주의자들을 위해 싸우는 동성애자 센터

43. 고통 없는 자살연구소

44. 파푸아 공화국에서 온 식인종의 공동주택

59. 메카 여기 스톡홀름에서 온 스웨덴 소녀 100명이 산다.

67. 티베트 라마교 사원

69. 십자군 전쟁 때 사용했던 정조대를 파는 상점

70. 여성 고객을 위한 남성매춘부

81. 출생에 동의한 아기만 태어나게 하는 진보적인 산부인과 병원

82. 여성 동성애자 센터

72. 마릴린 먼로의 동상

성적으로 자유로웠던 것 같다. 또 죽음에 대해서도 부정적으로 본 것 같지는 않다. 남자들이 여성의 성을 구속하였다는 것을 상기시키면서 반대로

여성을 상대로 하는 남성매춘부를 인정한다. 또 동성애도 인정하고 있으며 그것이 평등주의와도 관련이 있음을 암시한다. 마릴린 먼로의 동상은 실은 백남준이 비교적 글래머를 좋아하였거나 아니면 성애를 존중하였을 가능성이 높다. 백남준에게 샬롯 무어맨은 충분히 마릴린 먼로[142]에 해당한다고 볼 수 있다.

재미있는 것은 출생할 것을 아이에게 동의를 받자는 것인데 이는 자신의 의사와 상관없이 세상에 태어나는 것에 대한 폭력성을 인정하는 태도이다.

파푸아 공화국에서 온 식인 공동주택은 원시와 문명이 하나라는 이데올로기의 표출인 것 같다. "인간은 하나다."라는 신념을 엿볼 수 있다.

백남준은 라마교를 신봉하였던 것 같다. 라마교가 섹슈얼 에너지를 깨달음과 해탈에 이용하는 기제에 대해서 관심이 많았다.

○ 전쟁과 폭력의 상처

10. 덩 케르크

12. 돌아오지 않는 강

11. 원자폭탄과 그 희생자들의 무덤

13. 파리 지하철역

14. 아우슈비츠

15. 스탈린그라드 역

16. 제1차 세계대전에 사용된 비행기들

19. 1945년의 러시아 탱크 산

30. 오데르 강, 나이세 강

36. 베를린풍의 유리벽

37. 프랭클린 루스벨트 역

38. 게토풍의 투명 플라스틱 벽

---

142) 백남준은 마릴린 먼로가 죽었을 때, 출판물들을 모은 오브제가 포함된 앗상블라주(Assemblage) 작품 〈20세기의 기억〉(1962년)을 발표했으나 주목을 받지 못했다.

46. 고문을 사용하거나 또는 사용하지 않는 비밀 정치경찰의 잔해

56. 고문 역사 연구소

61. 바르샤바 레지스탕스의 배수용 운하

64. 루르 지방의 폐광

75. 첫 번째 식민지(원주민 없음), 언제나 밤이고 혹은 악몽

77. 노르망디 상륙작전의 교두보

79. 마지노선(요새)

84. V－2 로켓 발사기지

전쟁과 관련한 고유명사들이 많다. '덩 케르크'는 제2차 세계대전 때 프랑스 마지노선의 격전지이다. 히틀러가 단기간에 폴란드를 제압하고 나서 프랑스를 침공했다. 그들의 무적 군단 앞에서 프랑스는 떨어지는 낙엽과도 같았다. 파리가 점령되고 프랑스의 드골 장군은 프랑스군을 영국으로 후퇴시켰다. 덩 케르크에 40만 명의 연합군이 있었고, 독일은 이들을 괴멸시킬 충분한 시간과 무기가 있었다. 하지만 히틀러의 오만으로 인하여, 공격 명령은 중지되었고, 드골과 프랑스 군인들은 영국으로 가서 끝까지 저항을 하게 된다.

'돌아오지 않는 강'은 마릴린 먼로가 출연한 영화지만 여기서는 전쟁으로 인한 이별과 상처가 강조된 듯하다. 나머지들도 모두 전쟁과 폭력과 고문과 연결되는 것들이다. 역시 6·25, 제2차 세계대전 등 전쟁 이미지들이 상당히 많이 들어 있다.

오데르 강, 나이세 강은 제2차 세계대전 후의 포츠담 협정으로 오데르 강과 나이세 강을 잇는 이른바 '오데르－나이세선' 이동(以東)의 독일 땅은 폴란드의 영토가 되었으며, 1950년의 동독－폴란드 협정과 1970년의 서독－폴란드 협정으로 이 선이 정식 국경으로 인정되었다.

○ 골동, 시간에 대한 회고

40. 폐기된 자동차더미로 이루어진 피라미드, 이집트 피라미드보다 높다

(해발 10,000미터)

41. 1860년 미국의 '거친 서부'에서 사용된 기차

48. 다니엘 다리유의 프랑스제 침대(다니엘 다리유는 다니엘 스포에리일 가능성이 있다)

폐기물 혹은 골동, 흘러간 시간에 대한 애착이 있다. 폐기물, 골동을 리사이클링(recycling)하는 개념도 들어 있다.

○ 이상향의 이상향

(플럭서스 자체가 이상향이다.)

7. 롱비치

8. 롱아일랜드

17. 중국 식당

23. 위조지폐공사

39. 스위스 알프스

51. 투롬바의 턱수염

4. 황해: 황해는 한국의 서쪽 바다이다. 여기서는 서쪽 바다를 의미한다.

28. 흑해: 동서 길이 1,150㎞, 남북 최대 길이 610㎞, 면적 41만 3,000㎢, 최대수심 2,212m. 유럽 지중해(海)의 에게 해와는 보스포루스 해협·마르마라 해·다르다넬스 해협으로 이어져 있다. 남쪽은 터키, 서쪽은 유럽의 터키·불가리아·루마니아, 북쪽과 동쪽은 우크라이나·러시아 연방·그루지야에 둘러싸여 있다. 북부는 크림 반도가 돌출해 있는 것을 제외하면 해안선이 비교적 단조로우며, 해저 지형은 북반부에 대륙붕의 발달이 현저하고 남반부는 비교적 깊다. 북쪽은 케르치 해협에서 아조프 해에, 남서쪽은 보스포루스 해협에서 마르마라 해에 이어지고 다시 다르다넬스 해협에서 지중해로 연결된다. 하천은 북부로부터 드네프르 강(江)·드네스트르 강이, 서부로부터 도나우 강이

유입하여 유입량이 많은데다가 비가 많아 표층은 18% 내외의 저염분 (低鹽分)이다. 그러나 여기서는 '검다'라는 뜻으로 인해 북쪽 바다를 의미한다.

80. 백해: 본래 러시아 바렌츠 해의 만이다. 대개 러시아에 속해 있다. 그러나 여기서는 동해를 대신한 듯하다. 동해의 일출이 마치 백해를 연상하게 한 듯하다. 여기서는 동쪽 바다를 뜻한다.

27. 비행접시용 공항

63. 공항: 세계일부 $ 10,000, 달까지 $25,000, 금성까지 $ 70,000

74. 자유의 항구

52. 영구 운동 발전기(전기)

53. 영구 부채 해결 사무소

73. 아사쿠사 로쿠좌: 짧은 풀밭 위에서 꿈꾸는 자리

85. 이브·클라인 섬

90. 전면의 섬(나체주의자 센터)

이상향이 가장 집중된 항목이다. 먼저 영구운동발전기(전기)는 에너지에 대한 걱정이 없는 사회이다. 또 영구 부채 해결사무소도 부채에 대한 걱정이 없는 사회이다. 우주여행도 할 수 있고, 동시에 우주에서 비행접시도 올 수 있다. 본격적인 우주시대를 예상하고 있다. 롱비치와 롱아일랜드의 '롱'(Long)에서도 시공간적 길이가 영원한 섬과 해변을 연상케 한다. 여기에 금상첨화로 자유의 항구가 있다. 자유의 항구는 자유의 여신상이 있는 뉴욕을 연상시키는 새로운 신항구를 떠올리게 한다. 아사쿠사로쿠좌(ヌ−ドシアタ−ロック座)는 풀밭에서 마음껏 꿈꿀 수 있는 자리이다. 아사쿠사(淺草)는 스트립쇼로도 유명하다. 일본 남자들은 아담한 체구에 가슴이 큰 여자를 제일 섹시하게 여긴다.

이브클라인(1928~1962)은 프랑스 태생의 누보 레알리즘 화가로 그의 이념과 작업은 요셉 보이스를 비롯한 현대의 행위예술, 팝아트, 미니멀리즘 등에 지대한 영향을 미쳤다. 이브클라인 섬은 자유로운 예술행위가 가능한 섬이다.

전면의 섬이라는 것은 인간은 신체의 전면을 부끄러워하고 가리는데 이것을 초월한 나체주의자의 섬이라는 뜻이다. 나체주의도 이상향에 들어가는 것을 보면 문명의 가식을 싫어했던 백남준의 모습을 볼 수 있다.

중국 식당도 세계에서도 가장 다양한 산해진미의 대표로 여겨진다.

또 위조지폐공장이라는 것은 역설적으로 돈에 구애되지 않는 삶을 살 수 있는 곳을 말하는 것 같다.

투품바의 턱수염은 백남준이 턱수염을 만연에 길렀는데 아마도 그것과 관련이 있는 것 같다. 턱수염은 보다 자연적이고, 꾸밈이 없는 원시생활을 연상시키고, 건강함을 상징하는 것 같다.

사방에는 북서동에 흑해, 황해, 백해가 있고 남쪽에는 아직 바다의 이름이 없다.

○ 적대와 화해

24. 적대적 종족이 섞인 공간

　　1) 미국과 쿠바

　　2) 중국과 소련

　　3) 한국과 일본

　　4) 독일인 + 유대인

　　5) 독일인 + 프랑스인

　　6) 독일인 + 폴란드

　　7) 독일인 + 러시아인

　　8) 독일인 + 체코슬로바키아

　　9) 아랍 + 유대인

　　10) 콩고 + 카탕가

33. 연합종교 사원(가톨릭 20%, 기독교 15%, 유대교 5%, 사디즘 3%, 선불교 10%, 불교 5%, 힌두교 28%, 이슬람 3%, 마조히즘 69%, 동성애주의 1.75%, 카니발리즘 3%, 불교 8%, 도교 2.8%, 크루쉬(토)이즘 3%

적대적인 공간 속에서도 세계의 여러 종교와 이데올로기들이 공존하는 모습을 기대하고 있음을 볼 수 있다. 여기서 특별한 것은 흔히 종교라고 생각되지 않는 사디즘, 마조히즘, 동성애주의, 카니발리즘, 크루쉬(토)이즘 등이 포함되어 있다는 점이다. 이 점은 그의 자유로운 사고를 엿보게 한다. 실지로 사디즘과 마조히즘과 동성애주의는 현대인에게 종교 이상으로 영향을 미치는 이데올로기이다. 이것은 정신병리현상이라고 하기에는 전 세계적으로 사회일반으로 퍼진 것이다. 카니벌리즘은 원시종교에 관심을 보이는 것도 되고, 종교의 원형에 대한 백남준의 남다른 이해로 느껴진다.

○ 인생은 도박

66. 주식시장, 오로지 '하락'하는 것으로 유명(다우존스지수)(－580)
86. 주식시장, 오로지 '반등'밖에 모른다(다우존스 7,800).

백남준은 인생을 도박하듯이 산 아티스트이다. 실지로 역사적인 최초의 비디오아트 전시로 기록되는 <음악의 전시－전자텔레비전>은 하마터면 가진 돈을 주식으로 탕진하게 되어 못 열릴 뻔했다. 백남준은 1961년부터 이미 텔레비전 연구에 매진하고 있었고, 텔레비전을 이용한 전시회를 열 요량으로 집에서 부쳐 준 돈을 불리려고 주식에 손을 댔다. 당시 3가지 주식을 샀는데 두 종목은 망하고 오스트리아계 은행 주식만이 이익을 보아 겨우 본전치기가 됐다. 만약 그때 은행주식마저 손해를 보았다면 전시회는 무산될 뻔했다. 당시 텔레비전 13대는 특별한 숫자가 아니라 돈이 자라는 대로 산 것이다. 주식의 극과 극에 대해서 인상이 깊었던 듯하다.

백남준은 이성과 영원에 대해서 부정적 태도를 보인다. 결국 이성주의의 원류인 헬레니즘과 절대신을 숭상하는 종교인 헤브라이즘이 만나서 이룬 전쟁과 정복의 역사는, 특히 그것의 가부장의 역사는 세계에 평화와 행복을 주기보다는 재앙과 파괴를 주었다. 서양문명에서의 궁극적 합(合)은 없다.

헤겔의 정반합은 영원히 돌아가야 하는 정신의 수레바퀴와 같다. 세계를 그 것 자체로 두지 못한다. 마치 자연은 잘못된 무엇이고 그것을 고쳐서 절대 정신을 추출해 내야 하는 강박관념에 사로잡혀 있다. 자연의 내재성에 대한 이해보다는 인간의 초월성에 대한 집착이 강하다. 초월성은 언어를 사용하 는 인간의 기표적 활동과 가부장사회에서 두드러진 위계적 사회의 피라미드 적 배열이다. 이는 인간을 위하는 것 같지만 실은 역사를 위하는 것이고, 인 간을 위하는 것 같지만 신을 위하는 것이다.

서양문명의 이성강박증(Logo‒obsession)은 심각하다. 화이트헤드의 경우도 이것이 심해서 결국 이(理)‒기(氣), 주체(subject)‒객체(object)의 상호 교체를 주장하면 될 것을, 이성은 이성대로 주체는 주체대로 존재하면서 그것을 설명 하기 위해서 결국 자기초월적 주체(superject‒subject)와 영원한 객체들(eternal objects)이라는 용어를 만들어야 했다. 말하자면 '초월적인' 주체가 없으면 질 서가 무너진다는 염려가 컸고, 또 '영원한' 객체가 아니면 현실적 존재(actual entity)가 위협받는다고 생각했다. 결국 현실적 존재인 이 세계를 안전하게 유 지하기 위해서 결국 이성을 감시보호자로 고용하는 형식이다. 왜 카오스가 세 계의 진실이 되면 안 되는가. 이것은 순전히 인간적인 고민이다. 인간이 없이 도 세계는 얼마든지 계속되는 것을 허용하지 못하는, 열린 것 같으면서도 결 국 완전히 마음을 세계로 열지 못하는 서양문명의 한계를 보인다.

화이트헤드는 서양인답게 이원대립항의 한 세트인 '영원한 객체들=이(理)' 와 '현실적 존재=기(氣)'에서 그것의 상호 교체로써 깨달음에 도달하기보다 는 그것에서 하나의 텍스트, 즉 ≪과정과 실재(Process and Reality)≫라는 책 을 쓰고자 했다. 백남준은 <비디오아트>를 통해서 카오스에서 세계를 바라 보는 동양인의 입장을 과시했다. 그는 오브제 작업과 플럭서스 퍼포먼스를 통 해 흘러가는 것들, 달아나는 것들을 잡으려고(prehension) 하지 않았다.

백남준은 기(氣) 혹은 기운생동(氣運生動)에서 출발한다는 입장에서 서양 인의 반대방향의 입장에 있지만 세계를 결국 과정적으로 보는 것에서는 화 이트헤드와 마찬가지였다. 백남준은 확실히 과정적인 태도를 가졌다. 비디오 아트는 과정철학의 등장과 궤를 같이하는 '과정예술'이라고 말할 수 있다.

그럼에도 불구하고 백남준은 서양 중심의 현대문명이 심각한 이성강박증을 앓고 있음을 정확하게 간파하고 있었다.

"영원의 숭배는 인류의 가장 오래된 질병이다."(≪말에서 크리스토까지≫, 183쪽)

아마도 이 아포리즘은 백남준의 수많은 말 중에서도 가장 수준 높은 말이다. 왜 질병이라고까지 말했을까. 그런데 질병은 동시에 초인적인 힘의 원동력이 된다. 이만하면 인간 자체가, 인생 자체가 바로 모순의 꽃이 아닐까? 결국 백남준은 순간이야말로 영원이라는 것을 이미 간파한 선사였다. 그는 이성의 양면성에 대해 누구보다 확실한 인식을 하고 있었다고 볼 수 있다. 그는 인생 자체를 기(氣)의 취산(聚散)에 불과한 것으로 인식하였던 것 같다. 그의 비디오아트는 실은 바로 기의 취산을 바로 직접적으로, 형상적으로 보여 주는 예술장르라고 생각하였던 것 같다. 말하자면 그의 비디오아트에 의해 기(氣)의 예술은 바로 꽃을 피우는 절정을 맞은 셈이다.

백남준은 자신의 일생과 자신의 모든 작업도 과정의 일부에 불과하다는 생각을 가졌던 듯하다. 그래서 그는 지나간 작품에 매달리지 않는다. 극동의 초라한 나라, 식민지에서 탈출한 한 동양인이 서양으로 건너가서 완성한 하나의 미학은 철학에 승리를 했다. 그것도 비디오아트라는 텔레비전 음극관을 이용하는 동굴의 미학, 자궁의 미학을 가지고 태양의 철학, 이성의 철학을 한 수 가르쳤던 것이다. 삶은 아포리아, 모르는 그 무엇 때문에 영원히 재미있는 것이고, 모르기 때문에 세계는 영원히 움직이는 것이며, 모르기 때문에 아름다운 것이다. 삶은 규정되는 것이 아니라 지금 살아 움직이는 것이다. 아무리 어떤 말과 형식들이 대단하다고 하여도 어찌 삶을 설명할 수 있으며 삶을 규정할 수 있다는 말인가. "아, 모름의 영원이여! 무지(無知)의 지(知)여, 무(無)의 지(知)여."

서양문명은 결국 이원대립항의 다원다층의 것들을 하나의 건축물처럼 쌓아 올리기를 즐긴다. 말하자면 이원대립항들 중 그 하나를 중심으로 '텍스트'(Text)로 설정하고 나머지 것들은 다시 권력적인 층위공간으로 재배열하지 않으면 직성이 풀리지 않는 것이다. 무의식의 대칭적인 이원대립항들은 의식의 공간과 역사적 공간에서는 비대칭적인 것으로 돌변하고 비대칭적인 것들은 바로 권력이 된다. 말하자면 대칭적인 이원대립항들은 권력의 의지를 위한 들러리가 된다. 권력의 의지는 말만 하는 관념(idea)이 아니고 물리적 힘을 가지고 있는 실체(entity)이다. 이는 자연의 분류학(분류학 자체도 자연이 아니라 자연을 바라보는 사유체계이지만)이 인간사회로 공간이동 하면 바로 권력의 위계가 되는 것과 같다.

권력의 역사는 다원다층의 이원대립항들을 서로 이중나선구조로 자유롭게 역동적으로 움직이는 것을 보지 못하는 강박관념, 이성강박관념에 사로잡혀 있다는 뜻이다. 이는 여러 조합 중에 하나의 조합의 순열만을 권력으로 혹은 질서로 혹은 정의로 삼는 습관과 같은 것이다. 이는 결국 수많은 콘텍스트(Context)를 인정하지 못하는 것이 된다. 서양인들에게는 이것이 무질서이며, 무질서는 용납이 되지 않는 것이다. 권력의 역사는 강요된 선형적 역사이다. 이를 뒷받침하는 서양철학의 이성 중심주의는 바로 서양철학의 핵심적 성격이다. 이성은 니체의 권력의 의지에서도 예외는 아니었다. 니체의 니힐리즘은 마치 역설의 이성주의다. 이는 일종의 광기의 이성주의다.

이는 마치 비합리주의자가 더욱 합리적이고, 무신론자가 더욱 유신론자인 것과 같다. 니체의 초인이란 서양의 이성신의 전통이 부활된 것 같다. 따라서 초인이란 해석하기에 따라 '이성의 신'이라고 말할 수도 있고 '신의 이성'이라고 말할 수도 있다. 니체는 필연적으로 이성과 신의 복합체로 인하여 신의 창조에 해당하는 생성에 관심을 가지지 않을 수 없었다. 다시 말해, 니체의 존재는 '생성의 존재'이지 '존재의 생성'이 아닌 것이다. 이러한 생성의 존재는 오래가지 않았다.

생성이라는 개념에서도 동일자의 생성이냐, 아니면 다른 비동일자의 생성이냐는 중요한 문제이다. 니체의 권력의 의지는 새로운 것을 추구하는 '탈자적(脫自的) 니힐리즘'이며 그의 영원회귀는 동일한 존재의 회귀가 아니라 늘 차이 나는 생성의 회귀로 이해된다. 따라서 니체에게 존재와 주체란 가상이며 권력에의 의지를 펼치는 차이들의 스펙트럼이 된다. 다시 말하면 개체적 특유성을 가지지 않는다. 이는 불교의 '무아의 윤회', '자아(업)의 윤회' 논쟁과 흡사한데 니체는 결국 무아의 윤회에 근접하는 셈이다. 불교는 아시다시피 열반에서도 무아열반과 자아열반을 대칭시켜 놓고 있다.

니체의 "신은 죽었다."라는 말은 실은 최초의 원인, 최초의 동일성, 최초의 동일자로서의 신이 죽었다는 의미이다. 그러나 결과로서의 신, 지금 구성되는 자로서의 신, 지금 효과적으로 작용하는 신으로서의 신은 아니다. 니체는 바로 지금 작용하는 신, 즉 '효능적 신'(efficient god)을 의미하는 것이 아니었다. 그는 도리어 이 효능적 신을 표현하기 위해서 초인(超人), 즉 위버멘쉬(Übermensch)라는 말을 만들었고, 이는 바로 자연을 말한다. 자연의 권능이야말로 영원한, 영원회귀의 초인이다.

초인이란 바로 니체에게서 탄생한 새로운 신의 이름이다. 즉 결과로서의 신이다. 이 초인은 생성의 신이요, 결과의 신이며, 지금 구성되는, 작용하는 신이다. 이러한 '생성의 신(神)', 다시 말하면 '존재의 신(神)'이 아니라, 지금 작용하고 살아 움직이는 신을 표현하기 위해서는 역설적으로 '신은 죽었다.'라고 하는 편이 훨씬 설득력이 있었을 것이다. 초인이란 스피노자에서 시작된 '자연＝신'이라는 등식에 새로운 이름을 추가하는 것이었고, 이는 분열된 서구철학사를 새로 통합하는 일대 혁명적인 사건이었다. 신이 있느냐, 없느냐의 문제는 그것이 중요한 것이 아니고 신의 정의 자체가 어떤 것이냐가 더 중요하다.

그러나 철학적 정신(精神)이라는 것에 의해서 발생한 신(神)을 부정하고 그것에 새로운 이름을 부여하는 것은 스스로 자멸하는 것이었는지도 모른다. 이는 반작용에 의해서 물질을 신이라고 할 가능성이 다분하다. 그래서 물질(物質)을 기질(氣質)로 대체하는 개념의 혁신이 필요하다. 정신과 신은 기(氣)에 의해서 연결될 때 온전하게 이분법(분열적 2・1체계)을 벗어나는 삼위일체(통합적 3・1체계)의 통합을 이루는 것을 서양철학은 당시까지 간과하였다. 이것을 증명하기까지 서구철학사는 몇십 년을 더 기다려야 하였다. 영국에서는 화이트헤드가 신을 두 종류, 즉 '원인으로서의 신'과 '결과로서의 신'으로 말하였고, 프랑스에서는 틀뢰즈에 이르러서 유물론적 신이 되었다. 이는 정(精)과 신(神)을 연결해 주는 개념으로서의 기(氣)가 부재한 때문이다.

불교적 열반과 윤회라는 것도 '자아의 것'과 '무아의 것'이 있는 이유는 바로 사물과 사건을 존재론적으로 보느냐, 생성론적으로 보느냐에 따라 의견이 엇갈리게 되기 때문이다. 불교의 열반과 윤회도 이제 존재론적으로보다는 생성론적으로 보는 것이 필요하다. 이는 생성의, 결과의, 지금 구성되는, 작용하는 것이다. 이것은 그야말로 불교에 어울리는 '무아의 것'이다. 그러나 존재론적인 사고방식에 익숙한 사람들은 '무아의 것'을 다시 '자아의 것'으로 돌려놓을 것이다. 이는 고등종교들이 다시 기복신앙으로 돌아가는 것과 같다. 의식의 차원의 문제는 실로 여러 층, 다원다층이다. 인간의 문법으로 보면 자아를 버릴 수가 없다. 그래서 생성은 존재가 된다. 계속 생성-변화하는 것에 초점을 맞추면 존재적 관점은 생성적 관점이 되지 않을 수 없다.

하이데거의 존재는 '생성의 존재'이다. 이를 존재론적 시각에 따르면 '존재의 생성'이라고도 말할 수 있을 것이다. 이는 서양철학이 다시 서양철학의 플라톤, 데카르트의 전통을 연계하는 것이다. 그래서 하이데거의 '존재(Being)의 철학'이 전개된다. '존재와 시간(Sein und Zeit)'(1927)은 대표작이다. 하이데거는 존재와 존재자를 크게 구별한다. 존재자는 구체적인 사물로서 주관에 의해서 포착되는 것임에 반해서 존재는 자신을 은폐하고 있기 때문에 잘 드러나지 않는다. 그러나 존재자는 존재를 통해서 있게 되는 것이므로 존재자에 대한 탐구로부터 존재에 대한 단서를 얻을 수 있다. 존재에 의문을 던지는 존재자는 오직 인간, 현존재뿐이다. 현존재의 존재방식이 실존이다. 실존은 시간성 안에 놓인다. 현존재의 본질은 죽음을 향하는 존재라는 사실이다. 인간은 본래적 자기로서 존재하기 위해서 자기 자신을 던진다.

니체의 '권력의 의지'와 하이데거의 '존재와 시간'은 서양 근대철학의 최고의 명품임에도(이것은 서양철학의 절정이다. 절정이라는 것은 동시에 추락이나 반전을 예언한다) 불구하고 그것을 사용하는 자가 잘못하여(둘의 최악의 조합에 의하여) 나치즘을 생산하고야 말았다. 니체의 허무주의[143]와 하이데거의 존재론은 그야말로 인류의 근대사를 허무와 파시즘에 빠지게 하는 데 철학적 분위기나 환경으로 작용하였다. 하이데거 철학에서 윤리학이 없는 것이 바로 파시즘의 문제를 생산하였는지에 관심이 쏠린다. 윤리는 진리는 아니지만 사회적 인간에게는 반드시 필요한 것이다.

독일철학의 나치즘 생산은 도구적 이성의 문제와 유사하다. 이성은 필연적으로 도구적인데 도구적 이성을 경계하지 않으면 안 되는 모순에 빠지게 된다. 이는 무기와 전쟁의 관계와 같다. 무기는 전쟁의 도구이지만 무기가 전쟁을 일으키는 것이 현실이다. 삶의 목적은 평화와 행복이지만 인류의 역사는 평화를 빙자한 전쟁으로 점철되어 있다. 삶과 전쟁을 떼어 놓을 수 없는 것이다. 전쟁에서의 승리가 다른 나라로부터 재화와 용역을 빼앗아 부(富)와 행복을 보장한다. 물론 전쟁에서 패한 자는 부를 약탈당하고 심지어 노예가 되기도 한다. 이렇게 보면 권력의 의지가 허무한 것만은 아니다. 우리 속담에 "먹고 죽은 거지는 때깔도 좋다."는 말이 있다. 죽는 것(허무하기)은 마찬가지지만 잘 먹고 잘 사는 것(권력을 가지는 것)이 좋다는 뜻이다.

철학은 과학의 등장과 함께 이제 비권력자의 편에 서게 됐다. 이는 마치 정치의 등장에 의해 종교가 비권력자의 편에 서는 것과 같다. 그러나 철학과 종교는 과학과 정치에 자신이 아직도 건재한 권력자라는 사실을 인지시키고 싶어 한다. 그러나 철학과 종교가 아무리 대단한 문화양식이라고 하더라도 오늘날 과학과 정치에 주인의 자리를 내놓으라고 할 수 없다. 과학과

---

143) 허무주의(nihilism)의 '니힐(nihil)'이라는 말은 모든 존재자들에 대한 무제한적이고 완전한 부정을 의미한다. 들뢰즈에 따르면 허무주의란 단순히 '없음'이나 '비존재(non-being)'가 아니라 '무(無)'를 의지(will)하는 것, '무'에 가치 평가를 하는 것을 말한다. 플라톤의 이데아로, 데카르트의 코기토, 칸트의 물자체라는 개념은 각각의 이론에서 위상은 다를지라도 모두 형이상학적 태도로부터 도출되는 개념이다. 니체가 보기에 형이상학은 바로 '이 세계(this world)'를 부정하고 '저 세계(that world)'를 갈망하는 것이다. 허무주의란 스스로의 죽음을 욕망하는, 존재자들에 대한 부정의 가치이며, 그것을 통해 지배하고자 하는 가치평가이다. 기독교도 허무주의의 전형적인 모델이다. 들뢰즈는 니체가 말하는 허무주의를 세 형태로 나누어서 설명한다. 첫째, 부정적 허무주의(negative nihilism)가 그것이다. 초월적 세계, 초월적 가치에 의해 현실의 다양한 삶이 부정되는 것이다. 기독교가 그 좋은 예이다. 둘째, 반동적 허무주의(reactive nihilism)이다. 고차적 가치에 의한 가치 절하가 아니라 고차적 가치 그 자체를 평가절하 하는 것이다. 자본주의를 비판하며 뛰쳐나온 사회주의가 좋은 예이다. 셋째, 수동적 허무주의(passive nihilism)이다. 문명의 모든 피로와 쇠약함이 도달한 곳으로 "모든 것은 헛되다."라고 말한다. 불교가 좋은 예이다. 그러나 권력의 의지 자체를 욕망하지 않는 불교적 깨달음에서 비롯되는 허(虛)와 무(無)는 허무주의가 아니다. 열반은 더욱 그렇다.

정치는 전쟁과 경제를 좌지우지하는 권력의 실체이다. 이들은 생존의 압력 (stress)을 받으면서 필요(need)를 생산하는 실체이다. 이것은 과학과 정치가 잘못하여 식량과 행복을 제공하지 않았을 경우 단죄됨은 물론 심하면 통치자는 단두대에 서야 함을 의미한다.

필요는 부족(need)이면서 동시에 부족을 메우기 위해 노력하는 욕망(desire)이다. 서양문명에서는 부족은 욕망이지만 부족이라는 것도 매우 상대적인 개념이어서 욕망은 끝이 없을 수도 있으면서 동시에 어느 순간, 어느 지점에서 욕망의 포기 혹은 욕망으로부터의 해방과 자유 혹은 만족이 될 수 있다. 인간은 욕망의 존재이면서 동시에 만족의 존재가 될 수 있다. 동양문명에서 특히 노장철학은 만족에 이르는 대표적인 것이다. 만족에 이르는 길은 바로 허(虛)와 무(無)에 있다. 허와 무는 불교 경전을 번역하는 과정에서 공유되면서 이제는 도가의 것인지, 불교의 것인지조차 애매하게 되었지만 분명 욕망을 견제하는 동양의 지혜이다. ≪도덕경≫의 다음 구절은 그 백미이다. 이것은 생성론 철학의 전범이다.

04. 도는 비어 있어 써도 행여 넘치지 않고 못처럼 깊어 만물의 근원과 같다. 그 날카로운 것을 꺾고 그 얽힌 것을 풀고 그 빛을 부드럽게 하고 그 먼지와 하나가 된다. 깊고 고요하여 혹 존재하는 것과 같다. 나는 누구의 아들인지 모르지만 하느님에 앞선 것처럼 보인다.

(道沖而用之或不盈淵兮似萬物之宗挫其銳解其紛和其光同其塵湛兮似或存吾不知誰之子象帝之先)

하이데거는 존재(存在)와 존재자(存在者)가 다름을 강조한다. 하이데거의 '존재와 시간'(Sein und Zeit)(1927년)은 이렇게 요약될 수 있다. "존재는 개개의 존재자와 동렬(同列)에 있는 존재자가 아니라, 존재자들을 저마다의 존재자로 존재하게 하는 특이한 시간·공간이며, 인간은 거기에 나타나는 것으로 '개존(開存: Eksistenz)'이다. 서양의 철학은 예로부터 존재를 존재자로서 파악하는 '형이상학'인 것이다. (중략) 존재자를 인간의 객체로서 기술적으로 처리하는 인간중심적인 '폐존(閉存: In-sistenz)'의 입장은, 즉 존재의 망각(忘却)에 유래한다. 현대에 필요한 한 가지 일은, 형이상학의 역사적 유래를 앎으로써 그것을 극복하고 역사를 지배하는 존재 그 자체에 청종(聽從)하면서 그것을 지키고 간직하는 일이다.”[144]

하이데거의 존재론은 존재를 말하지만 역설적으로 생성론으로 넘어가는 다리이다. 그의 존재는 바로 존재-생성이 된다. 이에 비해 사르트르는 존재의 허무를 극복하기 위한 역사적 실천, 다시 말하면 허무하기 때문에 보다 적극적으로 역사적 실천에 참여하여야 하는 입장에 선다. 사르트르의 ‘존재와 무’(L'tre et le Né ant)(1943)는 이렇게 요약된다.

“절대적 존재이며 그것 자체로 충족하는 ‘물(物)’의 세계에 지나지 않는 즉자(卽自: ensoi)와, 그것을 통해서 ‘존재의 무화(無化)’가 세계에 도래하는 특수한 존재인 인간에 지나지 않는 대자(對自: pour-soi)와의 모순적 관계를 추구하고 그 사이에 시간성·초월·타자(他者)의 존재, 즉 대타(對他: pour-autrui), 그리고 이른바 ‘실존주의적 정신분석’의 방법 등에 관해서 독창적인 이론을 전개한 이 존재론은, 말하자면 인간의 자유를 주인공으로 한 장대한 드라마라고 할 수 있다.”[145]

사르트르에게 있어 ‘나’로서의 ‘있음’은 기존의 전통적인 사유와는 다르다. “사실 나는 내가 있는 것으로 아니 있고, 내가 아니 있는 것으로 있는 방식으로 존재한다.”[146] 타자는 나와 의식적으로 단절된 객체로서의 타인이 아니라 나의 또 다른 ‘나’로서의 타인으로 격상된다. 즉 자신을 자신이 아닌 다른 자신을 만들어 내놓는 자신을 경험하는 공간이 바로 나 이외의 타인이다. 사르트르는 무신론적 실존주의자의 입장에 있으니까 이렇게 말한 것이지, 만약 그가 유신론적 실존주의자였으면 바로 ‘타인’이라는 것이 ‘신’이고 동시에 ‘나’이다.

기독교 성경에 나오는 여호와의 뜻이 바로 “나는 나이다.”이다. 기독교는 절대신에게 “나는 나이다.”라는 절대성(절대적 이름)을 처음부터 부여하였

---

144) 두산백과사전 참조.
145) 두산백과사전 참조.
146) 장 폴 사르트르, ≪존재와 무1≫, 손우성 역, p.464, 1993년, 삼성출판사.

다. 결국 무신론과 유신론은 같은 결론에 도달한 셈이다. 이는 동시에 불교적 일승론(一乘論)과 다를 바가 없다. 그렇다면 물(物)과 신(神)은 같은 것의 서로 다른 이름이며 뒤로는 통하는 하나인 셈이다. 결국 그 사이에 있는 인간(人)도 신물(神物) 혹은 물신(物神)과 하나가 된다. 철학이든, 종교이든 결국 세계와 인간이 하나라는 것을 증명하기 위해 돌아온 우회로인 셈이다.

허무(虛無)의 문제는 니체에 의해 서양 철학사에서 본격적으로 제기되었다. 이것이 '권력의 의지'의 형태로 논의되다가 급기야 '존재론'의 형태로 논의되면서 '실존론'에 도달하여 역사적 실천의 문제, 즉 '자유의 길(문제)'로 발전한 셈이다. 도대체 '자'(自) 자가 들어가는 자유(自由), 자연(自然), 자아(自我), 자각(自覺), 즉자(卽自), 대자(對自) 그리고 무아(無我)에 이르는 것까지 인간의 철학을 잡고 있는 것이 '자' 자이다. 존재론의 논쟁에서 우리가 느낄 수 있는 것은 '자(自)란 무엇인가.'이다.

'자'는 자연인가, 인간인가? 자연(nature)은 물질적 소여(所與)이면서 동시에 정신적 존재로서의 인간, 다시 말하면 인간의 본성(nature)이다. 이것은 이미 주체와 객체의 반전, 교체, 교환을 예고하는 것이다. 자연의 일부로서의 인간과 자연을 다스리는 존재로서의 인간이 앞에서는 서로 충돌하고 있는 듯하지만 뒤에서는 가역하고 있는 것이다. 이것은 인간 존재의 '존재'와 '생성'의 문제, 다시 말하면 '하다(행동하는 인간)'와 '되다(저절로 되는 자연)'의 문제가 된다. 이것은 본질적으로 다른 것이 아니라 본질을 바라보는 것이 다른 것이다.

하이데거, 사르트르 등 대륙의 존재를 둘러싼 철학과 논쟁이 오가는 것을 지켜본 영국의 철학은 화이트헤드에 이르러 거대한 생성(Becoming)의 철학에 직면하게 된다. 이것이 바로 과정철학(Process of Philosophy)이다. 화이트헤드의 생성의 철학은 존재의 철학에 정면 도전하지만 그 이면에서 이성주의를 포기하지는 않는다. 이성주의는 철학의 한 유형이나 유행이 아니라 철학의 본질이기 때문이다. 아무리 이성주의를 비난하지만 이성이 없으면 철학도 없다. 이는 아버지를 비난하지만 결국 아버지 없는 자신을 존재시킬 수 없는 것과 같이 철학의 숙명이다.

그런데 모든 철학의 어머니는 자연이다. 철학은 아버지와 가부장의 편이어서 어머니와 자연을 인정하고 싶지 않다. 그러나 철학의 형상이나 표상이라는 것은 실은 이성의 이면에 있는 자연을 말함이다. 자연이 없으면 철학도 궁극적으로 설 땅을 잃어버리게 된다. 그래서 존재와 이성의 아버지와 동시에 항상 생성과 감성의 어머니를 함께 떠올리고자 하는 것이 자식의 생각이다. 이는 자식 스스로의 건강과 행복과 정체성을 위해서도 필요하다. 그렇지만 자식의 운명처럼 부모로부터 영양공급을 받고 건강을 회복하게 되면 다시 자신의 존재만을 생각하게 된다. 이것은 비난받아야만 하는 것이 아니라, 생존경쟁에서 이겨야 하는 생명체들의 절대명제이다.

비디오아트는 미래 신(新)모계사회의 등장과 함께 시대를 같이하는 매체이다. 여성시대, 이미지시대의 총아이다. 여성성에는 남성성에 대칭으로서의 것도 있지만, 남성성과 여성성을 종합하는 것으로서의 여성성도 있다. 이는 알(원초성: 여성성)과 분열(이원대립항: 여성성과 남성성) 그리고 전체로서의 자연에 대한 회귀(통합, 혹은 종합: 총체성으로서의 여성성)라는 의미가 숨어 있다.

백남준의 비디오아트도 바로 이러한 시대적 요청 - 전기, 전자의 시대에 발맞추어 어떤 문화적 압력을 받아 필요에 의해 탄생한 것이다. 백남준의 일생은 위의 철학의 새로운 명제에 충실한 삶이었다. 아마도 그는 먹어야 했으며 결국 그것을 위해서 살다 보니까 삶의 압력으로 비디오아트를 개척한 것일 것이다. 그의 일생은 매우 역설적이다. 재벌의 아들이 돈을 벌기 위해서 산 것이 아니라 아름다움을 위해서 살았으니까, 말하자면 거지생활을 한 것(가문으로 보면 거지로 전락한 것)이나 다를 바가 없다. 그러나 그는 결국 인간의 미래에 있어서 아름다움을 먹는 새로운 방법을 제시하고 죽었다. 아마도 우리의 후손들은 백남준으로 인해서 아름다움을 먹는 새로운 방법을 배울 것이다. 그것이 비디오아트이다.

백남준은 신이 되기 위해 끊임없이 나아가지 않으면 안 되었다. 그는 정지하는 순간 귀신이 되는 것을 잘 알고 있었다. 어느 날(2006년 1월 29일) 그는 더 이상 나아가지 않음으로써 지금 귀신이 되었다. 귀신이 된 백남준을 살리는 길은 지금 살아 있는 후손들이 그의 작업을 이어 나가는 길밖에 없다. 백남준을 귀신으로 만드느냐, 신으로 만드느냐는 지금 살아 있는 자들의 몫이다.

음양은 존재론적 입장에서 보면 그것의 조화와 통합은 중성(中性)으로 음도 아니고 양도 아닌, 그 중간의 어떤 것으로 말하기 쉽다. 그러나 음양을 생성론(발생론)의 입장에서 보면 음에서 양이 발생한다. 그래서 음은 실은 음과 양의 양성을 동시에 가진 존재로 그려진다. 음이 발생하다가 어느 시점에서 양이 되면 양이고, 그렇지 못하면 음이 되는 것이다. 이는 음이 원줄기, 분모(分母)임을 말한다. 이는 발생학에서도 증명된다. 태아는 처음엔 여아였다가 남성 호르몬의 작용에 의해서 남아가 된다. 남성호르몬이 작용하지 않으면 그대로 여자가 된다. 이렇게 볼 때 양이란 후차적으로 파생되는 것이다. 후차적으로 파생되기 때문에 존재이고 존재적 성격은 남자에게 강하게 주어진다. 전자의 마이너스는 무(無)이고 전기의 플러스는 유(有)이다. 전자는 여자이고 후자는 남자이다.

<동서양 철학과 백남준>

들뢰즈	모나드(monad)/차이의 생성 - 반복/욕망 - 생산	노마드(nomad)/차이의 무수한 배열(영토화, 탈영토화)/접속 - 수동적 종합	차이(지각할 수 없는, 지각된 차이)/종합(정신적 혹은 생명적)	되기/생성(여성 - 되기, 아이 - 되기, 동물 - 되기, 분자 - 되기)
화이트헤드	중성적 일원론 (neutral - monism)	현실적 존재(actual entity)/창조적 이성	창조적 합생 (concrescence)	만족 (satisfaction)
불교(중관학파)	용수(龍樹)의 중론 (中論)	제법무아/제행무상/연기론(緣起論)	깨달기/열반	생성 - 존재/*동서문명의 다리 역할
박정진의 DSCO 모델	역동적 장의 개폐 (DSCO)	포지티브피드백/네거티브피드백	역동적 우주의 생멸 - 진여	다원다층의 음양(陰陽) 공간학에 의한 인류학
백남준	전자 - 전기의 세계	비디오아트(video - art)	TV를 통한 지구촌 위성 쇼(space - show)	인터넷시대의 지구촌

제8장 음(陰)의 철학으로서 음양론

　음(陰)에 대한 철학으로 노장(老莊)-도교(道教)철학을 들지 않을 수 없다. 노장철학은 바로 생성론의 진수이다. 불교가 중국에 번역될 때 도교의 사상과 용어가 큰 역할을 한 것은 주지의 사실이다. 그래서 <과학(근대과학)-기독교-불교-도교-음양론-무교-유교>는 인류문명사에서 서로 영향을 주고받는 가역관계에서 큰 획을 긋는다. 음이 우선하는 음양론은 그래서 생성론의 출발이다. 이것은 역으로 바라본, 역반(逆反)한 것이 존재론이다. 생성론이 필연적으로 무(無)에 도달한다면 존재론은 필연적으로 존재(being)에 도달한다.

　동양의 음양사상의 강점은 존재론과 생성론을 동시에 포용하는 점이다. 태극은 음양이고 음양은 태극이라는 가역성은 바로 존재론과 생성론의 맹점을 상호보완하게 하는 장점을 가지고 있다. 음양도 존재론이면서 생성론이다. 태극도 존재론이면서 생성론이다. 그러나 이를 서양철학적 관점에서 보면 태극은 존재론에 가깝고, 음양은 생성론에 가깝다. 태극은 하나(一)를 상징하고, 음양은 이(二)를 상징하기 때문이다.

　태극은 존재하면서 생성하고(존재가 앞서고), 음양은 생성하면서 존재한다(생성이 앞선다). 이것은 1↔2, 2↔1로 표현할 수 있을 것이다. 이것은 일즉이(一卽二), 이즉일(二卽一)로 표현된다. 이것은 또한 일(一)을, 처음의 일(一)과 나중의 일(一)을 구분하면 삼(三)으로도 표현할 수 있다. 그래서 1↔3, 3↔1, 일즉삼(一卽三), 삼즉일(三卽一)이 된다. 이것은 동양의 음양사상이 천지인(天地人) 삼재(三才)사상과 통합되는 메커니즘도 되고, 음양사상이 사상(四象)으로도 가고, 오행(五行)으로도 가는 이유이다. 전자는 역(易)이 되고, 후자는 음양오행사상이 된다. 사상과 오행이 통하는 것은 바로 동양의 음양사상이 존재론과 생성론을 동시에 포용하기 때문이다. 존재-생성, 생성-존재는 인간이 넘을 수 없는 말의 마지막이다. 인간과 만물은 변화의 그 어딘가에 있다.

오행사상과 천지인 삼재사상이 어느 것이 먼저 생겼는지, 정확하게 말할 수는 없다. 복잡성의 정도로 보면 삼재사상이 먼저 생겼고, 다음에 오행사상이 먼저 생긴 것 같지만 아직 정확하게 말할 수는 없다. 어느 것이 먼저 생겼느냐고 묻는 자체가 이미 존재론적인 입장이다. 생성론은 존재론을 포용하고 존재론은 생성론을 포용하여야 한다. 이것 자체도 음양관계, 혹은 삼재 관계에 있다.

서양철학이 자연으로 돌아가는 속죄운동을 하는 것은 크게 영국적인 것이 있고, 프랑스적인 것이 있다. 영국적인 것은 철학자 화이트헤드(A. N. White - head)에 의해 크게 집대성되었고, 프랑스적인 것은 들뢰즈(Gilles Deleuze)에 의해 집대성되었다. 이 둘의 학문적 여정을 음양사상, 혹은 불교사상의 입장에서 보면 일종의 동양사상 읽기에 해당한다. 화이트헤드는 서양의 존재론적 사고에서 출발하여 '과정철학'(Process of philosophy)을 수립함으로써 서양철학이 동양의 불교를 이해하는 가교를 만들었다. 들뢰즈는 서양의 구조주의 철학에서 출발하여 '차이와 반복'(Difference et répétition)을 통해 자신의 철학적 토양을 마련하고 뒤이어 '안티 오이디푸스-자본주의와 분열증 1'와 '천개의 고원 - 자본주의와 분열증 2'에서 완성된다.

이것은 서양의 가부장사회와 이성적 전통을 계승하면서도 그것을 자체적으로 극복하려는 노력의 산물이다. 역사의 발전은 새로운 의미구조의 발생이다. 새로운 의미구조는 생성이자 동시에 존재가 된다. 그 존재가 얼마나 오래 지속될지는 모르지만 적어도 존재가 되기 위해서는 새로운 의미구조를 창조하지 않으면 안 된다. 여기엔 이성의 도움이 필요하다. 인류문명을 생성철학과 존재철학의 의미구조를 비교하면 다음과 같다.

<인류문명의 남성성과 여성성: 남성-되기와 여성-되기>

남성-남신=이성체계: Father		여성-여신=감성체계: Mother
부계-가부장제/창녀: God Father		모계-모성사회/여신: Mago
이성-상상력-자아(自我)-역사-과학		감정-상상력-무아(無我)-신화-종교
존재(Being)		생성(Becoming)
이(理)-상징(象徵)/사물(事物)		기(氣)-사물(事物)/사건(事件)
하늘-하늘신 /수직-계급		땅(강, 바다)-땅신(강신, 해신) /수평-평등
소유(후기자본주의사회)		공유(원시공산주의사회)
국가-제국주의		공동체-지구촌
국가사회		마을사회
원리-원형		차이-접속
동일성-정체성		반복-변형(비동일성, 동질성)
말(름)-기표(記表)	←(동서양문명= 유라시아 대륙) * 극과 극은 통한다(태극=음양양 =태음태양). *음양(陰陽)체계 (2↔1) 혹은 삼재(三才)체계 (3↔1)	생기(生氣)-기의(記意)
사디즘		마조히즘
단성(單性/陽)-동물(양성이체)		양성(兩性/陰陽)-식물(암수동체)
정신-물질		물질-분자
신데렐라 전설(부계신화)[147]		나무꾼과 선녀 전설(모계신화)[148]
영토화(땅을 정복하는 영토화의 노마드)		탈영토화(인터넷을 돌아다니는 탈영토화의 노마드)
욕망기계		기관 없는 신체
정자-페니스		난자-자궁
공격-배제-직선(기울기)		수비-포용-곡선(파동)
유목-정주민		정주민
소설(문학)-시(詩)		영화(연극)-비디오
태양-지구		지구-달
문(文)		무(武)
1↔2, 1↔3		2↔1, 3↔1
언어=이름(名)=초월적 기표=소유		자연(自然)=무의식적 본능=공유
머리(몸 제외)		몸(머리 포함)
유위(有爲)=의식(초의식)		무위(無爲)=무의식(탈의식)
보편성(普遍性)=수직적		일반성(一般性)=수평적
파더(Father)-파시즘(Fascism): 절대주의/전제-독재-민주		마더(Mother)-마르크시즘(Materialism): 상대주의/무정부주의-민중-민주

---

147) 나는 동서양, 유라시아 신화와 전설을 분석한 결과 '신데렐라'이야기는 모계사회에서 부계-가부장사회로 넘어오는 과정의 원형신화라는 것을 가족의 메커니즘으로 밝혔다. 한국의 고부콤플렉스도 결국 신데렐라 이야기의 변형에 속한다. 박정진, 〈신데렐라콤플렉스에 대한 신해석〉≪문학/사학/철학≫(2007년 봄 창간호, 통권 8호) pp. 14∼40, 한국불교사연구소-발해동양학한국학연구원.

148) 한편 '나무꾼과 선녀'이야기는 바로 모계사회의 전형적인 원형이야기라는 결론에 도달했다. '나무꾼과 선녀'는 여자와 아이들(선녀와 아이들=모자간)이 남자(나무꾼=아버지)와 떨어져 있는 것이 줄거리의 핵

들뢰즈의 철학은 리좀(Rhizome)에서 특성을 갖는다. 리좀이란, 즉 '뿌리줄기'을 말한다. 뿌리줄기는 땅 속에 있다. 그래서 바로 여성 – 땅과 연결된다. '여성 – 되기'(becoming-woman)는 자연스런 결과이다. 인간의 모든 '되기(Becoming)'는 여성으로 되기를 통과해야 한다. '기관 없는 몸(신체)'과 모든 '– 되기'는 필연적으로 '여성 – 되기' 과정의 한 부분이다. '여성 – 되기'는 탈영토화로 이어진다. 여기서 '여성 – 되기'는 자연(自然), 즉 '스스로 그러한 것(스스로 그렇게 되는 것)'의 본래의 뜻과 통한다. 자연=여성이다. 그러나 들뢰즈의 여성 – 되기는 과정이다.

"여성/소수파는 따라서 하나의 상태 혹은 하나의 하위집단이며, 이것은 그 자체로는 창조적이지도, 전복적이지도 않다. 창조적인 것은 소수파로 존재한다는 사실이 아니라 소수파의 용법, 되기이다. 여성-되기는 과정이며, 이 되기는 여성을 그 궁극점으로 삼지 않는다. 그것은 더 여성적으로 되는 과정이 아니며, 또한 종국적인 이상적 정체성에 도달하는 것도 아니다. 여성 – 되기는 그 궁극점으로서 정체성을 지니지 않으며 또한 실제로 어떤 종류의 것이든 간에 궁극점을 가지지 않는다. 오히려 대안, 이행을 창조해내는 것은 남성이라는 표준으로부터 일탈하거나 혹은 탈주하는 데에 있다."[149]

들뢰즈는 여성 – 되기가 남성적 표준으로부터 탈주하는 것에 있다고 정의하고 있다. 이것은 동양적 음양세계의 음의 위치와는 다른 것이다. 동양에서 음은 생성의 한 축일 뿐만 아니라 양보다도 더 우위의 입장에 있다. 동양에서의 음은 양의 생산공장이다. 음이 성하면 양이 저절로 생성되기 때문이다. 음이 없으면 양이 생성되지 않는다. 동양에서는 양기를 북돋우기 위해서는 음기의 음식을 먹는다. 이는 음기가 성하면 자연스레 음양의 법칙에 의해서 양기가 성하게 되기 때문이다. 동양의 한의학에서는 도리어 남성-되기가 하나의 과제가 되고 있다. 양기를 북돋우는 상을 마련하는 것이 동양적 음식 만들기와 한의학의 한 과제이다.

들뢰즈의 마조히스트에 대한 견해는 여성 – 되기의 특성을 잘 드러내고

심이다. 이 논문은 현재 집필중이다.
149) 클레어 콜브룩, 한정헌 옮김, 같은 책, pp. 392~393, 재인용.

있다. "마조히스트는 하나의 기관 없는 신체로 구성해서 욕망의 일관성의 구도를 뽑아내기 위한 수단으로 고통을 이용하는 것이다."[150]

"마조히스트는 욕망의 내재성의 장을 이끌면서 동시에 채우는 전체적인 배치를 구성한다. 그는 자신과 말과 여주인을 이용해 기관 없는 신체 혹은 일관성의 구도를 구성한다."[151]

인류사적으로 볼 때 신의 역사는 대체로 출산과 농사의 풍요를 빌기 위해 여신을 먼저 섬겼고, 씨족 및 부족사회도 모계사회가 먼저 성립된 것으로 보인다. 그래서 하늘은 처음에 여자였고, 신도 여신이 먼저였다. 이것이 바뀐 것은 인구의 증가와 함께 가부장사회의 등장과 함께였다. 하늘과 남신은 실은 땅과 여신에 대한 차이에서 비롯되었다. 동양의 천부(天父)는 지모(地母)에 대한 반사에서 생겨났다. 천부가 기표라면 그 안에 지모가 기의로 들어있다. 다시 말하면 천부라는 껍데기 속에 지모가 들어있다.

들뢰즈는 또 유대인, 원주민, 동양인이라는 정체성을 만든 것은 식민지배자, 인종주의자들이었다. 유럽을 자아라고 하고, 다른 나라를 타자(other)라고 한 것도 그들이다. 이것은 부정적 정체성이다. 부정적 정체성, 즉 타자를 창조한 이후에 자아는 그러한 부정의 부정으로서 생겨났으며 따라서 이것은 변증법적구조라고 할 수 있다.

이에 비해 얼굴성은 비변증법적인 것으로 이탈의 수준에 토대를 두고 있다. "(비변증법) 기계에 의해 만들어진 얼굴은 하얀 벽이나 스크린과 검은 구멍의 조합이다. 하얀 스크린은 의미가 나타나는 표면이다. 그것은 의미작용의 체계이다. 다른 한편 검은 구멍은 정념과 주체화(subjectification)의 점들이다.(중략) 얼굴은 이러한 마지막 두 가지 체계, 즉 의미작용과 주체화의 조율된(coordinated) 배열(arrangement)이다."[152]

---

150) 클레어 콜브룩, 한정헌 옮김, 같은 책, pp. 396, 재인용.
151) 클레어 콜브룩, 한정헌 옮김, 같은 책, pp. 397, 재인용.
152) 클레어 콜브룩, 한정헌 옮김, 같은 책, pp. 402.

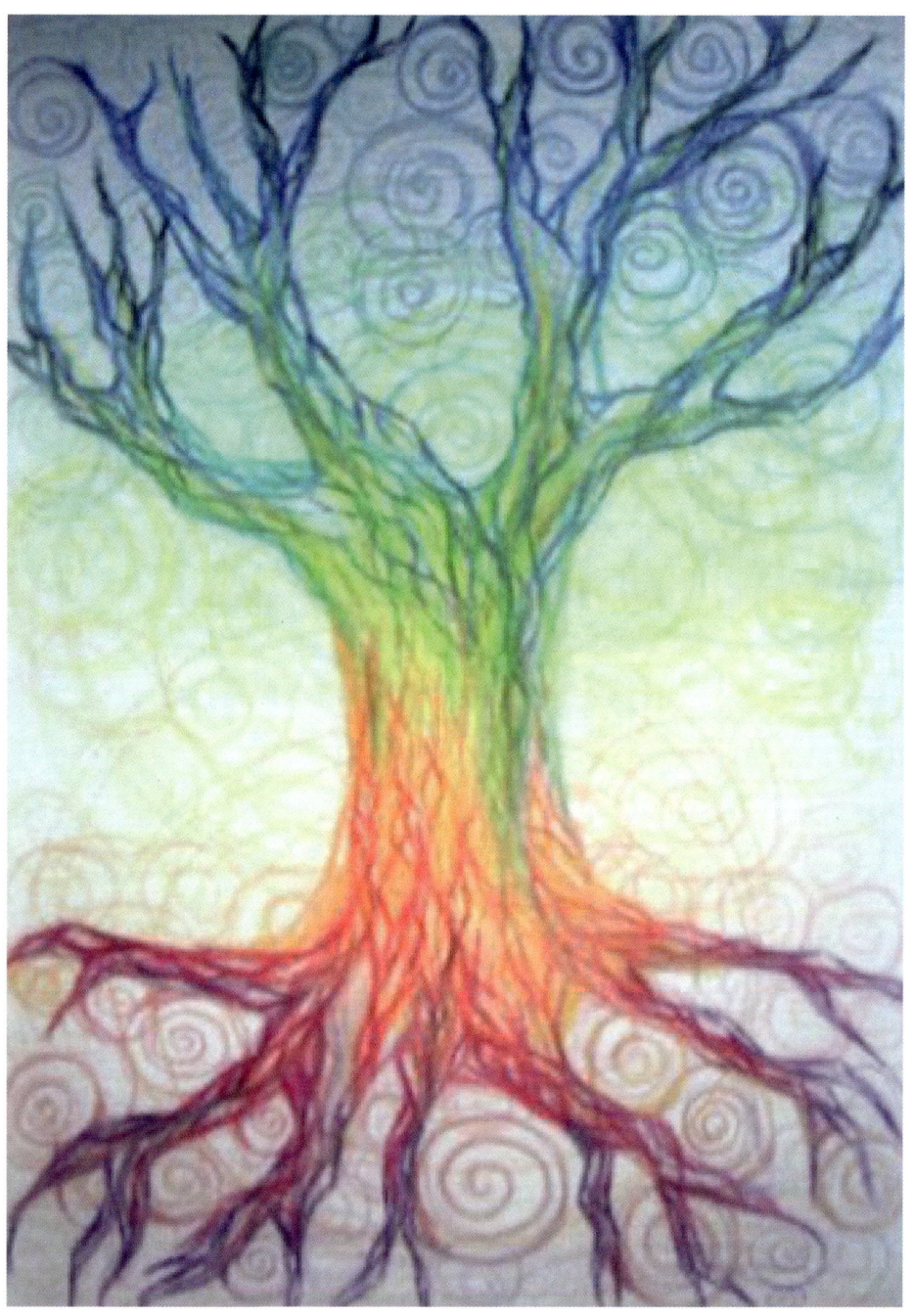

리좀(Rhizome)은 뿌리줄기를 말한다. 들뢰즈는 그의 철학을 집대성하면서 리좀학(Rhizomics)이라고 명명하였다. 나무는 땅속에서도 뿌리를 뻗어 가는데 땅 위에서 줄기와 가지가 뻗어가는 것과 같다. 1개가 2개로 뻗어가는 방식이다. 이는 종합적으로 그동안 인류가 전개해온 땅 위에서의 '태양의 문명'에 대해 '태음의 문명'을 희구하는 것이라고 볼 수 있다. 들뢰즈 식으로 말하면 자본주의뿐만 아니라 모계-부족사회 이후의 인류 문명 자체가 바로 정신분열적인 것이고, 동시에 가부장제의 위계적(수직적)-질서적 체계는 리좀적(수평적)-무질서 체계라는 네트워크 체계의 한 경직된 변영에 해당한다. 들뢰즈는 위계적 수목체계마저도 경직된 리좀체계라고 말하고 있다. 차라리 인류문명은 지상에는 수목체계, 지하에는 뿌리줄기 체계라는 '수목-뿌리줄기'체계라고 동시적으로 말하는 편이 옳을 것이다.

들뢰즈의 리좀(Rhizome)은 그러나 음양론과 많은 차이를 보인다. 무엇보다도 서양문명의 양(陽)에서 음(陰)으로의 전이 혹은 전환에 따른 것으로 보인다. 예컨대 '양의 음'과 '음의 양'과 같은 것을 모른다. 들뢰즈는 음(陰)을 무엇보다도 양을 기표로 만들기 위한 의미작용으로 사용하고자 한다. 이것은 서양철학의 고질적인 병인 존재적 사고의 연장이다. 존재를 벗어나고자 하면서도 존재에 도로 휘말리는 인상이 짙다.

들뢰즈는 프로이드와 마르크스의 통합이라고 하지만 도리어 그것을 양극단으로 확대하는 작업을 수행했다. 이것은 새로운 이분법이고 구조주의의 한 변형이고, 해체주의의 한 좋은 예이다. 들뢰즈에 의해 해체된 구조는 많다.

<음양론으로 본 들뢰즈 대칭읽기>

양(陽 : 페니스)-존재론-코스모스(Cosmos)-양(陽)의 노마디즘(Nomadism)-♂	페니스(남성-되기: 자제되지 않은 욕망)	욕망의 기계(Desiring machines)	천개의 고원(하늘로 오르기)	리비도(프로이트)의 확대	자본주의(영토화)
	양의 음(여성-되기: 먹는 사냥꾼의 준비된 고환)	인간의 신체는 욕망을 자제할 수도 있다	하늘로 오른 바벨탑, 오벨리스크는 다 무너졌다	안티-오이디푸스는 얼마든지 다른 종류가 있다	영토의 주인은 항상 바뀐다
음(陰 : 자궁)-생성론-카오스(Chaos)-음(陰)의 노마디즘(Nomadism)-♀	음의 양(남성-되기: 먹히기 위해 돌출된 가슴)	기관 없는 신체, 자본은 그것에 만족하지 않는다.	여자가 땅 속으로 기는 것만은 아니다. 모계사회도 있다	물질은 단순히 조직 없는 무기물로 만족하지 않는다	자연은 어떤 주인도 마다하지 않는다
	여성-되기(becoming-woman: 분화되지 않은 알)	기관 없는 신체(Body without the organs)	리좀(Rhizome)(땅 속으로 기기)	유물론(마르크스)의 확대	자연회귀(Deterritorialisaton:탈영토화)

들뢰즈의 영토화, 탈영토화는 실은 나의 '역동적 장(場)의 개폐이론'(DSCO)의 '장'(場)과 통하는 의미이다. 여기서 '장'은 항상 '영토화'가 되지만 그 역동성으로 인해 '탈영토화'가 된다. '장'이라는 개념은 미래 인류가 존재론적으로 가지는 공간이 아니라 생성론적으로 가지는 공간개념이다. 우주공간은 마이크로코스모스든, 마로코스모스든 모두 운동하고 변화하고 있으며 그것은 생성의 개념으로 잘 설명할 수 있는 것이다. 생성이라는 것은 원형의 변형들이며 이들은 처음부터 원인과 결과처럼 다른 것이고 결정론적으로 연결된 것이 아니라 서로 차이가 나면서 동시에 반복의 성질을 갖는다. 여기

서 반복이라는 것은 똑같은 것의 반복이 아니라 차이의 반복이다. 동시에 반복의 차이다.

시간과 공간을 초월하고 차이와 반복을 실현하는 것이 인류의 신화이다. 예컨대 신화적 글쓰기는 바로 상징의 바다이다. 이는 역사적, 과학적 글쓰기와는 근본적으로 다른 글쓰기이다. 말하자면 신화의 일부가 역사이고, 자연의 일부가 과학이다. 신화적 글쓰기는 바로 인간 존재의 언어적 특징을 가장 잘 나타내는 대목이다. 언어는 자연에 적응하는 인간 존재의 최고의 도구이지만 동시에 시공을 초월하는 방편이다. 언어는 그래서 시니피앙이 있고 시니피에가 있다. 언어의 시니피에, 즉 의미는 무의식의 끊어지지 않는 샘물과 같다. 그래서 시니피앙을 필요로 한다.

들뢰즈의 여러 담론들, 예컨대 '여성-되기'는 현대인의 잃어버린 '신화 되찾기'의 운동과 같다. 들뢰즈의 철학은 '욕망의 기계' '기관 없는 신체' '탈영토화'의 개념을 창출하지만 결국 서양철학과 문명에 대한 비판과 함께 인간의 본질인 여성성에 대한 탐구로 이어진다. 들뢰즈의 철학은 전반적으로 물질(物質)에서 신체(身體)를 거쳐 기(氣)로의 미분화, 그리고 미분화된 것의 영토화와 탈영토화로 진행된다. 서양에서는 새로운 것 같지만 실은 동양의 음양(陰陽)사상으로 보면 음(陰)에 중심을 두는 것에 해당한다. 신화와 종교는 역사와 과학에 비해서는 음에 중심을 두는 것이다.

들뢰즈는 철학하기를 통해 철학을 유물론이라는 환유로 대체하고자 하는 것인지도 모른다. 그러나 과연 세계가 '기계와 생산'이라는 이름으로 완전하게 해석될 수는 없을 것이다. 들뢰즈는 자본주의를 정신분열로 보고 분열분석하고 있지만 자본이야말로(많은 문제점을 내포하고 있지만) 인간의 자유와 평등을 실현할 미래의 무기가 될 가능성(역능, 역량)이 있다. 자본(화폐)은 인간이 저주할 대상이 아니라 결국 마치 신과 같이 교환의 주인으로서 모든 사물과 사건의 매개, 혹은 영매가 될 수도 있다.

극과 극은 통하는 법이다. 지독한 가부장사회에서 모성주의가 싹트고 반대로 모계사회에서 가부장사회가 싹튼다. 이것이 태음이고 태양이다. 우주는 입체적으로 보면 태극이고 동시에 음양이다. 이것을 선적으로, 혹은 평면적으로 보면 서로 모순대립관계에 있게 된다. 인간은 그 모순 속에서 진리를 찾아 헤매지만 실은 모순이야말로 진리(眞理)이고 역동(逆動)이다. 인간은 진정한 본질은 모른다(어떤 의미에서 모르기 때문에 본질이다. 아는 것은 본질이 되지 못한다). 이미 말하여진 것은 본질이 아니다. 본질의 껍데기, 이름일 뿐이다. 그래서 탈영토화는 새로운 영토화를 잠재하고 있다(탈영토화는 영토화의 포텐셜이다). 들뢰즈에 대한 토론을 여기서 마치자.

백남준과 들뢰즈는 노마디즘(Nomadism, Nomadology)), 즉 유목주의, 유목민 의식에서 공통점을 갖는다. 백남준은 기회 있을 때마다 자신이 기마민족, 스키타이의 후손이라고 말하고 유목의식을 과시했다. 그는 실지로 1993년 베니스 비엔날레 작품으로 '스키타이 왕, 단군'을 출품했다. 그의 무의식에는 유목민의 후예라는 의식이 깊게 자리하고 있었다.

"양주동에 의하면 여진과 조선은 북방어로 같은 발음의 조선이라 한다. 한국인이 강하고 질긴 이유가 거기에 있다. 우리 선조들은 영하 40도의 만몽지방에서 살고 있었고, 그 중의 리더가 남으로 가자고, 이스라엘의 모세처럼 민중의 대탈출을 기도하였다. 쫓아오는 대평원의 늑대를 맨손과 석기로 때려죽이면서 대동강까지 도달하는 데는 수 천 년이 걸렸다. 그래서 단군전설이 생겼다. 그러면 왜 우리 단군은 이스라엘의 모세와 같은 세계적 거물이 못 되었는가? 간단히 말하면 삼국사기가 구약성서에 진 것이다. 그러나 다행히 대한민국은 이스라엘처럼 민족의 유리표방을 거치지 않고 그래도 안정된 중견국가가 되었다. 그러나 개개인으로 볼 때, 우리 한인은 유대인만큼 문화나 과학에서 세계사에 기여하지 못하였다. 21~30세기 한국인의 과제는 여기에 있다."

이 글은 동아일보에 백남준을 연재할 때 그가 써준 '남대문시장, 동대문시장에 드리는 21세기적 경의'의 일부이다.[153] 이 글은 한 예술가가 쓴 것이라기보다는 역사가, 인류학자, 철학자의 말과 같다. 한국사와 한국문화를 이렇게 간단하고 간명하게 요약한 글을 보지 못했다.

---

153) 이용우, ≪백남준 그 치열한 삶과 예술≫ pp. 11~12, 2000년, 열음사.

질 들뢰즈에게 있어 그의 철학과 미학의 핵심용어는 노마디즘과 리좀이다. 노마디즘은 그의 '차이와 반복'(1968년)에서 '시각이 돌아다니는 세계'로 묘사하면서 현대철학의 개념으로 자리 잡았다. 노마디즘은 공간적인 이동만이 아니라 불모지를 새로운 생성의 땅으로 바꿔가는 것, 기존의 가치와 삶의 방식에 얽매이지 않고 옮겨 다니는, 창조하는 일체의 문화현상을 말한다.

제9장 칭기즈칸과 백남준의 노마드: 태양적 노마드와 태음적 노마드

노마디즘은 기마민족-가부장제의 코드고, 리좀은 모계-자궁적 코드이다. 워낙 빈번하게 움직이면 도리어 가족의 중심을 잡기 위해서 모계사회가 적당한 지도 모른다. 인터넷의 발달과 정보화 사회의 도래와 함께 거대한 지구는 이제 지구촌이 되었다. 지구마을이라는 말이다. 지구가 지구마을이 되기 위해서는 지구 밖의 마을을 이미 전제한 것이다. 지구 밖으 마을은 우주이다. 역으로 지구 밖의 마을이 없으면 지구촌이라는 말은 성립되지 않는다. 이렇게 보면 영토라는 개념은 매우 상대적인 개념이고 동시에 역동적인 개념이다. 그래서 역동적(逆動的) 장(場)이다.

인류의 역사는 모계사회의 자궁을 나와서 부계사회로 접어든 뒤에 계속 서로 영역을 침범하는 '땅 빼앗기의 삶'이었는지 모른다. 그 빼앗은 땅은 다시 자궁이 삼키고 자궁은 다시 페니스를 부추기는 가역반응의 과정이었는지 모른다. 문제는 정복자의 편에 있는 자궁은 그 빼앗은 땅을 자신의 자궁으로 삼켜버리면 되지마는 반대로 피정복자의 편에 있는 자궁은 자신의 땅을 송두리째 빼앗긴 꼴이 되니 결국 자신의 자궁을 스스로 거대한 것으로 상상하지 않으면 안 된다. 예컨대 어떠한 페니스도 받아들여서 결코 소화시키지 못하는 법이 없는(어떤 희생을 감수하고라도 삶을 포기하지 않는) 태음으로 스스로를 자리매김 한다.

먹고 먹히는 과정에서 주인은 서로 바뀐다. 누가 정복자, 주인인지 모른다. 주객은 항상 전도될 준비가 되어 있는 셈이다. 한 때 조상들이 피정복자였기 때문에 자손이 정복자가 되는 경우도 있고 반대로 조상들이 정복자였기 때문에 자손이 피정복자가 되는 수도 있을 것이다. 주객이라는 것은 언제라도 바뀔 수 있는 한시적이고 잠정적인 것이다. 음양의 주객이라는 것도 마찬가지이다.

인터넷이라는 웹(web)－이것은 여성의 자궁을 의미한다－을 마치 기마민족이 이동하는 것처럼 빈번하게 왕래하는 정보화 사회의 현대인을 말하기도 한다. 들뢰즈의 욕망하는 기계는 바로 노마드이다. 현대문명은 유목과 농경, 남성성과 여성성의 복합이다. 그런 점에서 유라시아 대륙은 인류문명의 발생지였지만 오늘날에는 미래 인류문화의 표본이다. 유라시아 대륙, 중앙아시아, 더 정확하게는 유목민족이 이룩한 세계 최대의 제국, 칭기즈칸의 제국은 대상(隊商)과 교역의 장소가 아니라 문명의 새로운 요구, 열려진 제국으로서의 표본을 제공하고 있다고 해도 과언이 아니다. 그러나 그렇다고 해서 인류 모두가 유목민이 되어야 하고 유목문화가 문명의 정(正)이라고 할 수는 없다. 그런 점에서 백남준의 정주유목민(定住遊牧民)의 개념은 중요하다.

지구를 놓고 회고해보면 인류문명은 흔히 '4대 문명의 발상지'에서 알 수 있듯이 모두 강(江)을 중심으로 발전해왔다. 그런데 우리가 간과한 것은, 정확하게는 간과하였다기보다 덜 중요하게 다룬 것은 강뿐만 아니라 바다에 대한 배려이다. 다시 말하면 바다에 가까이 면한 강에서 문명이 탄생하였다는 점이다. 그런 점에서 '바다＋강'은 중요한 개념이 된다. 실지로 인류문명은 바다에 면한 강, 다시 말하면 바다로 흘러가는 하류를 가진 강에서 탄생하였다. 바다는 인간의 보고(寶庫)이다. 바다는 인간에게 땅 못지않게 중요한 자원이고, 인간이 하늘에 대한 구체적인 꿈을 꾸게 한 상징이다.

'바다'라는 개념을 염두에 둘 때 중앙아시아는 매우 불리하다. 바다가 멀다보다 아예 바다가 없다. 중앙아시아의 장대한 초원과 사막은 그렇기 때문에 교역이 더욱 더 절실하였을 것이다. 다시 말하면 중앙아시아를 중심에 둘 때 사방의 끝에, 바다에 면한 곳에 인류문명이 있는 셈이다. 이것은 인류문명이 저절로 살기 좋은 곳을 택하다 보니, 그렇게 바다를, 해가 뜨고 해가 지는 바다를 향하여 갔는지도 모른다. 중앙아시아는 지구라는 달걀의 노른자와 같다. 그런데 인류문명의 노른자의 주변에 있는 사방의 흰자에서 발달하였다.

중앙아시아의 초원과 사막은 어쩌면 고대문명 이전에 더욱 발달한 문명지역일 수도 있고, 문명의 기원으로 인해 사막화가 먼저 진행되었다고 볼 수도 있다(물론 위도 상 지구생태적인 면이 있긴 하지만). 말하자면 중앙아시아는 초원과 사막의 바다인 셈이다. 그래서 고대 이전에 문명의 주도권을 잡았다가 다시 고대의 4대 문명에 그 자리를 내주었다가 다시 중세에 패권을 잡았다가 다시 근대에 자리를 내준 것이 아닌가 하는 생각이 든다. 인류의 농업혁명의 생산성에서 알 수 있듯이 유목 – 이동문명은 농업 – 정주문명에 주도권을 서서히 넘겨준다.

고대이전 문명	고대문명	중세문명	근대문명
중앙아시아(파미르고원을 중심으로 한 모계사회: 발해만 홍산 문명)	인류 4대 문명(수메르, 이집트, 인도, 중국) *이밖에 마야, 아즈텍, 잉카문명	중앙아시아(사라센제국, 칭기즈칸의 세계제국) *유라시아에 걸친 여러 제국	선진국(미국, 영국, 프랑스, 독일, 일본, 러시아) * 새로운 정주유목민의 잠재력

초원 – 유목의 구조는 본질적으로 인구의 팽창과 더불어 전쟁기계가 되지 않으면 안 되는 조건에 있는 것 같다. 초원은 본질적으로 경계가 불투명하고 불가능하게 한다. 그렇기 때문에 한번 전쟁이 나면 끝없는 파도처럼 전쟁이 퍼져가기 마련이다. 말하자면 전쟁을 정지시키기 위한 브레이크를 마련하기 어렵다. 산과 강과 내에 의해서 자연적인 경계를 이루는 지역, 농업을 위주로 하는 지역에 비해서는 자연에 의존하는 강도가 크다. 칭기즈칸이 세계 최대의 몽골제국을 건설한 것은 부족의 멸족에 대한 공포와 전쟁기계의 가장 괄목한 만한 결과이다. 그러나 정복한 땅을 다스리는 데는 정반대의 다른 도구가 필요했다. 그것이 샤머니즘이었다.

샤머니즘은 고대의 정령승배를 버리지 않으면서도 고등종교들을 자신의 하늘(푸른 하늘, 영원한 하늘)아래에 두는 지고신의 형태를 취함으로써 종교의 자유와 화해를 도모했다. 샤머니즘이야말로 신들의 평화를 지향하는 종교였다. 예컨대 "너희들이 주장하는 것이 바로 나의 하늘이다."라는 투였다. 정복을 할 때는 전쟁기계가 필요했지만 정복한 광활한 땅을 무기로 다스릴 수는 없다. 그래서 평화기계를 동시에 창안한 것이다. 그의 이러한 평화기계는 강력한 권력체계의 정반대에 있는 모계적 전통과 맥을 닿고 있다. 몽골의 알랑-고아 설화는 일광감응(日光感應) 신화의 계열로 시조(始祖)가 여성이다. 이는 모계에서 부계사회로 바뀌는 과정에서 나타나는 보편적이고 일반적 현상 중의 하나이다.

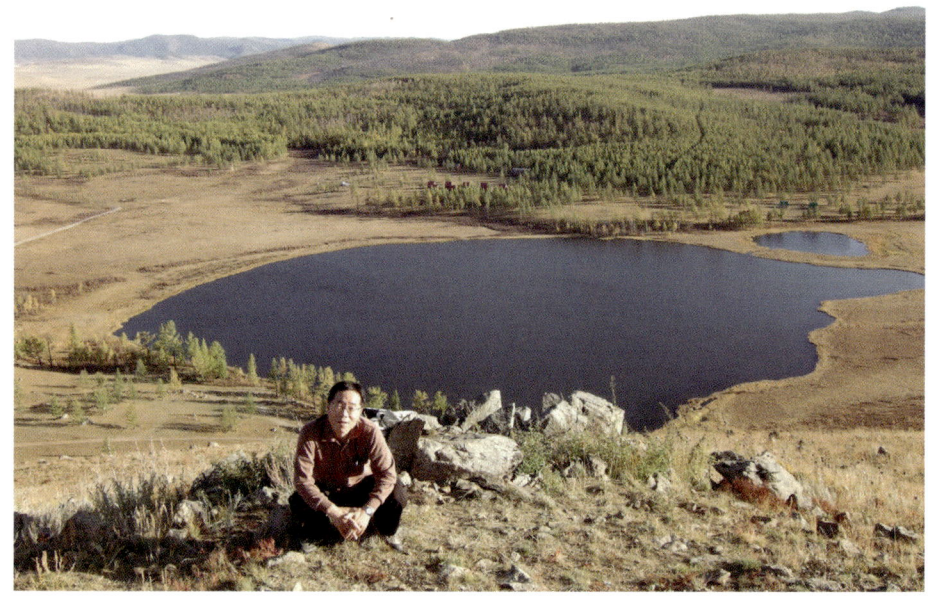

칭기즈칸이 어려운 청소년기에 대망의 꿈을 키웠던 몽골의 '푸른 호수'가 내려다보이는 언덕에서(2009년 9월 12~22일 몽골탐사 중). ≪몽골비사≫에는 칭기즈칸이 카라 지루겐 산 옆의 쿠케 호수에서 처음으로 족장이 되었다고 한다. 그 의미는 '검은 심장의 산' 옆 '푸른 호수(Koeke-Nagur)'라는 매우 시적인 뜻이 된다. '푸른 호수'는 칭기즈칸 집단이 1189년 그를 '칸(Khan)'으로 옹립한 곳이다. 초원의 문화는 '서약의 문화'라고 해도 좋을 만큼 하늘과 만백성 앞에서 서약하며, 그 서약을 반드시 지킨다. 그래서 '푸른 호수'는 '서약의 호수'라고도 한다.

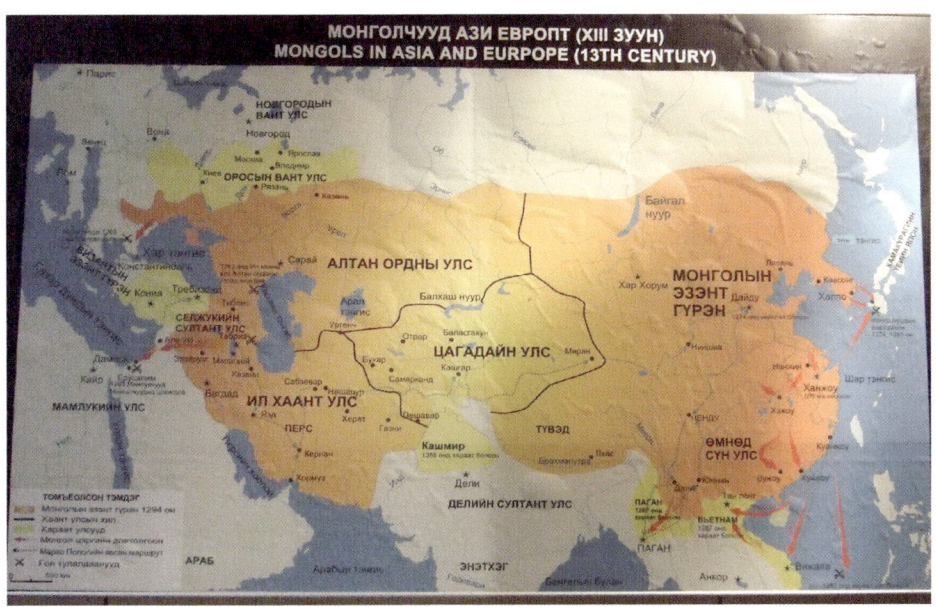

몽골제국 최대판도를 보여주는 지도. 몽골 국립박물관. 몽골의 최대판도와 오늘날 미국의 영토는 닮았다.

아버지를 따지지 않던 사회에서 아버지를 따지는 사회로의 전환에는 반드시 하늘로부터의 천명이 필요했던 셈이다. 부족 전체를 다스리는 데는 천명을 받은(한 남자에게 소속되지 않은 여자, 즉 무녀의 자식으로서의) 남자가 필요했고, 부계사회의 다른 여자들은 한 남자에서 소속되어 종속물이 된다. 어쨌든 시조녀(始祖女) 신화는 모계적 전통이 남아있음을 의미하고, 모계적 전통은 모든 지상의 생명을 집단전체의 자식으로 거두는 땅의 후덕함이 있었다. 결국 칭기즈칸은 하늘의 권능(부계 ‒ 부성)과 땅의 후덕함(모계 ‒ 모성)을 양손에 동시에 가지고 있었다.

칭기즈칸은 두 가지 중요한 말을 남겼다.

1 : "국가는 개인의 믿음에 관여할 수 없지만 공동체가 정한 규칙만큼은 생명처럼 준수한다."
2 : "가장 낮은 데를 보는 자가 가장 넓은 데를 어루만질 수 있다."

1은 부계 ‒ 부성의 말이고 정치적인 말이고, 2는 모계 ‒ 모성의 말이고 종교적인 말이다.

중앙아시아 유목민은 필연적으로 주위의 제국과의 교역을 필요조건으로 부여받고 있다. 농업 – 정착민은 이를 잘 이해하지 못했던 것 같다. 유목민은 남성성에 해당하고 농업민은 여성성에 해당한다. 그래서 북방유목민과 남방농업민의 전쟁이 끊이지 않았던 것 같다. 교역이 아니면 전쟁이 필요했던 것이다. 전쟁은 가장 강제적인 교역이었던 셈이다. 중앙아시아에서의 전쟁과 교역과 교류는 바로 사방으로 흩어진 인류문명의 교차점, 소통점, 교환점에 해당한다. 다시 말하면 인류는 중앙아시아에 의해서 하나가 되었던 셈이다. 문명은 결과적으로 혼성(hybrid)을 추구하는데 중앙아시아는 이를 담당했던 셈이다.

초원(풀)에 의존하는 유목민은 결국 가축을 길러서 고기와 우유를 얻고 이를 바탕으로 살아가게 되는데 여기서 고기를 얻는 과정은 동물을 죽이는 과정을 필수적으로 겪게 되는 것이 동물을 죽이는 것은 다른 동물인 인간을 죽이는 전쟁과 쉽게 연계된다. 유목과정이란 바로 전쟁의 훈련과 같은 것이 된다. 유목민이 호전적이 되는 것은 이 때문이다. 유목민은 전쟁기계의 발명자이다. 이에 비해 농업민은 작물(풀)을 잡초로부터 구해내면서 식물의 생성과정을 고스란히 따라가면서 열매(곡식)를 얻는 것이다. 필연적으로 자연에 대해 순응적이다. 식물을 기르는 것이 전쟁에 직접적으로 연결될 것은 별로 없다.

그러나 홈이 파이는 정주민적 공간과 달리 유목민적 공간은 매끈한 공간으로서 경로와 함께 지워지고 이동해나가는 '특징선'에 의해서만 구분된다. 역설적이게도 유목민은 공간을 구획하고 소유하지 않는다.

"유목민의 궤적은 발자취나 관습적인 길을 따르더라도 정주민들의 도로의 기능을, 즉 인간들에게 닫힌 공간을 배분하고 부분적인 공간을 각자의 몫으로 지정한 다음 이들 부분들 간의 교통을 규제하는 기능을 수행하지 않는다. 그것은 정반대의 기능을 한다. 즉 인간들(또는 짐승들)을 열린 공간 속으로, 무규정적이며 교통하지 않는 공간 속으로 분배한다. 노모스는 지금은 결국 법을 의미하게 되었지만 본래는 분배를, 분배의 양태를 가리키는 말이었다. 그러나 그것은 경계선도, 테두리도 없는 공간에서 부분들로 분할하지 않고 이루어지는 아주 특수한 분배이다. 노모스는 퍼지 집합의 고름이다. 이

런 의미에서 노모스는 오지나 산록 또는 도시 주변으로 모호하게 퍼져 나가
는 것으로서 법, 즉 폴리스와 대립한다."[154] 이는 전쟁의 발명은 유목민이지
만 전쟁은 유목민만 하는 것은 아니라는 것을 말한다.

여기서 주목하여야 할 것은 중앙아시아 내륙에 흩어진 커다란 호수의 의
미이다. 물론 그것은 바이칼 호수이다. 내륙에 카스피 해와 흑해가 있긴 하
지만 그것은 역시 바다이다. 바이칼은 일종의 민물(담수)의 바다이다. 중앙
아시아는 바로 바이칼이라는 호수와 중간 중간에 있는 오아시스로 인해 살
았을 것이다. 문명과 관련하여 동서양의 바다를 보면, 태평양이나 대서양,
인도양의 드넓은 바다의 중앙이 아니라 예컨대 서양의 지중해와 동양의 발
해만이 가장 대칭으로서 존재하고 있음을 알게 된다.[155] 서쪽에 지중해가
있다면 동쪽에 발해만이 있다. 북쪽에 북극해가 있고 남쪽에 인도양이 있다.

이제 세계 전체가 아메리카 대륙과 태평양과 대서양의 발견으로 마치 유
라시아처럼 하나가 되었다. 말하자면 그 옛날 칭기즈칸이 점령한 유라시아
대륙과 같은 모양이 되었다. 당시에 팍스 몽골리아나(Pax Mongoliana)가 있었
다면 오늘날 팍스(Pax Americana) 아메리카나가 있는 셈이다. 그러나 두 제국
이 다른 것은 전자는 신앙의 자유와 평등이 보장되었지만 후자는 인종과 종
교와 계급의 불평등이 심하다는 것이다. 이는 바로 기독교가 샤머니즘과 달
리 절대신을 주장함으로써 종교의 화해를 도모하지 못하는 때문이 그 첫째
원인이고, 둘째 원인은 바로 가부장제 - 국가적 사고로 인한 모계적 전통의
상실 때문이다. 이에 대한 치유기능으로서 '리좀적 노마드'(Rhizomic nomads)
가 등장하는 이유가 여기에 있다.

이는 하늘로 향하던 문명의 방향을 땅으로 향하게 하는 제스처이고 모계
의 부활을 의미한다. 인류는 이제 새로운 의식의 태반(胎盤)을 요구받고 있
다. 그동안 일반성(一般性)을 보편성(普遍性)과 같은 뜻으로 사용한 전통은

---

154) 질 들뢰즈/펠릭스 가타리(공저) ≪천 개의 고원≫ 김재인 옮김. PP. 730~735, 2001년, 새물결.

155) 홍산문화(紅山文化)는 중국 북동부에 존재했던 신석기 시대의 문화이다. 연대는 기원전 4700년 ~ 기
원전 2900년경이다. 내몽골에서 랴오닝 성, 허베이 성에 걸쳐져 있다. 현재의 명칭은 홍산호우(紅山後,
홍산후)라는 지명에서 유래하였다. 홍산문화는 1908년 일본의 고고학자 도리이 류조에 의해 발견되었
다. 우실하, ≪요하문명론≫, 소나무, 2007, 170~194면 참조.

실은 가부장사회의 음모와 같은 것이다. 보편성이라는 것은 공약수적 성질을 가지고 있고, 일반성이라는 것은 공배수적 성질을 가지고 있기 때문이다. 이는 일자(一者)에 대한 사유에서도 드러나고 있는데 마치 일자가 부성적인 것처럼 취급하는 태도는 절대정신 혹은 절대신과 같은 계열이다. 일자에도 분명히 부성적-정신적인 것이 있고, 모성적-물질적인 것이 있다. 일반성(一般性)이라는 것이 바로 일반성(一盤性), 즉 하나의 우주적 태반을 상정할 수 있다는 점에서 주의할 필요가 있다.

남자는 여자를 소유하려고 한다. 이는 남자가 초월적 기표를 추구하는 동물이라는 것을 말한다. 그러나 여자는 남자를 소유하려는 것도 있지만 동시에 소유보다는 어떤 남자라도 자신(과 자식)을 부양해주고 기쁘고 행복하게 해 줄 것을 요구한다. 이는 자연으로부터 물려받은 본능의 공유이다. 여자는 자연으로부터 끊어진 적이 없다. 이에 비해 남자는 자연으로부터 어딘가 끊어진 적이 있는 것 같다. 남자는 자연의 본능(本能: 能力: 力能) 대신에 문명의 본성(本性: 本姓: 本城)이라는 것을 만들어 지상에 위계적 수목체계를 건설하고자 하였다. 이를 '수목형 노마드'(Tree nomads: Baum nomads)라고 명명할 수 있을 것이다.

수컷(남자)은 자신의 유전자를 될수록 많은 암컷(여자)에게, 빨리, 퍼뜨리기를 추구하는 전력을 구사한다고 한다. 그러나 여자는 자신의 유전자가 안전하게 여러 대에 걸쳐서 전달되기를 원한다. 말하자면 단순히 유전자를 퍼뜨리는 것에 그치는 것이 아니라 사후에 유전자가 성숙해져서 다시 유전자를 아랫대에 전해주기를 원하는, 보다 장기적 전략을 가지고 있는 것이다. 남자는 저마다 자신이 최고라고 생각한다. 이는 물론 착각이다. 이에 비해 여자는 그러한 남자를 한꺼번에 여럿 거느릴 줄 안다. 여자에게는 소유가 중요한 것이 아니고 공유, 다시 말하면 집단무의식적으로 유전자 풀이 끊어지지 않고 공유되기를 원한다.

보편성이라는 교회의 첨탑이 일반성이라는 자궁의 태반 위에 성립된 것이라는 점을 자각할 필요가 대두된다. 하늘에 나무줄기가 있다면 땅에는 뿌리줄기가 있는 것이고, 남자의 뒤에는 여자가 있고, 남자의 생산의 뒤에는 여자의 재생산의 바탕(matrix)이 있음을 의미한다. 최대공약수(最大公約數)가 있으면 최소공배수(最小公倍數)가 있다. 왜 전자에는 공약(公約)이 있고, 후자에는 공배(公倍)가 있을까. 공약은 바로 다스리는 규약(規約＝법률＝정치)을 말하고, 공배는 바로 다스림의 토대인 배양(培養＝재생산＝인구)을 뜻한다. 이는 광범위하게 문명의 뒤에는 자연이 있음을 의미한다.

보편성과 일반성의 문제는 실은 능기(能記, 시니피앙)와 소기(所記, 시니피에), 능산성(能産性, productivity)과 소산성(所産性, producibility) 등속과 같은 것이다. 예컨대 어떤 일을 '하는 것'과 '되는 것'의 계열이 있다. 보편성의 문제는 전자의 것이고, 일반성의 문제는 후자의 것이다. 전자는 위로부터 강압적으로 부과되는 질서(order)와 같은 것이고(물질의 밖에서 부과되는 필연적인 것), 후자는 아래로부터 저절로 조직화되는 조율(coordination, composition)과 같은 것(물질의 내부로부터 축적되는 우연적인 것)이다.

둘은 영원히 평행적인 것이다. 그러나 둘의 통합이 실천적으로 이루어지기 위해서는 어떤 구조와 작용(혹은 기능)을 바라볼 때 '구조'가 아니라 '작용'의 관점에서 보아야 한다. 물론 구조의 관점에서 바라보지만 그것을 끝내 작용의 관점으로 옮겨가지 않으면 안 된다. 작용이란 글자그대로 어떤 효과를 발생하는 실천이다. 다시 말하면 실천되지 않는 구조는 거세된 것이고, 생산에 기여하지 못하는 것이기 때문이다. 이는 문명적으로 바라보면 여성성에 대한 환기에 속한다. 팰러스는 자궁을 만나야 태반을 형성하고 아이를 출산할 수 있다. 이런 합궁(合宮), 합생(合生)은 마치 음악과 같은 것이다. 가락이 있고, 리듬이 받혀주고, 결국 화음이 이루어지는 것이다.

'되는 것', 즉 후자는 땅의 역사이고 여자의 역사이고 이것은 우주의 모든 활동의 지반(ground, foundation)이다. 다시 말하면 깃발(기표)을 드는 것은 남자이지만 그것을 촉발하는(의미를 발생하는) 근원(바탕)은 여자라는 뜻이다. 후자는 수동적(passive)이면서 창조적(creative)이다. 인류의 종교와 예술은 다분히 후자에 속하고, 정치와 과학은 전자에 속한다. 땅의 역사는 흔히 자신의 땅을 짓밟은 침략자가 자신의 아버지라는 사실을 잊게 하고 그 아버지를 비난하게 한다. 땅이 그렇게 비난하는 이유는 땅의 영원한 평화를 위해서다.

지금까지 가부장사회, 서구중심사회는 능기 – 능산성 – 남성에 중심을 두고 소기 – 소산성 – 여성을 주변부로 처리하였다. 그리고 능산성만 생산성이라고 하고 소산성에 생산의 의미를 두지 않았다. 여성의 재생산은 생산이 아닌 이치와 같다. 그러나 이제 자연과 깊이 연결되어 있는 월경의 존재인 여성의 생산이야말로 생산이라는 에코페미니즘(eco – feminism)의 시각이 필요하다. 이 에코페미니즘의 근원을 거슬러 올라가 보면 샤머니즘, 즉 자연 – 의식 – 상징체계의 샤머니즘과 연결된다. 그래서 네오샤머니즘(neo – shamanism)이 요구된다.

아버지를 역반하지 않고는 평화를 달성할 수 없는 것이 지구의 역사이다. 우리가 흔히 이해하는 땅은 실은 땅의 역사가 아니라 아버지의 역사이다. 그 아버지의 역사 이면, 깊숙한 곳에 어머니의 역사가 누워있다. 그러니 어머니를 통하지 않고 어찌 영원에 도달할 수 있겠는가. 그 어머니의 소리를 듣기 시작한 것이 리좀이다. 그러나 리좀은 아직 영원한 어머니, 영원히 변하는 어머니, 차이를 생산하는 어머니를 만나지 못했다. 도리어 리좀은 어머니 같은 아버지를 만나고 있다. 초월적 코드나 초월적 팰러스, 초월적 기표를 극복하지 않으면 영원한 어머니에서는 아직 멀다. 그 소리를 들으면 변하지 않는, 정지된 영원을 기도하지도 기약하지도 않을 것이다.

변화와 차이와 재생이야말로 영원한 어머니, '죽지 않는 영원한 소리'이다. 생성은 존재를 모르고 존재는 생성을 모른다. 생성의 존재(방식)와 존재의 생성(방식)은 다르다. 이는 기존의 것의 창조에 대한 태도와 창조의 기존의 것에 대한 태도와 흡사하다. 존재와 생성이라는 것도 실은 인간의 이원대립항(대칭성)의 하나이다. 그런데 그것은 일종의 우리 시대의 초월적 코드, 초월적 팰러스, 초월적 기표인 셈이다. 그러나 그것은 시대가 변하면 달라질 수 있다. 변화와 차이와 접속의 강도는 언제나 달라질 수 있기 때문이다.

강력한 부계 – 전쟁기계 사회였던 몽골이 의외로 모계적 전통을 많이 가지고 있다. 몽골의 조상은 알랑 – 고아라는 여성이다. 또 근친혼(incest, inbreeding)의 폐해를 경험으로 알고 있는 몽골은 외지에서 온 손님에게 아내를 빌려주어(過客婚) 잡종강세를 도모한다. 이때 아버지가 누구인가는 묻지 않는다. 모계시조와 함께 아버지를 묻지 않는 풍습은 바로 모계사회적 전통에 속한다. 몽골은 비록 딸이 아니라 아들이긴 하지만 막내아들을 상속자로 택한다. 이것도 모계적 전통에 속한다. 아버지를 따지지 않고 여자가 낳은 아이를 키우는 풍습은 일종의 자궁과 그것의 생산을 존중하는 것으로 몽골사회의 든든한 바탕이 되었다. 칭기즈칸이 정복지를 쉽게 하나로 통합할 수 있었던 것은 바로 모계적 전통 혹은 자궁공유적(子宮共有的) 관습 덕분이다. 이는 모성－부성 형태라고 할 수 있다.

<백남준과 칭기즈칸의 비교>

백남준 (광의의 몽골족)	비디오 아트의 아버지 (네오－샤머니스트)	소리와 오브제의 통합 (소리 ↔오브제)	인터넷 지구촌의 전자 위성 쇼(탈영토화)	(부계 혐오)－ 모계지향(영원한 여성)
칭기즈칸 (몽골족)	세계 최대 몽골 제국, 캔(khan) (샤머니즘으로)	지고신(푸른하늘)－절대 신(영원한 하늘)의 통합	동서양의 팍스－ 몽골리아나 (영토화)	절대부계－모계(배다 른 형제 포용)

칭기즈칸의 노마드는 초원과 전쟁기계로 압축될 수 있고, 백남준의 노마드는 인터넷과 평화주의로 압축될 수 있다. 말하자면 백남준에 이르러 초원은 인터넷으로 대체되었고, 전쟁기계는 평화주의로 대체되었다. 이는 영토주의와 탈영토주의라고 말할 수도 있다. 또 지구안주의(Globalism)와 지구밖주의＝우주주의(Spacism, Universism)라고 말할 수도 있다.

칭기즈칸은 스스로가 위대한 샤먼이었다. 그런 점에서 인류역사상 가장 큰 샤먼－킹(shaman－king)에 해당한다. 샤머니즘은 고등종교가 출현하기 이전에 지구적으로 유행한 원시종교였다. 가부장제－고등종교가 하나의 접속이라면 결국 모계사회－샤머니즘은 같은 입장에 있게 된다. 만약 다시 인류가 오랜 부계사회의 실험에서 만족하지 못하고 모계사회로 돌아간다면 반드시 네오샤머니즘((neo－shamanism)이 필요하다.

네오샤머니즘의 입장이란 바로 샤먼의 '무'(巫) 현상이 특수한 사람에게만 적용되는 것이 아니라 인간 일반의 현상이며 하늘과 땅 사이에 있는 인간의 원형이라는 데서 출발하고 있다. 그러한 점에서 백남준은 훌륭한 현대의 무당이었다. 네오샤머니즘은 일종의 현대적으로 부활한 지고신(至高神)의 개념으로 그간의 각종 인류의 절대신들을 아래에 거느리는 '지고(至高) - 절대신(絶對神)'의 개념이다.

재미있는 것은 몽골에서는 구체적으로 '푸른하늘'(커케 텡그리) - '영원한 하늘'(멍케 텡그리)의 형태로 '지고 - 절대신'의 개념이 있었다는 사실이다. '푸른 하늘'이 '영원한 하늘'로 바뀐 것은 아마도 칭기즈칸이 몽골제국을 통일한 뒤였을 것으로 보인다[156]. 말하자면 새로운 개념의 신이 필요했던 셈이다. 지고신에서 절대신으로 진화한 종교의 발전과는 반대방향으로 샤머니즘을 종교 간의 화해와 새로운 통합(혹은 종합)을 위한 모체로 사용하기 위해서는 바로 양자의 동시적 사용, 가역관계(지고↔절대신)가 필요하다.

샤먼의 하늘은 땅을 잃어버리지 않는 하늘이기 때문에 절대 - 유일신처럼 군림하지 않는다. 하늘과 땅이 언제나 평행을 이루며 긴장하고 있다. 하늘도 땅에 광폭하지 않고 땅도 하늘에 오만하지 않다. 인류의 샤머니즘의 공통된 특징이지만 샤먼들은 하늘 - 땅을 동시에 숭배한다. 몽골에서도 멍케 텡그리(영원한 하늘) - 에투겐(대지의 여신)을 동시에 섬기고 있다. 하늘과 땅은 흔히 구별하지만 실은 작용이라는 측면에서 보면 둘은 하나의 세트(set)로서 같은 것이다. 하늘이 없으면 땅이 없고, 땅이 없으면 하늘이 없다. 샤머니즘을 가장 발달시킨 제국이 몽골제국이다. 칭기즈칸은 일종의 샤먼 - 킹(shaman - king)으로서 신통력 있는 샤먼을 거느리기도 했지만 자신도 샤먼이고 스스로 점을 치곤한다.

칭기즈칸은 말과 칼을 비롯한 전쟁기계와 더불어 '한 손에는 칼을, 다른 손에는 샤머니즘'을 들고, 지구 최대의 제국을 만든 영웅이다. 샤머니즘으로 세계의 여러 종교를 아우르는 데에 성공한 정복자이다. 샤머니즘은 미신이 아니라 오늘의 입장에서 보면 '종교(신화) - 과학 복합체'라고 할 수 있다. 혹자는 '자연법적 인식체계'라고 말한다.[157] 칭기즈칸이 세계적인 정복자가

---

156) 박원길 ≪유라시아 초원제국의 샤머니즘≫ pp. 295~296, 2001년, 민속원.

157) 몽골사학자 박원길은 "샤머니즘은 흑해에서 한반도에 이르는 북방지역에 관통하고 있었던 자연법적인 인식체계를 기반으로 상하를 일체화시키는 교묘한 형태를 띠고 있다."고 말한다(박원길, ≪유라시아 대륙에 피어났던 야망의 바람≫, pp. 37~38, 2003년, 민속원).

된 것은 부족의 멸족에 대한 공포 때문이었다. 바로 그 공포와 대결하기 위해서 수많은 전쟁을 일으켰고 탱그리, 즉 '푸른 하늘' '영원한 하늘'을 성립시키고 샤머니즘 아래에 각종 종교를 통섭하였다. '영원한 하늘'은 끊임없이 변하는 것의 중심으로서 일종의 초월적 존재로 있었다.

유목민들은 끝없이 이동하기 때문에 도리어 공간에 밝고, 정주민들은 한 곳에 정착하기 때문에 역설적으로 시간에 민감하다. 유목민들은 절대적인 신들의 체계를 가지고 있고, 정주민들은 상대적인 신들의 체계를 가지고 있다. 몽골의 샤머니즘은 지고신 혹은 지고 – 절대신의 형태로 그 아래에 여러 부족과 국가의 신들을 두면서도 문화의 다양성과 종교의 자유를 용인하는 개방성을 보였다. 몽골의 샤머니즘은 신교(神敎)일치의 정치적 상황에서 위로는 정치적 '가부장제 – 칸(khan)'의 확립과 아래로는 종교적 '모계제 – 샤머니즘으로 제 종교 통섭'을 실행할 수 있었다.

특히 몽골은 불교, 이슬람교, 기독교, 유교 등 고등종교까지도 샤머니즘의 아래에 두었다. 이는 샤머니즘이 인류종교의 원형에 속하기 때문에 모든 종교를 수용할 그릇을 가지고 있기 때문이었다. 절대신은 다른 종교를 배타적으로 보지만 지고 – 절대신은 다른 종교를 포용한다. 그런데 샤머니즘은 특히 소위 고등종교라고 하는 것을 하위에 두었기 때문에 그 의미가 상당히 클 뿐만 아니라 인류의 미래 종교생활에도 큰 가능성을 보여준다. 몽골은 지고신과 절대신을 통합하는 지고 – 절대신의 개념으로 탱그리(하늘, 푸른하늘, 영원한 하늘) 신앙을 가졌던 것으로 보인다.

칭기즈칸에 비하면 백남준은 예술계의 칭기즈칸이라고 은유할 수 있다. 그는 '비디오 아트'의 아버지이며 네오 – 샤머니스트이다. 아시다시피 그는 소리와 오브제를 통합하였으며 세계 최초로 지구촌이 하나라는 것을 눈으로 확인시켜준 위성 쇼를 하였다. 재미있는 것은 백남준은 아버지를 혐오하였다는 점이다. 그래서 그는 생모인 어머니에게 남다른 애정을 가졌으며 예술가로서 '영원한 여성'에 대한 흠모를 잃지 않았다. 칭기즈칸과 백남준의 어머니에 대한 공통점은 '강한 어머니'라는 분모를 가진 '강한 아들'(強子/强母)이라는 점이다. 강한 어머니 때문에 둘은 긍정적이고 적극적인 삶을 영위하였다.

현대인이 가장 적응하지 못하는 것은 무엇일까. 조상인류가 잃어버린 것 가운데서--. 아마도 신(神)과 물(物)을 하나로 바라보는 것일 것이다. 신과 물을 이원적으로 바라보는 것은 극복하여야 한다. 신물(神物), 물신(物神)은 하나이다. 흔히 물신숭배(fetishism)는 문명인에게 일종의 미신이나 수치로 받아들여진다. 그러나 잘 생각해보라. 물이 신이 아니고, 신이 물이 아니라면 어떻게 세계가 하나가 되겠는가. 물과 신에는 단지 등급의 차이가 있을 뿐, 결국 근원은 하나인 것이다. 이게 일원적인 세계상이다. 물질이 정신을 소외시키거나 정신이 물질을 소외시키면 결코 일원상에 도달할 수 없다. 그러한 점에서 애니미즘(animism)의 부활이 기대된다.

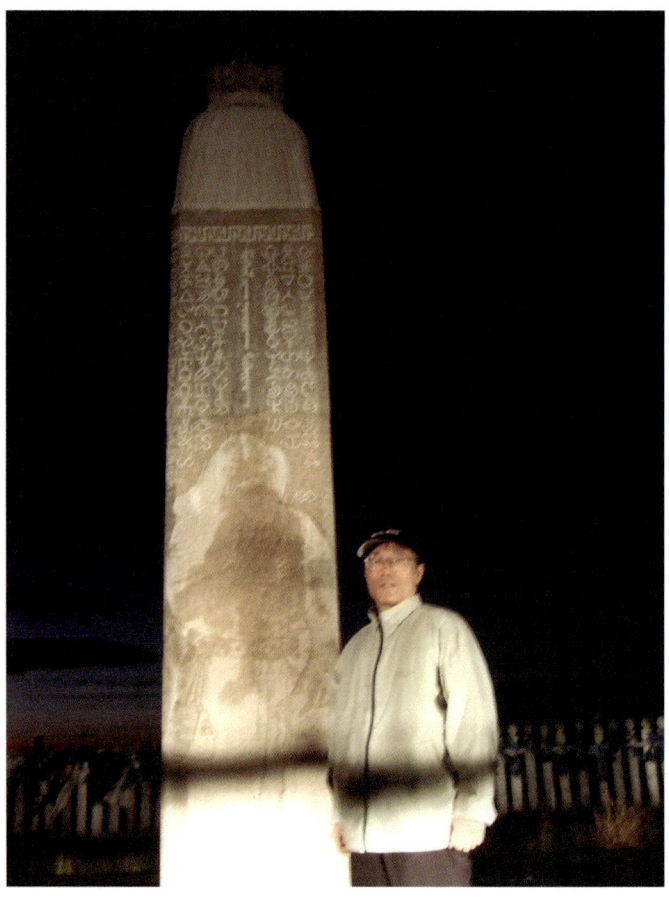

칭기즈칸의 아우락(둔영지) 궁은 헨티델 게르칸 지역 내의 아바르가 강의 남쪽 방죽 근처에 위치해 있었다. 1990년 그의 서거 750주년을 기념하여 비가 세워졌다. 필자는 밤에 초원의 한복판에 있는 이곳에 도착하여 감회에 젖었다.

제10장 인간, 호모사피엔스란 무엇인가

생각하는 동물인 호모사피엔스 사피엔스는 한편으로 존재에 대한 불안을 느끼면서 다른 한편으론 존재에 대한 반성적 생각을 했던 것으로 보인다. 그러나 인간이 먼저 생각해낸 것은 과학적 생각이 아니라 종교적 생각이다. 이는 이성보다는 불안이 앞섰던 까닭이다. 예컨대 신이나 부처님의 이름을 부르거나, 혹은 기도나 진언을 외우거나, 주문(呪文)을 하면 분명히 불안이 사라지게 된다. 이것은 이론의 결과가 아니라 실존적 경험의 결과이다. 이는 원시미개인뿐만 아니라 문명인도 여전히 활용하고 있는 제도이다. 종교로 불안을 잠재우고 난 뒤에 이성적인 사고를 하였을 것으로 짐작되는 것이 종교와 과학의 발생론이다. 그러나 종교와 과학 중 어느 하나가 다른 하나를 압도하거나, 심지어 없애버리면 이는 자연의 대칭성을 비대칭성으로 변질·왜곡시키게 된다. 종교와 과학은 그 자체가 음양대칭의 관계에 있다.

동서양과 유라시아, 그리고 부계사회가 되기 전에 모계사회를 음양으로 나타내면 다음과 같다. 동양권에 속하는 중동, 동남아시아, 동아시아를 비롯한 유라시아 대륙 전체는 동서 문명이 이동하고 교류한 지역으로 필연적으로 문명의 중간 형태를 이룬 것 같다.

서양 - 가부장사회	동양(유라시아 대륙)	모계사회
양양(陽陽) : 유목, 수렵채집	음양(陰陽) - 양음(陽陰) : 유목, 농경, 목축, 수렵채집	음음(陰陰) : 농경, 수렵채집

‘음양 상징’의 ‘상징’은 처음부터 존재가 아니다. 상징은 존재를 규정하지도 않고 그것에 구속되지도 않는다. 존재를 규정하면 존재에 구속되는 것은 당연하다. 예컨대 존재의 반대에는 소극적인 반대인 비존재(존재가 아니다)가 있다. 비존재는 수없이 많을 수 있는 개연성을 가지고 있다. 또 존재의 적극적 반대에는 생성이 있다. 그러나 존재를 규정한 문화권은 생성에 대해 추구를 하더라도 끝없이 추구하는 것으로 끝날 수밖에 없다. 다시 말하면 생성을 알기는 어렵다는 뜻이다. 이에 비해 상징은 처음부터 존재를 비켜가는 것이고 어디에도 머물지 않고 역동적으로 흘러가는 것이다.

　‘존재론적 문화권’의 전통은 보이는 것(시각)에 중심을 두고 보이지 않는 것을 추구하는 영토이다. 이에 비해 ‘음양 상징론적 문화권’의 전통은 보이지 않는 것(청각)에 중심을 두고 보이는 것을 추구하는 영토이다. 음양은 처음부터 붙잡지 않는다. 도리어 흘러가는 것을 즐긴다. 음양사상이 양보다는 음을 앞세우는 것은 바로 존재론을 비켜가는 태도이다. 이에 비해 존재론은 굳이 말한다면 음양의 음보다는 양을 앞세우는 전통 위에 서 있다. 양을 앞세우면 항상 음을 추구하여야 한다. 이는 양 자체가 가만히 있지 못하는 것이기 때문이다.

　이를 좀 더 쉽게 설명한다면 보이는 것은 항상 부분이고 보이지 않는 것은 전체이기 때문이다. 다시 말하면 보이는 것은 보이지 않는 전체의 부분이다. 부분은 항상 무엇인가를 해야 한다. 그러한 수고 대신에 부분은 권력을 잡는다. 권력은 불안의 대가인 셈이다. 음양사상은 본질적으로 생성론이고, 양음사상은 본질적으로 존재론이다. 음양사상은 전체(총체)이고, 양음사상은 부분(돌출)이다.

　동양의 음양(陰陽)사상에서 보면 서양은 양음(陽陰)사상의 세계이다. 양음사상의 세계, 즉 남근사상 쪽에서 보면 양성이 있지만 여성성은 남근에 숨어버린다. 그래서 그런지 서양에서 음(陰)은 죄악이고 질병이고 공포스런 것이다. 음양사상의 동양에서는 음(陰)과 혼돈(Chaos) 이라는 것이 결코 부정적인 것이 아니고 새로운 생산을 위한 바탕이고 질서(Cosmos)이다. 결코 새로운 질서를 위한 과도기와 같은 경계가 아니다. 아직도 들뢰즈는 동양의 음

(陰)사상에 대해 충분한 이해를 못하고 있다. 말하자면 양의 대상으로서의 음이 아니라 음 자체로서의 음에 대한 이해가 부족하다. 들뢰즈는 동양의 사상체계로 보면 소음적(少陰的) 인식에 그친다. 소음적 인식이라는 것은 양을 기초로 음이 이루어져 있다는 것을 느끼는 것이다.

백남준은 한국인이고 따라서 동양 혹은 동아시아의 후손이다. 질 들뢰즈는 프랑스인이고 따라서 서양의 후손이다. 두 인물의 활동상을 문명사적으로 바라볼 필요가 있다. 백남준은 음양사상으로 음 속의 양이다. 그래서 소양(少陽)이다. 이에 비해 들뢰즈는 양 속의 음이다. 그래서 소음(少陰)이다. 둘 다 변화를 주도하고 있다. 백남준은 노마드를 추구하지만 실지로 그가 서양에서 이룬 것은 음극관(음의 세계)을 이용한 비디오아트이다. 이에 비해 들뢰즈는 노마드를 추구하지만 결국 그 목적이 '여성 – 되기'이다.

여기서 노마드에 대한 근본적 검토가 필요하다. 노마드는 유목민족만의 것인가, 아니면 인간이라는 동물이 겪어야 하는 조건인가. 물론 후자를 말하기 위해서 문제를 끄집어냈다.

인간은 동물이다. 동물이라는 것은 '움직이면서 살아야 하는 존재'이다. 이는 식물과 다르다. 그런데 여기서 최초의 역설이 존재한다. 이는 '태초에 진리가 있었다.'라는 것과 다르다. 움직이면서 살아야 하는 존재이면서 '생각하는 존재'인 인간은 바로 움직이는 것과 반대되는 것을 상상한다. 그래서 공간적으로 부동(不動)/정(靜)을 떠올린다. 또 시간적으로 불변(不變)/영원(永遠)을 떠올린다. '부동과 불변'은 일종의 반대개념이다. 그러나 '정과 영원'은 단순한 반대개념이 아니다. 반대함으로써 다시 새롭게 일어난 개념이다. 이 개념은 다시 신(神)/이성(理性)이라는 개념으로 발전한다. 유목민족은 특히 신/이성에게 절대적, 초월적 지위를 부여하지 않으면 안 되었다. 이것은 관념의 문제가 아니고, 생존의 전략이었다.

수렵채집문화는 실은 유목은 아니지만 공간적으로 이동하며 사는 것이다. 이동한다는 점에서 노마드라고 말할 수 있다. 이동하는 인간은 끊임없이 정착하는 것에 대한 희망을 갖고 있다. 그런데 인간의 남자와 여자 가운데 더 이동해야 하는 존재는 전사라는 남자이고, 덜 이동하는 존재는 출산을 담당하는 여자이다. 전사는 처음엔 사냥꾼이었지만 점점 농업과 목축의 생산이 늘어나면서 전쟁기계로 바뀌었고, 사람들은 성(城)을 쌓기 시작하고 이것이 국가의 시초였다. 국가는 전사와 무기체계의 발전으로 이룩된 성이었다. 전 쟁과 국가는 언제나 영토의 뺏고 빼앗기는 연속이었고, 이것은 영토화의 문 제였다. 동시에 여자가 생산한 수많은 인구를 희생으로 바치는 제사에 다름 아니었다.

이 과정에서 여자는 남자의 신부가 되어야 했고, 어머니로서의 여자의 존재 는 잊혀져갔다. 여자는 출산기계였다. 이는 생물 종의 적자생존에서 증식을 담당하는 여자로서의 존재에 대한 의미의 상실이었다. 물론 때때로 전쟁을 하 기에 인구가 턱없이 부족이었을 때는 출산을 담당하는 여자의 존재가 귀중하 기도 했지만 그렇지 않을 경우에는 여자는 주변적 존재로 전락했다. 또 전사 가 되는 아들을 낳지 않는 여자는 심하면 버림받기까지 했다. 결국 가부장사 회 – 국가사회는 여자의 어머니로서의 존재에 대해 주목하지 않았다.

농업사회는 성을 쌓고, 유목사회는 계속 이동하였다(물론 유목사회도 정 처 없는 이동은 아니고 예컨대 계절별 이동 등 이동의 한계가 있었다). 그런 데 농업사회와 유목사회의 공통점은 하늘에 대한 신앙이다. 농업사회는 다 른 신도 허용하는 가운데 하늘신에 대한 신앙을 확립해갔지만 유목사회는 절대신으로서의 하늘신 신앙을 강화해갔다. 전자의 대표적인 경우가 유교라 면 후자는 기독교와 이슬람교이다. 그런데 칭기즈칸은 모든 종교를 다 허용 한다는 신앙의 자유를 택하였다는 점에서 유목민으로서는 매우 예외적인 경 우이다. 칭기즈칸은 말하자면 절대 – 지고신 체계에 해당한다.

하늘과 땅은 서로 반사적 존재이다. 하늘이 강하면 강할수록 땅이 약해지 는 경우도 있지만, 하늘이 강하면 강할수록 땅도 강해질 수도 있다. 겉으로 는 대립 – 비대칭적이지만 속으로는 조화 – 대칭적일 수도 있다. 말하자면 일 종의 피드백(feedback) 효과가 있다. 이러한 반사는 일종의 교환의 효과도 있 어서 서로가 '상대방 되기'를 요구하기도 한다. 예컨대 동물 – 되기, 여자 – 되기 등이다. 물론 식물 – 되기, 남자 – 되기도 가능할 것이다. 들뢰즈의 여자 – 되기와 신체 – 되기, 탈영토 – 화는 아직 어머니 – 되기와 아이 – 되기, 그리고 종합적으로 자연 – 되기(자연은 '스스로 그러한 것'이기에 '되기'의 본질이다)에 이르지 못하고 있다.

이에 비하면 백남준은 그것을 실현하고 있다. 그런 점에서 태양적 노마드와 태음적 노마드의 구별이 요구된다. 백남준은 탈영토하여, 즉 자신의 영토를 옮겨서 서양(西洋)의 양(陽)에서 음(陰, 陰極管)을 추구하는 반면, 들뢰즈는 자신의 영토인 서양에서 동양(東洋)의 음(陰, 女性)을 추구하고 있다. 둘은 음을 추구함으로써 탈영토하고 있는 셈이다. 들뢰즈의 노마드가 서양문명으로부터의 탈출의 노마드, '태양적 노마드'라면 백남준의 노마드는 자기문화의 모형을 찾는 자기회복의 노마드, '태음적 노마드'이다.

생각하는 동물로서의 인간의 말, 말하는 힘 중에서도 인간에게 말하고 동의를 구하는 이성적인 것과 신에게 말하는 매우 표현적인 것이 있다. 특히 신에게 말하는 표현적인 것은 일종의 독백 혹은 고백의 효과가 있다. 신/인간, 이성/감성, 존재/생성 등 수많은 이원대립항들은 서로 가역하고 반사하는 속도가 빨라서 때로는 같은 것일 수가 있게 된다. 이는 서로 독립적인 것이 되지 못한다는 뜻이다. 서로가 서로를 있게 하고, 서로를 서로라고 착각하게 하거나 환상하게 된다. 인간의 '노마드' 속에도 '정주'(stationary)의 바탕이 있다. 그래서 백남준은 '정주 – 유목'이라는 신조어를 만들어냈다. 이는 산업사회, 정보화사회에 이르러서 유효한 개념으로 자리잡고 있다.

인간의 의식과 삶에는 항상 이중성이 있다. 이 이중성은 인간의 삶의 전략이 되기도 한다. 이중성(1↔2, 1↔2)은 일종의 적응의 역량이면서 역동성이라고 할 수도 있다. 어떤 존재이든 존재의 이면에는 숨어 있는, 이름 모를, 이름 붙이기 어려운 '어떤 것'(something)이 있다. 말할 수 없는, 말하여지지 않는 그 무엇이 있다. '어떤 것'에 때로는 '어느 것'(anything), '모든 것(각자)'(everything), '없는 것'(nothing), '모든 전체'(all the thing) 등 여러 가지 뜻이 있다. 그러나 그것에는 역시 '어떤 것'이 가장 적합하다. '어떤 것'은 마치 한국인이 말하는 '한'과 같은 뜻이 있다. '한'에는 여러 뜻이 있다.

이 이중성과 역동성의 가장 밑바탕에 여성성, 혹은 모성성이 존재하고 있다. 이것은 존재라기보다는 끊임없이 보이지 않는 곳에서 생성되고 있다는 말이 옳다. 이 모성성은 결코 나타나지 않으면서 나타나는 것의 본질이 되고 힘이 된다. 이것이 현묘(玄妙)이다. 특히 '이름이 있는 것이 만물의 어머니이다.'라는 구절은 실로 구조주의의 '이름=기표=만물/본질=기의=어머니'를 그야말로 절묘하게 표현하고 있다.

도덕경 1장을 보자.

01. 말할 수 있는 도는 영원한 도가 아니다. 이름 할 수 있는 이름은 영원한 이름이 아니다. 이름이 없는 것이 천지의 시작이고 이름이 있는 것은 만물의 어머니이다. 그러므로 항상 욕심이 없으면 그 묘함을 보고 항상 욕심이 있으면 그 나타남을 본다. 이것은 둘 다 같은 데서 나오지만 이름은 다르다. 같은 데를 '현'이라고 한다. 현 중의 현은 중첩된 묘의 문이다.
(道可道非常道, 名可名非常名. 無名天地之始, 有名萬物之母. 故常無欲以觀其妙, 常有欲以觀其徼 此兩者同出, 而異名, 同謂之玄. 玄之又玄, 衆妙之門)

풍류도의 현묘지도(玄妙之道)도 이와 같은 것이다. 신라 말 최치원(崔致遠)의 '난랑비서문(鸞郎碑序文)에는 이렇게 써져 있다.

"나라에 현묘(玄妙)한 도(道)가 있으니 일컬어 풍류도(風流道)라. 삼교(三敎)의 근원이 선사(仙史)에 상비(詳備)하였으니 실로 삼교를 포함한 군생(群生)을 접화(接化)한 것이다."

동아시아 한자문화권에서는 고대에서부터 '현묘'(玄妙)에 대한 개념이 있었다. 왜 '욕심이 없으면 묘함을 보고, 욕심이 있으면 나타남을 본다.'고 했을까. 이것은 불교의 '진공묘유'(眞空妙有)와 같은 개념이다. 이 현묘의 개념은 대체로 여성성, 모성성을 가치덕목으로 삼는 일반성이 있는데 분명 샤머니즘적 요소와 맥락을 같이 하고 있다. 현묘 이외에 현무(玄武)라는 개념이 있는데 이것은 후대의 음양오행에 따르면 북방(北方) 수(水) 검은색(黑)에 해당한다. 음양오행이 우주론-에콜로지-신체-남녀관계를 상징하는 상징체계라는 것은 알려진 사실이다. 현묘, 혹은 현무라는 개념은 오늘날 전자(電子)의 개념에 흡사하다.

특히 현무(玄武)라는 개념의 '무'(武)는 바로 기계를 나타내는 개념이다. 흔히 음양오행에는 수생목(水生木), 목생화(木生火), 화생토(火生土), 토생금(土生金), 금생수(金生水)의 상생적 순환을 가정한다. 순환이라는 것은 이미 존재론이 아니라 생성론의 관점이다. 그런데 음양오행은 흔히 존재론적 관점에서 사용하기도 한다. 말하자면 아무리 '생성하는 존재'라고 할지라도 '존재하는 인간'의 입장에서는 그러한 사용이 불가피한 것이기도 하다. 그런데 오행은 반드시 수(水)라고 할 때 물을 나타내는 것이 아니고 수기(水氣)를 나타낸다. 다른 오행도 목기(木氣), 화기(火氣), 토기(土氣), 금기(金氣)라고 말할 수 있다. 오행의 이면에는 이미 '기적(氣的) 세계관'이 숨어 있고, 기(氣)는 이미 생성론의 입장인 것이다.

오행 중에 토(土)는 오행 중의 하나이지만 동시에 나머지 오행 전체와 관계를 맺는 것이다. 그래서 중앙 토(土), 황(黃) 토(土)라고 말한다. 이것이 인간을 나타내기도 한다. 토(土)는 일종의 합(合)이다. 그런데 흔히 기(氣)를 가장 많이 내품는 것이 금(金)이라고 한다. 그래서 혹자는 금(金)과 수(水) 사이에 기(氣)를 넣고, 금생기(金生氣), 기생수(氣生水)라고 하기도 한다. 금(金)이라는 것이 다종다양한 전자파를 많이 발생하고, 그것이 수(水)에 영향을 미친다고 생각한다. 현무(玄武)라는 개념은 생성론적 세계관과 존재론적(기계론적) 세계관을 동시에 가지고 있는 '생성－존재'인 듯하다.

들뢰즈의 노마드(nomad)는 그 근본바탕으로 볼 때 모나드(monad: 실체가 있음)의 노마드인 반면 백남준의 노마드는 전자(electronic: 실체가 없는 전자기임)의 노마드이다. 다시 말하면 들뢰즈는 '단자(單子)－기계(機械)'의 노마드인 반면 백남준은 '기(氣)－전자(電子－電氣)'의 노마드인 셈이다. 그래서 두 사람을 비교하면 들뢰즈는 존재－생성재론의 편에 서 있는 반면 백남준은 생성－존재론의 편에 서 있다. 들뢰즈가 하이데거와 비교할 때는 생성－존재적이었지만 백남준과 비교할 때는 도리어 존재－생성적이 된다. 이는 존재와 생성의 불확실성과 이중성 때문이다. 이는 마치 물리학의 입자－파동설, 파동－입자설 만큼이나 미묘한 것이다.

노마드라고 하지만 실질적으로 기마민족의 '땅에서의 노마드'와 '인터넷에서의 노마드'는 다르다. 땅에서의 노마드는 땅을 직접 밟으며 정복하고 지배하는 것 – 다시 말하면 영토화의 노마드이지만, 인터넷에서의 노마드는 인터넷을 돌아다니는 것이다. 인터넷은 문명의 새로운 자궁이다. 이것은 탈영토의 영토화, 탈영토화의 노마드이다. 이는 여성의 자궁 안에서의 노마드이다. 이렇게 자궁 안에서의 노마드를 하면 결국 남성의 페니스는 필요 없게 된다. 이미 자궁 안에서 안전하게 성장하고 있기 때문이다. 자궁 안에서는 역설적으로 생과 사가 하나가 된다. 이것은 탄생하기 전에 깨달음이고 깨달음은 탄생하지 않으려고 한다.

<백남준과 들뢰즈의 비교>

백남준(Paik Nam June): P=남성성=♂	동양의 서양	음극관(陰極管)	달(太陰)의 나라
	음의 양(少陽) 생성 – 존재적	비디오 아트	태음적 노마드 (정주 – 유목민) – 전자(電子, electronic)의 노마드(nomad)
질 들뢰즈(Gilles Deleuze): G(膣)=여성성=♀	서양의 동양	여성 – 되기	해(太陽)의 나라
	양의 음(少陰) 존재 – 생성적	탈영토화	태양적 노마드 (유목민) – 모나드(單子, monad)의 노마드(nomad)

여자의 자궁은 탄생 그 자체이고 탄생에 너무 가까이 있는 것은 바로 죽음에도 가까이 있는 것이 되기 때문이다. 죽음은 부정적인 것이 아니다. 여성은 더 이상 교환되지 않으려고 하고, 모계적 성향은 근친상간 금기를 약화시키고, 심지어 동성애의 양산을 초래한다(여성은 본질적으로 동성애적이다). 여성은 더 이상 남성의 페니스로부터 욕망의 타자가 되는 것을 싫어한다. 여성은 남성에게 지배당하는 것을 싫어한다. 그렇게 되자 남성은 스스로 쇠퇴하고 말았다. 심하게 말하면 남성은 이제 거세되고 말았다(거세된 남자는 어머니에게도 안전하다. 근친상간의 문제가 없다). 하루 종일 인터넷 앞에 있는 남성은 남성의 역할(정자수의 감소와 부실)을 할 수 없게 되었다.

이제 '여성이 없는 것'이 아니라 '남성이 없다'. 인터넷을 사냥하는 남성은 진정한 사냥꾼이 아니라 '가짜의 사냥꾼'이다. 역설적으로 '남성이 없는 것'은 여성의 본질적인 욕망인 '종의 확대재생산'의 계획을 수포로 돌아가게 한다. 결국 남성의 실패는 바로 여성의 실패로 연결된다. 이는 인간 종의 실패를 의미하기 때문이다. 인류의 멸망이나 위기는 역설적으로 전쟁이나 폭력에 의한 것이 아니라 혹시 남성의 약화에서 비롯될 지도 모른다. 물론 대안은 있다. 정자은행이라는 것이다. 훌륭하고 건장한 정자를 저축해 놓은 은행 말이다. 정자은행이라는 것이 자연의 다양한 정자의 운동보다 훌륭한 후손을 낳는다는 보장은 없다.

인류학적으로 볼 때 여성은 열려져 있기 때문에 닫혀야 하고 남성은 닫혀져 있기 때문에 열려야 하는 존재이다. 이는 역설적 관계이다. 음양사상과 음양관계는 실제로 항상 역설적인 것을 내포하고 있다. 부계사회에서 결혼은 여자의 교환이다. 여자는 남자의 집, 시집으로 완전히 간다. 대체로 여자는 성(姓)도 남편의 성을 따른다.[158] 그러나 모계사회에서 결혼은 남자의 교환이 아니다. 남자는 처갓집으로 완전히 가지 않는다. 남자는 어머니의 집에 머문다.

그러는 한편 모계사회는 안으로는 열려 있고 밖으로는 닫혀진 사회이다. 부계사회는 안으로 닫혀져 있고 밖으로는 열려진 사회이다. 모계사회는 닫혀진 것에서 만족하기 때문에 전쟁을 하지 않고, 부계사회는 밖으로 열려져야 하기 때문에 전쟁을 하여야 한다. 모계사회는 덜 계급화되어 이있고, 부계사회는 더 계급화되어 있다. 부계사회는 계급으로 닫혀져 있기 때문에 이것을 유지하기 위해서 전쟁을 계속하여야 한다. 전쟁에 따른 정복은 집단의 크기를 늘리는 것이기도 하지만 동시에 노예나 하층민을 계속 확보하는 장치도 된다. 부계사회는 그래서 철저한 피라미드 사회가 된다. 이는 정치적이지 않으면 안 되는 것을 의미한다. 이는 제정일치 사회가 제정분리 사회로

---

158) 여자가 시집을 가서도 남편의 성(姓)을 따르지 않는 경우도 있다. 한국과 중국이 대표적이다. 여자가 남편의 성을 따르지 않는 것은 일종의 모계적 성향을 지니고 있다고 보아야 한다. 가부장이 철저한 서양사회는 남편의 성을 따른다. 유독 동아시아의 한국과 중국이 여자가 친정의 성을 지키는 것은 매우 유의미하다. 그런데 일본은 여자가 친정의 성을 지키지 않는다. 이것이 일본이 서구화, 근대화를 먼저 실행하는 것과 무슨 관계가 있는 것은 아닐까. 일본이 동아시아 삼국 가운데서는 가장 가부장이 강한 문화적 속성을 보인다.

나아가면서 국가와 왕조사회로 진입하는 것과 궤를 같이 한다.

모계사회는 공동체적 성향이 강하며 출계에 따른 계급화의 필요도 적으며 전쟁을 일으킬 이유가 없게 된다. 이를 두고 평화지향적이라고 말해도 크게 망발은 아니다. 그럼에도 불구하고 만약 부계사회가 아니었다면 인류는 문화적 통합과 잡종강세라는 측면에서 성취가 덜 하였을 것이다. 모계사회는 상대적으로 근친상간에 노출되기 쉽고, 보다 가까운 내혼제(endogamy)로 인한 유전자 풀(pool)에서 열성인자의 발생에 취약한 편이다. 그래서 결혼은 항상 보다 멀리 외혼제(exogamy)를 이루어야 하는 생물학적 이유가 있다. 전쟁은 비인도적이기 하지만 실은 자연의 적응(adaptation)이르는 측면에서 보면 나쁜 것만은 아니다.

이것은 전쟁을 너무 추구해도 문제지만 평화를 절대시하는 것도 문제를 낳을 수 있음을 의미한다. 자연의 균형(혹은 균형 잡기)은 때때로 인간에게는 불균형과 위기를 초래하는 것 같다. 자연은 도도하게 흐르고 있다. 인간은 그 물결과 파도 위에서 주객(主客)이 전도되는 운동과 변화를 계속하고 있는지도 모른다. 그 흐름 속에서 수많은 생물 종은 명멸한다. 그 속에 인간이 끼지 말라는 법은 없다. 이것이 존재와 생성의 진정한 모습이다.

어쩌면 자연과 문명의 여러 법칙들 중에서 역설(paradox)은 가장 큰 진리(truth)인지도 모른다. 인류는 파라다이스(paradise)를 찾지만 결국 맞닥뜨리는 것은 역설이다. 크게 보면 진리인 것도 작게 보면 진리가 아니고 크게 보면 진리가 아닌 것도 작게 보면 진리이다. 해석과 설명의 여러 층(layer) 가운데서 어느 층에서 보느냐에 따라 얼마든지 달라질 수 있다. 동양의 현자들은 일찍이 음양사상과 역(易)이라는 것을 만들었는데 이는 음(陰)이라는 가운데가 빈 상징인 '--'과 그렇지 않은 양이라는 상징, '━'의 계속 포개어짐을 통한 변화와 상보적(相補的)인 관계를 기초로 한 것이다. 음양관계는 음양대립적인 것도 될 수 있고, 음양상보적인 것도 되는 특징이 있다. 전자는 존재이고 후자는 생성이다. 음양은 생성 – 존재체, 혹은 존재 – 생성체이다.

제11장 남성과 여성, 존재와 생성

재미있는 것은 남성을 나타내는 '♂'와 여성을 나타내는 '♀'의 표시이다. 남성의 표시는 분명히 어떤 방향성을 나타낸다. 일종의 운동성이다. 이것은 정충의 운동모양과도 닮았다. 그런데 그 아래, 바탕, 무의식에는 여성성을 상징하는 것(ㅇ), 일원성이 달려있다. 여성의 표시는 방향성이 없는 대신 일원성(d)이 위에 있고, 그 아래에 십자가(+)가 달려 있다. 여성의 무의식에는 수직과 수평의 이원성이 깔려있다. 그러나 움직이지는 않는다. 남성과 여성을 나타내는 기호의 상부는 존재성을, 하부는 생성성을 나타낸 것으로 보인다. 언제 이 부호가 만들어졌는지는 알 수 없지만 오랜 인류문화의 결과로 보인다. 이것만 보아도 남성은 여성의 산물이면서 위로 올라가려고 하고 여성은 아래에 수직(ㅣ)과 수평(一)을 비롯하여 대칭성의 두 세계를 감추고 있다. 두 표시를 포개보면 금방 알 수 있다(♂♀).

우주적 시간, 지질학적 시간, 생태학적 시간, 고고학적 시간, 역사학적 시간, 매일 매일의 일상생활의 시간은 다르다. 한때 가장 훌륭하게 적응한 패자였던 공룡이 갑작스럽게 멸종할 수 있는 것처럼 인간도 그렇게 될지도 모른다. 인간에게 그런 공룡이 이미지가 있는 것은 무슨 때문인가. 먼 먼 중생대에 공룡이 멸종할 때 쥐 같이 생긴 젖먹이동물이 탄생하였다. 그것이 인간의 먼 조상이다. 그 약한 쥐들은 공룡이 한창 활개를 칠 때 겁이 나서 낮에는 활동을 하지 못하고 밤에만 활동하느라고 귀가 발달하고 그 귀는 뇌를 발달시켰고, 그 쥐는 오로지 새끼를 많이 치는 것이 유일하게 자신의 DNA

를 보존하는 방법이었다. 인간은 쥐의 생식능력을 잇고 있다.

문자와 이미지라는 대칭으로 인류문명을 설명하면 현대문명의 의미에 대해서 좀 더 뚜렷한 전망을 할 수 있다. 사진의 등장과 잇따라 영화, 비디오, 텔레비전의 등장은 이미지로 하여금 사물을 대신하게 되었다. 이미지가 사물을 대신하는 것은 결국 섹스마저도 이미지로 대신하게 한다. 이는 섹스의 일상으로의 분산을 초래하고, 섹스의 분산은 남성의 쇠퇴와 궤를 같이 한다. 이로서 재생산의 역할로서의 섹스의 의미가 퇴색하게 된다. 이미지는 본질적으로 여성적이다. 문자(언어)는 본질적으로 남성적이다. 문자는 본질적으로 기표에 충실할 수밖에 없다. 물론 의미가 발생하면 기표가 달라질 수는 있지만 말이다. 의미의 발생은 변화와 차이 때문이다.

그런데 모계사회적 성향이 강화되니까 여성은 재생산의 담당에서 해방되고자 한다. 결국 대칭의 세계는 주체가 대상을 관리한다. 모계사회에서는 주체가 여성이었지만 부계사회에서는 주체가 남자가 되었다. 여성은 재생산의 주체이면서도 대상이 되었을 때 더욱 더 재생산에 충실하였다. 이것은 문명의 본질적인 역설이다. 신체 내적인 시퀀스는 신체 외적인 시퀀스와 궤를 같이 한다. 현대문명은 산업화와 소득의 증가, 공해물질의 증가, 여성호르몬의 증가라는 환경에 직면해 있다. 이것이 안팎의 조응이다.

흔히 물은 여성에 비유되고 불은 남성에 비유된다. 물은 생성이고 불은 존재이다. 물론 정확하게는 불도 생성이지만 그것은 타서 없어지는 것 같은 형상 때문에 존재에 어울린다. 물도 존재이지만 그 존재는 끝없이 흘러가는 형상 때문에 생성에 어울린다. 만물을 존재이면서 생성이다. 생성이면서 존재이다. 대칭적인 것은 항상 동시적인 것이다. 동시적이라는 것은 실은 시공을 초월한 존재-생성체이다. 무기물이 없으면 유기물도 없다. 그래서 무기물은 무기물이고 유기물을 유기물이다. 죽음은 죽음이고 삶은 삶이다. 죽음이 죽음일 때 삶이 삶이 된다. 삶이 삶이 될 때 죽음이 죽음이 된다. 삶이 죽음이 되고 죽음이 삶이 되는 것은 존재체에겐 없다. 생성체에게만 그런 말을 할 수 있다. 존재와 생성은 우주전체에서는 하나의 양면이지만 부분에서는 건널 수 없는 강이다. 그래서 존재는 부분이고 생성은 전체이다.

존재와 생성의 관계는 원과 원의 선분과 같다. 원은 중심과 둘레가 있다. 중심을 지나는 선은 무수하다. 그 중에서 하나의 선은 하나의 대칭이다. 하나의 선을 절대적으로 보는 것은 일종의 강요이다. 이 같은 강요가 바로 존재이고 권력이다. 생성은 무수한 선에 해당한다. 여기서 무수(無數)라는 것은 수가 많다는 뜻도 되고, 수가 없다는 뜻도 된다. 원에서는 방향성이라는 것이 무의미하다. 원에서 중심을 두고 양극에 있는 대칭은 방향성을 무시하면 같은 것이다. 극과 극은 같은 것이다. 이는 원의 안에서 이루어지는 것이나 원의 밖에서 이루어지는 것이나 마찬가지이다. 거시우주와 미시우주는 같은 것이기 때문이다.

그런데 대칭의 선과 선 사이는 면이다. 면은 존재가 된다. 원(圓)을 구체(球體)로 보면 면은 부피가 된다. 면과 부피를 두고 이것을 존재라고 한다. 생성은 스스로를 알 수 없기 때문에 존재가 될 수 없다. 생성은 스스로를 살 뿐이다. 존재는 지나가고 흘러간다. 그래서 촌음도 세울 수가 없어 알 수가 없다. 스스로를 아는 것은 이미 생성이 아니다. 그것은 이미 존재의 대상화된 것일 따름이다. 생성을 존재라고 하면 그것을 권력화하는 것이고, 존재를 생성이라고 하면 그것을 비권력화하는 것이다.

그래서 들뢰즈식 사고는 이렇게 말한다. "세계를 어떤 균일한 공간을 가로질러 서로 관계하는 등가적 지점들의 총체로서 이해하지 않고 오히려 곡선과 변곡에 착목한다. 따라서 어떤 세계가 먼저 있어서 그것이 변별화되는 것이 아니라 곡선 혹은 변곡이 있는 것이다. 요컨대 하나의 생명은 구별되고 무한한 변이 혹은 일탈로 이루어져 있으며, 어떤 차이와 생성의 곡선이나 사건도 다른 어떤 것과 같을 수 없다. 생명을 이루는 원자 혹은 가장 작은 단위는 사물이 아니라 차이의 사건이다."[159]

---

159) 클레어 콜브록, ≪들뢰즈 이해하기≫ 한정헌 옮김, pp. 110~112, 2007년, 그린비.

<남성과 여성으로 본 존재와 생성>

남성(권력화: 동일성 추구)	존재(실체가 있음: 잠재성의 특수한 형태)	점을 잇는 선과면	차이의 관계 (관계의 구조)	정신의 종합 (인과관계)
여성(비권력화: 차별성 추구)	생성(실체가 없음: 잠재적 총체성)	무수한 점의 매트 릭스(matrix: 자궁)	창조적 차이 (차이의 사건)	생명의 종합 (되기/생성의 접속)

　　세계의 철학은 이제 존재와 생성의 양극에 도달하였다. 존재는 반드시 생성을 되찾고, 생성은 반드시 존재가 된다. 이것은 전체와 부분의 역동이기도 하다. 존재는 어디에선가 끊어짐이 있다. 그러나 존재의 한 끝에는 생성의 단서가 있다. 이것이 존재가 생성으로 들어가는 문이다. 존재는 부분이고 생성은 전체이다. 생성은 전체이면서도 잠재적 전체이다. 부분적 존재는 부정적 존재이다. 부정함으로써 존재하게 되는 것이다. 생성적 존재는 긍정적 존재이다. 긍정적 존재는 존재한다고 말하지 않는다. 존재를 말하는 것은 자신이 부분임을 말하는 것이다. 진정한 진리는 말하지 않는 진리이다. 반대진리를 말하는 것이 아니라 말하지 않는 진리이다. 말하지 않음으로서 말하는 것의 다원다층의 음양을 벗어나는 것이다. 말하지 않음으로써 태극 - 태양과 태음 - 의 실체를 몸에 느끼는 것이다.

　　느끼는 것은 생성이고 전체이고, 아는 것은 부분이고 존재이다. 우주의 가변성과 불확실성이야말로 진정한 진리이다. 동양의 음양사상은 느낌과 이미지에서 출발하였다. 음양은 처음부터 차이이고 반복이고, 상징이고 생성이다. 음양은 존재가 아니다. 음양은 끝없는 관계의 연속이다(그래서 필자는 앞에서 다원다층의 음양학, 역동적 장의 개폐이론을 주장했다). 음양은 음 자체가 카오스이기 때문에 카오스를 추구하지 않는다. 카오스는 당연한 것이다. 어떻게 보면 음양사상은 이미 카오스를 중심으로 우주적 질서를 표현한 것이라고 볼 수 있다. 음양의 기호인 '음(--)과 양(━)'은 의미 자체가 생성적이기 때문에 일종의 수많은 의미의 가능성이다. 그런데 음양사상의 일원상으로 태극(太極)이라는 것이 있다. 태극은 다분히 생성론적인 음양체계에서 존재론적인 의미를 풍기는 것이지만 이로 인해 우주를 역동적이면서도 일원상으로 보게 하는 기호이다.

음은 양의 대칭으로서의 음이 있고, 음 자체로서의 음이 있다. 후자를 태음(太陰)이라고 한다. 양은 음의 대칭으로서의 양이 있고, 양 자체로서의 양이 있다. 후자를 태양(太陽)이라고 한다. 그런데 음양적 전통은 태음을 우선한다. 태음은 양이 들락거리는 구멍이고 그 구멍을 통해서 양을 낳는다. 물론 동양 문화권에서도 역사적으로는 양(陽)을 중시했다. 이는 거의 전 지구적인 '가부장제＝국가사회'의 영향으로 보인다. 동양에는 보이지 않는 것에 대한 경외의 전통이 일종의 선험적인 것으로 깔려있다. 음은 상형처럼 비어 있는 것이 특징이다. 동양문화의 가장 밑바탕에는 바로 비어있음을 중시하는 도가(道家)나 선가(仙家)의 전통이 깊이 뿌리박고 있다. ≪도덕경(道德經)≫의 첫째 구절과 둘째 구절을 보자.

첫째 구절에서 가장 중요한 대목은 바로 "이름이 있는 것은 만물의 어머니이다"이다. 문장의 콘트라스트로 볼 때 왜 모(母)에 대구(對句)가 되는 부(父)는 없고 모(母)만 있는가. 이것은 형상과 이름이 붙은 것은 어머니, 즉 여성에서 비롯된다는 것을 천명한 것이다. 그 뒤를 따르는 구절인 "그러므로 항상 욕심이 있으면 그 묘함을 보고 항상 욕심이 없으면 그 나타남을 본다."라는 것은 욕심, 즉 욕망이라는 것이 현상을 있게 하는 것을 말해준다. 여성과 욕망을 잇고 있다. 재미있는 것은 바로 묘함(妙)과 나타남(徼)이 같은 데(玄)서 나온다고 한다. 말하자면 현(玄)은 나타날 수도 있고 나타나지 않을 수도 있다는 뜻이다. 그런데 그 현(玄)마저도 중첩된 그 무엇이다.

둘째 구절은 점입가경(漸入佳境)이다. 아름다움과 추함의 상대성, 대칭성을 이렇게 극도로 완벽하게 추구한 구절은 인류의 문헌상에 다시 없을 것이다. 한마디로 무위자연(無爲自然)을 찬양한 것으로 보이는 이 구절은 첫째 구절과의 연속선상에서 보면 무위자연이야말로 여성성이라는 것을 은유한다. 앞에서 예를 든 도덕경 1장을 기억하면서 도덕경의 2장을 함께 보자.

02. 천하가 모두 아름다움의 아름다움 됨을 아는 것은 추함이 이미 있기 때문일 뿐이다. 천하가 착함의 착함됨을 아는 것은 이미 착하지 않음이 있기

때문일 뿐이다. 그러므로 있음과 없음은 서로 생하고 어려움과 쉬움도 서로 이루고 길고 짧음도 서로 비교하고 높고 낮음도 서로 기울고 소리와 목소리도 서로 조화롭고 앞과 뒤도 서로 따른다. 이 때문에 성인은 무위의 일에 거처하고 말하지 않음의 가르침을 행하고 만물은 거기서 만들어지지만 사양하지 않고 생하되 가지지 않고 행하되 기대지 않고 공을 이루되 거하지 않고 오직 거하지 않기 때문에 떠나지도 않는다.
(天下皆知美之爲美斯惡已 皆知善之爲善斯不善已 故有無相生難易相成長短相較 高下相傾音聲相和前後相隨 是以聖人處無爲之事行不言之敎 萬物作焉而不辭生而不有 爲而不恃功成而弗居 夫唯弗居是以不去)

이에 비하면 유가(儒家)가 들어서서 양은 음을 압도한다. 유가의 대표적인 경전인 《논어(論語)》 <子罕(第九)> 편에 이런 구절이 있다. 이 구절은 도덕경의 무위(無爲)가 아니라 유위(有爲), 혹은 인위(人爲)를 강조하고 강요한다. 여기서 색(色)이란 여색(女色)이다. 매우 남성중심의 사고에서 출발하고 있으며 여성성을 죄악시하는 것을 은연중에 풍긴다.

0918. 공자께서 말씀하셨다. "내 아직 덕을 좋아하기를 색을 좋아하는 것과 같이 하는 자를 보지 못했다."
LY0918 子曰, "吾未見好德如好色者也."

유교는 인륜(人倫=仁)과 선(善)을 추구하고 욕망을 억제하는 '존천리(尊天理), 알인욕(閼人慾)'의 종교이지만 색(色)이라는 것이 얼마나 본질적인 것인가를 역설적으로 말해주는 구절이다. '선(善) ≠ 호색(好色)'이다. 선(善)은 인위적으로 노력해야 하지만 호색(好色)은 자연이 해준다. 생물학적으로 보면 호색하지 않으면 자연에 문제가 있는 것이다. 그러나 도덕철학적으로 보면 호색은 억제되어야 하는 문제이다. 도덕경의 어머니, 만물을 생성하는 여성성은 논어에서 도덕이라는 존재성에 의해 억압됨을 볼 수 있다.

유교철학에서 여(女)는 색(色)이고 여색(女色)은 남자가 군자가 되기 위해 넘어야 하는, 극기해야할 대상이다. 이는 남성을 철저히 주체로 보고, 여성을 대상적으로 보는 것의 전형이다. 유교철학의 남녀에 대한 비대칭적 사고는 다음에서 결정적으로 드러난다. 예컨대 동물과 인간이 다른 점은 동물은 어머니만 알고 아버지를 모르는데 인간은 아버지를 알기 때문이라고 한다. 이는 어머니, 즉 모계를 완전히 무시하는 '모계=동물'이라는 사고의 일단을 드러낸다.

유교철학은 동양철학 가운데서는 서양철학에 흡사한 비대칭적(非對稱的) 철학이고 선형(線形)의 철학이다. 그러나 유교의 철학도 동양철학적 전통 위에 있는 것이기에 양(陽)을 주장하더라도 음(陰)에 대한 선험적 인식이 다르다. 양은 존재론적이고 음은 생성론적이지만 항상 음의 생성론을 잊지 않고 있다는 점이 서양과 다르다. 서양철학자는 결국 동양의 음양(陰陽)의 문제를 우주론적으로 보기보다는 성적(性的)으로 접근하는 경향이 있다. 이는 저들이 눈으로 보는 시각문화에 속하기 때문이다. 그런 점에서 관음(觀淫)이라는 것은 매우 중요한 포인트가 된다. 관음(觀淫)을 극복하여야 관음(觀音)에 도달하기 때문이다.

"음(陰)은 음(音)이고 색(色)은 색(色: 物: 淫)이다." 같은 구멍이지만 눈구멍과 귀 구멍은 다르다. 귀 구멍은 소리를 들으면서 유유자적하는 동안 눈 구멍은 사물을 다 강간해버렸다. 지구 어머니는 지금 버자이너를 열어놓은 채 지금 쓰러져있다. 공해로 기진맥진한 상태이다. 그러나 지구 어머니는 실신상태인데 여자들은 기고만장이다. 이것이 전체와 부분의 교착이다. 음속에 양이 있고, 양 속에 음이 있는 이치이다. 공해에 강한 여자들은 이제 도리어 팰러스가 되려고 하고 있다. 이제 제대로 제 기능을 하는 팰러스가 없다. 이제 "팰러스는 없다." 머지않아 여자들은 씨받이할 튼튼한 종마(種馬) 한 마리면 된다고 떠들어댈지도 모를 일이다. 옛날 가부장사회의 씨받이와 다르다. 이것이야말로 진정한 여자가 주인이 되는 씨받이다. 여자들은 따라서 비슷한 인간, 복제품 같은 인간을 재생산할 지도 모를 일이다.

서양의 팰러스는 근대에 들어 전 지구를 정복하였다. 그러나 그 결과는 행복이나 평화가 아니라 전쟁과 자원의 낭비로 인한 여러 환경문제를 발생시켰다. 서양에 의해 촉발된 산업과학 기술문명은 마치 페니스처럼 지구(지구 어머니)를 정복하였지만, 더욱이 우주세계를 개척하여 달에 인간의 깃발을 꽂았지만, 정작 이것은 위계적 질서 세우기에 불과하고 저들의 민주주의라는 것도 다른 세계의 희생 위에 건설된 것임이 자본주의-제국주의에 의해 드러났다. 서양은 이제 자신들의 죄를 속죄하게 된 것이다. 우주개발이라는 것이 인류를 행복하게 해 주는 것도 아니고 공연한 자신들의 정치적 위주(권력경쟁)과 전쟁에서의 우위(감시)를 위한 것으로 의미축소 되고 있다. 인류문명의 읽기는 언제나 이중적이고 다가적이다. 또 상호교체적이고 혹은 역설적이다.

'문자의 시대'에서 '사진의 시대'로 진행은 문자기호에서 이미지 기호로의 전환이다. 사진은 그것 자체로도 중요하지만 특히 영화·비디오·텔레비전으로 확대발전하면서 망각한 매체 권력으로 부상했다. 그런데 재미있는 것은 '영화 만들기'와 '영화보기'의 과정이 마치 물리학자가 미시우주와 거시우주를 관찰하는 것과 흡사하다. 영화와 물리학은 마치 하나는 예술에서, 다른 하나는 과학에서 평행적으로 발전하는 것 같다. 영화는 우주의 세계를 표현하기에 가장 적절한 매체로 부상하고 있다. 왜 그럴까. 영화는 어둠(어두운 극장) 속에서 필름에 담긴 빛(빛의 영상)을 보는 것인데 이는 마치 물리학이 어둠 속에서 천체(별빛)를 관측하는 것과 닮았다.[160]

필름은 본래 네거티브 필름(필름을 현상하면 색과 명암이 거꾸로 나온다. 슬라이드 필름은 포지티브 필름)이다. 이는 필름이 빛을 받아 영상을 담기 때문이다. 사진이나 영화를 보는 것은 필름에 담긴 빛(현재)을 보는 것이다. 영화와 물리학이 다른 것은 영화는 보는 영상에서 감정이입 등으로 감동을 받으면 된다. 그러나 물리학은 감동을 받는 것이 중요한 것이 아니라 그 빛을 다시 분석하여 물리학적 이론을 발견하거나 우주를 재구성하여야 한다. 물리학은 마치 신화를 다시 쓰는 것과 닮았다. 사진-영화는 복제가 예술이

---

160) 영화는 일상의 세계를 필름으로 찍어 현상하여(네거필름) 그것을 어두운 극장에서 다시 보는 것이다. 영화의 과정을 역순으로 보면 프린트 필름(포지티브 필름: 슬라이드 필름이나 사진을 인화한 실제의 칼라)←듀프네거티브(프린트 필름 제조용 네거티브 필름: 현상된 네거티브 필름에 촬영하지 않은 네거티브 필름을 서로 밀착시키면 네거티브의 네거티브가 되어 포지티브 필름이 된다. 이것이 프린트 필름의 완성이다. 그런데 이 프린트를 다시 네거티브 필름에 밀착 노출시켜 현상하면 다시 처음의 네거티브와 같은 또 하나의 네거티브가 탄생한다)←랏슈네거필름(포지티브)←오리지널 네가티브 필름의 순이다.

되도록 하였고, 결국 여러 가지 복제예술을 탄생시켰다.

영화는 포지티브한 빛 속의 사물을 네거티브 필름에 담아서 다시 어두운 극장에서 포지티브한 사물로 보여주는 것이다. 이에 비해 과학은 포지티브한 사물을 포지티브하게 담아서 어둠의 의문(네거티브) 속에서 다시 포지티브하게 보려는 것이다. 어둠의 의문이란 궁극적으로 물리학에서 주장하고 있는, 일종의 블랙홀과 같은 것이다. 이는 남성이 여성의 성을 탐색하거나 추구하는 것과 같다. 어쨌든 여성의 블랙홀(자궁)에 의해서 천지창조(재생산)가 일어나는 것이다.

자연은 열려져 있는데 닫혀져 있는 것으로 생각하고, 그 닫힌 것을 보기 위해 노력을 하는 것이 과학이라면, 여자는 열려져 있는 것인데 닫힌 것으로 생각하고 그 닫힌 여자를 열고자 노력하는 것이 남자들의 섹스이다. 그런 점에서 과학과 섹스는 반면교사이다. 우리가 흔히 물질이라고 하는 것은 자연을 닫힌 것으로 보는 것이라고 한다면, 남자들이 여자와의 섹스를 정복이라고 하는 것은 여자를 닫힌 것으로 보기 때문이다.

인간이 머리를 가진 존재, 생각하는 존재, 양성적 존재이다. 그러나 여자가 자연으로부터 연속성을 가진 존재이며, 보다 종의 영속에 있어서도 보다 근본적인 일을 하고 있다는 것은 자명한 이치이다. 섹스에서도 암컷이 암내를 풍기면 수컷이 섹스의 발동을 건다. 어쩌면 인간(Man)은 남자(man)로서 여자를 관음(觀洼)하는 존재이고, 문명의 과학은 자연의 블랙홀(BlackHole: 검은 구멍)을 바라보고 있다. 종교는 지금 보이지 않는 세계, 보이지 않는 소리를 보는, 즉 관음(觀音)하는 것을 목표로 하고 있다.

세계는 열리고 닫히는 운동의 조건과 역설, 상대적 개념들의 다원다층의 조합임을 보여준다. 과학과 관음과 영화와 종교는 서로 투사하고 은유하고 있다. 이것을 단지 접속하고 연결하고 있는 것이다. 스크린을 가진 영화는 기억과 의식의 메커니즘에 대해 보다 확실한 설명을 함으로써 흔히 철학과 미학에서 많이 사용하고 있다. 감각에는 아시다시피 안이비설신(眼耳鼻舌身)이라는 오감이 있고 그 위에 상위감각인 의(意, 意識)가 있다. 이것을 감지(感知)라고 한다.

"기억의 조합인 해석은 순수의식의 스크린에 파문을 일으킨다. 이 파문은 기록되어 나중에 기억으로 사용된다. 이 때 '나'라는 이름표가 붙는다. 그래서 '나는 안다'가 된다. '나'라는 것은 일종의 메타감지이다.

순수의식의 장에 1차적인 감각의 흔적들이 전체 기본적인 흐름을 네크워크화한 후 공통개념이 추출되고(이것이 2차적 감지이다), 3차적 감지가 형성되어 메타감지가 생겨난다. '나'라는 감지도 일종의 기억이다. 무엇보다도 대상인 '너'를 알기 위해서 기본적으로 의존하는 것은 '나'라는 주체의 느낌이다. 감각에는 순수느낌이 있고, 다른 하나는 기억에 의존한 상(相)을 보는 감지가 있다. 감정마저도 2차적 감지들의 관계에 의해서 발생하는 3차적인 프로세스 과정이다.

모든 감각을 통해 우리가 맨 느낌으로서 경험하는 것은 1차적 체험이고, 차갑다고 느끼는 것은 2차적 체험이다. 생각도 다른 것과 마찬가지로 1차적 체험과 2차적 체험이 동시에 있다. 1차적 체험은 의식의 스크린에 생각이 나타났다가 사라질 때 느껴지는 것을 말하고, 2차적 경험이라는 것은 그 생각들이 어떤 의미의 맥락이 있는 스토리로 다가오는 것이다. 의미라는 것은 결국 생각들 간의 관계가 만드는 2차적인 느낌이다."[161]

영화의 동화상은 실은 정화상을 빠른 속도로 돌림으로써 얻어지는 연속성의 결과이다. 실지로 이미지가 활동하는 것은 아니다. 다시 말하면 생성적인 우주의 실체, 파동하는 에너지의 바다인 우주가 아니다. 이것은 인간의 생각의 바탕이 되는 기억에서도 마찬가지이다. 이것은 기억의 단편들이 스토리, 텍스트를 만들어내는 것과 같다. 영화라는 기호는 말과 같이 통사구조를 만들어냄으로써 우리들에게 2차적인 상(相)을 보여주는 것에 불과하다. 감각 이전에 존재하는 출렁이는(파동하는) 우주의 실체가 아니다.

---

161) 이원규, ≪깨어있기 - 의식의 대해부≫, 131~137쪽, 2009, 미내사클럽.

<음양론으로 본 과학과 종교, 그리고 영화>

陽의 陽(科學)	陽의 陰(心理)	陰의 陽(藝術)	陰의 陰(宗敎)
과학(科學): 눈으로 보기/ 뉴턴물리학 및 볼륨의 세계를 눈으로 보기/positive	관음(觀淫): 눈으로 섹스하거나/ 음부(陰部) 등 미지의 신비 보기 /positive – negative	영화(映畵) – 비디오 종합예술/미시 · 거시 물리학으로 블랙홀(BlackHole)보기/negative – positive	관음(觀音): 귀로 듣기/세계의 일원상을 소리로 깨닫는다. 사물에서 파동을 느낌/negative
보이지 않는 것을 제외	**보이지 않는** 것을 봄	**보이지 않는** 어둠에서 사물보기	**보이지 않는** 소리를 듣기
태양(太陽) (시각문화)	소음(少陰) (시각→ 청각)	소양(少陽) (시각 ←청각)	태음(太陰) (청각문화)

들뢰즈는 서양에서 태어났고, 서양철학적 전통 위에서 서양철학적 반동으로 존재한다. 예컨대 그의 '뿌리 – 줄기' 혹은 '땅 – 줄기' 등으로 번역되는 '리좀(Rhizome)의 철학'이나 '여성 – 되기'(becoming – woman)는 매우 동양적 음(陰)의 전통을 추구한다. 그러나 아직도 비대칭과 대칭, 구조와 해체, 존재와 무, 남자와 여자 등에서 전반적으로 동양의 음양의 전통에 미흡한 형편이다.

이는 물론 들뢰즈 개인의 책임이 아니다. 서양철학의 존재론적 전통과 이에 대한 반발로서 들뢰즈의 철학이 있기 때문이다. 아직도 들뢰즈는 동양의 음(陰)사상에 대해 적확하게 이해를 못하고 있다. 말하자면 양의 대상으로서의 음이 아니라 음 자체로서의 음에 대한 이해가 부족하다. 들뢰즈는 동양의 사상체계로 보면 소양적(少陽的) 인식에 그친다. 소양적 인식이라는 것은 음을 기초로 양이 이루어져 있다는 것을 느끼는 것이다.

시각문화는 팰러스적이고 청각문화는 버자이너적이다. 시각은 눈을 떠서 사물을 적극적이고 능동적으로 바라보아야 하고, 청각은 듣고 싶지 않아도 들리는 소극적이고 수동적인 것이다. 눈을 파동을 발신하는 것이고, 귀는 음파를 수신하는 것이다. 눈은 보기 위해서 가까이 옮겨 다녀야 하고, 귀는 옮겨 다니지 않아도 멀리서도 듣게 된다. 눈은 서양적이고, 귀는 동양적이다. 소리가 인간의 감각 중에 가장 자연에 가까운 것이라는 점은 주의할 만하다. 인간의 육근(六根) 가운데 가장 자연의 본래 모습을 가지고 있는 것은 소리인데 불교에서는 일찍이 이것을 직관적으로, 경험적으로 안 듯하다.[162]

---

162) 관음(觀音)이라는 말을 직역하면 '소리를 본다' '진리를 깨우친다.'는 뜻이다. 소리는 듣는 것인데 왜 보

그래서 불교의 최고의 깨달음의 경지를 관음(觀音)이라고 말한다.

서양문화는 동양문화와의 비교적 관점에서 보면 확실히 '펠러스 문화'이다. 남근위주이다. 그래서 오이디푸스콤플렉스 문화권이다. 그래서 라캉에 의하면 '그(the) 여성(女性)은 없다'라는 데에 도달한다. 이에 비하면 동양은 '버자이너 문화'이다. 확실히 음(陰)을 우선하는 문화이다. 그래서 '음양'(陰陽)이라고 하고, '양음'(陽陰)이라고 하지 않는다. 비록 지구적 가부장사회로의 전환에 동양도 함께 했지만 말이다. 동양은 음(陰)을 존중하는 전통을 가지고 있다.

들뢰즈에게 있어 욕망은 구조를 낳는다. 구조는 대칭이다. 대칭은 질서이다.[163] 구조의 해체는 대칭의 해체이다. 대칭의 해체는 무질서, 즉 카오스이다. 질서와 무질서의 변증법이 이 때 발생한다. 그러나 이(理)의 입장에서 변증법이 일어나는 것과 기(氣)의 입장에서의 그것은 다르다. 전자가 서양이

는 것인가. 이것을 의역하면 아마도 감각의 통합, 감각의 초월, 전체적인 깨달음을 표현하기 위해서 소리와 함께 (눈으로) 색을 보는 것을 교차시킨 듯하다. 이보다 감각의 초월성을 달성하는 말은 없다. 그렇다면 소리를 가장 많이, 전체적으로 접할 수 있는 곳은 아마도 바다인 듯하다. 바다는 실지로 망망대해에 푸른색과 파도만 있고, 바다는 실지로 파도를 통해서 인식된다. 바다는 아무 것도 없고 소리만 있는 곳이다. 귀로 듣는 소리는 또한 인간의 감각 중에, 예컨대 눈으로 보는 색보다 자연에 가까운, 왜곡되지 않은 가장 자연스러운 감각이라고 한다. 물론 관(觀)이라는 말에는 관통(觀通, 貫通)이라는 뜻이 있고 이것은 단순히 눈으로 보는 것을 뜻하는 데에 그치는 것은 아니다. 바다만큼 관음과 궁합이 맞는 것도 없을 것이다. 관음신앙의 소의경전인 ≪법화경≫〈관세음보살보문품〉에는 "묘음(妙音), 관세음(觀世音), 법음(法音), 해조음(海潮音)이 저 세간음(世間音)보다 낫다."는 대목이 있다(≪법화경≫(李耘虛 譯, 동국대 역경원, 1992) 385~386쪽). ≪능엄경≫ 제 6권에도 이들 네 가지 소리가 나온다(≪능엄경≫(李耘虛 譯, 동국대 역경원, 1991) 268쪽). 또 6권에는 "진정한 삼매에 들어가기 위해서는 들음으로써 들어간다(欲趣三摩提 實以聞中入)."는 구절이 있다. 능엄경에 '이근원통'(耳根圓通)이라는 말이 있다. 능엄경은 바로 이것을 수행의 근본으로 삼는다. '귀로 원융회통의 경지에 들어간다.' 이 말의 진정한 뜻은 무엇일까. 적어도 경험적으로 이러한 소리의 묘미를 깨달았다는 뜻일 것이다. 소리는 방해 받지 않고 바로 '자연 그대로'에 들어가는 마력이 있기 때문일 것이다. 이 때 자연이라는 말은 자연의 일원상을 말한다. 일원상이 이(理)·체(體)에 속한다면 기(氣)·용(用)에 속하는 것이 소리이다. 소리 가운데는 어떤 소리보다 파도소리이다. 파도소리는 소리의 모든 면, 전체상을 내포하고 있다. 또 수평선만 바라보이는 가운데 들리면 파도소리는 그야말로 불법의 원융상을 감각적으로, 비유적으로 보여주는 모습이다. 바다는 또한 해인(海印)으로 흔히 비유된다. 의상의 법성게(法性偈)에 보면 능인해인삼매중(能仁海印三昧中: 부처님 같이 해인 삼매 중에 있으면), 번출여의불사의(繁出如意不思議: 마음먹는 대로 불가사의한 일이 자주 일어난다)이라는 구절이 나온다. 이 또한 바로 바다에서 은유할 수 있는 결정적 구절이 아닌가. 용은 흔히 여의주(如意珠)를 물고 있다고 한다. 깨달음, 바다, 여의주 등은 바로 용과 하나가 되는 상징들이다. 파도소리를 듣기 위해 홍련암에는 관음굴(觀音窟)이 있고, 보문사에는 굴법당(窟法堂)이 있고, 보리암에는 음성굴(音聲窟)이 있다.

163) 구조인류학에서는 미개원시 사회의 대칭적 세계를 비대칭적 세계로 전환시킨 것을 소위 '문명적 질서'라고 말한다. 문명적 질서란 선형적 세계이다. 들뢰즈는 여기에 한 수 더 떠서 질서를 전복시킬 수 있는 카오스를 설정함으로써 소위 '나무줄기'와 같이 두 개로 갈라지는 분기(分岐, bifurcation)를 질서에 포함한다.

고, 후자가 동양이다. 이(理)는 욕망하면서도 항상 불안해하면서 욕망한다. 반면에 기(氣)는 욕망하면서도 항상 기다리면서 욕망한다. 여자도 욕망하지 않는 것은 아니다. 여자는 움직이지 않으면서 정점을 기다린다. 여성은 영토화할 필요가 없다. 자신이 영토이기 때문이다. 따라서 여성은 남성의 영토화에 의해서 영토화와 탈영토화가 동시에 일어난다.

들뢰즈는 ≪차이와 반복≫에서 수동적 종합을 거론한다. 욕망은 생산이고 종합 자체이다. "욕망이 먼저 생명 자체로서 존재하고 나서 유기체들을 종합하고 접속하고 생산한다고 생각할 때 비로소 설명될 수 있다고 주장한다."[164]

"우리가 욕망을 실제로 긍정하는 것은 오직 종합을 수동적으로 느낄 때에만 가능하다. 종합이 능동적인 것이라면 그것은 어떤 사물, 존재 혹은 주체의 활동이 되고 말 것이다. 그렇다면 그것은 존재하지 않는 것과 관계될 것이다. 주체는 자신의 세계를 종합할 것이고, 정신은 그 경험을 종합할 것이다. 그러나 수동적 종합은 존재를 우선하는 행위자나 주체에 정초하지 않고, 단지 생산과 접속만이 있음을 안다. (중략) 욕망은 차이의 긍정, 혹은 생산이다. 이는 차이가 그것 각각의 생성에서 상이한 것임을 시종 염두에 두고 있다. 그러나 우리는 이런 욕망의 긍정적 관념을 전인간적인 수동적 종합과 함께 생각해 볼 필요가 있다. (중략) 그러므로 생성은 객관적 세계에 반응하는 행위자의 행위가 아니라, 욕망이고 종합이다. (중략) 생명의 종합이 수동적이라고 보는 것은, 그것의 전적으로 열린 내재적 본성, 즉 어떠한 조직화하는 바탕이나 우선적인 의도, 존재 혹은 형식 등에도 종속되지 않는 본성을 인식하는 것이다. 욕망은 오직 욕망 그 자체로부터 그 자체만을 향하는 생명의 긍정이자 생산일 뿐이다. 어떤 행위자나 어떤 대상의 욕망이 아니다."[165]

들뢰즈에겐 주체가 '욕망의 대상으로 주체'가 아니다. 이는 라캉에서 많이 멀어진 것이다. 욕망은 주체 혹은 대상과 상관없이 오직 생명의 긍정이자 생산이 된다.

---

164) 클레어 콜브록, ≪들뢰즈 이해하기≫ 한정헌 옮김, p. 238
165) 클레어 콜브록, ≪들뢰즈 이해하기≫ 한정헌 옮김, pp. 239～241

<동양의 음양생성에서 본 들뢰즈의 여성-되기(becoming-woman)>

존재론적(양음) 문화권(서양문화) /팰러스(phallus)		생성론적(음양) 문화권(동양문화) /버자이너(vagina)	
태양(■■: 陽陽)	소음(☰■: 陰陽)	소양(☰■: 陽陰)	태음(☰☰: 陰陰)
理發理局	理發而氣隨之	氣發而理乘之	氣發氣局
시각문화/관음(觀淫)		청각문화/관음(觀音)	
라캉적 팰러스/ 버틀러의 레즈비언 팰러스/ 들뢰즈의 여성-되기: 아이-되기/ 동물-되기 분자-되기 (becoming-woman) 기표(記表, signifiant)의 하느님 =The God Father		무지음(無之陰)/무위자연(無爲自然) 우주적 태음(太陰)/무상정등각(無上正等覺) 지구 어머니(자연) 되찾기: 보이지 않는 것의 그릇-되기 /태반-되기/애니미즘의 부활 (The Great Mother, Mago) 기의(記意, signifié)의 하느님 =The God Mother	

코드가 한 사회를 지배하는 질서라면 코드 밑에서 언제라도 그것을 전복시킬 수 있는 것이 카오스(chaos) 즉, 욕망이며 이러한 카오스에서 코스모스(cosmos)가 형성, 변형, 해체되어 가는 것이다.

들뢰즈에 앞서 욕망이론을 전개했던 라캉에게 있어 남근(phallus)은 '특권을 가진 기표'(privileged signifier)였다. 그래서 라캉은 "주체는 결핍(manque)이요, 욕망(desire＝욕구need-요구demand)은 환유이다."라고 말했다. 주체는 욕망의 대상으로 존재한다. "대상은 신기루처럼 잡는 순간 저만큼 물러난다. 대상은 욕망을 완전히 충족시킬 수 없기에 인간은 대상을 향해 가고 또 간다. 죽음만이 욕망을 충족시키는 유일한 대상이다. 욕망은 기표이다. 그것은 완벽한 기의를 갖지 못하고 끝없이 의미를 지연시키는 텅 빈 연쇄고리이다."[166]

그래서 "대상은 실재처럼 보였지만 허구가 아닌가. 대상을 실재라고 믿고 다가서는 과정이 상상계요, 그 대상을 얻는 순간이 상징계요, 여전히 욕망이 남아 그 다음 대상을 찾아 나서는 게 실재계이다. 그리고 이에 실재라고 믿었던 대상이 대타자이고, 허구화된 대상이 소타자이다. 그래서 '$\$ \diamondsuit a$'이라는 공식이 나온다. $는 주체이고, a(오브제 아, 혹은 프티 아)는 주체로 하여금 욕망을 끊임없이 불러일으키는 허구적 대상이다. 마름모꼴 ◇은 대상이

---

166) 권택영(엮음), ≪자끄 라캉, 욕망이론≫ pp. 18～19, 1994, 문예출판사.

결코 주체의 욕망을 채울 수 없는 결핍이다. 실재에 나타나는 틈새요, 구멍이다."167)

남근 중심의 욕망의 결론은 '여성은 없다'(無陰)이다. 남근문화인 서양에서 여성은 자신이 남근을 가지고 있는 것처럼 '보이도록(to seem)'한다. 그러나 그것은 불가능하다고 본다.

"그녀는 스스로 남근이 되려는 목적을 가지고 자신의 행동을 모두 그 목적에 맞는 이상적이고도 규정적인 형태로 투사시킨다. 그러나 그 이상은 곧 불가능한 것으로 드러난다. 왜냐하면 여성은 단지 성적 결합이라는 우스꽝스러운 행위(comedy) 속에서만 남근이 될 수 있기 때문이다(성적 결합이 우스꽝스러운 이유는 여성이 타자의 욕망의 대상이 되지 못하고 단지 남성의 성적 만족의 대상으로 간주되기 때문이다.(생략)

타자의 욕망의 대상이 되기를 원하고 타자에게 사랑받기를 갈구했던 여성은 자신의 소망이 이루어지는 순간 자신이 아닌 타자가 되는 것이다. 그녀는 자신의 사랑에의 요구를 전달할 대상을 남성의 육체에서 발견한다. 그러나 잊어버려서는 안 될 것은 육체의 기관이 욕망의 기표가 될 수 없다는 사실이다.(생략) 그러나 여성은 남성에게서 자신의 욕망의 기표를 발견하기 때문에 그녀의 욕망은 남성에 비해 덜 억압되어 있다(그녀는 결코 획득할 수 없는 남근 대신에 남성이 제공해준 또 다른 남근 즉 아이를 쉽게 소유할 수 있기 때문이다).(생략)

남근은 고정될 수 없는 기표이기 때문에 남성의 욕망은 늘 또 다른 여성을 향하게 되고 남성에게 여성은 처녀이거나 창녀일 뿐이다. 성적 대상으로서의 여성은 곧 애정의 대상으로 변모하고 남성의 욕망은 또 다른 여성을 향하게 되는 원심운동이 생겨난다. 계속해서 여성의 남근으로 남으려는 남성에게 불능(impotence)은 참을 수 없는 것이 된다. 반면 남성에게는 자신의 욕망이 억압된다는 사실이 여성의 경우보다 더 중요하게 인식된다."168)

라캉에 따르면 남성과 달리 여성에게는 '희열'(jouissance)이라는 게 있다.

---

167) 권택영(엮음), 같은 책, p. 19.
168) 권택영(엮음), 같은 책, pp. 271~272.

"'희열'이라는 게 있다. 우리는 지금 희열이라는 걸 다루고 있는데 육체의 희열, 그걸 표현할 수 있다면 아마도 그건 '남근을 넘어서(beyond the phallus)'일 것이다. 이 말을 꽤 그럴 듯하고 여성해방운동에 어떤 계기를 줄 수 있을 것이다. 남근을 넘어서 '희열'이라는 것.... (생략) 이 '희열'을 '음부의(vaginal)'라고 부르고 자궁입구의 아래쪽에 대해 예기하고 그외 다른 바보 같은 얘기를 할 수밖에 없었다. 만일 정말 그녀가 그것을 경험할 뿐 그게 무언인지 모른다면 우리는 이 악명 높은 불감증에 대해 의혹을 던질 수도 있으리라.(생략) 그들은 남근을 넘어서는 '희열'이라는 게 분명히 있다고 느낀다. 그것이 우리가 신비한 것이라고 부르는 것이다.(생략) 자신의 숙고하는 시선과 그를 바라보는 신의 시선을 혼동하는 것은 도착적인 '희열'이 그 속에 들어있기 때문이다."[169]

라캉은 여성의 희열을 도착이라고 했지만 실은 도착은 당연한 것이다. 도리어 희열의 오르가즘이 훨씬 오래가고, 몸 전체로 퍼져가는 것이고, 경우에 따라서는 몸 전체가 페니스가 되는 총체성의 것이다. 예컨대 여성적 희열 같은 것이 아니면 결코 인간의 신체적 오르가즘을 자연 전체와 동일시하는, 무의식의 깊은 곳까지 미치는 오르가즘이 될 수 없다. 남성의 오르가즘은 자아에 매진하지만 여성의 희열은 무아지경으로 들어간다. 무아지경은 결코 결핍이 아닌 것이다.

남근 중심의 욕망은 주체를 '결핍'이라고 했지만 여성 중심의 욕망은 결핍이 아니라 '비어있음'(empty)이다. 다시 말하면 페니스를 가진 남성은 도리어 결핍(거세공포)을 가진 데 반해 페니스를 가지지 않은 여성은 실은 비어있음(남근 없음의 상실이 아니다)이 되어 도리어 페니스를 받아들여 자식을 생산한다. 이때 여성은 매우 생산적이다. 그래서 자연과의 관계에서 여성은 남성보다는 당당하다. 섹스 그 자체를 보면 남성은 직접적으로 오르가즘에 도달하는 반면, 여성은 남성에 의해 간접적으로 오르가즘에 도달한다는 점에서 저자세이지만 자연과의 합일이라는 점에서 여성은 고자세로 당당하

169) 권택영(엮음), 같은 책, pp. 284~286. 라캉의 〈신, 그리고 그 여성의 희열(God and the jouissance of The Woman)〉은 1982년에 jacquelline Rose가 영역한 〈Feminine Sexuality〉 속에서 옮긴 것이다. 원래 이 글은 라캉이 1972년~73년 펴낸 Encore의 세미나 xx, 6장에 실려 있던 것이다.

다. 자식을 낳은 여자가 당당한 이유는 여기에 있다.

기표적(記表的)으로 보면 여근은 상실이지만, 기의적(記意的)으로 여근은 생산(reproduction)에 이른다. 남자는 그래서 별도의 욕망의 끝없음(환유)에 시달려야 하고, 몸 밖에서의 생산(production)을 하지 않으면 안 된다. 남성의 생산은 자연으로 볼 때 어디까지나 간접적이다. 남성은 여성을 통해 자신의 유전자를 후세에 전한다.

들뢰즈는 이렇게 말한다. "기표는 스스로를 관계의 변형의 생산이나 종합이 아니라, 어떤 선행하는 의미의 재현으로서 드러난다."[170] 들뢰즈가 라캉을 극복하는 지점이 바로 여기다. 라캉은 오르가즘에 머물고 있고, 생산에 이르지 못하고 있다.

기표가 기의에 선행하는 것이 아니라 단지 기의, 즉 의미의 표상으로서 기표가 발생하는 것이다. 의미는 끝없는 정보의 파동이다. 정보의 파동을 기표가 타는 것이지, 기표가 정보를 만드는 것은 아니다. 의미는 파도이고 기표는 파도를 타는 것이다. 그런데 이것을 정반대로 기표의 파동을 의미가 타는 것으로 보기 쉽다. 이는 조선조에 율곡(栗谷)과 퇴계(退溪)의 이기(理氣)논쟁에 비유된다. 율곡의 기발이승 이통기국(氣發理乘 理通氣局)이 바로 기표가 기의를 타는 것이다. 율곡은 결국 과정에서는 이(理)가 개입하지만 결국 종국에는 기(氣)라는 것이다. 이것은 주기론적(主氣論的) 입장이다.

이에 비해 주자(朱子)의 이발이기수지(理發而氣隨之), 기발이이승지(氣發而理乘之)는 기의가 기표를 따르거나 기표가 기의를 타는 것이다. 이 주장은 이(理)가 먼저 발하면 기(氣)는 따르는 수동적인 것이고, 기가 먼저 발하면 이가 그 위를 타기 때문에 역시 수동적이다. 둘이 동시에 발할 수 있지만 우위는 역시 이(理)에 있다. 퇴계의 이기호발(理氣互發)은 둘 다 동시에 발할 수 있다고 함으로써 주리론적(主理論的) 입장이다. 이기론쟁이 남녀이성행위에 은유되는 것은 철학의 언어와 섹스가 결국 통하는 유사성이 있기 때문이다.

---

170) 클레어 콜브룩, ≪들뢰즈 이해하기≫ 한정헌 옮김, pp. 244245.

동양철학에서는 여성은 '무한한 음(無之陰)'을 말한다. 음(陰)은 무한(無限, 無量)의 또 다른 이름이다. 유형의 것에 중심을 두면 없다는 것이 '있지 않음'이 된다. 그러나 무형의 것에 중심을 두면 '없음의 있음'이 된다. 이는 무한히 있음이다. 비어있어야 무한히 있음이 된다. 팰러스 중심으로 보면 '여성은 그것이 없는 것'이 되지만 반대로 버자이너 중심으로 보면 여성은 '성이 없는 것'이라기보다는 우주전체와 섹스를 하는, 다시 말하면 '팰러스가 없는 것이 아니라 모든 팰러스를 받아들이는 자족적 존재'가 된다. 가부장제는 여성을 '남근 없음'으로 몰아세우지만 실은 여근이야말로 어떤 남근을 받아들여도 자식을 생산하는 자연의 재생산에 참여하는 특권을 가진 것이다. 여성은 몸으로 이미 자족적이고 완성되어 있는 존재이다.

남근이 누리는 절정을 누리지 못하는 여근은 도착적인 희열(가짜의 절정)을 느끼는 것이 아니라 여성의 절정은 주체(개체)를 넘어 자연으로 연결되는 통로, 혹은 자연의 종(種) 전체로 연결되는 주객일체의 잠시 동안의 무(無) – 이것을 육체 자체의 열반이라고 말할 수 있다 – 에 이른다. 물론 이 속에서 남근과 같은 절정을 누리는 여근도 있을 수도 있지만 처음부터 여근의 설계는 절정만을 위한 것이 아니라 자연의 생산에 이르게 하는 자족(self – satisfaction)의 시스템이다. 남근의 기표는 의미작용을 가능하게 하지만 여근의 기의는 이미 무한한 의미이다(여근은 무한한 의미의 창고이다).

무위자연(無爲自然)의 진정한 의미는 여기에 있다. 남근과 기표에서 여근과 기의를 의미규정하면 결국 여근과 기의는 수동적인 것, 소극적인 것, 부정적인 것, 그리고 '없는 것'이 되지만 반대로 보면 여근과 기의는 남근과 기표의 바탕(matrix)이 되는 것이다. 문명과 존재와 남근은 자연에 대해 배반한 것이지만 그것을 다시 반역하면 자연은 본래의 생성으로 돌아간다. 여근의 의미는 생성과 지혜와 깨달음의 완벽한 기의이다. '무상정등각(無上正等覺)의 진정한 의미는 여기에 있다. 남근은 자아(自我)이지만 여근은 무아(無我)이다. 무아는 자아의 없음이 아니고 자아의 바탕이다.

이것은 지금껏 우리가 대상이라고 여겼던 것은 대상이 아니요, 반대로 우리가 주체라고 여겼던 것은 주체가 아니라는 것을 말한다. 다시 말하면 주

체와 대상이라고 하는 것은 서로 교환될 수 있는 주체 – 대상, 혹은 대상 –
주체의 이원대립항에 불과한 것이며, 실재가 아니다. 실재는 무(無) 혹은 기
(氣)라고 하는 편이 옳다. '무'를 '유'의 대칭으로 사용하여 '무'를 '없음'이
라고 할 것이 아니라 '무'를 기표로 사용함으로써 의미작용을 일으켜서 '무'
를 '의미 없음'이 아니라 '완벽한 기의'로, '무한한 의미'로 사용하여야 한
다. 이는 '매체와 타자가 바로 의미'라는 현대 예술철학과 미학의 개념과도
통한다.171)

자아의 남근은 존재에 머물지만 무아의 여근은 생성에 참여한다. 여기서
우리는 발견할 수 있다. 가부장제의 <정신 – 언어(기표) – 남근>이 가지는 허
위성과 <물질 – 몸(기의) – 여근>이 가지는 실재성을 말이다. 그래서 모계사
회의 복원이 필요하고, 그것은 총체적으로 정신과 언어에 대한 대칭으로서의
물질과 몸을, 물질과 몸으로 비하하는 것이 아니라 도리어 그것을 신적(神的)
인 것으로 격상하는 애니미즘(animism)이 필요하다(분자 – 되기). 이 애니미즘
은 미신도 아니고 물신숭배(fetishism)도 아니다. 자본주의와 유물론이 똑같이
물신숭배에 빠지는 까닭은 애니미즘의 진정한 의미 – – 기(氣)의 세계를 모르
기 때문이다. 그러한 점에서 우리는 원시미개인들에게 배워야 한다.

들뢰즈는 서구문명의 문제점을 잘 알고 새로운 피난처로서 리좀을 제창하
였다. 그러나 그는 여전히 '남근의 기표'에서 완전히 떠나지 않고, 그것을
붙잡고 있으며, 그것은 마치 권력의 허무를 말하면서도 그것을 끝내 놓아버
리지 않는(놓아버리지 못하는) 서구문명과 같은 것이다. 예컨대 자아 – 주체
가 죽으면 세계의 무엇이 달라지는가. 무아 – 타자에 세계를 맡겨둔다면 무
엇이 문제인가. 이것은 기독교 – 자본주의와 유물론 – 사회주의의 대칭적 세
계에서 다른 코드를 찾지 못하고 계속 그것에서 갑론을박하는 끝없는 논쟁
과 같은 것이다.

---

171) 한국의 시(詩)에 '무의미시(無意味詩)'라는 것이 있다. 이는 '이미지즘(imagism) 시학'의 극치로 한국의
김춘수(金春洙) 시인이 주도하였다. 이는 충분히 '사물(이미지) 자체가 시(詩)'라는 것에 이르는 것이다.
시에서의 '무의미시'는 미술에서의 '오브제'와 같은 것이다. 무의미시는 독자에게 의미를 맡기는 '무한한
의미의 시'가 된다. 나열된 이미지 속에서 독자들은 자신들의 시를 쓰는 것이다. 이는 매체가 의미라는
것과 같은 맥락이다.

그래서 들뢰즈는 동양의 세계로 넘어오는 교량역할을 하고 있는 것이다. '‒되기'는 아직 동양적 생성(becoming)의 세계로 들어온 것이 아니다. 생성의 세계로 들어오기 위한 워밍업이면서 준비운동이다. 생성의 세계에서는 생멸이 바로 진여이다. 생과 멸이 이원대립항이 아니다. 생멸은 하나이다. 생성은 궁극적으로 '‒되기'가 필요 없다. 세계가 하나인 그 자체이다. 인류는, 특히 서양문화권의 사람들은 들뢰즈의 교량을 넘어오지 않으면 안 된다. 들뢰즈가 만약 생성의 세계에 완전히 들어왔으면 결코 자살하지 않았을 것이다. 저절로 죽음에 이르면 되는 것이다. 자살이라는 행위는 아직도 무슨 특별한 존재감에 의한 선택이다. '존재하지 않으면 자살하지도 않는다.'

인류는 이제 그동안 발전의 신화에 눈이 어두워 비천하게 서랍 속에 처박아 두었던 샤머니즘과 에콜로지를 다시 새롭게 끄집어내어 네오샤머니즘(neo‒shamanism)과 에코페미니즘(eco‒feminism)의 관점에서 세계를 바라보지 않으면 안 된다. "인간은 무당이고 자연은 여자다"라는 슬로건이 필요하다. 들뢰즈의 약점은 모계사회의 원리를 정확하게 모르는 것이다. 또 그것이 함유하고 있는 문명 전체의 의미를 소상히 모르고 있는 것이다. 그러나 들뢰즈만큼 모계사회의 원리에 도달한 서양인도 드물다. 아마도 마르크스 이후에 가장 근접한 인물이다. 한편으론 '욕망의 기계', 다른 한편으론 '신체 없는 기관', 그것의 종합으로서 '리좀'으로는 '우주적 어머니'에 대한 이해가 불충분하다.

우주 삼라만상에 여성은 다원다층적으로 무수하게 많다. 그 여성 가운데 무의식적(탈의식적, 초월적이 아닌), 무상정등각적(전제적이 아닌), 최소공배수적(최대공약수적이 아닌), 일반적(보편적이 아닌), 생성적(존재적이 아닌) 존재, 즉 생성‒존재가 바로 '하느님 어머니'이다. 이는 '하느님 아버지'가 있었던 것의 정반대에 있다. 그래서 여성은 진정 (천지를 창조한) '하느님 아버지'가 아니라 (저절로 천지가 된) '하느님 어머니'가 된다. '하느님 어머니', 즉 존재하지 않음이야말로 역동성과 열린 생성을 보장하는 것이다. 남근은 거세공포가 아니라 거세당함으로써 도리어 '욕망의 대상으로서의 여근'이 아니라 '생성의 우주적 어머니'를 발견하고 그것에 아이처럼(아이 되기) 안긴다. 그 어머니를 발견함으로써(여자 되기) 전쟁이 아니라 평화에 도달하고, 일종의 태내(태반 되기)에서의 평화를 우주 속에서 깨닫게 된다(분자 되기, 자연 되기).

팰러스, 즉 앞으로(pro‒) 밀고 들어가는 것은 자신이 생산하는 줄 안다. 문명이라는 프로그램(pro‒gram), 남자들의 생산(pro‒duction), 여자들의 재생산(repro‒duction)은 이를 나타낸다. 팰러스는 죽음조차도 일종의 생산이 된다. 들뢰즈는 현동성(positivity)과 내재성(immanence)으로 구조주의의 정태성을 넘어 생명의 변화 자체를 확보하려고 했다. 이것은 차이‒생성이다. 그러나 욕망(혹은 성욕)은 우주가 생성한 생성‒차이이다. 우주는 욕망이 어떤 문화적 체계를 거쳤는지에 대해, 혹은 그것에 대한 부정과 그것의 차이에 대해 생각하지 않는다. 우주는 또 어떤 한 생물종, 호모사피엔스에게 영원히 존속하는 특권을 주지도 않았다. 음양론이라는 것은 인간 종에게 해당하는 법칙도 아니다. 음양론은 우주적 생성‒차이에 대한 동양의 지혜의 결정이다. 인간은 이제 인간 종을 넘어 우주적 어머니, 태초의 허(虛)와 무(無)에 대해 생각할 때가 되었다.[172]

서양의 우주론은 천지창조(天地創造)조차도 '존재의(닫힌) 우주론'이다. 이에 비해 동양은 천지개벽(天地開闢)의 '생성의(열린) 우주론'이다. 동양의 우주론은 흔히 '태극(太極)↔음양(陰陽)'이지만 좀 더 복잡화하면 사상(四象) 체계, 즉 '태음(太陰)↔음양(陰陽)↔양음(陽陰)↔태양(太陽)'이 된다. 여기서 '태음'이라는 것은 바로 '하느님 어머니'에 해당하는 것이다. 동양의 천지창조 신화, 정확하게는 천지개벽신화 가운데는 마고(Mago)라는 태초의 '하느님 어머니'라는 존재(정확하게는 존재가 아니라 생성)가 있다. 프로이트, 라캉, 들뢰즈에 이르는 발전과정을 자세히 보면 서양의 페니스적 관점, 팰러스적 관점에서 동양의 버자이너적 관점에 이르는 도정이라고 할 수 있다. 들뢰즈는 바로 팰러스적 관점과 버자이너적 관점의 사이에 있다.

---

172) 들뢰즈는 불교를 수동적 허무주의(passive nihilism)라고 규정했다. 이는 불교적 세계를 너무 가볍게 본 것이다. 물론 그의 리좀(Rhizome)철학을 주장하기 위해서 행한 부정(negation)과 차이화(differing)의 결과이지만 불교적 세계는 인간의 상상계가 이룩한 가장 위대한 업적이라는 점에서 주의가 요망된다. 더불어 동양의 음양적 세계는 끝없이 열려진 우주적 생성에 대한 동양적 지혜의 결정이라는 점에 주의가 요망된다.

서양문명은 확실히 머리(생각, 기억)와 입(소리, 말, 음식)은 중시하지만 그 반대편에 있는 배설기관인 자궁과 항문을 잊어버린다. 그래서 존재와 차이를 말하지만 여전히 팰러스 중심적이다. 팰러스도 여전히 배설생식 기관의 하나임에도 불구하고 마치 이것이 머리에 붙어있는 양 착각하는 것이다. 이것이 서양문명을 권력지향적으로 만든다. 권력이란 존재 때문에 생기는 것이면서 동시에 허무도 그것에서 발생시킨다.

존재와 권력에 의해 발생하는 허무(虛無)는 생성과 비권력에서 의해 자각되는 허(虛)와 무(無)와는 다른 것이다. 후자는 존재에 의한 결핍이나 필요, 요구가 아니라 존재의 근원인 생성, 존재의 태반에 도달함으로써 도달하게 되는 만족이며 열반이다. 이 같은 만족이나 열반은 언어에 의한 것도 아니며, 음식에 의한 것도 아니며, 우주적 존재 자체에 흡족해 하는 전체(총체)의 자유이다. 이 자유는 초월적인 것이 아니라 도리어 한없이 일상에 헌신함으로써 얻게 되는 몸의 희열이다. 이것은 언어적으로 환원할 수 없는 그 무엇이다. 굳이 말하자면 이것은 초월(초의식, 초코드)과 욕망(무의식, 탈코드)이 만나는 자아(의식, 코드)의 완성이며 철학적 삼위일체이다.

남자는 일(一)이고 여자는 일체(一切)이다. 일체의 체는 온통 체(切)이지만 끊을 절(切)도 된다. 세계를 여성적으로 보는 것은 절편(切片)으로 보는 것을 말하고 동시에 절편으로 보아도 결코 전체가 손상되지 않는 것을 뜻한다. 말하자면 일체에는 전체와 부분이 함께 공존한다. 말하자면 작게 쪼개진 전체와 같은 것이다. 전체이면서 동시에 부분이다. 남자의 일은 추상이다. 여자의 일체는 구상이면서 추상이다. 여자는 존재와 생성을 동시에 가지고 있다.

유물론은 과학이 아니라 과학처럼 보이는, 유사과학의 종교이다. 이는 헤겔의 절대정신이 바로 강요하는 것과 같다. 헤겔은 존재체에 치중한 나머지 생성을 주체가 있는 운동(＝역사발전)으로 대체하였고, 마르크스는 생성을 생산(product)으로 대체하여 생산관계에서 생산수단의 소유유무를 통한 투쟁(＝계급투쟁)으로 대체하였다. 생산수단을 소유하지 못한 프롤레타리아와 그것을 소유한 부르주아를 구분하고 그들 사이의 영원한 투쟁을 촉구하였다. 그런데 문제는 생산관계를 통하여 평등을 실현하여 공산사회를 이루려는 운동은 결국 생산의 하향평준화와 빈곤이라는 막다른 골목에 처하게 되었다는 점이다. 이는 인간이 욕망의 동물이라는 것을 간과한 탓이다.

생산관계라는 것은 다분히 가부장사회의 남성중심의 개념이다. 여성은 처음부터 생산관계에서는 약자의 존재이다. 여성은 생산을 하기도 하지만 근본적으로 재생산(reproduction)의 존재이다. 생산관계는 재생산의 존재인 여성을 억압하고 소외시키는 것이다. 여성을 중심으로 평등을 생각하면 다분히 모계사회의 모델을 떠올리게 된다. 모계사회는 여성의 성을 억압하지 않는다. 모계사회란 남성의 특징인 전쟁과 군대를 멀리하는 것이긴 하지만 동시에 여성을 한 남자의 종속물로 보지 않고, 여성이 낳은 아이는 사회가 양육의 책임을 지지 않으면 불가능한 사회이다. 인구를 부양할 최소한의 생산을 통해 재생산된 아이를 키우면서 다음 세대에게 세상을 맡기는 것이 모계사회이다.

모계사회야말로 가장 자연스러운 가족사회이며, 스트레스가 없는 사회이면서 여자를 소유하기 위한 권력경쟁을 하지 않아도 되는 사회이다. 모계사회는 그러한 점에서 생산의 경쟁을 하지 않아도 되는 매우 환경친화적인 사회이다. 모계사회는 페미니즘과 에콜로지, 그리고 자유와 평등의 민주주의까지도 한꺼번에 달성할 수 있는 사회이다. 마르크스는 그것을 몰랐던 셈이다. 마르크스가 추구하는 공산사회는 바로 모계사회였던 것이지만, 마르크스는 가장 강력한 가부장사회의 서구사회에서 살았기 때문에 모계사회의 원리를 몰랐던 것이다.

오늘날 현대사회는 글자그대로 원시 모계사회로 돌아갈 수는 없고, 부분적으로 모계의 원리를 적용하는 것을 과제로 두고 있다. 그것은 '생산관계'에서 문제를 풀 것이 아니라 '재생산관계', 다시 말하면 섹스와 사랑, 결혼과 가족의 문제로 실마리를 풀어나가야 한다. 모계원리로 가족의 문제를 풀고, 그 가족을 바탕으로 다른 상위구조를 구축하면 되는 것이다. 들뢰즈의 안티오이디푸스도 그러한 노력의 일환으로 보인다.

〈질 들뢰즈에 대한 마고(Mago: 지구 어머니)적 해석〉

"사물과 사물들 사이에는 항상 무슨 일이 일어나고 변화가 있다. 존재의 진정한 의미는 눈에 보이는 것이 아니라 눈에 보이지 않는, 사물이 아니라 끊임없이 변화하는 과정이다. 구조주의는 세상에 보편적 원리가 있고 법칙에 따라 사물들이 어떤 방향을 따라 질서정연하게 놓이는 것을 말한다. 이는 결정론적 입장이다. 세계는 중심과 존재론적 근원이 있으며 선형적으로 배열되어 위계화 된다.

들뢰즈는 이러한 결정론을 배격하고 세계는 어떠한 중심도 없는 장이며 관계들이 펼쳐져 있는 면이라고 말한다. 위계는 고사하고 무질서한 네트워크라고 생각한다. 위계화된 사회는 변화와 흐름를 부정하고 고착되기를 원한다. 그러나 세계는 결코 이를 용납하지 않는다. 그래서 혁명이 일어나는 것이다.

들뢰즈의 철학은 '리좀(rhizome)'이라는 개념에 집약되어 있다. 리좀은 접속의 원리/비의미적 단절의 원리/(이질적 모든 것은 새로운 접속이 가능한) 이질성의 원리/차이가 차이 자체로 의미를 갖는 다양성의 원리 등으로 요약된다. 여러 존재들이 복잡하게 접속되면서 접속은 '그리고'를 만들어간다. 이는 나무처럼 질서정연한 위계의 체계가 아니다. 위계의 체계가 외적으로 부과하는 억압적 코드(code)들로부터 일탈하는, 마치 처음부터 계획도 없이 필요에 따라 '달아내는 집' '개미집'과 같은, 사방으로 접속되어 어디로 갈지 모르는, 상하좌우내외가 없는 것이 리좀인 것이다.

세계는 생성과 존재의 영원한 투쟁인 것이다. 생성의 동인(動因)은 욕망이다. 욕망은 그 자체로 보이지 않고 욕망이 현실화된 형태화된 것들만 우리가 보는 것이다. 욕망은 부정될 수 있는 것이 아니라 부정될 따름이다. 욕망의 억제 자체가 바로 또 다른 욕망이다. 구조는 욕망에 의해 만들어지고 이미 만들어져 있는 구조가 욕망에 영향을 끼친다. 이는 매우 가역적이다.

자본주의체제를 비롯한 어떠한 사회체제, 공산사회주이 체제도 욕망의 소산이며 그것은 그것으로부터 이탈하려는 욕망을 생산한다. 자본주의 사회체제는 부르주아 계급에 의해 만들어진 것이지만 오늘날 자본주의 체제 안에서 태어나는 사람들은 누구나 그 구조에 의해 길들여진다. 그러나 그런 구조를 전복시킬 수 있는 탈자본주의적 욕망 또한 존재한다.

공산사회주의 체제는 이미 욕망을 거역하였기 때문에 지구상에서 사라졌다. 저들은 평등의 욕망에 스스로를 기탁하였지만 결국 생산성의 부족 때문에 자본주의체제와의 경쟁에서 무릎을 꿇었다. 저들은 자유의 욕망에 결정적으로 실패하였다. 들뢰즈는 자본주의 체제를 공격하지만 자본주의 체제뿐만 아니라 어떠한 체제도 궁극적으로 변화를 요구받게 된다. 우리는 자본주의 체제 다음에 무엇이 올까를 생각하고 기대하지만 그것이 공산사회는 아니다.

공산사회가 아니라 여성중심사회, 신(新) 모계사회이다. 마르크스의 공산사회주의도 실은 자본주의의 반동에 불과한 것이었다. 여기서 반동이라는 것은 궁극적인 대안이라는 것이 아니라 대안을 위한 과정 중에 있는, 혹은 매개에 불과한 것이라는 말이다. 마르크스는 모계사회를 몰랐다. 마르크스는 인류문명사가 모계사회에서 대체로 지금부터 5천 년 전부터 인구의 증가와 그것의 부양을 위해서 좀 더 인구를 집중시키고 효율성을 높이기 위해서 도시를 만들었고, 그것이 국가가 되고, 제국이 되었다는 것을 몰랐다. 전쟁은 인류로 하여금 부계-가부장사회로 들어가게 했으며 산업혁명과 자본주의가 그것의 결과라는 것을 몰랐다.

전쟁은 남자의 팰러스의 '지구 어머니'의 정복을 말한다. 근현대에 들어 서양은 지구를 정복하고, 지구의 땅을 자신의 '하느님 아버지' 혹은 '자연과학'의 아래에 두었다. 마르크스는 서양문화권 내의 모순구조를 해독하였지만 인류의 문명사적인 사이클에 대해서는 무지했다. 기껏해야 루이스 모르건의 고대사회 수준이었다. 거기서 후기 공산사회를 상상했을 뿐이다. 그의 공산사회는 역사적으로 또 하나의 전체주의, 파시즘을 만들었을 뿐이다. 그 파시즘은 또 하나의 나무줄기였을 뿐이다. 그것은 서양의 또 다른 팰러스였다.

다시 말하면 마르크스는 작은 사이클을 알았지만 큰 사이클을 몰랐다. 자본주의 대 공산주의라는 대칭이 아니라 부계사회와 모계사회라는 또 다른 대칭에 대해 무지하였던 것이다. 기본적으로 남자가 여자의 성을 감시하거나 소유하는, 지구의 땅을 개인이나 혹은 어떤 누군가가 소유하는 체제는 모계사회의 법칙에 위배된다. 근본적으로 성(sex)과 땅(earth)은 소유되면 안 된다. 공유되어야 한다. 문제는 그것이 공유되어도 심리적으로, 사회적으로, 생산적으로 전혀 문제가 없어야 한다. 이것이 인류에게 남겨진 과제이다.

코드가 한 사회를 지배하는 하늘의 질서라면 코드 밑 땅속에서는 언제라도 그것을 전복시킬 수 있는 것이 카오스(chaos) 즉, 욕망이 도사리고 있다. 이러한 카오스에서 코스모스(cosmos)가 형성, 변형, 해체되어 가는 것이다. 카오스가 바로 모계사회, 지구의 어머니, 기(氣)의 세계이다. 기(氣)는 기관(器官)이 아니다. 기는 기계(機械)가 아니다. 그러나 기는 때때로 기관이나 기계로 현현한다. 우주의 기(氣)는 오랜 진화의 여정 끝에 기관을 만들고 인간이라는 기관은 다시 필요에 의해 기계를 만들었다.

'기계'는 전기전자 시대에 이르러 컴퓨터의 생산과 더불어 주체와 객체가 없이 혹은 상호작용하고 연접하여 세계를 끝없는 넥서스(nexus)로 만들었다. 색즉시공 공즉시색, 일즉일체, 일체즉일의 세계를 만들었다. 이제 기계는 동시성과 공시성(공간성)으로 인해 기(氣) 자체의 세계가 되어버렸다. 모든 기계는 잠재적으로 무한하게 접속이 가능하고 이 세상 모든 것은 기계라고 할 수 있다. 이러한 기계들의 무한한 접속이 가능하고 단절되며 다시 접속하는 터전이자 질료, 질료의 흐름이 '기관 없는 신체'이다. 기관 없는 신체라는 말은 '기(氣)의 세계'에 다름 아니다. 기(氣)의 세계는 '있음'의 세계가 아니라 '됨'의 세계이다.

예를 들어 '남성의 여성-되기'는 남성의 정체성 와해뿐 아니라 여성의 정체성 와해도 수반하며 남성의 대칭으로서의 여성이 아니라 여성 자체, '우주적 어머니로서의 몸'이 되어야 완성된다. 들뢰즈의 '기관 없는 몸' '탈영토화 과정'이라고 하는 것은 매우 서양적 발상의 지구 어머니, 마고에 도달하는 개념이다. 지구 어머니는 어떤 누구로부터도 영토화 된 적이 없다. 마고의 개념은 앞으로 나아가는 개념이 아니다, 선형적인 개념이 아니라 원형적인 개념이다. 그래서 제 자리에서 돌아서면 모든 것이 해결되는 개념이다. 그러면 출발과 도착이 동시적이 된다.

마고의 개념은 성리(性理)와 기질(氣質)이 성(性)과 기(氣)가 만나는 것이고 이(理)와 질(質)의 서양문명적 한계를 넘어서는 것이다. 성기(性氣)는 메커니즘이 아니며 기운생동이다. 성기(性氣)는 보이지 않는 것의 음양이며 이질(理質)은 보이는 것의 음양이다. 모든 진리는 양면성과 이중성이 있다. 그런데 그 중에서 하나만을 중심으로 주장하는 것이 서양문명이었다. 마고의 숫자는 0 혹은 0과 1이다. 이것은 음양이면서 전기이고 이진법이다.

백남준이 비디오아트를 위해 새롭게 의미를 발견한 전자(電子)의 세계야말로 바로 시뮬라크르의 실체라고 말할 수 있다. 또 전자의 세계야말로 노마디즘(nomadism)의 충실한 구현자이다. 서양철학이 동양의 기철학을 찾아서 오디세이의 원정을 떠난 것은 이미 오래다. 동양이야말로 서양이 첨단의 첨단이라고 규정하고 찾아 헤매는 기(氣)의 보고이다. 서양은 단지 그 '미세하고 흘러 가버리는 허무한 것들'을 기(氣)라고 정의하거나 동의하지 않을 뿐이다. 백남준은 서양에 진주하기 전에 이미 동양의 이기철학, 특히 기철학을 생활 속에서 터득하였으며, 지리(地理, 地利), 즉 땅의 매트릭스(matrix)는 그를 잘 키워냈다.

제12장 서양의 페니스(penis)에 대한 동양의 버자이너(vagina)의 역공

그의 일생은 실은 '동양의 버자이너(vagina)가 서양의 페니스(penis)에 대한 역공'이라고 해도 과언이 아니다. 동양은 음양의 세계이다. 양음의 세계가 아니다. 음양의 무의식은 의식의 양음의 세계를 이제 거부하고 있다. 그러한 거부는 단순히 반대가 아니라 버자이너로 돌아오라고 손짓하고 있다. 이것은 반대가 아니라, 팽창에 대한 수축이 아니라, 아예 귀환을 명령하고 있다. 마치 생명을 준 자가 생명을 거두어드리는 것이 당연하다는 듯 고자세를 취하고 있다. 이것은 평화의 메시지이면서 동시에 공포의 메시지이다. 왜냐하면 죽음을 영생이나 왕생, 부활이나 부처로 해결하지 못함을 철저하게 깨닫는 것은 전제로 하기 때문이다.

음양학은 서구의 근대 과학적 전통과는 다른 방식으로 과학을 한 셈이다. 이를 상징과학(象徵科學)이라고 할 수 있을 것이다. 본래 상징이라는 것은 다의미(多意味), 다가치(多價置)를 추구함으로 인해서 결정론적인 개념이 아니기 때문에 서양 과학처럼 수식으로 정립될 수 없는 성질의 것은 아니다. 현대과학, 예컨대 뉴턴과 아인슈타인과는 다른 과학이다. 그러나 음양학은 운동에서는 역(易, 逆, 亦, 力)이 있음을 말하였고, 에너지에서는 양기(陽氣, 양의 에너지)와 음기(陰氣, 음의 에너지)가 있음을 말하였다.

음양학에 따르면 어떠한 하나의 경우에도 둘이 존재하며, 어떠한 둘의 경우에도 하나가 되도록 예정되어 있다. 음양학은 그저 비어있는 것이 아니라 항상 두 종류로 비어있다는 것을 전제한다. 음양을 남녀에 비유하면 남성적 욕망을 비우면 세계는 더 큰 여성으로 변모한다. 이는 부분을 주고 전체를 얻는 것이다. 큰 여성이 남자로 변하는 것이 초의식이고 의식이 여자로 변하는 것이 무의식이다. 무의식이 남자로 변하는 것이 의식이다. 의식이 남자로 변하는 것이 초의식이다. 초의식이 여성으로 변하는 것이 무의식이다. 의식이 여성으로 변하는 것이 무의식이다. 큰 여성이 남자로 변하는 것과 의식이 남자로 변하는 것이 초의식이라면 남자는 초의식이다. 초의식이 여성으로 변하는 것과 의식이 여성으로 변하는 것이 무의식이라면 여자는 무의식이다. 남자는 초의식, 여자는 무의식, 사람은 의식이다.

기(氣)는 기(氣)이면서 동시에 이(理)이다. 기(氣) 가운데 양기(陽氣)는 이(理)이다. 따라서 진정한 기(氣)는 음기(陰氣)이다. 이(理)에는 절대리(絶對理)와 상대리(相對理)가 있다. 절대리는 양기이고 상대리는 음기이다. 태극은 음양에 비해 양기이고 음양은 태극에 비해 음기이다. 이(理)는 일(一)을 향하고 기(氣)는 이(二)를 향한다. 남자는 일(一)을 향하고 여자는 이(二)를 향한다. 남자의 일(一)은 비대칭으로 나타나고, 여자의 이(二)는 대칭으로 나타난다. 흔히 양성(兩性)의 중간, 혹은 그것이 나타나기 전, 즉 미발(未發)의 경우를 관념적(소급적)으로 보면 중성이라고 말할 수 있다. 그러나 발생학적, 혹은 유전학적으로 보면 양성, 즉 남자와 여자의 미발은 중성이 아니라 여성이다. 남성은 여성의 파생적 존재이다.

대칭은 동시에 사라지는 것이거나 동시에 태어나는 것이다. 하나가 없어지면 다른 하나도 없어지고, 하나가 태어나면 다른 하나도 태어난다. 그러나 비대칭은 하나가 다른 하나를 계층적으로, 혹은 순차적으로 억누르는 것이기에 하나가 다른 하나를 없앤다. 문명은 비대칭을 추구하지만 자연을 대칭성을 추구한다. 설사 문명이 비대칭이라고 할지라도 결국 대칭성을 회복하는 것이 자연이다. 대칭과 비대칭도 대칭이다. 자연과 문명도 자연이다. 대칭과 자연은 이(二)이고 비대칭과 문명은 일(一)이다. 시간적 선후와 공간적 상하는 비대칭이다. 대칭은 원을 추구하고 대칭은 시공간을 초월한다. 대칭은 하나의 대칭에 머무르지 않는다. 그래서 초월은 수많은 대칭의 연속이다.

물질은 물질이 아니다. 물질은 영감이고 영혼이고 영매이다. 물질(무의식)과 초월(초의식)이 하나가 되지 않으면 세계는 하나가 되지 않는다. 따라서 세계가 하나가 되려면 이들이 하나가 되어야 한다. 그래서 물즉신(物卽神)이고 신즉물(神卽物)이다. 신(神)이 동하면 물(物)이 따라 동하고 물이 동하면 신이 따라 동한다. 시작과 끝이 없다. 끝없이 연속된 것만 있을 뿐 실체나 기원이라고 하는 것은 없다. 연속의 어느 지점에서 강도의 고저가 있는지, 그것이 문제이다. 세계는 마치 음악의 작곡처럼, 멜로디, 리듬, 하모니만 있을 뿐이다.

빛뿐만 아니라 사물을 볼 때도, 입자로 볼 수도 있고, 파동으로 볼 수도 있다. 만약 입자로 보면 사물은 결정성이 있는 것이고, 파동으로 보면 비결정성의 것이 된다. 입자로 보는 것을 객관적인 것이라고 한다면 파동으로 보는 것은 주관적인 것이다. 동시에 입자로 보는 것은 사물을 여러 단계로 볼 수도 있지만, 파동으로 보는 것은 실은 사물의 가장 낮은 단계로 보는 것이다. 파동이라는 것은 가장 낮은 단계에서 흐르는 저류, 생명의 소리일 수도 있다. 생명의 거대한 흐름 아래에 귀를 기울여 볼 필요가 있다. 낮은 곳에서 흐르는 생명의 거대한 흐름은 입자의 책임감이고 의무감이 아니라 그저 자연의 자연스러운 울림이다.

이는 어머니의 음악과 같은 것이다. 명상음악의 단조로운 가락과 리듬, 하모니는 어머니의 음악을 지향하는 것이다. 서양의 고전음악들은 수직의 오르내림, 일종의 음악적 구축(構築)을 추구하지만 동양의 음악, 생명의 음악들은 일종의 바다의 해조음 같은 것을 추구한다. 해조음은 음악의 흐름(stream)을 추구한다. 이것은 일종의 무조음악(無調音樂)[173]의 전형일 수도 있다. 파도소리는 같은 소리의 반복 같으면서도 또한 같지는 않다. 동서양의 음악을 특징적으로 보면 서양은 가락에, 동양은 리듬에 중점을 두고 있다.

---

173) 각 음이 중심음과의 관련에서 이루어지지 않고 1옥타브 중의 12음이 모두 대등하게 다루어진 음악이다. 대표적인 예로 12음 음악을 들 수 있다. 12음 음계를 써서, 어느 음에나 평등한 가치를 줌으로써 종래의 7음계 · 조성(調性) · 화음(和音) 등을 거부하는 음악이다.

물론 동서양의 음악이 가락과 리듬과 하모니라는 음악적 삼요소를 다 갖추고 있지만 그것을 굳이 특징적으로 비교하면 그렇다는 뜻이다.

서양음악이 소위 클래식을 완성한 것은 위대하다. 클래식은 가락, 즉 조성(調性)에 중점을 두고 있다. 이에 비해 동양이나 민속음악, 예컨대 재즈, 판소리 등은 리듬에 중점을 두고 있다. 리듬에 중점을 두고 있다는 것은 거꾸로 말하면 조성에는 큰 관심을 가지고 있지 않다는 말이다. 이는 다시 거꾸로 말하면 수직적 층계구조에는 관심이 적다는 말이다. 그보다는 수평적 흐름에 관심이 많다는 말이다. 수평적 흐름, 즉 리듬이 없으면 음악은 흐름을 진행할 수가 없다. 그러나 그 흐름은 수직적 조성에 숨어 있기 일쑤이다. 재미있는 것은 음악의 이러한 특징이 철학의 이기(理氣)와 조응하는 점이다.

전자의 세계에 미친 백남준이 무조음악에 심취하는 것은 심각한 내적 관련성이 있다. 전자의 음은 바로 현대의 해조음이다. 전자의 세계는 그것 자체가 이미 네트워크의 세계를 지향하고 있지만, 음악 자체도 그것에 부응해서 무조음악을 택하고 있고, 이것은 종합적으로 문명의 수평시대를 여는 것이다. 이는 '누워있는 여성', 태초의 여신, 마고를 지향하는 것이다. 페니스, 깃발, 기표(記表)를 세우고 정복전쟁을 나아가는 가부장제의 사회가 아니라 버자이너, 사랑, 기의(記意)를 즐기는 평화평등을 실현하는 지구촌을 예감하게 하는 것이다.

<천지인과 음악구조>

天/理 (남성)	가락/수직	서양 클래식
人/理氣 (남성/여성)	화음/원	동·서양 미래음악
地/氣 (여성)	리듬/수평	동양·민속음악

전자의 세계에서는 양이 움직이기 전에 음이 먼저 움직인다. 그러나 음의 움직임은 은밀하기 때문에 움직이지 않는 것 같다. 비어 있음이 생성이면서

존재인 것은 바로 비어 있음이 둘(二)로 나타나기 때문이다. 생성은 생성이면서 존재이지만 존재는 존재일 뿐이다. 생성은 여자이고 존재는 남자이다. 여자는 남자를 포함한(내포한) 여자이다. 남자는 여자를 부정하는(배제하는) 남자이다. 그래서 남자는 끊임없이 싸우지 않으면 안 된다. 남자는 존재의 본질이 아닌 까닭이다. 결국 남자든, 여자든, 여자가 되어야 존재의 본질에 도달한다. 존재의 본질에 도달한다는 것은 말(言)에 도달하는 것이 아니라 말 이전의 느낌의 합일에 도달하는 것을 말한다.

말 이전의 느낌이라는 것은 바로 신물(神物)=물신(物神)에 이어, 심물(心物)=물심(物心)이 하나라는 것에 도달하는 것이다. 이는 심즉물(心卽物), 물즉신(物卽心)이 된다. 물질(物質)이라는 것은 정신(精神)과의 대칭관계에 있는 것이지, 비대칭적 관계에서 단지 아래에 있는 혹은 비천한 것으로 남아 있는 것은 아니다. 도리어 물질은 정신과의 가역관계, 이중성으로 인해서 도리어 정신이 될 수도 있는 것이다. 유물론자는 물(物)을 유심론자의 심(心)처럼 쓰며, 유심론자는 심(心)을 유물론자의 물(物)처럼 쓴다. 마음이라는 것은 정서(情緖) 혹은 감정이 포함된, 정신의 보다 포괄적인 용어이다. 예컨대 정신은 주로 머리의 산물이지만 마음은 머리는 물론이지만 가슴 혹은 배 등 몸의 전신과 관련이 있는 것이다.

서양은 유물론과 유심론이 항상 평행적으로 대립하면서 문화를 운영해왔다. 둘은 서로 절대적인 기표(記表)를 점령하려고 하면서 갈등해왔다. 그런데 실은 그것을 옆에서 사선으로 보면 둘이 하나라는 것을 알게 된다. 이것이 바로 탈주선(脫走線)이다. 즉 물(物)－심(心)의 대칭관계였던 것이다. 여기에 다른 대칭관계가 들어서면 이것이 더욱 분명해진다. 다른 대칭관계로서의 좋은 예는 동양의 이(理)－기(氣)이다. 흔히 이기(理氣)의 이원대칭성을 잘 모르는 사람들은 이(理)=심(心)이고 기(氣)=물(物)인 줄 안다. 그러나 둘은 엄연히 다른 대칭관계에서 교차(cross)된 것이다. 이런 대칭관계는 얼마든지 만들어낼 수 있다.

백남준의 예술은 서양의 시각예술과 동양의 청각예술의 통합이고 이는 크게는 서양의 시각중심의 문화와 동양의 청각중심의 문화가 만나서 서로 교차하면서 서로를 이해하고 하나가 되는 것이다. 시각은 페니스적이고 청각은 버자이너적이다. 시각은 페니스처럼 튀어나간다. 눈빛은 상대를 향하여 쏘는 것이고, 귀는 소리를 담는 것이다. 망막은 사물(이미지)이 들어오자마자 쏘아버린다. 이는 같은 지각과정이지만 시각은 바로 사물을 대상화(객체화)하는 특징이 있다. 그러나 청각은 버자이너처럼, 스폰지처럼 흡수하는 것이다. 고막은 사물을 주체화(혹은 주객합일)하는 특징이 있다.

눈은 사물을 보기 위해서 뜨지 않으면 보이지 않는 것이다. 그러나 귀는 듣지 않으려고 해도 저절로 듣게 된다. 눈은 닫혀있는 것이고(닫힐 수 있는 것이고) 귀는 항상 열려 있는 것이다. 반면에 눈은 계속 사물을 보려고 인위적으로 노력해야 한다. 귀는 들을 수는 있지만 사물을 볼 수 없다. 그래서 사물을 음악적으로 즐길 수 있다(즐길 수밖에 없다). 소리(고막)는 저절로 통합되는 것이지만, 시각적(망막적)인 것은 저절로 통합되지 않는다. 시각은 양적(陽的)인 것이고 청각은 음적(陰的)인 것이다.

백남준의 또 다른 중요한 점은 바로 예술과 기술이 본래 하나였다는 사실을 복원하게 해준다. 흔히 예술은 고상한 행위이고 기술은 천한 것으로 생각하는 버릇이 인간에게 있어왔다. 예술가들은 실은 줄곧 사물과 재료의 특징에 대해 해박한, 익숙하지 않으면 안 되는 직업군에 속한다. 그러면서도 예술과 기술은 분리된 것처럼 이해되어왔다. 그러나 기술의 발달이 심화되는 전자기기의 세계에 도달하다 보니까 기술을 습득하지 않으면 안 되게 되었다. 예컨대 비디오아티스트는 이제 기술자가 되지 않으면 안 된다. 예술이라는 것이 기술의 바탕 위에 성립하는 것이라는 점을 깨닫게 되었다. 이는 하부구조인 과학기술과 산업의 발달에 따라 상부구조인 인문적 문명이 바뀌는 것이라는 사실을 다시 일깨우는 것과 같다.

이것은 단순히 보면 과학기술에 대한 문명의 종속이라고 생각하기 쉬운데 실은 그렇지 않다. 인문적 문명(혹은 문화)은 바로 그 과학기술을 다스리는, 극복하는, 말하자면 기술(언어도 도구이다)로 기술을 극복하는 것이 된다. 그래서 대립되는 것은 흔히 갈등만 초래한다고 생각하기 쉽지만 실은 서로를 극복하게 하면서 발전하게 된다.

기술과 예술이 하나가 되면서 "매체는 매체다"라는 선언이 나오게 된다. '기술=시(詩)'가 된다. 이는 "오브제는 미술이다" "미디어는 메시지다"라는 선언과 그러한 전통의 맥락과 함께 하는 것이 된다. 결국 백남준에겐 "피아노는 음악이다."라는 데에 이른다. 서양미술사는 매체 자체, 타자가 스스로 말하는 것을 인정하는 물활론(物活論)에 이르고 있다. 이것은 애니미즘의 부활이다. 이는 단순히 물질을 숭배하는 물신숭배가 아니라 물질을 분자적으로 꿰뚫고 그것을 기화(氣化)시켜서 교감하는 것이다. 이것이야말로 영감의 시대에 사는 우리들의 몫이다. 앞으로 인류는 심령력(心靈力)이라는 네오애니미즘(neo-animism)의 시대에 살 것이다.

백남준은 심령력에 대해서 이렇게 말한다. "어쨌든 지금 우리는 비디오(Video)-비다(Vida)-비디올로지(Videology)-비디오광(Videots)의 영광스러운 시대를 살고 있다. 다음에는 무엇이 나올 것인가. 가장 강렬한 통신력은 PSI(Psychic Power), 즉 심령력이다. 자국의 목표를 위해 이 능력을 이용할 수 있는 국가는 지상에서 가장 강력한 국가가 될 것이다.(영국은 석탄의 힘을 이용한 최초의 국가였고, 미국은 원자력의 경우에 그러했다.)"174)

백남준을 해독하려면 실은 서양철학사와 미술사를 관통하지 않으면 안 된다. 그리고 인간의 본래적인 지각과정과 예술, 문화, 종교, 과학에 정통하지 않으면 안 된다. 그래서 백남준 읽기는 단순히 개인 백남준을 읽는 것이 아니라 인류의 문명사 전체를 꿰뚫는 읽기가 되지 않으면 안 된다. 여기에 백남준 읽기의 어려움, 혹은 결코 녹녹하지 않음이 있다.

그러나 백남준이 있음으로 인해서 우리는 거대한 산과 같이 가로놓인 백남준을 넘지 않으면 안 되었다. 백남준의 예술은 단순히 예술로 그치는 것이 아니라 새로운 패러다임을 배태한다. 백남준은 기계(機械, 器械, 器界)를 기계(氣系, 氣繫, 奇計)로 만들었으며 예술을 종교로 만들었다. 백남준 이후에 예술은 종교가 되었으며 종교는 예술의 일부로 자리매김 된다.

백남준의 예술, 비디오아트는 현대판 굿이 되어버렸다. 백남준은 2차 대

---

174) 이경희, ≪白南準 이야기≫ pp. 102~103, 재인용, 2000년, 열화당.

전 후 아노미 상태에 빠진 서양에 상륙하여 한국의 굿판에서 배운 솜씨와 타고난 천재적 문명읽기의 덕분으로 한판 잘 놀고 갔으며 그 부산물로 비디오아트를 남긴 것이다. 그는 실로 비디오아트의 아버지이다. 생성이라는 관점에서 보면 비디오아트의 어머니라고 할 수도 있다. 그러나 미술사적 입장에서 보면 새로운 기표(記表)를 탄생시켰기 때문에 아버지라고 함이 옳다.

<현대미술의 개념에 의한 들뢰즈와 백남준의 비교>

현대미술	들뢰즈	백남준
오브제의 등장	접속/연접 - 이접 - 통접	소리 - 오브제/오브제 - 소리
개념미술	개념은 사건	해프닝/퍼포먼스(굿판)
매체 - 미디어	기계/토지, 전쟁, 국가, 자본	비디오 아트
기표 - 기의/코드	전제적 기표 - 기의/초코드	다원다층의 기표 - 기의/탈코드

그는 마고(麻姑, Mago), '하느님 어머니=기의(記意)의 하느님'의 나라에서 태어나 '하느님 아버지=기표(記表)의 하느님'의 나라에 들어가서 비디오아트의 아버지가 된 셈이다. 그래서 무교인류학이나 마고이즘(Magoism)에 의한 백남준 읽기가 다시 필요한 것이다. 백남준은 이제 인간 각자가 무당이고, 신이고, 나름대로 엑스터시에 도달할 수 있는 존재라는 것을 일깨워준다. 인간은 하늘과 땅의 창조주이고, 하늘과 땅의 중심에 있고, 하늘과 땅 사이에서 보이지 않는 기준을 마련한, 그 같은 의미구조를 탄생시킨 존재이다. 참으로 형이상학과 형이하학의 사이에서 형이중학을 탄생시킨 존재이다.

섹스는 본래 공유되는 것이었다. 남자의 성이든, 여자의 성이든 공유되는 것이었다. 모계사회는 그것에 충실한 사회였다. 모계사회는 요컨대 여자가 낳은 아이는 여자의 아이, 혹은 마을 공동체사회의 아이라는 데에 의의가 없다. 특정의 어느 남자의 아이가 될 필요가 없었다. 그러한 생각조차 하지 않았다. 그것은 당연하였다. 그것은 가장 완벽한 성적 사회였다. 아이를 낳는 장본인은 여자이고, 여자가 아이를 낳는 메커니즘에 대한 이해는 사회마다 다르지만, 어느 경로를 거치든 결과적으로 여자는 아이의 최종 생산자였다. 이는 결과적, 효과적 인과였다. 이는 매우 현명하였다. 여자의 생산(정확하게는 재생산이지만 더 정확하게는 생산이다)에 대한 신앙과 여성성의 여신화(女神化)는 자연스러운 것이었다. 소위 '풍요의 여신'들은 그러한 잔존물들이다.

모계사회는 최초의 원인이라든가, 최초의 동일성에 대해 별로 신경을 쓰지 않는 그러한 사회였다. 여자가 생산을 하는 그러한 자연스러운 구조, '여성=자연'이라는 것에 충실한 사회였다. 자연으로부터 물려받은 오랜 전통에 몸을 맡기면 그만이었다. 인류가 농업사회까지는 '풍요의 여신'으로서의 여성의 지위는 유지되었던 것 같다. 모계사회는 평화적으로 종의 영속을 도모하는 가장 자연스러운 사회였다. 모계사회는 종의 영속을 위해 그렇게 많은 비용을 지불하지 않아도 되었다. 자연으로부터 최소한의 식량과 먹이, 그리고 억압받지 않는 즐거운 섹스가 있으면 그만이었다.

그런데 가부장사회가 되고부터 섹스는 서서히 독점(정확하게 말해서 독과점)되기 시작하였다. 섹스에 대한 독점 현상은 사회전반에 퍼져갔다. 가부장사회는 주체와 대상을 만들고, 남자를 주체로, 여자를 대상으로 만들어가기 시작하였다. 여자는 분산되었다. 여자는 각자 남자에 소속되어버렸고, 어떠한 정치적 행위도 스스로 할 수 없었다. 이는 모계사회에서 남자가 자신의 어머니 부족과 처가의 부족을 왕래하면서 떠돌이 생활을 하는 것에 비해 적반하장이 된 것이었다. 가부장사회는 남자의 전사화, 다시 말하면 전쟁의 기술자로서의 남자의 능력과 특징을 강화시켰고, 전쟁의 생산성에 대해 눈을 뜨기 시작하였다. 전쟁은 식량의 약탈은 물론, 어른으로 성장한 적의 남자와 여자를 노예를 만들고, 특히 약탈한 여자는 훌륭한 세컨드, 혹은 성적 노리개의 대상이 되었다. 남자의 권력은 더욱 더 증대되어갔다.

가부장사회는 욕망을 불러일으키고, 집단의 규모는 확대되었다. 가부장사회는 국가를 불러왔다. 이것은 인구의 증가와 함께 생산에 대한 증대를 요구했고, 증대된 생산은 독과점을 불러오고, 이것은 급기야 아름다움(美)에 대한 독과점으로, 나아가서 윤리인 선(善)에 대한 독과점, 그리고 진리(眞)에 대한 독과점으로 외연을 넓혀갔다. 섹스의 독과점은 인간사회로 하여금 권력경쟁을 가속화하기 시작했다. 가부장사회는 여자를 한 남자에게 종속시키기 시작하였고, 권력 있는 남자는 여러 명의 여자를 자기에게 종속시킬 수 있었다. 물론 아름다운 여자를 두고 전쟁이 일어나는 것, 여자를 약탈하기 위해 전쟁이 일어났고, 전쟁은 또한 여자의 약탈과 전리품화를 촉발시켰다.

이것은 전반적으로 자연적인 생산(여자의 재생산)에 대한 것보다 인위적인 생산(산업생산)에 더 가치부여를 하는 것을 초래했다. 여자의 생산이야말로 실은 자연으로부터 물려 받은 '생성적 생산' 그 자체였다. 그러한 생산에는 자연과 합일하는, 자연과 내통하는 어떤 접촉점, 자연과의 접속의 고리를 잇는, 소위 '생명의 배아적 유입'을 유지하는 사회였지만 산업생산은, 전쟁물자와 무기생산 등 전쟁을 수행하기 위해서 필요한 모든 것을 포함하여, 모두 제도적, 기술적 생산이었으며 이것은 한마디로 여성의 '배아적 생산'에 비하면 '기계적 생산'이라고 할 수 있는 것이었다. 기계적 생산은 자연의 불균형을 초래하고 인간 종의 인구를 증대시켰지만 결국 환경을 문제를 불러일으킨 것이 장본인 되었다. 그게 바로 현대 산업사회이다.

여자의 생산이야말로 '생성적 생산'의 표본이다. 남자의 생산은 바로 산업생산이다. 산업생산은 바로 대상을 설정하는 생산이다. 이를 두고 '존재의 생산'이라고 말할 수 있을 것이다. 여자의 생산은 '능력의 생산'이라면 남자의 생산은 '권력의 생산'이다. 전자는 강제하지 않는 자연스러운 생산이라면 후자는 점점 더 강제하는 생산이다. 다시 성의 문제로 돌아가면 가부장사회가 되면서 성의 일반적인 현상의 하나로 창녀집단을 들 수 있다. 창녀집단은 실은 가부장사회를 유지하기 위한, 남자들의 산업생산과 무역에 따른 이동이나 여행 등 남성들의 권력유지를 위해 여성의 성을 제공하는 장치이다. 창녀 혹은 여성이 창녀가 되는 경로는 복잡다단하지만 결국 결과적으로 한 남자에게 종속되지 않는 삶을 영위하는 여성들의 모임이다. 이들은 가부장사회의 숨구멍과 같은, 다시 말하면 가부장사회를 돌아가게 하는 성적 기제 혹은 놀이적 기제이다.

그런데 실은 창녀들이야말로 모계사회의 여성적 생산에 참여하는 것은 아니지만, 특히 한 남자에게 종속되지 않는다는 점에서, 매우 모계적 성적공유를 유지하고 있는 측면이 있다. 가부장사회에서 여러 남자에게 성을 제공하는 것은 버림받은 혹은 타락한 것이지만 창녀의 개인적 생각에 따라서는, 모계적 원리로 보면, 성적 억압을 받지 않는 것이기도 하다. 그래서 창녀는 흔히 가부장사회에서 여신적 지위를, 특히 예술적으로, 누리게 되는 경향이 있다. 섹스는 공유된 것이라는 입장, 특히 여성의 성은 공유된 성으로 보는 입장에서 보면 일부종사를 강요한다든가, 은장도를 품게 한다든가, 하는 것은 모두 억압된 결과이다. 물론 이들 억압은 때로는 윤리적인 것으로 미화되기도 하고, 때로는 철저히 의식화되어 여성 자신들이 지키는 부덕으로 되기도 했다.

마르크스는 사회적 불평등을 해소하기 위해 생산관계를 재조정할 것을 주장하고 이를 획득하기 위한 실천방안으로 계급투쟁을 역설하였지만 그러한 주장 자체가 여전히 가부장제적 발상의 소산이다. 가부장사회의 연장선상에서 평화와 환경을 지키는 것은 거의 불가능하다. 가부장사회는 남성의 욕망과 사물의 대상화를 촉진하고 있기 때문이다. 성폭력이라든가, 강간이라는 것도 가부장사회의 소산이다. 이러한 관점에서 볼 때 사회적 불평등을 해소하는 것은 생산관계보다는 재생산관계의 재조정을 통해서 해결하는 것이 훨씬 현명해 보인다. 원천적으로 성을 억압하지 않는(성의 억압의 정도가 약한) 모계사회의 원리를 재활용하는(이용하는) 것이 효과적인 것으로 보인다.

가부장사회가 시작되면서 억압되기 시작한 여성의 성은 완전히 닫히면서 호기심마저도 원천적으로 완전히 차단되고 배제된 것으로 보인다. 이는 상상력에서도 상상의 재료와 정보의 부재와 함께 빈곤을 초래한다. 그럼에도 다행인 것은 자본주의 사회의 발달과 더불어 풍요사회가 이루어지면서 여성의 성이 다시 부활의 기지개를 켜고 있는 것 같다. 신모계사회의 등장은 물론 남성들의 무기생산과 전쟁의 촉발이 없어지는 것을 전제로 하는 것이지만 만약 그렇게 된다면 인류사회는 급속하게 모계사회로 돌아가는 환원현상을 보일 것이다. 무엇보다도 여성들의 호기심과 모험심이 대단하다는 점과 산업생산에서 여성들의 활동이 괄목할 만하다는 점에서 그것을 느낄 수 있다. 역설적이지만 여성이 산업생산에 보다 더 적극적으로 참여하는 것이 여성 고유의 '생성적 생산'의 가치를 떠올리게 하고 있는 셈이다.

남성이야말로 인과적인 사고, 동일성을 추구하는 데에 익숙하고, 그러한 생산(복제생산, 산업생산)에 충실하지만 여성의 재생산은 실은 동일성의 재생산이 아니며 차이와 변화를 추구하는 생산(재생산)이다. 들뢰즈가 추구하는 것은 실은 모두가 인간사회로 하여금 여성성을 회복하는, 혹은 본인이야 모르겠지만 모계사회를 기조로 하는 모계적 사고들과 개념들의 집합이다. 무엇보다도 여성은 가부장제의 신을 섬길 이유가 없다. 자신이 생산의 신비를 지니고 있는 존재이고, 동시에 그들 스스로가 자연의 딸들이기 때문이다.

자연과의 소통, 자연과의 센서를 아직도 잃어버리지 않고 지니고 있는 존재는 여성이다. 다시 말하면 여성적 사고, 여성적 느낌의 부활이야말로 인류사회를 예술사회로 만드는 첩경이고, 자연을 회복하는 길이다. 인류는 이제 마르크스의 생산관계에서 출발한 자본주의의 치유를 재생산관계에로 눈을 돌려야 할 때가 되었다. 생산관계에 기초한 공산사회주의 운동은 이미 빈곤으로 실패를 드러냈으며 자본주의 사회는 역설적으로 모계사회의 원리를 환기, 회복시킴으로서 도리어 희망적이 된다. 재생산관계는 부르주아와 프롤레타리아의 관계에서 부르주아가 주도권을 갖는 것이 아니라 남자와 여자의 관계에서 여자가 주도권을 가지는 관계이다.

여성의 회복은 문명사적으로 '달의 회복'이다. 그런데 그 달의 회복이 자본주의의 발달 및 매스미디어의 발달과 더불어 이루어지는 것은 역설이며 바로 그러한 역설의 주인공으로 동양인, 동양문명, 동아시아인, 동아시아문명이 등장하고 있다. 여기에 하나의 예술적 영매로 백남준이 서 있고, 철학적 영매로 들뢰즈가 서 있다. 어쩌면 이 두 사람은 여성시대, 신모계사회의 도래를 예술적으로, 혹은 철학적으로 마중하고 있는 지도 모른다. 달은 많은 상징성과 내포성을 가지고 있다. 달은 우선 여성을 나타내고, 어둠의 것이고, 간접적으로 반사되는 것이고, 육체를 나타낸다. 이는 재생산을 덕목으로 하는 시기이다. 이에 비해 태양은 남성을 나타내고, 밝음의 것이고, 직접 비추는 것이고, 정신을 나타낸다. 이는 생산을 덕목으로 하는 시기이다.

인류문명은 다시 '태양의 시대'에서 '달의 시대'로 접어들고 있다. 이는 부계사회에서 모계사회로 접어들고 있음을 말한다. 흔히 부계사회의 사람들은 으레 그들의 시각에서 원시 혹은 고대사회를 상상한다. 초기 진화주의 인류학자의 대부분이 그러했다. 예컨대 L. H. 모르간의 ≪고대사회≫(1877년)은 좋은 예이다. 모르간은 인류의 가족형태를 다음의 5단계로 구분하였다. 난혼(promiscuity)→혈연가족(consanguine family: 형제가족)→집단혼가족(punaluan family: 집단과 집단의 결혼)→대우혼가족(syndyasmian family: 미개시대의 일부일처제로서 부부의 결합이 약한 것이 특징이다)→가부장제가족(patriarchal family: 부권이 강하여 대가족과 일부다처제가 가능하다)→단혼제가족(monogamian family: 현대사회의 일부일처제).

여기서 난혼이라고 하는 것은 결속력이 강한 가족이 형성되기 이전, 혹은 남녀의 성에 대한 독점적 권리를 인정하지 않는 사회를 말하는 것 같은데 이것을 굳이 난혼이라고 하는 것은 적절치 못하다. 난혼이라고 하는 것은 부계사회의 시각에서 보면 실은 성적 문란, 타락과 같은 것을 연상시키는 것이다. 그러나 부계사회 이전에 모계사회가 있었고, 모계사회에서는 여성의 성에 대한 남성의 독점적 권리나 소유를 인정하지 않았지만 그렇다고 해서 난혼은 아닌 것이다. 모계사회를 바로 성적 문란과 동일시하는 것은 부계적 시각이다. 모계사회에서 남녀의 성관계는 전적으로 여성의 필링(feeling)이나 허용여부에 달렸다. 나름대로 여성의 느낌을 중심으로 하는 내재적 질서가 있었다. 이것을 난혼이라고 하는 것을 잘못이다.

모르간의 고대사회는 공산주의 유물사관을 만들어낸 마르크스와 엥겔스에게 직접 영향을 주었다는 데에 의미가 크다. 원시공산사회라는 개념은 여기서 힌트를 얻었다. 마르크스나 엥겔스는 당시 모계사회를 생각하지 못했던 것으로 보인다. 여성이나 토지, 생산수단을 개인이 소유하지 않는 사회를 상상하지 못했던 셈이다. 만약 이들이 모계사회를 알았으면 원시공산사회라고 말하지도 않았을 것이고, 동시에 생산수단의 소유유무를 가지고 부르주아와 프롤레타리아를 나누지도 않았을 것이고, 계급투쟁을 통해서 공산사회를 실현하려고 하지 않았을 지도 모른다.

다시 말하면 생산수단의 소유유무인 '생산관계'를 중심으로 사회의 계급이나 계층문제를 풀려고 하는 것이 아니라 '재생산관계'를 통해서 사회적 갈등을 해소하려고 하였을 지도 모른다. 여기서 재생산관계란 바로 여성의 성과 토지, 그리고 생산수단을 개인이 소유하지 못하게 하는 것을 말한다. 그 출발이 바로 여성의 성을 남자가 소유하는 제도가 아닌 모계사회이다. 이상적 모계사회 혹은 모계사회의 유토피아가 바로 원시공산사회이다. 모계 사회가 아니고서는 원시공산사회를 실현할 사회가 없다. 모계사회는 어쩌면 혈연과 권력에 대한 의식이 발달하지 않았던 자연 상태의, 여성이 아이를 낳는다는 성적·사회적 구조에 기인하는 자연발생적 사회집단인 것으로 보 인다. 말하자면 계급과 권력이 발생하기 전의 원시적·이상적 사회이다.

모계사회와 관련하여서는 J. J. Bachofen의 ≪모권(母權)≫(1861년)이 주목 된다. 그러나 모계사회에 대한 그 후의 여러 연구는 모계사회가 바로 모권 사회는 아니라는 것을 사회기제를 통해서 설명한다. 또 하나 주목되는 연구 는 H. Maine은 ≪고대법≫(1861년)을 통해 "인간의 최초의 가족이 난혼이 나 모권가족이 아니라 부권가족, 부계가족이다. 사회적 기본단위는 재산에 관계되는 것으로 사회조직도 고대에는 친족을 기초로 하였으나 현대에 이르 러 지역을 기초로 하였다"고 역설하였다.

메인의 진화도식은 친족에 기반을 두는 체계에서 영역에 기반을 두는 체 계로(from systems based on kinship to those based on territoriality), 신분, 주 로 친족신분(kin status)에서 계약으로(from status to contract), 민법에서 형법 으로(from civil to criminal law) 사회가 진화했다는 것이 골격이다. 그러나 메인은 단선 진화론자는 아니었다.

물론 지구상의 모든 사회가 모계사회에서 부계사회로 진행된 것은 아니 다. 도리어 부계사회에서 시작한 사회가 더 많을 수도 있다. 그러나 여기서 모계사회를 부계사회의 앞에 두는 것은 가족이나 집단의 결속력이 덜했을 당시에 여성이 아이를 낳는 존재라는 것을 통해 모자(母子)간의 관계를 더 본질적이고 우선하는 것으로 유추한 결과이다. 가부장사회의 발달과 국가의 등장이 밀접한 관계에 있는 것은 삼척동자라도 다 아는 일이고, 이에 앞서 모자의 라인(line)을 기초로 하는 모계사회를 설정하는 것은 원시난혼을 설정하는 것보다는 훨씬 자연적이고, 과학적이고, 이성적이라고 할 수 있다.

원시미개 혹은 고대사회에서 여성은 토지와 같은 재산이며 때로는 등가물이었다. 그래서 토지가 많은 곳은 노동력이 필요하기 때문에 결혼을 할 때 젊은 여성의 노동력을 사는 대가로 신부대(新婦貸: bride－wealth)를 주어왔고, 토지가 모자라는 곳은 여성의 먹는 식량을 미리 받는 대가로 지참금(持參金: 嫁資: dowry)을 요구해왔다. 결혼제도가 여성의 가치에 대한 상반된 평가를 기초로 좌지우지된다는 것은 비인간적인 것이지만 인류가 살아남아야 하는 절체절명의 조건은 지극히 경제적인 접근과 생태적인 적응을 하지 않으면 안 되었다.

이제 다시 신모계사회로 들어가는 문화적이고 철학적인 훈련을 하는 것이 백남준과 들뢰즈의 의미인지도 모른다. 달은 이것을 상징적으로 말하고 있다. 달의 시대는 월드와이드웹(www: world－wide－web)에서 단적으로 그 기반이 확충되고 있지만 앞으로 전반적으로 여성성을 앞세우는 페미니즘(feminism)이야말로 만물의 척도가 될 조짐이다. 페미니즘도 단순히 여성의 권리나 사회적 지위향상 등을 부르짖는 것이 아니라 '자연＝환경＝여성'이라는 상징적 등식 아래 그 의미가 확대 재생산되어야 한다.

여성은 또한 본질적으로 기복(祈福)을 중시하는 샤머니즘(shamanism)의 존재이다. 기복의 의미도 단순히 개인적 복만을 추구하는 것이 아니라 인류의 복을 추구하는 의미로 새롭게 해석되어야 하며, 샤머니즘이야말로 고등종교의 병폐를 치유하는 새로운 종교로서 환골탈태(換骨脫胎)하여야 한다.

여기에 이 글의 부제로 붙은 '네오샤머니즘(neo－shamanism)에서 에코페미니즘(eco－feminism)까지' 혹은 '지구어머니를 향한 백남준과 들뢰즈'라는 의미가 있다.

(人中天地一風流道)
(各知不移)

제13장 백낭준 연보

- 박정진 정리 -

▙ 1932년 7월 20일＝서울 출생. 백낙승과 어머니 조종희의 3남 2녀 중
막내. 경기보통중학 졸업. 재학 중에 피아니스트 신재덕, 작곡
가 이건우로부터 피아노와 작곡을 개인지도 받음.

▙ 1949년＝11월 부친과 홍콩을 여행하였으며 홍콩 로이덴스쿨에 입학하
여 반년간 다님.

▙ 1950년＝5월 귀국. 한국전쟁 발발. 부산을 거쳐 7월 27일 일본 고베로
피난. 가마쿠라를 거쳐 동경에 정착.

▙ 1952년＝4월 일본 동경대 교양학부 문과에 입학.

▙ 1954년＝4월 동경대 문학부 미학, 미술사학과 입학.

▙ 1956년＝3월 일본 도쿄대학 문학부 미학미술사학과 졸업. 졸업논문
"아놀드 쇤베르크에 관한 연구"(Research on Arnold Schonberg)

▙ 1957년＝다름슈타트 국제현대음악하기강습회에 참가. 칼 하인츠 슈톡
하우젠을 만남.

▙ 1958년＝다름슈타트 국제현대음악하기강습회에 참가하여 현대음악사의
독보적 인물이며 플럭서스의 스승인 존 케이지 만남. 독일 프
라이부르크대학에서 음악 수업. 쾰른의 서독방송국(당시

WDR) 전자음악 스튜디오에서 작업 시작.

🔩 1959년 = 서독 뒤셀도르프에서 첫 퍼포먼스 <존 케이지에게 바치는 경
　　　　의(Homage a John Cage): 녹음기와 피아노를 위한 음악> 발
　　　　표(갤러리 22). 퍼포먼스 과정에서 피아노를 파괴함.

(볼프강 포르트너의 추천으로 백남준은 훔볼트 장학금에 지원한다. 포르
　　　　트너는 백남준을 '비상한 현상'이라고 불렀다. 백남준은 5월 2
　　　　일 다름슈타트 방학캠프의 창설자인 볼프강 슈타인에케에게
　　　　편지를 써서 자신이 쓴 곡 <존 케이지에의 헌정>의 공연을
　　　　의뢰했다. <존 케이지에게 경의를>의 새 파트를 썼다. 바로
　　　　<순수 연극>이다. 쇤베르크가 <무-조성>을 썼다. 존 케이
　　　　지는 <무-작곡>을 썼다. 나는 <무-음악>을 썼다. 이를
　　　　위해서 보통 피아노나 그랜드 피아노 그리고 아주 형편없는
　　　　<장치된> 피아노와 스쿠터 한 대가 필요하다. 피아노는 건반
　　　　악기로만 사용되는 것이 아니라 현악기, 피치카토, 타악기로도
　　　　사용될 것이다. 음악가들이 신문을 읽고, <관객들과 얘기하
　　　　고>, 그랜드 피아노를 밀고, 피아노를 뒤집을 것이다. 피아노
　　　　가 무대에서 관객들이 있는 바닥으로 떨어질 것이다. 관객들
　　　　은 무대를 향해 불꽃놀이를 던지고, 권총을 쏘고, 유리잔을 깰
　　　　것이다. 그리고 스쿠터가 무대 뒤에 도착한다. 게다가 여러 장
　　　　난감들과, 일기예보들, 뉴스, 스포츠 중계(라디오), 부기-우기,
　　　　물, 녹음기 소리…… 등등. 다시 말해 기능에서 자유로워진
　　　　소리들이죠. 당연히 아주 슬픈 <무-음악>은 슈비터스의 소
　　　　리다. 존 케이지가 이 아이디어에 상당한 관심을 보였다.)

🔩 1960년 = 독일 쾰른에서 퍼포먼스 <피아노포르테를 위한 연구(Etude
　　　　for Pianoforte)> 발표(마리 바우어마이스터 아틀리에). 퍼포먼
　　　　스 과정에서 2대의 피아노를 파괴하고 존 케이지의 넥타이를
　　　　잘랐으며 샴푸로 머리를 감기는 격렬한 행동을 함.

🔩 1961년 = '플럭서스(Fluxus)' 운동의 창시자 요셉 보이스, 조지 메키어너

스 만남. 네오다다 음악 발표. <머리를 위한 선(Zen for Head)>, <에튀드 플라토닉(Etude Platoniques No.3)>, 칼 하인츠 슈톡하우젠의 <괴짜들(Die Orgininale)> 공연. 일생 동안 예술적 파트너인 샬롯 무어맨을 처음 만나다.

(<존 케이지에게 바치는 경의>는 1960년 쾰른의 마리 바우어마이스터의 작업실에서 조금씩 바꿔 가며 여러 차례 공연되었다. 또 1961년 스칸디나비아와 1962년 비스바덴의 플럭서스 페스티벌의 '행위음악' 순회프로그램에 포함되기도 했다. 1961년부터 1963년까지 백남준은 마키우나스와 함께 공연하고, 뉴욕─플럭서스 영향권으로부터 독일 플럭서스 영향권의 상호 관계에 있었던 케이지의 인정을 받는다.

슈톡하우젠은 쾰른의 돔테아터(Domtheater)에서 개최한 '괴짜들' 공연에서 백남준에게 독립된 공간을 제공해 <머리를 위한 선(禪)>을 전시하도록 해 준다. 백남준은 1962년 뒤셀도르프에서 개최한 '음악에서의 네오─다다'에 라 몬테영의 음악을 연주했다. 백남준에게 1962년은 앨리슨 놀즈를 위한 한 해였다. 그는 암스테르담에서 앨리슨 놀즈에게 세레나데를 헌사하고, 1964년까지 지속적인 협력자였던 볼프 포스텔의 『데콜라쥬(De'─coll/age)』 지에 앨리슨 놀즈를 극찬하는 기사를 싣는다.)

(1961년, 나는 퍼포먼스 아티스트의 길을 포기할 생각이었다. 그 당시 강렬한 시기, 무대 위에서의 갑작스런 영감, 몸과 세계 안의 다양한 이중주의 파기─상반되는 것들을 더 높은 단계에서 파기하는 것을 등지고 자유, 다양성, 시각적 즐거움 그리고 인식론적 관심 같은 새로운 장르로 관심을 돌리고 있었다. 그러기 위해서는 여러 음향기기, 전자 아인자츠(Einsatz)의 개입과 적용, 전자 TV의 세계가 필요했다. 변화에 대한 내 결심은 확고했다. 독일의 카머슈필레 극장(Kammerspiele)에서 네오─다다를 무대에 올리고, 비스바덴에서 플럭서스의 작업에 참여했지

만 내가 원한 것은 아니었다. 미국에 도착한 이후 나는 샬롯 무어맨을 만났다. 바로 그녀가 내게 퍼포먼스에 대한 흥미를 새롭게 일깨워 준 장본인이다. 사실, 그 당시 나는 청중들 앞에서 반라 차림으로 클래식 음악을 연주할 젊은 여성 연주가를 찾고 있었다. 미에코 시오미(Mieko Shiomi)에게 부탁했지만 거절했다. 앨리슨 놀즈는 암스테르담에서 퍼포먼스를 한 적이 있었다. 로킨 갤러리(la galerie Rokin) 볼프 포스텔의 전시회 오프닝에서였다. 하지만 그녀는 클래식 음악을 연주하지 않았다. 샬롯이 바로 이 두 조건을 갖춘 첫 번째 여자였다. 그녀는 음악적 재능뿐만 아니라 용기, 미모, 섬세한 예술가의 기질까지 겸비하고 있었다.)

■ 1962년＝6월 뒤셀도르프 캄머슈빌레에서 열린 '음악에서의 네오다다'에서 <바이올린을 위한 독주(One for Violin)> 등 발표. 10월 암스테르담 모네화랑에서 앨리슨 노울즈와 <엘리슨을 위한 세레나데> 공연. 11월 코펜하겐에서 앨리슨 노울즈와 <먼 거리의 음악(Music for the Long Road> 공연. 파리 에펠탑에서 앨리슨 노울즈와 <청중이 없는 높은 탑을 위한 음악(Music for High Tower and without audience)> 공연. <20개의 방들은 위한 작곡>을 함. 샬롯 무어맨(1933~)은 겨우 29살의 나이에 첫 암수술을 받았다.

■ 1963년＝독일 부퍼탈의 파르나스 화랑에서 첫 개인전 <음악의 전시－전자텔레비전>을 발표(뮤직일렉트로닌TV전). '비디오예술'(Video－art)의 신기원을 열었다. 만프레드 몬트베와 같이 <모든 감각을 위한 공연(Piano for all sense)>을 함.

■ 1964년＝첼리스트 샬롯 무어맨과 <뉴욕 제2회 아방가르드 페스티벌>에서 <괴짜들> 공연(카네기홀) 및 <로봇 K－456>을 가지고 <로봇 오페라> 공연. 그해 여름, 샬롯 무어맨은 불치병을 고백. 미국으로 건너감.

■ 1965년＝1월 뉴욕 뉴스쿨에서 ＜백남준 일렉트로니크전＞을 개최. 뉴욕 보니노화랑에서 미국 최초로 ＜전자 예술＞ 개최. 샬롯 무어맨과 ＜성인을 위한 첼로 소나타＞ 초연. 8월 무어맨과 ≪표현 자유 페스티벌≫(장－자크 레벨 주최, 몽파르나스에 있는 미문화원) 공연.

■ 1966년＝4월 뉴욕 영화제작자 극장, 무어맨과 ＜눈에 보이게 무료하게＞에서 ＜로버트 브리어에 주제에 의한 변주곡＞ 공연.

■ 1967년＝2월, 무어맨과 ＜오페라 섹스트로니크＞ 공연(뉴욕, 서 41번가 영화제작자 극장).

(백남준과 무어맨은 뉴욕공연에 앞서서 66년 6월 아헨 그리고 67년 1월 필라델피아 미술대학에서 별다른 물의를 일으킴 없이 이를 공연하였다.)

■ 1969년＝뉴욕 하워드 와이즈 화랑에서 열린 ＜창조적 매체로서의 TV전＞에 참가하여 무어맨과 공연. ＜참여 텔레비전＞, ＜살아 있는 조각을 위한 텔레비전 브라＞를 제작. 제7회 아방가르드 페스티벌에서 ＜물고기 소나타＞ 초연. 시카고현대미술관에서 열린 ＜전화에 의한 예술＞에 ＜피아노 소나타＞를 초연. 무어맨과 ＜상상스를 주제로 한 변주곡＞을 연주. 르네 블록 화랑에서 ＜르네 블록을 위한 액션＞ 공연. 비디오 신디사이저 개발.

■ 1970년＝브랜다이스대학 로즈미술관에서 열린 ＜비전, 텔레비전＞에서 ＜살아 있는 조각을 위한 TV브라＞ 공연. 쾰른미술협회에서 열린 ＜해프닝과 플럭서스＞에 출품.

■ 1971년＝뉴욕 아모리에서 열린 ＜제8회 뉴욕 아방가르드 페스티벌＞ 참가. 캘리포니아 산타클라라대학에서 열린 ＜성 유다 비디오＞ 초대전에 출품. 보니노화랑에서 열린 제3회 개인전 ＜일렉트로닉 아트 3＞에서 ＜TV첼로와 비디오테이프를 위한 협주곡＞, ＜백 아베 비디오 신디사이저＞, ＜TV안경＞을 각각 무어맨과 초연.

- 1972년 = 뉴욕 에버슨미술관에서 열린 뉴욕 주 빈켐튼, 실험텔레비전 센터의 프로그램으로 <TV첼로와 비디오테이프를 위한 협주곡> 무어맨과 공연. 뉴욕 머서 아트센터 키친에서 <라이브 비디오> 프로그램으로 <TV침대>를 무어맨과 초연. <제9회 뉴욕 아방가르드 페스티벌>에서 <TV침대>를 재연.

- 1973년 = 비디오테이프 <글로벌 그루브> 제작. 뉴욕 그랜드 센트럴 역에서 열린 <제10회 뉴욕 아방가르드 페스티벌>에서 <TV첼로와 비디오테이프를 위한 협주곡>, <살아 있는 조각을 위한 협주곡>, <열차 첼로>를 무어맨과 협주.

- 1974년 = 뉴욕 보니노화랑에서 열린 제4회 개인전 <일렉트로닉 아트 4>를 개최. 뉴욕 웨스트베이스에서 머스 커닝햄 무용단과 <비디오 없는 머스 커닝햄을 위한 음악>을 공연. 쾰른미술관 및 쾰른예술협회에서 열린 <프로젝트 74 – 1970년대 초두의 국제미술전>에서 <TV첼로와 비디오를 위한 협주곡>을 무어맨과 공연. 에버슨 미술관에서 <남준백 – 비디오 앤 비디올로지>전 개최. 뉴욕 플러싱 셰 스타디엄에서 열린 <제11회 뉴욕 아방가르드 페스티벌>에 참가. WGBH, WNET 공동제작으로 <존 케이지에게 바치는 찬가> 제작.

- 1975년 = 뉴욕 마사 잭슨 화랑에서 열린 <화랑을 위하여>에서 <TV브라> 공연. 뒤셀도르프시립미술관에서 열린 <1960년대 시각음악의 오브제와 콘서트>에서 <살아 있는 조각을 위한 TV브라> 무어맨과 공연. 마사 잭슨 화랑에서 <하늘을 나는 물고기>전 개최. 제13회 상파울루 비엔날레 미국관의 비디오전 참가.

- 1976년 = 베를린 르네블록 화랑 개인전에서 <달은 지구에서 가장 오래된 텔레비전이다>를 전시. 르네블록 화랑에서 열린 <플럭서스 하프시코드 콘서트>에서 <TV 쳄바로> 공연. 쾰른예술협회에서 대규모 개인전 <남준백(1946~1976)/음악 · 플럭서스 ·

비디오>전 개최. 여기서 <비디오 물고기>, <TV 로댕>, <TV 부처> 등 설치작품이 출품됨. 워커 아트센터에서 열린 <강-미시시피 강의 이미지>전에 출품.

- 1977년 = 위성방송 <도큐먼트6> 제작. 구보타 시게코와 결혼. 뉴욕 국제무역센터에서 열린 <제13회 뉴욕 아방가르드 페스티벌>에 참가. 뉴욕 타운홀에서 <아담과 함께 요셉 보이스를 위한 '침투-첼로를 위한 동질'>을 상연. 뉴욕현대미술관에서 <프로젝트 백남준>전 개최. 함부르크미술대학 교수가 됨.

- 1978년 = 파리 퐁피두센터에서 <TV정원> 전시. 동경 와타리 화랑에서 개인전 <존 케이지에게 경의를> 개최. 뒤셀도르프 아카데미서 요셉 보이스와 <조지 마키우나스를 위한 추모> 듀엣 공연. 뒤셀도르프 아카데미 교수가 됨. 파리시립미술관에서 <백남준전> 개최. 여기서 무어맨과 퍼포먼스를 함.

- 1980년 = 구겐하임미술관에서 열린 <인터미디어아트 페스티벌>에서 <바이올린 독주> 공연 및 <생상스를 위한 변주곡>을 무어맨과 공연. 부퍼탈 폰데어 하이데 미술관에서 열린 <파르나스화랑에 모인 작가들: 1949-1965>에 출품.

- 1981년 = 뉴욕 휘트니 미술관에서 열린 <비엔날레 1981>에 출품. 홀스트 바우만과 <레이저 비디오전> 개최.

- 1982년 = 뉴욕 휘트니 미술관에서 첫 회고전. <비라미드>, <TV 달걀>, <TV 시계> 등 대표작 전시. 파리 퐁피두센터에서도 전시회 개최. 퐁피두센터에서 384대의 모니터를 활용한 <삼색비디오> 설치작품 의뢰.

- 1983년 = '시카고 아트페어 83'에 피라미드와 유채화 출품. 파리 에릭 파브로 화랑에서 개인전 <하늘의 랑데부> 개최.

- 1984년 = 인공위성 프로젝트 <굿모닝 미스터 오웰> 전 세계 방영. 베니스 비엔날레 초대. 동경도 미술관 개인전. 몬트리얼 에스페란자 화랑 개인전. 암스테르담 스테델릭 미술관에서 열린

<빛나는 이미지>전에 참가.

■ 1985년 = 상파울루 비엔날레 참가. 시카고 아트페어 참가.

■ 1986년 = 서울아시안게임에서 인공위성 프로젝트 <바이 바이 키플링> 제작.

■ 1988년 = 서울올림픽에서 인공위성 쇼 <세계는 하나>. 런던 헤이워드 갤러리 개인전. 베를린 현대미술관에서 열린 <현대미술의 지형도>전에 출품. 밀워키 미술관 개인전.

■ 1989년 = 프랑스혁명 200주년 기념전. 파리시립미술관에서 <전자요정> 제작요청. 휘트니미술관의 <이미지의 세계>전에 참가. 퐁피두 미술관 <지구의 마술사>전에 참가. 프랑크푸르트 현대미술관의 <전망>전에 참가. 몬트리얼에서 열린 <1989 미래의 이미지>전에 참가.

■ 1990년 = 7월 20일 현대화랑에서 1986년 사망한 평생의 친구 요셉 보이스를 위한 추모굿 벌임. 샬롯 무어맨은 오토 피네(Otto Piene)의 주관하에 MIT 공과대학의 '심층 시각 연구 센터'에서 그녀의 마지막 퍼포먼스를 열었다.

■ 1991년 = 스위스 취리히 현대미술관 <백남준 회고전>. 바젤 현대미술관 회고전, 뒤셀도르프 개인전, 카이저상 수상, 와타리화랑 개인전, 루프케화랑 개인전, 바이서라울화랑 개인전. 샬롯 무어맨 사망(1933~1991). 58세.

■ 1992년 = 서울에서 '춤의 해'를 위한 백남준의 퍼포먼스공연. <비디오 예술 30년 회고전>(갤러리현대, 원화랑, 갤러리미건). 퐁피두 센터 마니페스트 전시출품. 몬트리올 미술관 개인전. 한국국립현대미술관 개인전. 2월 샬롯 무어맨 회고전이 휘트니 미술관에서 열림.

(휘트니 미술관에서 열린 그녀를 위한 회고전에서 (1992년 2월) 데이빗 로스(David Ross)는 그녀의 용감한 변호사가 되어 주었다. 존 핸하르트(John Hanhardt)가 그녀의 업적을 역사적인 차원에서

평가해 달라고 요청했다. 오노 요코(Yoko Ono), 시몬 포르티
(Simone Forti), 리하르트 타이텔바움(Richard Teitelbaum), 얼 하워
드(Earl Howard)가 그녀를 위해 아름다운 퍼포먼스 공연을 했
다. 하지만 아무도 노만 시맨(Norman Seaman)을 빼놓을 수 없
을 것이다. 여러 도시의 문들을 여는 열쇠를 쥐고 있는 매력
적인 그녀에 대해 그가 들려준 위트 넘치는 일화들을 잊을 수
가 없다. 시장과 도지사의 보도 담당관인 시드 파강(Sid Fagan)
은 얼마나 그녀가 도전하기 힘든 남자들의 성문을 깨 버렸는
지도 얘기했다. 예를 들어, 야구 경기장, 그랜드 센트럴 역, 월
드 트레이드 센터, 잉그리드 버그만과 험프리 보가트가 <카
사블랑카>의 마지막 장면을 찍었던 공항 등이 있다. 내일, 세
상은 아름다울 것이다. 샬롯은 심지어 1970년대에 캘리포니아
에 설치한 <러닝 펜스(running fence: 달리는 울타리)>(크리스
토의 작품, 1976년 9~10월, 캘리포니아 대지에 설치된 높이
5.50미터, 길이 4킬로미터의 하얀 나일론 커튼)의 문까지 열게
했다. 하지만 그녀는 너무나 겸손했기 때문에 널리 알려지지
않았다.)

- ▶ 1993년 = 베니스 비엔날레 독일관 출품. 대상(황금사자상) 수상. 대전엑
스포 재생조형관 전시 참가. 일렉트로닉 슈퍼하이웨이 제작.
와타리 현대미술관에서 <반향과 예측>전.

- ▶ 1994년 = 후쿠오카미술관 개인전. 포트 로더데일 미술관에서 <일렉트
로닉 슈퍼하이웨이>전 개최.

- ▶ 1995년 = 베니스 비엔날레 <호랑이 꼬리>전에 출품. 인디애나미술관
개인전, 조선일보미술관 개인전, 박영덕화랑 개인전. 후쿠오카
아시아문화상 수상. 미국 뉴욕 프랫미술학교 학장 취임 강연.
서울 갤러리 현대에서 '백남준 95' 전시회.

- ▶ 1996년 = 뇌졸중으로 쓰러져 몸의 왼쪽 신경 마비. 제5회 호암상 예술
부문 수상. 제1회 '월간미술' 대상 수상. 독일 '포쿠스' 선정

'올해의 100대 예술가'

- 1998년 = 미국 프랫미술대학 명예미술학 박사. 일본 교토상 수상.
- 1999년 = 백남준 설치미술전(양평 바탕골 예술관). 미국 마이애미 예술 가상. 대통령자문 새천년준비위원회 위원. 이화여대 조형예술 대학 석좌교수. '아트뉴스' 선정 20세기 가장 영향력 있는 25 인의 작가. 독일경제지 '카피탈' 선정 '세계작가 100인' 가운 데 8위.
- 2000년 = 뉴욕 구겐하임 미술관에서 회고전. 금관문화훈장.
- 2001년 = 영국 <그로브음악대사전> 등재
- 2004년 = 투병 후 첫 퍼포먼스 <존 케이지에게 바침>. 독일 베를린에 서 <글로벌 글루브 2004>
- 2005년 = <베를린에서 DMZ까지>(서울올림픽미술관) 참가
- 2006년 = 경기도 용인에 '백남준 미술관(백남준 아트센터)' 착공
- 2004년 = 4월 30일 '백남준 미술관(백남준 아트센터)' 완공
- 2006년 = 1월 29일 마이애미 자택에서 사망

제14장 Anthropology of Art for Nam-June Paik Cosmology:

Paik as a spaceman
- From Neo-shamanism to Eco-feminism -

Jungjin Park

1. Nam-June Paik seen from art anthropologist perspective
- His discourse on phylogeny -

From 'being' to 'becoming'
From paternal relations–patriarchal system to maternal relations–maternity

Our planet has been culturally integrating as the concept of globalism has spread out to all parts of the world. In the context of anthropological history, it may fairly be said that the epoch of scientific religion is now prevalent since one of the most conspicuous movements of our cultural integration has been the changes made in the areas of esthetics, philosophy, art and religion, and the development of science has been increasingly becoming the driving force of our society. The general tendency of this streak of mundane integration has been accompanied by the changing spectrum of 'Being' to 'Becoming', which, put specifically, include transition from consanguinean-patriarchal system to matrilineal society. The overall effect of this manifests in the form of cultural shift of struggle with authorities, for instance, the evident revolt and defiance against various power hierarchies.

Most notable of such movements has been to learn Eastern ideas by the west, which differentiates itself from the concept of Orientalism, an ideology interjected with the idea of merely supplementing the western culture and its potential unfolding while conserving all the ideas pivotal to essentially western history. This is to speak of the locomotion of cultural hinge. The infiltrating cultures served to make internal changes within western societies and is said to result in some of the most salient features in western art and cultural scene devising a variety of new terms and movements, which certainly entailed for instance restoration of Yin-Yang philosophy, revitalization of 'vital energy'(氣), or multifarious words describing eastern moral doctrines and efforts like 'Tao'(道) to re-evoke their original, correct reference. From our perspective, this suffices for our needs.

Himself of firmly ingenious mind that enables him to unaffectedly unleash his learning from western cultures and, more notably from Korea and Japan in western art scene, one can see that his art, including those in Germany and the US, is abounded in confidence rather than cowered as an oriental minority. He derived his art from dematerialized form of art - music - his diversion of art from the aural to the visual remained in his mind, much of which was couched in the motive to offer new air to the western art scene. Paik made his mark in contemporary conditions as he exhibited 'Exposition of Music, Electronic Television' in March 1963 at Parnass Galerie in Wuppertal; that was at the time when the meaning of visual revolution translated to objet, collage and performance art.

The mien of his working, as shown by an article on 'Fluxus Newspaper' in June 1964 written shortly after the Parnass Galerie exhibition, is more about Dhyāna (better known as Zen) than anything else. This rather brief essay adequately encapsulates his sharp intuition on both eastern and western belles-lettres and philosophies, as well as his own artistic thoughts and work ethics. Moreover, the essay allows us to gauge his discretion on overcoming the limit of western art philosophy by markedly taking into consideration the eastern philosophies and Buddhism. The vivid picture Paik offers represents his own 'poetics' put in words of video art, that bears a comparison with Aristotle's tragedy.

Nevertheless, the starting point of his resourceful development is music despite his world of art revolves around many genres such as objet, happening, performance and video art, somewhat reminding one of vicissitude of interacting Yin and Yang or pluralistic stratification, so to speak. His thought starts from objetification of musical sound and culminates in sonorification of cathode ray tubes and monitors or the sculpturalization of television monitor which in turn creates a reversible reaction that either produces objectification of sound, or sonorification of objects.

His practical and rational success of the age is probably best illustrated by his dedicated minds to the integration of what can be seen and heard, and perhaps better put as delicate commingling of stationary and moving images. This particular effort wasn't based on the restrictive prejudice that some people might had had at the time when the modern technology was improving at a speedy rate. But his video art was simply unprecedented even though many people did come up with vague, feeble ideas. Those who came in accord with such idea never saw that art could be sublimated into a form of program. The integration of visual and auditory senses had in-between the concept of 'action music', and music, with the intervention of theatrical and indeterminant elements, was heading towards the level of synthetic performance. This is especially evident when one concerns that the purpose of his video art was to expand the influence of television as a definitive edition of performance to the extent of universe.

In strong reference with the above, Paik's art, as might be expected, can be parable to most of historical maestros courageously come a long way round for the sake of great revolution. It could perhaps be compared to a myth. The reason why his life wasn't a run-of-the-mill type is that he dug deep into musical sound in order to study formative art. Without his knowledge in music, video art would have never come about or it advent would have well been delayed. In other words, if it wasn't for his cordial ardentness for sound, his idea to bring television into the realm of art wouldn't have taken place. Therefore, it is no exaggeration to say that the fantasy of today's video art prospered from; the introduction of television as a means of expression that enables one to display a picture that makes sound; and the fact that television predominantly shows moving pictures rather than still ones.

With this accomplished, determined personality, he well surpasses the like of Wolf Vostel and even Joseph Beuys who together started Fluxus. This is however not the case at the moment, with Beuys more highly recorded in modern art history book, sometimes to the extent of heroic, but at least a more competent avant-garde artist. But in many cases, Beuys has borrowed some of Paik's ideas and this allows one to anticipate Paik's higher emergence over him as Paik has left spilled his ideas all over the place. Furthermore, any account of contemporary conditions must begin here with strenuous learning about sound mechanism that is so crucial, and Beuys did not have it in his agenda nor he has attempted to fully reflect himself on such notion. John Cage, who Paik absolutely admired, never came up with such idea as video art. What Paik was able to do was to harmonize, while others rested within their own spheres.

In terms of musical instruments, Paik preferred piano, violin and cello. What the playing of these instruments creates is the music. Yet he put a stop to it and starts objectifying the instrument. Now, the instrument is just another prop, but there is a real latent change to it. Musical instruments, formerly considered as essentially separate in their uses, relinquish its original systematic purposes of 'making sounds' to begin its life anew because mashed piano (and of course dragged violin) then derives totally different subjective meaning. What 'objet d'art' means here is to place the otherness onto often subversively different context in order to arose an altered aesthetic conscience, so called 'depaysement' which is also simple to be converted into performance. In other words, 'exposition of music' is an effort to visualize music; indeed Avalokiteśvara; Buddhist Goddess of Mercy who watches and looks through all sounds.

In his first exhibition, the frontier of art-science realm was filled by electronic-televisions, which stands in contrast to exposition of music. The objet (television) is already an object producing sounds; hence it is the most determining medium in rendering the objet phonated. Prior to Paik's use of television, it wasn't at all possible to freely slant the matter of perspective representation, the idea of flatness and 3-D with the basis provided by canvas art. With the TV tube, however, we can divide, superimpose, imbricate and erase the moving or still images. Leaving behind the relics of the conventional or conventionalized way of illustration, the advent of video art has come not as a mere step forward in integrated media and in dimension, but as an epiphany of new art that changed the whole historical assumptions and various artistic foundations from their very cores.

Then why did he drop a bombshell that "art is just fraud"? The notion's interpretation prevailed that this comment was in most part 'very Fluxus', which stands against the other sort accepting the comment as it is put. The former refers to the Fluxus' inclination to create shocks in giving rhetoric. But they both have a common ground in that artistic formation or configuration receives the approval from the very principle of fiction as it expresses the creative or fictional truth. But then again, if an artist only relies on mimicry or the likes of such, this can surely be said to be a fraud.

The intrinsic fraudness of art comes from 'the truth of fiction' or 'the efficacy of incantation'. The so-called avant-garde is where such attribute of fraud of art stands out the most. As of today, some art do not succeed in finding an effective means of expression well-suited to be presented to public (considering that the works are just thrown in front of the audience unpolished and unrefined). It may be reference that Stanley Cavell of Harvard took to write "fraudulence, and the experience of fraudulence was endemic to the experience of modern and postmodern art" in his 1969 essay "Music Discomposed" as well as Columbia University's Arthur C. Danto's 'After the End of Art'.[175]   Or perhaps they have run out of the adequate ideas to express, thereby giving forth different media forms of expression as they experiment and make happenings. But it is hardly deniable that new stuff will always lack smoothness and what is considered insane could in fact be an outpouring for the next era of art.

This confession of Paik that speaks of tabooed 'fraud' is actually a wake-up call for other artists in that an artist should always arduously try to create an art that will not become a fraud. For Paik, a initiator of the genre of video art, who frequents over the borders of genres, such self-precautionary measure just seems fair and proper. This is such as to allow artists to live (sometimes) in substantial independence from the conventional thought that art as it exists is not anything of particularity.

Meanwhile, his performances emit a sort of scent of Korean shaman ritual and also in some ways Zen meditation. The role played by this attribute was a key in converting to video art having studied in Germany, Japan and America where he came in contact with television technology. What is meant by shaman or the image of it is a raw concoction of sounds, picture, theatrical elements, happening, play, supplication and the vanity of life. And it is not an exaggeration to say that Korean art prospered from this spiritual act. Then, Paik's character in his art – the readily attitude and diversity in ways of expressing ideas – is headed by

---

175) Kai Hong (art critic) gave the analogous argument on the issue at the seminar "Western avant-garde and the spirit of traditional Oriental painting". (Sungshin Women' s University, 8th June, 2009) He added that the three economic powers of Far-East, China, Japan and Korea, are already quite comparable to Western Europe and North America and are on the course of surpassing them in the near future.

shamanism's synthetic, performative nature. All he did was to combine television technology and shamanistic enactment and expanded its capacity to the extent of universe.

From the old times, Koreans placed much importance on typical spiritual vitality from which an essentially different culture has evolved. They regard the cosmos as 'Jing Qi Shen'(精氣神) system, so called 'Three Treasures'. Between Jing(essence/精) the material basis for the physical body) and Shen(divine or human spirit/神) is Qi (vital energy, invisible life force/氣) being a transitional mechanism, and it is to engage into the connection that was the most important task of life. Psychic medium was provided by a shaman – priestess – and the history of ancient times also shows shaman-kings or priest-kings. What this history brings us is to know that coming into being overweighed our existence because communication preempted the priority. This tradition of general history has diluted in a way as there was a fundamental dichotomization of spirit, material, body and soul, a phenomenon that owes its occurrence to western philosophy.

The Greeks called storylines mythos. The notion of logos and mythos is re-interpreted from the eastern Qi philosophy point of view by <Figure 1> below. The corresponding symmetry to vital energy (Qi/氣) is principle (Li/理), and that of thing (wu/物) is divine spirit (Shen/神). A common tangency between the realm of philosophy and myth can be found since the former starts from a marvel and the latter starts from a mystery. What Plato didn't want was that, from the height of our knowledge, we compose and be accustomed to dogmatized mythos to build another doctrine around it and set aside what is considered petrified. But it wasn't the case, and humans dogmatized it so easily. And one could add to Plato's wish that perhaps all the stories out there are in central substance myth or religion.

The western civilization can be summarized in the code of 'Kant - Newton - Christianism' streak. On the contrary, the east has seen 'Buddhism-Yin/Yang Principle-Not-Doing Nature sequence of belief. Making of a living mélange of the two requires a framework that supports neo-shamanism-eco-feminism.

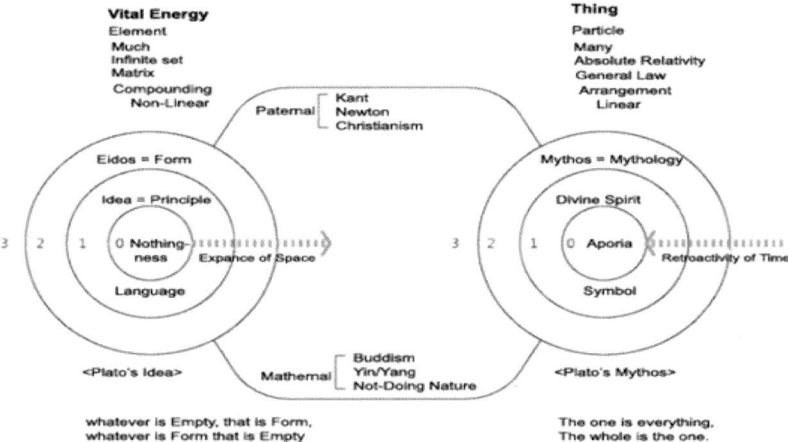

<Figure 1> The view of Idea and Mythos from the perspective of neo-shamanism\ ‐ eco-feminism

The mutual understanding around the two received a lot of contribution from the principle of relativity by Einstein, 'quantum theory' of Heisenberg and Whitehead's 'process of philosophy'. The eastern philosophy in general more quickly began studying and forming an outlook of vital energy(氣), nothingness (無), thing(物) and divine sprit(神), but at the same time wasn't able to scientifically modify what they have come up with like the West has done.

It is now imperative that we reverse the trend of western philosophies centering on rationality and patriarchy i.e. time for the West to seek redemption and some serious reflection upon its fundamental ideologies. At the risk of being rather overly intense on the discussion, their establishment of democratic system and capitalistic economy was at the sacrifice of others. So, in a way, in the western world live also men who are grilling and questioning the victims deafened and confused by different wisdoms produced by them. These presumably incoherent assertions of authority ask for even more sacrifice. Underneath the sugar-coated layer of supposed convenience is the materialism which has been abetting crude contrivances calculated to tear the nerves of different social classes in other countries while espousing theoretically the force of the Comintern. Some of them have also left their citizens reduced to penury and caused the occurrence of unproductive economy in leveling off, ultimately building the second empire of Soviet Union. Then the resulting rearranged scenery was the mammonism, a derivative of free democracy, and materialism taken from communist socialism – the two faces of the West.

In assessing the above developments, the erecting of barriers called 'Being' was where the Idea, or Reason got as far. It then ended up facing nothingness or nihility of authority. The most frequently used benchmarks to gauge human beings were temporal and spatial parameter. However, any partiality for such tool would prove helpless as substantial certainty dramatically became something of closer to uncertainty, not to mention helplessly variable. Meanwhile, in the eastern end, people tended to exploit 'Classic of Change'(Yi/易) on movement and change rather than resorting to dichotomization of space and time. Plus, in order for this to happen, they liked symbolizing Yin(‐‐) and Yang(—), or a combination of it. In the meantime, there are two sorts of spiritual cosmic energy, Yin energy and Yang, hence showing the deep level of integration of Yin-Yang philosophy and spiritual energy.

There are some questions that we could ask to see how great the combination of the cosmic dual force of Yin/Yang, vital energy and 'the Way'(道) of unnamable process of the universe (mostly referred to or imagined in terms of the ethical/morality code the central norm of which emphasizes feminism with matrix). For example, why Yin-Yang in lieu of Yang-Yin? Why vital energy rather than Principle? Why is feminism closer to the intrinsic quality of the ideal than masculinity? But just as the western society did, the East entered a patriarchal system about 5,000 years ago during the formative period of politically divided states. But despite the long history, why did the East didn't consign to oblivion the meaning, the capacity of being, or the womb of matrix dedicated to feminism? Those in question refused to lose the respect for the invisibles. Another pertinent thought to the discussion goes about talking about the focus on hearing sense of the East compared to the West's focus on the visual.

From an anthologist point of view, it seems that the patriarchy system is nearing the point of culmination in western civilizations, and the analysis would prove that they are writhing under the self-inflicted blights. On the other hand, the East enjoys the advantage of self-vaccination of matrilineal relations. What most of westerners bring up as the most notable (or noticeable) religious belief is Buddhism, but it is far from simple to conclude so. In a right elucidation, Buddhism would be the platform that connects Yin-Yang school based civilization and the western civilization. This, put delicately, would also tell us that Buddhism is seen in the middle of push-pull connection between the East and Christianity history, the symmetry of which can be explained by the Indo-European linguistic nexus. By the same token, the relationship of Buddhism and Christianity could be designated as identical twins or fraternal twins.

Indo-European and Chinese language-based Far-east Asian civilization were developed through a totally different intellectual system. The original form of Buddhist sutra in Sanskrit was twice translated into Chinese, and those who recognized the existence of the scripture don't hesitate to say that it is of the East. (In translating the scripture into Chinese, the role of Taoism was big.) Just as a matter of course. But behind this belief, they pass unnoticed the fact that the work of translation worked as a medium in integrating Indian and Chinese realm of culture. For one reason, Indian Buddhism cannot be related to Yin-Yang school. Eastern and western civilizations are then between the Middle East and India, the whole concept of which is called the Silk Road. In any cases though, Buddhism which includes the sense of 'nought (the void/空), madhyama-pratipal (Middle way/中道), Dhyana (the stage of meditative training/禪), and full awakening(覺)' joins to the stream of 'Yin -Yang philosophy, vital energy, and Tao(道).

For Paik to unfold his artistic talent in Germany and the US, his knowledge of eastern philosophies, Buddhism, and especially shamanism, the most solidified of all, was crucial. The Chinese word for 'shamanist custom' (巫俗) is a combination of two letters, one representing 'exorcist' and the other meaning 'cultural manner'. This word was dispossessed of its sacred status, but the very position of shamanism is indeed an epitome of high-religion, because without mysterious personal experience, the existence of god/spirit that possesses a body, or hierophany, it cannot rightly regarded as a religion according to it. From the perspective of today's communication discourse, 'shamanist' phenomenon is where the establishment of relationship with the invisible world hinged on. Lately though, ontology is being dominated by cosmology but shamanism acted as a bridge between the two.

Also, neo-shamanist would argue that a shamanist's spiritualistic medium is not just in some people with specific attributes, but in fact a general human-induced phenomenon and is a prototypical form of human who lives in-between heaven and earth. (And considering this definition, Paik was a great modern shamanist.) Neo-shamanism is a sort of 'Summum bonum' god who is at the top of hierarchy with all the other less sublime below. This is of course opposite of the case where one's belief of supreme god evolved into a belief in an absolute God. Then, neo-shamanists, using the shamanism as a maternal base, are willing to make concrete reconciliations with other religions with efforts to unify (or synthesize) them.

<Shamanist, an archetype of men>

Heaven (+)	Spirit Medium	Inspiration
Human (0)	Shamanist	Artist
Earth (−)	Exorcism (Conduct)	Work (vocation)

The subjective opinions on Paik's art seem extremely divided. Is it an adherent kind of western art? Or a heroic figure who brought a breath of fresh air to western art scene? But the verdict may differ according to their personal discretions. For instance, some in the western art world would see him as a sort of wunderkind from the far-east who has defied the tough border between the West and the East to secure his place. But the eastern perspective goes about speak very highly of him arguing that he is, considering all the relevant theories and traditions, an epoch-making artist who withstood the already shallow understanding of orientalism and supplied western art world with the helpful injection of eastern art (although this requires a scrupulous, logical support).

This relationship bears a rather close parallel to how shamanist religion and Christianity see each other. In this sense, we need to be more prudent and mature to be able to envisage Christianity from the shamanist perspective. His performance art, to give an example, cannot be esteemed to be a form of buffoonery is a branch of objet or happening art after the Second World War, for this would be a

444

sort of toadyism that subsides under a servile spirit, and it would be worthy of belittlement. His performances were not 'theirs' and we can rightly designate it 'shamanist' because performance art is indeed the shamanism of the West.

The intrinsic property of performance art and shaman ritual differ in that the former is a genre of art and nothing more, but the latter goes beyond a mere genre that traces its ancestry to primitive liturgy or religious fest. Paik's ritual shows the glare of gallant desire of troubled soul to wriggle out from the fetters, working out his own salvation. The typical rituals do not involve mimicry or stuffing of a format, but just a sword, the most practical convenience of the history of humankind, a drum and a bell to communicate with heaven in a bustling manner, and a mirror for self-reflection (mandala). In point of fact, Paik's art was meant for the purpose of carrying out exactly that and Paik himself functioned as an ardent supporter of modern Dhyana Buddhism. Paik's television monitor has all three of the requisites – representative instrument, sound and mirror for video art. For surely, he arrived in Europe as an orderly conveying the idea of far-eastern shamanism.

What he is telling us, in respect of modern, asymmetrical civilization, we are not living our lives worthy of its real value. And Paik's life was full of tumultuousness in the world dominated by asymmetrical order; he shattered, bawled out at and smashed up different ideologies surrounding him in order to (make them) realize the meaninglessness of seemingly large things in existence. It almost looks as if he is now counting on the 'smaller gods' to do the right job in the midst of his crazily seesawing issues. He progressed from music to art, to performance, and to video art, in order to deliver 'rituals'.

2. Neo-shamanism and Nam June Paik

Clapping shamanist on a running horse
Altair riding and carrying electrons

Paik's image resembles an equestrian shamanist running on a horse. The only difference here is that Paik is riding 'electrons instead of a real horse and a tank' as we are now living in the epoch of electrons. Or, for another example, he is like Altair floating in the air on an ox instead of a horse, searching for his own spiritual enlightenment. But one would also question the usage of oxen: don't we offer them as a sacrifice to god for good harvest? For mankind, 'the cycle of flesh' in which a certain entity lives on the flesh of others was a serious disparagement. Isn't this why humankind came to make animism and ultimately their own supreme gods and absolute being?

Plus, the communication with god is no longer an exclusive right of shamanists, but nevertheless these sacred beings don't exist if not called upon. We are nearing the point of fully realizing that our inner existence will be projected onto all creations of the universe and eventually make their way back to us. This rather reasonable conjecture has been proved not by priests, pastors or monks but by the artists who have already known the answer for some time. One of these is Paik who is trying to make it into a daily embellishment and will be supported by the theories of artistic anthropology.

Human beings call upon the supreme beings, not because of the conviction about their existence, but because their existence is inconvincible, which creates the sentiment of anxiousness especially when they cannot do anything about certain circumstances like, for example, death. The belief towards god is crammed with uncouth thoughts and philosophies, and for brief stretches, it cannot satisfy all souls that one can become very grudge-holding especially when their prayers are left unanswered. But it is also true that god can always be considered functional, for they are always there at the receiving end of confession and soliloquy. So since the times of our ancestors humans places of worship and maintained the code of ceremonies towards god. This is much like the property of semi-conductor; one injection of a case would always result in triads-it may work but also by equal possibility, it may not. The semi-conductor, when given an external pressure of electricity, becomes conductible, but otherwise stays not at all conductible. Ruggedly put, it is two-faced. Then communication with god would very straightforwardly mean communication in belief since if one draws a sure connection, god is probably believable, but otherwise very hard to believe.

In our current world dominated by electronic industries, the effect of god's existence in our minds is fixed as a plus, simply because ours on the ground are minus, meaning humans are subject to protection of the weak. It is very

446

often frustrating for humans to face failures to communicate with god. But for god, it would be just as frustrating, or perhaps even more so, to not receive prayers from certain people like he should. At all point of the continuum god is supposed to be revered, unless humans die through neglect. Some would argue that they "created god because of fear of death", but humans are not that insecure and weak. In fact, us beings, Homo Sapiens Sapiens, have always given their lives for their offsprings, and if it weren't for this attribute of human beings, we may not even exist.

We must set aside our prejudice that god exists for the virtue of giving, offering something to us. We would find that the vacuity of our continuum of intimacy can render god 'powerless': communicating with god can only be started by us. We occasionally face an idea that, for god is powerless; we should discard the possibility of believing in him. But god is indeed an existing being that we have fabricated in our own way of survival, whose omnipotent power is omnipresent. Therefore, the initiative is now for us 'negatives' to take (and this might be the reason for the rising influence of women who were thought to represent the force of Yin). In other words, our world is now turning from Yang to Yin.

Paradoxically, chronological evidence would tell us that the influence of Yin arose first. The history of anthropology would also show that matrilineal society always took place before that of paternal preponderance. In terms of mythic gods, goddesses were ranked to the higher status to receive offerings from humans. Moreover, the mythological studies show that Isis became the sun god, although the general perception speaks more of Helios and Apollo. In anthropology, the event in which Isis was dispossessed of the Sun is dubbed a sovereign dethronement of goddess. But the paternal system that is ingrained so deeply within our society has made the identity of the Sun somewhat level to a masculine authority, which we should remind ourselves of.

There is also an anthropological perspective on ancestral history of authority, the role of priests and royal prerogatives that female- (or female authority) and male-dominance has been shifting back and forth. Subjective virtuous choice does not have its attention limited to a single dimension, but in fact interrelates with other choices we have to make in social context, science and mythology, thereby creating some parallels across different domains of life and history. The advent of so-called electronic era in which the prime movers of our society are predominantly women could be followed by adoration of motherhood or maternal philosophies. There has been a corresponding trend in anthropology of art, perhaps indirectly showing that the thoughts of anthropology of art tend to get more firmly embedded in the minds of people with the concurrence of resistance and adverse opinions of aesthetics-a product of so-called 'minus cosmology' which implies that the universe was created not solely by an absolute god but went from the void(空) and nothingness(無) to color(色) and being(有).

Pan-Earth North-South War: Ecology Battle And West-East War: Power Struggle

Most of the primitive battles were surrounding the issue of food competition. Homo Sapiens Sapiens breed were eager for proliferation of population and they felt that it was imperative to support their families. After the glacial epoch faced an interval came the fourth glaciation (the Würm) and then the interglacial period which enabled humans to expand their livelihood around the planet. The northern hemisphere usually struggled to create a proper settlement as it was still too cold, resorting only to cattle breeding, whereas the South started farming. Livestock farming and hunting posed a lot of uncertainty over when and how much to gain unlike agricultural activities that were constant and stabilized. So humans pursued agriculture as their primary means to provide food, leading to the neolithic agricultural revolution. It must have seemed as a viable and plausible option for the northern nomadics to plunder the South, the phenomenon that spread all over the world at the time. This was the beginning of ecology war.[176]

---

176) Fu Sinian of China says the following in his 'Yi Xia Dong Xi Shuo' (Theory of the Yi in the East and the Xia in the West) (January 1933), "The period after the glaciations was predominantly filled by North-South confrontations, and before the Chinese dynasties of Xia (夏), Yin(殷) and Zhou(周) was more of engagement between the East and the West. Their different genealogy acted as the main factor in being the cause of both confrontation and intermixing. The classification of these ethnic groups would show Dongyi (東夷) and Shang (商) falling under eastern lineage, and Xia and Zhou under the western." (Sung Kuk Ryu, Journal of Eastern Philosophy, p. 14, requoted, Geun Yuk Seo Je(槿域書齊), 1983) This is in discrepancy with the view of ecology that argues East-West confrontation was after

448

Today's differentiation between the term ecology and economy wouldn't have existed in the primitive eras because humans were less independent from the environment. And at some point of the food war was the formation of mass groups, which then proliferated in parallel with the degree of self-sufficiency of food provision. This is the start of various empires both in the West and the East. Apart from several relatively small North-South confrontations, there were a lot more serious scrambles were between the West and the East. The struggle for hegemony has produced Silk Road and thereby established a concrete route of trade and much drift of migration and goods. The majority of the 'Han race' which forms the majority of Korean people today was part of Dong-Yi (Eastern Barbarians, 東夷) tribes who owed their genealogy to the Northern Nomadic Tribes. Evidently the nomadic way of life became habituated to the Han race of Korea, but soon their culture accepts the southern agriculture-based streaks. By and large Korean population at the time was affected by the Chinese culture, subsequently showing slavish submission to the bigger power. (Northern Barbarians, as they were called in Korea at the time, were in fact their kindred races.)

Comparatively speaking, the more dominant cultural characteristic, be it in terms of DNA design or descent, is said to be the northern streak in Koreans' deep structure. This unique characteristic was not unveiled until the right moment in history, especially when the old dynasties of Korea received all sorts of territorial encroachments. Despite all the obstacles posed by external threats, Unification of the Three Kingdoms, prolonging the independent nation and cultural individuality have been Korea's national characteristics. Nam-June Paik has this so-called nomadic character; that is both in respect of his look and his art. In his typical northern visage, he has slender eyes (although his eyelids are thick), his chin square (developed mouth cavity structure) and relatively fair skin. In contrast, the southern descents typically have double eyelids, nicely tapered darker face and big eyes.

Shamanism is one of the most notable characteristics of the northern race. Many other aboriginal tribes maintain their shamanist beliefs and customs

North—South, having been affected by Chinese historical perspective. Ultimately though, history has the repetition of North—South and East—West conflict lines.

since the ages of widespread shamanism which dominated the planet for centuries. We can then say that shamanism is perhaps the archetypical of all religions. But here again we need to check the difference between the North and the South. The custom of northern nomadic includes distilled liquors (for they felt the 'necessity' of being overcome with alcohol, and the barrenness of their stressful livelihood) and their traditional dances are characterized by leaping choreographic styles. On the other hand, the southerners preferred fruit flavored liquors, tea and mild gesticulative dances.

Buddhism is the very religion that renders the concept of being-cosmogony, which is precisely why it has played an important part in bridging with the West (their dependence on Buddhism is also in large part due to the influence of Indo-European language system). The intended objective of Buddhism may seem different from Christianity or even completely opposite, but the original motive of establishment i.e. semantic system resembles each other in many ways. Very often we hear that India is definitionally East-Asian and Buddhism is a religion of the East, but this view is overlooking the influence of Chinese Buddhism, a version almost exclusively interpreted by Taoism.

The essentially Taoist thoughts of nothingness(無) or the void(空) can be mistakenly considered Buddhist. The current relationship of Buddhism and Christianity can be described in twofold: one is such that the standing of one would automatically mean the exact opposite parallel (Buddhism equals anti-Christianity); the other is regarding one another as automatically deprived of the meaning of the opposite (Buddhism equals non-Christianity). The former at least include the possibility of unified conception of the two religions and of resolving certain differences, but the latter intercepts any arbitrary measures and potentially deviant from the direct comparison. Buddhism mainly proposes as its ultimate doctrine asceticism and abstinence, but human beings, having come from nature, cannot supposedly be completely free of mundane desires. Furthermore, in Buddhism, after bringing forth the full awakening of spirit, one can unrestrictedly control any desire, but along the development path of such awakening exists the essential principle that more craving for awakening brings a believer closer to the most pure form of awakening. Hence spiritual awakening is the reversal modification of desire. So isn't desire the end mean of the Way itself?

So, the main question here is 'what is the subject of one's desire?' Desires make the corresponding subjects, but may also become void since it is too large. This is precisely why desires are not the adversaries of the end purpose. For we are in fact in the position to follow a supreme example, we think we should restrain those desires. The inconsistency in the doctrines of Christianity and Buddhism is that they preach the virtue of control over desire but at the same time crave for the desire; the former on heaven and wealth, the latter on the abode of the blessed and enlightenment. What attract believers from the outset is the elements of inducement such as the teaching of spiritual nature, perpetuity, eternal life and extinction of life, all of which lie beyond the logic of being. Meanwhile, perhaps the most interesting of all clashes of civilizations is the engagement between Indo-European and the sphere of Chinese language and culture. The former is of a strong paternal character and the latter is an alliance of Taoism (Yin-Yang school) and Confucianism. In terms of religion, the former is concerned with Christianity(paternal)-Buddhism(maternal) with more emphasis on patrilineal society, and the latter with Taoism(maternal)-Confucianism(paternal) tilted towards matrilineal society.

<The civilization of the East and West, and the type of Korean culture>

Paternal−Patriarchal Society(Indo−European Language Circle)	Christianity (paternal) - Buddhism (maternal)	Asymmetric − symmetric
Maternal−Matrilineal Society(Chinese Language and Yin−Yang Circle)	Taoism (maternal) - Confucianism (paternal)	Symmetric - asymmetric
Undifferentiated social structure(Korean Language Circle)	Neo−shamanism (parental)	Harmonization of asymmetric and symmetric

But why is the account of 'neo-shamanism-eco-feminism' attached to the harmonized picture of eastern and western civilization? Its virtuous disposition is inclined towards the coordination of paternal and maternal features of the original menstrua. This also means that the progression of anthropology of art has to be inevitably redirected to neo-shamanism. Whereas shamanism was a prototype of religion that corresponds with the unseen world, what is substantially new about neo-shamanism is that it synthesizes much fragmented and complex mix of civilization and higher religions, comprehensively converging them from the expanded territories of prototypicality of religion or prototypical religion (Shamanism seeks reconciliation with the nature).

Shamanism is probably the most equalized religion of all. They fabricated a god out of their natural environment and prayed for harmonization with the surroundings and happiness in life. On the other hand, the prospect of absolutism in religion will always have to be redirected to other relative, multi-layered religion. The human race has come to a realization that the doctrine of certain means of an absolute god is incapable of advising because their sovereign authority has turned out to be the ringleader of imperialism. Any higher religion is subject to vertical variation, and likewise, Shamanism was founded by small societal or tribal groups when the hierarchy of power was not needed.

Shamanism is the very prototype of human religion, not a type of superstition. It also contains the combination of animism and totemism, which makes it a synthesized body of religion. In explaining the intervention of eco-feminism in the picture, it is important to see that all the developments and evolution of religion have a close connection with environment. Some shifts of religion seem to be instigated by humans' mass unconsciousness or certain process of phylogeny, but it surely has as at its basis historical consciousness or asymmetrical thinking. Perhaps, owing our realization to the above, we might have pretended to be pedantic without knowing the required effort behind. Neo-shamanism - eco-feminism then seeks to restore the entire human race to a more maternal system and goddesses on the ground.

Historically, there have been many sovereign leaders who developed or experienced religious conditions, but Mongol Empire is said to have benefited the most of shamanism. Ghengis Khan was a conqueror who succeeded in coordinate different religions while being a shaman-king and commanding shamanists of occult powers. Today, shamanism is a non-superstitious compound of religion(mythology) and science as well as a Holon of nature-consciousness. For Ghengis Khan, the biggest contributor to his perfection was his fear of extermination. This entailed many brutal wars and employed Tengri, differently dubbed 'blue and everlasting sky', in order to comprehend all sorts of religions that fell under the territories. As

Tengri's principal belief, the everlasting sky was a considered a transcendent existence who was at the center of the ever-changing order of universe.

Nomads tend to be more sensitive to spatial changes, but the settlers by contrast are sensitive to temporal changes. The former mostly has a system of absolute gods and the latter has religions of relative authorities of deities. Ghengis Khan approved of the openness in reigning different religions and diversity of culture, and employed shamanists in separate governing entities in the form of symbols of supreme gods or semi-absolute gods. In fact, Mongol Empire placed all sorts of religions under the form of shamanism, be it Buddhism, Islam, Christianity or Confucian. How was it possible? - Because of its capacity and prototypicality as a higher human religion. Religions of absolutism are embodied with the sense of exclusivity but the case of Mongol Empire generally tolerated other religions. Moreover, because shamanism has various higher religions in its subordinate position, it can contain a lot of different meanings to its core and shows a good possibility of future religious life of many individuals. Mongol Empire then seems to have had the religion of Tengri as a synthesized notion of supreme gods and absolute god.

What is a sort of belief, among the bits that our ancestors lost, that the human nature of today cannot easily get used to? It is probably conceiving gods and materials as one unified being, and this has proved difficult for many that it needs to be overcome because god -material and material-god is a single entity. Very often, fetishism is treated as superstition or even disgrace. But how can the universe exist as one if material was not god and god didn't come in accordance with material? Their magnitude and order might be different but they have the common source, and this is what unitary vision of the world. A complete separation of spirit and material would perpetually block the possibility of unification, a thought which might render resurrection of animism.

The rational human beings, Homo Sapiens Sapiens, have felt insecure about their existence and realized the need of introspection on their own lives. But the very first systematic thought was based not on science, but on religious matters, primarily because the fear was dominant over reason. Certain anxieties disappear after taking certain religious or ritualistic actions such as calling out for god, giving prayer, reading proverbial teachings or incantation. This is not a result of theory but of empiricistic belief of people that still continues to take part in our lives today. Therefore, the evolution theory of religion and science presume that alleviation of anxiety was there before scientific analysis. But this is not to say that one can override or nullify another because that would result in give a perverted view on nature's symmetry, mistakenly view it as asymmetrical. Thus, religion and science are already in Yin-Yang relationship.

According to the framework by which we anthropologically explain the dynamic of stress from entourage and the corresponding needs, shaman-king or priest-king existed for the need to overcome certain stresses and manage their lives. They were the leader of tribal groups during the era of theocracy. One of the most famous shaman-kings was northern Siberian shaman, specifically Scytho-Siberians. They moved with reindeer and Shilla kingdom's representative crown resembled reindeer horn – Shilla was not descended from southern agricultural people.

The dominance hierarchy of Shilla Dynasty did not originate from southern agricultural race

The early kings of Shilla kingdom were also shaman-kings in that, from the first king Bak Hyeokgeose Geoseogan, the second Namhae Chachaung, the third Yuri Isageum, Norye Isageum to 19th Nulji Maripgan, they kept the title Maripgan from which we can infer the phylogeny of Khan(汗, 韓). The title 'king' started being applied from the 23rd Beopheung wang(king/王), which has same genealogy as 'Kahn' of Ghengis Khan. Shilla kingdom was the result of a war which was the only case of a southern opponent emerging victorious in any part of the history. This victory was due to the fact that the dominators from the north had predominantly northern nomadic characters.

The first ruler of Shilla, Bak Hyeokgeose Geoseogan is a rudimental example of this streak. Their unification effort was successful mainly because of their natural disposition of northern nomadic genes, culture and systematic military capabilities. Tang dynasty of China, one of the strongest single regimes in the world at the time, was also overcome before the unification, and the whole set of culture of Korea owes its characteristics to the combination of the North and the South.

454

Space and time exist as one single entity. In a way, the accumulated temporal amassment is the space itself. Space is top-down vertical and time's continuum goes straight parallel. The longitude is time and latitude is space. Ecology is latitude; history goes through time(Diachronic) and mythology through space(synchronic).

So far, the vast majority of human sociological explanations of changes and transitions of history or culture have been laid out in chronological order. Time evidently has been the most frequently used measure to accompany and record certain events. Then, the case of anthropology would prove unconventionally spatial, making it a study of space, especially for geology or archeology. This notion would be easier to understand if it was added that, from macroscopic or synchronic point of view, the human civilization had the variables concerning time which could not be inseparable from spatial measures. The westerners intend to make an objective use of time but cannot be about one body with time. The norm of time is therefore a ruler that gives variable benchmark to orders and top-down relations, hampering their own progress on gauging what is already moving and changing by using it as a standardized yardstick.

By contrast, the easterners as well as the primitives have rather enjoyed the dynamics and changes of time because they knew they could only follow it as it moves.

Even in historical science the width of time has to be considered before making an order of certain chronological explanations. And as the width widens, the chronological order naturally takes place in a sense of space from top to bottom. Another comprehensive example is the function of latitude (space difference) and longitude(time difference). The nature of ecology on earth depends on latitude, for example, and two separate points on the parallel latitude on earth's surface could feature similar ecological distribution and subject matters for living. Then, our old cultures correlate almost exactly with the given latitude.

Likewise, studies of anthropology and biology (or bioecology) attach a lot of importance to latitude(space), whereas history pays more attention to longitude (time) because of its dominant focus on changes and transitions. The comparison of anthropology and historical science would yield conflicts in many cases, for the latter makes much of development and evolution of things whereas the former wouldn't agree with their views on such aspects. For instance, anthropologists would likely find no particularly meaningful points on transitions from the 18th to 20th century since what really matters, according to them, is the synchronic methods. We can then make out that anthropology account spatial factors more, and space is ecology which makes a direct connection to mythology.

Mythology is ecology and totemism.
History/pivoting mainly on time (time axis)=anthropology/pivoting mainly on space(space axis)
Theology/history=mythology/anthropology

Historical scientists are interested in the crown princes on the throne, but anthropology enthusiastically observes the retrieval of flower coronet of the queen. Normally, mythology or theology is thought to be a discipline that concerns paranormal phenomena or transcendental beings, hence almost completely irrelevant to ecology. But this is not entirely true, since humans do not imagine things blindly nor indiscreetly; meaning that their imagination and discussion of it revolves around the basic entourage of their environment. Mythology is therefore a sort of progressive reproduction space of life, not a result of groundless thinking. Ecology, evolution of religion and conscience, ontogeny and phylogeny now are the question of space, not time.

The subsequent result of study of totemism shows that totemic flora and fauna have lived alongside with human beings, in a struggle with no quarter given or taken. The cycle of flesh, from totemist point of view, was to share ancestors and offspring with humans. Totemism was the reflection of ecology and thereby become mythology. The evolution of religion, from animism, totemism, shamanism to the form of higher religions, cannot be considered according to the continuum of time, but that of structure. On the course of retrieval of coronet of mother, we can find material, nutrition and by and large nature. The Dame is the source of the first food, milk, as well as other foodstuff. But as soon as we get our hands on the matters of mother, the relationships with fauna and flora, even death are no longer considered crucial, thus realizing that the nature is about offerings to the heavenly purposes, an enormous ring consisting of such relations.

Today, the prefix 'eco-' is the 'echo' from the nature. If we don't listen to these echoes, the whole effort of human race might go in vain. So we have to recover the consensual rapport with nature that we've lost since the commencement of belief in higher religions. Doing so would require the communal sense of unity and circular recurrence with nature that used to enable us to communicate during the primitive times, the central notion of which was never of inferiority, but a wise wisdom. These are still alive in small, hidden forms.

The cycle of flesh, as described above, is also associated with the cycle of reincarnation in Buddhism. The thoughts on metempsychosis, as well as other popular religious ideologies are occupying our heads. The process of shamanization has always been on the table; the classification by the type of fauna and flora is being utilized today; and the souls of the deceased have taken place in our world in the form of divine spirit. The spiritual father or the body of Buddha is said to precede them, but this is not the case; in fact, the sense of spiritual animism-divine spirits or self-vitality- took place first. After this arrangement came in, more abstract and absolute forms of spiritual father and Buddha were introduced, which gained more authority in transforming the concept of (supreme) pantheistic gods to monotheism.

Every class and authority was flat before it was hierarchical. 'Nothing was on top of another in a perfect impartiality': our life and death wasn't differentiated; and the social class existed only as part of modus operandi of each community. The class consciousness came in only after the realm of politic was intervened by religious branches and political motivations started reacting back. Politics was what religious rite was converted into, and the inclusion of the successive programs in the preceding ones produced power authority. This is where the track of contamination begins, and power struggle, by its nature, dominates the parental body. Our soul, whether we believed it or not, became some existence that restrained us; the equivalent bodies of soul, word(production), male human beings and authority started overshadowing the like of body, nature(reproduction), females and equality.

<Religion and Science>

One principle (universal theory)	The Whole of sutra (Body of Buddha, the spiritual father)	One vital energy (Immutability of energy)
Multiple principle Subdivisive learning	The spirit of the dead (Self—vitality, the divine spirit)	electromagnetism (Electron)
objects spiritualism	(Individuals) (Flesh of Buddha, the son of god)	objects (materialism

Feet, horse and word ruled the world
(Our brains didn' t, but our bodies did.)

Our history is reconstructed according to records and annals, so it is easy to fall back once again by the thought that our brains and hands ruled our world throughout the history. It is true that those parts of our body are not only the subsequent results of evolution but also the slowly attained success of mutual feedbacking. But if our feet, therefore our body do not move according to the directive, history doesn't go on. The sole movement of our head is only a tentative progression of concepts.

But the movement of our feet leads us to that final mean as it carries the head, situating it in the actual site of various occurrences. This is what our history is made of and the history of humankind worked and shifted a lot more strenuously and vigorously in conquering, battling, communicating and trading.

The oldest belt of geopolitical cultural distribution in Eurasia connects Scandinavia, Siberia and Korean peninsula, so-called 'comb ceramic pottery belt'. The next is the Silk Road and the Ancient Tea Route. There are others below them, such as the Sea Silk Road, or the similar means using the ocean current. The humankind has admirably developed and utilized different sorts of transport techniques in order to trade and communicate with each other, one of which was horse. The use of horse was crucial before any sort of modern transport techniques were invented, and the realm of command and negotiation was established through people who moved by horses and exchanged ideas in words.

So far has been the history of feet, horse and word. This in turn largely articulates the act of execution of words distinct from simple combinations of letters and literatures. The scene was laid for a change, and finally raw actions and practices ruled the world. This doesn't cease to be true in Paik's art, and we now picture the image of shamanist rituals looking at his works, full of vitality and exquisiteness and essentially different from higher religion priests. His personal and dogmatic rituals are different from what we see around us, and his forces at work tell us that we need to revisit and re-read shamanist ideas.

The providers of rituals were at the level of divine recognition. But now the divinity is gone and only the outer shells of rituals are left. They are the high priests. Could we not (rather drastically) say that what we do in daily life (performances) is in fact a shamanism? Provided that the daily behaviors of human beings linger in every memory and work as a means to connect heaven with us on the ground, we could very convincingly call all humanly actions shamanistic.

◎ 퍼포먼스

≪존 케이지에게 보내는 경의≫(1959년)

백남준의 첫 번째 음악 퍼포먼스였으며, 피아노를 파괴하는 장면이 포함되어 있었다.

≪피아노 포르테를 위한 연습곡≫(1960년)

존 케이지의 넥타이를 자른 소동으로 유명한 퍼포먼스이다.

≪오리기날레≫(1961년)

슈토크하우젠의 작곡작품 'Kontakte'를 발표한 퍼포먼스에 백남준이 참여하여 '머리를 위한 선' 등을 발표하였다.

≪작은 여름축제 – 존 케이지 이후≫(1962년)

<플럭서스>의 퍼포먼스로서 '플럭서스 선언'이 발표되기도 했다.

≪바이올린 솔로≫(1962년)

<음악에서의 네오다다> 행사에 참여하여 바이올린을 단숨에 파괴하여 유명한 퍼포먼스이다.

≪페스툼 플럭소룸 플럭서스≫(1963년)

뒤셀도르프 미술아카데미에서 펼쳐진 플럭서스 그룹의 퍼포먼스이다.

≪오페라 섹스트로니크≫(1967년)

뉴욕의 시네마테크 필름메이커스에서 첼리스트 샬롯 무어맨이 연주 도중 옷을 벗었고, 뉴욕 경찰에 체포되었던 퍼포먼스이다. 이후 법정에서 유죄 판결을 받지만, 당시 주지사 록펠러는 뉴욕 예술계의 여론을 반영하여 "예술 행위에서 누드를 처벌할 수 없다" 라고 법 개정에 사인한다. 이 퍼포먼스는 뉴욕을 예술하기 좀 더 좋은 환경으로 만든 계기가 되었다.

≪살아있는 조각을 위한 TV브라≫(1969년)

첼리스트 샬롯 무어맨에게 3kg짜리 소형 TV 모니터로 만든 브래지어를 채우고 연주하게 했던 퍼포먼스이다. 1969년 7월 20일 코코란 갤러리에서 당시 아폴로 11호의 달착륙 장면을 이 TV브라를 통해 내보내어 반향을 얻기도 했다.

◎ 전시 작품

≪총체 피아노≫(1958년)

존 케이지의 영향을 받은 '장치된 피아노'로서 타악기 음색이 난다.

≪임의접속 음악≫(1963년)

즉석에서 마음 가는 대로 음악을 혼합할 수 있는 개방된 테이프 설치 작품이다.

≪로봇 K-456≫(1964년)

백남준이 제작한 휴머노이드형 로봇으로서 걷는 기능, 배설 기능이 있다.

≪비디오 신시사이저≫(1969년)

음악 대신에 영상을 '신시사이징'하는 기계로서 백남준과 엔지니어 아베 슈야가 만들었다.

≪TV 부처≫(1974년)

백남준의 작품 중 최초로 팔렸다. 네덜란드 슈테델릭 미술관에서 구입.

≪TV 물고기≫(1975년)

24대의 TV와 어항이 마주보게 설치되어 있다.

≪달은 가장 오래된 TV다≫(1975년)

13대의 TV 주사선을 조작하여 TV 모니터 속에 인공의 달 이미지를 보여준다.

≪TV 정원≫(1975년)

식물과 비디오 영상이 어우러진 작품이다.

≪다다익선≫(1988년)

국립현대미술관에 설치되어 있다. 1003개의 텔레비전을 쌓아 만든 탑이다. 높이 18.5 미터, 지름 7.5 미터, 무게 16 톤

≪나의 파우스트≫(1989-91년)

농업, 환경, 경제, 자서전 등등의 제목을 가진 연작 시리즈로서 총 13개로

설치된 작품이다.

≪전자 초고속도로:미국 대륙≫(1995년)

313대의 TV 모니터, 네온과 철구조물 등등으로 설치된 작품이다.

◎ 음악 작품

≪압쉬츠심포니≫

듣기: A면 · B면

≪인 메모리암 조지 마키우나스, 1931 − 1978≫

듣기

≪TV 첼로≫

듣기: 1부 · 2부

≪TV 첼로와 비디오테이프를 위한 콘서트≫(1982년)

듣기 : 1부 · 2부 · 3부

◎ 비디오 아트

≪버튼 해프닝≫(1965년)

현존하는 초기 비디오 아트 작품으로 손꼽히며, 자켓의 단추를 잠궜다 풀었다 하는 동작이 반복된다.

≪전자 오페라 No.1≫(1969년)

4분 30초짜리 싱글채널 비디오 작품이다.

≪비디오 코뮌≫(1970년)

1969년 제작된 비디오 신시사이저로 제작한 작품이다.

≪글로벌 그루브≫(1973년)

28분 30초의 싱글채널 비디오로서 비디오 신시사이저로 제작한 작품이다.

≪머스 바이 머스 바이 백≫(1975년)

미국 무용가 머스 커닝엄의 춤을 소재로 한 작품이다.

≪조곡 212≫(1977년)

뉴욕의 마천루를 배경으로 여러 영상을 편집한 작품이다.

≪과달카날 진혼곡≫(1977년)

태평양 전쟁의 격전지에서 동서의 화해를 구하는 퍼포먼스 필름과 전쟁 다큐멘터리 필름을 교차편집한 작품이다.

◎ 위성 아트

≪굿모닝 미스터 오웰≫(1984년)

조지 오웰의 소설 ≪1948년≫에 나오는 어두운 미래의 전망에 대한 반박 이다.

≪바이 바이 키플링≫(1986년)

동서양은 서로 소통할 수 없다는 키플링의 주장에 대한 반박이다.

≪손에 손잡고≫(1988년)

≪호랑이는 살아있다(Tiger Lives)≫(2000년)

새로운 밀레니엄이 시작되는 해인 2000년 1월 1일 세계 77개국에 방영

박정진 ——

▌약 력

대구에서 태어나 대구고등학교 졸업, 한양대학교 의예과를 수료하고 국문과로 옮겨 졸업한 뒤 영남대학교 대학원 문화인류학과에서 석사, 박사과정을 마쳤다. 한양대학교, 서울교육대학교, 영남대학교, 대구대학교 등에 출강하고 있다.

대학 졸업 후 경향신문사에 입사, 주로 문화부기자로 활동하다가 자리를 옮겨 세계일보 문화부장, 논설위원을 지내는 등 20여 년간 언론계에 몸담았다. 시 전문지 월간 『현대시』를 통해 시인으로 등단했다.

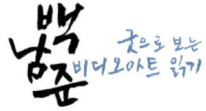
굿으로 보는 백남준 비디오아트 읽기

초판인쇄 | 2010년 5월 7일
초판발행 | 2010년 5월 7일

지 은 이 | 박정진
펴 낸 이 | 채종준
펴 낸 곳 | 한국학술정보㈜
주 소 | 경기도 파주시 교하읍 문발리 파주출판문화정보산업단지 513-5
전 화 | 031) 908-3181(대표)
팩 스 | 031) 908-3189
홈페이지 | http://www.kstudy.com
E-mail | 출판사업부 publish@kstudy.com
등 록 | 제일산-115호(2000. 6. 19)

ISBN   978-89-268-1001-9 93150 (Paper Book)
       978-89-268-1002-6 98150 (e-Book)

내일을여는지식 ▬ 은 시대와 시대의 지식을 이어 갑니다.